le pauvre d'authivlle auteur de cet ouvrage de la relation des deux dernieres
campagnes de mr de turenne d'un traité politique de la guerre et de quelques articles
de l'encyclopedie etoit fils d'un procureur de paris riche. apres avoir servi
dans l'infanterie il passa dans les trouppes legeres comme capitaine de cavaler[ie]
apres la paix de 1748 il me suivit ensuite ᵉᵗ quitta les trouppes legeres pour
la milice enfin il fut Lᵗ colonel du regiment de grenadiers royaux
et il est mort en 1765 occuppé d'arranger un petit bien de campagne qu'il
possedoit pres de meun. c'étoit un homme remple de principes de probité
et de zele pour d'ailleurs son caractere etoit assez singulier —
ses ouvrages sont mediocres mais il les composoit avec bonne intention

ESSAI

SUR LA CAVALERIE

TANT ANCIENNE QUE MODERNE.

Auquel on a joint les Inſtructions & les Ordonnances nouvelles
qui y ont rapport, avec l'état actuel des Troupes
à Cheval, leur paye, &c.

Par M. Le Chevalier Dauthuille.

Irruit et qua tela videt densissima tendit.
Virg. Æn. l. 9.

A PARIS,

Chez CHARLES-ANTOINE JOMBERT, Imprimeur-Libraire du Corps
Royal de l'Artillerie & du Génie, rue Dauphine, à
l'Image Notre-Dame.

M. DCC. LVI.

AVEC APPROBATION ET PRIVILEGE DU ROI.

C.N. Cochin Filius delin.   P. dipart S. aint Sculp.

A MONSEIGNEUR

DE VOYER D'ARGENSON,

MARQUIS DE PAULMY,

Secretaire d'Etat au département de la Guerre, Grand-
Croix, Chancelier de l'Ordre Royal & Militaire de
Saint-Louis, l'un des Quarante de l'Académie Fran-
çoiſe, & Membre de celle de Berlin, &c.

MONSEIGNEUR,

LES bontés dont vous m'honorez depuis long-temps, m'im-
poſoient l'obligation de vous faire aujourd'hui l'hommage de
cet Eſſai ſur la Cavalerie : en l'acceptant vous acquerrez un
nouveau droit ſur ma reconnoiſſance. Agréer que ce fruit de

a ij

mes recherches paroiſſe ſous vos auſpices, MONSEIGNEUR, c'eſt m'enhardir à concevoir quelque eſpérance du ſuccès, & donner au Public une idée favorable de l'ouvrage. Ceux qui peuvent en juger avec le plus de connoiſſance, & dont le ſuffrage ſeroit le plus flatteur pour moi, ſont en même tems les plus capables de connoître vos lumieres & vos vues : ils applaudiſſent d'une voix unanime à cette infatigable appli-cation que ſeconde en vous une heureuſe féçondité de génie. Témoin, comme eux, du ʒele & du ſuccès avec lequel vous ſuiveʒ les traces de ce Miniſtre ſupérieur à qui vous appar-tenez autant par la reſſemblance des talens que par les liens du ſang, je joins à l'admiration que vous leur inſpireʒ, l'attachement le plus ſincere : daigneʒ, MONSEIGNEUR, recevoir cette aſſurance publique des ſentimens & du reſpect profond avec leſquels je ſerai toute ma vie,

MONSEIGNEUR,

Votre très-humble & très-obéiſſant
ſerviteur, D'authuille

Vue de l'Ecole Royale militaire.

PRÉFACE

Aux Gentilshommes de l'Ecole Royale & Militaire.

MESSIEURS,

JE ne me fuis déterminé à publier cet *Effai fur la Cavalerie*, que dans l'efpérance que vous pourrez en retirer quelque fruit. Lorfque je commençai à recueillir les différentes obfervations qu'il renferme, je ne fongeois pas à compofer un Livre ; ma propre inftruction étoit l'objet de mes recherches : ce n'eft que depuis qu'il a été queftion de former votre École, que le défir de vous être utile m'a fait donner à mes extraits une forme réguliere. Le motif qui m'en infpira le premier projet, vous répond, MESSIEURS, du zele avec lequel j'ai travaillé : je voulois fortir de mon ignorance ; je venois d'être fait Capitaine de Cavalerie, & je n'avois aucune idée du nouveau genre de service auquel je m'engageois. L'honneur m'imposoit la loi indispensable de connoître les devoirs de mon état : je me livrai tout entier & sans relâche à cette étude. Mais combien de difficultés ne m'a-t'il pas fallu vaincre ! Je vous en dois, MESSIEURS, un compte fidele, non par un sentiment de vaine gloire, (ce ne sont pas les peines & les soins que coûte un ouvrage qui en font le mérite) mais pour vous faire sentir que la dissipation & l'oisiveté n'ont rien de comparable au plaisir de s'occuper utilement de ses devoirs, (1) surtout dans un tems où les talens trouvent des secours infaillibles, où l'émulation est soutenue & le mérite récompensé.

Nous n'avions pas eu jusqu'ici de guide que l'on pût suivre sans craindre de s'égarer : on n'avoit pas encore vu paroître ces instructions lumineuses, ces sages Ordonnances (2), qui, semblables à celles d'Auguste, de Trajan & d'Adrien, comprennent avec tant d'ordre & de clarté ce qui doit être pratiqué aujourd'hui, soit dans les places, soit dans les camps. Ce n'étoit, dans les Régimens, qu'un cahos de différens usages : l'opinion de chaque Commandant dirigeoit toutes les manœuvres dans les exercices.

(1) Caton disoit qu'une des trois choses dont il s'étoit le plus repenti dans le cours de sa vie, étoit d'avoir laissé passer un jour sans avoir rien appris.

(2) On a inséré à la fin de ce volume les Ordonnances des 25 Juin 1750, contenant le service dans les places ; premier Février 1751, pour le paiement des troupes ; 22 Juin 1755, sur l'exercice de la Cavalerie, l'instruction du 22 Juin de la même année sur le service dans les Camps, &c. De sorte qu'un Officier de cavalerie, sans se charger de beaucoup de Livres, trouvera dans celui-ci la plus grande partie des connoissances dont il a besoin.

On n'avoit point encore reconnu la néceſſité indiſpenſable des camps de paix, où l'on reçoit chaque
année des leçons vivantes de la guerre, leçons qu'on
tient des plus grands Maîtres. Delà ce défaut d'uni-
formité dans le ſervice, ces variations dans les mouvemens, produites par une foule de ſyſtêmes particuliers, qui s'élevant ſans ceſſe les uns contre les
autres, n'établiſſoient jamais rien de fixe, & ne ſer-
voient qu'à multiplier les difficultés. Une ſi grande
diverſité de ſentimens influoit ſur les opérations de
la guerre. La plûpart des Officiers chargés de couvrir un fourrage, de favoriſer une retraite, d'eſcorter ou d'enlever un convoi, d'apprendre des nouvelles de l'ennemi, ou de l'inquiéter dans ſa marche,
ne connoiſſoient d'autres regles pour ſe conduire
dans ces occaſions, qu'une ſorte de routine qui ne
pouvoit s'étendre aux cas imprévus.

Au défaut de ces inſtructions, de ces Ordonnances, & des principes établis dans les camps par un
uſage éclairé, je cherchai des Ouvrages Militaires,
mais j'en trouvai ſi peu (1) dont l'objet fût d'enſei-
gner ce qui concerne particuliérement la cavalerie,
que j'en fus étonné : encore ce qu'ils en diſent n'a-
t'il preſqu'aucun rapport à notre maniere actuelle
de la faire ſervir (2).

(1) Voici les ſeuls Livres qu'on connoiſſe qui traitent particuliérement de la
cavalerie : *Tratado de re militari o de cavalleria*, 1536. *Hugo Hermannus, de militia
equeſtri antiqua & nova*, 1630. Louis Melzo, *ſur la Cavalerie*, traduit en François, en 1615. George Baſta, *le gouvernement de la Cavalerie*, 1616. Jean-Jacques
Valhauzen, *Art Militaire à Cheval*, 1621. *Arte di Cavalleria degin#ta e eſtradata*,
1678. Le Cocq-Madeleine, *Service de la Cavalerie*, in-12, 1720. De Langeais,
Devoir des Officiers de Cavalerie, in-12, 1725.

(2) Il a paru l'année derniere des *Inſtitutions Militaires pour la Cavalerie*,

Privé des fecours fur lefquels j'avois le plus
compté, je voulus m'inftruire dans l'Hiftoire ancienne & moderne. Mais au milieu d'une immenfe
quantité de faits, je trouvai rarement de ces détails
qui érigent les grandes actions en exemples propres pour tous les tems & pour tous les lieux, &
qui nous enfeignent à préparer & à diriger les événemens dont le fuccès dépend prefque toujours de
la fcience du Commandant : l'Hiftorien m'apprenoit l'époque de mille événemens heureux où malheureux ; mais n'ayant rien vu en homme de guerre,
il ne m'en montroit pas la caufe, qui me reftoit auffi
inconnue que fi ces événemens euffent été produits
par le hazard. Plus je lifois, plus il me paroiffoit
difficile de développer les principes qui doivent régler le fervice de la cavalerie dans les armées ; car,
MESSIEURS, il en eft de l'art de la guerre, comme
des autres fciences : tout y doit être foumis à des
régles fixes & invariables. J'errai long-tems ; enfin
l'analyfe exacte de plufieurs effets m'ayant montré
entr'eux une égalité de rapport dans leurs circonftances effentielles, je crus en découvrir la caufe ;
je me fervis de cette premiere découverte pour établir quelques préceptes généraux, je combinai enfuite les différences dans les effets, je les comparai
les uns aux autres, obfervant toujours en quoi la
diverfité des mœurs, des gouvernemens, des lieux
& des tems avoit pu influer dans chaque événement.

ouvrage très-bien fait, & qui entre dans tous les plus grands détails fur ce qui la
concerne, dont il faut abfolument que tous les Officiers de ce corps ayent une parfaite connoiffance. Ce Livre doit fervir comme de premier volume à celui-ci,

Cette

Cette méthode m'ouvrit une route plus certaine; de forte qu'après avoir fait infenfiblement, en m'amufant & pour m'inftruire, beaucoup de notes, beaucoup de commentaires, quantité de mémoires, & confulté les Officiers Généraux du premier ordre & les plus expérimentés, j'ai raffemblé de quoi former un plan méthodique qui peut n'être pas inutile aux Officiers de Cavalerie.

Tels font, MESSIEURS, les matériaux de l'ouvrage dont j'ai conçu le deffein. En admirant le degré de perfection où je vois votre établiffement porté dans l'inftant de fa naiffance, & au moment qu'on ne le regardoit encore que comme un projet fi vafte que l'exécution en paroiffoit prefqu'impoffible (1), la noble émulation qui vous pique m'a fait fentir fon éguillon; & je ferois au comble de mes vœux, fi cet ouvrage pouvoit contribuer à votre inftruction, & vous démontrer, par un parallele de votre éducation avec celle des Lacédémoniens, que vous leur ferez un jour autant fupérieurs par les qualités de l'ame & du corps, que l'eft à Lycurgue l'Auteur de votre inftitution. Cette vérité dans tout fon jour ne paroîtra peut-être pas déplacée dans la Préface d'un Ouvrage fait pour vous.

Au refte, ce Traité fur la Cavalerie, MESSIEURS, n'eft qu'une légere efquiffe: il raffemble feulement les principaux traits d'un plan plus vafte. J'ai rendu

(1) *Omne opus difficile videtur, antequàm tentes; cæterum fi exercitati, & prudentes viri delectui præponuntur, celeriter manus bellis apta poterit aggregari & diligenter inftitui. Quidvis enim efficit folertia, fi competentes non denegentur expenfæ.* Veg. lib. II, cap. XVIII.

b

les chofes comme je les ai apperçues, fans amour
propre, fans l'ambition de me donner pour Auteur;
& j'ai moins penfé, en écrivant, à m'acquérir la réputation d'homme de Lettres, qu'à m'affurer celle
d'un Militaire zélé & d'un bon Citoyen. C'eft à
vous, MESSIEURS, à perfectionner ce qui n'eft ici
qu'ébauché; à voir tout de plus près, à l'examiner
avec plus de foin, enfin à donner un jour fur cette
matiere un ouvrage plus complet. Le but que je
me fuis propofé en travaillant, me fera toujours
trouver la récompenfe de mes peines, même jufques dans le renverfement de mes fyftêmes, dès
que vous en aurez établis de meilleurs fur leurs
ruines. C'eft la moindre des obligations que vous
contractez avec l'État qui s'eft chargé de votre
éducation, & qui vous offre fes plus fûres reffources pour vous acquitter envers lui.

Parallele de l'éducation des Spartiates avec celle des Gentilshommes de l'Ecole Royale & Militaire.

C'eft l'éducation, (1) MESSIEURS, qui fait
l'homme : ce n'eft pas affez qu'il apporte en naif-
fant d'heureufes difpofitions. Il eft femblable à une
jeune plante dont il faut qu'une culture intelligente
aide le germe. Le plus beau naturel abandonné à
lui-même, n'arrivera jamais à la perfection. Pour
marcher conftamment vers le bien, il a befoin

(1) L'homme dénné d'éducation & d'inftruction, n'eft guere fupérieur aux animaux. *L'Abbé Terraffon*, Préf. de la trad. de Diod.

d'être éclairé par les préceptes de la fagesse, & soû-
tenu par la force de l'exemple : les premieres im-
pressions que reçoit l'ame par ces secours, ont tant
de pouvoir qu'elles la font triompher presque toujours, même des obstacles que la Nature lui oppo-
seroit. Quels hommes ne deviendrez-vous pas,
MESSIEURS, en éprouvant les merveilleux effets que
produisent infailliblement ces moyens puissans, lorsqu'ils agissent ensemble avec constance !

Où trouver une source de vertus plus pure &
plus abondante que dans une école qui rassemble
à la fois tout ce qui peut éclairer la raison, régler
le cœur, former l'esprit, dresser le corps aux exercices, où les sentimens réduits en pratique offrent
aux yeux une leçon toujours présente ? Est-il un bon
Citoyen, un bon pere, quelque haut rang qu'il tien-
ne (1), quelque favorisé qu'il soit de la fortune, qui

(1) Il y auroit un plus grand bien à tirer de cet établissement, celui de produire encore une autre Ecole, d'autant plus intéressante pour l'Etat, qu'on y éleveroit dans les mêmes principes cent jeunes gens de la premiere qualité, faits
pour commander à ceux-ci (*) : ils paieroient chacun leur part de la dépense commune. Il ne faudroit qu'un Citoyen zélé & capable, à qui le Roi accorderoit
dans la partie du Château de Vincennes, (après que ceux qui l'occupent en seroient sortis) tout ce qui appartient à l'Ecole Royale, & donneroit les meilleurs
Maîtres de ceux qui y sont. Pour l'admission des jeunes gens, les classes pourroient être suivant le grade militaire de leur pere ; les enfans des Maréchaux de
France devant former la premiere, & ainsi des subséquentes. Quant aux obligations qui leur seroient imposées, elles seroient les mêmes que celles de l'Ecole, à
l'exception qu'au lieu de quatre générations de Noblesse, on en exigeroit au moins
huit.

Cette seconde Ecole conduit insensiblement à en proposer une troisieme, qui ne
céderoit en rien aux deux autres, quant au bien qu'elle produiroit à la Nation ;
ce seroit d'établir dans chaque Province, des Maisons d'Hospice, où l'on rece-
vroit, outre les enfans naturels, les orphelins, & les enfans des pauvres qui en
auroient plusieurs ; on les y éleveroit suivant leurs dispositions, soit pour la guerre,

(*) Cyrus disoit que pour être digne de commander, il falloit être meilleur que ceux à qui on
commandoit.

connoiffant les principes dans lefquels on vous éleve, ne doive fouhaiter avec ardeur, qu'aux dépens de tout ce qu'il poffede, fes enfans foient admis parmi vous, MESSIEURS.

On a connu très-anciennement le prix & la néceffité des éducations publiques. Lycurgue, Socrate, Platon, Ariftote, Xénophon & Plutarque ont regardé comme un défaut effentiel dans tout Gouvernement, que la conduite & l'éducation des enfans fût abandonnée à des parens, ou aveugles à force de tendreffe, ou avares, ou pauvres, ou vicieux, ou du moins incapables de les bien conduire. Les enfans, ont dit ces grands hommes, appartiennent à l'État, ils en font l'efpérance ; il faut donc les élever fous les yeux & dans les principes de l'État, afin que, formés enfemble par les mêmes leçons de vertus, ils concourent à ne faire qu'un feul tout parfaitement afforti dans fes parties. C'eft ainfi que ces génies profonds fe montrent de loin en loin, & dictent aux hommes des leçons de fageffe & d'humanité. Mais peu de Légiflateurs ont ofé choquer de front des ufages anciennement établis dans un pays, & ont voulu facrifier leur repos particulier au bien général.

Cet inftinct fublime d'une faine politique a rarement été conduit jufqu'au bien réel qu'il devoit

---

foit pour d'autres arts qui exigent des études fuivies. Il en arriveroit un très-grand bien à l'État, en ce qu'il s'enrichiroit d'hommes utiles & de citoyens vertueux ; les vices fe multiplient ou diminuent, comme l'on fçait, à raifon de l'éducation.

Montecuculli a dit, liv. II, ch. II, « qu'une chofe très-utile feroit d'établir » des Ecoles Militaires pour inftruire les Gentilshommes, les volontaires, les » pauvres & les orphelins aux exercices de la Guerre.

procurer. Il n'a produit que très-peu d'établiſſemens.
Nous admirons encore ceux de la Perſe (1), de la
Crete, & plus particuliérement ceux de la Laconie,
tout imparfaits qu'ils étoient. Cependant plus de
deux mille ans ſe ſont écoulés depuis qu'ils ont
entiérement ceſſés. Vous étiez deſtinés, MESSIEURS,
à remplir la premiere école qui vient de ſuccéder
après un ſi long intervalle. Mais quelle différence !
Vous jouiſſez de l'exécution d'un projet ſi grand,
ſi exact, ſi proportionné dans toutes ſes parties, &
dont les vues ſont combinées avec tant de juſteſſe &
de préciſion, que les Légiſlateurs anciens n'ont rien
imaginé d'auſſi parfait. L'antiquité n'offre rien qui
ſoit comparable à votre établiſſement, ni en raiſon
ni en magnificence. Dans cet auguſte Temple, un
Monarque n'eſt puiſſant que pour faire mieux écla-
ter les ſentimens du pere le plus tendre (2). Son
Miniſtre éclairé ſur les vrais intérêts de ſon Maître,
ſur ceux de l'État (3), s'y conſacre tout entier au
ſoin d'exécuter ſes volontés bienfaiſantes. Pénétré
des mêmes maximes, il regarde comme ſa plus
importante fonction, celle de préſider à votre
inſtruction. Que ne devra pas un jour la France à

(1) Depuis cinq ans juſqu'à vingt, les Perſes apprennent, dit Hérodote, trois
choſes à leurs enfans, monter à cheval, tirer de l'arc, & dire la vérité. *Liv. I.*
   Les loix des Perſes ont cela d'excellent, que par l'éducation qu'elles donnent à leurs enfans, elles vont au devant du mal, & empêchent que les particuliers ne deviennent méchans. Elles ſemblent s'être propoſé l'utilité publique, &
différent des coutumes des autres peuples ; car les autres Républiques laiſſent aux
parens la libre diſpoſition de leurs enfans. *Cyropédie, liv. I.*
   (2) *Hic ames dici Pater atque Princeps.* Hor. lib. I. Od. II.
   (3) *Gratum eſt quòd Patriæ civem, populoque dediſti*
      Qui facis ut Patriæ ſit idoneus, ...
      Utilis & bellorum & pacis rebus agendis. Juv. Sat. XIV,

ce Miniſtre qui, convaincu que la bonne éducation de la jeuneſſe eſt le plus ſolide fondement des
Empires (1), & le germe le plus fécond de toutes
les vertus, croit qu'il ne ſçauroit employer trop de
vigilance pour affermir la durée d'un ſi bel établiſſement.

L'hiſtoire vous apprendra, MESSIEURS, que
cette attention de préférence ſur l'éducation des
enfans, rendit durant cinq cens ans Lacédémone,
ville très-pauvre & qui n'avoit que peu de Citoyens,
le plus puiſſant État de la Grece. Auſſi Philopœmen
crut-il ne pouvoir mieux triompher de cette République, qu'en obligeant ſes Citoyens d'abandonner
leur maniere d'élever leurs enfans, prévoyant bien,
dit Plutarque, qu'ils n'auroient jamais le cœur bas
ni petit, tant qu'ils garderoient les ordonnances de
leur Légiſlateur. Philopœmen coupa ainſi les nerfs
de leur République, & les força d'adopter la maniere d'élever les enfans dont on uſoit en Achaye;
& donnant la leur aux Achéens, il aſſura à ceux-ci
ſur le reſte des Grecs, la ſupériorité que les Spartiates avoient eu, & qu'ils euſſent encore pu leur
diſputer s'ils avoient continué d'élever leur jeuneſſe
ſuivant leurs anciennes inſtitutions.

Par une égale attention à former des guerriers,
attention continuée pendant pluſieurs ſiecles, on a
vu cette poignée de gens qui battirent Rome, pro-

---

(1) *Intrà breve autem temporis ſpatium, juniores diligenter electi & exercitati
quotidiè non ſolùm manè, ſed etiam poſt meridiem, omni armorum diſciplina vel arte
bellandi, veteres illos milites, qui orbem terrarum integrum ſubegerunt, facilè coæ-
quabunt.* Veg. lib. II, cap. XVIII.

duire enfin les vainqueurs de l'Univers : une multitude innombrable d'hommes , les forces & les richeffes du monde entier ne purent réfifter à leurs petites armées. Que peuvent en effet le nombre, les paffions , ou une valeur aveugle, contre une valeur difciplinée ? C'eft par celle-ci qu'on triomphe certainement. Si le hafard procure quelques avantages, l'art les fçait faire tourner au préjudice de ceux qui les ont remportés. Il offre des reffources dans le malheur même , tandis que l'ignorance trouve fa perte au milieu des fuccès. Puifque la victoire n'eft affurée qu'autant qu'elle eft le fruit d'une profonde méditation & d'une préparation continuelle à la guerre, & qu'il y a des principes certains pour l'obtenir, l'établiffement de votre École, MESSIEURS, & l'efprit d'application que répandent dans les troupes, les fréquens exercices auxquels on les plie, permettent à la France de former les plus vaftes efpérances. L'un & l'autre feront l'affermiffement de fa domination, ainfi que l'époque de fa fupériorité fur les Grecs & les Romains. Plus de comparaifon entre eux & nous.

S'il falloit un génie fublime pour concevoir l'admirable projet de votre établiffement, il n'étoit pas moins néceffaire que le Roi, à la tête de fes armées, jugeât par lui-même combien il feroit avantageux à l'État de lui acquérir un peuple de Héros qui fe renouvelleroit fans ceffe.

Ce Roi bienfaifant, uniquement occupé de la

félicité de fes fujets (1), envifagea dans votre établiffement un autre bien pour eux, qui n'étoit pas moins grand pour lui, la fatisfaction de récompenfer dans les enfans les fervices des peres. Pouvoit-il mieux s'acquitter envers fa nobleffe ? Pouvoit-elle mieux être récompenfée ? Que pouvoit faire de plus ce Roi jufte, après avoir comblé de bienfaits fes guerriers, par des honneurs, des grades, des penfions! Que pouvoit, dis-je, faire de mieux ce Roi en mémoire de fes victoires, que d'accorder la nobleffe à ceux de fes Capitaines qui ne l'avoient pas, mais qui en étoient dignes, & de l'affurer déformais à ceux qui fuivront le parti des armes ? Que de bonté & de fageffe dans la diftribution de ces graces !

La haute idée qu'on doit fe former de l'excellent effet que produira dans le Royaume votre École de raifon & de vertu, fe trouve fuffifamment juftifiée par le murmure des gens qui là défapprouvent, femblables à cet Alcandre qui fe révoltant contre Lycurgue, lui creva l'œil (2).

Ne jugeons cependant du nouvel établiffement que par comparaifon, & fixons-nous à confidérer les inftitutions de Lacédémone, regardées de tout temps & par tous les peuples comme le prodige de l'antiquité. Le tableau que j'en vais tracer, fans diminuer ce qu'elles avoient d'admirables, ni groffir

(1) *Inftar veris enim vultus ubi tuus affulfit , populo gratior it dies , & foles meliùs nitent.* Hor. lib. iv, Od. v.
(2) Plutarque, vie de Lycurgue.

ce

ce qu'elles avoient de défectueux, suffira pour démontrer que votre éducation, MESSIEURS, est autant supérieur à celle des Lacédémoniens, que la leur l'étoit à celle des autres Grecs. Ce que furent autrefois les Spartiates comparés à ces derniers, vous le serez, MESSIEURS, à l'égard de vos contemporains. Chez les autres Peuples de la Grece, les peres qui vouloient élever leurs enfans avec le plus de soins, chargeoient un esclave de leur conduite, & les envoyoient apprendre sous des maîtres particuliers, les Lettres, la Musique & les autres exercices. Ils n'étoient pas plutôt sortis de l'adolescence, qu'on les envoyoit à la guerre sans avoir pris aucune précaution pour leur fortifier le corps & les accoutumer à la fatigue (1).

A Sparte, au contraire, le soin de la jeunesse n'étoit jamais commis à des mains mercenaires. De trois especes de Magistrats qui sous les deux Rois administroient la République, il y en avoit une qu'on nommoit Bidiens (2), dont l'unique fonction étoit de veiller sur les enfans, & de présider à leurs exercices. Ils avoient en outre un Gouverneur choisi parmi les principaux Citoyens, à qui cet emploi, sûr garant du mérite & de la vertu, donnoit le droit d'aspirer au grade de Sénateur. Ce Gouverneur les distribuoit en plusieurs troupes, & mettoit à leur tête ceux qui avoient passé vingt ans, qu'on appelloit Irenes. Ils avoient sur leur bande autant d'au-

(1) *Cùm puberem verò ætatem superârint, alii quidem Græci, nullâ roboris adhibitâ curâ, militiæ tamen munus illis imponunt.* Xénophon de répub. Laced.
(2) Pausanias, Voyage de Laced.

c

torité que des maîtres fur leurs efclaves. En l'abfence de ce Gouverneur, tout vieillard ou autre
Citoyen qui fe trouvoit préfent, pouvoit les commander ; de forte qu'ils n'étoient jamais fans quelqu'un qui les reprît ou qui les corrigeât lorfqu'ils
tomboient en faute.

Les enfans appartenans à la République, c'étoit
elle feule qui étoit chargée de leur nourriture, de
leur éducation & de leur entretien. Les peres n'é-
toient pas même les maîtres de leur deftinée ; &
comme l'État ne confentoit d'admettre au nombre
de fes Citoyens, que ceux qui pouvoient lui devenir utiles par la force du corps, auffitôt qu'un
enfant étoit né, le pere le portoit dans un endroit
nommé *Lefché*, où les plus anciens de fa famille
s'affembloient pour le vifiter. S'ils le trouvoient vigoureux & bien conformé dans tous fes membres,
ils ordonnoient qu'il fût nourri : s'il leur fembloit
contrefait ou mal fain, ils le faifoient précipiter (1).
Outre ce premier examen, on faifoit encore fubir
aux enfans confervés, une épreuve très-rude. Les
femmes chargées de les nourrir, les baignoient
fouvent & long-temps dans du vin : ceux qui étoient
d'une foible complexion n'y réfiftoient pas ; les
autres au contraire en devenoient plus robuftes.

Parvenus à l'âge de fept ans, on en formoit diverfes troupes, & on les élevoit tous enfemble

(1) L'endroit où on les précipitoit s'appelloit *Apothètès* : c'étoit une forte
de fondriere. Il y a apparence que la Loi exemptoit les enfans des Rois de cet
examen ; car on fçait qu'Agefilas étoit petit, fluet & boiteux.

dans un même College hors de la ville (1). Le plus
sage & le plus courageux de chaque troupe en
devenoit le Chef. Tous les autres étoient obligés d'exécuter ses ordres, & de souffrir, sans
se plaindre, les punitions qu'il leur infligeoit. Ils
commençoient dès-lors à faire l'apprentissage de
ce qu'ils devoient pratiquer dans un âge plus
avancé. Ils apprenoient à commander, à obéir, &
à demeurer vainqueurs dans leurs combats (2) : les
exercices devenoient plus forts à mesure qu'ils avançoient en âge. On leur rasoit les cheveux (3);
ils avoient les pieds nuds, & souvent tout le
corps : à douze ans ils quittoient la tunique, &
pour les accoutumer au chaud comme au froid,
ils n'avoient alors pendant toute l'année d'autre vê-
tement qu'un seul manteau (4). Ils couchoient tous
ensemble sur des paillasses qu'ils faisoient eux-mêmes
des bouts de cannes ou de roseaux qui croissoient
dans l'*Eurotas*, & qu'on les contraignoit d'arracher
& de rompre avec les mains : l'hyver, il leur étoit
permis d'y mêler de la barbe de chardon, afin
qu'ils se garantissent un peu de l'excès du froid.
C'est ainsi que leurs corps se formoient insensiblement aux fatigues de la guerre.

(1) Dans un quartier appellé *Theraphné*.

(2) Il leur étoit défendu de tendre la main, pour ne les point accoutumer à demander quartier.

(3) Ils les laissoient repousser dans les dernieres années de l'adolescence. *Permi-
sit autem eos qui pubertatis annos transcendissent, nutrire comam, ratus hoc pacto
& majores illos & liberiores ac terribiliores videri.* Xénoph. de rep. Laced.

(4) *Voluit autem stolam puniceam haberent, hanc quidem stolam arbitratus minimè
communem cum fœminis esse quàm bellæcissimam; nam & cælerius ea expurgatur & tar-
diùs maculatur.* Xénoph. de répub. Laced. On pourroit tirer delà le principe &
l'époque des uniformes.

On les accoutumoit furtout à la fobriété; vertu effentielle aux guerriers : à peine avoient-ils le fimple néceffaire. Par-là ils apprenoient à fe contenter de peu, à pouvoir, dans des cas urgents, foutenir long-temps la peine & le travail, & à endurer la faim & la foif. D'ailleurs leur eftomac, qui n'étoit jamais furchargé d'alimens, faifant mieux fes fonctions, ils en devenoient plus grands, plus agiles & plus vigoureux (1). Cette méthode avoit encore un objet qui étoit de les rendre hardis, rufés & adroits. On les privoit exprès d'une nourriture fuffifante, afin de les forcer à vaincre la néceffité en cherchant de quoi contenter leur appétit : il falloit qu'ils dérobaffent tout ce qui pouvoit y fervir. Ils apprêtoient eux-mêmes leur manger : les plus forts alloient au bois, & les plus jeunes à la picorée : c'étoit pour eux une forte de petite guerre, pour les autres une obligation à la vigilance. Ils rodoient pendant la nuit, fe gliffant dans les jardins ou dans les falles où mangeoient les hommes; & fe mettant en embufcade, ils épioient l'occafion de tromper ceux qui dormoient ou qui n'étoient pas affez fur leurs gardes. Ils fe fourniffoient ainfi de fruits, d'herbes & de viande, à force de fineffe & de fubtilité. Rien n'étoit plus capable de les couvrir de honte, que de fe laiffer furprendre dans leurs larcins, & on leur

---

(1) Le fentiment d'Hipocrate, eft que le trop de nourriture aux jeunes gens les groffit & les empêche de grandir. L'attention des Lacédémoniens à prévenir que cela n'arrivât, étoit portée au point que tous les dix jours les jeunes gens paffoient tout nuds en revue devant les Ephores, qui faifoient châtier ceux qui n'avoient pas le corps dégagé. *Vie de Plut. Not. de d'Acier.*

faifoit fubir rigoureufement la peine d'avoir manqué d'adreffe & de précaution. Ils craignoient tellement d'être découverts, qu'un de ces enfans ayant volé un petit renard, & le tenant caché fous fon manteau, aima mieux fe laiffer déchirer le ventre & les entrailles avec les ongles & les dents de cet animal, & mourir fur la place, que d'avouer fon vol (1) par des plaintes qui l'auroient trahi.

Ce n'étoit pas dans ces feules conjonctures que le fentiment de la douleur fembloit leur être interdit, ou qu'ils avoient le courage de l'étouffer. Dans un facrifice, un charbon ardent s'étant gliffé dans la manche d'un jeune Spartiate, il fe laiffa brûler tout le bras jufqu'à ce que l'odeur de la chair brûlée fe fit fentir aux affiftans (2). Le même efprit de fermeté fe manifeftoit en toute occafion. Il fe perpétua au point que (3) Ciceron & Plutarque (4) atteftent avoir vus à Lacédémone de ces enfans endurer fur l'Autel de Diane les tourmens les plus rigoureux, jufqu'à y laiffer la vie, fans proférer une parole & fans faire même entendre aucun gémiffement; tant la fubordination & la conftance avoient déja jetté de profondes racines dans leur ame. L'idée qu'ils s'étoient faite du point d'honneur,

(1) Plut. Vie de Lycurgue.
(2) Idem.
(3) *Spartæ vero pueri ad aram fic verberibus accipiuntur, ut multus è vifceribus fanguis exeat ; nonnunquam etiam, ut cùm ibi effem audiebam, ad necem ; quorum non modò nemo exclamavit unquam fed ne ingemuit quidem.* Cicer. Tuf. Lib. 11, Plut. Cour. des Laced..
(4) Un Oracle ayant prédit que l'Autel de Diane devoit être arrofé de fang, les Lacédémoniens crurent ne pouvoir mieux marquer leur foumiffion qu'en y faifant couler tous les ans celui de leurs enfans à l'honneur de la Déeffe ; ils les accoutumoient par-là à fouffrir avec patience.

avoit fur eux un fi grand pouvoir, qu'ils aimoient mieux mourir que d'y manquer. Les parens & les meres préfens à ces fpectacles, loin de plaindre leurs enfans, les encourageoient eux-mêmes, & les voyoient avec fatisfaction fe difputer la gloire de fouffrir le plus conftamment.

A la fin des repas l'Irefne propofoit diverfes queftions utiles, pour leur donner des idées exactes des hommes & des chofes. Il demandoit, par exemple, quel étoit le plus homme de bien de la ville? Quel jugement on devoit porter d'une certaine action? Il falloit que la réponfe fût vive, prompte & raifonnée : un profond filence qu'ils obfervoient en tous temps, & qu'il ne leur étoit jamais permis de rompre fans être interrogés, les préparoit à penfer & à répondre pertinemment & en peu de mots (1). On exigeoit que leurs difcours fuffent ferrés, pleins de feu, plus nerveux que fleuris (2). Si quelqu'un d'eux manquoit aux obligations qu'on lui impofoit, l'Irefne le puniffoit au même moment. Les vieillards & les hommes faits, qui regardoient comme la

---

(1) Philippe envoya demander aux Lacédémoniens s'ils vouloient qu'il entrât dans leur Pays comme ami ou ennemi, ils lui répondirent, ni l'un ni l'autre.

Ce Roi leur ayant écrit, *fi j'entre dans votre Pays j'y mettrai tout à feu & à fang* ; ils n'y répondirent que par un *fi*. Ce n'eft pas la feule fois qu'ils lui firent d'auffi courtes réponfes : fort fouvent à fes demandes ils ne dirent qu'un *non*. Un jour que ce Roi leur avoit écrit d'un ton fort menaçant, il n'en eut d'autres paroles que *Denis à Corinthe*, lui faifant entendre que fa tyrannie l'avoit réduit d'y tenir École. *Demet. Pha. de Eleg.*

Les Eléens fe difpofant d'entrer en guerre en qualité d'Alliés des Arcadiens, ils leur écrivirent, *il eft bon de fe tenir en repos.* C'eft de là qu'on a dit un ftyle laconique. Plutarque dit que laconifer, c'eft philofopher. *Vie de Lycur.*

(2) L'entrée de Lacédémone étoit défendue à tout Rhétoricien ; ils en chaffèrent Cuphifophon pour s'être vanté qu'il parleroit tout un jour fur tel fujet que ce fût. *Plut. Cout. des Lacéd.*

principale occupation d'un bon Citoyen de visiter
souvent les jeunes gens, assistoient à ces assemblées,
& jugeoient si la peine prononcée par l'Iresne, étoit
proportionnée à la faute. Lorsque celui-ci étoit
trop sévere ou trop indulgent, on l'en reprenoit
après que les enfans s'étoient retirés. Quelquefois
les vieillards, les hommes faits & les enfans chantoient ensemble, & leurs chansons ne contenoient
que des maximes propres à élever le courage, à
exciter l'émulation, & à inspirer un ardent désir
de la gloire. Le sujet en étoit toujours noble ou
moral. Elles célébroient les louanges des guerriers illustres morts en servant la patrie, ou couvroient d'ignominie les lâches qui avoient craint
d'exposer leur vie pour sa défense : ils chantoient
souvent chacun à leur tour un verset d'une espece
de Cantique, dont le premier entonné par les vieillards, exprimoit leurs anciens faits d'armes ; le second marquoit ce qu'étoient en état de faire les
hommes qui le chantoient ; & le troisieme étoit
une promesse de la part des enfans, d'imiter & de
surpasser les uns & les autres (1).

Tout concouroit ainsi à graver l'amour de la

(1) Amyot dans Plutarque, traduit ainsi l'un de ces Cantiques.

1.
Nous avons été jadis,
Jeunes, vaillans & hardis.

2.
Nous le sommes maintenant,
A l'épreuve, à tout venant.

3.
Quelque jour nous le serons,
Qui bien vous surpasserons.

patrie dans le cœur & dans l'efprit des jeunes gens (1).
Chaque Citoyen étoit pour eux un exemple vivant
de valeur & d'intrépidité, qui les déterminoit à
méprifer la mort, à abhorrer le vice, & à n'avoir
que la vertu en recommandation.

Les enfans fe trouvoient quelquefois aux repas
publics, comme à des Écoles où ils recevoient des
leçons d'honneur, de raifon & de tempérance. Ils
entendoient dans ces repas, de graves réflexions
touchant le Gouvernement de la République, &
ils s'inftruifoient fous des maîtres qui n'avoient d'autres vues que fa grandeur & fa gloire : ils y apprenoient auffi à railler finement & à fupporter la rail-
lerie avec douceur; car on n'y fouffroit ni aigreur
ni baffeffe. Une fage politeffe l'accompagnoit toujours, & il fuffifoit qu'elle déplût pour qu'on ceffât
auffitôt. La difcrétion étoit encore une vertu (2)
qu'on tâchoit de leur infpirer, comme une des plus
effentielles aux gens de guerre. A mefure qu'ils en-
troient dans la falle, le plus âgé difoit, en leur
montrant la porte, *rien de ce qui fe dit ici ne fort
par-là.*

Ailleurs, dit Xénophon, un particulier eft maître abfolu de fes enfans, de fes biens, de fes efclaves. A Lacédémone tous les Spartiates ont une égale
autorité fur les jeunes gens; chacun y peut com-

(1) Antalcidas appelloit la jeuneffe les murs de Sparte. *Plut. Vie.*

(2) Metellus, après avoir remporté quelqu'avantage en Efpagne, fut interrogé
fur ce qu'il feroit le lendemain, à quoi il répondit, qu'il brûleroit fa chemife s'il
croyoit qu'elle le fçût.

Antigonus répondit à fon fils, qui lui demandoit quand il décamperoit, qu'il
en feroit informé par le bruit des Trompettes.

mander

mander indifféremment aux enfans d'autrui comme
aux fiens, & les châtier lorfqu'ils manquent.

Cet ufage forme un lien qui refferre l'affection
mutuelle des Citoyens, qui les engage à veiller les
uns fur les autres, & qui donne aux loix une force
inébranlable. Le Légiflateur avoit fagement prévu
qu'un intérêt commun les engageroit à n'ufer de
ce droit que pour ordonner des chofes raifonna-
bles. Quel pere eût ofé commander à l'enfant d'un
autre ce qu'il n'auroit pas voulu qu'on prefcrivît
au fien (1), ou n'eût pas craint de le corriger fans
fujet? Auffi l'enfant qui fe plaignoit recevoit-il de
fon pere un plus grand châtiment, tant la perfuafion
étoit générale à cet égard. Ce fut par ce moyen
que s'établit l'aveugle foumiffion des jeunes gens
aux ordres de quiconque étoit plus âgé: leur refpect
envers les vieillars (2) étoit extrême, il éclatoit en
tout: ils fe tenoient debout en leur préfence: ils
leur cédoient en tous lieux les premieres places: ils
fe détournoient & s'arrêtoient lorfqu'ils les rencon-
troient. Tout marquoit de leur part une reconnoiffance continuelle des foins que ceux-ci avoient pris
de leur éducation, & du zele avec lequel ils ne cef-
foient d'éclairer leur conduite. Il n'y a point de lieux
où l'on honorât tant la vieilleffe qu'à Lacédémone.

_____

(1) *Adeò fe invicem credunt nihil turpe pueris imperare.* Xénop. de rep. Lacéd.

(2) On raconte qu'un Lacédémonien rencontrant un homme dans une Litiere
dit, à Dieu ne plaife que je fois jamais affis en un lieu d'où je ne puiffe me lever
devant un vieillard.

Rien ne maintient plus les mœurs qu'une extrême fubordination des jeunes
gens envers les vieillards: les uns & les autres font contenus; ceux-là par le refpect qu'ils auront pour les vieillards, ceux-ci par le refpect qu'ils auront pour eux-
mêmes. *Montefquieu, Efprit des Loix, Liv. V, Ch. 7.*

d

C'étoit, difoit-on, la feule ville où il fût avantageux de vieillir. Un Spartiate ne renfermoit pas ces
témoignages extérieurs de refpect dans l'enceinte
de fes murs : il fe diftinguoit au dehors par les
mêmes fentimens & les mêmes égards. Dans un
fpectacle qui fe donnoit à Athenes, un vieillard
ayant trouvé toutes les places remplies, & aucun
de fes Concitoyens ne lui en voulant faire, il paffa
jufqu'au lieu qu'occupoient les Ambaffadeurs de
Lacédémone. A fon approche ceux-ci fe leverent
tous, & le firent affeoir au milieu d'eux. La foule des
fpectateurs ayant marqué, par des applaudiffemens
redoublés, combien elle étoit touchée de ce procédé, quelqu'un s'écria : Les Athéniens connoiffent ce
qui eft honnête, mais ils ne le pratiquent pas (1)!

   Lorfque les enfans étoient entrés dans l'adolef-
cence (2), on redoubloit d'attention & de févérité
à leur égard, pour qu'ils ne portaffent dans le fein
de la République que des mœurs & des vertus conformes aux principes du Gouvernement. Tout ce
qui peut élever le courage & rendre l'ame capable
d'aimer fes devoirs, étoit mis en œuvre. Différens
exercices du corps, en augmentant leurs forces, entretenoient un fonds d'émulation & d'obéiffance que
rien n'affoibliffoit enfuite. Ils luttoient fouvent enfemble, ou s'attaquoient à coups de poings ; mais tout

---

(1) *Dixiffe ex his quemdam, Athenienfes fcire quæ recta effent, fed facere nolle.*
Cicero, dè Senect. cap. XVIII.
   (2) *Enim verò de puberibus quam maximam diligentiam habendam voluit.* Xénop.
de repub. Laced.
   A l'âge de 15 ans. Idem.

Citoyen avoit droit de les féparer, & ils devoient obéir au premier commandement : le moindre délai eût été févérement puni. On ne vouloit pas qu'ils fe laiffaffent dominer par la colere, ni qu'elle pût jamais les empêcher d'obéir aux loix.

·. Les Ephores (1) élifoient dans les jeunes gens trois des plus braves, & en même-temps des plus fages pour commander chacun à cent autres qu'ils choififfoient parmi leurs camarades, en rendant compte publiquement aux Magiftrats des raifons qu'ils avoient de préférer les uns & de rejetter les autres. Ces trois cens jeunes gens étoient deftinés à fervir à cheval, ce qu'ils regardoient comme un grand honneur : delà naiffoit une jufte jaloufie. Ceux qui n'avoient point été choifis, n'épargnoient rien pour cenfurer le choix, & les autres pour le défendre : c'étoit enfuite à qui rempliroit le mieux fes obligations, les uns pour fe conferver la gloire de la préférence, les autres pour fe mettre au deffus de la honte du refus. Les yeux inceffamment ouverts, ils s'obfervoient mutuellement, toujours prêts à fe reprocher leurs fautes, s'ils euffent été capables d'en commettre contre l'honnêteté. (2)

Le lieu ordinaire des exercices fe nommoit le *Platanifte*. C'étoit une Ifle couverte de Planes. Elle étoit formée par un *Euripe* (3) : on y abordoit par deux ponts. Là les jeunes gens fe livroient quelque-

---

(1) Souverains Magiftrats.
(2) *Seque invicem obfervant, fi quid præter honefti exiftimationem admiferint.* Xénop. de rep. Laced.
(3) Foffé plein d'eau.

fois des combats très-fanglans. La nuit qui précédoit le jour deftiné à cette forte de bataille, ils
immoloient dans leur College au Dieu Mars un
jeune chien : fe divifant enfuite en deux troupes,
ils lâchoient deux fangliers apprivoifés qu'ils faifoient battre l'un contre l'autre. Chaque bande at-
tentive prenoit parti pour le fien : & il arrivoit fouvent que c'étoit celle à qui avoit appartenu le fan-
glier vaincu, qui plioit dans le combat ; tant la
prévention de l'efprit influe fur les forces du corps.
Le lendemain vers le midi chaque troupe paffoit
fur le pont qui lui avoit été défigné par le fort :
arrivés dans la plaine, & le fignal étant donné, les
jeunes gens fe joignoient & s'attaquoient par pelotons. Ils fe battoient tantôt des pieds, tantôt des
mains : ils fe déchiroient & fe mordoient avec les
dents : ils faifoient tout ce qu'ils pouvoient pour
s'entr'arracher les yeux, puis tous enfemble faifant
de nouveaux efforts pour gagner du terrein, les
plus forts contraignoient enfin les plus foibles à
reculer & les culbutoient dans le foffé (1). Lorfqu'ils
étoient parvenus à un âge plus avancé, il y avoit
une autre maniere de les accoutumer au fang. Leur
Gouverneur faifoit choix des plus hardis & des plus
prudens, qu'il armoit de poignards, & leur donnant
de quoi vivre, il les envoyoit dans la campagne,
où ils fe difperfoient & fe tenoient cachés pendant
le jour. La nuit ils fortoient de leurs embufcades,

_____

(1) *Adolefcentium greges Lacedemonæ vidimus ipfi incredibili contentione certantes*
pugnis, calcibus, unguibus, morfu, denique ut ex animarentur priùfquàm fe victos
faterentur. Cic. Tufc. quæft. Lib. v, cap. XXVII.

& fondant fur les Hilotes, leurs efclaves, ils les égorgeoient ; quelquefois ils les alloient attaquer en plein jour pour en tuer un plus grand nombre. La crainte avoit infpiré aux Lacédémoniens cette barbare politique. Ils avoient peur qu'une grande multiplication rendant ces efclaves trop puiffans, ils ne vinffent à leur faire fubir le joug de l'efclavage.

Pour en revenir aux exercices des Lacédémoniens, ils étoient fi pénibles, qu'ils regardoient la guerre comme un temps de repos. La févérité de leur difcipline fe relâchoit alors. Leur maniere de vivre devenoit moins auftere. On leur permettoit un jour de bataille d'embellir leurs armes & leurs vêtemens, d'ajufter leurs cheveux, de les parfumer & de porter des chapeaux de fleurs. On les voyoit s'avancer tous enfemble d'un pas égal & en cadence (1) au fon des inftrumens militaires, fans troubler leur ordonnance ni rompre leurs rangs, & s'expofer avec joie aux plus grands dangers & à la mort. Le Roi marchoit à leur tête, ayant toujours près de fa perfonne quelques-uns de ceux qui avoient été couronnés dans les jeux publics ; diftinction honorable qui les engageoit, pour s'en

(1) Agefilas interrogé pourquoi on faifoit marcher & combattre les Spartiates en cadence & en mefure , c'eft, répondit-il , afin qu'étant en bataille, on puiffe diftinguer ceux qui font braves d'avec les lâches. *Plut. Cout. des Lacéd.*

On pourroit ajouter , parce que la cadence rendant l'union plus parfaite , l'impulfion fans contredit en eft plus vigoureufe. On notoit d'infamie un Lacédémonien qui jettoit fon bouclier , parce que , dit Demarate , les boucliers contribuent beaucoup à la fermeté de l'Ordonnance. *Plut. id.*

rendre dignes, à se perfectionner dans toutes sortes
d'exercices (1).

Devenus hommes faits, ils n'acquéroient point
le droit de vivre à leur gré. Ils étoient à Sparte
ainsi que dans un camp où chacun a sa fonction
marquée. Ils regardoient tous les instans de leur vie
comme un bien qu'ils devoient employer au profit
de l'État. Ils ne pouvoient manger ailleurs que dans
les salles publiques. Ils étoient obligés de visiter souvent les jeunes gens, de leur inspirer, par leur exemple, l'amour de la tempérance & de la vertu, & de s'instruire encore eux-mêmes sous ceux qui étoient d'un
âge plus avancé. Ils faisoient de la chasse leur plus
ordinaire occupation : lorsqu'ils en revenoient trop
tard, ils pouvoient se dispenser d'aller prendre leur
repas dans les salles publiques (2), en y envoyant de
leur gibier ; car à Lacédémone la moindre faveur
devoit s'acheter au prix de la peine & du travail.

Le temps de la vieillesse n'en étoit pas un de
repos à Lacédémone. Lycurgue ordonna que les
Sénateurs fussent élus parmi les vieillards : ce qui
formoit entr'eux un combat admirable de jugement
& de vertu, d'autant plus utile à la République,

(1) Une somme considérable étant offerte à un Lacédémonien pour qu'il ne
combattît point aux jeux Olympiques, il la refusa & remporta le prix. Quelqu'un
se moquant de lui, demanda combien lui vaudroit sa victoire, il répondit, la
gloire de combattre près le Roi dans une bataille. *Plut. Vie de Lyc.*
(2) Ce qui ne leur étoit permis que dans ce cas, ou encore lorsqu'ils sacrifioient
dans leur maison : alors ils envoyoient à la Salle les premices de leur sacrifice : le
Roi même n'étoit point exempt de cette Loi. Agis revenant victorieux d'une
guerre contre les Athéniens, & voulant souper avec sa femme, envoya demander
sa portion ; mais elle lui fut refusée.

que les dons de l'ame font fupérieurs à ceux du
corps : d'ailleurs en les établiffant Juges du courage
des jeunes gens, il rendit la vieilleffe des uns plus
utile & plus honorable que la force des autres (1).
De tels hommes nourris & continuellement exercés dans les armes, devoient être invincibles. Auffi
le furent-ils tant qu'ils fe conformerent aux inftitutions de leur Légiflateur. Elles firent feules toute
la fplendeur de Lacédémone, & l'éleverent au deffus
des autres Républiques de la Grece, c'eft-à-dire,
qu'elle fut la premiere du monde. Lycurgue fçavoit
bien que pour perpétuer la durée de fes inftitutions,
le lien du ferment feroit trop foible, & qu'elles ne
fe conferveroient qu'autant que les enfans les fu-
ceroient, pour ainfi dire, avec le lait. C'eft pourquoi il fe fit un point capital de leur éducation,
& la regarda comme l'appui le plus ferme & le
plus folide des Loix. L'événement juftifia la juftesse
de fes vues. A la mort de Numa on vit s'évanouir
les fages réglemens de ce bon Roi, parce qu'il
n'avoit pas connu que c'eft dans l'éducation que
confifte la véritable force qui peut affurer la conftitution d'un État. Au contraire, les établiffemens de
Lycurgue, malgré la gêne qu'ils paroiffoient im-
pofer, s'affermirent de plus en plus par le fecours
du temps. A mefure que la raifon fe développoit
dans un jeune Spartiate (2), il trouvoit gravé dans

(1) *Perfecit feneftam pluris habendam effe quàm juventutis robur.*
(2) Diogene interrogé fur ce qu'il avoit vu de plus frappant dans fes voyages,
répondit : J'ai vu de braves enfans à Lacédémone. Comme il retournoit de Lacé-

fon ame, en caracteres ineffaçables, l'amour du
pays & de fes Loix (1). Cette paffion croiffoit avec
lui & fe fortifioit avec l'âge : elle étouffoit toutes
les autres paffions. C'étoit à fon égard le cri de la
nature. Delà naiffoit dans Lacédémone cette conftante unanimité de fentimens, cette grandeur de
courage qu'on ne fe laffe pas d'admirer, & cet efprit de véritable émulation qui ne permettoit aucune baffe jaloufie (2). Leur gloire n'étoit autre que
celle d'obéir aux Loix, & de vaincre ou mourir pour
l'État. Demarate, quoique banni de Sparte & réfu-
gié à la Cour de Xerxès, ofa dire à ce Roi : Les
Lacédémoniens font libres & ne fubiront jamais
la honte de la fervitude. Mais cette liberté n'empêche pas qu'ils ne foient foumis à un maître mille
fois plus redoutable à leurs yeux, que vous ne l'êtes
pour vos fujets, avec un pouvoir fans bornes. Ce
maître eft la Loi (3) : ils fuivent toujours aveuglément ce qu'elle commande, & elle commande de
ne fuir jamais du combat, quelque grand que foit
le nombre des ennemis (4), mais de demeurer ferme

démone à Athènes, il dit qu'il paffoit de l'appartement des hommes à celui des
femmes.

(1) Les Lacédémoniens étoient fi convaincus que le maintien de leur liberté
dépendoit de l'éducation publique qu'ils donnoient à leurs enfans, qu'après la
bataille qu'Agis perdit avec la vie contre Antipater, celui-ci leur ayant demandé
pour ôtages de la paix qu'ils propofoient des enfans, ils le refuferent de crainte
qu'ils ne reçuffent de mauvais principes dans une éducation étrangere. Ils offri-
rent de donner plutôt le double de vieillards & de femmes. *Plut. not. des Lacéd.*

(2) Pœdaretus à qui tout faifoit efpérer d'être élu du Confeil des trois cens,
ne l'ayant pas été, s'en retourna de l'affemblée tout joyeux, difant qu'il étoit
très-aife de ce qu'il fe trouvoit dans Lacédémone trois cens hommes plus vertueux
que lui. *Plut. des anciens Rois & Capitaines.*

(3) Herodote L. 7.

(4) Agis difoit qu'il ne falloit pas demander en quel nombre étoient les ennemis, mais où ils étoient. *Plut.*

dans

dans son rang, & de vaincre ou de mourir (1). Léonidas (2) voulant laisser aux Grecs l'exemple d'une intrépidité inouie, se dévoua, avec un très-petit nombre de Spartiates, à la défense du passage des Thermopiles. Les Éphores lui ayant représenté qu'il menoit trop peu de monde contre la puissance formidable des Perses, la mort volontaire de mille hommes (3), répondit-il, rendra Sparte célebre, au lieu que si je menois une armée, Lacédémone seroit détruite par sa défaite, d'autant qu'aucun de ceux qui la composeroient, ne prendroit le parti de la fuite. Cette seule action suffiroit pour démontrer ce que peut le petit nombre bien élevé & bien exercé, contre la multitude. C'est à cette généreuse défense que la Grece dut sa liberté, plutôt qu'à la victoire que remporterent dans la suite le reste des Grecs sur Xerxès ; cette premiere action ayant donné de l'étonnement aux Barbares, & de la confiance aux Grecs.

Tout se réunissoit pour rendre les Loix de Lycurgue inviolables, l'honneur d'un côté, l'infamie de l'autre ; il n'en étoit pas à Sparte comme dans

---

(1) Brasidas répondit aux Ephores qui lui envoyerent ordre de tenter une entre-prise très-périlleuse, je ferai ce que vous m'ordonnez ou j'y mourrai. *Plut.*

(2) Diodore de Sicile. Hist. L. 11.

(3) Il n'en garda que 300.

Callicratidas, avant la bataille des Arginuses, répondit à un Pilote qui lui disoit que les ennemis étoient les plus forts : Puisque la victoire ou la mort sont honorables, & que la retraite est honteuse, il faut chercher à vaincre ou mourir. Un Oracle ayant dit au même qu'il devoit être tué s'il donnoit bataille, mais que la victoire resteroit à Lacédémone, il nomma un successeur, livra la bataille & mourut. *Plut.*

Philippe étant entré dans le Péloponese, Damias dit que les Lacédémoniens n'en auroient pas à souffrir, parce qu'ils ne craignoient pas même la mort. *idem.*

e

le reſte de la Grece, ou même parmi nous. On ſe
contente de regarder un lâche comme un lâche :
il jouit d'ailleurs de toutes les aiſances de la vie :
on ne laiſſe pas d'entretenir avec lui une ſorte de
liaiſon. Mais à Lacédémone (1) le moindre ſoupçon
de lâcheté ſuffiſoit pour qu'un Spartiate fût exclus
des charges & des emplois publics. Il étoit obligé
de ſoutenir un procès intenté contre ſa valeur, &
de rendre compte de ſes actions : s'il ne parvenoit
pas à ſe juſtifier, un opprobre éternel demeuroit
attaché à ſa perſonne ; c'étoit un membre gâté
qu'on retranchoit du corps de la République : tout
autre Citoyen auroit rougi d'être apperçu avec lui ;
s'il ſe montroit dans les jeux publics, les joueurs
ſe réuniſſoient pour le chaſſer. Partout où l'on étoit
obligé d'endurer ſa préſence, il falloit qu'il prît la
derniere place : en tout lieu il cédoit le pas aux
autres, même aux jeunes gens, & ſe levoit devant
eux : chacun pouvoit impunément le frapper : il
devoit être vêtu mal-proprement, ne porter qu'une
méchante robe couverte de pieces de différentes
couleurs, & ne ſe faire raſer qu'une partie de la
barbe. On ne vouloit pas que celui qui refuſoit de
concourir à la gloire & à la conſervation de la
ſociété, jouît des avantages de la ſociété. On le
chargeoit de la nourriture, de l'entretien & de la
dot de ſes pauvres parentes. Il ne pouvoit ſe marier,
parce qu'il eût été honteux de s'allier avec lui.

_____

(1) Le fils de Dametrias fut tué par elle au retour d'un combat où il s'étoit
conduit lâchement. L'Hiſtoire de Lacédémone eſt remplie de pareils traits.

Cependant la Loi, par une fage contradiction, le condamnoit à l'amende encourue par ceux qui gardoient le célibat. Quelles filles euffent voulu pour époux un homme deshonoré, dans un état où elles recevoient une mâle éducation, où elles fe piquoient d'autant de courage que les hommes, où les femmes fe vantoient d'être les feules au monde qui enfantaffent des hommes ? La plus cruelle mort eût été moins affreufe qu'une vie qui traînoit après foi tant d'ignominie. On ne vouloit connoître à Sparte d'autre peur (1) que celle du blâme. C'eft pour cela, dit Plutarque (2), qu'il y avoit auprès du lieu où s'affembloient les Éphores, un Temple dédié à la peur, afin que l'on craignît de défobéir aux Magiftrats.

Telles furent, MESSIEURS, dans Lacédémone les principales inftitutions de Lycurgue concernant l'éducation des enfans, les exercices de la jeuneffe, la vie toute militaire des hommes faits, & les occupations des vieillards. Elles avoient pour objet, au dehors, la liberté de la Patrie ; au dedans, l'égalité, la concorde entre les Citoyens, l'amour des Loix, la prompte obéiffance aux Supérieurs. Agefilas confeilla à Xénophon de faire venir fes enfans à Sparte, pour y apprendre, difoit-il, la plus belle fcience du monde ; celle d'obéir & de commander. Les Spartiates excellerent en effet dans ces deux chofes, & fe rendirent par ce moyen fi puiffans &

(1) Leonidas interrogé pourquoi les Lacédémoniens préferent la mort à la vie, répondit, c'eft parce qu'ils tiennent celle-ci du hafard & l'autre de la vertu.
(2) Vie d'Agis & de Cléomene.

e ij

fi expérimentés dans la guerre, que plufieurs Républiques voulant apprendre fous eux ce grand Art,
fe foumirent volontairement à leur autorité.

La douceur de nos mœurs doit nous faire trouver de la férocité dans l'éducation Spartiate ; mais
on ne doit pas oublier qu'on n'afpiroit dans cette
République qu'à la gloire militaire : on n'y vouloit
former que des foldats; & fous un tel point de
vue jamais éducation ne fut plus conforme à fon
objet.

Ce fut chez ce Peuple belliqueux que les Siciliens, les Calcidiens, les Carthaginois & tous les
Grecs de l'Afie vinrent prendre des Généraux (1);
ils ne demandoient à Sparte, ni foldats, ni argent,
ni vaiffeaux : un feul de fes Citoyens leur tenoit
lieu de tout autre fecours. Seuls de tous les Grecs,
les Lacédémoniens refuferent de foufcrire au décret
que Philippe, après la bataille de Cheronnée, (2)
avoit fait porter en fa faveur par l'Affemblée de
Corinthe : feuls ils réfifterent à la puiffance d'A-
lexandre, & ne cederent que les derniers à fes fuc-
cefleurs : jamais ils ne combattirent pour eux ni
avec eux. Quoiqu'en petit nombre & dans une ville
fans murailles, ils conferverent leur liberté, & la
défendirent jufqu'à la derniere extrêmité : la févérité de leur difcipline les avoit toujours rendus

(1) Paufanias , Agefilas , Gylippe, Brafidas , Xantippe , Lyfandre , Callicratidas , &c.
(2) Elle fe donna la troifieme année de la cent dixieme Olympîade, environ 328
avant J. C. Philippe Roi de Macédoine y vainquit les Athéniens & les autres Grecs
leurs Alliés, ayant enfuite indiqué à Corinthe l'affemblée générale des Grecs, il
fe fit élire leur Chef contre les Perfes.

supérieurs aux événemens ; ils ne commencerent à en dépendre que lorfque leur difcipline commença à s'altérer. Aveuglés par l'ambition, ils voulurent affervir la Grece entiere ; mais Athenes (1) leur difputa l'Empire. Ils mirent tout en feu pour perdre une rivale trop puiffante, & ils ne craignirent pas d'employer contre elle l'or & les vaiffeaux des Perfes, leur ennemi commun. La fortune feconda leur injufte deffein (2). Mais la foif des richeffes, vice qui leur étoit auparavant inconnu, s'introduifit parmi eux : infenfiblement la corruption gagna toutes les parties de la République : il n'y eut plus de difcipline ; la trop grande dureté de fon Gouvernement rebuta fes Alliés ; (3) toutes les Cités qui cherchoient auparavant à Sparte des Vainqueurs, n'y trouvant plus que des maîtres qui les traitoient en efclaves, fe réunirent dans la réfolution de fe fouftraire à fa domination. Ainfi après avoir eu l'Empire de la Grece, elle fut obligée de combattre pour retarder fa propre ruine ; la valeur de Cléomene la foutint quelque temps fur le bord du précipice ; mais ce fut le dernier effort de la vertu Lacédémoniene. La perte de la bataille de Sellafie la livra aux Macédoniens, & lorfque fes vainqueurs l'eurent abandonnée à elle-même, elle fe trouva trop

---

(1) C'eft ce qui donna occafion à la guerre du Péloponefe qui dura 27 ans. Thucydide dit que la véritable caufe de la rupture des Athéniens avec ceux du Péloponefe vint de la jaloufie qu'eurent les Lacédémoniens de la grandeur d'Athenes. L. 1.

(2) Cette guerre finit par la prife d'Athenes & l'établiffement des trente Tyrans.

(3) *Quid Lacedemonios injuftè imperantes nonne repentè omnes ferè focii deferuerunt, fpectatorefque fe otiofos præbuerunt Leuctricæ calamitatis.* Cic. de Officiis, L. 11, cap. yii.

affoiblie pour réfifter à de nouvelles attaques. Des
Tyrans s'éleverent dans fon fein : elle en fubit le
joug : les Achéens lui firent reffentir tout ce que
la vengeance a de plus affreux : enfin elle tomba
fous la puiffance des Romains ; puiffance dont ceux-
ci n'ont été redevables qu'à l'excellence de leur
difcipline militaire.

Quelqu'extraordinaire que paroiffent la plûpart
des faits que je viens de tracer, tant d'Auteurs les
ont atteftés, ils font fi généralement connus, qu'il
n'eft pas poffible de les révoquer en doute : l'hiftoire ancienne n'offre rien de plus certain. Vous
vous en convaincrez, MESSIEURS, lorfqu'elle fera
l'objet de vos études. Je n'ai mis fous vos yeux que
la plus belle partie des Loix de Lycurgue. Ces Loix
cependant ne font pas fans défaut ; mais fi l'École
de Sparte, malgré beaucoup de vices, a pu paffer
pour le chef-d'œuvre, le prodige de l'antiquité, la
vôtre qui en a toute l'excellence fans participer à
aucun de fes défauts, & qui y joint mille autres
avantages, fera fans contredit, & à bien meilleur
titre, l'honneur de notre fiecle & l'admiration de la
poftérité.

Quand on refléchit fur les actions & fur la conduite de ces fameux Spartiates, on ne peut s'empêcher de les trouver dans bien des cas, groffieres
& cruelles. Les différentes guerres qu'ils eurent préfentent autant d'exemples de cette vérité (1). Platon
a dit qu'ils étoient courageux & magnanimes, mais

(1) Thucydide L. III, & Diodore L. XII, rapportent des traits de leur cruauté.

injuftes & perfides (1), dès qu'il s'agiffoit de la gloire
ou de l'intérêt de Lacédémone ; c'étoit le fruit
d'une éducation mal entendue qui ne rouloit que
fur deux principes, l'amour de la patrie & la force
du corps. Les foins exceffifs qu'on apportoit à la
perfection de celle-ci, occafionnerent la cruelle
infpection qui étoit faite des enfans avant qu'il fût
permis de les nourrir. On les choififfoit à peu près
comme nous faifons nos animaux domeftiques, &
l'on mettoit peu de différence dans la maniere de
les dreffer (2). Les qualités du cœur, celles de l'efprit, n'étoient chez eux comptés pour rien, puifqu'ils
n'avoient point horreur de faire périr ceux qui naiffoient mal conformés, ou qui paroiffoient d'une
foible complexion.

Les élémens de l'inftruction de la jeuneffe fe
réduifoient principalement à lui apprendre à obéir,
à endurer le travail, à fe former à la fatigue par la
tempérance & par de continuels exercices. L'étude
des Arts (3) & des Sciences (4) lui étoit interdite : on
ne lui donnoit aucune teinture des Belles-Lettres :
il étoit fi rare qu'un Lacédémonien fût éloquent,

(1) Cléomene, après avoir fait une fufpenfion d'armes de fept jours avec ceux
d'Argos, il les alla enlever une nuit, difant que les nuits n'étoient pas comprifes
dans la fufpenfion. *Plut.*

(2) Un Etranger difant que les chiens de Sparte ne valoient rien, Agéfilas lui
répondit que les hommes n'en étoient pas meilleurs du commencement, mais
qu'ils s'étoient fait bons par les exercices. *Plut.*

(3) Les Lacédémoniens faifoient exercer tous les métiers par des efclaves ; ils
n'en avoient pour eux point d'autre que celui des armes. Agéfilas répondit à leurs
Alliés qui fe plaignoient du petit nombre qu'ils fourniffoient, que les Spartiates
étoient tous foldats, & que les autres n'étoient que des gens de métier. *Plut.*

(4) Ils n'avoient pas même de Maître à lutter, de crainte que cet exercice ne
devînt une fcience. *Plut.*

que Thucidide rapporte (1) que Brasidas ne parloit pas mal pour un Spartiate. Un grand nombre de connoissances utiles ou nécessaires au bonheur de la société, étoient bannies de Sparte ; on craignoit que si l'esprit se fortifioit, ce ne fût aux dépens du corps. Il arrivoit delà que les enfans forcés à des exercices pénibles où l'ame n'avoit aucune part, contractoient, dès leurs premieres années, une férocité (2) dont ils ne se défaisoient jamais. Avant votre établissement, Messieurs, nous agissions bien différemment : occupés uniquement de l'esprit, nous faisions peu de chose pour le cœur & rien pour le corps. Une éducation trop dure forma le caractere sombre qu'on a reproché aux Lacédémoniens ; l'ignorance les conduisit encore à se faire honneur du vice honteux de l'oisiveté : une éducation trop molle nous avoit énervés & mis hors d'état de soutenir les fatigues de la guerre. Séduits par le brillant de l'esprit, livrés à tous les caprices d'une imagination vive & emportée, ce que les Sciences ont de solide & d'essentiel nous touchoit peu ; l'utile de l'étude étoit généralement sacrifié à tout ce qui n'est que de pur agrément. Nous n'avions évité un excès que pour tomber dans un autre non moins pernicieux. Votre exemple va nous en tirer, en nous traçant une route que nous pourrons suivre en assurance. Chez vous, Messieurs, le cœur, l'esprit & le corps sont cultivés avec les mêmes soins. A me-

(1) Liv. iv.
(2) Aristote a bien prouvé contre Lycurgue que la brutalité étoit contraire à la valeur. Liv. XVIII de sa Politique, ch. XIV.

sure

fure que le cœur s'ouvre aux leçons de la fageffe,
que l'efprit fe livre aux élémens des Langues & des
Sciences, le corps fe fortifie par la pratique des
différens exercices. La raifon, fi j'ofe m'exprimer
ainfi, fuit les degrés de force & d'adreffe que vous
acquérez chaque jour. Ni l'efprit ni le corps ne
languiffent aux dépens l'un de l'autre dans un ftérile
repos ; mais ils fe prêtent un appui mutuel dans
toutes leurs fonctions. En même temps que celui-
ci exécute, le jugement fe forme & l'ame s'éclaire.
Cette marche égale & conftante produira en vous
un goût raifonné & conféquent, qui deviendra
le principe de toutes vos actions ; bien différens
des Lacédémoniens qui n'agiffoient, comme on le
remarque quand on y refléchit, que par tranfport,
& en qui l'on n'apperçoit qu'un inftinct animé par
la paffion.

Ce n'étoit point par le fecours de la raifon qu'on
cherchoit à infpirer aux jeunes Spartiates l'amour
du bien & l'horreur du mal. On employoit, ainfi
qu'on avoit fait pour le corps, la force de l'habitude pour plier leur caractere & leur infpirer les
maximes qu'ils devoient pratiquer. Pour qu'ils ne
craigniffent rien dans les ténébres, on les accoutumoit à marcher la nuit fans lumiere. Vouloit-on les
préferver contre l'ivrognerie ? on enivroit des Ilotes,
& après les avoir introduit dans les falles, on les
forçoit à chanter des chanfons obfcênes & à former
des danfes infâmes (1) en préfence des enfans. La

_____
(1) Il étoit défendu à ces efclaves de danfer & de chanter rien d'honnête, & qui
convînt à des perfonnes libres. *Plut. vie de Lycurgue.*

f

vertu ne leur étoit montrée que fous la réprésentation du vice. Il n'en eſt pas de même dans votre École, Messieurs; elle y paroît dans tout ſon éclat. Vous la découvrez dans le caractere des hommes qui vous gouvernent, dans l'eſprit de douceur & d'équité avec lequel ils vous traitent, dans le zele dont ils brûlent pour votre perfection, & qui les engage à veiller ſur vous. Leurs vœux, leurs diſcours, leurs actions, leurs pas, toutes leurs démarches réfléchiſſent ſans ceſſe à vos yeux l'image de cette vertu; elle ſe préſente ſous toutes les formes capables d'embraſer le cœur & de faire déteſter le vice; l'exemple de la vertu vous fait chérir la vertu. Mais ce n'eſt point aſſez pour vous, Messieurs, d'en ſuivre les loix: à tous les biens dont elle enrichit votre ame, vous en ajouterez un autre qui n'eſt pas moins précieux qu'elle-même; vous la rendrez aimable à vos compatriotes, & ils s'empreſſeront de marcher ſur vos traces, parce que vous aurez l'art de vous faire aimer. La fierté ſauvage de ces Grecs irrita les autres Grecs, & détacha de leur alliance tous ceux qui l'avoient recherchée. Les Lacédémoniens, après avoir fait l'admiration de la Grece, devinrent l'objet de ſa haine & de ſon mépris. Vous ſerez à jamais, Messieurs, l'amour & l'exemple de la France, l'eſpérance & le ſoutien de ſes Alliés, l'effroi de ſes ennemis. Avec le courage qui eſt le caractere diſtinctif de la Nation, & que vous tenez de vos Ancêtres, vous aurez la vigueur (1) que don-

---

(1) *Anguſtam, amicè, pauperiem pati.*

nent des exercices continuels & proportionnés aux
forces du corps ; un esprit cultivé par la raison &
par les sciences (1) éclairera vos démarches ; l'honneur dirigé par la sagesse, en sera le mobile ; des
mœurs douces vous gagneront tous les cœurs ;
l'amour de la Patrie, lié avec les devoirs sacrés de
l'humanité, ne produira jamais en vous, MESSIEURS,
ni l'obstination, ni la dureté, ni l'injustice qu'on
remarque dans toute la conduite des Spartiates.

Je ne dis rien, MESSIEURS, que nous ne soyons
en droit d'attendre d'une jeunesse choisie dans l'é-
lite de la Nation, élevée sous les yeux d'un Roi
pere de son peuple, cultivée par les soins d'un Ministre éclairé, assemblée dans un lieu où l'exemple
& le précepte ne vont jamais l'un sans l'autre. Les
Officiers qui vous conduisent, MESSIEURS, ont été
désignés par la voix de l'estime publique ; leur expérience à la guerre regle vos pas, & l'intelligence
qui regne entr'eux, assure celle qui doit être entre
vous.

C'est dans la plus célebre École (dans la Sor-
bonne) que vous puisez les élémens de la Religion ;
des maîtres consacrés à son étude & à la piété, vous
apprennent à connoître l'Auteur de la Nature, &
à lui rendre l'hommage que vous lui devez. Ils

Robustus acri militiâ puer
Condiscat : & Parthos feroces
 Vexet eques metuendus hastâ :
Vitamque sub dio , & trepidis agat
In rebus. . . . . . . Hor. lib. III , Od. II.
(1) . . . . *nunc adbibe puro*
 Pectore verba , puer; nunc te melioribus offer. Hor. Ep. II , lib. I.

tracent dans vos cœurs des leçons d'une Philosophie divine.

Ce sont, MESSIEURS, les plus illustres Sçavans à qui le soin de vos études est confié, & le Directeur général de votre établissement est un homme dont le génie seroit capable de soutenir le poids des fonctions les plus difficiles & les plus importantes de l'État, sans en être surchargé.

Tant d'avantages sont des gages certains de l'excellence de votre éducation : ils suffiroient seuls pour démontrer combien elle doit être supérieure à celle des Lacédémoniens. Mais j'en veux pousser le parallele plus loin. Du sein de votre École il sortira de grands Généraux, des Officiers intelligens, des Ingénieurs sçavans, des Politiques sages, & des Négociateurs prudens. Avec les fondemens d'une éducation telle que la vôtre, on peut prétendre à tout. Sparte n'enfantoit que des soldats. Ses citoyens, il est vrai, avoient l'ame courageuse, intrépide, avide de gloire, & c'étoit en quoi consistoient les vertus de la plus grande partie de leurs Généraux (1). Mais à quoi servent-elles sans la capacité des Chefs (2)? C'est de celle-ci que dépend la destinée (3) des armées.

---

(1) Theopompe disoit que Lacédémone triomphoit plutôt parce qu'on y sçavoit obéir, que parce qu'on y sçavoit commander.

Le moyen de vaincre les Thraces, dit Pausanias, est de choisir un bon Général.

(2) Epaminondas expirant, conseilla aux Thébains de faire la paix, parce que ceux qui étoient capables de les commander, avoient été tués avec lui à la bataille de Mantinée. L'événement prouva l'excellence de son conseil. *Plut. vie d'Epamin.*

(3) Antigonus étant sur le point de donner une bataille navale près de l'Isle d'Andros, répondit à quelqu'un qui lui faisoit observer que les ennemis avoient beaucoup plus de vaisseaux que lui : Et moi, pour combien de vaisseaux me compte-t'on ? *Plut. vie de Pélopidas.*

La nature toute seule produit-elle un Général ? Elle peut bien donner un génie vaste, élevé, sublime, mais c'est à l'étude d'en régler les mouvemens. Si la nécessité de l'expérience est hors de toute contestation, comment parviendra-t'on à l'acquérir sans le secours de l'étude ? La plus longue vie fournit-elle assez d'occasions pour bien examiner, peser, comparer, combiner, discerner ? Tout ce qu'on peut avoir vu pendant sa vie, est-il capable de donner des regles certaines, applicables à tous les événemens ? Notre sphere est trop étroite, & nos connoissances personnelles sont trop bornées. Quand aux faits dont nous avons été témoins, on ajouteroit tout ce qui a été vu par le petit nombre d'hommes avec lesquels nous vivons : il faut nécessairement que l'Histoire (1) vienne encore fortifier & étendre notre expérience par celle de tous les temps & de tous les lieux. Chez elle tout, jusqu'aux erreurs même (2) contribue à notre instruction. En nous dictant des regles de conduite, elle nous montre une infinité d'écueils que nous devons éviter. N'est-ce pas l'Histoire qui nous apprend les usages, les mœurs, les intérêts des peuples contre lesquels nous avons à combattre, connoissances indispensables pour un Général ? Un Général peut-il ignorer la Géométrie, les Méchaniques, la Physique, la Géographie, l'Astronomie (3) ?

_____

(1) *Est enim historia testis temporum, lux veritatis, Magistra vitæ, nuncia vetustatis.* Ciceron.

(2) *Pulchrum est enim ex aliis erratis in melius instituere vitam nostram, & quid expectandum, quid refugiendum sit ex aliorum exemplis posse cognoscere.*

(3) Le pont de César sur le Rhin ; ses inventions au siege d'Alexia ; la connois-

En vain dira-t'on que la gloire de Lacédémone ignorante a duré cinq cens ans : ſi elle en fut redevable à la force du corps & à ſa valeur, c'eſt que durant ce temps on ne lui oppoſa pas un génie ſupérieur au ſien : c'eſt que ſa conſtitution militaire étoit meilleure que celle de ſes ennemis, & qu'un ſeul chef avoit l'unique autorité dans ſon armée. Elle combattoit contre des Grecs diviſés d'intérêts, moins robuſtes que ſes Citoyens, & commandés à la fois par pluſieurs Généraux d'une médiocre capacité, qui s'entrenuiſoient, & que l'on changeoit toutes les années (1). La valeur des Lacédémoniens tint-elle contre la capacité d'Epaminondas ? Agis ne ſuccomba-t'il pas ſous Antipater (2), & Cléomenes ſous Antigonus (3) ?

La force du corps fut toujours ſoumiſe à l'eſprit. C'eſt lui qui produit les meilleurs ſyſtêmes de guerre, qui varie avec tant d'ordre & de diſcernement les diſpoſitions militaires les plus communes, qui fait qu'un ennemi moins éclairé, malgré toute ſa vigilance & toutes ſes forces, ſe trouve ſurpris & défait ſans avoir combattu.

ſance qu'eut Paulus Æmilius des cauſes de l'éclipſe de Lune qui ſe fit avant la bataille contre Perſée, & la même connoiſſance dont ſe ſervit Dion pour inſpirer de la confiance lorſqu'il alla en Sicile pour chaſſer Denis le Tyran, ſont autant de preuves de la néceſſité de l'étude.

(1) Philippe de Macédoine diſoit en riant, que les Athéniens étoient fort heureux de trouver chez eux toutes les années dix nouveaux Généraux, tandis que lui en beaucoup d'années avoit bien de la peine à s'en procurer un (c'étoit Parmenion). *Plut. des Rois & Capitaines.*

(2) Cette victoire fut remportée la troiſieme année de la cent douzieme Olympiade, trois cens trente ans avant J. C. Cinq mille trois cens Spartiates périrent à cette bataille ; Alexandre en conçut beaucoup de jalouſie contre Antipater.

(3) Fabricius ayant appris la perte de la bataille d'Héraclée, dit : Ce ne ſont pas les Grecs qui ont battu les Romains, mais Pyrrhus qui a vaincu nos Généraux.

Ces Lacédémoniens fi fupérieurs aux autres ,
l'euſſent été ſans doute aux Romains , s'ils euſſent
donné autant de ſoin à la culture de l'eſprit (1) qu'à
celle du corps : en éclairant la Grece ſur ſes véritables intérêts , ils s'y feroient ménagé des alliés ;
ils auroient ſçu , en appaiſant les diviſions dont elle
étoit déchirée , inſpirer la concorde entre ces
États différens , & de toutes ces Républiques ne
former qu'un ſeul corps , qui eût oppoſé à Rome
toutes ſes forces réunies & animées d'un même eſprit. Le moyen que Sparte devoit employer pour
la conſervation de la Grece contre les Romains ,
ceux-ci le mirent en œuvre avec toute l'habileté
poſſible pour la ſubjuguer. Ils en durent la conquête , autant à la ſupériorité de leur génie , qu'à
celle de leurs armes. L'union conſtante de ces deux
choſes fit toute la gloire des Romains ; une politique raiſonnée , ſuivie & profonde dans ſes vues ,
préparoit les événemens , leurs armes en aſſuroient
le ſuccès. Les Lacédémoniens avoient la grandeur
de courage ; mais ils n'étoient ni ſçavans ni politiques : les Athéniens & le reſte des Grecs au contraire étoient ſçavans ; mais leur ſcience vague ,
ſtérile , ſans action , conſiſtoit en paroles & en vains
raiſonnemens. Les Grecs , diſoit Caton , parlent
par la bouche , & les Romains par le cœur. Or
rien ne réſiſte au cœur , quand une prudence
éclairée en conduit les mouvemens , & qu'il eſt

---

(1) Pyrrhus diſoit qu'il n'avoit pas tant pris de villes par la force , que Cineas en
avoit pris par ſon eſprit. *Plut. vie de Pyrrhus.*

secondé par la force du corps. On doit à l'étude des connoissances indispensables : elle apprend à juger de la solidité d'un projet ; elle montre la meilleure maniere de l'exécuter ; elle en fait tirer le plus grand avantage.

Mais , dira-t'on , nous avons bien fait la guerre sans nous être donné la peine d'apprendre à la faire , sans nous y être préparés par des exercices. Quelque monstrueuse que soit cette proposition , elle trouve des partisans , parce qu'il y a bien des hommes incapables de sentir le bien , que d'autres ont croupi dans l'ignorance , & qu'ils ont passé leur vie dans la dissipation , dans l'oisiveté, ou dans des occupations encore plus dangereuses. Pour peu que ceux-ci voulussent s'instruire sur les horribles calamités de tous les temps & de tous les pays , ils sçauroient qu'elles n'ont eu pour cause que l'ignorance. Tous les événemens malheureux de la guerre ne peuvent être attribués qu'au défaut d'exercice dans les troupes , & de connoissances de l'Art de la guerre dans les Chefs & dans les Officiers particuliers. Ces vérités trouveront leur preuve dans la différence réelle & dans le prodigieux changement que votre éducation aura produit dans les armées Françoises. Vous ferez naître dans les troupes le goût des Sciences, & vous nous apprendrez à les employer au bien de l'État & à celui de la société. Vous nous inspirerez un véritable zele & une noble émulation (1) pour notre

(1) Charite disoit que la meilleure forme d'un Etat, étoit celle où il y avoit beaucoup d'émulation & peu d'envie. *Plut.*

métier.

métier. L'amour du devoir & une fage fubordination prendront la place de la critique, de l'aigreur
& du murmure. Les graces de votre caractere & la
douceur de vos mœurs répandront leurs précieufes
influences fur tous les régimens. On y verra naître
& fe perpétuer cet efprit d'unité fi effentiel pour
l'avantage des armes. Vous aurez pour imitateurs
des camarades charmés d'acquérir par votre commerce les talens qui décorent l'honneur & le courage, & qui rendent tout Officier vraiment utile
à fon Roi & à fa Patrie. Votre exemple fera impreffion jufques fur le foldat : fon obéiffance fera volontaire, & fa confiance aveugle, parce qu'il fera
convaincu que vous n'agirez que fur des principes
certains & fur une connoiffance parfaite de ce qui
convient à fon état, & que dans la difcipline exacte
que vous lui ferez obferver, vous ne perdrez jamais de vue fon bien, fon intérêt, fa confervation
& fa récompenfe.

Ces merveilleux effets prouveront à l'univers
que notre Monarque, après avoir triomphé de fes
ennemis & donné la paix à l'Europe, a pris, en
formant votre École, des mefures infaillibles pour
fixer déformais (1) la victoire fous les étendards de
la France.

(1) *Sæpè enim ea quæ initio non difficilia tantùm effe, verùm omninò fieri non poffe videbantur, mox ut acceffit tempus & confuetudo, facillima videntur omnium: quàmobrem propter difficultates, quæ primâ fronte apparent, utili re nullâ eft abfti-nendum, fed danda opera, ut affiduâ meditatione in habitum res vertat. Pol. hift. lib. x.*

PRÉFACE.

EXTRAIT

De l'Edit portant création d'une Ecole Royale Militaire (1).

LOUIS &c. Il n'a peut-être jamais été fait fondation plus digne de
la Religion & de l'humanité d'un Souverain, que l'établissement de
l'Hôtel des Invalides : ce monument de la bonté du feu Roi, eût suffi
pour immortaliser son regne. Jusqu'à lui les Officiers & les Soldats,
forcés par leurs blessures ou par leur âge de se retirer du service, ne
subsistoient qu'avec peine dans nos Provinces, des secours que leur
accordoient les Rois nos prédécesseurs : Louis XIV a eu le premier
la gloire de leur assurer un azyle honorable, dans lequel ils trouvent
une subsistance commode, sans perdre les glorieuses marques de leur
état, & un repos occupé de fonctions militaires proportionnées à leurs
forces. Quoique nous n'ayons rien négligé pour maintenir, & même
pour augmenter la splendeur d'un si noble établissement, notre affection pour des sujets qui ont eu tant de part à la gloire de nos armes,
nous a fait chercher les moyens de leur donner des témoignages plus
particuliers de notre satisfaction. Pour commencer à remplir cet objet,
nous avons par notre Édit du mois de Novembre dernier, accordé la
Noblesse à ceux que leurs services & leurs grades ont rendu dignes
d'un honneur que la nature leur avoit refusé, & nous avons ouvert
à ceux qui voudront marcher sur leurs traces, la carriere qui peut les
y conduire : il ne nous restoit plus qu'à donner des preuves aussi sensi-
bles de notre estime & de notre protection au corps même de la Noblesse, à cet ordre de Citoyens que le zele pour notre service & la
soumission à nos ordres ne distinguent pas moins que la naissance.
Après l'expérience que nos Prédécesseurs & nous-mêmes avons faite,
de ce que peuvent sur la Noblesse Françoise les seuls principes de
l'honneur, que n'en devrions-nous pas attendre, si tous ceux qui la
composent y joignoient les lumieres acquises par une heureuse éducation ? Mais nous n'avons pu envisager sans attendrissement que
plusieurs d'entr'eux, après avoir consommé leurs biens à la défense de
l'Etat, se trouvassent réduits à laisser sans éducation des enfans qui
auroient pu servir un jour d'appui à leur famille, & qu'ils éprouvas-
sent le sort de périr ou de vieillir dans nos armées, avec la douleur

---

(1) Il semble à tous Auteurs militaires qu'il manqueroit beaucoup à leurs ouvrages si cet Edit n'y étoit inséré.

PRÉFACE. lj

dé prévoir l'aviliſſement de leur nom dans une poſtérité hors d'état d'en ſoutenir le luſtre : nous avons tâché d'y pourvoir autant que nous l'avons pu par les graces que nous avons déja répandues ſur eux ; mais les dépenſes indiſpenſables de la guerre mettant des bornes à nos bien-faits, nous avons préféré le bien ſolide de la paix, à tout ce que nous pouvoit offrir de plus ſéduiſant le ſuccès ſoutenu de nos armes. A préſent que nous pouvons ſoulager plus efficacement cette précieuſe portion de la Nobleſſe, ſans que les moyens que nous y employerons augmentent les charges de notre peuple, nous avons réſolu de fonder une *École Militaire*, & d'y faire élever ſous nos yeux cinq cens jeu-nes Gentilshommes nés ſans biens, dans le choix deſquels nous pré-féreront ceux qui, en perdant leur pere à la guerre, ſont devenus les enfans de l'État : nous eſperons même que l'utilité de cet établiſſe-ment, qui ſemble n'avoir pour objet qu'une partie de la Nobleſſe, pourra ſe communiquer au corps entier ; & que le plan qui ſera ſuivi dans l'éducation des cinq cens Gentilshommes que nous adoptons, ſervira de modele aux peres qui ſeront en état de la procurer à leurs enfans ; enſorte que l'ancien préjugé qui a fait croire que la valeur ſeule fait l'homme de guerre, cede inſenſiblement au goût des études Militaires que nous aurons introduit. Enfin nous avons conſidéré que ſi le feu Roi a fait conſtruire l'Hôtel des Invalides pour être le terme honorable où viendroient finir paiſiblement leurs jours ceux qui au-roient vieilli dans la profeſſion des armes, nous ne pouvions mieux ſeconder ſes vues qu'en fondant une École ou la jeune Nobleſſe qui doit entrer dans cette carriere, pût apprendre les principes de l'Art de la guerre, les exercices & les opérations pratiques qui en dépen-dent, & les ſciences ſur leſquelles ils ſont fondés. C'eſt par des motifs auſſi preſſans que nous nous ſommes déterminés à faire bâtir inceſ-ſamment auprès de notre bonne Ville de Paris, & ſous le titre d'*École Royale Militaire*, un Hôtel aſſez grand & aſſez ſpacieux pour recevoir non ſeulement les cinq cens jeunes Gentilshommes nés ſans bien pour leſquels nous le deſtinons, mais encore pour loger les Of-ficiers de nos troupes auſquels nous en confierons le commandement, les Maîtres en tous genres qui ſeront prépoſés aux inſtructions & aux exercices, & tous ceux qui auront une part néceſſaire à l'adminiſtra-tion ſpirituelle & temporelle de cette Maiſon. A CES CAUSES, après avoir fait mettre cette affaire en délibération dans notre Conſeil, de l'avis d'icelui & de notre grace ſpéciale, pleine puiſſance & autorité Royale : Nous avons par notre préſent Édit perpétuel & irrévocable, dit, ſtatué & ordonné, diſons, ſtatuons & ordonnons ce qui ſuit.

ARTICLE PREMIER.

Nous avons par notre préſent Édit, fondé & établi, fondons &

g ij

établiſſons à perpétuité une École Militaire pour le logement, ſubſiſtance, entretien & éducation dans l'Art militaire, de cinq cens jeunes Gentilshommes de notre Royaume, dans l'admiſſion & le choix deſquels il ſera exactement obſervé, ce que nous preſcrirons ci-après. A l'effet de quoi, voulons qu'il ſoit choiſi inceſſamment aux environs de notre bonne Ville de Paris, un terrein & emplacement propre & commode à conſtruire & bâtir un Hôtel pour loger leſdits cinq cens Gentilshommes, & tous ceux que nous jugerons néceſſaires à leur éducation & entretien, lequel Hôtel ſera appellé *Hôtel de l'École Royale Militaire.*

I I.

IL ſera dreſſé par nos Architectes ordinaires, ſous les ordres du Directeur général de nos Bâtimens & Maiſons, des Plans des Bâtimens qui doivent compoſer ledit Hôtel, ſuivant les Mémoires que nous en ferons remettre à notredit Directeur.

I I I.

LES Propriétaires du terrein choiſi pour la conſtruction dudit Hôtel ſeront par nous payés de la juſte valeur d'icelui, ſuivant l'eſtimation qui en ſera faite, & au prix qui ſera par nous reglé. Et après l'acquiſition faite dudit terrein, voulons qu'à l'avenir il ſoit amorti, comme nous l'amortiſſons par ces Préſentes, ſans que pour raiſon dudit amortiſſement, il nous ſoit payé aucun droit ni aucune indemnité, lods & ventes, quints & requints, rachats ni reliefs, pour ce qui ſe trouvera mouvant de nous, & en cenſive de notre Domaine, nonobſtant toutes aliénations & engagemens ; ſans auſſi payer francs-Fiefs & nouveaux acquêts, ban ou arriere-ban, taxes, ni autres droits quelconques, qui nous ſont ou pourront être dûs, dont nous déchargeons ledit terrein, en faiſant en tant que beſoin eſt ou ſeroit, don & abandon audit Hôtel, quoique le tout ne ſoit pas ici particuliérement exprimé ; & ce, nonobſtant toutes Ordonnances & Loix à ce contraires, auſquelles à cet égard, nous avons dérogé & dérogeons. Et à l'égard des droits d'indemnité, d'amortiſſement & autres qui pourront être dûs à des Seigneurs particuliers pour raiſon dudit terrein ; nous nous chargeons par ces Préſentes de les acquitter & de dédommager leſdits Seigneurs dont relevent à titre de Fief, de cenſive ou autrement, les héritages que contiendra ledit terrein : Déchargeons pareillement ledit Hôtel de tous droits de guet, garde & fortifications, fermetures de ville & fauxbourgs, & généralement de toutes contributions publiques & particulieres telles qu'elles puiſſent être, exprimées ou non exprimées par le préſent Édit ; pour de toutes leſdites exemptions jouir par ledit Hôtel, entiérement & ſans réſerve.

PRÉFACE.

I V.

Les fonds néceffaires pour l'acquifition dudit terrein, enfemble pour la conftruction & l'ameublement dudit Hôtel, feront pris fucceffivement fur ceux que nous affignerons audit Hôtel, par forme de donation, ou autrement.

V.

Voulons que celui de nos Secretaires d'État, ayant le département de la Guerre, ait, fous nos ordres la Surintendance dudit Hôtel, pour en diriger l'établiffement, & y faire obferver les Réglemens que nous jugerons néceffaires pour la difcipline, l'adminiftration économique, l'éducation des Éleves, & généralement tout ce qui concernera l'ordre qui doit être obfervé dans ledit Hôtel, & nous établirons fous lui un Intendant, qui lui rendra compte de tous les détails dudit Hôtel, arrêtera les Regiftres & les états des dépenfes journalieres & autres concernant l'établiffement & la fubfiftance dudit Hôtel, & délivrera les Ordonnances de paiement fur la Caiffe dudit Hôtel.

V I.

Le fervice militaire fera fait dans ledit Hôtel, pour former d'autant plus les Éleves aux opérations pratiques de l'art militaire, & les accoutumer à la fubordination; à l'effet de quoi nous choifirons & nous commettrons des Officiers pour compofer un État Major, & pour commander les compagnies d'Éleves, fuivant l'ordre que nous établirons par la fuite.

V I I.

Les fonds deftinés pour l'établiffement & l'entretien dudit Hôtel, feront remis ès mains du Tréforier qui fera par nous nommé, pour être par lui employés fuivant & conformément aux états & ordonnances qui en feront expédiés par l'Intendant dudit Hôtel; à l'effet de quoi nous voulons & entendons qu'à la fin de chaque année il foit fait une affemblée dans ledit Hôtel, à laquelle préfidera le Secretaire d'État ayant le département de la Guerre, pour examiner, clorre & arrêter le compte général de la recette & de la dépenfe qui aura été faite durant l'année par ledit Tréforier, fuivant lefdits états & ordonnances : fans que ledit Tréforier foit tenu de compter devant d'autres que ceux qui compoferont ladite affemblée; voulant que les comptes qui feront arrêtés en icelle, lui fervent de décharge valable de fon maniement, partout où il appartiendra.

VIII.

L'ADMINISTRATION dudit Hôtel, tant à l'égard du spirituel que du temporel, sera réglée sur le même pied que celle de l'Hôtel des Invalides, par les ordres & sous l'autorité du Secrétaire d'État ayant le département de la Guerre.

IX.

LES Maîtres qui seront chargés d'enseigner les Langues & les Sciences dans ladite École Militaire, ainsi que ceux qui seront destinés pour les exercices du corps, seront par nous nommés, sur la proposition qui nous en sera faite par le Secrétaire d'État ayant le département de la Guerre, lequel sera pareillement chargé de nous présenter les projets de réglemens concernant l'ordre & la discipline que nous jugerons à propos de faire observer dans toutes les parties de l'administration dudit Hôtel.

X.

L'Hôtel de l'École Militaire jouira des mêmes franchises, exemptions & immunités que celles accordées à l'Hôtel des Invalides, comme de franc-salé & d'affranchissement de tous droits d'entrées, d'aydes, & autres quelconques; & ce sur les certificats de l'Intendant : nous réservant de fixer par la suite les objets desdites exemptions & franchises, sans qu'elles puissent être attaquées en vertu de nos Édits, Déclarations & Arrêts portant que lesdits droits seront payés par les privilégiés & non privilégiés, exempts & non exempts; à quoi nous avons pour cet égard, dérogé & dérogeons par le présent Édit, & sans tirer à conséquence.

XII.

LES premiers fonds destinés audit Hôtel devant être employés aux dépenses de la construction & de l'ameublement d'icelui, il n'y sera admis aucun Éleve que lorsque l'établissement en sera porté à un certain degré de perfection ; à l'effet de quoi nous réservons de pourvoir dans la suite à l'admission desdits Éleves, soit qu'elle ne se fasse que lorsque l'établissement sera fini, soit que les circonstances nous permettent d'en avancer le terme, en recevant chaque année un nombre d'Éleves proportionné aux dépenses que l'on pourra faire pour leur entretien & leur éducation, sans retarder d'ailleurs le progrès de l'établissement.

XIII.

COMME nous nous sommes particuliérement proposé dans cet établiſſement, d'en faire un ſecours pour la Nobleſſe de notre Royaume qui eſt hors d'état de procurer une éducation convenable à ſes enfans, nous voulons & entendons qu'il n'y ait auſſi que cette eſpece de Nobleſſe qui y ait part, & que l'on obſerve l'ordre ſuivant dans l'admiſſion deſdits enfans ; de ſorte que la premiere claſſe ſoit toujours préférée à la ſeconde, la ſeconde à la troiſieme, & ainſi de ſuite juſqu'à la derniere.

X I V.

LA premiere claſſe ſera des orphelins dont les peres auront été tués au ſervice, ou ſeront morts de leurs bleſſures, ſoit au ſervice, ſoit après s'en être retirés à cauſe de leurs bleſſures. La ſeconde claſſe, des orphelins dont les peres ſeront morts au ſervice, d'une mort naturelle, ou qui ne s'en ſeront retirés qu'après trente ans de commiſſion de quelqu'eſpece que ce ſoit. La troiſieme claſſe, des enfans qui ſeront à la charge de leurs meres, leurs peres ayant été tués au ſervice, ou étant morts de leurs bleſſures, ſoit au ſervice, ſoit après s'en être retirés à cauſe de leurs bleſſures. La quatrieme claſſe, des enfans qui ſeront à la charge de leurs meres, leurs peres étant morts au ſervice d'une mort naturelle, ou après s'être retirés du ſervice après trente ans de commiſſion de quelqu'eſpece que ce ſoit. La cinquieme claſſe des enfans dont les peres ſe trouveront actuellement au ſervice. La ſixieme claſſe, des enfans dont les peres auront quitté le ſervice par rapport à leur âge, leurs infirmités, ou pour quelque autre cauſe légitime. La ſeptieme claſſe, des enfans dont les peres n'auront pas ſervi, mais dont les ancêtres auront ſervi. La huitieme claſſe enfin, des enfans de toute le reſte de la Nobleſſe, qui, par ſon indigence, ſe trouvera dans le cas d'avoir beſoin de nos ſecours.

X V.

ON recevra leſdits enfans, depuis l'âge de huit à neuf ans juſqu'à celui de dix à douze, à l'exception des orphelins qui pourront être reçus juſqu'à l'âge de treize ; en obſervant de n'en point admettre qui ne ſçachent lire & écrire, de façon que l'on puiſſe les appliquer tout de ſuite à l'étude des Langues.

X V I.

IL ne ſera admis aucun éleve dans ledit Hôtel, qu'il n'ait fait preuve de quatre générations de Nobleſſe de pere, au moins ; à l'effet dequoi les parens deſdits éleves remettront au Secretaire d'État chargé du Département de la guerre, un cahier contenant les faits généalogiques de leur naiſſance, avec les copies collationnées des titres juſ-

tificatifs d'iceux ; lefquels cahiers & titres feront dépofés aux Archi-
ves de ladite École, après avoir été examinés & reconnus pour véritables par le Généalogifte qui fera par nous choifi , & mention en
fera faite fur le regiftre d'admiffion & d'entrée dans ladite École :
& feront en outre tenus de rapporter la preuve que lefdits Éleves
font dans l'une des claffes portées en l'article XIV , & mention en
fera pareillement faite fur le regiftre d'entrée , avec les nom , fur-
nom , âge & domicile des enfans admis.

X V I I.

LA deftination de ces enfans exigeant qu'ils foient bien conformés ,
il n'en fera reçu aucun de contrefaits ni d'eftropiés : fi cependant il
leur arrivoit tandis qu'ils feront dans ledit Hôtel quelqu'accident fâ-
cheux qui ne permît pas qu'on les deftinât pour la guerre , notre intention n'eft pas moins qu'ils y achevent leurs études , fauf à les employer d'une maniere convenable à leur fituation lorfqu'il s'agira de
leur donner un état.

X V I I I.

TOUS les éleves de l'Ecole Militaire feront vêtus d'un uniforme
dont nous reglerons la compofition par une Ordonnance particuliere.

X I X.

LORSQUE lefdits enfans feront parvenus à l'âge de dix-huit ou vingt
ans , & même lorfque dans une âge moins avancé , leur éducation fe
trouvera affez perfectionnée pour qu'ils puiffent commencer à nous
fervir utilement , notre intention eft qu'ils foient employés dans nos
troupes ou dans les autres parties de la guerre , fuivant les talens &
l'aptitude que l'on reconnoîtra en eux. Et pour qu'ils puiffent fe foutenir dans les premiers emplois qui leur feront confiés , nous voulons & entendons qu'il leur foit fait fur les fonds de l'École Militaire , une penfion de deux cens livres par année , laquelle leur fera
continuée tant que nous le jugerons néceffaire ; à l'effet de quoi
nous arrêterons tous les ans un état defdites penfions , lefquelles feront allouées fans difficulté dans les comptes du Tréforier , en rapportant par lui ledit état & les quittances néceffaires.

ESSAI

BATAILLE DE ROCROY.

ESSAI
SUR LA CAVALERIE
TANT ANCIENNE QUE MODERNE.

CHAPITRE PREMIER.

De l'utilité de la Cavalerie dans les armées.

LE témoignage unanime des Auteurs que nous regardons comme nos Maîtres dans l'art de la guerre, est une preuve indubitable que la Cavalerie est non-seulement utile, mais d'une nécessité absolue dans les armées.

Polybe attribue formellement les victoires remportées par les Carthaginois à Cannes & sur les bords du Tésin, celles de la Trébie & du Lac Thrasimene, à la supériorité de leur Cavalerie sur celle des Romains. « Les » Carthaginois, dit-il, (1) eurent la principale obligation

(1) *Carthaginensibus & tunc & anteà maximo ad victoriam momento dato ab equitum multitudine. Nam manifestè apparuit ac posteris documento fuit, satiùs esse ad bellorum momenta, dimidium peditum numero esse inferiorem, atque equitatu prævalere, quàm æquali per omnia cum hostibus exercitu certaminis discrimen subire.* L. 3, ch. 24.

A

» de cette victoire, auffi-bien que des précédentes, à leur
» cavalerie, & par-là donnerent à tous les peuples qui
» devoient naître après eux, cette importante leçon,
» qu'il vaut beaucoup mieux être plus fort en cavalerie
» que fon ennemi, même avec une infanterie moindre
» de moitié, que d'avoir même nombre que lui de cava-
» liers & de fantaffins (1).

L'opinion d'un Ecrivain fi confommé dans toutes les
parties de la fcience militaire, a néanmoins effuyé des
contradictions. Le Chevalier Folard ne fçauroit lui paffer
fa réfléxion fur la néceffité de la cavalerie : il la regarde
comme *fauffe à tous égards* (2), & *foutient qu'une armée
peut fort bien fe paffer de cavalerie, & n'aller pas moins fon
train*. Voilà donc l'Auteur contredit par le Commentateur. L'un veut de la cavalerie dans une armée ; il affure
qu'elle en eft la véritable force ; l'autre prétend qu'elle y
eft inutile. Malgré la déférence que peut mériter le Chevalier Folard, la réputation dont jouit Polybe depuis près
de vingt fiecles, femble lever tous les doutes à cet égard.
Il n'a d'ailleurs écrit que ce qui s'eft paffé, pour ainfi dire,
fous fes yeux, & il a pour garant de fon précepte, tous
les faits dont fon hiftoire eft remplie, les victoires d'Annibal, auffi-bien que fa défaite à Zama. Adoptera-t'on les
idées du Chevalier Folard fur l'inutilité de la cavalerie, lorfqu'on voit par l'ouvrage qu'il commente, qu'elle eft l'ame
d'une armée ? Etrange effet de ces préjugés de corps dont
il femble qu'un Auteur comme lui auroit dû être exempt !
L'infanterie a fon mérite propre : quelque prévenu qu'on
foit pour ou contre, on fera toujours forcé de convenir que c'eft l'union feule des deux armes qui fait la force
& le falut des armées, & qu'elles font également néceffaires l'une à l'autre dans un grand nombre d'occafions où le
fervice leur eft commun. Ce befoin mutuel fe fait même

(1) Plutarque, dans la Vie de Fabius Maximus, attribue cette même réfléxion
à Annibal ; ce qui paroît d'autant plus vraifemblable, que ce Capitaine agiffoit
fuivant ce principe.
(2) Liv. 3, chap. 24.

sentir jusques dans celles où l'un de ces corps semble être le
seul de quelqu'utilité. Car pour ne parler ici que des siéges,
qui paroissent être affectés à la seule infanterie, on ne
sçauroit dire que la cavalerie y soit tout-à-fait inutile ; elle
y a même son partage. Nulle différence donc à mettre
entre ces deux corps : puisqu'ils courent tous les deux la
même carriere, tous les deux méritent la même estime ;
également chargés de la partie la plus honorable du service de l'Etat, la noblesse de leurs fonctions est la même,
ainsi que l'honneur, qui en est le prix. Cependant si l'on
avoit à choisir entre ces deux corps, pour adjuger à l'un
quelque supériorité sur l'autre, la raison & l'expérience
paroîtroient décider en faveur de la cavalerie, qui joint aux
forces réunies de l'homme & du cheval une vigueur & une
activité que ne peut avoir l'infanterie. Elle est plus fréquemment dans l'occasion de servir & de combattre ; elle
est capable des plus grands efforts, & elle peut produire
des événemens plus extraordinaires. Mais avant que d'entrer dans le détail des différentes especes de ses devoirs,
revenons au contradicteur de Polybe.

Pour prouver son opinion, le Chevalier Folard parcourt les temps les plus reculés, & prend, pour ainsi dire,
dès l'origine trois Nations, dont la premiere ne fit jamais une grande figure dans l'Histoire par le mérite des
armes. Soutenu de ces autorités, il prétend qu'elles doivent nous servir de regles. *Les Juifs*, dit-il, (1) *les Grecs
& les Romains, dans les commencemens, n'eurent que de l'infanterie.* Si l'exemple des Juifs n'est point ici d'un grand
poids, il sert du moins à faire connoître que le Chevalier
Folard ne néglige aucun de ses avantages réels ou prétendus. Quoiqu'il en soit, si les Juifs n'eurent point de cavalerie dans les commencemens, c'est qu'ils en ignoroient
l'usage, ou qu'il leur étoit impossible d'en avoir. Aussi-
tôt que par expérience ils en connurent l'utilité, & qu'ils
furent en état d'en lever, ils n'y manquerent pas, & ils
en tirerent de grands avantages. Au reste, notre cavalerie

(1) Préface du quatriéme volume.

est si différente de celle des Juifs par la discipline, par les armes, & plus encore par la maniere dont nous nous en servons, que leur exemple sur ce point ne doit nullement être un loi pour nous.

L'exemple des Grecs ne prouve pas plus à cet égard que celui des Juifs. Si pendant plusieurs siecles ils n'eurent que de l'infanterie dans leurs armées, c'est que durant tous ces temps ils n'avoient à combattre que les uns contre les autres; & ainsi tout étoit égal entr'eux. L'Attique, un des principaux théâtres de leurs guerres, étoit un pays stérile, coupé de montagnes impraticables à la cavalerie, qui d'ailleurs n'auroit pu y trouver de subsistance.

Nous ne parlerons point ici des guerres que les Grecs eurent à soutenir contre les Perses; ces enfans dégénérés des Vainqueurs de l'Asie, ne méritoient plus alors le nom de soldats, & leurs défaites ne peuvent être regardées que comme l'effet de la supériorité que la valeur disciplinée aura toujours sur une multitude indisciplinée. C'est sous ce point de vue qu'on doit considérer les journées de Salamine, de Marathon, de Platée, aussi bien que la fameuse Retraite des dix mille. Si depuis ces événemens on étoit en droit de prétendre qu'une armée pût se passer de cavalerie, parce que les Grecs n'en avoient pas, ou qu'ils n'en avoient que fort peu dans leurs troupes, on le feroit aussi de soutenir qu'une armée de deux cens mille hommes ne résisteroit pas à un corps d'infanterie dix fois moins nombreux, parce que les Perses, quoique dix & souvent même vingt contre un, furent toujours battus. Ecoutons les Grecs eux-mêmes, déplorer les maux que leur faisoit essuyer la cavalerie des Perses, & voyons si tout accoutumés qu'ils étoient à vaincre avec des armées d'infanterie, ils croyoient pouvoir se passer de chevaux. Les Grecs, dit Xénophon, en parlant de la retraite des dix mille, dont il fut un des principaux Chefs, « s'affligeoient beaucoup » quand ils considéroient que faute de cavalerie, la re- » traite leur devenoit impossible, au cas qu'ils fussent

» battus, & que vainqueurs ils ne pouvoient ni pourfui-
» vre les ennemis, ni profiter de la victoire; au lieu que
» Thifapherne, Ariée, & les autres Généraux qu'ils
» avoient à combattre, mettoient facilement leurs trou-
» pes en fureté toutes les fois qu'ils étoient repouffés. »
Voilà qui prouve bien clairement que fi les Grecs n'eurent point de cavalerie dans ces premiers temps, ce
n'eft pas qu'ils n'en connuffent l'avantage, mais c'eft
qu'ils n'étoient pas à portée d'en avoir. Les uns étoient
pauvres, & regardoient la pauvreté comme une loi de
l'Etat, parce qu'elle étoit un rempart contre la mol-
leffe, & contre tous les vices qu'introduit l'opulence,
auffi dangereufe dans les petits États, qu'elle eft néceffaire dans les grands. Les autres, & ce ne font pas les
moins guerriers, furent obligés de tourner leurs principales forces du côté de la mer; & l'entretien de leurs
flottes abforboit les fonds militaires. Enrichis une fois des
dépouilles de la Perfe, ils eurent de la cavalerie dans leurs
armées. C'eft le premier & le meilleur ufage qu'ils crurent devoir tirer des tréfors de leurs ennemis. Ils en
avoient à la bataille de Leuctres, celle des Thébains contribua beaucoup à la victoire. (1) On compte auffi cinq
mille chevaux fur cinquante mille hommes à la bataille
de Mantinée, & ce fut à fa cavalerie qu'Epaminondas
dut en grande partie le gain de la bataille. Ce Général, le
plus grand homme (2) peut-être que la Grece ait produit,
entendoit trop bien l'art de la guerre, pour en négliger
une partie auffi effentielle. (3) Dès ce moment les Grecs ne
fe tinrent plus fur la défenfive : on les voit porter la guerre
jufqu'aux extrêmités de l'Orient; deffein que jamais Alé-
xandre n'eût fans doute ofé concevoir, fi fon armée
n'avoit été compofée que d'infanterie. On fçait que les
Theffaliens ayant imploré le fecours de Philippe, il défit

(1) Xénophon, L. 6.
(2) Epaminondas, que je crois le premier homme de la Grece, dit Ciceron,
Tufc. L. 1.
(3) Voyez la Differtation fur cette bataille, chap. XXXI de cet Ouvrage.

leur Tyran , & que par-là il s'attacha ce peuple , dont la cavalerie étoit alors la plus excellente du monde : ce fut elle qui , jointe à la phalange Macédonienne , fit remporter tant de victoires à Philippe & à son fils Alexandre. Ce n'est donc pas l'exemple des Grecs que le Chevalier Folard devroit citer pour prouver l'inutilité de la cavalerie , puisque cet établissement chez eux doit être regardé comme l'époque du rôle le plus brillant qu'ils ayent joué sur la terre. Voyons maintenant si l'exemple des Romains sera plus favorable à son système.

Il est vrai que les Romains n'eurent que très-peu de cavalerie dans leurs premiers temps. L'Histoire nous apprend que Romulus n'avoit dans les armées les plus nombreuses de son regne , que mille chevaux sur quarante-six mille hommes de pied ; mais tout ce qu'on en peut conclure , c'est que Romulus n'en avoit pas les moyens. La dépense qu'il eût été obligé de faire pour s'en procurer davantage , & pour l'entretenir , auroit de beaucoup excédé ses forces, dans un temps surtout où il avoit tant d'autres établissemens à faire ; d'ailleurs les chevaux des environs de Rome , le seul pays qu'il possédât , & ceux d'Italie en général , étoient peu propres pour la cavalerie : enfin les premieres guerres des Romains furent contre leurs voisins , qui comme eux n'étoient pas en état de s'en fournir , & dans ce cas les choses étoient égales de part & d'autre : les conquêtes & les alliances que firent par la suite les Romains, leur donnerent les moyens d'augmenter leur cavalerie. Celle que les peuples devenus sujets ou alliés de Rome , entretenoient pour elle à leurs dépens , étoit en ce genre la principale force des armées Romaines ; mais cette cavalerie étoit mal armée. Les Romains ignorerent longtemps l'art de s'en servir avec avantage , & c'est cette inexpérience qu'on peut regarder comme le principe de tous les malheurs qu'ils essuyerent dans les deux premieres guerres Puniques : dans la premiere , Régulus est entiérement défait par la cavalerie Carthaginoise ; & dans la seconde, Annibal bat les Romains dans toutes les occasions.

La cavalerie faifoit au moins le cinquiéme de fes troupes. Qu'on fe rappelle la réfléxion de Polybe au fujet de la bataille de Cannes, & l'on verra que les Romains, tout habiles qu'ils étoient dans l'art militaire, firent une grande faute de fe mefurer avec des armées trop foibles de cavalerie, contre un ennemi qui leur en oppofoit une très-nombreufe & fort aguerrie : auffi Fabius n'eft pas plutôt à la tête des armées Romaines, qu'il prend le fage parti d'éviter le combat, & que pour n'avoir rien à fouffrir de la cavalerie Carthaginoife, il eft obligé de ne plus conduire les Légions que par le pied des montagnes.

Les Romains ne commencerent à refpirer dans la feconde guerre Punique, que lorfque des corps entiers de cavalerie Numide eurent paffé de leur côté; ces défertions, qui affoibliffoient l'ennemi, leur procurerent infenfiblement la fupériorité fur les Carthaginois : Annibal obligé d'abandonner l'Italie pour aller au fecours de Carthage, n'avoit plus cette formidable cavalerie avec laquelle il avoit remporté tant de victoires. A fon arrivée en Afrique, il fut joint par deux mille chevaux, mais un pareil renfort ne l'égaloit pas à beaucoup près à Scipion, dont la cavalerie s'étoit augmentée par des recrues faites dans l'Efpagne, nouvellement conquife, & par la jonction de Maffiniffa. Ce fut cette fupériorité qui, au rapport de tous les Hiftoriens, décida de la bataille de Zama. « La cavalerie, dit M. de Montefquieu (1), gagna la » bataille, & finit la guerre. » Les Romains triompherent donc en Afrique par les mêmes armes qui les avoient tant de fois vaincus en Italie.

Les Parthes firent encore fentir aux Romains avec quel avantage on combat un ennemi inférieur en cavalerie. « La force des armées Romaines, dit l'Auteur que » nous venons de citer, confiftoit dans l'infanterie la » plus ferme, la plus forte & la mieux difciplinée du » monde; les Parthes n'avoient point d'infanterie, mais

(1) Dans fon ouvrage fur la Grandeur & la Décadence des Romains.

» une cavalerie admirable ; ils combattoient de loin , &
» hors la portée des armes Romaines ; ils afliégeoient une
» armée plutôt qu'ils ne la combattoient , inutilement
» pourfuivis , parce que chez eux fuir c'étoit combattre :
» ainfi ce qu'aucune Nation n'avoit pas encore fait , d'évi-
» ter le joug des Romains , celle des Parthes le fit , non
» comme invincible , mais comme inacceffible. » Il y a
plus , les Parthes firent trembler les Romains , & c'eft
fans doute le péril où cette puiflance rivale mit plus d'une
fois leur Empire en Orient , qui les força d'augmenter
confidérablement la cavalerie dans leurs armées. Cette
augmentation leur devenoit d'autant plus néceffaire , que
leurs frontieres s'étant fort étendues , ils n'auroient pu ,
fans des troupes nombreufes en ce genre , arrêter les incurfions des Barbares. D'ailleurs le relâchement de la difcipline militaire leur fit infenfiblement perdre l'habitude
de fortifier leurs camps , & dès-lors leurs armées auroient
couru de grands rifques fans une cavalerie capable de réfifter à celle de leurs ennemis.

La loi dont s'appuie le Chevalier Folard , par laquelle
il étoit défendu au Dictateur d'aller à cheval à la guerre ,
fut , fuivant Plutarque , un effet de la politique des Romains , qui prétendoient en quelque forte diminuer par-là
l'autorité prefque fouveraine de ce Magiftrat. On peut
croire encore que les auteurs de cette loi avoient penfé
que l'exemple du Général , obligé comme le moindre de
tous à foutenir les fatigues de la guerre , encourageroit le
foldat. Quoiqu'il en foit , Fabius fentant de quelle importance il étoit qu'un Général pût promptement fe porter
partout , obtint , fous prétexte de fon âge , une difpenfe
de cette loi , qui depuis ne fut plus obfervée. Nous voyons
dans la fuite tous les Généraux Romains à cheval dans
les armées , parcourant tous les rangs pour haranguer ,
portant du fecours où leurs troupes en avoient befoin ,
combattans à la tête de la cavalerie , & pourfuivans leurs
ennemis.

Comment donc le Chevalier Folard a-t'il pu citer
l'exemple

l'exemple des Romains pour prouver qu'une armée peut se paſſer de cavalerie, puiſque l'Ecrivain qu'il commente, auſſi-bien que tous ceux qu'il cite, démontrent clairement que preſque toutes les diſgraces que les Romains ont eſſuyées, tant contre les Carthaginois que contre les Parthes & les autres peuples qu'ils eurent à combattre, ainſi que la plûpart des avantages qu'ils ont remportés ſur eux, ont été l'effet de leur infériorité, ou de leur ſupériorité en cavalerie ? Le Chevalier Folard ignoroit - il que la formidable irruption des Gaulois, qui menaçoit toute l'Italie & Rome même, n'a échouée que par les ſervices de la cavalerie Romaine ? A Télamon (1), les deux infanteries ennemies combattirent long-temps, malgré le déſavantage des Gaulois, dont les armes étoient très-mauvaiſes; mais la cavalerie Romaine, après avoir mis en fuite celle qui lui étoit oppoſée, prit en flanc l'infanterie des Gaulois, elle la tailla toute en pieces, il y en eut quarante mille hommes de tués, & dix mille de priſonniers.

Quand il ſeroit vrai que les Juifs, les Grecs, les Romains, & toutes les nations du monde ſe fuſſent anciennement paſſés de cavalerie, qu'en réſulteroit-il en faveur de l'opinion du Chevalier Folard ? Rien, ſans doute, non plus que ſi l'on prétendoit que la guerre dût ſe faire aujourd'hui ſans canon, parce que les Anciens n'en avoient pas; ces deux propoſitions ſont d'une nature toute ſemblable. Ce ſont des ſyſtêmes qu'on ne pourra faire approuver que lorſque toutes les Nations guerrieres ſeront convenues entr'elles d'abolir en même temps l'uſage de la cavalerie & du canon; juſqu'à ce temps, il faut croire qu'aucune ne ſe piquera de donner l'exemple.

Ceux des Anciens qui n'eurent point de cavalerie, ne ſçauroient donc faire une loi pour nous, parce qu'il y a lieu de préſumer, comme on l'a déja dit, ou qu'ils n'en connurent pas aſſez l'utilité, ou qu'il leur étoit impoſſible d'en avoir.

_____

(1) Polybe, Liv. 11, ch. vi.

B

Si l'on veut lire avec attention les Commentaires de
César, on y verra que ce grand homme, qui dut ses principaux succès à son inimitable célérité (1), se servoit si
utilement de sa cavalerie, qu'on peut en quelque sorte
regarder ses écrits comme le meilleur Traité de cavalerie
que nous ayons ; elle fut toujours la cause de ses plus grandes victoires. L'histoire de M. de Turenne nous offre aussi
quantité d'événemens où la cavalerie eut la principale,
pour ne pas dire l'unique part. Ce Général, sans doute
comparable aux plus grands personnages de l'Antiquité,
avoit pour maxime de *travailler l'ennemi par détails*, maxime qu'il n'auroit pu pratiquer, s'il n'eût eu beaucoup de
cavalerie ; on peut même dire qu'il avoit pour ce corps,
dont il fut le Colonel Général, une affection particulière.
Consulté par le grand Condé sur les opérations d'une
campagne, voici ce qu'il lui répond : « Faites peu de sié-
» ges, donnés beaucoup de combats, quand vous serez
» maître de la campagne, les villages vous vaudront des
» places ; mais on met son honneur à prendre une ville
» bien plus qu'aux moyens de conquérir une Province. »
Cette réponse du plus grand Capitaine moderne, ne prouve-t'elle pas la nécessité d'avoir une excellente cavalerie ?

L'armée la plus forte en cavalerie, doit nécessairement
imposer la loi à la plus foible, surtout dans les premieres
opérations d'une campagne. Entre une infinité d'exemples
que l'Histoire ancienne nous fournit, (puisque c'est d'elle
dont s'autorise le Chevalier Folard) on en choisira deux qui,
par la grandeur des succès qui les ont suivis, donneront, si
l'on ne se trompe, à cette proposition la force de l'évidence.

Le premier est tiré de l'histoire d'Alexandre : ce Prince
avoit à passer le Granique, riviere profonde, & dont les
bords escarpés étoient couverts de plus de mille chevaux,
prêts à lui disputer le passage. Parménion lui conseilla de
remettre au lendemain avant le jour, pour donner à ses
troupes le temps de se reposer, & pour surprendre les

---

(1) *Veni, vidi, vici.* Suetone. *in Cæf.* ch. XXXVII.

ennemis, parce qu'il feroit, dit-il, d'une conféquence dangereufe pour la réputation de fes armes, *qui dépend des commencemens*, que fon paffage ne réufsît pas. Alexandre avoit pris fon parti; les difficultés, ni les repréfentations ne l'en firent point changer. Il traverfe le fleuve, malgré la rapidité de l'eau, à la tête de treize Cornettes de cavalerie; celle des Perfes, fupérieure en nombre, mais inférieure pour tout le refte à la fienne, eft renverfée & mife en fuite. Alexandre, fans la pourfuivre, tourne tout court contre l'infanterie; les Grecs à la folde de Darius veulent faire réfiftance, mais environnés de tous côtés par la cavalerie, ils font taillés en pieces. C'eft de cette cavalerie que Tite-Live a dit : *Hoc enim roboris erat.* (1)

Le fecond exemple, eft celui d'Annibal : ce grand Capitaine ayant paffé les Alpes, & jugeant qu'il falloit hazarder quelque exploit capable d'établir la confiance parmi les peuples qui voudroient fe déclarer en fa faveur, prend le parti de laiffer fon infanterie, qui étoit haraffée de fatigues, & s'avance avec fa feule cavalerie dans la plaine du Pô, ayant le fleuve du Téfin à fa droite. Sa cavalerie à frein étoit au centre, & les Numides fur les deux aîles. Scipion s'avance de fon côté; il fait marcher devant les Archers avec la cavalerie Gauloife, & forme fon front du refte de fes troupes. La cavalerie ne demandoit qu'à combattre; on commence à charger. Au premier choc, les foldats armés à la légere, épouvantés par la cavalerie Carthaginoife, & craignant d'être foulés aux pieds des chevaux, prennent la fuite : cependant les deux corps de bataille en viennent aux mains, le combat fe foutient long-temps fans aucun avantage, jufqu'à ce que les Numides enveloppans de tous côtés l'infanterie Romaine, la foulent aux pieds, & tombent enfuite fur les derrieres du centre des Romains qu'ils mettent en déroute.

Si l'on veut des traits plus modernes, & analogues à notre maniere actuelle de faire la guerre, on peut fe rap-

(1) Liv. IX, ch. XIX.

B ij

peller que toutes les difgraces que nous effuyâmes en Boheme dans la derniere guerre, ne vinrent que de la fupériorité de la cavalerie ennemie, qui après nous avoir ha-
raffés par de continuelles allarmes, nous contraignit à
faire une retraite, comparable fans doute à ce que l'Hiftoire nous offre de plus fameux en ce genre, mais qu'on
n'auroit jamais ofé tenter fans cavalerie. Il étoit fort à
craindre que de fi malheureux commencemens n'euffent
des fuites plus malheureufes encore, fans les reffources
d'un génie du premier ordre, qui placé nouvellement à
la tête des affaires, leur fit bientôt changer de face.

La campagne de 1744, ordinairement appellée la *campagne de Courtray*, qui au jugement des connoiffeurs, eft
celle qui fait le plus d'honneur à la mémoire du Maréchal
de Saxe ; la bataille de Fontenoy, dont le fuccès en a produit de fi grands ; la prife de Bruxelles, qui nous a ouvert
une étendue de pays immenfe ; enfin l'affaire de Weiffem-
bourg, fans laquelle notre armée d'Alface étoit coupée,
& couroit rifque d'être entierément défaite, font les événemens les plus confidérables de la derniere guerre, & le
fuccès de tous eft pour la plus grande partie l'ouvrage de
la cavalerie.

Dans le détail de la guerre, il y a quantité de manœuvres fort effentielles, qui feroient impraticables à une armée
deftituée de cavalerie ; s'il s'agit de cacher un deffein, de
mafquer un corps de troupes, un pofte, c'eft l'affaire de
la cavalerie. En 1640, au fiége de Cafal, M. de Turenne,
qui commandoit la cavalerie (1), l'ayant réunie en un
feul corps, fit ferrer les rangs de telle forte, que les ennemis trompés par cette difpofition, & craignant qu'elle ne
couvrît une embufcade d'infanterie, prirent la fuite. Cette
manœuvre fit lever le fiége, & décida d'une victoire qui
fut complette pour la France.

A la journée de Fleurus, le Maréchal de Luxembourg
fit faire à fa cavalerie un mouvement à peu près femblable,

_____

(1) Sous le Comte d'Harcourt.

fur lequel M. de Valdeck ayant pris le change, fon aîle gauche fut prife en flanc ; ce contre-temps lui fit perdre la bataille : c'eft , dit le Préfident Henault , une des plus belles actions de M. de Luxembourg. La fupériorité de cavalerie donne la facilité de faire de nombreux détachemens, dont les uns s'emparent des défilés , des bois, des ponts , des débouchés, des gués , tandis que d'autres , par de fauffes marches, donnent du foupçon à l'ennemi , & l'affoibliffent en l'obligeant à fe divifer. Si l'on veut faire un fiége , la ville , au moyen de la cavalerie , eft inveftie avant que l'ennemi ait pu y faire entrer du fecours. Veut-on au contraire fecourir une ville menacée d'un fiége , ou même affiégée , c'eft encore l'ouvrage de la cavalerie. Le grand Condé nous fait voir dans fon hiftoire quels fervices elle lui a rendus en pareille occafion ; il s'agiffoit de faire entrer du fecours dans Cambray (1), que M. de Turenne tenoit affiégé. Le temps preffoit ; le Prince de Condé raffemble à la hâte dix-huit efcadrons, qu'il range fur trois lignes ; il fe met à leur tête, force les gardes, fe fait jour jufqu'à la contrefcarpe, & prenant fa revanche de ce qui lui étoit arrivé trois ans auparavant au fiége d'Arras, il oblige à fon tour M. de Turenne à lever celui de Cambray. Cet exploit fut un de ceux dont il fut le plus flatté.

C'eft un fimple détachement de cent chevaux, qui en quelque forte a donné lieu au dernier fiége de Berg-op-zoom, fiége à jamais glorieux pour la France & pour le Général qui y a commandé ; car il eft à préfumer (ainfi que l'a penfé M. de Lowendalh) que le fiége eût été différé , ou que peut-être même on ne l'eût pas entrepris, fi les gardes de cavalerie qu'avoient en avant les ennemis, euffent tenus affez de temps pour leur donner celui d'envoyer leur cavalerie, & enfuite le refte de leur armée, qui étoit de l'autre côté, s'établir entre la ville & notre camp ; mais ces gardes firent peu de réfiftance, une partie fut enlevée, & le refte prit la fuite.

(1) En 1657.

Perſonne n'ignore que dans cette partie de la guerre, il y a plus d'un ſervice uniquement affecté à la cavalerie; on l'a vu à celui de Berg-op-zoom, faire ſes fonctions & partager encore celles de l'infanterie.

Elle n'eſt pas moins néceſſaire pour la défenſe d'une place. Si des aſſiégés manquoient de cavalerie, ils ne pourroient faire de ſorties, ou leur infanterie courroit riſque en ſortant de ſe faire couper par la cavalerie des ennemis.

Une armée qui ſe met en campagne, eſt un corps compoſé d'infanterie, de cavalerie, d'artillerie & de bagages. Ce corps n'eſt parfait qu'autant qu'il ne lui manque aucun de ſes membres; en retrancher un, c'eſt l'affoiblir, parce que c'eſt dans l'union de tous que réſide toute ſa force, & que c'eſt cette union qui reſpectivement fait la ſureté & le ſoutien de chaque membre. Dans la comparaiſon qu'Iphicrate fait d'une armée avec le corps humain, ce Général Athénien dit que la cavalerie lui tient lieu de pieds, & l'infanterie légere de mains; que le corps de bataille forme la poitrine, & que le Général en doit être regardé comme la tête: mais ſans s'arrêter à des comparaiſons, il ſuffit d'examiner comment on diſpoſe la cavalerie, lorſqu'on veut faire agir une armée, pour en ſentir l'étroite néceſſité; c'eſt elle dont on forme la tête, la queue, les flancs; elle protége, pour ainſi dire, toutes les autres parties, qui ſans elles courroient riſque à chaque pas d'être arrêtées, coupées & même enveloppées. S'il eſt queſtion de marcher, c'eſt la cavalerie qui aſſure la tranquillité des marches; c'eſt à elle qu'on confie la ſureté des camps, laquelle dépend de ſes gardes avancées: plus elle ſera nombreuſe, & plus ſes gardes ſeront multipliées, delà les patrouilles, pour le bon ordre & contre les ſurpriſes, en ſeront plus fréquentes, & les communications mieux gardées; les camps qui en deviendront plus grands, en ſeront auſſi plus commodes pour les néceſſités de la vie, ils pourront contenir des eaux, des vivres, du bois & des fourrages qu'on ne ſera pas obligé de faire venir à grands frais, avec beaucoup de peine & bien des riſques.

On peut confidérer que de deux armées, celle qui fera fupérieure en cavalerie, fera l'offenfive; elle agira toujours fuivant l'opportunité des temps & des lieux. Elle aura toujours cette ardeur dont on eft toujours animé quand on attaque; l'autre au contraire, obligée de fe tenir fur la défenfive, fera toujours contrainte par la néceffité des circonftances, qu'une groffe cavalerie fera naître à fon défavantage à chaque moment. Le foldat fera toujours furpris, découragé; il n'aura certainement pas la même confiance que l'attaquant.

Lorfqu'une armée fera pourvue d'une nombreufe cavalerie, les détachemens fe feront avec plus de facilité : tous les jours fortiront de nouveaux partis, qui fans ceffe obfédant l'ennemi, le gêneront dans toutes fes opérations, le harcelleront dans fes marches, lui enleveront fes détachemens, fes gardes, & parviendront enfin à le détruire par les détails; ce qu'on ne pourra jamais efpérer d'une armée foible en cavalerie, quelque forte qu'elle foit d'ailleurs. Au contraire, réduite à fe tenir enfermée dans un camp, d'où elle n'ofe fortir, elle ignore tous les projets de l'ennemi, elle ne fçauroit jouir de l'abondance que procurent les convois fréquens : on les lui enleve tous, ou s'il en échappe quelqu'un, il n'aborde qu'avec des peines infinies. Quelque peu confidérable qu'on fuppofe un convoi, il occupe néceffairement une longue file, qu'un détachement d'infanterie, quelque fort qu'il foit, ne fçauroit couvrir de toutes parts; il y aura partout des vuides, au lieu que pour en enlever une partie, ou au moins pour tuer, ou emmener les chevaux, il ne faut qu'un petit nombre de cavaliers, que multiplie la rapidité de leurs mouvemens, & qui pénétrent partout à la faveur des vuides.

Les efcortes du Général & de fes Lieutenans, font auffi du reffort de la cavalerie, & c'eft elle feule qui doit être chargée de cette partie du fervice. La guerre fe fait à l'œil : un Général qui veut reconnoître le pays, & juger par lui-même de la pofition des ennemis, fe gardera bien de se faire escorter par de l'infanterie ; outre qu'il ne pourroit aller ni bien loin , ni bien vîte, il courroit grand risque de se faire couper & enlever tôt ou tard. La vîtesse, comme le remarque Montecuculli, est bonne pour le secret, parce qu'elle ne donne pas le temps de divulguer les desseins , ni les opérations ; c'est par-là qu'on saisit les momens favorables , & c'est cette qualité qui distingue particulierement la cavalerie , & qui lui donnera toujours un grand avantage sur l'infanterie : prompte à se porter partout où son secours est nécessaire , on l'a vue souvent rétablir par sa célérité des affaires que le moindre retardement auroit pu rendre désesperées : la vivacité de ses mouvemens la met dans le cas de profiter du moindre désordre de l'infanterie ; & si elle n'a pas toujours l'avantage de la vaincre, elle a toujours celui de se dérober à ses coups , même à ceux du canon, que ne peut éviter l'infanterie. La victoire, lorsque la cavalerie la remporte, est toujours complette ; celle de l'infanterie seule ne l'est jamais.

Qu'un corps d'infanterie soit attaqué par de la cavalerie & de l'infanterie réunies, il est perdu sans ressource, s'il est une fois entamé. En supposant qu'il remporte l'avantage, quel fruit en tirera-t'il ? Doit-il espérer de faire des prisonniers, s'il ne peut poursuivre l'ennemi ? Loin de gagner du terrein, il aura peine à jouir du champ de bataille. Le vaincu, maître de la campagne, nonobstant sa défaite, aura beaucoup à espérer & peu à craindre, tandis que le vainqueur, réduit malgré sa victoire à se tenir sur la défensive, aura tout à craindre, & rien à espérer.

La guerre est pleine de ces occasions dans lesquelles on ne sçauroit sans risque accepter le combat : il en est d'autres , au contraire, où l'on doit y forcer l'ennemi, & c'est par la cavalerie qu'on est le maître du choix. Plus on réfléchit sur le systême du Chevalier Folard, moins on le trouve praticable. En l'adoptant pour un moment, on veut bien supposer avec lui qu'une armée puisse se passer de cavalerie , mais peut-elle se passer de vivres, d'Hôpitaux, de bagages & d'artillerie ? Ne faut-il pas du fourrage
pour

pour les chevaux deſtinés à ces différens uſages ? N'en faut-il pas pour ceux des Officiers Généraux & particuliers ? Qui donc dans l'armée ſera chargé du ſoin d'y pourvoir, s'il n'y a point de cavalerie ? Sera-ce l'infanterie ? Pourra-t'elle ſeule aller un peu loin faire ces fourrages ? Ira-t'elle interrompre ceux de l'ennemi, lui enlever ſes fourrageurs ; ſi elle forme une chaîne, ſera-t'elle aſſez étendue pour embraſſer un terrein ſuffiſant, aſſez bien gardée de toutes parts pour empêcher la cavalerie ennemie d'y pénétrer, aſſez épaiſſe pour ſoutenir l'impétuoſité de ſon choc ? Avant que l'infanterie puiſſe s'unir pour former un corps ſolide, tout ſera dans la confuſion ; ſi elle ſe préſente d'un côté, on lui enlevera ſes fourrageurs de l'autre ; néceſſairement en défaut par quelqu'endroit, c'eſt toujours par-là qu'elle ſera attaquée. Pour avoir du fourrage dans cette armée, ainſi dénuée de cavalerie, il n'y auroit qu'un moyen, ce ſeroit de former d'aſſez gros détachemens pour mettre les fourrageurs hors d'inſulte ; mais en ce cas il en réſulteroit un autre inconvénient, c'eſt que le reſte de l'armée, affoibli par ces détachemens, ou ne ſuffiſant pas pour embraſſer tout le front de ſon camp, garder ſes derrieres, & protéger ſes flancs contre les entrepriſes de la cavalerie ennemie, ſeroit contraint, pour prévenir tous les malheurs, à ſe tenir ſans ceſſe ſous les armes. Or eſt-il poſſible qu'une armée continuellement ſous les armes puiſſe long-temps ſubſiſter en cet état ?

Pour peu que l'on conſidére la variété des opérations d'une armée, & l'étendue de ſes beſoins, quelle apparence y a-t'il que l'infanterie, dont la fermeté fait le principal mérite, ſoit ſeule en état d'y ſuffire ? A la guerre, ne faut-il autre choſe que de la fermeté, & cette qualité peut-elle tenir lieu de tant d'autres que ne ſçauroit avoir l'infanterie par ſa nature, & qui ſont comme l'appanage de la cavalerie ? Dans la guerre de plaine, & dans toutes les occaſions, par exemple, qui exigent un peu de célérité, & qui ſont aſſurément très-fréquentes, peut-on s'empêcher de convenir que celle-ci n'ait une grande ſupériorité

C

sur l'autre. Si l'ennemi fait une faute, quel fruit en tirera-t'on, si on est dénué de cavalerie ? Est-il question de traverser une riviere à la nage, ou à gué, n'est-ce pas la cavalerie qui facilite le passage à l'infanterie, en rompant la rapidité de l'eau par la force de ses escadrons, ou parce que chaque cavalier peut porter en croupe un fantassin ? Comment maintenir le bon ordre si nécessaire à une armée, si l'on ne peut détacher souvent des troupes de cavalerie, qui empêchent les déserteurs ou les maraudeurs de sortir du camp, qui veillent à ce qu'il n'y entre point d'espions, ou d'autres gens aussi dangereux, & qui procurent la sureté aux paysans chez eux, & la liberté d'apporter des vivres.

Si l'on excepte les siéges, qui sont des opérations ausquelles on ne peut procéder que lentement, &, pour ainsi dire, pied à pied, on ne trouvera peut-être pas une autre occasion dans la guerre qui ne demande de la diligence, & conséquemment pour laquelle les services de la cavalerie ne soient préférables à ceux de l'infanterie.

Un Etat dépourvu de cavalerie, pourroit peut-être garder pour un temps ses places avec sa seule infanterie ; mais combien en ce cas ne lui en faudroit-il point ? La lenteur des mouvemens de ce corps ne lui permettant point de porter un secours assez prompt dans les places qui seroient menacées, il faudroit partout des garnisons extrêmement nombreuses ; on seroit même obligé d'augmenter le nombre de ces places & celui de l'infanterie, si l'on vouloit mettre la frontiere à l'abri des courses de l'ennemi, qui, nonobstant toutes ces précautions, trouveroit encore le moyen de pénétrer avec sa cavalerie jusques dans le cœur du pays, & de faire tomber toutes les places les unes après les autres.

Il est vrai que la levée & l'entretien d'un corps de cavalerie, entraînent de la dépense ; mais les contributions qu'elle impose au loin dans le pays ennemi, les vivres, les fourrages qu'elle en tire, la sureté des convois qu'elle procure, & tant d'autres services qu'elle seule est en état de rendre, ne dédommagent-ils pas bien avantageusement de la dépense qu'elle occasionne ? D'ailleurs un escadron

eft d'une force bien fupérieure à celle d'un bataillon ;
nombre d'exemples l'ont prouvé, & le Chevalier Folard
eft obligé lui-même d'en convenir dans plus d'un endroit
de fon Commentaire : (1) « il n'y a rien, dit-il, qu'un
» Officier ne puiffe tirer de la valeur d'une cavalerie com-
» pofée de cavaliers qui ont de la confiance en leurs che-
» vaux, qu'ils fçavent bons & vigoureux, & qui joignent
» à cet avantage des armes excellentes ; une telle cavalerie
» enfoncera les plus épais bataillons, fi l'Officier a affez
» d'habileté pour connoître fa force, & affez de courage
» pour la mettre en œuvre : » Il ajoute dans un autre endroit : « L'infanterie ne fçauroit jamais réfifter à la cava-
» lerie Efpagnole, encore moins depuis la fuppreffion des
» piques : cela eft fi vrai, dit-il, (2) que dans la guerre
» d'Efpagne, en 1701, on a vu un Officier Efpagnol à la
» tête de cent chevaux, renverfer, paffer & repaffer fur
» le ventre d'un gros bataillon de troupes Angloifes, qui
» ne font certainement pas méprifables. » Il dit (3) encore
autre part, « notre cavalerie pafferoit aifément fur le
» ventre de nos bataillons minces d'aujourd'hui, fi les
» Officiers de cavalerie connoiffoient bien leur avantage. »
Le Chevalier Folard auroit encore pu citer, pour prouver
ce que peut de bonne cavalerie bien conduite, contre la
meilleure infanterie, la bataille de Marignan en 1515,
& celle d'Hochftet en 1704. Dans la premiere, François I,
à la tête de trois cens chevaux, défit quatre mille Suiffes, & l'on fçait que dans la feconde, trois efcadrons mirent en fuite vingt-fept bataillons dépourvus de cavalerie.
La cavalerie étant d'une utilité plus générale pour les
opérations de la guerre, on ne fçauroit dire qu'elle foit
plus à charge à l'Etat que l'infanterie, puifque la levée
d'un efcadron n'eft pas d'une dépenfe plus grande que celle
d'un bataillon, & que l'entretien de celui-ci eft bien plus
confidérable. Le Chevalier Folard n'a pas fans doute

(1) Liv. III, ch. 13.
(2) Idem.
(3) Liv. I, ch. 6.

C ij

fait toutes ces réfléxions, lorfqu'il avance qu'une cavalerie nombreufe eft auffi inutile à la guerre que ruineufe à l'Etat ; ce feroit même, fi on vouloit l'en croire, une marque de fa décadence, & une preuve que la barbarie s'y introduit ; de maniere que, felon lui, Cyrus, Alexandre, Annibal, Scipion ne feroient que des barbares & des ignorans qui n'ont rien entendu au métier de la guerre, & la réputation dont ils jouiffent depuis plus de vingt fiecles, ne feroit qu'un préjugé dont le Chevalier Folard auroit feul été exempt. Car nous lifons dans l'hiftoire, que Cyrus & Annibal avoient une cavalerie très-nombreufe, & qu'ils la regardoient comme leur principale force ; & l'on fçait qu'Alexandre eft celui des Grecs, qui, à proportion de fes forces, a eu le plus grand nombre de cavalerie. Cependant nous ne voyons pas que les Grecs fous ce Prince, non plus que les Perfes & les Carthaginois du temps de Cyrus & d'Annibal, ayent été fur leur déclin ; il fembleroit au contraire que la vie de ces grands Capitaines pourroit être regardée comme l'époque la plus floriffante de leurs nations. Si les Romains triompherent enfin des Carthaginois, c'eft que ceux-ci furent abandonnés de leur cavalerie que leur enleva Scipion par fes alliances & fes conquêtes, & ce temps eft auffi le plus glorieux du peuple Romain.

Les fuffrages des Auteurs modernes qui ont le mieux écrit de l'art militaire, fe réuniffent avec l'autorité des plus grands Capitaines & des meilleurs Ecrivains de l'antiquité, contre le fyftême du Chevalier Folard. Il fembloit au brave la Noue, que fur quatre mille lances il fuffifoit de deux mille cinq cens hommes d'infanterie. *Perfonne ne contredira, ajoute cet Auteur, qu'il ne faille toujours entretenir bon nombre de Gendarmerie, mais d'infanterie aucuns eftiment qu'on s'en peut paffer en temps de paix.* Je conviens que la Noue écrivoit dans un temps où l'infanterie étoit comptée pour peu de chofe, parce que les principales actions de guerre confiftoient moins alors à prendre des places qu'en des affaires de plaine-campagne, où l'infanterie ne tenoit pas contre la cavalerie. Sa réfléxion ne peut manquer de

tomber fur la néceffité d'exercer pendant la paix la cavalerie ; elle ne peut pas être bonne pour la guerre , fi elle eft
nouvellement levée.

Un Auteur auffi eftimé & plus moderne , le Maréchal
de Puyfégur , qui connoiffoit fans doute en quoi confifte
la force des armées , dont il avoit rempli les premiers emplois pendant cinquante-fix ans , propofe dans fes projets
de guerre environ un tiers de cavalerie fur deux tiers d'infanterie. En formant fes efcadrons de cent quarante hommes , & fes bataillons de fix cens , il compofe fon armée
de cent vingt efcadrons , & de foixante bataillons , c'eft-
à-dire , que fur trente-fix mille hommes d'infanterie il en
veut feize mille huit cens de cavalerie ; qu'on ajoute à cela
les Huffards, Dragons & Troupes légeres, on verra , fuivant fon fyftême , que le nombre des gens à cheval eft
plus de la moitié de celui des fantaffins.

Santa-Cruz veut qu'une armée foit toujours compofée
d'une forte cavalerie : il foutient même qu'elle doit être
une fois plus nombreufe que l'infanterie , fuivant les circonftances , par exemple , fi les ennemis la craignent davantage , ou fi votre nation eft plus propre à agir à cheval
qu'à pied ; la nature du pays où l'on fait la guerre , eft une
diftinction qu'il a oublié de faire. En pays montueux &
coupés , il n'y a point de doute qu'on ne doive être fupérieur
en infanterie , au lieu que s'il eft uni & découvert , la cavalerie doit être plus nombreufe. Car , comme dit M. de
Turenne dans fes Mémoires fur la guerre, « un pays plain
» eft très-favorable à la cavalerie ; il lui laiffe toute la
» liberté néceffaire à fon fervice , & lui donne beaucoup
» d'avantages fur l'infanterie. » Enfin Montecuculli , le
Végece de nos jours , eftime que la cavalerie péfante doit
au moins faire la moitié de l'infanterie , & la légere le
quart au plus de la péfante : tout ces grands hommes modernes , François , Allemands , Efpagnols , Italiens , auffi
recommandables par leur habileté militaire que par leurs
écrits , penfent , comme l'on voit , bien différemment du
Commentateur de Polybe ; leurs fentimens réunis avec

ceux des Anciens & des plus grands Capitaines, la raison
& l'expérience, les opérations les plus importantes de la
guerre, & tous les besoins d'une armée, sont donc autant
de témoignages de la nécessité de la cavalerie. C'est sans
doute à cause de l'importance des services de la cavalerie
en campagne, que de tout temps on a jugé que dans les
occasions où il se trouve mélange des deux corps, l'Officier de cavalerie commanderoit celui d'infanterie, parce
que les opérations de la cavalerie exige une expérience
particuliere, que ne peut avoir l'Officier d'infanterie. Cela
n'empêche point que les services de ce corps ne soient
à beaucoup d'autres égards très-essentiels ; il s'est acquis
une estime qui le fera toujours autant redouter des ennemis, que respecter par la cavalerie, qui loin de dire *qu'une
armée peut fort bien se passer d'infanterie, & n'aller pas moins
son train*, conviendra du besoin qu'elle a souvent d'en être
favorisée, & de l'extrême utilité dont elle est. Ces deux
corps ont chacun leur mérite : ils sont tous deux indispen-
sablement nécessaires, suivant les occurrences ; & si la
cavalerie vôle avec courage au devant du péril, l'infanterie sçait l'attendre avec fermeté.

CHAPITRE II.

*De l'ancienneté de l'équitation, & de l'usage des chevaux
dans les armées.*

L'ART de monter à cheval semble être aussi ancien que
le monde. L'Auteur de la Nature, en donnant au cheval
les qualités que nous lui connoissons, avoit trop sensible-
ment marqué sa destination, pour qu'elle pût être long-
temps ignorée. L'homme ayant sçu, par un jugement sûr
& prompt, discerner dans la multitude infinie d'êtres différens qui l'environnoient, ceux qui étoient particulierement destinés à son usage, en auroit-il négligé un si ca-

pable de lui rendre les services les plus utiles ? La même lumiere qui dirigeoit son choix lorsqu'il soumettoit à son domaine la brebis, la chevre, le taureau, l'éclaira sans doute sur les avantages qu'il devoit retirer du cheval, soit pour passer rapidement d'un lieu dans un autre, soit pour le transport des fardeaux, soit pour la facilité du commerce.

Il y a beaucoup d'apparence que le cheval ne servit d'abord qu'à soulager son maître dans le cours de ses occupations paisibles. Ce seroit trop présumer que de croire qu'il fut employé dans les premieres guerres que les hommes se firent : au commencement, ceux-ci n'agirent point par principes ; ils n'eurent pour guide qu'un emportement aveugle, & ne connurent d'autres armes que les dents, les ongles, les mains, les pierres, les bâtons (1). L'airain & le fer servirent ensuite leur fureur : mais la découverte de ces métaux ayant facilité le triomphe de l'injustice & de la violence, les hommes, qui formoient alors des sociétés naissantes, apprirent, par une funeste expérience, qu'inutilement ils compteroient sur la paix & sur le repos, tant qu'ils ne seroient point en état de repousser la force par la force. Il fallut donc réduire en art un métier destructeur, & inventer des moyens pour le pratiquer avec plus d'avantage.

On peut compter parmi ces moyens, celui de combattre à cheval ; aussi l'histoire nous atteste-t'elle que l'homme ne tarda point à le découvrir & à le mettre en pratique : l'antiquité la plus reculée en offre des témoignages certains.

Les inclinations guerrieres de cet animal, sa vigueur, sa docilité, son attachement n'échapperent point aux yeux de l'homme, & lui mériterent l'honneur de devenir le compagnon de ses dangers & de sa gloire.

Le cheval paroît né pour la guerre ; si l'on pouvoit en

(1) *Arma antiqua manus, ungues, dentesque fuerunt,*
Et lapides, & item sylvarum fragmina rami. &c.
Lucretius, *de rerum naturá,* lib. v.

douter, cette belle defcription qu'on voit dans le livre de
Job (*chap. xxxix. v. 19.*) fuffiroit pour le prouver : c'eft
Dieu qui parle, & qui interroge le faint patriarche.

» « Eft-ce de vous, lui demande-t'il, que le cheval tient
» fon courage & fon intrépidité ? Vous doit-il fon fier
» henniffement, & ce fouffle ardent qui fort de fes na-
» rines, & qui infpire la terreur ? Il frappe du pied la
» terre, & la réduit en poudre ; il s'élance avec audace,
» & fe précipite au travers des hommes armés : inaccef-
» fible à la crainte, le tranchant des épées, le fifflement
» des fléches, le brillant éclat des lames & des dards,
» rien ne l'étonne, rien ne l'arrête. Son ardeur s'allume
» aux premiers fons de la trompette ; il frémit, il écu-
» me, il ne peut demeurer en place : d'impatience il
» mange la terre. Entend-il fonner la charge ? il dit,
» allons : il reconnoît l'approche du combat, il diftingue
» la voix des chefs qui encouragent leurs foldats : les cris
» confus des armées prêtes à combattre, excitent en lui
» une fenfation qui l'anime & qui l'intéreffe ».

Equus paratur in diem belli, a dit le plus fage des trois.
Prov. chap. xxj.

L'unanimité de fentiment qui régne à cet égard chez
tous les peuples, eft une preuve qu'elle a fon fondement
dans la Nature. Les principaux traits de la defcription
précédente fe retrouvent dans l'élégante peinture que
Virgile a tracée du même animal :

Continuo pecoris generofi pullus in arvis
Altius ingreditur, & mollia crura reponit ;
Primus & ire viam, & fluvios tentare minaces
Audet, & ignoto fefe committere ponti,
Nec vanos horret ftrepitus. . . . .

. . . .
. . Tum fi qua fonum procul arma dedêre,
Stare loco nefcit, micat auribus, & tremit artus,
Colleflumque premens volvit fub naribus ignem.
Virg. *Georg. lib. III, verf. 75.*

Homere

Homère, (*Il. l. XIII.*) le plus célébre de tous les Poëtes, & le chantre des Héros, dit que les chevaux font une
partie effentielle des armées, & qu'ils contribuent extrêmement à la victoire. Tous les Auteurs anciens ou modernes qui ont traité de la guerre, ont penfé de même;
& la vérité de ce jugement eft pleinement juftifiée par
la pratique de toutes les nations. Le cheval anime en
quelque forte l'homme au moment du combat; fes mouvemens, fes agitations calment cette palpitation naturelle
dont les plus braves guerriers ont de la peine à fe défendre au premier appareil d'une bataille.

A la noble ardeur qui domine dans ce fuperbe animal,
à fon extrême docilité pour la main qui le guide, ajou-
tons pour dernier trait qu'il eft le plus fidele & le plus
reconnoiffant de tous les animaux, & nous aurons raffemblé les puiffans motifs qui ont dû engager l'homme à s'en
fervir pour la guerre.

*Fideliffimum inter omnia animalia, homini eft canis atque
equus,* dit *Pline* (*l. VIII, c. xl.*) *Amiffos lugent dominos,*
ajoute t'il plus bas (*ibid. c. xlij.*), *lacrymafque interdùm de-
fiderio fundunt.* Homère (*Iliade, liv. XVII.*) fait pleurer
la mort de Patrocle par les chevaux d'Achille. Virgile
donne le même fentiment au cheval de Pallas, fils d'Evan-
dre :

> . . . . . *Pofitis infignibus Æthon*
> *It lacrymans, guttifque humectat grandibus ora.*
> *Æneid. l. XI, v. 89.*

L'hiftoire (1) n'a pas dédaigné de nous apprendre que
des chevaux ont défendu ou vengé leurs maîtres à coups
de pieds & de dents, & qu'ils leur ont quelquefois fauvé
la vie.

---

(1) *Occifo Scytharum Regulo ex provocatione dimicante, hoftem (cum victor ad
fpoliandum veniffet) ab equo ejus ictibus morfuque confectum effe. . . . . . . Ibidem
Phylarchus refert Centaretum è Galatis in prælio, occifo Antiocho, potito equo
ejus, confcendiffe ovantem; at illum indignatione accenfum, demptis frænis ne regi
poffet, præcipitem in abrupta iffe exanimatumque unâ.* Lib. VIII, c. xlij, de Pline.

D

Dans la bataille d'Alexandre contre Porus, (*Aul. Gell.* *noctium Attic. l. V, c. ij. & Q. Curt. l. VIII.*), Bucéphale couvert de bleſſures, & perdant tout ſon ſang, ramaſſa néanmoins le reſte de ſes forces pour tirer au plus vîte ſon maître de la mêlée, où il couroit le plus grand danger : dès qu'il fut arrivé hors de la portée des traits, il tomba, & mourut un inſtant après ; paroiſſant ſatisfait, ajoute l'Hiſtorien, de n'avoir plus à craindre pour Alexandre.

Silius Italicus (*l. X.*) & Juſte Lipſe (*in epiſtol. ad Belgas.*) nous ont conſervé un exemple remarquable de l'attachement extraordinaire dont les chevaux ſont capables.

A la bataille de Cannes, un Chevalier Romain nommé *Clælius*, qui avoit été percé de pluſieurs coups, fut laiſſé parmi les morts ſur le champ de bataille. Annibal s'y étant tranſporté le lendemain, Clælius, à qui il reſtoit encore un ſouffle de vie prêt à s'éteindre, voulut, au bruit qu'il entendit, faire un effort pour lever la tête, & parler; mais il expira auſſi-tôt, en pouſſant un profond gémiſſement. A ce cri, ſon cheval, qui avoit été pris le jour d'auparavant, & que montoit un Numide de la ſuite d'Annibal, reconnoiſſant la voix de ſon maître, dreſſe les oreilles, hennit de toutes ſes forces, jette par terre le Numide, s'élance à travers les mourans & les morts, arrive auprès de Clælius : voyant qu'il ne ſe remuoit point, plein d'inquiétude & de triſteſſe, il ſe courbe comme à l'ordinaire ſur les genoux, & ſemble l'inviter à y monter. Cet excès d'affection & de fidélité fut admiré d'Annibal, & ce grand homme ne put s'empêcher d'être attendri à la vue d'un ſpectacle ſi touchant.

Il n'eſt donc pas étonnant que par un juſte retour (s'il eſt permis de s'exprimer ainſi) d'illuſtres guerriers, tels qu'un Alexandre & un Céſar, ayent eu pour leurs chevaux un attachement ſingulier. Le premier bâtit une ville en l'honneur de Bucéphale : l'autre dédia l'image du ſien à Vénus. On ſçait combien *la pie* de Turenne étoit aimée du ſoldat François, parce qu'elle étoit chère à ce héros (1).

(1) Chez les Scythes, Achéas leur Roi, panſoit lui-même ſon cheval, perſuadé

Le peu de lumieres que nous avons fur ce qui s'eft paffé dans les temps voifins du déluge, ne nous permet pas de fixer avec précifion celui où l'on commença d'employer les chevaux à la guerre. L'Ecriture (*Gen. ch. xiv.*) ne dit pas qu'il y eut de la cavalerie dans la bataille des quatre Rois contre cinq, ni dans la victoire qu'Abraham bientôt après remporta fur les premiers, qui emmenoient prifon-nier Loth fon neveu. Mais quoique nous ignorions, faute de détails fuffifans, l'ufage que les Patriarches ont pu faire du cheval, il feroit abfurde d'en conclure qu'ils eurent l'imbécillité, fuivant l'expreffion de S. Jérôme (*Comment. du chap. xxxvj. d'Ifaïe*), de ne s'en pas fervir.

Origene cependant l'a voulu croire. On ne voit nulle part, dit-il, (*Homelie xviij.*) que les enfans d'Ifrael fe foyent fervis de chevaux dans les armées. Mais comment a-t'il pu fçavoir qu'ils n'en avoient point ? Il faut pour le prouver, une évidence bien réelle & des faits conftans. La loi du Deutéronome (*ch. xvij. v. 16.*) dont s'appuie Saint Jérôme, *non multiplicabit fibi equos*, n'exclut pas les chevaux des armées des Juifs ; elle ne regarde que le Roi, *fibi*, encore (1) ne lui en défend-elle que le grand nombre, *non multiplicabit.* C'étoit une fage prévoyance de la part de Moyfe, ou parce que le peuple de Dieu devoit habiter un pays coupé, fec, aride, peu propre à nourrir beaucoup de chevaux ; ou bien, felon que l'a remarqué M. Fleury, pour lui ôter le défir & les moyens de retourner en Egypte. C'eft apparemment par la même raifon qu'il fut ordonné à Jofué (*II. 6.*) de faire couper les jarrets aux chevaux des Chananéens ; ce qu'il exécuta après la défaite de Jabin, Roi d'Azor (vers l'an du monde 2559, avant J. C. 1445.) *David* (*II. Reg. viij. 4.*) en fit autant à ceux qu'il prit fur Adavefer ; il n'en réferva que cent.

Quoi qu'il en foit du fentiment d'Origene, la défenfe

que c'étoit-là le moyen de fe l'attacher davantage, & d'en retirer plus de fervice : il parut étonné, lorfqu'il fçut par les Ambaffadeurs de Philippe, que ce Prince n'en ufoit pas ainfi. *Vie de Philippe de Macédoine, liv. XIII. par M. Olivier.*

(1) Salomon avoit mille quatre cens charriots & douze mille cavaliers. *III. des Rois, ch. x, verf. 26. II. Paralip. c. IV, v. 24.*

D ij

portée au dix-septiéme chapitre du Deuteronome, le vingtiéme chapitre du même livre (1), & le quinziéme de l'Exode (*equum & ascensorem dejecit in mare*), font autant de preuves certaines que du temps de Moyse l'art de l'*équitation* & l'usage de la cavalerie dans les armées, n'étoient pas regardés comme une nouveauté.

Le premier endroit où ce législateur en ait parlé avec une sorte de détail, est au quatorziéme chapitre de l'Exode, où il décrit le passage de la mer rouge par les Israélites, (an du monde 2513, avant J. C. 1491, selon M. Bossuet). Pharaon qui les poursuivoit, fut englouti par les eaux avec ses charriots de guerre, ses cavaliers, & toutes les troupes qu'il avoit pu rassembler. Son armée, suivant Josephe, étoit composée de 200 mille hommes de pied, 50 mille cavaliers, & 600 chars (2).

Si les livres du Pentateuque n'offrent point de preuve plus ancienne de l'usage de la cavalerie dans les armées, c'est que, conformément au plan que Moyse s'étoit tracé, il n'a pas dû nous instruire des guerres que les Egyptiens avoient eu contre leurs voisins avant la délivrance des Juifs, & qu'il s'est borné seulement à raconter les faits essentiellement liés avec l'histoire du Peuple de Dieu.

Mais outre qu'il seroit absurde de prétendre établir en Egypte l'époque de l'*équitation* par une cavalerie si nombreuse, qu'elle égale ce que les plus grandes Puissances de l'Europe peuvent en entretenir aujourd'hui, on doit encore observer que les chevaux ont toujours fait une des principales richesses des Egyptiens (3). D'ailleurs le livre de Job (4) probablement écrit avant ceux de

---

(1) Si vous allez au combat contre vos ennemis, & qu'ils ayent un plus grand nombre de chevaux & de charriots, & plus de troupes que vous, ne les craignez pas, &c. *v. 1.*

(2) L'Exode dit de même, six cens chars. Le nombre de l'infanterie & de la cavalerie n'y est point spécifié.

(3) Il y a apparence que du temps du Patriarche Joseph, les Rois d'Egypte avoient des gardes à cheval, & que ce sont eux qui coururent après Benjamin, & qui l'arrêterent. *Hist. des Juifs par Josephe, lib. I.*

(4) On peut en conclure que les chars sont postérieurs à la simple cavalerie : Job ne parle que de celle-ci, *Job, c. xxxix, v. 18, 19, & suiv.* Au *vers. 18.* il est dit que

Moyſe, parle de l'*équitation* & de chevaux employés à la guerre, comme de choſes généralement connues.

L'Hiſtoire Profane eſt ſur ce point entiérement conforme à l'Ecriture-ſainte. Les premiers faits qu'elle allégue, & qui ont rapport à l'*équitation*, ſuppoſent tous à cet Art une antiquité beaucoup plus grande : diſons mieux, on ne découvre en nul endroit les premieres traces de ſon origine.

On voyoit, ſelon *Diodore de Sicile, liv. I.* gravée ſur de la pierre dans le tombeau d'Oſimandué, l'hiſtoire de la guerre que ce Roi d'Egypte avoit fait aux peuples révoltés de la Bactriane : il avoit mené contre eux, diſoit-on, quatre cens mille hommes d'infanterie, & vingt mille chevaux (1). Entre cet Oſimandué & Séſoſtris, qui vivoit long-temps avant la guerre de Troye, & avant l'expédition des Argonautes, Diodore compte vingt-cinq générations : voilà donc la cavalerie admiſe dans les armées, bien peu de ſiecles après le déluge.

Séſoſtris, le plus grand & le plus puiſſant des Rois d'Egypte, ayant formé le deſſein de conquérir toute la terre, aſſembla, dit le même Hiſtorien (*Diodore de Sicile, l. I.*) une armée proportionnée à la grandeur de l'entrepriſe qu'il méditoit : elle étoit compoſée de ſix cens mille hommes de pied, vingt-quatre mille chevaux, & vingt-ſept mille charriots de guerre. Avec ce nombre prodigieux de troupes de terre, & une flotte de quatre cens navires, ce Prince ſoumit les Ethiopiens, ſe rendit maître de toutes les Provinces maritimes, & de toutes les

---

l'autruche ſe moque du cheval & de celui qui le monte : les verſets ſuivans contiennent la belle deſcription du cheval qu'on a vue ci-devant.

(1) Le ſentiment de Marsham & du Newton, qui a ſuivi le premier, eſt inſoutenable, ſuivant M. Freret même. Ces deux Anglois font Séſoſtris poſtérieur à la guerre de Troye ; mais il eſt évident, par tous les anciens, que ce Roi d'Egypte a vêcu long-temps avant le ſiege de Troye & l'expédition des Argonautes. *Mém. de Litt. de l'Acad. des Inſcript. tom. VII, p. 145.* De cette expédition à la guerre de Troye, il y a au moins ſoixante dix ans d'intervalle. En ſuppoſant Séſoſtris antérieur aux Argonautes du même nombre d'années ; & en comptant trois générations par ſiecle, il n'y auroit qu'un petit nombre de ſiecles d'intervalle entre le déluge & Oſimandué.

isles de la Mer rouge, pénétra dans les Indes, où il porta
ses armes plus loin que ne fit depuis Alexandre : revenant sur ses pas, il conquit la Scythie, subjugua tout le
reste de l'Asie & la plûpart des Cyclades, passa en Europe ; & après avoir parcouru la Thrace, où son armée
manqua de périr, il retourna au bout de neuf ans dans
ses Etats, avec une réputation supérieure à celle des Rois
ses prédécesseurs.

Ce Prince avoit fait dresser dans les lieux qu'il avoit
soumis, des colonnes avec l'inscription suivante en ca-
ractères Egyptiens (1) : *Sésostris, Roi des Rois, a conquis
cette Province par ses armes.* Quelques-unes de ces colonnes
s'étoient conservées jusqu'au temps d'Hérodote, & cet Historien (*l. II.*) ajoute qu'il y avoit encore alors sur les frontieres de l'Ionie deux statues en pierre, de Sésostris, l'une
sur le chemin d'Ephese à Phocée, l'autre sur celui de Sardis
à Smirne. Un rouleau portant une inscription, *j'ai conquis
cette terre avec mes épaules,* peu différente de celle qu'on
vient de lire, traversoit la poitrine de ces statues.

Ninus Roi des Assyriens, fit une premiere entreprise
contre la Bactriane, qui ne lui réussit pas. Il résolut
quelques années après d'en tenter une seconde ; mais
connoissant le nombre & le courage des habitans de ce
pays, que la nature avoit d'ailleurs rendu inaccessible en
plusieurs endroits, il tâcha de s'en assurer le succès en
mettant sur pied une armée à laquelle rien ne pût résister : elle montoit, poursuit Diodore, selon le dénombrement qu'en a fait Ctésias dans son histoire, à dix-sept
cens mille hommes d'infanterie, deux cens dix mille de
cavalerie, & près de dix mille six cens charriots armés de
faulx,

Le regne de Ninus, en suivant la supputation d'Hérodote, que l'on croit la plus exacte, & qui rapproche

(1(*In cippis illis pudendum viri, apud gentes quàdem strenuas & pugnaces, apud
ignaves autem & timidas, feminæ, expressit : ex præcipuo hominis membro, animarum
in singulis affectionem, posteris evidentissimam fore ratus.* Diod. lib. I, apud Rhoda-
num,

beaucoup de nous la fondation du premier Empire des Affyriens, doit fe rencontrer avec le gouvernement de la Prophéteffe Débora, 514 ans avant Rome, 1267 ans avant Jefus-Chrift, c'eft-à-dire, qu'il eft antérieur à la ruine de Troye, au moins de 80 (1) ans. L'on conviendra aifément qu'une fi grande quantité de cavalerie en fuppofe l'ufage établi chez les Affyriens plufieurs fiecles auparavant.

Tout ce qui nous refte dans les Auteurs fur l'hiftoire des différens peuples d'Afie, démontre l'ancienneté de l'é-quitation: elle étoit, (dit *Hérodote*, *l. IV.*) connu chez les Scolothes, nation Scythe, qui comptoient mille ans depuis leur premier Roi, jufqu'au temps où Darius porta la guerre contre eux.

Par un ufage auffi ancien que leur Monarchie, le Roi fe rendoit tous les ans dans le lieu où l'on confervoit une charrue, un joug, une hache & un vafe, le tout d'or maffif, & que l'on difoit être tombés du ciel; & il fe faifoit en cet endroit de grands facrifices. Le Scythe à qui pour ce jour la garde du tréfor étoit confiée, ne voyoit jamais, difoit-on, la fin de l'année: en récompenfe on affuroit à fa famille autant de terre qu'il en pouvoit parcourir dans un jour, monté fur un cheval.

Que ce fait foit véritable ou non, il eft certain que les Scythes en général, eux qui fous des noms différens oc-cupoient en Afie & en Europe une étendue immenfe de pays, qui firent plufieurs irruptions dans l'Afie mineure, & qui dominerent pendant vingt-huit ans fur toute cette feconde partie du monde, ont nourri de tout temps une prodigieufe quantité de chevaux, & qu'ils faifoient du lait de leurs jumens leur boiffon ordinaire. Il feroit donc ridicule de penfer qu'ils euffent ignoré l'art de monter à cheval (2). Cela ne fouffre aucune difficulté, quand on lit

____

(1) M. Boffuet, qui fuit cette chronologie, place le fiege de Troye l'an 1184, avant J. C.

(2) Il y avoit au Nord-Eft des Palus Méotides, des Scythes nommés *lyrces*, qui ne vivoient que du produit de leur chaffe, & voici comment ils la prati-

ce qu'Hérodote raconte des Amazones, femmes guerrieres qui defcendoient des anciens Scythes.

Les Grecs (*Hérodote, ibid.*) les ayant vaincues en bataille rangée fur les bords du Thermodon, firent plufieurs prifonnieres, qu'ils mirent fur trois vaiffeaux, & reprirent le chemin de leur patrie.

Quand on fut en pleine mer, nos héroïnes faififfant un moment favorable, fe jetterent fur les hommes, les défarmerent, & leur couperent la tête. Comme elles ignoroient l'art de la navigation, elles furent obligées de s'abandonner à la merci des vents & des vagues, qui les porterent enfin fur un rivage des Palus Méotides, où étant defcendues à terre, elles monterent fur les premiers chevaux qu'elles purent trouver, & coururent ainfi tout le pays.

Ce fait s'accorde parfaitement avec ce que l'abréviateur de Trogue Pompée (*Juftin, l. II.*) rapporte de l'éducation des Amazones : « elles ne paffoient pas, dit-il, leur » temps dans l'oifiveté ou à filer ; elles s'exerçoient con- » tinuellement au métier des armes, à monter à cheval, » & à chaffer ». Strabon, *l. II.* d'après Métrodore, &c. dit encore que les plus robuftes des Amazones alloient à la chaffe, & faifoient la guerre montées fur des chevaux. Le temps de leur célébrité eft antérieur à la guerre de Troye : une partie de l'Afie & de l'Europe fentit le poids de leurs armes ; elles bâtirent dans l'Afie mineure plufieurs villes (*Juftin, l. II.*) entr'autres Ephéfe, où il y a apparence qu'elles inftituerent le culte de Diane.

Théfée étoit avec Hercule, lorfque ce Héros à la tête des Grecs remporta fur elles la victoire du Thermodon. Réfolues de tirer une vengeance éclatante de cet affront, elles fe fortifierent de l'alliance de Sigillus, Roi des Scythes, qui envoya à leur fecours une nombreufe cavalerie

---

quoient. Cachés parmi les arbres qui étoient là en grand nombre, & ayant près d'eux un chien & un petit cheval couché fur le ventre, ils tiroient fur la bête à fon paffage, & montoient tout de fuite à cheval pour courir à fa pourfuite avec leur chien. *Hérodote, liv. IV.*

commandée

commandée par son fils. Marchant tout de suite contre
les Athéniens, qui obéissoient à Thésée, elles leur livre-
rent bataille jusque dans les murs d'Athenes, avec plus
de courage que de prudence. Un différend survenu entre
elles & les Scythes, empêcha ceux-ci de combattre : aussi
furent-elles vaincues ; & cette cavalerie ne servit qu'à favoriser leur retraite & leur retour.

Les annales des autres peuples, soit d'Europe, soit
d'Afrique, concourent également à prouver l'ancienneté
de l'*équitation* ; on la voit établie chez les Macédoniens,
avant que les Héraclides eussent conquis la Macédoine,
(*Hérodote, l. VIII.*) Les Gaulois, les Germains, les Peuples d'Italie faisoient usage des chars ou de la cavalerie
dans leurs premieres guerres qui nous font connues, (*Dio-*
dore de Sicile, l. V.). Les Ibériens ont de tout temps
élevé d'excellens chevaux, de même que les Arabes, les
Maures, & tous les peuples du Nord de l'Afrique.

Les traits historiques que nous venons de rapporter
nous montrent évidemment, chez les Assyriens & les
Egyptiens, les chevaux employés de toute antiquité
dans les armées, à porter des hommes & à traîner des
chars. Les Egyptiens ont inondé l'Asie de leurs troupes, pénétré dans l'Europe, & fondé plusieurs colonies
dans la Grece : les Amazones & les Scythes, chez qui
l'art de l'*équitation* étoit en usage de temps immémorial,
avoient parcouru de même une partie de l'Europe & de
l'Asie, surtout de l'Asie mineure, & s'étoient fait voir
dans la Grece. De ces événemens, tous anterieurs à la
guerre de Troye, on pourroit conclure, sans chercher de
nouvelles preuves, que dans le temps de cette expédition, l'art de monter à cheval n'étoit ignoré ni des Grecs
ni des Troyens.

L'équitation connue chez les Grecs avant la guerre de Troye.

Cette proposition, que nous croyons vraie dans toute
son étendue, a trouvé néanmoins deux contradicteurs

E

ESSAI

célébres , Madame Dacier & M. Freret. Fondés fur
le prétendu filence d'Homere , & fur ce qu'il ne fait jamais combattre fes héros à cheval, mais montés fur des
chars, ils ont prétendu que l'époque de l'*équitation* dans
la Grece & dans l'Afie mineure, étoit poftérieure à la
guerre de Troye, & que les Grecs, de même que les
Troyens, ne fçavoient en ce temps-là faire ufage des
chevaux que lorfqu'ils étoient attelés à des chars.

Il femble qu'une opinion fi finguliere doive tomber
d'elle-même, quand on obferve que les Grecs exiftoient
long-temps avant le paffage de la Mer rouge, puifque
Argos étoit alors à fon fixiéme Roi (1), & que plus de
quatre cens ans avant ce paffage, l'Egyptien Ourane avoit
franchi le Bofphore pour donner des loix à ces Grecs,
qui n'étoient encore que des fauvages, vivans comme les
bêtes des herbes qu'ils broutoient. D'ailleurs plufieurs villes
de la Grece n'étoient que des colonies des Egyptiens ou
des Phéniciens. L'Egyptien Cecrops (environ 1556 ans
avant J. C.) qui vivoit dans le fiecle de Moyfe, avoit
fondé les douze bourgs d'où fe forma depuis la ville d'A-
thenes : prefque tout ce qui concernoit la religion, les
loix, les mœurs, avoit été porté d'Egypte dans la Grece.
Sur quel fondement croira-t-on que les Egyptiens qui hu-
maniferent & policerent les Grecs, leur euffent laiffé
ignorer l'art de l'*équitation*, qu'ils poffédoient fi bien eux-
mêmes, & qu'ils n'euffent voulu feulement que leur apprendre à conduire des chars ? Comment ces Grecs, témoins des exploits de Séfoftris, & qui avoient combattu
contre les Amazones, ne virent-ils que des chars dans
des armées où il y avoit indubitablement de la cavalerie ?

Malgré la folidité de ces réflexions, il s'en eft peu fallu
que le fentiment de M. Freret & de Madame Dacier,
foutenu par un profond fçavoir, n'ait prévalu fur les plus
grandes autorités : mais la déférence que l'on accorde à
l'opinion de certains perfonnages, quand elle n'a point

_____

(1) Ce Royaume d'Argos avoit été fondé par l'Egyptien Danaus, vers l'an
1476, avant J. C.

la vérité pour bafe, cede tôt ou tard à l'évidence.

M. l'abbé Sallier (*Hiftoire de l'Académie des Infcriptions & Belles-Lettres, tom. VII. p. 37.*) eft celui qui a coupé court au progrès de l'erreur : il a démontré fenfiblement que l'art de monter à cheval étoit connu des Grecs long-temps avant la guerre de Troye ; mais il ne réfout pas entiérement la queftion : il finit ainfi fon Mémoire.

« Le feul point fur lequel on ne trouve pas de témoi-
» gnages dans Homere, fe réduit donc à dire que les
» Grecs dans leurs combats devant Troye, n'avoient
» point de foldats fervans & combattans à cheval. »

On va donc s'attacher à prouver, par l'examen des rai-fons mêmes qu'a eu M. Freret de croire le contraire, que l'*équitation* étoit connue des Grecs & des Troyens avant le fiége de Troye, & que ces peuples avoient dans leurs armées de la cavalerie diftinguée des chars : nous conjec-turons que ces chars ne fervoient que pour les principaux chefs, lorfqu'ils marchoient à la tête des efcadrons.

Madame Dacier, qui penfoit fur la queftion préfente de même que l'illuftre Académicien, « ne comprend
» pas, dit-elle, (*préf. de la traduct. de l'Iliade, édit. 1741.*
» *p. 60.*) comment les Grecs, qui étoient fi fages, fe
» font fervis fi long-temps de chars au lieu de cavalerie,
» & comment ils n'ont pas vu les inconvéniens qui en
» naiffoient ». Sans examiner la difficulté bien plus grande de conduire un char que de manier un cheval, ni le terrein confidérable que ces chars devoient occuper, elle fe conten-te d'obferver, ajoute-t'elle, « que quoiqu'il y eût fur chaque
» char deux hommes des plus diftingués & des plus pro-
» pres pour le combat, il n'y en avoit pourtant qu'un qui
» combattît, l'autre n'étant occupé qu'à conduire les che-
» vaux : de deux hommes en voilà donc un en pure perte.
» Mais il y avoit des chars à trois & à quatre chevaux
» pour le fervice d'un feul homme : autre perte digne de
» confidération ». Madame Dacier conclut, malgré ces obfervations, qu'il falloit bien que l'art de monter à cheval ne fût point connu des Grecs dans le temps de la guerre de Troye.   E ij

Quelle erreur de fa part ! Pour fuppofer dans ce peuple
une fi grande ignorance, il faut ou qu'elle n'ait pas toujours bien entendu le texte de fon auteur, ou qu'elle n'ait
pas affez réfléchi fur les expreffions d'Homere. On doit
convenir cependant qu'elle étoit fi peu sûre de fon opinion,
qu'elle a dit ailleurs (*Remarques fur le X. liv. de l'Iliade*) :
« Dans les troupes il n'y avoit que des chars ; les cavaliers
›› n'étoient en ufage que dans les jeux & dans les tour-
›› nois ››. Mais qu'étoient ces jeux & ces tournois, que
des exercices & des préparations pour la guerre ? Et pourroit-on penfer que les Grecs s'y fuffent diftingués dans
l'art de monter des chevaux, fans profiter d'un fi grand
avantage dans les combats ?

M. Freret, moins indéterminé, (*Mém. de Litt. de l'Acad.
des Infcript. tom. VII. p. 286.*) ne fe dément pas dans fon
opinion. « On eft furpris, dit-il, en examinant les ou-
›› vrages des anciens Écrivains, furtout ceux d'Homere,
›› de n'y trouver aucun exemple de l'*équitation*, & d'être
›› obligé de conclure que l'on a long-temps ignoré dans
›› la Grece l'art de monter à cheval, & de tirer de cet ani-
›› mal les fervices que nous en tirons aujourd'hui, foit pour
›› le voyage, foit pour la guerre ››.

Telle eft la propofition qui fait le fujet de fa differtation : elle eft remplie de recherches curieufes & fçavantes,
mais qui, toutes prifes dans leur véritable fens, peuvent
fervir à prouver le contraire de ce qu'il avance.

Après avoir établi pour principe qu'Homere ne parle
en aucun endroit de fes Poëmes, de cavaliers, ni de cavalerie, il prétend que ce Poëte, quoiqu'il écrivît dans
un temps où l'*équitation* étoit connue, s'eft néanmoins
abftenu d'en parler, pour ne pas choquer fes lecteurs par
un anachronifme contre le coftume, qui eût été remarqué de tout le monde. Cet argument négatif eft la bafe
de tous fes raifonnemens ; & M. Freret n'oublie rien
pour lui donner d'ailleurs une force qu'il ne fçauroit avoir
de fa nature.

Pour cet effet, 1°. il examine & combat tous les témoignages des Ecrivains poſtérieurs à Homere que l'on peut lui oppoſer. 2°. Il diſcute dans quel temps ont été élevés les plus anciens monumens de la Grece, ſur leſquels on voyoit repréſentés des cavaliers ou des hommes à cheval, pour montrer qu'ils ſont tous poſtérieurs à l'établiſſement de la courſe des chevaux dans les Jeux Olympiques. 3°. Il cherche à prouver que la fable des Centaures n'avoit dans ſon origine aucun rapport à *l'équitation*. 4°. Il termine ſes recherches par quelques conjectures ſur le temps où il croit que l'art de monter à cheval a commencé d'être connu chez les Grecs.

Examen du texte d'Homere.

Puiſque Homere eſt regardé, pour ainſi dire, comme le juge de la queſtion, voyons d'abord ſi ſon ſilence eſt réel, & ſi nous ne pouvons pas trouver dans ſes ouvrages des témoignages poſitifs en faveur de *l'équitation*.

Dans le dénombrement (*Iliad. l. II.*) des Grecs qui ſuivirent Agamemnon au ſiége de Troye, il eſt dit de *Méneſthée*, le chef des Athéniens, « qu'il n'avoit pas ſon égal » dans l'art de mettre en bataille toute ſorte de troupes, » ſoit de cavalerie, ſoit d'infanterie » Sur quoi il eſt bon d'obſerver que les Athéniens habitoient un pays coupé, montueux, très-difficile, & dans lequel l'uſage des chars étoit bien peu praticable.

On trouve parmi les troupes Troyennes *les belliqueux eſcadrons des Ciconiens* ; & l'on voit dans l'Odyſſée (*livre IX., pag. 262, édit. de 1741.*) que ces Ciconiens ſçavoient très-bien combattre à cheval, & qu'ils ſe défendoient auſſi à pied, quand il le falloit. Quoi de plus clair que l'oppoſition de combattre *à pied* & de combattre à cheval ? *Ils étoient en plus grand nombre ;* voilà donc beaucoup de gens de cheval. Madame Dacier le dit de même dans ſa traduction : elle penſoit donc autrement quand elle compoſa la préface de ſa traduction de l'Iliade.

Quand Neſtor conſeille (*Iliad. l. VII.*) aux Grecs de

retrancher leur camp : « Nous ferons, leur dit-il, un foſſé » large & profond, que les hommes & les chevaux ne » puiſſent franchir ». Que peut-on entendre par ces mots, ſi ce n'eſt des chevaux de cavaliers ? Les Grecs avoient-ils naturellement à craindre que des chars attelés de deux, trois ou quatre chevaux franchiſſent des foſſés ?

Ulyſſe & Diomede (*Iliad. l. X.*) s'étant chargés d'aller reconnoître pendant la nuit la poſition & les deſſeins des Troyens, rencontrerent Dolon, que les Troyens en-voyoient au camp des Grecs dans le même deſſein, & ils apprirent de lui que Rhéſus, arrivé nouvellement à la tête des Thraces, campoit dans un quartier ſéparé du reſte de l'armée. Sur cet avis les deux héros coupent la tête de Dolon, preſſent leur marche, & arrivent dans le camp des Thraces, qu'ils trouverent tous endormis, chacun d'eux ayant auprès de ſoi ſes armes à terre & ſes chevaux. Ils étoient couchés ſur trois lignes ; au milieu dormoit Rhéſus leur chef, dont les chevaux étoient auſſi tout près de lui, attachés à ſon char.

Diomede ſe jette auſſi-tôt ſur les Thraces, en égorge pluſieurs, & le Roi lui-même : après quoi, pendant qu'Ulyſſe va détacher les chevaux de Rhéſus, il eſſaye d'en enlever le char ; mais Minerve lui ordonne d'aban-donner cette entrepriſe. Il obéit, rejoint Ulyſſe, & mon-tant ainſi que lui ſur l'un des chevaux de Rhéſus, ils ſor-tent du camp & volent vers leurs vaiſſeaux, pouſſant les chevaux, qu'ils fouettent avec un arc. Arrivés dans l'en-droit où ils avoient laiſſé le corps de Dolon, Diomede ſaute légérement à terre, prend les armes de l'eſpion Troyen, remonte promptement à cheval, & Ulyſſe & lui continuent de pouſſer à toute bride ces fougueux cour-ſiers, qui ſecondent merveilleuſement leur impatience. Neſtor entend le bruit, & dit : *Il me ſemble qu'un bruit ſourd, comme d'une marche de chevaux, a frappé mes oreilles.*

Tout lecteur non prévenu verra ſans doute dans cette épiſode une preuve de la connoiſſance que les Grecs, ainſi que les Thraces, avoient de l'*équitation.* Les cavaliers

Thraces, couchés fur trois rangs, ont leurs chevaux &
leurs armes auprès d'eux : mais les chevaux de Rhéfus font
attachés à fon char, fur lequel étoient fes armes : & c'eft-
là le feul char qu'on apperçoive dans cette troupe. D'où
l'on doit conclure que les chefs des efcadrons étoient feuls
fur des chars.

Quelle eft l'occupation d'Ulyffe, pendant que Diomede
égorge les principaux d'entre les Thraces ? C'eft d'en retirer les corps de côté, afin que le paffage ne fût point em-
barraffé. Il l'eût été bien davantage par des chars : cependant Homere n'en dit rien.

Penfe-t'on d'ailleurs qu'il eût été poffible à ces Princes
Grecs, de monter, & à poil, des courfiers fougueux, de
les galoper à toute bride, de defcendre & de remonter
légèrement fur eux, fi les hommes & les chevaux n'avoient
pas été de longue main accoutumés à cet exercice ? Trou-
verions-nous aujourd'hui des cavaliers plus leftes & plus
adroits ? C'eft auffi ce que Madame Dacier fe fonde, pour
croire qu'il y avoit des gens de cheval dans les tournois,
pour fe fervir de fa même expreffion.

Le bruit fourd qu'entend Neftor, n'eft point un bruit
qu'il entende pour la premiere fois ; il diftingue fort bien
qu'il eft caufé par une marche de chevaux, & n'ignoroit
pas que le bruit des chars étoit différent.

Qu'oppofe M. Freret à un récit qui parle d'une maniere fi pofitive en faveur de l'*équitation* ? « Le défaut de
» vraifemblance, dit-il, de plufieurs circonftances de cet
» épifode, eft fauvé dans le fyftême d'Homere, par la pré-
» fence & par la protection de Minerve, qui accompagne
» ces deux héros, & qui fe rend vifible, non feulement
» pour foutenir leur courage, mais encore pour les mettre
» en état d'exécuter des chofes qui, fans fon fecours, leur
» auroient été impoffibles » : Ainfi, felon lui, le parti
que prennent Ulyffe & Diomede, de monter fur les chevaux de Rhéfus, pour les emmener au camp des Grecs,
leur eft infpiré par Minerve : cette Déeffe les accompagne
dans leur retour, & ne les abandonne que lorfqu'ils y

font arrivés ; & comme c'eſt-là, ajoute-t'il, le ſeul exemple de l'*équitation* qui ſe trouve dans les Poëmes d'Homere,
on n'eſt point en droit d'en conclure qu'il la regardât comme un uſage déja établi au temps de la guerre de Troye.

Il eſt vrai qu'Homere « regarde quelquefois les hommes
» comme des inſtrumens dont les Dieux ſe ſervent pour
» exécuter les decrets des deſtinées » ; mais l'on doit convenir auſſi que ce Poëte, pour ne point trop s'éloigner du
vraiſemblable, ne les fait jamais intervenir, & prêter aux
hommes l'appui de leur miniſtere, que dans les actions qui
paroiſſent au deſſus des forces de l'humanité.

Le déſir de ſe procurer d'excellens chevaux & des armes
couvertes d'or, fut ce qui tenta Diomede & Ulyſſe, &
leur inſpira le deſſein d'entrer dans le camp des Thraces,
& de pénétrer juſqu'à la tente de Rhéſus. Deux hommes,
pour réuſſir dans une entrepriſe ſemblable, ont certainement beſoin de l'aſſiſtance des Dieux ; Ulyſſe implore
donc celle de Pallas, & la ſupplie de diriger elle-même
leurs pas juſqu'à l'endroit où étoient les chevaux, le char,
& les armes de Rhéſus.

La protection de la Déeſſe ſe fait bien-tôt ſentir : les
héros Grecs arrivent dans le camp des Thraces : un ſilence
profond y régne ; point de gardes ſur les avenues ; tous les
cavaliers étendus par terre près de leurs chevaux, ſont enſe-
velis dans le ſommeil ; le même calme, la même ſécurité
ſont autour de la tente du chef. Alors Ulyſſe ne pouvant
plus méconnoître l'effet de ſa priere, & enhardi par le ſuccès,
propoſe à ſon compagnon de tuer les principaux Thraces,
tandis qu'il ira détacher les chevaux de Rhéſus : voilà une
conjoncture où le ſecours de la Déeſſe devient encore très-
néceſſaire ; auſſi Homere dit qu'elle donna à Diomede un
accroiſſement de force & de courage : douze Thraces pé-
riſſent de ſa main avec leur Roi. Les chevaux détachés
par Ulyſſe, Diomede peu content de ces avantages, veut
encore enlever le char de Rhéſus ; mais la Déeſſe, juſte-
ment étonnée de cette imprudence, ſe rend viſible à lui,
& le preſſe de retourner au plutôt, de crainte que quelque
Dieu

Dieu ne réveille enfin les Troyens. Diomede reconnoiſſant la voix de Pallas, monte auſſi-tôt à cheval, & part
ſuivi d'Ulyſſe. Juſque-là Homere a marqué exactement
toutes les circonſtances de l'entrepriſe dans leſquelles la
Déeſſe prêta ſon ſecours aux héros Grecs : il conſiſte à les
conduire ſûrement à travers le camp, à favoriſer le maſſacre
des Thraces & l'enlevement des chevaux, à les obliger de
partir, lorſque l'appas d'avoir des armes d'or les retient
mal-à-propos, mais nullement à les placer ſur les chevaux;
& une fois ſortis du camp, elle les quitte, quoi qu'en ait
dit M. Freret; car dans Homere, elle n'accompagne pas
leur retour, comme cet Académicien l'avance gratuitement.
S'il étoit vrai cependant qu'ils euſſent eu beſoin d'elle la
premiere fois pour monter à cheval, ſon ſecours n'eût pas
été moins néceſſaire à Diomede, quand il fut obligé de
ſauter à terre pour prendre les armes de Dolon, & de remonter tout de ſuite; & Homere n'auroit pas manqué de
le faire remarquer, car il ne devoit pas ignorer qu'on ne
devient pas ſi vîte bon cavalier.

Diſons donc que c'eſt uniquement parce qu'il étoit très-
ordinaire dans les temps héroïques de monter à cheval,
qu'Homere ne fait point intervenir le miniſtere de Pallas
dans une action ſi commune.

Le XVe. livre de l'Iliade nous offre un exemple de l'*équitation*, dans lequel cet art eſt porté à un degré de perfection bien ſupérieur à ce que nous oſerions exiger aujour-
d'hui de nos plus habiles Écuyers. Le Poëte, qui veut dépeindre la force & l'agilité d'Ajax qui, paſſant rapidement
d'un vaiſſeau à l'autre, les défend tous à la fois, fait la
comparaiſon ſuivante.

» Tel qu'un Écuyer habile, accoutumé à manier plu-
» ſieurs chevaux à la fois, en a choiſi quatre des plus vi-
» goureux & des plus vîtes, & en préſence de tout un peu-
» ple qui le regarde avec admiration, les pouſſe à toute
» bride, par un chemin public, juſqu'à une grande ville
» où l'on a limité ſa courſe : en fendant les airs, il paſſe
» légérement de l'un à l'autre, & vole avec eux. Tel Ajax,
» &c. »

F

(1) M. Freret veut qu'Homere, pour orner sa narration & la rendre plus claire, ait expliqué en cet endroit des choses anciennes par des images familieres à son siecle : tel est, ajoute-t'il, le but de ses comparaisons, & en particulier de celle-ci : « Tout ce qu'on en peut conclure, » c'est que l'art de l'*équitation* étoit commun de son temps » dans l'Ionie. Des Scholiastes d'Homere lui font un » crime d'avoir emprunté des comparaisons de l'*équitation*; ils les ont regardé comme un anachronisme, tant » ils étoient persuadés que cet art étoit encore nouveau » dans la Grece du temps d'Homere ». Mais ils ont cru, sans examen, & sans avoir éclairci la question. Puisque dans toute l'économie de ses Poëmes, Homere est si exact, si sévere observateur des usages & des temps, qu'il paroît toujours transporté dans celui où vivoient ses héros, & qu'on ne peut, selon les mêmes Scholiastes, lui reprocher aucun autre anachronisme : par quelle raison croira-t'on qu'il se soit permis celui-ci ? Dira-t'on qu'il n'avoit pas assez de ressource dans son génie pour varier & ranimer ses peintures ? De plus, Homere n'a vécu que trois cens ans (2) après la guerre de Troye : un si court intervalle est-il suffisant pour y placer à la fois la naissance & les progrès de l'*équitation*, & pour la porter à un degré de perfection duquel nous sommes encore fort éloignés ? Cette réflexion tire du systême de M. Freret une nouvelle force, en ce qu'il ne place dans l'Ionie la connoissance de l'art de monter à *cheval*, que 150 ans après la guerre de Troye.

Homere a suivi constamment les anciennes traditions de la Grece ; il dépeint toujours ses héros tels qu'on croyoit qu'ils avoient été. Leurs caracteres, leurs passions, leurs jeux, tout est conforme au souvenir qu'on en con-

(1) Au V.ᵉ. liv. de l'*Odyssée*, v. 366. un coup de vent ayant brisé l'esquif qui restoit à Ulysse après la tempête qu'il essuya en sortant de l'Isle de Calypso, il en saisit une planche sur laquelle il sauta, & s'y posa comme un homme se met sur un cheval de selle. M. Freret feroit sans doute à cette comparaison la même réponse qu'à la précédente, quoiqu'avec aussi peu de fondement.

(2) Selon les marbres d'Arondel, le P. Pétau place Homere deux cens ans après la guerre de Troye.

fervoit encore de fon temps. C'eſt ainſi qu'il fait dire à Hélene, (*Iliad. liv. III.*) « je ne vois pas mes deux fre- » res, Caſtor ſi célébre dans les combats à *cheval*, ἱππό- » δαμος, & Pollux ſi renommé dans les exercices du ceſte.» Ce paſſage ne fait aucune impreſſion ſur M. Freret. Le nom de *dompteur de chevaux*, ἱππόδαμος, de *conducteur*, de *cavalier*, ou encore celui de ταχέων ἐπιβήτορες ἵππων, *conſcen-ſores equorum*, dont ſe ſert, en parlant de ces mêmes Tyn-darides, l'Auteur des hymnes attribuées à Homere ; tous ces noms ſont donnés quelquefois à des Grecs ou à des Troyens montés ſur des chars : donc ils ne ſignifient ja-mais autre choſe dans le langage de ce temps-là. Ce rai-ſonnement eſt-il bien juſte ? Il le ſeroit davantage, ſi l'on convenoit que ces mots ont quelquefois eu l'une ou l'autre ſignification : mais en ce cas, M. Freret ne pourroit nier que le titre de *conducteur*, de *cavalier*, ἡγήμων ἵππων, que Neſtor (*Iliad. liv. XI, v. 745.*) donne au chef des Eléens, ne veuille dire ce qu'il dit effectivement. Parce que ce chef combattoit ſur un char, cela n'empêche pas qu'il n'ait commandé des gens de *cheval*. On peut dire la même choſe d'Achille & de Patrocle, qu'Homere (*Iliad. liv. XVI.*) nomme *des cavaliers*, ἱπποκέλευθε.

Pluſieurs autres paſſages de l'Iliade ſemblent déſigner des gens de *cheval* ; mais ils n'ont ſans doute paru dignes d'aucune conſidération à M. Freret, ou bien il a craint qu'ils ne fuſſent autant de preuves contre ſon ſentiment (*Iliad. liv. XVIII*). On voyoit ſur le bouclier d'Achille, une ville inveſtie par les armées de deux peuples diffé-rens : l'un vouloit détruire les aſſiégés par le fer & par le feu ; l'autre étoit réſolu de les recevoir à compoſition. Pendant qu'ils diſputoient entr'eux, ceux de la ville étant ſortis avec beaucoup de ſecret, ſe mettent en embuſcade, & fondent tout à coup ſur les troupeaux des aſſiégeans : auſſi-tôt l'allarme ſe répand dans les deux armées ; tous prennent à la hâte leurs armes & leurs chevaux, *arma & equos properè arripiunt*, & l'on marche à l'ennemi. La cé-lérité d'un tel mouvement convient mieux à de la cavalerie

qu'à des chars : n'eût-elle pas été bien ralentie par le temps
qu'il auroit fallu pour préparer ces chars , & les tirer hors
des deux camps ?

Il eſt dit dans le combat particulier de Ménélas contre
Pâris (*Iliad. liv. III.*) , que les troupes s'aſſirent toutes
par terre , chacun ayant près de ſoi ſes armes & ſes chevaux. Doit-on entendre par ce dernier mot , des chevaux
attelés à des chars ? Celui qui les conduiſoit & celui qui
combattoit deſſus , étoient l'un & l'autre d'un rang diſtin-
gué , & n'étoient pas gens à s'aſſeoir par terre , confondus
avec les moindres ſoldats : d'ailleurs ils euſſent été mieux
aſſis dans leurs chars ; c'étoit , pendant ce combat , la ſituation la plus avantageuſe , pour mieux remarquer ce qui s'y
paſſoit. Les gens de *cheval* , au contraire , en deſcendent
fort ſouvent pour ſe délaſſer , eux & leurs *chevaux*.

Dans le combat d'Ajax contre Hector , (*Iliad. liv. VII.*)
on trouve encore une preuve de l'*équitation*. Le héros
Troyen dit à ſon adverſaire : *Je ſçais manier la lance , &*
ſoit à pied , ſoit à cheval , je ſçais pouſſer mon ennemi.

Ne ſemble-t'il pas dans pluſieurs combats généraux ,
que l'on voye manœuvrer de véritables troupes de cavalerie ?

« Chacun ſe prépare au combat (*Iliad. liv. II, ou bien*
» *XI,*) & ordonne à ſon Ecuyer de tenir ſon char tout
» prêt , & de le ranger ſur le bord du foſſé : toute l'armée
» ſort des retranchemens en bon ordre : l'infanterie ſe
» met en bataille aux premiers rangs , & elle eſt ſoutenue
» par la cavalerie qui déploie ſes aîles derriere les batail-
» lons. . . . . . . Les Troyens de leur côté étendent leurs
» bataillons & leurs eſcadrons ſur la colline ».

Ici le mot *chacun* ne doit s'appliquer qu'aux chefs : pour
peu qu'on liſe Homere avec attention , on verra qu'il n'y
avoit jamais que les principaux Capitaines qui fuſſent dans
des chars. Le nombre de ces chars ne devoit pas être bien
conſidérable , puiſqu'ils peuvent être rangés ſur le bord
du foſſé. Quant à l'infanterie & la cavalerie , la diſpoſition en eſt ſimple , & ne pourroit pas être autrement ren-

due aujourd'hui, qu'il n'y a plus de chars dans les armées.

Si les Troyens n'euffent eu que des efcadrons de chars, ce n'eft pas fur une colline qu'ils les euffent placés ; & l'on doit entendre par *efcadrons*, ce que les Grecs ont toujours entendu, & ce que nous comprenons fous cette dénomination.

La defcription du combat ne prouve pas moins, que l'ordre de bataille, qu'il y avoit & des chars & des cavaliers. « Hippolochus fe jette à bas de fon char, & Aga-
» memnon, du tranchant de fon épée, lui abat la tête,
» qui va roulant au milieu de fon efcadron ». On lit dans le même endroit, que l'Ecuyer d'Agaftrophus tenoit fon char à la queue de fon efcadron.

Neftor renverfe un Troyen de fon char, & fautant lé-gérement deffus, il enfonce fes efcadrons (*liv. IX*). Ne peut-on pas induire delà, avec raifon, que les chefs étoient fur des chars à la tête de leurs efcadrons ? Cela n'eft-il pas plus vraifemblable que des efcadrons de chars ?

« L'infanterie enfonce les bataillons Troyens, & la ca-
» valerie preffe fi vivement les efcadrons qui lui font op-
» pofés, qu'elle les renverfe : les deux armées font enfe-
» velies dans des tourbillons de pouffiere qui s'éleve de
» deffous les pieds de tant de milliers d'hommes & de
» chevaux ».

M. Freret, lui-même, auroit-il mieux décrit une ba-taille, s'il eût voulu faire entendre qu'il y avoit de la cava-lerie diftinguée des chars, ou des chars à la tête des efca-drons de gens de cheval ?

Il eft dit, dans une autre bataille, que « Neftor plaçoit
» à la tête fes efcadrons, avec leurs chars & leurs *che-*
» *vaux....* derriere eux : il rangeoit fa nombreufe infan-
» terie pour les foutenir. Les ordres qu'il donnoit à fa ca-
» valerie, étoient de retenir leurs chevaux, & de marcher
» en bon ordre, fans mêler ni confondre leurs rangs
» (*Iliad. liv. IV*).

Si Homere n'eût voulu parler que de chars, auroit-il ajouté au mot *efcadron, avec leurs chars & leurs chevaux ?*

Que peut-on entendre par *mêler & confondre des rangs?*
Pouvoit-il y avoir plusieurs rangs de chars? A quoi eût
été bon un second rang? Le premier victorieux, le second
ne pouvoit rien de plus; le premier rang vaincu, le second
l'étoit conséquemment, & sans ressource; car comment
faire faire à des chars mis en rang, des demi-tours à droite
pour la retraite?

Il paroît suffisamment prouvé par les remarques que
nous venons de faire sur quelques endroits du texte d'Homere, que l'art de monter les chevaux a été connu dans
la Grece avant le siege de Troye, & qu'il y avoit même
dans les armées des Grecs & des Troyens, des troupes de
cavalerie proprement dite. Si ce Poëte n'a point décrit
particuliérement de combats de cavalerie, on ne voit pas
non plus qu'il soit entré dans un plus grand détail, par
rapport aux combats d'infanterie. Son véritable objet,
en décrivant des batailles, étoit de chanter les exploits
des héros & des plus illustres guerriers des deux partis:
ces héros combattoient presque tous sur des chars, &
l'on oseroit presque assurer qu'il n'appartenoit qu'à eux
d'y combattre. Leur valeur & leur fermeté y paroissoient
avec d'autant plus d'éclat, que leur attention n'étoit point
divisée par le soin de conduire les chevaux. Voilà pourquoi les descriptions des combats de chars sont si fréquentes, si longues, si détaillées. C'étoit par ces combats que
les grandes affaires s'entamoient, parce que les chefs,
montés sur des chars, marchoient toujours à la tête des
troupes: Homere n'en omet aucune circonstance, & pese
sur tous les détails, parce qu'il a sçu déja nous intéresser
vivement au sort des guerriers qu'il fait combattre. Son
grand objet se trouvant rempli par-là, dès que les troupes
se mêlent, & que l'affaire devient générale, il passe rapidement sur le reste du combat; & pour ne point fatiguer
le lecteur, il se hâte de lui en apprendre l'issue, sans descendre à cet égard dans aucune particularité. Telle est la
méthode d'Homere, quand il décrit des combats ou des
batailles.

Témoignages des Ecrivains postérieurs à Homere.

M. Freret, qui s'étoit fait un principe conftant de foutenir que les Grecs & les Troyens, au temps de la guerre de Troye, ne connoiſſoient que l'ufage des chars, & qu'on ne pouvoit prouver par les Poëmes d'Homere que l'art de monter à cheval leur fût connu, récufe conféquemment à fon fyftême, les témoignages de tous les Ecrivains poftérieurs à ce Poëte, & particuliérement tous ceux que les Auteurs Latins fourniſſent contre fon opinion.

« Virgile, dit-il, & les Poëtes Latins, ont été moins
» fcrupuleux qu'Homere, & ils n'ont pas fait difficulté de
» donner de la cavalerie aux Grecs & aux Troyens; mais
» ces Poëtes poftérieurs d'onze ou douze fiecles aux temps
» héroïques, écrivoient dans un fiecle où les mœurs des
» premiers temps n'étoient plus connues que des Sçavans...
» Leur exemple, ajoute-t'il, ne peut avoir aucune auto-
» rité lorfqu'ils s'écartent de la conduite d'Homere ».

Si le témoignage de Virgile, poftérieur d'onze ou douze fiecles à la ruine de Troye, ne peut avoir aucune force, pourquoi M. Freret veut-il que le fien, poftérieur de trois mille ans, foit préféré ? Pourquoi admet-il plutôt celui de Pollux Auteur Grec, plus moderne que Virgile d'environ deux cens ans ? Quant à ce qu'il dit que les mœurs des premiers temps n'étoient connues que des Sçavans, ce reproche ne convient point à Virgile : au titre fi juftement acquis de *Prince des Poëtes*, il joignoit celui de *fçavant* & *d'excellent homme de lettres*.

De plus, fon Enéide qu'il fut douze ans à compofer, eft entierément faite à l'imitation d'Homere. Virgile ayant pris ce grand Poëte pour modele, & pour fujet de fon Poëme, des événemens célébres qui touchoient, pour ainfi dire, à ceux qui font chantés dans l'Iliade, croirat-on qu'il ait confondu les ufages & les temps, & méprifé le fuffrage des Sçavans au point de faire combattre fes héros à cheval, s'il n'avoit pas regardé comme un fait conſtant que l'*équitation* étoit en uſage de leur temps ?

Tout ce qu'on peut préſumer, c'eſt que Virgile s'eſt abſtenu de parler de chars auſſi fréquemment qu'Homere, pour rendre ſes narrations plus intéreſſantes, & parce que les Romains n'en faiſoient point uſage dans leurs armées. Enfin les faits cités par les Auteurs doivent paſſer pour inconteſtables, quand ils ſont appuyés ſur une tradition ancienne, publique & conſtante : tel étoit l'uſage établi depuis un temps immémorial chez les Romains, de nommer les exercices à cheval de leur jeuneſſe, *les Jeux Troyens.*

Trojaque nunc pueri trojanum dicitur agmen. Enéide, l. V, v. 602.

Virgile n'invente rien en cet endroit : il ſe conforme à l'hiſtoire de ſon pays, qui rapportoit apparemment l'origine des courſes de chevaux dans le cirque, au deſſein d'imiter de ſemblables jeux militaires pratiqués autrefois par les Troyens, & dont le ſouvenir s'étoit conſervé dans les anciennes annales du *Latium.* Enée faiſoit exercer ſes enfans à monter à cheval ; *Frenatis lucent in equis.* (*Id. v. 557.*)

C'eſt en ſuivant les plus anciennes traditions Grecques, que Virgile (*Georg. l. III, v. 115.*) attribue aux Lapithes de Pélétronium, l'invention de l'art de monter à cheval. Il nous apprend dans le même endroit (*Ib. v. 113.*) l'origine des chars qui furent inventés par Ericthonius, quatriéme Roi d'Athenes, (1) depuis Cécrops. Ce qui ſuppoſe néceſſairement que l'*équitation* étoit connue en Grece avant Ericthonius, c'eſt que la tradition véritable ou fabuleuſe de ces temps-là, rapporte que ce fut pour cacher la difformité de ſes jambes, qui étoient tortues, que ce Prince inventa les chars.

Hygin qui, de même que Virgile, vivoit ſous le regne d'Auguſte, a fait de Bellérophon un cavalier, (*Fab. 273.*)

(1) Il vivoit environ 1489 ans avant J. C. Il ſuccéda à Amphiction, & inſtitua le Jeux Panathénaïques en l'honneur de Minerve.

&

& dit que ce Prince remporta le prix de la courſe à cheval
aux Jeux funebres de Pélias, célébrés après le retour des
Argonautes ; mais parce qu'on ignore dans quel Poëte ancien Hygin a puiſé ce fait, M. Freret le traite impitoya-
blement de *Commentateur ſans goût*, ſans critique, indigne
qu'on lui ajoute foi. Il en dit autant de Pline, (*l. VII, c. lvj.*)
qui en faiſant l'énumération de ceux auxquels les Grecs
attribuoient l'invention de quelque art ou de quelque coutume, oſe d'après les Grecs, regarder Bellérophon comme l'inventeur de l'*équitation*, & ajouter que les Centaures de Theſſalie combattirent les premiers à cheval.

Pour réfuter ce qu'Hygin dit de Bellérophon, M. Freret prétend premierement que, ſelon Pauſanias, (*lib. VI.*)
l'opinion commune étoit que Glaucus, pere de Bellérophon, avoit dans les Jeux funebres de Pélops, diſputé le
prix à la courſe des chars : ſecondement, que ces mêmes
jeux étoient repréſentés ſur un très-ancien coffre, dédié
par les Cypſelides de Corinthe, & conſervé à Olympie
au temps de Pauſanias (*l. V.*), & qu'on ne voyoit dans la
repréſentation de ces jeux ni Bellérophon, ni de courſe à
cheval. On peut facilement juger de la ſolidité de cette
réfutation.

Le témoignage de Pauſanias favoriſant ici l'opinion de
M. Freret, il s'en rapporte aveuglément à lui : mais il doit
reconnoître de même la vérité d'un autre paſſage de cet
Auteur, capable de renverſer ſon ſyſtême.

Pauſanias, (*l. V.*) aſſure que Caſius, Arcadien, & pere
d'Atalante, remporta le prix de la courſe à cheval, aux
Jeux funebres de Pélops à Olympie (1). M. Freret ſoutient
que ce fait, qui donneroit aux courſes à cheval preſque
la même ancienneté que celle qu'on trouve dans Hygin, n'eſt fondé que ſur une tradition peu ancienne : Pindare, dit-il, n'en a pas fait uſage lorſqu'il a célébré des
victoires remportées dans les courſes de chevaux. « Dans

(1) Ces Jeux, dit M. Freret, ſont poſtérieurs de quelques années à ceux de Pélias, & c'eſt ce que l'on nomme l'*Olympiade d'Hercule*, qui combattit à ces Jeux,
& qui en régla la forme, ſoixante ans avant la guerre de Troye.

G

» ces occasions, ajoute-t'il, l'histoire ancienne ne lui four-
» nissant aucun exemple de ces courses, il a recours aux
» avantures des héros qui se sont distingués dans les cour-
» ses de chars (1) ». Mais qui ne voit que le Poëte a voulu
varier ses descriptions, en faisant de ces deux sortes de
courses un objet de comparaison, capable de jetter plus
feu, plus de brillant, plus d'énergie dans ses Odes?

Si ces courses à cheval, dit M. Freret, avoient été en
usage dès le temps de l'Olympiade d'Hercule, pourquoi
n'en trouve-t'on aucun exemple jusqu'à la trente-troisiéme
Olympiade de Corœbus, célébrée l'an 648 (2) avant J. C.
700 ans après les Jeux funebres de Pélops, & 240 ans
après le renouvellement des Jeux Olympiques par Iphitus?
Ce raisonnement ne prouve rien du tout : car on pourroit
avec autant de raison dire à M. Freret; vous assurez qu'au
temps d'Homere l'art de l'*équitation* étoit porté à un tel
degré de perfection, qu'un seul Ecuyer conduisoit à toute
bride quatre chevaux à la fois, s'élançant avec adresse de
l'un à l'autre pendant la rapidité de leurs courses; & moi
je dis que si cela étoit vrai, on n'auroit pas attendu près
de trois cens ans depuis Homere, pour mettre les courses
de chevaux au nombre des spectacles publics.

Il y a quelque apparence que la nouveauté des courses
de chars fut la cause qu'on abandonna les autres pendant
longtemps, & qu'on n'y revint qu'après plusieurs siecles :
il falloit en effet bien plus d'art & de dextérité pour conduire dans la carriere un char attelé de plusieurs chevaux,
que pour manier un seul cheval. Qu'on en juge par le

(1) M. Freret cite en preuve la premiere Olympionique de Pindare, où à propos de la victoire remportée par Hiéron à la course des chevaux, ce Poëte rapporte l'histoire de Pélops, vainqueur à la course des chars. Mais du temps d'Hiéron, à celui où l'on introduisit aux Jeux Olympiques les courses des chevaux, il y
a cent soixante ans d'intervalle : les exemples anciens ne pouvoient donc pas
manquer à Pindare, s'il avoit eu dessein d'en rapporter.
(2) Ce calcul de M. Freret n'est ni le plus exact, ni le plus suivi. Les plus sçavans
Chronologistes rapportent l'Olympiade de Corœbus à l'an 776 avant J. C. L'époque de la fondation de Rome, liée avec cette Olympiade, semble donner à ce
dernier sentiment toute la force d'une démonstration. Il suit delà que les courses
des chevaux furent admises au nombre des spectacles des Jeux Olympiques cent
vingt-huit ans plutôt que M. Freret ne l'a cru.

difcours de Neftor à Antiloque fon fils (*Iliad. l. XXIII.*)

La fable, & Homere après elle, ont parlé du cheval
d'Adrafte : ce Poëte le nomme *le divin Arion ;* il avoit eu
pour maître Hercule ; ce fut étant monté fur Arion (*Pauf.
II. vol. p. 181.*) que ce héros gagna des batailles, & qu'il
évita la mort. Après avoir pris Augias Roi d'Elis, & après
la guerre de Thébes, antérieure à celle de Troye, il donna
ce cheval à Adrafte. Comme on voit dans prefque tous
les Auteurs qui en ont parlé, ce rapide courfier toujours
feul, on en a conclu avec affez de vraifemblance, que
c'étoit un cheval de monture : mais M. Freret lui trouve
un fecond qu'on nommoit *Cayros.* Voilà un fait : Antimaque (1) l'affure ; il faut l'en croire : mais il doit auffi
fervir d'autorité à ceux qui ne penfent pas comme M. Freret. Or Antimaque dit pofitivement qu'Adrafte fuit en
deuil monté fur fon Arion. On a donc eu raifon de regarder Arion comme un cheval accoutumé à être monté,
fans nier toutefois qu'il n'ait pû être quelquefois employé
à conduire un char. Antimaque ajoute qu'Adrafte fut le
troifiéme qui eut l'honneur de dompter Arion : c'eft qu'il
avoit appartenu d'abord à Onéus, qui le donna à Hercule. Tout cela ne prouve-t'il pas en faveur de l'*équitation*
de temps antérieurs à la guerre de Troye ?

Monumens anciens.

M. Freret fuit la même marche dans l'examen des monumens anciens. Ceux où il n'a point vu de chevaux de
monture, méritent feuls quelque croyance ; ils font autant
de preuves pofitives : les autres font ou factices, ou modernes, on ne doit point y ajouter foi.

(*Paufan. l. V.*) Le coffre des Cypfélides, dont il a déja
été parlé eft, felon cet Académicien, un monument
du huitiéme fiecle avant J. C. On y voyoit repréfentés les

(1) Auteur d'un Poëme de la Thébaïde ; il vivoit du temps de Socrate. Quin-
tilien dit qu'on lui donnoit le fecond rang après Homere : Adrien le mettoit au-
deffus d'Homere même.

événemens les plus célébres de l'hiftoire des temps héroïques, la célébration des Jeux funebres de Pélias, plufieurs
expéditions militaires, des combats, & même en un endroit deux armées en préfence. Dans toutes ces occafions,
les principaux héros étoient montés fur des chars à deux
ou à quatre chevaux, mais on n'y voyoit point de cavaliers; doit-on conclure qu'il n'y en avoit point, de ce que
Paufanias n'en parle pas? Mais fon filence ne prouve rien
ici : au contraire, l'expreffion qu'il emploie donneroit
lieu de croire qu'il y en avoit. En décrivant deux armées
repréfentées fur ce coffre, il dit que l'on y voyoit des cavaliers montés fur des chars (*Pauf. l. V.*). Ce n'eft point là
affirmer qu'il n'y en avoit point de montés fur des chevaux; car il ne dit pas qu'ils fuffent tous fur des chars :
d'ailleurs les chefs, dans les temps héroïques, combattant
pour l'ordinaire fur des chars, il fe pourroit fort bien que
le Sculpteur, qui ne s'attachoit qu'à faire connoître ces
chefs, & par leur portrait & par leur nom, n'ait repréfenté qu'eux, pour ne pas jetter trop de confufion dans
fes bas-reliefs, en y ajoutant un grand nombre de figures
d'hommes à cheval. Cette raifon eft d'autant plus plaufi-
ble, que dans le temps où ce coffre a été fait, il y avoit,
de l'aveu de M. Freret, au moins 250 ans que l'*équitation*
étoit connue des Grecs.

Sur le maffif qui foutenoit la ftatue d'Apollon dans le
Temple d'Arayclé, Caftor & Pollux étoient repréfentés
à cheval, (*Pauf. l. III.*) de même que leurs fils Anaxias
& Mnafinoüs. Paufanias rapporte encore qu'on voyoit à
Argos (*lib. II.*) dans le Temple des Diofcures, les ftatues
de Caftor & Pollux, celles de Phœbe & Ilaïra leurs femmes, & celles de leurs fils Anaxias & Mnafinoüs, & que
ces ftatues étoient d'ébene, à l'exception de quelques parties des chevaux. Il y avoit à Olympie (*Paufan. l. V.*) un
grouppe de deux figures repréfentant le combat d'Hercule
contre une Amazone à cheval; les mêmes Caftor & Pollux étoient repréfentés à Athenes debout, & leurs fils à
cheval (*Paufan. l. II.*)

SUR LA CAVALERIE. 53

M. Freret, qui rapporte tous ces monumens, & quelques autres d'après Paufanias, étale une érudition immenfe pour montrer que les plus anciens font poftérieurs à l'établiffement de la courfe des chevaux aux Jeux Olympiques. Quand on en conviendroit avec lui, on n'en feroit pas moins autorifé à croire que la plûpart de ces monumens n'ont été faits que pour en remplacer d'autres que la longueur du temps ou les fureurs de la guerre avoient détruits ; & que les Sculpteurs fe font exactement conformés à la maniere diftinctive dont les héros avoient été repréfentés dans les anciens monumens, de même qu'à ce que la tradition en rapportoit. La pratique conftante de toutes les nations & de tous les temps, donne à cette conjecture beaucoup de vraifemblance.

Quoique tous les monumens de la Grece fe foient accordés à repréfenter les Tyndarides (1) à cheval ; quoiqu'un fait remarquable, arrivé pendant la troifiéme guerre de Meffene (2), prouve manifeftement l'accord de la tradition avec les Sculpteurs ; quoique cette tradition ait pénétré jufqu'en Italie, & quoi qu'Homere lui-même en ait dit, M. Freret ne peut fe réfoudre à croire que Caftor & Pollux ayent jamais fçu monter à cheval : il veut abfoment que ces deux héros, & même Bellérophon, ne fuffent que d'habiles pilotes, & leurs chevaux, comme celui qui accompagnoit les ftatues de Neptune, un emblême de la navigation.

(1) Les Romains repréfentoient les Tyndarides à cheval. *Denys d'Halicarnaffe, liv. VI.* dit que le jour de la bataille du lac Rhégille, l'an de Rome 258, & 494 avant J. C. on avoit vu deux jeunes hommes à cheval d'une taille plus qu'humaine qui chargerent à la tête des Romains la cavalerie Latine, & la mirent en déroute. Le même jour ils furent vus à Rome dans la place publique, annoncerent la nouvelle de la victoire, & difparurent auffi-tôt.

(2) Pendant que les Lacédémoniens célébroient la fête des Diofcures, deux jeunes Meffeniens revêtus de cafaques de pourpre, la tête couverte de toques femblables à celles que l'on donnoit à ces Dieux, & montés fur les plus beaux chevaux qu'ils purent trouver, fe rendirent au lieu où les Lacédémoniens étoient affemblés pour le facrifice. On les prit d'abord pour les Dieux mêmes dont on célébroit la fête, & l'on fe profterna devant eux : mais les deux Meffeniens profitant de l'erreur, fe jetterent au milieu des Lacédémoniens, & en bleffererent plufieurs à coups de lances. Cette action fut regardée comme un véritable facrilege, parce que les Meffeniens adoroient auffi les Diofcures. *Paufanias, lib. IV.*

M. Freret revient au récit de Pausanias fur l'Arcadien Iassius, vainqueur dans une courfe de chevaux, & cela à l'occafion d'un monument qui autorifoit cette tradition : c'étoit (*Pauf. liv. VIII.*) une ftatue pofée fur l'une des deux colonnes qu'on voyoit dans la place publique de Tégée, vis-à-vis le Temple de Venus. Les paroles (1) du texte de Pausanias l'ont fait regarder comme une ftatue équeftre ; mais le fçavant Académicien veut qu'elles fignifient feulement que cette ftatue a un cheval auprès d'elle, & tient de la main droite une branche de palmier : d'où il conclut qu'elle ne prouve point en faveur de l'*équitation*, & qu'on l'érigea en l'honneur de Iassius, parce qu'il avoit peut-être trouvé le fecret d'élever des chevaux en Arcadie, pays froid & montagneux, où les races des chevaux tranfportés par mer des côtes d'Afrique, avoient peine à fubfifter. Quand une telle fuppofition auroit lieu, pourroit-on s'imaginer que cet Iassius qui auroit tiré des chevaux d'Afrique, où l'*équitation* étoit connue de tout temps, eût ignoré lui-même l'art de les monter, & ne s'en fût fervi qu'à traîner des chars ?

Fable des Centaures.

La fable des Centaures que les Poëtes & les Mythologiftes ont tous repréfentés comme des monftres à quatre pieds, moitié hommes, moitié chevaux, avoit toujours été alléguée en preuve de l'ancienneté de l'*équitation*. Toutes les manieres dont on raconte leur origine, malgré la variété des circonftances, concouroient néanmoins à ce but. « Selon quelques-uns, (*Diod. liv. IV.*) Ixion
» ayant embraffé une nuée qui avoit la reffemblance de
» Junon, engendra les Centaures, qui étoient de nature
» humaine : mais ceux-ci s'étant mêlés avec des cavales,
» ils engendrerent les Hippocentaures, monftres qui te-
» noient en même temps de la nature de l'homme & de

(1) Ἵππον τε ἐχόμενος ᾗ κλάδον ἐν τῇ δεξιᾷ φέρων φοίνικος;

» celle du cheval. D'autres ont dit qu'on donna aux Cen-
» taures le nom d'*Hippocentaures*, parce qu'ils ont été les
» premiers qui ayent fçu monter à cheval ; & que c'eft
» delà que provient l'erreur de ceux qui ont cru qu'ils
» étoient moitié hommes, moitié chevaux ».

Il eft dit (*Diodore, ibid.*) dans le récit du combat
qu'Hercule foutint contre eux, que la mere des Dieux les
avoit doués de la force & de la vîteffe des chevaux, auffi
bien que de l'efprit & de l'expérience des hommes. Ce
Centaure Neffus, qui moyennant un certain falaire tranf-
portoit d'un côté à l'autre du fleuve Evénus ceux qui vouloient le traverfer, & qui rendit le même fervice à Déjanire, n'étoit vraifemblablement qu'un homme à cheval ;
on ne fçauroit le prendre pour un batelier, qu'en lui fuppofant un efquif extrêmement petit, puifqu'il n'auroit pu
y faire paffer qu'une feule perfonne avec lui (1).

Prefque tous les monumens anciens ont dépeint les
Centaures avec un corps humain, porté fur quatre pieds
de *cheval*. Paufanias (*l. V.*) affure cependant que le Centaure Chiron étoit repréfenté fur le coffre des Cypfélides,
comme un homme porté fur deux pieds humains, & aux
reins duquel on auroit attaché la croupe, les flancs & les
jambes de derriere d'un cheval. M. Freret, que cette re-
préfentation met à l'aife, ne manque pas de l'adopter
auffi-tôt comme la feule véritable ; & il en conclut qu'elle
défigne moins un homme qui montoit des chevaux, qu'un
homme qui en élevoit. Croyant par cette réponfe avoir
pleinement fatisfait à la queftion, il fe jette dans un long
détail aftronomique, pour trouver entre la figure que forment dans le ciel les étoiles de la conftellation du Centaure, & la figure du Centaure Chiron que l'on voyoit fur
le coffre des Cypfélides, une reffemblance parfaite ; & il
finit cet article en difant que les différentes repréfentations des Centaures n'avoient aucun rapport à l'*équitation*.

Une femblable affertion ne peut rien prouver contre

_____

(1) Déjanire étoit avec Hercule & Hyllus fon fils.

l'ancienneté de l'art de monter à cheval, qu'autant qu'on s'eft fait un principe de n'en pas admettre l'exiftence avant un certain temps. M. Freret, à qui la foibleffe de fon raifonnement ne pouvoit être inconnue, a cru lui donner plus de force en jettant des nuages fur l'ancienneté de la fiction des Centaures; il a donc prétendu qu'elle étoit poftérieure à Héfiode & à Homere, & qu'on n'en découvroit aucune trace dans ces Poëtes.

Mais il n'y aura plus rien qu'on ne puiffe nier ou rendre problématique, quand on détournera de leur véritable fens, les expreffions les plus claires d'un Auteur. Homere (*Iliad. l. I & II.*) appelle les Centaures *des monftres couverts de poil*, φηρας λαχνήενlας εερσίν ὀξεσκώοισι ; cette expreffion qui paroît d'une maniere fi précife fe rapporter à l'idée que l'on fe formoit du temps de ce Poëte, fur la foi de la tradition, de ces êtres fantaftiques, M. Freret veut qu'elle défigne feulement les groffieretés & la férocité de ces montagnards.

Enfin quoique ces peuples demeuraffent dans la Theffalie, province qui a fourni la premiere & la meilleure cavalerie de la Grece, plutôt que de trouver dans ce qu'on a dit d'eux le moindre rapport avec l'*équitation* ou avec l'art de conduire des chars, M. Freret aimeroit mieux croire qu'ils ne fçurent jamais faire aucun ufage des chevaux, pas même pour les atteler à des chars : il fe fonde fur ce que dans l'Iliade les meilleurs chevaux de l'armée des Grecs étoient ceux d'Achille & d'Eumelus fils d'Admete, qui régnoient fur le canton de la Theffalie le plus éloigné de la demeure des Centaures. Un pareil raifonnement n'a pas befoin d'être réfuté.

Conjectures de M. Freret.

Le quatriéme & dernier article de la fçavante Differtation de M. Freret, contient fes conjectures fur l'époque de l'*équitation* dans l'Afie mineure & dans la Grece : elles fe réduifent à établir que l'art de monter à cheval n'a été

connu

connu dans l'Afie mineure que par le moyen des différentes incurfions que les Trérons & les Cimmériens y
firent, & dont les plus anciennes étoient poftérieures de
150 ans à la guerre de Troye, & de quelques années
feulement, fuivant Strabon, à l'arrivée des colonies
Eoliennes & Ioniennes dans ce pays. Quant à la Grece
Européenne, il ne veut pas que l'*équitation* y ait précédé
de beaucoup la premiere guerre de Meffene, parce que
Paufanias dit que les peuples du Péloponnefe étoient alors
peu habiles dans l'art de monter à cheval. M. Freret penfe
encore que la Macédoine eft le pays de la Grece où l'ufage
de la cavalerie a commencé ; qu'il a paffé delà dans la
Theffalie, d'où il s'eft répandu dans le refte de la Grece
méridionale.

Ainfi l'on voit premierement que M. Freret ne s'attache, ni à déduire ni à difcuter les faits conftans que nous
avons cités de Séfoftris, des Scolothes ou Scythes, & des
Amazones. Il eft vrai qu'il nie que ces femmes guerrieres
ayent jamais combattu à cheval, parce qu'Homere ne le
dit pas ; car le filence d'Homere eft partout une démonf-
tration évidente pour lui, quoiqu'il ne veuille pas s'en
rapporter aux expreffions pofitives de ce Poëte : mais cette
affertion gratuite & combattue par le témoignage unanime des Hiftoriens, ne fçauroit détruire les probabilités
que l'on tire en faveur de l'ancienneté de l'*équitation* chez
les Grecs, des conquêtes des Scythes & des Egyptiens,
& des colonies que ceux-ci & les Phéniciens ont fondées
dans la Grece plufieurs fiecles avant la guerre de Troye.

Secondement, fixer feulement l'époque de l'*équitation*
dans la Grece Européenne vers le tems de la premiere
guerre de Meffene, c'eft contredire formellement Xénophon, (*de rep. Lacedæmon.*) qui attribue à Lycurgue les
réglemens militaires de Sparte, tant par rapport à l'Infanterie pefamment armée, que par rapport aux cavaliers :
dire que ceux-ci n'ont jamais fervi à cheval, & dériver
leur dénomination du tems où elle défignoit auffi ceux
qui combattoient fur des chars, c'eft éluder la difficulté,

H

& suppofer ce qui eft en queftion. Ces Cavaliers, dit Xénophon, étoient choifis par des Magiftrats nommés *Hip-
pagiritæ*, *ab equitatu congregando* ; ce qui prouve une connoiffance & un ufage antérieurs de la Cavalerie. Cet établiffement de Lycurgue, tout fage qu'il étoit, fouffrit enfuite diverfes altérations, mais il ne fut jamais entiérement aboli. Les hommes choifis, qui fuivant l'intention
du Légiflateur avoient été deftinés pour combattre à cheval, s'en difpenferent peu-à-peu, & ne fe chargerent
plus que du foin de nourrir des chevaux durant la paix,
qu'ils confioient pendant la guerre (1) à tout ce qu'il y
avoit à Sparte d'hommes peu vigoureux & peu braves. M.
Freret confond en cet endroit l'ordre des tems. A la bataille de Leuctres, dit-il, la Cavalerie Lacédémonienne
étoit encore très-mauvaife, felon Xénophon ; elle ne
commença à devenir bonne qu'après avoir été mêlée avec
la Cavalerie étrangere ; ce qui arriva au tems d'Agéfilaüs.
Ce Prince étant paffé dans l'Afie mineure, leva parmi les
Grecs Afiatiques un corps de 1500 chevaux, avec lefquels
il repaffa dans la Grece, & qui rendit de grands fervices
aux Lacédémoniens.

Agéfilaüs avoit fait tout cela avant la bataille de Leuctres. La fuite des événemens eft totalement intervertie
dans ces réflexions de M. Freret. Il fuit de cette explication, qu'encore que les Cavaliers Spartiates n'ayent pas
toujours combattu à cheval, il ne laiffoit pas d'y avoir
toujours de la cavalerie à Sparte, mais à la vérité très-
mauvaife : on le voit furtout dans l'hiftoire des guerres de
Meffene. Paufanias, *l. IV.*

Il eft à propos de remarquer que Strabon, fur lequel
M. Freret s'appuie en cet endroit, prouve contre lui.
Lorfque cet Auteur dit, (Strabon, *l. X.*) que les hommes
choifis, que l'on nommoit à Sparte *les cavaliers*, fervoient.

_____

(1) *Equos enim locupletiores alebant, cùm verò in expeditionem eundum effet,
veniebat is qui defignatus erat, & equum & arma,... qualiacumque accipiebat, atque
ità militabat. Equis indè milites corporibus imbecilles, animifque languentes impo-
nebant.* Xénoph. hift. Grec. lib. vi.

à pied. Il ajoute qu'ils le faifoient à la différence de ceux de l'ifle de Crete : ces derniers combattoient donc à cheval. Or Lycurgue avoit puifé dans l'ifle de Creté la plupart de fes loix, par conféquent l'ufage de la cavalerie avoit précédé dans la Grece le tems où ce Légiflateur a vécu.

S'il eft vrai qu'au commencement des guerres de Meffene les peuples du Péloponefe fuffent très-peu habiles dans l'art de monter à cheval (1), il l'eft encore davantage qu'ils ne fe fervoient point de chars ; on n'en voit pas un feul dans leurs armées, quoiqu'il y eût de la cavalerie. Il eft bien fingulier que ces Grecs, qui dans les temps héroïques n'avoient combattu que montés fur des chars, qui encore alors fe faifoient gloire de remporter dans les jeux publics le prix à la courfe des chars, ayent ceffé néanmoins tout à coup d'en faire ufage à la guerre, qu'on n'en voye plus dans leurs armées, & qu'ils n'ayent commencé d'en avoir que plufieurs fiecles après, lorfque les Généraux d'Alexandre fe furent partagés l'Empire que ce grand Prince avoit conquis fur Darius.

Une chofe étonnante dans le fyftême de M. Freret, c'eft qu'il fuppofe néceffairement que l'ufage des chars a été connu des Grecs avant celui de l'équitation. La marche de la Nature, qui nous conduit ordinairement du fimple au compofé, fe trouve ici totalement renverfée, quoiqu'en ait dit Lucrece dans les vers fuivans :

Et priùs eft repertum in equi confcendere coftas,
Et moderarier hunc fræno, dextraque vigere,
Quam bijugo curru belli tentare pericula. Lucr. l. V.

Ce Poëte avoit raifon de regarder l'art de conduire un

(1) L'état de foibleffe où fe trouvoit alors toute la Grece en général, étoit une fuite de l'irruption des Doriens de Theffalie, fous la conduite des Héraclides : cet événement arrivé un fiecle après la prife de Troye, jetta la Grece dans un état de barbarie & d'ignorance à peu près pareil, dit M. Freret, à celui où l'invafion des Normands jetta la France fur la fin du neuviéme fiecle. Cela eft conforme à ce que rapporte Thucydide, *liv.I.* Il fallut plufieurs fiecles pour mettre les Grecs en état d'agir avec vigueur.

H ij

char attelé de plusieurs chevaux , comme quelque chose
de plus combiné que celui de monter & conduire un seul
cheval. Mais M. Freret soutient que cela est faux , & que
la façon la plus simple & la plus aisée de faire usage des
chevaux , celle par où l'on a dû commencer , a été de les
attacher à des fardeaux , & de les leur faire tirer après
eux : « Par-là , dit-il , la fougue du cheval le plus impé-
» tueux est arrêtée , ou du moins diminuée. » ...... Le
traîneau a dû être la plus ancienne de toutes les voitures ; ce traîneau ayant été posé ensuite sur des rouleaux,
qui sont devenus des roues lorsqu'on les a attachées à
cette machine , s'éleva peu-à-peu de terre , & a formé
des chars anciens à deux ou à quatre roues. Quelle combinaison , quelle suite d'idées il faut supposer dans les
premiers hommes qui se sont servis du cheval ! Cet animal a donc été très-long-tems inutile à l'homme , s'il
a fallu , avant qu'il le prît à son service , qu'il connût
l'art de faire des liens , de façonner le bois , d'en cons-
truire des traîneaux ? Mais pourquoi n'a-t'il pu mettre
sur le dos du cheval les fardeaux qu'il ne pouvoit porter
lui-même ? Ne diroit-on pas que le cheval à la férocité
du tigre & du lion , & qu'il est le plus difficile des animaux , lui qu'on a vu sans bride & sans mors obéir
aveuglement à la voix du Numide ? Mais pour combattre un raisonnement aussi extraordinaire que celui de M.
Freret , il suffit d'en appeller à l'expérience connue des
siecles passés & à nos usages présens : on ne s'avise d'atteler les chevaux à des charrues , à des charettes , &c. qu'a-
près qu'ils ont été domptés , montés , & accoutumés avec
l'homme ; une méthode contraire mettroit en danger la
vie du conducteur & celle du cheval. Mais l'histoire dé-
pose encore ici contre cet Académicien : par le petit nombre de chars que l'on compte dans les dénombremens qui
paroissent les plus exacts des armées anciennes , & la
grande quantité de Cavalerie (1) , il est aisé de juger que

(1) Lors du passage de la mer Rouge , les Egyptiens avoient six cens chars &
cinquante mille hommes de cavalerie , & Salomon , sur douze mille hommes de

celle-ci a nécessairement précédé l'usage des chars. Ce
n'est pas qu'on ne trouve souvent les chars en nombre
égal, & même supérieur à celui des gens de cheval ; mais
on a lieu de soupçonner qu'à cet égard il s'est glissé de la
part des copistes des erreurs dans les nombres. On en est
bientôt convaincu, quand on réfléchit sur l'impossibilité
de mettre en bataille & de faire manœuvrer des vingt ou
trente mille chars (1) : on observe d'ailleurs, que bien
loin de trouver dans les tems mieux connus cette quantité extraordinaire de chars, chez les Peuples mêmes qui
en ont toujours fait le plus grand usage, on en compte à
peine mille dans les plus formidables armées qu'ils ayent
mis sur pied. (2)

Pour terminer enfin cet article, je tire de M. Freret
même une preuve invincible que *l'équitation* a dû précéder
dans la Grece l'usage des chars.

Selon cet Auteur, les chevaux étoient rares en ce pays ;
on n'y en avoit jamais vu de sauvages : ils avoient tous
été amenés de dehors. Dans les anciens Poëtes on voit
que les chevaux étoient extrêmement chers, & que tous
ceux qui avoient quelque célébrité étoient regardés comme un présent de Neptune, ce qui dans leur langage fi-
guré, signifie qu'ils avoient été amenés par mer des côtes
de la Lybie & de l'Afrique.

Cela posé, est-il vraisemblable que quelqu'un ait
transporté de ces pays des chevaux dans la Grece, & qu'il
n'ait pas enseigné à ceux qui les achetoient la maniere la
plus prompte, la plus utile, la plus générale de s'en servir?
Il est incontestable que *l'équitation* étoit connue en Afrique long-temps avant la guerre de Troye. Par quelle raison les Marchands, en vendant leurs chevaux fort cher
aux Grecs, leur auroient-ils caché l'art de les monter ?
ou pourquoi les Grecs se seroient-ils chargés de chevaux

cavalerie avoit quatorze cens chars. En faisant un calcul, on trouveroit le commandant de chaque escadron sur un char.
(1) Guerre des Philistins contre les Israélites. *Josephe, liv. VI, chap. VII.*
(2) Voyez l'expédition de Xerxès, & le dénombrement de son armée, &c.

à un prix exceſſif, ſans apprendre les différentes manieres de les conduire, de les manier, & d'en faire uſage ?

M. Freret devoit, pour donner à ſon ſyſtême un air
de vérité, prouver avant toute autre choſe que l'art de
monter à cheval étoit ignoré dans tous les lieux d'où les
Grecs ont pu tirer leurs premiers chevaux. Ne l'ayant pas
fait, ſa diſſertation, malgré toute l'érudition qu'elle renferme, ne pourra jamais établir ſon étrange paradoxe ;
& il demeurera pour conſtant que l'*équitation* a été pratiquée par les Grecs long-temps avant le ſiege de Troye.

CHAPITRE IIL

De la façon tant ancienne que moderne de former les troupes
de cavalerie ; du front, de la profondeur & du nombre
dont il paroît plus convenable de former l'eſcadron.

ON a penſé de tout tems qu'un corps de cavalerie ou
d'infanterie ne ſçauroit avoir de force & de ſolidité,
qu'autant qu'il eſt compoſé d'un certain nombre de rangs
& de files placées les unes auprès des autres : mais on a
beaucoup varié ſur la forme, la profondeur & le front
qu'il convient donner à chaque eſpece de troupes.

La pratique de toutes les Nations ſemble néanmoins
avoir été plus uniforme à cet égard pour l'infanterie que
pour la cavalerie : les anciens ſe ſont tous accordés à donner à la premiere un grand front & beaucoup de profondeur, ſans doute, parce que ſon action conſiſte principalement dans la fermeté. Cependant quelques-uns des
Grecs, quand ils avoient affaire à de la cavalerie diſpoſée
ſur plus de profondeur que de front, rangeoient leur infanterie en bataille mince. Ils ſentoient qu'en n'oppoſant
qu'une foible réſiſtance au choc de cette maſſe impétueuſe,
il falloit que ſes forces ſe diſſipaſſent par la foibleſſe même
de la réſiſtance.

A l'égard de la cavalerie, le plus ou le moins qu'en avoient les anciens, la qualité & le nombre de leurs ennemis, déterminoient la difposition & la forme qu'ils donnoient à leurs efcadrons ; toutefois les formes les plus en ufage, chez eux étoient le lofange, le coin & le quarré.

Les Theffaliens, chez qui l'art de combattre à cheval remonte avant la guerre de Troye, & qui étoient *très-puiffans dans cette arme*, avoient adopté *le lofange* (1) Leur force en cavalerie regloit le nombre de cavaliers dont ils le compofoient, & le plus confidérable étoit de cent treize, le plus ordinaire de foixante-quatre, & le moindre de trente-fix. Les Peuples qui fe fervoient de cet ordre de bataille le regardoient comme le plus favorable pour faire face de tout côté, & le plus difficile à furprendre en queue ou en flancs ; ils penfoient qu'il étoit le plus propre pour toutes fortes de fituation & d'opérations, le plus capable de percer au moyen de fa pointe, & que les mouvemens en devoient être plus vifs & plus aifés, n'ayant pas, comme les efcadrons quarrés, une grande portion de cercle à tracer dans fes inverfions. D'ailleurs les cavaliers les plus aguerris étoient fur les faces & formoient les angles ; les Officiers en occupoient les pointes, le Capitaine le fommet de l'angle de la tête, le Lieutenant celui de l'angle de la queue, & deux Officiers, qu'ils appelloient garde-flancs, étoient l'un à la pointe de l'angle de la droite, & l'autre à celle de l'angle de la gauche.

Cette maniere de former la cavalerie étoit l'Ordonnance la plus généralement reçue ; mais l'expérience fit fentir qu'elle étoit pleine de défauts, & a fait prendre à toutes les Nations, fi on en excepte les Turcs qui fe fervent encore du lofange & du coin, la forme des efcadrons quarrés. Si le lofange ou le coin offrent quelqu'avantage, ils

_____

(1) Lofange vient du mot Grec *Rombos*, qui fignifie un Turbot.
Quelques Auteurs ont attribué l'invention du Lofange à Jafon, époux de Médée ; mais il paroît, au rapport d'Ælien, que Jafon ne fit que s'en fervir avantageufement.

ont auffi , à les examiner de près, bien des défauts ; ils ne préfentent qu'un très-petit nombre de combattans, les parties intérieures, ainfi que leur gauche, ne font pas en état de combattre, & la queue du lofange doit le rendre pefant. Un efcadron de cette forte, lorfqu'il eft une fois rompu, ne peut prefque plus fe reformer, & s'il eft pris par un efcadron fur un quarré long qui fe recourbe, il eft infailliblement enveloppé. La forme de lofange ne pourroit être bonne que pour une troupe de cavalerie fervant de garde, & plutôt deftinée à avertir & fe retirer qu'à combattre.

Le lofange fe formoit de quatre manieres différentes. Suivant la premiere, on obfervoit les rangs & les files ; la feconde n'obfervoit ni rangs, ni files ; la troifiéme avoit des rangs & point de files : enfin la quatriéme avoit des files & point de rangs.

Dans le premier de ces lofanges le nombre des rangs & des files, ainfi que celui des cavaliers, devoit être impair ; on faifoit d'abord le rang du milieu, enfuite celui qui le précédoit & celui qui le fuivoit, en donnant deux unités de moins qu'au rang du milieu, & ainfi des autres fucceffivement jufqu'au premier & au dernier, qui conféquemment ne devoit être que d'un cavalier ou Officier, comme la figure le démontre plus fenfiblement.

Exemple du premier *Lofange* *avec rangs* *& files.*

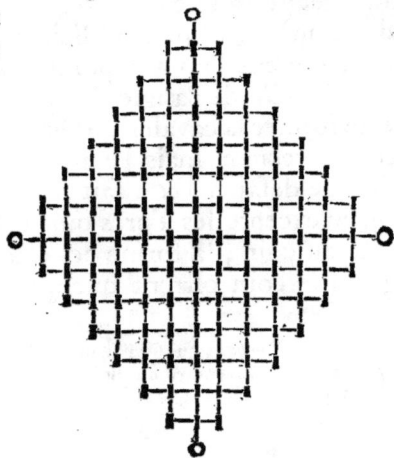

Le

Le lofange fans rangs & fans files fe faifoit ainfi : le
Capitaine fe plaçoit en tête; au deffous de lui étoient
deux cavaliers qui avoient la tête de leurs chevaux fur
les épaules du fien ; chacun de ces cavaliers en avoient
un placé de même à côté de lui en dehors, & ainfi de
fuite jufqu'aux pointes des angles de droite & de gauche;
ces deux faces fe compofoient des meilleurs cavaliers.
Derriere le capitaine étoit un chef de rang qui avoit à
fes côtés des cavaliers difpofés de même que les premiers,
excepté qu'il en avoit deux de moins : l'efcadron diminuant ainfi de deux en deux cavaliers, fe terminoit en
pointe par un feul cavalier, dont la tête du cheval entroit dans l'efcadron ; ce lofange en échiquier avoit cet
avantage que les chevaux n'y étant pas ferrés, chaque
cavalier pouvoit feul faire toutes fortes de mouvemens.

Deuxiéme Lofange fans rangs & fans files.

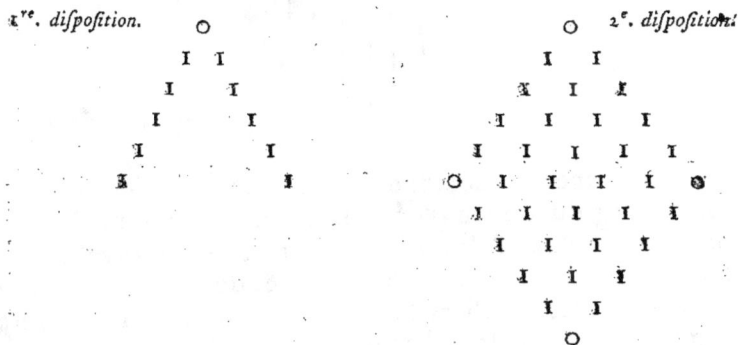

1re. *difpofition.*

Le lofange en files & fans rangs fe compofoit de tel
nombre de cavaliers que l'on vouloit , pair ou impair.
On formoit d'abord la file du milieu, qui étoit la plus
nombreufe ; à la tête de cette file étoit le Capitaine, le
Lieutenant à la queue, & aux deux côtés on joignoit
deux autres files, dont chacune avoit une unité de moins,
de telle forte que les cavaliers fe trouvoient placés entre
les intervalles de droite & de gauche ; les autres files fe

I

formoient de même d'un cavalier de moins, qui se trouvoient placés dans les intervalles; cet ordre étoit le moins
difficile à former & à réformer quand il avoit été rompu.

Losange en files & sans rangs.

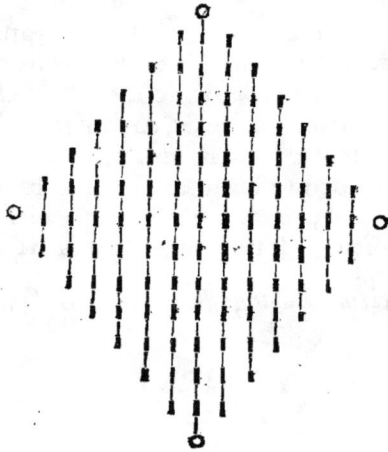

Pour former le Losange en rangs & sans files, on faisoit le rang du milieu d'un nombre proportionné à celui
dont on vouloit l'escadron : on mettoit un cavalier de
moins à chacun des rangs de devant & de derriere, & ainsi
des autres ; les cavaliers se trouvoient placés vis-à-vis les
intervalles , en forme d'échiquier.

Lofange en rangs & fans files.

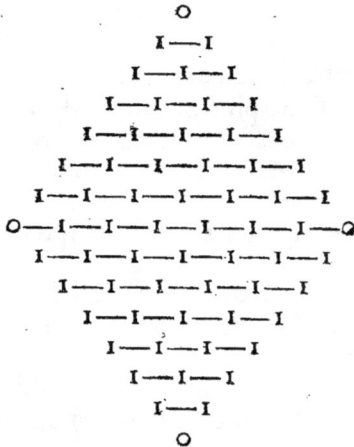

```
              o
            I — I
          I — I — I
        I — I — I — I
      I — I — I — I — I
    I — I — I — I — I — I
  I — I — I — I — I — I — I
o — I — I — I — I — I — I — o
  I — I — I — I — I — I — I
    I — I — I — I — I — I
      I — I — I — I — I
        I — I — I — I
          I — I — I
            I — I
              o
```

Le coin étoit fort en usage chez les Macédoniens, qui regardoient cet ordre de bataille comme le meilleur. Quelques Auteurs en ont attribué l'invention à Philippe, pere d'Alexandre ; ce conquérant s'en servit avec succès ; c'étoit dans ce même ordre que les Scythes & les Thraces dreffoient leurs escadrons ausquels ils donnoient le nom de triangle, d'éperon, de bec, de tête de porc. Cette forme étoit plus avantageuse, en ce que les Officiers & les meilleurs cavaliers occupant la tête & les flancs, ils perçoient & enfonçoient les corps qui leur étoient oppofés, quelque petite que fût l'ouverture qu'ils trouvaffent ; & d'ailleurs il étoit plus aifé de manier un coin qu'un Lofange dont l'angle de derriere le rendoit trop lourde, & dont les cavaliers du même angle étoient fouvent inutiles. Ce ne fut pas l'ordre qu'obfervèrent le plus communément les Macédoniens : Polybe nous apprend (1) que leur cavalerie fe rangeoit pour l'ordinaire fur huit de hauteur ; c'eft, ajoute-t'il, la meilleure méthode.

(1) Liv. vi, chap. xii.

Les efcadrons quarrés furent les plus généralement en ufage chez tous les peuples anciens. Les Perfes, les Siciliens, la plûpart des Grecs, & enfuite les Romains n'en connoiffoient point d'autres. Ces efcadrons font plus aifés à affembler & à dreffer aux exercices que tous les autres ; leur mouvement eft de plus grande exécution, parce que les cavaliers y obfervent leurs rangs & leurs files, qu'ils y font plus ferrés, & qu'étant tous unis ils ne font qu'un même choc, d'autant plus fort & impétueux, que ce font les Officiers & les meilleurs cavaliers qui en compofent le front.

Comme il y avoit quatre manieres de former les efcadrons en Lofange, on diftinguoit auffi quatre fortes de quarrés ; le quarré de figure, le quarré de nombre, le quarré doublé en front & le quarré doublé en hauteur.

Le quarré de figure étoit celui dont les dimenfions occupoient dans toutes fes parties un égal terrein ; pour le former on mettoit, par exemple, neuf chevaux de front & trois de hauteur, ce qui rendoit les efcadrons quarrés, la longueur du cheval faifant le triple de fa largeur.

Dans le quarré de nombre, le front & la hauteur étoient compofés d'un nombre égal de cavaliers. Les peuples les plus puiffans en cavalerie fe font long-temps fervis de ce quarré de nombre, & on ne voit pas qu'aucun d'eux, fi on en excepte les Parthes, l'ayent porté au delà de cent cavaliers à chacune de leur troupe à cheval.

Le quarré double en front étoit celui dont le front étoit d'un nombre de cavaliers double à celui de la hauteur. Cette forme d'efcadron a été la plus ufitée chez les anciens, qui ne donnoient guere plus de cent vingt cavaliers.

Le quarré doublé en hauteur, étoit celui dont la hauteur étoit d'un nombre de cavaliers double de celui du front ; on fe fervoit de ce quarré quand on vouloit paroître moins fort qu'on ne l'étoit effectivement, ou pour marcher plus leftement lorfqu'on avoit des défilés à paffer, ou bien encore quand les inégalités du terrein préfentoient des difficultés que les escadrons ne pouvoient vaincre sans se rompre.

Pour former les escadrons quarrés, les Capitaines choisissoient les meilleurs Cavaliers qu'ils plaçoient à la tête & à la queue des files. Les cavaliers de la tête devoient être dans la fleur de l'âge, & ceux de la queue d'un âge plus avancé ; le second cavalier de la file étoit choisi par le premier, le troisiéme par le second, & ainsi des autres : Xénophon en parlant de cet ordre, dit que le fer coupe le fer quand il a son taillant bien affilé & la lame de bonne trempe. Elien dit à peu près la même chose de l'ordre en coin, qu'il compare à un fer pointu.

Les Romains firent de leur cavalerie de fort petites troupes, qu'ils appelloient Turmes, & dont le nombre des cavaliers étoient de trente-deux ; ils les disposoient sur trois rangs.

Telles étoient les formes différentes que ces anciens donnoient à leur cavalerie ; cependant quelle que fût celle que chaque peuple parut avoir adoptée par préférence, ils n'y étoient pas tellement assujettis, que suivant les circonstances ils n'y changeassent quelque chose. Nous voyons à la bataille de Pharsale que Pompée réunissant quatre turmes, forma ses escadrons sur quinze de front & huit de hauteur ; mais, César de beaucoup inférieur en cavalerie, voulant avoir beaucoup de troupes, suivit l'usage en les laissant sur dix de front & trois de hauteur. Le premier se servit à peu de choses près du quarré double en front, & la forme des troupes de l'autre ressembloit assez au quarré de figure.

Il y a une infinité d'autres exemples de ces variétés, dont le détail seroit inutile.

Quelques Auteurs modernes ont prétendu que le Losange & les coins n'ont point existé, & ces Auteurs sont ceux qui ont voulu réduire à la seule colonne tous les différens ordres des anciens. Elien cependant, qui n'a été que l'abréviateur des Auteurs sur la Tactique plus anciens que lui, & dont les écrits subsistoient de son temps, ne peut être raisonnablement soupçonné d'en avoir imposé à un

Empereur auffi éclairé qu'Adrien. Il n'eft pas le feul qui
en ait parlé ; Arien , & plus tard , Jules l'Afriquain l'af-
furent. Xénophon dit pofitivement (1) qu'Epaminondas
à la bataille de Mantinée, fit de fa cavalerie ce que les
Grecs nommoient embolon εμβολον. Or cet embolon ne
voulut jamais dire qu'un *coin*.

Au refte quel que foit la forme que l'on donne aux
troupes de cavalerie, on ne doit jamais oublier que leur
avantage principal confifte dans l'agilité de fes mouvemens & la promptitude de fes opérations ; ce feroit les
priver de cet avantage que de leur donner une trop grande
profondeur.

Les Perfes pécherent contre ce principe : comme leur
cavalerie étoit fort nombreufe, au lieu de la partager en
beaucoup de troupes, ils préféroient d'en avoir de plus
groffes ; ils les rangeoient fur un très-grand front , &
leur donnoient douze & quelquefois même feize hommes
de profondeur : auffi voyons-nous ces maffes pefantes prefque toujours battues par des troupes de cavalerie de beaucoup inférieures en nombre.

Dans les premiers tems de notre Monarchie , les gens
de cheval combattoient fur un feul rang. L'efpece de cavalerie qui exiftoit alors , leurs armes offenfives & défenfives exigeoient cet ordre qui a duré jufqu'au milieu du regne
d'Henri II. (2) Ce Prince voyant les rangs de Gendarmerie aifément renverfés par les efcadrons de Reitres qu'a-
voit créé l'Empereur Charles-Quint , donna la forme
quarrée à cette cavalerie mais avec une exceffive profondeur , abus , quoique fujet à mille inconvéniens , qui a
fubfifté en Europe depuis Henri II jufqu'à Henri IV, fous
lequel les efcadrons de dix rangs qu'ils avoient auparavant, furent réduits à huit & puis à fix rangs. Les compagnies avant étoient de quatre cens Maîtres , qui formoient

(1) Livre VII.
(2) La Noue, Froiffart : La cavalerie combattit depuis encore en haie : en
1567 , à la bataille de Saint-Denis , elle tenoit cet ordre, & l'on voit dans George
Bafta , fur le gouvernement de la cavalerie, que , fuivant les circonftances, elle
fe fervoit encore de l'ordre en haie. Cet Auteur écrivoit en 1616.

un efcadron ; on les réduifit d'abord à deux cens, & les efcadrons conferverent encore une grande profondeur, parce que les Capitaines qui, avant cette réforme, n'avoient point voulu que leur compagnie fût féparée, craignant que cela ne diminuât leur commandement, y témoignerent encore plus de répugnance, lorfqu'elles ne furent plus que de deux cens.

L'inconvénient des gros efcadrons ne ceffa que fous Louis XIII, en 1635, lorfque la cavalerie fut enrégimentée, & que les compagnies furent tellement diminuées, qu'il en fallut deux, trois ou même quatre pour faire un efcadron de cent vingt à cent quarante-quatre hommes. Alors on les difpofa fur quatre rangs ; depuis on ne les forma plus que fur trois rangs : tel eft l'ufage que notre cavalerie obferve aujourd'hui, & c'eft en effet celui que l'expérience a prouvé être le plus convenable, tant pour le nombre que pour la forme de l'efcadron. Les Officiers de cavalerie les plus expérimentés font d'accord là-deffus : ils eftiment que l'efcadron le meilleur eft celui qui fe forme fur trois rangs de quarante-huit maîtres chacun ; c'eft le plus jufte dans fes proportions, & le plus fufceptible de divifions, & par conféquent le plus facile à former, à rompre, & à manœuvrer : après celui-là, celui de trois rangs de quarante maîtres eft celui qu'ils préferent.

Quelques perfonnes fe font élevées contre cette méthode de ne donner que trois rangs aux efcadrons, & ont foutenu qu'il feroit plus avantageux de les former fur quatre rangs ; quoique leur autorité foit appuyée de celle des Guftaves & des Turennes qui donnoient à leur Cavalerie quatre & quelquefois même cinq rangs de profondeur ; il faut croire que fi l'ufage de faire combattre la cavalerie fur trois rangs n'étoit pas effectivement le meilleur, l'Europe entiere qui l'a reçu, ne l'auroit pas toujours confervé depuis.

D'autres au contraire trouvent encore trop de profondeur aux efcadrons difpofés fur trois rangs, & prétendent que l'ordre de bataille fur deux rangs eft le plus avantageux à la cavalerie : l'exemple de l'ancienne Gendarmerie

qui a fait fi long-temps la principale force des armées du
Royaume, & qui n'alloit à l'ennemi que fur un feul rang,
femble au premier coup d'œil favorifer cette opinion ; mais
que conclure de cet exemple ? Nous fçavons que du temps
de cette Gendarmerie aucun peuple ne formoit fa cavalerie en efcadron ; les ennemis n'avoient fur cela nul avantage fur nous : d'ailleurs cette Gendarmerie étoit compofée
de l'élite de la noblefle Françoife : hommes & chevaux
avoient une armure qui les rendoit, pour ainfi dire, invul-
nérables. N'auroit-ce pas été perdre fans néceffité d'excellens
champions, que de doubler de pareils rangs qui étoient fou-
tenus par une feconde ligne dans laquelle ils trouvoient de
grands fecours en cas de befoin ; cette feconde ligne étant
compofée des Ecuyers des Chevaliers qui étoient à la premiere, & ces Ecuyers qui afpiroient à l'honneur d'être faits
Chevaliers, devoient pour l'obtenir montrer un courage
à toute épreuve. On remarque encore que les Chevaliers
de ces tems-là auroient cru fe déshonorer que de ne fe
pas trouver les premiers au combat. Ils s'eftimoient autant
les uns que les autres : il n'y avoit d'autres moyens pour
les favorifer dans leur prévention, & ne pas décider fur
l'égalité entr'eux, que de les laiffer combattre fur un feul
rang ; & d'ailleurs, comme on l'a déja dit, cette cavalerie fur un feul rang, fut battue prefque toutes les fois
qu'elle eut affaire contre d'autre difpofée fur plufieurs rangs,
& ce fut la raifon qui lui fit prendre la forme d'efcadron,
en quittant l'ufage de combattre en haie.

La Maifon du Roi combat fur trois rangs : comparable
fans doute pour la valeur à l'ancienne Chevalerie, elle lui
eft de beaucoup fupérieure pour la difcipline ; & s'il y avoit
un avantage réel de combattre fur deux rangs, il n'eft pas
douteux que cet ufage n'eût été anciennement établi dans
ce corps, à qui une longue expérience a appris à toujours
vaincre, & dont deux rangs des hommes dont ils font
compofés paroiffent fuffire pour cela. Le premier rang des
trois de chaque efcadron des Gardes-du-corps eft totalement occupé par les Officiers, & quand il ne s'en trouve
pas

pas fuffifamment pour le compléter, on y admet ceux des gardes qu'on nomme Carabiniers.

Si l'on veut maintenant comparer notre cavalerie avec la maifon du Roi, on verra que ce ne font ni les mêmes hommes ni les mêmes chevaux ; la néceffité d'avoir en peu de temps un grand nombre de cavalerie, oblige à la compofer de bons, de médiocres, & même de mauvais, c'eft-à-dire, de jeunes gens ou de jeunes chevaux dont il n'eft pas poffible de tirer grand fervice. S'il eft un moyen de remédier à ces défauts, ce ne peut être qu'en donnant à cette cavalerie la meilleure forme dont elle foit fufceptible : elle doit être folide, mais auffi facile à mouvoir. Il faut pour cela qu'elle ait un front & une hauteur proportionnée au nombre d'hommes dont on a coutume de compofer un efcadron, de maniere qu'il ne foit ni trop léger ni trop lourd, & qu'il n'occupe ni trop ni trop peu de terrein ; avantages que la difpofition de l'efcadron fur trois rangs eft fans contredit la plus propre à réunir : on efpere le démontrer en fuppofant toujours que les efcadrons doivent être de cent vingt maîtres ou de cent quarante-quatre, car s'ils n'étoient que de cent ou au deffous, il faudroit alors ne leur donner que deux rangs.

Le terrein que contient dans un champ de bataille la cavalerie difpofée fur trois rangs, eft déja d'une étendue très-confidérable ; en ne donnant plus que deux rangs à cette cavalerie on feroit obligé de prolonger les lignes d'un tiers : le calcul en eft fimple. Un efcadron de cent quarante-quatre maîtres, dont le front eft de quarante-huit fur trois rangs, n'occupe, à un pas par cavalier, que quarante-huit pas : mettons-en autant pour les intervalles d'un efcadron à l'autre ; dans cette fuppofition nous trouverons que cinquante efcadrons à la premiere ligne ne doivent occuper que quatre mille huit cent pas. Que l'on fuppofe actuellement le même nombre des efcadrons difpofés fur deux rangs, au lieu de quarante-huit pas, ils en occuperont foixante-douze ; qu'on en donne autant pour les intervalles, de cette maniere, la ligne au lieu de quatre mille huit

K

cens pas, en contiendra fept mille deux cens, fans y comprendre le terrein qu'occupent dix-huit Officiers ou Maré-
chaux-des-Logis par efcadron. Qui ne voit combien une
pareille difpofition entraîne d'embarras & de difficultés ?
Car enfin, quand il feroit aifé de trouver tous les jours pour
toutes les occafions, des plaines affez vaftes pour former
fur deux rangs deux lignes chacune de cinquante efcadrons,
nombre le plus ordinaire dans les armées, que d'inconvéniens ne réfulte-t'il pas de la trop grande étendue d'un
champ de bataille (1), où le Général ne pouvant juger de
tout par lui-même, ne fçauroit donner des ordres à propos ?
Les fecours arrivent trop tard ; ces momens fi précieux à
la guerre, & qui veulent être fuivis, s'échappent fans qu'on
en puiffe profiter, & d'ailleurs quelle apparence qu'une
aîle de cavalerie étendue formée fur deux rangs, puiffe
tenir contre le choc d'une autre plus ferrée & d'un tiers
plus épaiffe : ce font les aîles qui, comme on le fçait, décident prefque toujours du fort des batailles ; dénuée de leur
fecours l'infanterie eft bientôt prife tout-à-la fois en flanc
& en queue par la cavalerie, & de front par l'infanterie
ennemie. On ne fçauroit donc rapprocher de trop près des
yeux du Général la cavalerie qui, par le pofte qu'elle occupe, en eft déja affez éloignée, & dont les combats vifs
& de peu de durée font très-fouvent décififs. Lui feul eft
en état de parer à mille inconvéniens que toute la prudence humaine ne peut prévoir, & auxquels les Officiers
Généraux uniquement occupés de leurs divifions par un
préjugé fouvent fatal, ne fe mettent pas fort en peine de
remédier dans les divifions voifines.

    La trop grande étendue d'un efcadron rend fa marche
flottante & inégale ; fes mouvemens font moins légers :
il eft fort à craindre qu'il ne s'ouvre & qu'il ne creve
par quelqu'endroit. Alors un tel efcadron eft vaincu avant
même que de combattre. Sa véritable force confifte à
être également ferré de toutes parts, mais fans gêne ; l'u-

---

(1) *Meliùs eft poft aciem plura fervare præfidia, quàm latiùs militem fpargere.* Veg.
lib. III, cap. XXVI.

nion en doit être parfaite. Car, comme le remarque Montecuculli, tout l'avantage à la guerre consiste à former un corps solide, si ferme & si impénétrable, qu'en quel droit qu'il soit ou qu'il aille, il y arrête l'ennemi comme un bastion mobile, & qu'il se défende par lui-même.

Les mouvemens de l'escadron sur deux rangs ne peuvent être que forts lents ; il ne faut pour l'arrêter, ou au moins pour retarder considérablement sa marche, qu'un fossé, un ravin, une haie, une hauteur ou un ruisseau qui se rencontrent sur sa route : plus l'espace de terrein qu'il devra parcourir sera étendue, & plus il y a lieu de présumer qu'il trouvera de ces obstacles à vaincre ; obstacles bien moins à craindre pour l'escadron sur trois rangs, qui par le moins d'étendue de son front, peut plus aisément les éviter ou les surmonter.

Dans l'escadron sur trois rangs, le premier de ces rangs est composé de l'élite de toute la troupe : ce ne sont que des Officiers, des Brigadiers, des Carabiniers ou des anciens Cavaliers, dont la valeur disciplinée est un objet d'émulation pour les deux rangs qui les suivent. Dans l'escadron disposé sur deux rangs, le premier devant être d'un tiers plus nombreux, il est presqu'impossible qu'il soit aussi bien composé : on sera souvent forcé d'y admettre des hommes de recrues, qui n'auront été ni exercés ni aguerries, ou des chevaux neufs, qui n'étant point accoutumés au bruit de la guerre, rompront infailliblement l'escadron : les Officiers d'ailleurs y seront trop éloignés les uns des autres, & ce seroit perdre le principal avantage des escadrons François sur ceux de leurs ennemis, dont le nombre des Officiers moins grands, mais placés sur un front plus convenable, deviendroit à proportion plus fort que le nôtre. Leur cavalerie auroit en cela sur la nôtre trop d'avantage, indépendamment de ce qu'en général leurs escadrons sont plus nombreux, & conséquemment complets lorsqu'ils les veulent au même nombre que les nôtres. Quelques Nations ont encore dans chaque compagnie des surnuméraires à pied, destinés à remplacer les hommes qui viennent à manquer : chaque régiment entretient un Ecuyer, & chaque compagnie un Piqueur, dont les seules fonctions sont d'enseigner aux cavaliers à monter à cheval : les exercices s'y font plus fréquemment, la discipline y est plus sévere & mieux observée, enfin leurs chevaux sont mieux tenus que les nôtres. L'attention d'un Ministre à qui rien n'échappe, nous permet d'espérer de jouir bientôt de tous ces avantages, mais ce seroit renoncer à l'un des plus importans, que d'adopter une disposition qui nous obligeât d'éloigner nos Officiers les uns des autres.

De l'aveu de tout Officier de cavalerie, la haie ne sçauroit tenir contre l'escadron, par la raison que l'unique rang qu'elle présente, étant une fois rompu, comme il ne sçauroit manquer de l'être, tout est perdu sans ressource : n'en peut-on pas dire de même de l'escadron sur deux rangs ? Si le premier rang est une fois entamé, peut-on présumer que le second composé de ce qu'il y a de plus foible, soit en hommes, soit en chevaux, puisse opposer une grande résistance ? Il n'en est pas ainsi de l'escadron sur trois rangs, dans lequel les vuides du premier rang sont remplis par le second, & ceux du second par le troisiéme, qu'on peut encore, si l'on veut ne point faire combattre, & qui sert en ce cas à fixer un point de ralliement ; objet qui mérite une grande considération, puisque la cavalerie, comme l'on sçait, ne se rallie qu'avec beaucoup de difficulté quand elle est une fois rompue : c'est un point sur lequel on doit faire le plus d'attention. Un troisiéme rang peut encore procurer de grands avantages, quand l'escadron dont il est, a affaire à un autre escadron qui détache de petites troupes pour le prendre en flanc, ou parce que ce troisiéme rang peut être détaché pour le même dessein.

Les seuls avantages que présente l'escadron sur deux rangs, c'est que plus de gens y combattent à la fois, & qu'il peut espérer de déborder l'ennemi par la plus grande étendue de son front ; sans craindre d'être débordé lui-même. Mais ces avantages, à les examiner de près, ne font point si réels qu'ils le paroiffent ; car enfin on veut qu'il embraffe, & même qu'il déborde le front qui lui eft oppofé : mais que deviendra fon centre attaqué par un ennemi dont l'efcadron à la fois plus léger & plus fort, dirigeant toute fon action dans cette partie, l'aura infailliblement rompu avant qu'il ait eu le temps de courber fes flancs ? Que lui fervira-t'il alors d'avoir débordé l'ennemi, & que deviendront fes aîles débordantes après la déroute de leur centre ? Ces prétendus avantages ne féduiront jamais que les gens accoutumés à juger des chofes par les apparences & dans le cabinet. Pour les gens du métier, que l'habitude continuelle des exercices rend feuls juges compétent en cette matiere, ils ne s'y laifferont pas furprendre : le plus grand nombre d'Officiers de cavalerie, & les plus habiles penfent que de toutes les formes qu'on peut donner à une troupe de cavalerie, celle des trois rangs eft fans contredit la plus avantageufe : ce n'eft pas à dire pour cela qu'on doive négliger l'exercice fur deux rangs ; il peut être utile en quelqu'occafion, & même étant plus difficile de manœuvrer fur deux rangs que fur trois, quand on y fera bien inftruit, les manœuvres à trois rangs feront alors plus aifées. D'ailleurs l'intention du Roi, expliquée par fon Ordonnance du 26 Juin 1755, eft que toute la cavalerie foit exercée tantôt fur deux, tantôt fur trois rangs, & qu'elle fçache combattre de ces deux manieres.

A l'égard des dragons, huffards & autres troupes légeres à cheval, comme leur maniere d'attaquer eft différente de celle de la cavalerie, & que chacun de leur rang forme tour à tour un détachement pour entretenir le combat, pouvoir attaquer de quatre côtés, & que d'ailleurs il doit y avoir encore plus de légereté dans leurs évolutions, il eft bon que leurs efcadrons foyent formés fur quatre rangs : il faut de plus que ces rangs foyent également mêlés d'anciens & de nouveaux, contre ce qui fe pratique dans la cavalerie, dont le premier rang doit toujours être compofé des meilleurs cavaliers.

L'Ordonnance ci-deſſus citée qu'on trouvera dans ce volume, indique la forme que doivent avoir les eſcadrons, & la place de chacun de ceux qui les compoſent.

CHAPITRE IV.

De la Cavalerie des Grecs.

LE chapitre de l'équitation a ſuffiſamment prouvé que l'art de monter à cheval étoit connu des Grecs avant la guerre de Troye, & il eſt très-probable qu'il y eut de la cavalerie dans les armées des Grecs & des Troyens. Quelque ſoit l'opinion ſur cela, on ne peut voir ſans être étonné, les prodigieux changemens que cauſerent dans la Grece les guerres inteſtines dont elle fut long-temps déchirée depuis la ruine de Troye.

Les troubles & les révolutions extraordinaires qu'elle éprouva, altérerent non ſeulement la conſtitution générale de tout le pays, par rapport aux mœurs & au gouvernement, mais ils influerent beaucoup ſur la maniere de faire la guerre. Peu de temps après la guerre de Troye, on ne voit que peu de chars dans les armées, & l'uſage qui en étoit ſi commun au temps qu'on vient de citer, paroît être inconnu quatre cens ans après cette époque (1), & l'on ne voit alors que très-peu de cavalerie.

Pauſanias (2) nous apprend même que lors de la premiere guerre de Meſſene, les peuples du Peloponeſe ne ſçavoient point encore l'art de bien manier un cheval : effectivement on ne voit la courſe des chevaux montés dans les Jeux Olympiques, qu'en la vingt-huitiéme Olympiade, à compter leur rétabliſſement par Iphitus (3). Les Grecs ſans doute ne purent pas dans des temps de

(1) Il n'y en avoit pas à la premiere guerre de Meſſenne, 742 ans avant J. C.
(2) Liv. IV, voyage de Meſſenie.
(3) Depuis la premiere, marquée dans le Régiſtre des Eléens.

défordre & de diffenfion, pourvoir à la multiplication
ni à la confervation des chevaux; la guerre en avoit
ruiné l'efpece, qui d'ailleurs, faute de foins particuliers
& de bons pâturages, s'étoit éteinte: de plus la pauvreté des habitans ne leur permettoit pas d'en tirer du
dehors.

Auffi ne trouve-t-on que très-peu de cavalerie dans les différens combats qui fe donnerent entre les Lacédémoniens
& les Mefféniens: les armées de part & d'autre ne confiftoient prefque qu'en infanterie; le petit nombre de cavaliers
qu'on y compte, étoit moins deftiné à combattre, qu'à
pourfuivre les fuyards. Les Lacédémoniens oferent bien,
dénués de toute cavalerie, engager une affaire générale (2): cette témérité leur couta cher, il eft vrai; mais
comme les fuccès de cette guerre furent de leur côté, ils
ne fentirent point la néceffité de fe pourvoir d'une bonne
cavalerie. Leur défaite à Ithome (3) leur fut également
infructueufe à cet égard, & les Grecs en général ne con-
çurent pas plus combien feroit grand l'avantage d'avoir
une bonne & nombreufe cavalerie.

La force du préjugé pour les anciens ufages, les empêcha de réfléchir fur l'importance des fervices de la cavalerie: l'exemple des Theffaliens fi renommés par cette
feule fupériorité, ne fit aucune impreffion fur eux; ils
perfifterent encore long-temps dans l'habitude de n'employer à la guerre que des gens de pied; ils vainquirent
avec la feule infanterie à Marathon & à Platée.

Ils apprirent enfin dans le fein de la victoire, combien, pour la rendre complette & s'en affurer le fuccès,
il étoit important de fe pourvoir d'une arme abfolument
effentielle, principalement pour combattre avec avantage
l'ennemi dans fon propre pays, & prévenir par-là une
nouvelle irruption de la part des Perfes. Ils ne douterent
plus que pour faire la guerre hors de fon pays, la cavalerie ne foit abfolument néceffaire: ce fut pour ces cir-

(1) Bataille de Meffénie, *Paufan.* id. ch. VIII.
(2) Idem, ch. XI.

conſtances qu'il fut réglé dans la premiere aſſemblée générale qui ſe tint après la bataille de Platée, que pour
faire la guerre aux Barbares, il ſeroit levé mille chevaux (1).

Depuis ce temps l'uſage de la cavalerie ſe répandit de
plus en plus chez les Grecs (2), & le nombre en accrut
par degré à meſure que ce peuple ſe perfectionna dans
l'art de la guerre, & qu'il fut commandé par de plus
habiles Généraux ; & l'on ne craint point d'avancer que
les ſuccès les moins douteux devinrent ſouvent l'ouvrage
de cette arme.

L'importance du ſervice des gens de cheval n'a jamais
mieux été connue que dans les temps où les plus grands
hommes de la Grece ont vécu. Il eſt facile de ſe convaincre que la cavalerie fut ſucceſſivement augmentée ſous
Ageſilas, Epaminondas, Philippe, Alexandre, & ſous ſes
premiers ſucceſſeurs : les Grecs eurent-ils jamais de plus
beaux jours ?

Cependant un Auteur militaire (fort eſtimé dans ſon
temps) (3), a prétendu qu'alors on diminuoit la cavalerie
chez les Grecs. Pour réfuter cet étrange paradoxe, il ne
faut que jetter un coup d'œil ſur ce qui s'eſt paſſé ſous la
plûpart des grands hommes cités.

Ageſilas, Roi de Sparte, ayant paſſé en Aſie à la tête
d'une excellente infanterie, pour attaquer les Perſes qui
avoient une armée formidable, dans le deſſein de ſe jetter
de nouveau ſur la Grece, éprouva bientôt qu'il n'eſt pas
poſſible de tenir la campagne devant un ennemi fort en
cavalerie, quand on n'en a point à lui oppoſer ; ainſi ne
voulant plus, ſuivant l'expreſſion de Xénophon, faire la
guerre en homme qui fuit, il prit de juſtes meſures pour

(1) Plutarque, vie d'Ariſtide.
(2) Ils eurent alors des haras. Cléogene ayant remporté le prix de la courſe
des chevaux, il fut mis au bas de la ſtatue qui lui fut érigée à cette occaſion, que
le cheval qu'il portoit étoit de ſon propre haras. Pauſ. l. VI, ch. 1. Voyage de
l'Elide, idem, ch. 11. « Depuis l'irruption des Perſes en Grece, les Lacédémo-
» niens s'adonnerent particuliérement à nourrir des chevaux ; pluſieurs d'entre
» eux, qui avoient de bons haras, furent proclamés vainqueurs.
(3) Le Chevalier Folard.

lever

lever un corps de cavalerie, & le mettre promptement en état de servir (1).

La guerre entre les Lacédémoniens & les Béotiens eut été sans doute moins funeste aux premiers, si se conduisant par l'esprit de ce grand Roi, ils se fussent attachés sérieusement à former & à exercer sa cavalerie.

Epaminondas dut une partie de sa gloire à sa cavalerie Thessalienne, & aux soins qu'il prit de former sur elle celle des Thébains. A Leuctres sa petite armée étoit composée d'un huitiéme de cavalerie (2), & il avoit à Mantinée sur trente mille fantassins, trois mille cavaliers : il tira de ceux-ci dans cette journée le plus grand parti.

L'armée de Philippe contre Onomarque dans la guerre sacrée, étoit de vingt mille hommes de pied, & de trois mille chevaux ; cette cavalerie qui lui procura la victoire la plus complette, étoit encore celle des Thessaliens : aussi eut-il toujours la plus grande attention à conserver l'alliance de ce peuple qui contribua beaucoup à tous ses autres succès (3).

Alexandre qui passa en Asie avec trente-cinq mille hommes, en avoit plus de cinq mille de cavalerie, & l'on sçait combien dans toutes les occasions elle lui procura d'avantage. Ce fut par elle qu'il remporta une victoire si complette au passage du Granique ; elle ne contribua guere moins au gain de la bataille d'Issus, & fit presque tout de part & d'autre à la journée d'Arbelles ; la supériorité de la cavalerie des Grecs sur celle bien plus nombreuse des Perses, décida seule, malgré la disproportion du nombre, de cette grande affaire (4).

Eumenes (5) l'un des successeurs d'Alexandre, n'employa d'autres moyens pour obtenir la supériorité sur la Phalange tant redoutée, & en quoi consistoit toute la force

(1) Xénophon, éloge d'Agesilas, & dans son Histoire Grecque, l. III. Plut. vie d'Agesilas.
(2) Diod. l. xv.
(3) Diod. liv. xvi.
(4) Arrien, liv. i. Quint-Curse, &c.
(5) Plut. vie d'Eumenes, Diod. liv. v & xviii.

L

de fes ennemis, que de fe procurer une bonne & nombreufe cavalerie, qu'il forma & exerça lui-même ; elle faifoit au moins la cinquiéme partie de l'armée qu'il leur oppofa : c'eft par elle uniquement qu'il vainquit & remporta fucceffivement deux victoires mémorables contre l'élite de l'infanterie Macédonienne de Neoptolemus & de Craterus : cette infanterie prife de tout côté par la cavalerie, fut contrainte de mettre bas les armes, & de prêter ferment de fidélité au vainqueur, avec promeffe de porter fous fes enfeignes la guerre partout où il l'ordonneroit. Cet exemple ne laiffe pas douter qu'une cavalerie bien exercée, bien conduite, & qui connoît fes forces, a bien de la fupériorité dans la plaine fur la plus excellente infanterie.

Le peu d'exemples qu'on vient de citer fuffit pour réfuter le fentiment du Chevalier Folard. Cet Officier trop prévenu de fes fyftêmes, ne voyoit jamais que ce qui les appuyoit : c'eft ainfi que tous les ordres de la Tactique des Anciens, felon lui, n'étoient formés que par colonne.

L'attention que l'on apportoit en Grece dans le choix des cavaliers, la maniere de les exercer, & les différentes évolutions aufquelles on les dreffoit, prouvent combien ce genre de fervice obtint de confidération, lorfqu'une fois on en eut reconnu l'indifpenfable néceffité.

A Athenes où le peuple, proportionnellement à fes forces, étoit divifé en quatre claffes, on prenoit toujours les cavaliers dans la premiere. La Loi ordonnoit expreffément que les gens de cheval fuffent choifis parmi les Citoyens les plus riches & les plus robuftes (1). Cette coutume paroît générale dans les différentes Républiques de la Grece. L'ordre le plus diftingué contribuoit feul à former la cavalerie ; telle fut auffi la méthode de Cyrus quand il en créa chez les Perfes.

(1) *Qui rei & corporis plurimùm poffunt. Xenop. in Hipparchio.* Cependant Plutarque, vie de Solon, dit que le premier ordre étoit compofé de ceux qui avoient cinq cens médinnes ; le fecond, de ceux qui en avoient trois cens, & pouvoient entretenir un cheval. D'Ablancourt, dans fes notes fur Theucydide, dit que le fecond ordre étoit des Chevaliers qui étoient obligés de fervir à cheval. *Tom. II. l. VI.*

La dépenfe pour l'entretien de ce corps, les occafions fréquentes où il étoit de décider le fort des batailles, & conféquemment celui de la Patrie, fembloient exiger qu'on n'y admît que les Citoyens, qui par leur rang étoient les plus intéreffés à la défenfe & à la gloire de l'État. (1)

Quoique Lycurgue eût banni toute diftinction entre les Lacédémoniens, ce fage Légiflateur voulut néanmoins que l'agrément de fervir dans fa troupe de trois cens Chevaliers, ne fût accordé qu'aux jeunes gens qui s'en rendroient dignes par une fupériorité de mérite & de valeur.

La cavalerie des Grecs fe divifoit en cavalerie pefante & en cavalerie légere. On trouve cette divifion déja établie dans la premiere guerre de Meffene. Chacune de ces deux efpeces de cavalerie fût enfuite fous-divifée en plufieurs autres. Dans la premiere étoit comprife celle armée d'armes offenfives & défenfives, & les cavaliers cataphractaires, qui non feulement étoient armés de toutes piéces, mais qui montoient des chevaux auffi bardés entiérement; enfin tous ceux que l'on deftinoit à combattre de pied-ferme, & à fe mêler dans le combat.

Dans la feconde efpece on comptoit les Archers, les Jaculateurs, c'eft-à-dire, ceux qui ne fe fervoient que d'armes de jet, & que l'on employoit à efcarmoucher, à combattre de loin, à fatiguer l'ennemi, à le pourfuivre.

Dans les jours heureux de la Gréce, on ne voit point dans fes armées de cette cavalerie cataphractaire, dont les chevaux & les hommes étoient accablés fous le poids énorme du fer qui le couvroit : elle n'y fut admife que par les Princes qui fe partagerent l'Empire d'Alexandre : c'étoit une invention Afiatique dont ils fe trouverent mal plus d'une fois d'avoir adopté l'ufage.

Xénophon (2) décrit ainfi l'armure complette de la cavalerie des Grecs. Le cavalier devoit avoir une cuiraffe (3) exactement proportionnée à fa taille, d'où il pendoit de

(1) Xénophon, *de republica & legibus Lacedemoniorum.*
(2) *De re equeftri.*
(3) La cuiraffe étoit de cuir garni de lames de fer.

L ij

l'extrêmité inférieure des bandes de cuir & de fer pour
garantir les parties qu'elles couvroient. Le casque (1) joignoit la cuirasse avec tant d'art, que sans mettre obstacle
à la vue, toute la tête s'y trouvoit exactement enfermée;
le bras & la main gauche étoient couverts d'une espece
de brassart & de gantelet qui s'attache vers l'épaule à la
cuirasse, & descend le long du bras jusqu'à l'extrêmité des
doigts; le bras droit n'étoit garni que de cuir, & il y avoit
une plaque de fer ou une forte bande de cuir qui garan-
tissoit la partie du corps qui est sous ce bras.

Une armure faite de même matiere bardoit le cheval
sur la tête, le poitrail & les épaules; ses flancs étoient
préservés au moyen de la housse, qui devoit être assez
bien rembourée pour ne blesser ni le cavalier ni le cheval.

Le cavalier avoit des bottes de cuir, & la barde des
épaules du cheval cachoit ses cuisses.

Les armes offensives du cavalier étoit une épée tranchante ou forte lance, dont la hampe devoit être de bois
de cornouillier avec un javelot.

Xénophon est le seul qui ait été d'avis de préférer les
épées de taille à celles de pointe, parce que, dit-il, tous
les coups qui sont portés d'une certaine hauteur, sont toujours plus terribles. Le Chapitre XII, qui traite des armes
de la cavalerie entre là-dessus dans quelques détails.

Le javelot devoit être dardé de loin, pour donner au
cavalier le tems de se mettre en défense avant qu'il ne soit
joint par celui qu'il dardoit & qu'il auroit manqué. La
portée ordinaire d'un javelot bien lancé, étoit de plus de
cent de nos pas (de trois pieds); la maniere la plus propre à donner au javelot, en le lançant, toute la roideur &
l'impétuosité qu'il devoit avoir, étoit de le tenir empoi-
gné ferme par le milieu de la hampe, sa pointe en avant
un peu élevée & dirigée vers le but qu'on vouloit attein-
dre; on se dressoit un peu sur son cheval, & ramenant la
main droite près de la tête, on lançoit le javelot : il pro-

_____

(1) Les casques à la Béotienne étoient estimés les meilleurs.

duisoit des effets très-considérables, jusqu'à percer les boucliers & les cuirasses. A la bataille de Sellasie Philopœmen eut les deux cuisses percées & attachées ensemble d'un seul coup de javelot.

Les Thessaliens eurent toujours la meilleure cavalerie pesante de la Grece. La réputation qu'ils avoient acquise par l'excellence de leurs chevaux & leur adresse à les manier étoit très ancienne, & remonte jusqu'au temps fabuleux : elle est l'unique fondement de la fable des Centaures ; on voit que dans une guerre que les Thessaliens firent aux Phocéens long-temps avant l'irruption des Perses, les Phocéens ne craignoient rien tant que la cavalerie Thessalienne, plus redoutable, dit Pausanias (1), par sa réputation & son adresse que par le nombre. Polybe assure qu'il étoit presqu'impossible de résister au choc de cette cavalerie quand elle combattoit en escadrons, mais qu'il n'étoit pas difficile de la vaincre, quand elle combattoit, ou par pelotons, ou d'homme à homme. Elle rendit de très-grands services à Epimanondas & à Philippe : Alexandre s'en servit avantageusement en Asie, & ne la renvoya qu'après avoir achevé la conquête des Perses, & lorsqu'il crut que sur l'exemple & les principes de cette cavalerie Thessalienne, celle de Macédoine étoit devenue assez bonne pour la remplacer.

Il est constant qu'Alexandre dans les batailles, comptoit beaucoup sur sa cavalerie, qui effectivement lui en prépara & lui en assura presque toujours les succès. Il combattoit toujours avec elle, & ne plaçoit jamais à la tête que les plus illustres de ses Capitaines. Outre sa cavalerie pesante & ses archers, ses jaculateurs & ses coureurs, il avoit encore formé un corps d'élite, composé de jeunes Macédoniens distingués par la naissance & par le courage : on nommoit ce corps les amis (2) ; il étoit divisé en huit troupes : la premiere s'appelloit l'*Escadron Royal*. Philotas fils de Parmenion, en eut le commandement général : mais

(1) Liv. x, ch. 1, voyage de la Phocide.
(2) Arrien, hist. d'Alexandre.

après fa mort , Alexandre craignant qu'un nouveau chef n'abufât de même que le précédent du crédit que donnoit un pofte fi confidérable , partagea ce corps des amis en deux , dont l'un eut pour Capitaine Epheftion , & l'autre Elitus : de cette troupe , l'élite de fa cavalerie , il tiroit prefque tous les Commandans des autres corps.

Les Athéniens avoient auffi de bonne cavalerie : les Lacédémoniens qui la reconnoiffoient fupérieure à la leur, en demanderent quelquefois à Athenes. Elle ne craignoit point de tenir tête à celle de Theffalie , & remporta même des avantages contre l'excellente infanterie d'Antipater dans les guerres que la République eut à foutenir immédiatement après la mort d'Alexandre.

La cavalerie des Thébains , qui fous Epaminondas fut excellente , avoit déja commencé à fe faire une réputation dans les combats de Thefpies & de Tegire.

Philopœmen trouva celle des Achéens de nulle valeur; mais il parvint à la rendre très-bonne au moyen de fréquens exercices & d'une difcipline févere. Cette cavalerie devint la principale force de la ligue des Achéens.

Il nous refte peu de lumiere fur le nombre de cavaliers dont les Grecs compofoient leurs efcadrons. Elien en cite pour exemple , de trente-fix jufqu'à cent treize cavaliers. Il croit néanmoins qu'il étoit mieux de former chaque efcadron de foixante-quatre ; l'ufage à cet égard varioit fans doute , fuivant les lieux & les conjonctures.

Polybe dit (2) que la meilleure méthode de ranger la cavalerie , eft de la mettre à huit de hauteur , & qu'à caufe de la diftance qu'il faut laiffer d'un efcadron à l'autre , un ftade ne peut contenir en tout que huit cens chevaux, c'eft cent de front. Le ftade fuppofé d'environ fix cens pieds de longueur , & donnant trois pieds par cavalier pour la place qu'il occupe dans un rang , il eft aifé de conclure delà qu'on laiffoit entre les efcadrons des intervalles égaux à leur front. Si l'on veut trouver un égal partage de

(1) Liv. xii , ch. vi.

ces huit cens chevaux en un certain nombre d'escadrons, on verra qu'ils ne devoient pas en former plus de dix de quatre-vingt cavaliers chacun, rangés sur dix de front & huit de hauteur, ni moins de cinq de cent soixante cavaliers à vingt de front & huit de profondeur. Ces derniers escadrons eussent été mieux dans leur proportion que les premiers ; mais le nombre de ceux-ci paroît s'accorder avec l'usage ordinaire des anciens, dont les escadrons étoient plus petits que les nôtres.

Les Grecs donnoient à leurs troupes de cavalerie différentes formes ; celles du quarré parfait, du quarré long, d'un coin ou triangle ; on les trouve décrites au Chapitre II.

Les manœuvres ausquelles on dressoit la cavalerie étoient très-simples ; mais elles comprenoient tout ce qui lui est nécessaire de pratiquer (1) : les cavaliers devoient bien connoître leurs chevaux, les rendre souples & obéissans, & les manier parfaitement. On leur montroit à marcher en escadron toujours en ordre & sur toutes sortes de terrein, à se rompre à propos, soit pour changer de figure, soit pour se partager en division, soit pour défiler, & à se reformer tout de suite ; on les faisoit monter au grand galop par des chemins escarpés & remplis de pierres ; ils les descendoient de même : on les exerçoit à bien exécuter les mouvemens de conversions par escadron & par cavalier ; on leur faisoit apprendre à lancer leurs javelots avec force, à tirer de l'arc avec justesse, à se servir adroitement de la lance & de l'épée ; on les faisoit combattre escadron contre escadron & d'homme à homme ; mais sur toutes choses le plus grand soin étoit d'entretenir l'émulation par de fréquentes revues, & par une juste application des peines & des récompenses.

Il ne reste qu'à parler de la place qu'occupoit dans les batailles la cavalerie des Grecs. Elien dit qu'on poste la cavalerie ou sur les aîles, ou en avant, ou en arriere : en effet l'histoire Grecque fournit des exemples de ces différentes dispositions.

(1) Plutarque, vie de Philopœmen. Xénophon, de re equestri.

Au commencement que l'on avoit peu de cavalerie , & qu'on ignoroit encore la meilleure maniere de la faire agir , il étoit ordinaire de la mettre à couvert de l'infanterie ; elle demeuroit en réserve jusqu'à ce que l'ennemi fût enfoncé : alors elle s'abandonnoit sur lui de toutes parts pour achever de le rompre , empêcher qu'il ne se reforme & le poursuivre. Il paroît néanmoins que cette disposition étoit plus particuliérement affectée à la cavalerie légere qu'à la pesante , & que celle-ci n'a été en usage qu'après l'autre.

D'autres fois la cavalerie étoit mise en premiere ligne , & couvroit une partie de l'infanterie , dont on pouvoit par ce moyen cacher l'Ordonnance & les mouvemens. Alors le combat commençoit par la cavalerie qui , si elle étoit contrainte de plier, s'écouloit par les flancs & par des intervalles que l'infanterie lui ouvroit; mais en ce cas celle-ci couroit beaucoup de risque d'être culbutée par la chûte de l'autre. Les Lacédémoniens en firent à Leuctres la fâcheuse expérience.

Depuis que les Grecs furent plus instruits dans l'art de la guerre,& qu'ils eurent mieux connu le propre de chaque arme , ils suivirent plus communément la méthode de mettre la cavalerie en ligne avec l'infanterie, dont de part & d'autre elle couvroit les flancs ; cette Ordonnance est sans doute la meilleure , puisque tous les peuples l'ont adoptée.

Il arrivoit quelquefois qu'on entremêloit les escadrons de quelques troupes d'armés à la légere : cet ordre étendoit davantage les aîles, & suppléoit au peu qu'on avoit de cavalerie ; il falloit bien pour l'employer que les Grecs crussent par-là corriger quelques grands défauts ; car l'incompatibilité des deux armes dans le moment du choc de la cavalerie , se fait aisément sentir. Il paroît encore bien plus étonnant que les Grecs ayent mêlés des fantassins parmi les cavaliers.

Plus ordinairement les armés à la légere se mettoient en avant de la cavalerie : lorsqu'ils étoient repoussés ils se retiroient derriere les escadrons qui s'avançoient en même-temps

temps pour les foutenir : s'ils caufoient du défordre chez l'ennemi, la même cavalerie, qui les fuivoit de près, en profitoit fur le champ.

Pour finir ce Chapitre, on obfervera, quoi qu'en ait dit le Chevalier Folard, que dans les plus beaux tems de la Grece, c'eft-à-dire, ceux qui, par rapport à la fcience militaire, avoient fait prendre aux Grecs le premier rang fur les autres Nations, la cavalerie étoit parvenue à un tel point de fupériorité, qu'elle détermina le fuccès de prefque toutes les plus grandes batailles.

CHAPITRE V.

De la Cavalerie des Romains.

LEs faits qui peuvent nous inftruire de la Tactique des Romains, font répandus dans tous les Hiftoriens qui ont décrit leurs différentes guerres. Polybe a beaucoup éclairci ce fujet, en traitant fort au long de leur maniere de lever, d'enrôler & d'armer les fantaffins qui étoient dans la légion, & d'en choifir les cavaliers ; ce qu'il en dit a fervi de cannevas au traité de Jufte Lipfe, *de militiâ Romanorum.* Végéce nous a laiffé encore fur la milice Romaine des détails infinis : il nous apprend furtout comment les Romains s'y prenoient pour inftruire, exercer & difcipliner parfaitement leurs foldats. Nous avons de fon ouvrage une excellente traduction (1) imprimée en 1743.

On ne fe propofe ici que de donner une idée générale du nombre & de l'ordonnance de la cavalerie Romaine, ainfi que de l'armement & de l'équipement des hommes & des chevaux dans ces tems éloignés. Pour répandre plus de clarté fur cette matiere, on ne pourra fe difpenfer de dire quelque chofe de l'infanterie des Romains ; mais on le fera avec la plus grande précifion : il fuffit de connoître les

(1) Par M. de Sigrais.

M

principes qui fervoient de bafe à leurs différentes pratiques, fans parcourir en détail tous les changemens que les circonftances ont occafionnés. C'eft dans une lecture réfléchie de l'hiftoire qu'il faut chercher les motifs de chaque exception à la méthode ordinaire.

Le nombre de la cavalerie Romaine dépendit dans les commencemens de celui des Légions qui étoient fur pied. Lorfque Romulus voulut donner à fon nouveau gouvernement une conftitution ferme & folide, il forma un corps de trois mille fantaffins & de trois cens cavaliers, qui fut nommé Légion (1), parce qu'il étoit compofé d'hommes choifis fur tous les Citoyens. Mais le foin tout particulier que ce Prince apporta dans le choix des cavaliers, ne laiffe aucun lieu de douter que fon deffein ne fut d'en faire l'élite de la Légion. Après avoir créé le Sénat, dit Denis d'Halicarnaffe (2), il fit choix, parmi tout ce qu'il y avoit à Rome de Citoyens diftingués par la naiffance, de trois cens hommes des plus braves & des plus courageux, qu'il deftina à combattre à cheval.

Les premieres forces que Romulus mit en campagne ne confifterent que dans cette feule légion. Quand les Sabins furent admis dans Rome aux mêmes droits que les autres Citoyens, toutes les dignités & prééminences ayant été doublées en leur faveur, l'armée doubla de même, & fut compofée de deux Légions, qui faifoient enfemble (3) fix mille hommes de pied & fix cens chevaux. Cet ordre fut prefqu'invariablement obfervé dans la fuite. A mefure que l'on formoit une Légion nouvelle, on levoit auffi trois cens cavaliers : il n'y en eut (4) jamais moins dans cha-

---

(1) Legio à legendo.

(2) Conftituto fenatu, Romulus trecentos viros illuftriffimarum familiarum, corpore robuftiffimos elegit.... Ut ex equis pugnarent ubi campus erat ad equeftre certamen commodus. Dionyfius-Halicar. liv. 11, antiquit. cap. 11.

(3) C'eft ainfi que doit s'interprêter le paffage de Plutarque, vie de Romulus, où il eft dit : Legiones factæ peditum fex millium, equitum fexcentorum.

(4) Un paffage ou deux de Tite-Live & de Polybe, qui reftraignent le nombre à deux cens cavaliers, font trop formellement contredits par d'autres paffages plus clairs pris dans les mêmes Auteurs, pour pouvoir fervir d'exception à l'ufage général.

cune. Sous les premiers Confuls-les fantaffins furent augmentés jufqu'au nombre de quatre mille deux cens, nombre auquel on s'eft fixé le plus long-temps & le plus fouvent. L'augmentation de l'infanterie n'en produifit cependant aucune dans la cavalerie ; elle demeura fur le pied de
trois cens chevaux, & c'eft là ce que Tite-Live nomme
Juftus equitatus (1). Il eft bien vrai qu'en quelques occafions on a donné quatre cens cavaliers à de certaines Légions dont l'infanterie étoit portée à cinq mille hommes ;
mais ces changemens n'ont été que paffagers pendant la
durée de la République : le gouvernement des Empereurs
en produifit de plus grands. Du temps de Végéce (2) la
Légion contenoit fix mille cent fantaffins & fept cens
vingt-fix cavaliers.

Les Romains ayant peu à peu foumis à leur domination
tous les peuples Latins qui les environnoient, ils les obligerent de leur fournir, quand ils faifoient la guerre, une
certaine quantité de troupes ; par ce moyen leurs armées
furent depuis compofées de Légions & de troupes qui
étoient envoyées par les peuples d'Italie, qu'on nommoit
les alliés (3). Comme ceux-ci avoient ordinairement le
même nombre d'infanterie que les Romains & le double
de cavalerie, on voit que la proportion qui s'établit alors
entre le total de l'infanterie & de la cavalerie, fut environ
comme neuf à un : mais la différence de l'un à l'autre de
ces corps devint bien moins grande, quand les Romains

(1) Lib. xxi.
(2) Vegetius, lib. ii, ch. vii.
(3) Il faut diftinguer dans les armées Romaines les troupes des Alliés, *focio-*
rum, d'avec les troupes auxiliaires, *auxilia* ; quoique ces deux noms fe trouvent
quelquefois employés l'un pour l'autre. *Socii* étoient les peuples d'Italie qui
s'étoient foumis volontairement à la République, ou qui après avoir feulement
éprouvé les premiers efforts de fes armes, n'étoient pas les derniers à fe foumettre : elle leur laiffoit la liberté de vivre felon leurs loix & leurs coutumes, & ne
leur impofoit que l'obligation de fournir à leurs frais les gens de guerre
qui leur étoient demandés ; la République leur donnoit le bled feulement. On
lit dans Denis d'Halicarnaffe, lib. x, *Æquos Romanis fubditos effe, urbes agrof-*
que fuos retinentes, Romanis nihil dantes, præter copias quoties imperabantur, at-
que eas fuo ipforum fumptu ftipendioque. On nommoit *auxilia*, les troupes des
Nations étrangeres qui fervoient dans les armées Romaines à titre d'Alliés ou
de Mercenaires.

employerent dans leurs armées de la cavalerie étrangere (1).
On obſerve même que lorſqu'ils ont eu des Numides auxiliaires , ſorte de cavaliers dont le ſervice avoit beaucoup
de rapport à celui de nos Huſſards & autres troupes légeres, la cavalerie a quelquefois égalé la quatriéme (2) partie de l'infanterie ; notamment à Zama où Scipion vainquit par le ſecours de ces mêmes cavaliers , qui dans l'I-
talie avoient procuré tant de victoires à Annibal.

La méthode que Romulus avoit ſuivie dans le choix
des cavaliers ſervit d'exemple & de loi pour l'avenir. Servius ne fit qu'en ſuivre l'eſprit & lui donner plus d'étendue
dans l'inſtitution du cens ; en ajoutant à la naiſſance, la
néceſſité d'avoir un certain bien. Après, dit Tite-Live ,
qu'il eut reglé le ſervice de l'infanterie , il forma, (3) des
principaux & plus riches Citoyens , dix-huit Centuries de
gens de cheval. Telle fut l'origine de l'ordre des Chevaliers qui n'avoient au deſſus d'eux dans Rome que les Sénateurs.

On ne doit pas s'imaginer que Servius n'ait deſtiné les

(1) La cavalerie des Gaulois , dit Strabon liv. IV , étoit bien ſupérieure à leur
infanterie : elle compoſoit la meilleure partie de celle des Romains.

(2) Hermannus Hugo , pour prouver que la cavalerie Romaine a quelquefois
égalé le quart de l'infanterie , fait un calcul très-faux : il ſuppoſe quarante-quatre
Légions à cinq mille fantaſſins chacune , & quatre cens cavaliers : il ajoute
enſuite que les Alliés fourniſſant le double de la cavalerie , donnoient conſéquemment huit cens cavaliers , à raiſon des quatre cens cavaliers de chaque Légion.
Ainſi , dit-il , en chaque Légion il y avoit douze cens cavaliers , ſoit Romains ,
ſoit Alliés ; pour quarante-quatre Légions , cinquante-deux mille huit cens hommes de cavalerie , & deux cens vingt mille d'infanterie. Mais il n'a pas vu qu'il
devoit , ſuivant le principe ordinaire , ajouter à l'infanterie Romaine un nombre
égal d'infanterie Alliée , alors le total de la cavalerie n'eſt plus que le huitiéme de
l'infanterie. *Hermannus Hugo , de militiâ equeſtri.* Lib. II , cap II , pag. 76.

(3) *Ita pedeſtri exercitu ornato diſtributoque , equitum ex prioribus civitatis*
duodecim ſcripſit centurias ; ſex item alias centurias , tribus ab Romulo inſtitutis ,
ſub iiſdem quibus inauguratæ erant nominibus fecit. Livius , l. I.

Les dix-huit Centuries de Chevaliers étoient les dernieres de la premiere des
différentes claſſes de Citoyens établies par Servius , ſelon l'ordre des biens & de la
naiſſance.

Autrefois , dit Polybe liv. IV , on ne penſoit aux cavaliers qu'après avoir levé les
gens de pied ; mais à préſent on commence par eux , & le Cenſeur les choiſit ſelon
le revenu qu'ils ont. A chaque Légion on en met trois cens.

Chez les Athéniens , les cavaliers étoient choiſis de même parmi les plus riches
& les plus robuſtes. *Xénophon* , liv. de la Cavalerie.

gens riches au fervice de la Cavalerie, que pour en épargner la dépenfe à l'Etat. Chaque (1) Chevalier recevoit de la République une fomme fixe pour l'achapt de fon cheval, & une autre fomme tous les ans pour fa nourriture : mais ce Roi fçavoit que des hommes bien nés & qui vivent dans l'aifance, puifent toujours dans les principes d'une bonne éducation des fentimens plus épurés que le commun des autres Citoyens, & que, devenus plus fenfibles à la gloire, ils ne perdent jamais l'occafion d'en acquérir : perfuadés que tous les avantages dont ils jouiffent, tiennent à la conftitution actuelle de l'Etat, ils contribuent auffi plus effentiellement à la défenfe de la Patrie.

La naiffance & le bien ne fuffifoient pas feuls : il falloit à ces dons de la fortune ajouter les qualités perfonnelles, & conferver furtout des mœurs irréprochables. A chaque luftre tous les Chevaliers paffoient (2) en revûe devant les Cenfeurs. Là ceux qui fe trouvoient convaincus de quelqu'action contraire aux bonnes mœurs, ou qui n'avoient pas tout le foin poffible de leur cheval, étoient auffitôt rayés de la lifte des Chevaliers. On leur ôtoit le cheval de la République, & ils étoient rejettés dans une claffe inférieure.

Tant de qualités qui devoient fe rencontrer dans les hommes qui compofoient la cavalerie Romaine, firent auffi qu'on l'employa toujours dans les occurences les plus dangereufes & les plus importantes. C'eft par cette raifon que

(1) *Ad equos emendos dena æris millia ex publico data, & quibus equos alerent : viduæ attributæ quæ bina millia æris in fingulos penderent.* Livius, ibidem.

(2) On retrouve fous les Empereurs des veftiges de cet excellent ufage : Suétone dit, *in Caligulâ*, cap. xvi. *equites Romanos feverè curiofèque, nec fine moderatione recognovit : palàm adempto equo, quibus aut probri aliquid aut ignominiæ ineffet.* Un Citoyen Romain fe plaignoit à l'Empereur Adrien, de ce qu'ayant affez de bien pour être Chevalier, & s'étant juftifié d'une fauffe accufation, on refufoit néanmoins de lui accorder un cheval de la République. C'eft, répondit Adrien, qu'il ne fuffit pas, pour l'obtenir, de s'être lavé d'une faute, il faut encore prouver que le refte de votre vie eft entiérement irréprochable.

Lipfius, de militiâ Romanâ, lib. 1, Dialogo v, in excerptis gloffarii veteris legi. Dicente quodam effe fibi fubftantiam equeftris dignitatis, fed cùm equum publicum peteret, prætermiffum fe effe, fecurum crimine quod ipfi concitaverant, Hadrianus dixit : Qui equum publicum petit emendatus effe debet ; cætera autem vitæ tuæ ipfe probabis.

ce fervice étoit en fi grande confidération, & conduifoit (1) plutôt aux premiers grades militaires : d'ailleurs comme les cavaliers étoient en petit nombre, ils trouvoient plus fréquemment l'occafion de fe fignaler.

Jufqu'au fiege de Veyes tous les Chevaliers furent mon-tés aux frais de la République : dans cette conjonéture ce zele ardent pour le bien public qui fait tant d'honneur aux Romains, engagea (2) d'autres Citoyens qui étoient affez riches pour devenir Chevaliers, d'offrir au Sénat de fe monter à leurs dépens. Leur propofition fut acceptée, & l'on fixa tout de fuite un fonds pour leur folde. Depuis ce tems-là les uns & les autres fervirent dans la cavalerie, & l'on continua toujours d'y admettre de ces deux fortes de Chevaliers ; le nom néanmoins n'étoit réellement donné qu'aux premiers, c'eft-à-dire, à ceux qui avoient un cheval entretenu par l'Etat.

La cavalerie de chaque Légion étoit divifée en dix troupes de trente maîtres que l'on nommoit (3) Turmes ;

(1) Pour devenir Tribun d'une Légion, il falloit avoir fervi, ou dix ans dans l'infanterie, ou feulement cinq dans la cavalerie. Polybe dit que dans les vingt-quatre Tribuns qu'il falloit pour quatre Légions, quatorze étoient tirés de la ca-valerie, & dix de l'infanterie. Le temps ordinaire du fervice dans l'infanterie étoit de vingt ans, (le traduéteur de Polybe, liv. vi, ne met que feize ans pour les fantaffins, mais il y a apparence qu'il s'eft trompé.) & feulement de dix ans dans la cavalerie.

(2) Cum repente, quibus cenfus equeftris erat, equi publici non erant affignati con-filio priùs inter fefe habito, fenatum adeunt; faétaque dicendi poteftate, equis fe fuis ftipendia faéturos promittunt ; quibus cum ampliffimis verbis gratiæ ab fenatu aétæ effent famaque ea forum atque urbem pervafiffet, fubitò ad curiam fit converfus ple-bis.... Senatus confultum faétum eft, ut Tribuni militares, concione advocatâ, pedi-tibus equitibufque gratias agerent..... Placere autem omnibus his volontariam extrà ordinem profeffis militiam æria procedere & equis certus numerus eft affi-gnatus : tum primùm equis merere equites cœperunt. Livius, lib. v, cap. vii.

(3) Equites fimiliter in turmas diviferunt decem. Ex unáquaque tres fumunt du-ces. Ifti ipfi tres adfumunt uragos, five tergi duétores. Qui igitur primus eleétus eft imperat toti turmæ : reliqui duo Decurionum locum tenent : atque adeò Decuriones appellantur. Cùm primus autem non adeft, fecundus præfeéti turmæ locum abfumit. Polyb. lib. vi, cap. iv.

Varo iv, de Linguâ Latinâ. Primi fingularum Decurionum Decuriones diéti, qui ab eo in fingulis turmis funt etiam nunc terni. Quos hi primò adminiftros fibi adop-tabant optiores vocari cœpti ; quos nunc propter ambitionem, Tribuni faciunt.

Turmæ qui præeft, Decurio nominatur ; ut enim centum pedites ab uno centurione, fic triginta duo equites ab uno Decurione ; fub uno vexillo reguntur. Vegetius, lib. ii, cap. xiv.

chaque Turme avoit une enfeigne particuliere, & fe formoit fur dix cavaliers de front & fur trois de hauteur ; trois
des plus braves & des plus expérimentés étoient choifis
pour marcher à la tête de la Turme, & le premier d'entr'eux la commandoit. Ces Officiers en nommoient trois
autres pour marcher en ferre-files à la queue de la troupe.
Ceux-ci font appellés Options par Varron, nom qui peut
être très-bien rendu dans notre langue par celui de Lieutenant (1), puifqu'ils étoient deftinés à remplacer les premiers en cas d'abfence ou de maladie.

Végéce compte trente-deux maîtres par Turmes ; peut-
être comprenoit-il dans ce nombre le premier Décurion
& le porte-Enfeigne. Cet Auteur nous explique dans le
plus grand détail les qualités qui font néceffaires à tout
Officier qui commande une Turme (2) ; l'adreffe, la légereté, la vigueur, l'expérience, un foin & une vigilance
extrême doivent fe trouver inféparablement unis dans le
fujet à qui l'on confie cet important emploi.

Quand une urgente néceffité faifoit créer un Dictateur,
ce Magiftrat nommoit un Général de cavalerie qui devenoit par là le fecond Officier de l'Etat ; non feulement il
commandoit (3) en chef toute la cavalerie, il avoit encore
en l'abfence du Dictateur le commandement de l'armée ;
mais la durée de ces deux magiftratures n'étoit que de fix
mois au plus (4) : on les confervoit à peine quelques jours de

(1) *Optiones ab optando appellanti, quod antecedentibus ægritudine impediti,
hi tanquàm adoptati eorum, atque Vicarii folént curare.* Veget. lib. II, cap. VIII.

(2) *Similiter eligendus eft Decurio qui turmæ equitum præponetur, imprimis habili
corpore, ut loricatus, & armis circumdatus omnibus, cùm fumma admiratione
equum poffit afcendere ; equitare fortiffimè ; conto fcienter uti ; fagittas doctiffimè
mittere ; turmales fuos.... erudire ad omnia quæ equeftris pugna depofcit.....
non folùm autem equites, fed etiam ipfos equos affiduo labore convenit edomari.
Itaque ad Decurionem & fanitatis, & exercitationis, tàm hominum quàm equorum,
pertinet cura.* Veget. lib. II, cap. XIV.

(3) *Ante mediam aciem cum equitatu Magifter equitum præceffit.* Livi. lib. IV,
cap. XVIII.

(4) Prefque tous les Dictateurs fe font démis avant fix mois, c'eft-à-dire, qu'ils
ne le furent qu'autant que l'exigeoit le befoin paffager qui les avoit fait nommer.
Entre beaucoup d'exemples connus, on peut citer celui de Quintus Cincinnatus,
tiré de la charrue pour être Dictateur ; il marcha tout auffitôt contre les Ecques,
qui tenoient le Conful affiégé ; il les défit, & fe démit de fa Dictature. Fabius
exerça la Dictature un an.

plus. Hors de ces occafions il ne paroît pas qu'il y eut dans
les armées un Général de la cavalerie ; s'il falloit la détacher
toute entiere ou en partie, c'étoit apparemment au Général de l'armée à lui nommer un chef particulier : quelques (1) exemples favorifent ce fentiment ; fa répartition (2) dans les cohortes & fa pofition dans les camps (3)
où les Turmes étoient diftribuées fur l'un des flancs de
chaque cohorte, femble prouver qu'elle obéïffoit (quant
à la difcipline journaliere) aux Tribuns des Légions. S'il
eft parlé des Préfets ou Commandans de quelque aîle dans
les Hiftoriens avant le regne des Empereurs, cela doit
s'entendre de la cavalerie des alliés, à qui l'on donnoit
plus particuliérement le nom d'aîle (4), parce qu'elle couvroit immédiatement la droite & la gauche de l'infanterie :
mais comme la cavalerie légionnaire a quelquefois été nommée de même, il y a auffi des paffages dont les expreffions
trop générales répandent quelque nuage fur cette matiere.
On voit dans les commentaires (5) de Céfar un Q. Varus
Préfet de la cavalerie de Domitius. Suétone dit, dans la
vie d'Augufte (6), que cet Empereur voulant accoutumer
les fils des Sénateurs à rendre de bonne heure fervice à la
République, leur conféra non feulement les emplois de
Tribuns des Légions, mais encore le commandement des

(1) *Prætor Romanus M. Fulvium cum duabus turmis fociorum equitum ad
caftra hoftium fpeculatum mifit.* Livius, lib. xl.
*Fabius exercitum reducit miffo exploratum cum quadringentis fociorum equitibus
L. Hoftilio Mancino.* lib. xxii.
*Carvilius Conful, Brutum Scævam legatum cum legione prima, & viginti cohor-
tibus alariis, equitatuque, ire adversùs fubfidium hoftium juffit.* Livius, lib. x.
(2) *Vegetius*, lib. ii, cap. vi.
(3) *Polybius*, lib. vi.
(4) *C. Livium Salinatorem, qui præerat alariis equitibus, quàm concitatiffimos
equos immittere jubet & legionarios equites in fubfidiis effe.* Livius, lib. xxxv.
Alarii equites poftquàm tàm memorabile facinus equitum Romanorum vidére. Ibid.
lib. xl.
Fretanæ turmæ præfectus obfidius. Florus, lib. i, cap. xviii.
(5) *Lib. iii, de bello Civili.*
(6) *Militiamque aufpicantibus, non tribunatum modò legionum, fed & præfectu-
ras alarum dedit : ac ne quis expers caftrorum effet, binos plerumque laticlavios
præpofuit fingulis alis. Equitum turmas frequenter recognovit,* Suetonius in Au-
gufto, cap. xxxviii.

aîles,

aîles, & que pour en placer un plus grand nombre, il mit
très-fouvent deux de ces jeunes Sénateurs à la tête de chaque aîle. Quelques Auteurs penfent qu'il n'eft en cet endroit queftion que de la cavalerie des alliés, comme fi
Augufte par politique eût pris le parti de ne la faire commander que par des Citoyens Romains. Il pourroit néanmoins être entendu de la cavalerie Romaine, parce que
l'Hiftorien ajoute tout de fuite qu'Augufte fit revivre l'ancien ufage de paffer fréquemment les Turmes en revûe.
Suetone dit (1) ailleurs qu'il fut reglé par l'Empereur
Claude, que pour devenir Tribun d'une légion il faudroit
avoir paffé fucceffivement par le commandement d'une
cohorte & d'une aîle. Capitolinus emploie le terme de
Tribun de (2) chevaux : on trouve dans Ammien Marcellin des Tribuns (3) de turmes, & cet Auteur les fait fi
fortes en un endroit de fon hiftoire (4), qu'on pourroit
entendre par-là le commandement d'un corps de cavalerie plutôt que celui d'une turme ordinaire. A peu près dans
le temps où ce dernier Hiftorien vivoit, les Empereurs
créérent des Généraux ou grands-maîtres de la cavalerie.
Théodofe (5) augmenta ces Officiers jufqu'au nombre de
cinq, & la notice de l'Empire nous apprend quels étoient
leurs départemens.

Les Romains plaçoient le plus fouvent leur cavalerie
à droite & à gauche du corps de bataille : elle formoit
alors les aîles de l'armée ; quelquefois auffi ils la mettoient
en avant de la premiere ligne, ou en réferve à la queue de
l'infanterie.

La premiere méthode eft celle dont ils ont fait le plus
d'ufage depuis la guerre de Pyrrhus ; alors ils eurent à

(1) *Poft. longam intercapedinem reducto more tranfvectionis.* Suetonius in Au-
gufto, cap. XXXVIII.
Equeftres militias ita ordinavit, ut poft cohortem, alam, poft alam, tribunatum legionis daret. Ibid. in Claudio, cap. XXV.
(2) *Capitolinus in Albino.*
(3) *Tribunus turmæ nigrinus.* Ammian, lib. XXI. & lib. XXV. *Tribuni turmæ.*
(4) *Lib. XVIII. Suarum turmarum equites circiter feptingentos*, p. 151.
(5) *Theodofius imperator fecit quinque Magiftros equitum, fingulifque tanta ftipendia dedit, quanta uni dari folebant. Hinc exhauftum ærarium.* Zozimus, lib. IV.

N

combattre, pour la premiere fois, contre des soldats plus aguerris & mieux disciplinés que les peuples d'Italie : mais toujours attentifs à profiter des lumieres qu'ils trouvoient dans leurs ennemis, ils s'instruisirent par leurs échecs, & depuis ils connurent mieux la véritable maniere d'employer la cavalerie, & de la disposer selon la situation du terrein & la diversité des conjonctures.

Lorsque dans l'une des deux armées la cavalerie se trouvoit mise sur les aîles, il falloit bien que dans l'autre on la plaçât de même, autrement son infanterie eût couru risque d'être prise en flanc & en queue, en même-temps que l'infanterie opposée l'auroit attaquée de front. Dans cette disposition c'étoit par la cavalerie que l'affaire s'entamoit ; le bon ou le mauvais succès de ce premier combat influoit beaucoup sur l'événement de la bataille.

Les deux cavaleries étant placées de part & d'autre en premiere ligne, c'étoit (1) encore par elles que la bataille commençoit. Celle qui se trouvoit obligée de plier, pouvoit se ménager une retraite par sa droite & par sa gauche, quand le terrein étoit libre, ou par les intervalles que son infanterie lui ouvroit, & s'aller rallier derriere elle. Mais il arrivoit presque toujours que la cavalerie victorieuse, poussant avec vigueur son avantage, ne donnoit pas le temps à l'autre de se reconnoître, & la renversoit sur son corps de bataille ; celui-ci désordonné, ne pouvoit plus opposer qu'une foible résistance à l'infanterie qui tomboit tout de suite sur lui : bientôt obligé d'abandonner son terrein, la cavalerie se mettant à ses trousses, achevoit de le rompre & de le disperser.

La troisiéme disposition de la cavalerie étoit excellente pour surprendre un ennemi supérieur. Placée en derniere ligne, comme dans une embuscade, elle attendoit le moment où l'infanterie commençoit à s'ébranler ; alors les soldats de chaque manipule venant à se resserrer sur leur centre, il se trouvoit entre toutes ces troupes d'assez

(1) *Celeres sæpè in præliis victoriæ autores erant, quod & pugnandi initium facerent, & omnium extremi recederent.* Dionysius Halicar. lib. 11. Antiqui.

grands intervalles pour donner un libre paſſage aux turmes, qui pouſſant leurs chevaux à toute bride, & char-
geant à l'improviſte l'infanterie ennemie, ou ſur tout le
front de ſa Phalange, ou par un ſeul endroit, ne pouvoient manquer de la mettre en déſordre. Si par un tel
effort elles ne remportoient pas toujours ſeules une victoire complette, elles en frayoient du moins le chemin à
leur infanterie.

On feroit un volume, ſi l'on vouloit rapporter tous les
exemples de ces différentes manieres de diſpoſer la cavalerie dans les batailles qui ſont répandues dans la premiere Décade de Tite-Live ; les temps poſtérieurs en offrent auſſi quelques-uns de très-remarquables. On y voit
la méthode de mettre la cavalerie en derniere ligne, employée avec beaucoup de ſuccès par C. Lentulus en Eſpagne, & par Sylla contre les Généraux de Mithridate, Roi
de Pont (1).

Lentulus s'étant apperçu que les Eſpagnols avoient
rangé toute leur cavalerie à la queue de l'infanterie,
diſpoſa la ſienne de la même maniere : mais jugeant ſage-
ment que le ſuccès dépendoit d'une extrême diligence à
prévenir l'ennemi, il ordonna à ſa cavalerie de s'abandonner la premiere à travers les intervalles que les Celtibériens avoient ouverts pour ſervir de paſſage à la leur :
par cette manœuvre il culbuta tout à la fois leur infanterie & leur cavalerie, & mit celle-ci dans un ſi grand
déſordre, qu'il lui fut impoſſible de ſe rallier.

A Orchomene (2), Sylla ſe voyoit en tête une armée
plus nombreuſe que la ſienne, & bien plus forte en cavalerie, mais il trouva le moyen de rendre inutile à l'ennemi cette grande ſupériorité : après avoir aſſuré ſes flancs
par de larges & profondes tranchées, il plaça ſa cavalerie
à la queue de toutes ſes troupes ; & pour mieux cacher
ſon deſſein, il eut encore la précaution de remplir d'armés à la légere les intervalles du front qui devoit don-

(1) Livius, lib. XXIX, cap. II.
2) Frontinus, lib. I, cap. III.

ner une iffue aux turmes, & ce ftratagême fagement
exécuté, lui procura, fans beaucoup de perte, une victoire
complette.

Pour redoubler la force de la cavalerie dans l'inftant
du choc, les Romains ont quelquefois fait ôter (1) la bride
aux chevaux avant que de les abandonner fur l'ennemi;
ils croyoient en rendre par ce moyen l'impétuofité plus
terrible, du moins étoit-elle irrévocable.

Lorfque l'infanterie n'oppofoit point affez de vigueur
& de fermeté contre l'ennemi, quelquefois ils ont regardé comme une reffource certaine de faire (2) mettre
pied à terre à leurs cavaliers; alors l'exemple de ces vaillans hommes, toujours également redoutables, de quelque maniere qu'ils fuffent employés, ranimoit le courage
languiffant des fantaffins, honteux d'être furpaffés par eux
dans un genre de combat auquel ils n'étoient point accoutumés.

Il y a de quoi s'étonner en lifant l'hiftoire des Romains,
de voir que la cavalerie leur ait procuré tant de fuccès
contre les peuples d'Italie, & qu'ils aient néanmoins
ignoré long-temps le véritable ufage de cette arme.

De l'armure de la Cavalerie Romaine.

La cavalerie Romaine fut long-temps très-mal armée (3).
Au commencement les cavaliers n'eurent point de cuiraffes; ils combattoient en habit retrouffé & lié d'une

(1) *Craffus equitum Magifter exuere frœnos imperavit (& hoc novum) quo acriùs incurrerent.* Florus, lib. 1, cap. 11.

Eques, autore L. Cominio tribuno militum, qui aliquoties impetu facto per-rumpere non poterat hoftium in agmen, detraxit frœnos equis, atque ita conci-tatos calcaribus permifit, ut fuftinere eos nulla vis poffet, per arma, per viros latè ftragem dedere. Livius, lib. VIII, cap. XXX.

Vide etiam. Lib. XL, cap. XXXIX, XL.

(2) *Equites duarum legionum fexcenti ferè ex equis defiliunt, cadentibufque jam fuis provolant in primum, fimulque & hofti fe opponunt, & equato primùm periculo, pudore deinde animos peditum accendunt; verecundiæ erat equitem fuo, & alieno more pugnare; peditem ne ad pedes quidem digreffo equiti parem effe.* Livius, lib. III, cap. LXII.

(3) Polybe, liv. VI.

ceinture ; cela leur donnoit, à la vérité, plus d'aisance pour monter à cheval & pour en descendre, l'usage des étriers étant alors inconnu : mais dépourvus de toute armure, ils s'en trouvoient plus exposés dans la mêlée. Leurs lances étoient presque inutiles, parce qu'étant trop foibles & trop longues, ils n'en pouvoient porter de coups certains, ou qu'elles se cassoient au moindre effort. On pourroit croire cependant qu'il y en avoit de plus fortes, ou que du moins celles des Consuls & des principaux Officiers étoient mieux choisies ; car Tite-Live (1) nous apprend que Brutus & Arvus Tarquinius s'enferrerent tous deux en même-temps des leurs.

Ces lances avoient un autre grand défaut ; comme elles n'étoient armées de fer que par un seul bout, ce bout rompu, on ne pouvoit plus s'en servir.

Leur bouclier qui n'étoit fait que d'un simple cuir de bœuf, & qui ressembloit par sa forme à ces gâteaux que l'on offroit dans les sacrifices, avoit trop peu de fermeté pour résister ; & la pluie, en l'amolissant, achevoit de le rendre tout-à-fait inutile.

L'expérience ayant fait sentir aux Romains les inconvéniens d'une armure toute imparfaite, ils la changerent contre celle des Grecs (ajoute Polybe) : car on ne voit (2) point de peuple qui abandonne plus promptement les usages quand il en découvre de meilleures chez les autres. En effet les lances des Grecs étant roides, fortes & d'une médiocre longueur, le coup en étoit bien plus sûr & plus juste ; armées d'ailleurs de deux fers, quand l'un venoit à se rompre, elles pouvoient encore servir par l'autre extrêmité.

Les Romains imiterent aussi la force & la solidité des boucliers Grecs, non qu'ils les aient fait de cuivre, selon l'usage le plus communément suivi dans la Grece, ils

_____

(1) *Adeòque infestis animis concurrerunt, neuter, dum hostem vulneraret, sui protegendi corporis memor, ut contrario ictu per parmam uterque transfixus, duabus hærentes hastis moribundi ex equis lapsi sunt.* Livius, lib. 11.

(2) *Boni enim promptique sunt Romani, si qua gens alia assumere mores & æmulari si quid alibi bonum.* Polyb. lib. vi, cap. iv.

euffent été trop pefans, & l'on fçait que les armes de la
cavalerie étoient plus légeres (1) que celles de l'infanterie ;
ces boucliers, que l'on nommoit des *parmes*, & qui étoient
ronds, devoient être fans doute compofés (2) d'un tiffu
de branches d'ofier ou de faule, couvert par deffus d'un
cuir très-dur & très-épais, fortement retenu peut-être par
un lien de fer ; deux paffages autorifent formellement
cette conjecture. Ces boucliers avoient trois pieds Romains de diametre, c'eft-à-dire, deux pieds neuf pouces
de Roi ou environ.

Jofephe, décrivant l'armure des cavaliers (3) Romains,
telle qu'elle étoit de fon temps, dit qu'ils portoient une
longue épée au côté droit, une lance à la main, un bouclier paffé en écharpe qui couvroit le cheval par le côté,
& dans un carquois trois dards pour le moins armés d'un
large fer, & prefqu'auffi longs que des javelots ; leurs
cuiraffes & leurs cafques n'étoient pas différens de ceux
des fantaffins.

Ce fut après la guerre d'Annibal que les Romains quitterent leurs anciennes épées pour prendre l'épée Efpagnole, dont la lame étoit large, forte & tranchante des
deux côtés, & qui frappoit d'eftoc comme de taille. Jofephe les appelle longues en parlant de celles des cavaliers,
en comparaifon de celles des fantaffins qui les portoient
de moitié plus courtes. L'Auteur (4) cité à la marge, dit

(1) *Cùm pedites proculcarentur ab Elephantis in media acie, qui ob gravitatem armorum parùm agiles erant ad infequendum aut refugiendum, Scipio juffit Italicos equites ab equis defilire levius armatos & tela conjicere in elephantos.* Appianus in pugna Africana cum Annibale.

(2) *Soliti nectere ex viminibus vafa agreftia, ibi tùm quòd inopia fcutorum fue-ret ; ab eâ arte fe quifque in formam parmæ equeftris armabat.* In fragmentis Saluftii.

Coriacea navigia, ut folent ii qui Oceanum navigant, facere, eft agreffus, in-trorsùs ea virgis levibus intexens, extrorsùs verò bovis crudum corium, in modum retundioris clypei, circùm ponens. Diod. lib. XL, cap. VIII.

(3) *Equitibus gladius eft ad dextrum latus, oblongus & contus item longus in manu, fcutum ad latus equi tranfversùm, & in pharetra portantur tria aut plura jacula, cufpidè lata, & haftis magnitudine non cedentia, galeas & loricas omnes ha-bent uti pedites.* Jofeph, de bello Judaico, lib. III.

(4) *Celtiberi paratura gladiorum longè aliis antecellunt ; nam & mucronem vali-dum habent, & ictum potentem ex utraque parte. Quare & Romani ufitatos & pa-trios gladios deponentes, à temporibus Annibalis, iftos Hifpanorum affumpferunt ;*

que les Romains ne parvinrent jamais à donner à leurs épées la trempe de celles qui étoient forgées par les Celtibériens.

Un fragment tiré de Varron nous apprend comment les Chevaliers Romains étoient habillés pendant la jeunesse de cet Auteur ; on y voit aussi qu'ils montoient alors pour la plûpart leurs chevaux à nud. *Mihi puero*, dit Varron, *modica fuit una tunica & toga, sine fasceis calceamentum, equus sine ephippio* ; outre cette robe, qui se nommoit *trabea* (1), & qu'on serroit autour du corps avec une ceinture, & la tunique qui servoit de chemise, ils avoient encore une espece de haut-de-chausse nommée *subligaculum*. Par dessus ces vêtemens ils mettoient une cuirasse de mailles ou anneaux de fer qui descendoit jusqu'aux genoux : des greves de même matiere couvroient leurs jambes. Quant à leur tête, elle étoit armée d'un casque de cuivre ou de fer (2), qui laissoit le visage à découvert, & sur lequel flottoit un grand pannache haut d'une coudée.

Il ne paroît pas que les cavaliers Cataphraitaires aient été admis dans la cavalerie Romaine avant le siecle de Constantin. Vegece donneroit même quelque lieu (3) de croire qu'on ne s'en servit qu'à l'exemple des Goths, des Alains & des Huns. Ces sortes de (4) cavaliers étoient non seulement armés de toutes pieces, leurs chevaux

ipsam verò bonitatem ferri & aliam accurationem nequaquam imitari potuerunt. Apud Suidam.

(1) Denys-d'Halicarnasse décrivant la marche des Chevaliers Romains, liv. vi, dit, *in togis quas trabeas dicunt transvectos, tanquàm è pugnâ venirent.*

C'est ce que Virgile nomme, *parváque sedebat succinctus trabeâ.*

(2) Servius Tullius, en instituant le cens, ordonna que ceux de la premiere classe où étoient les Chevaliers, eussent pour armes, *galea, clypeus, vereæ, lorica, omnia ex œre, hæc tegumenta corporis essent : tela in hostem, hastaque & gladius.* Livius, lib. i.

(3) *Nam licet exemplo Gotthorum & Alanorum, Hunnorumque equitum arma profecerint....* Vegetius, lib. i, cap. xx, ibid. lib. iii, cap. xxiii.

(4) Claudien, liv. ii, *in Rufinum*, dit de ces Cataphraitaires.

> *Flexilis inductis hamatur lamina membris.*
> *Horribilis visu : credas simulacra moveri*
> *Ferrea, cognatoque viros spirare metallo.*
> *Par vestitus equis.*

étoient ce qu'on appelle bardés, c'est-à-dire, qu'ils étoient entiérement couverts d'une armure de cuir fort épais, garnie de lames de fer. Le poids & l'embarras des armes rendoient cette cavalerie de peu de service, à moins qu'on ne les plaçât devant les légions, ou qu'elle ne fût mêlée parmi les fantassins légionnaires; alors, pendant que ceux-ci combattoient de pied ferme, elle réussissoit quelquefois à percer la ligne de l'ennemi.

De la paie des cavaliers & soldats Romains, & de la quantité de froment qu'on leur délivroit.

LES Romains ont servi long-temps sans paie. Ce fut vers l'an 347 de Rome (à cause de la longueur du siege de Veïes) que l'infanterie fut stipendiée pour la premiere fois; cinq ou six ans après on donna aussi la paie aux cavaliers, & elle fut toujours (1) triple de celle des fantassins.

Au temps de Polybe, la solde des fantassins étoit de deux oboles, ou d'un tiers d'une dragme par jour, & celle du cavalier d'une dragme; la dragme valoit soixante-six grains un quart d'argent, c'est de notre monnoie, à cinquante livres environ le marc, dix-huit sols neuf deniers par jour pour un cavalier, & six sols trois deniers pour un fantassin.

César doubla la paie des soldats Romains, *in perpetuum*, dit Suetone c. 26. Elle devint donc de trente-sept sols six deniers (à cinquante livres le marc) par cavalier, & douze sols six deniers par fantassin. Depuis Auguste (2) la paie de celui-ci fut de dix as ou d'un denier, ce qui faisoit dix-huit sols neuf deniers par jour, & deux livres seize sols trois deniers pour le cavalier. Cette paie avoit encore été augmentée lorsque Domitien monta sur le trône, celle du fantassin étoit de trois *aürei* par mois, où deux dragmes & demi par jour, c'est-à-dire, qu'ils avoient

(1) Polybe, liv. vi.
(2) Suétone, cap. xlix.

deux

deux livres fix fols dix deniers & demi par jour, & le cavalier fept livres fix deniers ; cet Empereur y ajouta une
autre *aureus* par mois, de forte qu'après cette nouvelle
augmentation, la paie d'un foldat Romain fut de trois
deniers un tiers par jour, qui faifoient de notre monnoie trois livres deux fols fix deniers, & pour le cavalier
neuf livres fept fols fix deniers. On peut remarquer en
paffant que la paie des troupes devint exorbitante, lorfque les Empereurs devinrent des tyrans.

Lorfqu'on délivroit du grain (1) aux armées Romaines,
on donnoit par mois à chaque fantaffin deux tiers d'un
médimne attique de froment, & deux médimnes au cavalier ; ce dernier avoit de plus pour fes chevaux,
(car il en avoit deux, un pour lui, un pour fon valet),
fept médimnes d'orge : le médimne Attique peut être éva-
lué à fix boiffeaux de notre mefure actuelle.

CHAPITRE VI.

De la Cavalerie Françoife.

L'Ancienneté de la cavalerie Françoife, fon établiffement, fa progreffion, les nombreux fuccès qu'elle a
procuré à la Nation, forment un morceau d'Hiftoire très-
intéreffant, mais dont l'étendue eft fi confidérable, que
l'on a cru par des raifons particulieres devoir le retrancher
de cet ouvrage ; on penfe cependant qu'un extrait fort fuc-
cinct de cette matiere n'y fera pas tout-à-fait inutile.

On remarque beaucoup de rapport dans la maniere dont
tous les Etats fe font formés ou accrus : foibles & pauvres
dans leur origine, & ne s'étant élevés que peu à peu jufqu'à un certain degré de puiffance, l'arme la plus fimple
& la moins coûteufe a d'abord contribué prefque feule à

(1) Polybe, liv. vi.

O

leur défenfe & à leurs premiers progrès. Ils eurent alors
communément bien plus de gens de pied que de cheval ;
quelques-uns même n'avoient point du tout de ceux-ci :
la dépenfe, le manque de chevaux, & furtout, dans ces
temps reculés, l'ignorance leur fermoient les yeux fur l'indifpenfable néceffité d'avoir de la cavalerie. Les Perfes
penfoient de même avant Cyrus ; mais l'expérience éclaira
bien-tôt ce Prince (1), & dès fes premieres expéditions il
vit ce qui manquoit à fes armes, non feulement pour vaincre, mais encore pour s'empêcher d'être vaincu.

Il nous refte fi peu de détails fur les grandes actions
qui ont commencé & affermi l'établiffement des François
dans les Gaules, que nous ignorons comment étoient
compofées leurs armées fous Pharamond, Clodion, Mé-
rouée & Childeric. L'on peut croire avec vraifemblance
que la principale force de celles de Clovis, que nous regardons comme le fondateur de notre Monarchie, con-

---

(1) « Vous voyez bien mes amis, dit Cyrus à fes Capitaines, que fi nous de-
» meurons maîtres de tant de biens que voici, tous les Perfes vont être à
» leur aife, & vous par conféquent plus que tous les autres. Mais je ne vois pas
» comment nous puiffions poffeder ces richeffes avec plaifir, puifque nous fom-
» mes incapables de les acquérir ; à moins que d'avoir de la cavalerie à nous.
» Nous portons des armes par le moyen defquelles nous pouvons tourner en
» fuite nos ennemis dans un combat ; mais quand ils auront lâché le pied, de
» quelle façon pourrons-nous leur nuire ; comment pourrons-nous faire dès pri-
» fonniers fur eux, ou les tailler en pieces dans leur déroute ? Penfez-vous que les
» gens de trait, ou quelques cavaliers que ce puiffe être, faffent difficulté de
» venir efcarmoucher contre nous, fçachant qu'il n'y a non plus à craindre que
» s'ils alloient choquer des arbres qui ne fçauroient courir après eux ? Cela eft
» caufe que les cavaliers qui nous accompagnent s'imaginent que tout ce qui s'eft
» pris maintenant fur l'ennemi, ne leur appartient pas moins qu'à nous, ou
» peut-être même qu'il leur appartient à meilleur titre. Si nous mettons une
» fois fur pied un corps de cavalerie de notre Nation, nous ferons en état de faire
» la guerre fans le fecours d'autrui, & je m'affure que nos amis auront un peu
» moins bonne opinion d'eux, quand nous pourrons nous paffer de leurs trou-
» pes, & que nous ne nous mettrons plus en peine s'ils voudront nous fuivre ou
» non. C'eft pourquoi je penfe qu'il n'y a perfonne qui ne demeure d'accord,
» que c'eft l'avantage de tous les Perfes d'avoir de la cavalerie....... » *Cyropedie*
de Xénophon de la traduction de Charpentier, liv. iv.

Au fiége de Babylone, la cavalerie des Perfes étoit de quarante mille hommes,
& cependant le Chevalier Folard a avancé dans fon étonnant paradoxe contre la
cavalerie, que les Perfes du temps de Cyrus avoient peu de cavalerie, lorfque
leur difcipline militaire étoit dans fa plus grande vigueur. *Ch. XIII, du troifiéme
Livre.*

fiftoit dans l'infanterie ; ce n'eft pas qu'il n'eut de la cavalerie , puifqu'on le voit combattre à Tolbiac à la tête de
la fienne (1) , preuve inconteftable du cas qu'il en faifoit.
On fçait d'ailleurs que ce Roi fut fecondé dans fes conquêtes par les Gaulois , & la cavalerie Gauloife étoit en
grande réputation : elle fut très-avantageufe aux Romains
lorfqu'ils s'en fervirent , & leur caufa de grands dommages quand ils eurent affaire contr'elle. « Tous les Gaulois ,
» dit Strabon (2), font nés guerriers, mais leur cavalerie eft
» bien fupérieure à leur infanterie , & ils compofent la
» meilleure partie de la cavalerie Romaine ». Céfar dans
les Gaules n'eut prefque d'autres cavaliers que des cavaliers Gaulois (3) , & il les employa depuis utilement en
Efpagne & ailleurs contre les troupes de Pompée. Hirtius,
dans fon Hiftoire de la guerre d'Afrique, rapporte que
moins de trente de ces cavaliers mirent en fuite deux mille
cavaliers Maures. Ce fait ne paroîtra incroyable qu'à quiconque ignore l'avantage prodigieux d'une troupe bien
exercée contre une multitude indifciplinée. On fçait d'ailleurs que dans la bataille de Tours (4) où les François tue-
rent trois cens foixante & quinze mille Sarrafins , & ne
perdirent que quinze cens hommes , cet étonnant fuccès
fut principalement l'ouvrage de la cavalerie ; & ce qui le
prouve , c'eft que Paul-Emile a remarqué que la perte des

(1) Voyez l'ancien Auteur des Batailles mémorables.
(2) Livre IV de fa Géographie : Strabon a vécu fous Augufte & fous Tibere ; il
a écrit fous le regne du premier.
(3) Cela fe prouve par plufieurs paffages des Commentaires de la guerre des
Gaules & de la Guerre civile.
(4) En 732. L'ancien Auteur des Batailles mémorables, dit dans la defcription
» de celle de Tours : « La cavalerie des Sarrafins voyant ce défordre, fit divers
» efforts pour troubler les rangs des François , & s'étendit loin à deffein de les
» envelopper ; une partie néanmoins fut contrainte de fe refferrer , & l'autre
» de fe retirer au petit pas, preffée de la cavalerie Françoife , qui abattoit les plus
» hardis de leurs cavaliers à coups de lance. »
Le même Auteur dit que l'armée Françoife étoit de foixante mille hommes
d'infanterie & douze mille de cavalerie.
Fauchet , dans fon Livre des Antiquités Gauloifes & Françoifes, dit à peu près
la même chofe ; & ajoute , Emile dit , « que ce furent tous les plus nobles & les
» plus vaillans qui furent tués , & que ceux qui refterent étoient prefque tous
» bleffés. »

François ne tomba que fur les plus nobles & les plus vaillans, qui furent prefque tous ou tués ou bleffés ? Or la haute nobleffe fervoit alors à cheval ; comme l'on a ci-devant obfervé que Clovis à Tolbiac combattit à la tête de fa cavalerie, on voit ici Charles Martel charger de même les Sarrafins ; ainfi les Rois de France ont de tout tems fait l'honneur à la cavalerie de la mener eux-mêmes au combat.

Mais pour ne pas nous écarter de notre fujet & rappeller quelques époques plus anciennes, on voit des gens à cheval dans la (1) bataille que Thierry fils de Clovis, conjointement avec fon frere Clotaire gagna fur Hermanfroi : il y en avoit auffi dans l'expédition de Théodebert (2) en Italie, mais cette cavalerie étoit beaucoup moins nombreufe que l'infanterie. La défaite des troupes de Childebert à la bataille de Soiffons par celles de Fredegonde (3) fut entiérement dûe à la cavalerie. Alors les cavaliers ne portoient point d'armes défenfives : leur arme offenfive étoit le javelot ou une forte de lance ; ils n'avoient pas même de bottes.

Sous Pépin, au commencement de la feconde race, la cavalerie commença d'être plus en ufage dans les armées (4) : fous Charlemagne elle égaloit prefque l'infanterie ; c'eft fans doute des fuccès de ce grand Roi, qui ne paffa prefque pas un jour fans combattre, que fes fucceffeurs comprirent la néceffité d'avoir un grand nombre de cavalerie. Dans ce tems les cavaliers portoient une épée, & une cotte de mailles faite de petits anneaux entrelaffés.

Enfin vers la fin de la feconde race, & au commencement de la troifiéme, la cavalerie faifoit la principale force des armées, parce que, dit Mezerai, le Royaume étoit alors tenu fous les loix des Fiefs, ce qui donna lieu à l'inftitution des ban & arriere-ban dont il fera fait un

(1) En 531.
(2) En 537.
(3) En 597. Voyez l'ancien Auteur des Batailles mémorables, & Fauchet.
(4) Hénault, en 768.

Chapitre particulier. Les cavaliers étoient armés de toutes pieces ; leurs armes défensives confiſtoient en cuiraſſes, braſſards, cuiſſarts, jambieres, gantelets & caſques ; ils avoient la lance & l'épée, quelquefois auſſi la hache, pour armes offenſives. Leurs chevaux étoient bardés, c'eſt-à-dire couverts de lames de fer ou de bandes de cuir.

Les avantages conſidérables qu'on dut à la cavalerie, firent tomber dans un abus auſſi grand que lorſqu'il n'y en avoit point dans les armées : il n'y eut plus abſolument que de la cavalerie. Cet excès arriva lorſque les Fiefs devinrent héréditaires dans les familles ; l'infanterie fut comptée pour rien. « Le peu qu'il y avoit de fantaſſins (1) ne ſer- » voit qu'à remuer la terre, aller au fourrage & dreſſer les » batteries : ils ne combattoient point en corps..... Leur » plus grand emploi étoit de relever les Gendarmes quand » ils étoient terraſſés ; » cela dura juſqu'à ce que Louis le Gros (2) pour tenir tête aux Seigneurs, fut obligé de lever ce qu'on appella les communes, c'eſt-à-dire des ſoldats que les Villes & les Villages fourniſſoient par Paroiſſes, ainſi que ce que nous nommons aujourd'hui milice : on tiroit auſſi de ces Paroiſſes quelque cavalerie légere, mais le nombre des uns & des autres étoit encore bien inférieur à celui de la Gendarmerie, compoſée des grands & petits vaſſaux.

Telles furent les deux eſpeces de troupes, ſans parler de quelques ſoldats étrangers dont on ſe ſervoit dans les armées françoiſes juſqu'au regne de Charles VII. Ce Roi voulant avoir des troupes exactement diſciplinées, qui vécuſſent de leur ſolde, & fuſſent abſolument à ſes ordres, créa une (3) cavalerie ſous le nom de compagnie d'ordonnance, & forma auſſi une Infanterie ſous le titre de francs archers, dont une partie ſervoit de cavalerie légere ; & c'eſt à cette époque qu'il faut fixer l'origine de nos troupes reglées.

(1) Note de l'Auteur des Batailles mémorables.
(2) L'an 1108.
(3) En 1444, ſuivant Olivier de la Marche, liv. 1.

Aujourd'hui nos armées font à peu près compofées d'un quart de gens de cheval, en y comprenant la cavalerie (1) de la maifon du Roi, les huffards, les dragons & les volontaires.

CHAPITRE VII.

Des Ban & arriere-Ban.

LEs François ont fervi leurs Rois dans les armées par maniere de ban & d'arriere-ban dès le commencement de la Monarchie ; néanmoins on peut dire que les convocations n'en ont été bien reglées que fous le regne de Hugues Capet ; ce n'eft qu'alors que les Fiefs qui ont donné lieu aux bans font devenus généralement héréditaires ; les Fiefs étoient dans l'origine des portions des terres conquifes par nos Rois, dont ils récompenfoient les gens de guerre, en leur en cédant la jouiffance pour un certain temps ; cette jouiffance, plus ou moins longue, felon les fervices de celui que le Prince en gratifioit, étoit donnée quelquefois pour un an, quelquefois pour trois, & quelquefois auffi pour la vie, mais toujours fous l'obligation de fuivre & de fervir en guerre à fes dépens le Prince qui l'accordoit. Tel étoit l'ufage établi dans le Royaume par rapport aux Fiefs fous la premiere race de nos Rois.

Sous la feconde race, les Fiefs furent en quelques occafions rendus héréditaires & donnés en propriété ; mais ce fut par des conceffions particulieres, & non par un droit public & général, comme l'ont prétendu quelques Auteurs, tel que M. de Montefquieu (2), qui affure que lorfque la Couronne de France fortit de la maifon de Charlemagne, les Fiefs étoient réellement héréditaires dans le Royaume.

(1) Tout ce qui fera dit dans cet ouvrage fur le mot de cavalerie, doit s'entendre de tous les gens à cheval.
(2) Efprit des Loix, liv. XXXI, ch. XXXI.

Ce n'eſt que ſous la troiſiéme race que les Ducs & les Comtes, Gouverneurs des Provinces & des Villes, s'étant emparés de leurs Duchés & Comtés, commencerent à les poſſéder héréditairement ; ils diſtribuerent alors en pleine proprieté à leurs parens, amis & adhérans les Domaines du Roi, qu'ils n'accordoient avant que ſous ſon autorité & ſeulement à vie.

Ces Seigneurs qui prêtoient ferment de fidélité au Prince, & qui étoient obligés de le ſuivre à l'armée, exigerent la même choſe de leurs vaſſaux, & ceux-ci ne pouvant par eux-mêmes faire valoir les terres qui leur avoient été données, en céderent, du conſentement des Ducs & des Comtes, partie à des laboureurs à la charge de certaines redevances ou cenſives, & partie à des gens de guerre qui s'obligerent de les y ſuivre : ces derniers en cédèrent encore à d'autres, retenans auſſi des marques de ſupériorité, & impoſant à leurs hommes ou tenanciers les mêmes conditions auſquelles ces terres leur avoient été concédées, c'eſt-à-dire, la foi & hommage & le ſervice perſonnel à la guerre.

C'eſt ainſi que ſe ſont multipliés les fiefs & arriere-fiefs, & qu'ils ſont devenus héréditaires. Leurs poſſeſſeurs étoient donc obligés, pour ſatisfaire aux conditions ſous leſquelles on les leur avoit tranſmis, de ſervir de leur perſonne & à leurs dépens dans les armées ; les Eccléſiaſtiques même qui en poſſédoient, ne furent exempts de ce ſervice perſonnel que long-temps après, qu'on inſtitua des Vidames & des Avoués, leſquels à la place des Seigneurs Eccléſiaſtiques, conduiſoient à la guerre les vaſſaux des gens d'Egliſe ; depuis, par acte du 29 Avril 1636, entre Louis XIII & le Clergé, les Eccléſiaſtiques ont été diſpenſés du ſervice des ban & arriere-ban, moyennant certaine ſubvention que le Clergé a promis de payer.

Tous les poſſeſſeurs de Fiefs étoient obligés de s'aſſembler auſſitôt qu'ils en étoient requis, ou par les Officiers du Roi ou par leurs Seigneurs directs, & de ſe faire accompagner d'un nombre de gens qui étoit déterminé,

proportionnellement à la valeur des Fiefs qu'ils possé-
doient ; les uns devoient fournir un homme d'armes,
d'autres n'en devoient qu'un tiers ou un quart, certains
ne devoient qu'un archer à cheval, & quelques autres,
mais en petit nombre, un homme de pied. Tous ces gens
de guerre devoient être armés, équipés & soudoyés aux
dépens des possesseurs des Fiefs, avec obligation, comme
parlent les anciens Auteurs, d'avoir le bras armé pour soutenir la Justice dans le Royaume, & repousser l'ennemi au
dehors. Leur service d'abord ne fut que de six semaines,
ce qui suffisoit dans ces premiers temps où les guerres du-
roient à peine quelques jours, & se terminoient souvent
par une seule bataille. Par la suite on étendit la durée de
ce service jusqu'à trois mois, durant lesquels personne
ne quittoit l'armée, à l'exception de ceux qui, en vertu
de priviléges particuliers attachés à leurs fiefs ou à leurs
emplois, ne pouvoient être obligés à servir au delà d'un
certain temps ; toutefois aucunes raisons n'étoient assez
fortes pour autoriser les Seigneurs ou les Vassaux de quitter l'armée tant que le Roi y commandoit en personne.
Ces assemblées de la noblesse furent nommées ban &
arriere-ban, ce qui veut dire, suivant quelques-uns, cri
ou arriere-cri. Certains Auteurs n'ont mis aucune différence entre le ban & arriere-ban ; d'autres ont prétendu
que le ban étoit le service du Vassal envers son Seigneur
médiat, & l'arriere-ban le service extraordinaire du Seigneur & de ses Vassaux envers le Roi ; quoi qu'il en soit,
c'est cette cavalerie qui, durant l'espace de plus de sept
cens ans, a fait les principales & même les seules forces
du Royaume.

Tant que les Fiefs ont été possédés par des nobles, cette
milice n'a point dégénéré : mais les donations faites aux
gens d'Eglise premierement, ensuite les croisades, & enfin les guerres continuelles contre les Anglois ayant obéré
la plûpart des Gentilshommes, ils furent contraints d'obtenir des Rois la permission de vendre une partie de leurs
Fiefs aux rôturiers & aux gens de main-morte, qui étant
peu

peu propres pour les armes, on vit bientôt les ban & arriere-ban décheoir de leur premiere valeur ; cependant ils ne furent pas moins affemblés : mais l'ancienne nobleffe dédaignant de fervir avec les nouveaux nobles (1) peu capables d'ailleurs d'exploits militaires, ces ban & arriere-ban ne rendirent plus de bons fervices ; ce qui obligea Charles VII de créer une nouvelle cavalerie fous le titre de compagnie d'Ordonnance, dans laquelle la Nobleffe vint fervir avec d'autant plus d'empreffement, que ce fervice volontaire l'exemptoit de celui des bans ; que de plus, il lui frayoit le chemin aux honneurs, dignités & récompenfes militaires, & qu'enfin elle n'y faifoit pas la guerre à fes dépens.

À ce mêlange de gens d'Eglife & de roturiers avec les nobles, lequel avoit commencé l'affoibliffement des troupes dont les bans étoient compofés, fe joignit encore le changement introduit dans la maniere de combattre. Cette cavalerie avoit toujours combattu fur un feul rang : chaque homme, pour ainfi dire, formoit un corps féparé qui fe battoit avec la lance, feul contre feul, indépendamment de la troupe ; maniere que la nobleffe adopta comme la plus propre à faire connoître la valeur de chaque Gentilhomme. Dans la fuite les étrangers ayant les premiers difpofés leur cavalerie en efcadrons, & les arquebufes ayant commencé d'être en ufage, il fallut bien fuivre leur exemple pour contrebalancer l'avantage évident que leur auroient donné fur nous cet ordre de bataille & ces nouvelles armes. Mais ceux qui compofoient les bans, attendant pour joindre, le moment même où l'on entroit en campagne, il fut impoffible de les dreffer dans l'ordre & à toutes les évolutions qu'exige la forme de l'efcadron, ainfi qu'au maniement des armes à feu ; & les hommes & les chevaux n'étant pas exercés, ils furent

(1) La Nobleffe étoit attachée à la poffeffion des Fiefs jufqu'en 1579, qu'elle fut fupprimée par Henri III. Peu après la Nobleffe attachée à la profeffion des armes fut auffi fupprimée par Henri IV. Cette derniere vient d'être rétablie par Louis XV, par Édit du mois de Novembre 1750.

P

également incapables de manœuvrer, ce qui rendit cette cavalerie néceſſairement inférieure à des troupes diſciplinées & aguerries par de continuels exercices.

On peut encore regarder comme une autre cauſe de la décadence des bans, l'exemption de ce devoir des fiefs accordée par nos Rois à tous ceux qui furent en état de payer une certaine contribution.

Cette milice alors ne fut plus compoſée que de pauvres Gentilshommes qui, forcés de ſervir à leurs dépens, croyoient devoir ſe dédommager par mille vexations, des frais qu'ils étoient obligés de faire pour ſe mettre en campagne ; le déſordre qui s'introduiſit parmi ceux qui compoſoient les Bans, fut encore une raiſon de ne les plus convoquer.

Louis XI eſt le dernier de nos Rois qui ait tiré d'utiles ſervices de l'aſſemblée des Bans. Ils dégénérerent entiérement ſous Louis XII ; François I & Henri II voulant les remettre ſur l'ancien pied, rendirent à ce ſujet de ſages ordonnances, mais elles furent mal exécutées ; enfin ils furent aſſemblés pour la derniere fois en 1674, & l'on ne fut point content de leurs ſervices. « M. de Turenne » ne trouva point dans cette nobleſſe la même diſcipline » que dans les troupes réglées ». Depuis ce temps il n'a plus été queſtion de bans ; car on ne doit pas regarder comme convocation de ban & d'arriere-ban celle de tous les Etats du Royaume, Nobles, Barons, Chevaliers, Ecuyers, Bourgeois & Communautés poſſédant ou ne poſſédant pas de fiefs.

ETAT ACTUEL DE LA CAVALERIE EN FRANCE.

BRIGADIERS DE CAVALERIE.

1719. 1er Février.

M. de Mortemar.
M. d'Auvillars.
M. le Marquis de Matignon.
M. le Marquis de Flamarens.

M. le Duc de Gefvres.

M. le Duc de la Rochefoucauld.

M. de Montboiffier Marquis du Pont-du-Château.

1721. 15 Avril.

M. de Rocheplate.

1734. 13 Février.

M. le Duc de Villars.

1734. 20 Février.

M. le Marquis de Lenoncourt.

M. de Rambuteau.

M. du Cup.

1734. 1er Août.

M. le Marquis de Saint-Simon.

M. de Valandré.

M. le Marquis de Saffenage.

M. le Comte d'Argenteuil de Beauregard.

M. Dugono.

1734. 18 Octobre.

M. le Chevalier de la Marck.

1738. 1er Mai.

M. de Prémont.

1740. 1er Janvier.

M le Marquis de Sabran.

M. le Marquis de Marivaux.

M. le Vicomte de Pons.

M. le Marquis de Fieubet de Civry.

M. le Chevalier d'Aydie.

1742. 20 Février.

M. le Prince de Croy d'Havré.

1743. 20 Février.

M. le Chevalier d'Autichamp.

M. Duvivier.

M. de Légall.

M. le Comte de Fournés.

M. de Vogué.

M. le Prince de Talmont.

1744. 2 Mai.

M. le Marquis de Toulongeon.
M. le Marquis d'Eudicourt.
M. de la Neufville.

1745. 1ᵉʳ Mai.

M. le Baron d'Andlau.
M. Barentin de Montchal.
M. de Preſſures.
M. de Malezieu des Tournelles.
M. Doroz.
M. le Chevalier de Marcillac.
M. de Maiſoncelle.
M. du Corail.
M. de Roquefeuil.
M. d'Hauterive.
M. le Chevalier de Boiſot.
M. de Magueur.
M. de Pujol.
M. le Chevalier de Montbarey.

1746. 16 Octobre.

M. le Marquis de Sourdis.

1747. 20 Mars.

M. du Tillet.
M. le Chevalier de Vogué.
M. de Charleval.
M. le Comte de Clermont-Tonnerre.
M. le Marquis de Chabannes.
M. le Comte de Bouville.
M. le Marquis de Carvoiſin.
M. le Marquis de Maugiron.
M. de Baye.
M. le Marquis de la Cheze.
M. le Vicomte de Mérinville.
M. le Comte de Selles.
M. de Cultron.
M. de Gaſſendy.
M. le Marquis de Montcalm.

M. d'Audeſſens.

M. de Leſtang.

M. de Cœurlis.

M. Tott.

M. le Comte de Bellefont.

M. de Marſay.

M. de Reſſie.

M. le Marquis de Moulins.

M. de Varax.

M. de Saint-Martin.

M. le Chevalier de Bar.

M. d'Obenheim.

M. de Lameth.

M. de Sarlabous.

M. de Guyonnet.

1747. 5 Juin.

M. le Marquis de Bezons.

1747. 27 Octobre.

M. le Comte de Chabot la Serre.

1748. 1er Janvier.

M. Foucault.

M. de Franclieu.

M. de Sefmaiſons.

M. de Vareilles.

M. le Chevalier de Champignelles.

M. de Coſſé.

M. de Vaucreſſon de Cormainville.

M. le Duc de Beauvillier.

M. le Comte de Bacqueville.

M. le Comte de Ségur de Cabanac.

M. le Marquis de Soyecourt.

M. le Marquis de Saluces.

M. le Marquis de Montauban.

M. le Marquis de la Rochefoucaud-Langheac.

M. le Comte de Galliffet.

M. le Marquis d'Ecquevilly.

M. de Vezannes.

M. le Comte de Martel.

M. le Marquis de Folleville.
M. le Marquis de l'Esperoux.
M. le Comte de Vienne.
M. le Vicomte de Tailleyrand.
M. le Marquis de Valbelle.
M. le Marquis de la Viefville.
M. le Comte de Biffy.
M. le Baron de Wangen.
M. de Polleresky.
M. le Marquis de Montecler.
M. le Marquis de Baffompierre.
M. le Comte de Grammont.
M. le Marquis de Pignatelly.
M. le Chevalier de Redmond.
M. le Comte d'Efpiés.
M. de Maifons.
M. de Pujol.
M. de l'Eftang.
M. de Captan.
M. Dollieres.
M. de Couarruvias.
M. de Plouy.
M. de Guitton.

1748. 10 Mai.

M. de Savoizy.
M. de Battincourt.
M. de Bois-Denemetz.
M. le Marquis de Merey.
M. le Chevalier d'Ormeffon.
M. de Pierrepont.
M. de Blangy.
M. de Laftic.
M. de Pujol.
M. Rheingraff de Greweilher.
M. le Comte de Thiard.
M. le Vicomte d'Efcars.
M. le Comte de Langhaec.
M. le Chevalier de Fleury.

M. le Comte de Saint-Jal.

M. de Soify.

M. le Marquis de Cambis.

M. le Comte de Turpin.

M. de Scepeaux.

M. le Comte de Lannoy.

M. le Chevalier de Soupire.

M. le Marquis Desrolands.

M. le Baron de Corfac.

M. de la Mefleliere.

M. le Chevalier de Saint-Point.

M. de Goyon.

M. le Comte d'Argougès.

M. le Marquis Doflun.

M. le Vicomte de Courtomer.

M. de Rouillé du Coudray.

M. le Comte de Querhoent-Coëtanfao.

M. le Marquis de Boifle.

M. le Comte de Flavigny.

M. le Comte de Nadaillac.

M. de Gonidec.

M. Ferrary.

M. Defgroges.

M. Briqueville de la Luzerne.

M. de Saint-Martin.

M. du Chiron.

M. de Hecre.

M. de Bonçourt.

MAISON DU ROI.

Il ne fera parlé que fuccinctement de la Maifon du Roi & de la Gendarmerie ; ce qui en eft dit ne doit même être regardé que comme un extrait du feptiéme & dernier Abrégé Militaire de France, avec quelques corrections & augmentations ; ceux qui défireront avoir des connoiffances plus particulieres fur ces corps, auront recours à la Chronologie des troupes de France par Simon Lamoral & Pierre de Neuville, & l'on trouve chez Prault, Libraire, des Recueils fur ce qui concerne leurs privileges.

GARDES DU ROI.

Ce corps eft de quatre compagnies, dont une Ecof-foife & trois Françoifes. Elles marchent avant toutes les autres troupes, même celles de la Maifon du Roi. Au-cunes des places ne s'achetent, elles fe donnent fuivant le rang d'ancienneté. Les Gardes du Roi doivent être Gentilshommes ou foldats fignalés, fuivant les Ordon-nances de 1576 & 1598. Le Roi a accordé rang de Ca-pitaine de cavalerie à ceux qui avoient quinze ans de fervice.

Chacune des quatre compagnies eft compofée de fix brigades de cinquante-cinq Gardes chacune, qui ont pour Chef un Lieutenant ou un Enfeigne ; elles forment deux efcadrons à cent foixante-cinq Gardes chacun, faifant pour chaque compagnie trois cens trente-fept Gardes, compris douze Brigadiers, douze Sous-Brigadiers, fix Porte-Etendards, fix Fourriers, fix Trompettes & un Tim-balier. Il y a dans la compagnie Ecoffoife un premier hom-me d'armes de France, qui n'a de fervice qu'à l'armée, vingt-quatre Gardes de la Manche divifés par quatre dans chaque brigade ; il n'y en a que deux de fervice par quar-tier. Les Exempts font au nombre de quatorze par com-pagnie, dont un Aide-Major & un autre Sous-Aide-Major. Chaque compagnie a aufli un Commiffaire à la conduite, un Aumônier, un Chirurgien-Major, un Contrôleur Clerc du Guet, qui a fous lui un garçon.

L'Etat-Major a été créé par Louis XIV en 1666. Il confifte en un Major, deux Aides-Majors & deux Sous-Aides-Majors.

La premiere compagnie eft Ecoffoife, & ne roule pas avec les autres : elle marche à la tête de la Maifon du Roi ; elle a confervé fon ancien mot du Guet *Amir.* Ce fut

fut Charles VII qui la créa en 1441, & qui y nomma
Robert Patiloc premier Capitaine ; aujourd'hui & depuis
1707, elle est commandée par M. le Maréchal Duc de
Noailles, dont elle porte le nom. M. le Duc d'*Ayen* son
fils a été reçu en survivance en 1731. Celui qui possède
cette Charge est Commandant né de toutes les troupes de
la Maison du Roi, & fait le service de Janvier, Février
& Mars ; les trois autres compagnies sont Françoises,
& roulent ensemble suivant l'ancienneté de leurs Capitaines.

Chefs de Brigades.

M. de Balincourt.	M. d'Amfrevil
M. de Lastic.	M. des Barres.
M. d'Espinchal.	M. de Pujol.

Villeroy est la premiere Françoise ; elle fut instituée en
1474 par Louis XI : *Jean Blosset* en fut le premier Capitaine
la même année. Aujourd'hui & depuis 1734 elle est possédée par M. le Duc de *Villeroy*, qui en avoit eu la survivance en 1716 ; il fait le service en Avril, Mai & Juin.

Chefs de Brigades.

M. de Mont-Mort.	M. de Scepeaux.
M. le Chevalier de Saint-Jal.	M. de Montigny.
	M. de la Ferriere.

Béthune est la seconde, créée par Louis II en 1475 :
Louis de *Graville* en fut le premier Capitaine la même
année. Aujourd'hui & depuis 1751 elle est possédée par
M. le Duc de *Béthune*, qui sert en Juillet, Août & Septembre.

Chefs de Brigades.

M. de Fougieres.	M. de Saint-Pouyn.
M. Dauger.	M. de Sesmaisons.
M. de Vercel.	M. de Briqueville.

Q

Luxembourg est la troisiéme, & fut formée en 1514 par François I. *Raoul* de *Vernon* en fut premier Capitaine la même année. Aujourd'hui elle est possédée par M. le Duc de *Luxembourg* depuis 1750, qui sert en Octobre, Novembre & Décembre.

Chefs de Brigades.

M. d'Estourmel.　　　　　M. de Roncherolles.
M. de la Luzerne.　　　　M. de Vareille.
M. de Landreville.　　　　M. de Saint-Sauveur.

L'uniforme consiste en un habit bleu, paremens, doublure & veste rouges, manches en bottes & poches en pattes, agrémens, bordé & galons d'argent en plein sur le tout, culotte & bas rouges, bandoulieres à carreaux de soie & & argent galonnées en argent, ainsi que le ceinturon, & chapeau bordé d'argent; l'équipage du cheval, de drap bordé d'argent: il n'y a de différence entre les compagnies, que dans les carreaux des bandoulieres & équipages des chevaux: la compagnie Ecossoise porte soie blanche & argent dans les bandoulieres, & l'équipage du cheval est de drap rouge bordé d'argent; Villeroy, verd & argent; Béthune, bleu & argent; & Luxembourg, jaune & argent, soit dans les étendards, bandoulieres & équipages du cheval.

Les Gardes-du-Corps, lorsqu'ils ne font point de service, portent un surtout bleu brodé en argent.

Les vingt-quatre étendards ont un soleil brodé en or de chaque côté, & broderie d'or & d'argent autour, portant la devise du Roi, *Nec pluribus impar*, frangés avec glands or & argent; les écharpes de taffetas blanc, & les lances dorées.

Le service, près de la personne du Roi, se fait par quartier; chaque compagnie fournit dix Gardes, dont un Brigadier, un Sous-Brigadier, & un Fourrier ordinaire avec deux Gardes de la Manche: les Officiers qui les commandent, font le Capitaine, trois Lieutenans, trois Enfeignes & huit Exempts.

Il y a toujours quatre Trompettes & un Timbalier à la Cour. Les Chefs de Brigades & les Exempts font tirés alternativement du corps de la cavalerie ; fçavoir, les Chefs, entre les Meftres-de-Camp réformés de cavalerie & les Exempts ; & l'on prend auffi alternativement entre les Capitaines de cavalerie & les Brigadiers des Gardes-du-Corps, les Exempts. Ceux qui fortent de la cavalerie ont rang de Meftre-de-Camp après dix années de fervice d'Exempt, & les autres après huit ans.

COMPAGNIE DES GENDARMES
de la Garde ordinaire du Roi.

Cette Compagnie fut inftituée par Henri IV, en 1590, fous le nom d'Hommes d'Armes de fes Ordonnances, dont il fit l'Efcadron Royal pour combattre à la tête, & en 1609, il la donna au Dauphin fon fils pour le garder ; il en fut Chef & Capitaine. Louis XIII, devenu Roi en 1610, conferva cette Compagnie pour fa garde ordinaire à cheval, s'en réfervant le titre de Capitaine. *Gilles* de *Souvré*, *Marquis* de *Courtenvaux*, fut le premier Capitaine Lieutenant, en 1611 ; aujourd'hui & depuis 1734, c'eft M. le Prince de Rohan Soubife.

M. le Prince de Soubife, Capitaine-Lieutenant, *Lieutenant-Général.*

M. le Marquis de la Salle, premier Sous-Lieutenant, *Lieutenant-Général.*

M. le Vicomte de Mérinville, fecond Sous-Lieutenant, *Brigadier.*

M. le Vicomte de Ségur Cabanac, premier Enfeigne, *Brigadier.*

M. le Marquis de Valbelle, fecond Enfeigne, *Brigadier.*

M. le Baron de Wangen, troifiéme Enfeigne, *Brigadier.*

M. le Marquis de Wargemont, premier Guidon.

M. le Marquis d'Entragues, fecond Guidon.
M. le Comte de Pracontal, troisiéme Guidon.

Cette Compagnie eft compofée d'un Capitaine-Lieutenant, de deux Capitaines-Sous-Lieutenans, de trois Enfeignes & de trois Guidons, faifant neuf Officiers fupérieurs ;
de dix Maréchaux des Logis, dont deux Aide-Majors en
chef. Elle eft divifée en quatre brigades, & forme un efcadron qui monte à deux cens dix Gendarmes de la Garde,
compris huit Brigadiers, huit Sous-Brigadiers, quatre Porte-Etendards, quatre Aide-Majors de Brigades, qui font
arbitraires, non compris deux Fourriers ordinaires & extraordinaires ; plus dix anciens Gendarmes difpenfés du
fervice, avec quatre Trompettes & un Timbalier : les quatre Enfeignes ou Guidons font de foie blanche, avec des
foudres qui tombent du Ciel, & ces mots pour devife :
quò jubet iratus Jupiter, brodés & frangés d'or & d'argent.
    L'uniforme eft un habit écarlate, doublure rouge, pa-
remens coupés de velours noir, poches en travers, galon & brandebourg d'or en plein, boutons, boutonnieres & ceinturons, galonnés d'or fur le tout ; vefte couleur
de chamois, galonnée & brodée d'or, culottes & bas rouges, chapeau bordé d'or & plumets blancs : l'équipage
du cheval eft de drap écarlate galonné & bordé d'or.
    Il y a auffi un Commiffaire à la conduite, un Aumô-
nier, un Contrôleur, un Chirurgien-Major, un Apothicaire, un Sellier & un Maréchal ferrant. Une des quatre
Brigades fert toujours à la garde ordinaire du Roi ; de
plus un Gendarme va tous les matins prendre l'ordre du
Roi, & le foir il va auffi prendre le mot du guet.
    Cette compagnie a un hôtel à Verfailles où eft fon
quartier.

COMPAGNIE DES CHEVAUX-LEGERS
de la Garde ordinaire du Roi.

Henri IV, avant d'être Roi de France, agréa cette Compagnie qui lui fut amenée de Navarre en 1570 ; c'étoit la

Compagnie d'ordonnance de ce Prince, qui servit sur ce pied jusqu'en 1593, qu'Henri IV, devenu Roi de France, la créa & substitua aux deux compagnies de cent Gentils-hommes de sa Maison, dite au Bec de Corbin, pour sa garde ordinaire à cheval, & s'en fit Capitaine. *Gilbert Filhet* de la *Curée* en fut premier Lieutenant en 1593; aujourd'hui & depuis 1735, c'est M. le Duc de *Chaulnes*.

M. le Duc de Chaulnes, Capitaine-Lieutenant, *Lieutenant-Général*.

M. le Marquis d'Escorail, Sous-Lieutenant, *Maréchal de Camp*.

M. le Comte de Lubersac, Sous-Lieutenant.

M. le Marquis d'Esquelbec, Enseigne.

M. la Coste Messeliere, Enseigne.

M. le Comte de Marignane, Cornette.

M. de Benouville, Cornette.

M. de Montalembert, Cornette.

M. le Comte de Durefort, Cornette.

Cette Compagnie est composée d'un Capitaine-Lieutenant, de deux Sous-Lieutenans, de deux Enseignes & de quatre Cornettes, faisant neuf Officiers supérieurs; de dix Maréchaux des Logis, dont deux Aide-Majors en chef, de quatre brigades formant un escadron, qui monte à deux cens dix Chevaux Legers, compris huit Brigadiers, huit Sous-Brigadiers, quatre Porte-Étendards, quatre Aide-Majors de Brigades qui sont arbitraires, & dix anciens Chevaux Légers dispensés du service; plus deux Fourriers ordinaires & extraordinaires, avec quatre Trompettes & un Timbalier: les quatre Etendards sont de soie blanche, avec la foudre qui écrase les Géans, & ces mots pour devise: *Sensére gigantes*, brodés & frangés d'or & d'argent.

Il y a aussi un Commissaire à la conduite, un Aumônier, deux Chirurgiens Majors, un Sellier & un Maréchal ferrant. Une des quatre Brigades sert toujours à la garde ordinaire du Roi; un Chevaux-Léger va prendre tous les matins l'ordre de Sa Majesté, & de même le soir il va prendre le mot du guet.

Cette Compagnie a un Hôtel à Verſailles où eſt ſon quartier.

L'uniforme eſt habit écarlate, doublure rouge, paremens de velours noir, coupés, poches en travers, galonné d'or en plein, & brandebourgs d'or ſur le tout, boutons alternativement d'or & d'argent, boutonnieres d'argent, ceinturon garni d'or & noir; veſte couleur de chamois, galonnée & bordée d'or, à boutons d'argent, culotte & bas rouges, chapeau bordé d'or & argent, & plumet blanc; l'équipage du cheval eſt de drap écarlate, galonné d'or &. bordé d'argent.

PREMIERE COMPAGNIE DES MOUSQUETAIRES
de la Garde ordinaire du Roi.

Louis XIII créa cette Compagnie en 1622, au nombre de cent Mouſquetaires choiſis dans la Nobleſſe, montés ſur chevaux gris. La même année M. de Montalan en fut premier Capitaine en chef, & ce n'a été qu'en 1634 que le Roi s'en fit Capitaine, & qu'il nomma M. le *Comte* de *Trois-Villes*, Capitaine-Lieutenant; aujourd'hui & depuis 1738, c'eſt M. le *Marquis* de *Jumilhac*.

M. le Marquis de Peruſſi, Sous-Lieutenant.

M. le Comte de Carvoiſin, Sous-Lieutenant.

M. de la Cheze, Enſeigne.

M. le Marquis de Cucé, Enſeigne.

M. le Marquis de la Vaupaliere, Cornette.

M. le Marquis de Montillet, Cornette.

M. de Baunne, premier Aide-Major.

M. de Brelſtrode, ſecond Aide-Major.

Cette Compagnie eſt compoſée d'un Capitaine, de deux Sous-Lieutenans, de deux Enſeignes & de deux Cornettes, faiſant ſept Officiers ſupérieurs; de dix Maréchaux des Logis, dont deux Aide-Majors en chef; de quatre brigades formant un eſcadron, qui monte à cent quatre-vingt-ſeize Mouſquetaires, compris quatre Brigadiers, dix-huit Sous-Brigadiers, dont deux Sous-Aide-Majors, un Porte-

Etendard & un Porte-Drapeau ; plus six Tambours & quatre Hautbois, tous montés sur des chevaux gris ; l'Etendard blanc, brodé & frangé d'or, & le Drapeau de soie blanche peint en or, avec une bombe au milieu de chacun, qui tombe sur une ville, & ces mots pour devise : *quò ruit & lethum.*

Il y a aussi un Commissaire à la conduite, un Aumônier, un Chirurgien-Major, un Apothicaire, un Fourrier, un Maréchal ferrant & un Sellier.

Le service de cette Compagnie pour la garde ordinaire du Roi est actuel, & n'a point de détachement sur le guet, mais un Mousquetaire va prendre tous les matins l'ordre de Sa Majesté, & le rapporte au Corps de sa compagnie, & de même le soir il va prendre le mot du guet.

L'uniforme est habit, doublure, paremens & veste écarlate, bordé, boutonnieres d'or & boutons dorés, doubles poches en long, manches en bottes, culotte & bas rouges, chapeau bordé d'or & plumet blanc, surveste bleue doublée de rouge, garnie d'un double bordé d'argent, la croix blanche & quatre fleur-de-lys aux branches, ornées de flammes rouges & argent, brodées devant & derriere, ainsi que sur les casaques bleues, & les ceinturons galonnés & bordés d'or ; l'équipage du cheval est de drap écarlate : tous les chevaux sont gris, c'est delà que pour distinguer cette Compagnie de l'autre, on l'appelle des Mousquetaires gris.

Son quartier est à son Hôtel rue du Bacq, fauxbourg saint Germain.

SECONDE COMPAGNIE DES MOUSQUETAIRES
de la Garde ordinaire du Roi.

Louis XIV forma cette compagnie en 1661, après la mort du Cardinal Mazarin, pour sa garde ordinaire, tous choisis entre la jeune Noblesse, & s'en fit Capitaine en 1665 ; elle fut montée sur des chevaux noirs en 1663, au siege de Marsal. M. de *Marsac* en fut premier Capitaine en 1661, & M. *Colbert* de *Maulevrier* premier Capitaine-Lieutenant en 1665; aujourd'hui & depuis 1754, c'eft M. le *Comte* de la *Riviere*.

M. le Marquis de Montboiffier, Sous-Lieutenant.

M. le Comte de Chabanne, Sous-Lieutenant.

M. le Marquis de Biffy, Enfeigne.

M. de Ville-Gaignon, Enfeigne.

M. de la Grange, Cornette.

M. le Chevalier de Vaftan, Cornette.

M. de Galiffon, premier Aide-Major.

M. Ancelet, fecond Aide-Major.

Cette feconde Compagnie eft compofée de même que la premiere, & fait le même fervice.

Son uniforme eft auffi pareil, à l'exception des galons qui font d'argent, & des flammes qui font jaunes & argent.

Le Drapeau eft de foie blanche peint en or, & l'Etendard blanc, brodé & frangé d'or, avec un trouffeau de fléches au milieu de chacun, & ces mots pour devife : *Alterius jovis, altera tela.*

Son quartier eft rue de Charonne, fauxbourg S. Antoine.

COMPAGNIE DES GRENADIERS A CHEVAL de la Maifon du Roi.

Louis XIV créa cette Compagnie en 1676, & s'en fit Capitaine. Elle eft jointe à fa Maifon, & unie aux quatre compagnies des Gardes-du-Corps, pour marcher & combattre à pied & à cheval à la tête de la Maifon du Roi, ainfi que de tous côtés lors du befoin du fervice.

M. de Riotor premier Capitaine-Lieutenant, en 1676.

Cette Compagnie eft compofée d'un Capitaine-Lieutenant Commandant, de trois Lieutenans, de trois Sous-Lieutenans, & de quatre Maréchaux des Logis, faifant dix Officiers fupérieurs; de trois brigades formant un efcadron qui monte à cent trente Grenadiers à Cheval, compris fix Sergens, trois Brigadiers, fix Sous-Brigadiers,

un

un Porte-Etendard, deux Fourriers, six Appointés & quatre Tambours.

M. le Bailli de Grille, Capitaine-Lieutenant, *Meftre de Camp*.

M. de Bonnaire, Lieutenant.

M. Touftain, Lieutenant.

M. de Grille, Lieutenant.

M. Robien, Sous-Lieutenant.

M. Prévôt de Rochemont, Sous-Lieutenant.

M. de Miniac, Sous-Lieutenant.

M. le Chevalier de l'Eftang, Maréchal des Logis.

M. de l'Efpinaffe, Maréchal des Logis.

M. le Gras, Maréchal des Logis.

M. le Chevalier Beaujeu de Laurent, Aide-Major.

Il y a aussi un Commissaire à la conduite, un Aumônier & un Chirurgien-Major.

L'Etendard de foie blanche, brodé & frangé d'or, avec une carcasse qui creve en l'air & qui jette des grenades de feu, & ces mots pour devife : *Undique terror, undique lethum.*

L'uniforme eft habit bleu, doublure, vefte & paremens rouges, bordé, brandebourgs, boutons & boutonnieres d'argent, manches en bottes & poches en travers, bandouilliere de buffle galonnée d'argent, & ceinturon bordé d'argent, culotte & bas rouges ; l'équipage du cheval eft de drap bleu bordé d'argent.

Son quartier eft à Troyes.

GENDARMERIE DE FRANCE.

Elle étoit connue fous le regne de Pepin en 752, & étoit armée de pied en cap.

Aujourd'hui ce Corps eft compofé de trente-deux brigades, faifant feize compagnies de Gendarmes ou Chevaux-Legers ; fçavoir,

Premiere Compagnie, Gendarmes Ecoffois du Roi,

créé en 1422 pour la garde de Charles VII, jufqu'en
1500.

Anglois, *id.* venus d'Angleterre en 1667 ; Louis XIV
s'en fit Capitaine la même année.

Bourguignons, *id.* créé en 1668 par Louis XIV, fur
le pied de Chevaux-Légers, & en Août 1674 le même
Roi s'en fit Capitaine, & la mit fous le titre de Gendarmes Bourguignons.

De Flandres, *id.* Louis XIV.

De la Reine, créé en 1660, pour Marie-Thérefe d'Autriche.

Chevaux-Légers de la Reine, *idem.*

Gendarmes Dauphins, créé en 1666, pour Monfeigneur le Dauphin.

Chevaux-Légers Dauphins, en 1662, *idem.*

Gendarmes de Bretagne, créé en 1690, fous le nom
de Monfeigneur le Duc de Bourgogne ; en 1704, a pris
le nom de Bretagne, & en 1751 a repris de celui de
Bourgogne.

Chevaux-Légers de Bourgogne, *idem.*

Gendarmes d'Anjou, créé en 1669, pour Monfeigneur
le Duc d'Anjou.

Chevaux-Légers d'Anjou, créé en 1689, pour Monfeigneur le Duc d'Anjou.

Gendarmes de Berry, créé en 1690, pour Monfeigneur le Duc de Berry.

Chevaux-Légers de Berry, *idem.*

Gendarmes d'Orléans, créé en 1647, par Louis XIV,
pour Monfieur Philippe Duc d'Orléans : elle étoit de fa
Maifon, & fut unie au corps de la Gendarmerie en 1667.

Chevaux-Légers d'Orléans, créé, *idem*, & uni en 1677.

Le Roi, la Reine, Monfeigneur le Dauphin, & les
Enfans de France, & à leur défaut le Roi font Capitaine
de ces Compagnies, qui marchent après la Maifon du
Roi, ou font de Brigade avec elle : ce corps eft le premier de la cavalerie de France.

L'Etat Major fut créé en 1690 : il confifte en un Major

Général-Inspecteur, qui a rang de premier Sous-Lieutenant, d'un Major & d'un Sous-Aide-Major. Il y a quatre
Commissaires à la conduite, deux Aumôniers, un Chirurgien-Major & un Tréforier.

Chaque Compagnie a un Capitaine-Lieutenant, un
Sous-Lieutenant, & deux Enseignes, ou Guidons, ou
Cornettes, faifant quatre Officiers fupérieurs, quatre Maréchaux des Logis, quarante Gendarmes : elles font divi-
fées en deux Brigades de vingt-quatre Gendarmes, compris deux Brigadiers, deux Sous-Brigadiers, un Porte-
Etendard & un Fourrier par compagnie, non compris
deux Trompettes par chaque compagnie, & un Timbalier
pour deux compagnies, qui forment un escadron. Les
huit premieres compagnies font accouplées chacune avec
une des huit dernieres, & font chef chacune des huit efcadrons ; il y a un Etendard par compagnie.

Les bandoulieres des quatre premiers escadrons font
de foie jonquille, violette, verte & aurore, & les quatre
autres font de foie rouge & bleue, toutes galonnées &
treffées d'argent.

Les habits font tous uniformes, rouges, paremens bordés d'argent, boutons argentés, veste couleur de chamois,
bordé & boutons argentés, manches en bottes, & poches
en travers galonnées d'argent, culotte & bas rouges,
ceinturon & chapeau bordé d'argent, & cocarde noire ;
l'équipage du cheval, de drap rouge bordé d'argent,
avec le chiffre du Roi & des Princes fur les houffes,
bordé en argent.

OFFICIERS SUPERIEURS.

Gendarmes Ecoffois.

M. de Mailly, (1) Capitaine-Lieutenant en 1738,
Lieutenant Général.

M. de Montecler, Sous-Lieutenant en 1742, *Brigadier.*

(1) M. de Mailly, conferve fa Compagnie, quoique Lieutenant Général, jufqu'à ce que fon fils foit en âge de le remplacer.

R ij

M. de Jaucourt, Enseigne en 1747.

M. des Rioles, Guidon en 1748.

Gendarmes Anglois.

M. de Launoy, Capitaine-Lieutenant en 1745, *Brigadier.*

M. de Bouville, Sous-Lieutenant en 1748, *Brigadier.*

M. de Canisy, Enseigne en 1748.

M. de Guittaut, Guidon en 1754.

Gendarmes Bourguignons.

M. de Selles, Capitaine-Lieutenant en 1744, *Brigadier.*

M. de Chevrieres, Sous-Lieutenant en 1749.

M. de Graville, Enseigne en 1748.

M. de la Tour du Pin, Guidon en 1754.

Gendarmes de Flandres.

M. de l'Esperoux, Capitaine-Lieutenant en 1745, *Brigadier.*

M. de Talaru, Sous-Lieutenant en 1749.

M. de Custine, Enseigne en 1749.

M. de Surgere, Guidon en 1750.

Gendarmes de la Reine.

M. de Fosseuse, Capitaine-Lieutenant en 1748.

M. de Sommierre, Sous-Lieutenant en 1749.

M. de la Vaulx, Enseigne en 1755.

M. de Lignac, Guidon en 1748.

Chevaux-Légers de la Reine.

M. d'Ossun, Capitaine-Lieutenant en 1744, *Brigadier.*

M. de Folleville, Sous-Lieutenant en 1749, *Brigadier.*

M. de Razay, premier Cornette en 1754.

M. de Savigny, second Cornette en 1749.

Gendarmes Dauphins.

M. du Coudray, Capitaine-Lieutenant en 1745, *Brigadier*.
M. de Vignacourt, Sous-Lieutenant en 1748.
M. de Simiane, Enseigne en 1749.
M. de Seran, Guidon en 1752.

Chevaux-Légers Dauphins.

M. de Thiard, Capitaine-Lieutenant en 1747, *Brigadier*.
M. de Raffetot, Sous-Lieutenant en 1755.
M. de Vaudremont, premier Cornette en 1754.
M. de la Tournelle, second Cornette en 1755.

Gendarmes de Bourgogne.

M. d'Argouges, Capitaine-Lieutenant en 1749, *Brigadier*.
M. de Valentinois, Sous-Lieutenant en 1747.
M. d'Achy, Enseigne en 1749.
M. de Boufflers, Guidon en 1752.

Chevaux-Légers de Bourgogne.

M. d'Oppede, Capitaine-Lieutenant en 1749.
M. de Lordat, Sous-Lieutenant en 1754.
M. de Saint-Chamans, premier Cornette en 1748.
M. de Besse, second Cornette en 1748.

Gendarmes d'Aquitaine.

M. de Flavigny, Capitaine-Lieutenant en 1748, *Brigadier*.
M. d'Herbouville, Sous-Lieutenant en 1748.
M. de Janson, Enseigne en 1749.
M. de Coffé, Guidon en 1754.

Chevaux-Légers d'Aquitaine.

M. de Clermont-Montoison, Capitaine-Lieutenant en 1749.

M. de Quérhoent, Sous-Lieutenant en 1749, *Brigadier.*

M. de Marinais, premier Cornette en 1748.

M. de Castelane, second Cornette en 1752.

Gendarmes de Berry.

M. de Houdetot, Capitaine-Lieutenant en 1749.

M. de Bierné, Sous-Lieutenant en 1748.

M. de Belesta, Enseigne en 1749.

M. de Saisseval, Guidon en 1749.

Chevaux-Légers de Berry.

M. de Crussol, Capitaine-Lieutenant en 1744.

M. de Boisse, Sous-Lieutenant en 1744, *Brigadier.*

M. d'Esclignac, premier Cornette en 1744.

M. de Crussol-Saint-Sulpice, second Cornette en 1748.

Gendarmes d'Orléans.

M. d'Oisy, Capitaine-Lieutenant en 1748.

M. de Bacqueville, Sous-Lieutenant en 1742, *Brigadier.*

M. de Fougieres, Enseigne en 1748.

M. de Breteuil, Guidon en 1749.

Chevaux-Légers d'Orléans.

M. de Tracy, Capitaine-Lieutenant en 1755.

M. de Bassompierre, Sous-Lieutenant en 1754.

M. d'Egreville, premier Cornette en 1754.

M. de Roncée, second Cornette en 1749.

Etat Major.

M. de Martel, Major, Sous-Lieutenant en 1748, *Brigadier.*

M. de Sabran, Aide-Major en 1748, *Meſtre de Camp.*
M. Dautenet, premier Sous-Aide Major.
M. du Peyrat, ſecond Sous-Aide Major.

Prix des Charges de la Gendarmerie.

La Compagnie des Gendarmes Ecoſſois.	180000 l.
Chacune des autres Compagnies de Gendarmes.	135000 l.
Chacune des Compagnies des Chevaux-Légers.	125000 l.
Chacune des Sous-Lieutenances de Gendarmes.	100000 l.
Chacune des Sous-Lieutenances des Chevaux-Légers.	95000 l.
La premiere Cornette des Chevaux-Légers de Bourgogne, & l'Enſeigne des Gendarmes de Berry.	52000 l.
Chacune des autres Enſeignes, premieres Cornettes, & le Guidon des Ecoſſois.	62000 l.
Chacun des autres Guidons ou ſecondes Cornettes.	50000 l.

Toutes les Charges coûtent enſemble cinq millions neuf cens quatre-vingt-dix-neuf mille livres.

RÉGIMENS DE CAVALERIE.

Avant la guerre de 1741, il y avoit ſoixante régimens de cavalerie & huſſards, formant cent ſoixante-quatre eſcadrons à quatre compagnies, de vingt-cinq maîtres chacune; pendant la guerre, avant les réformes des premier Septembre & 30 Octobre 1748, on comptoit ſoixante-cinq régimens, dont cinquante-trois à quatre eſcadrons, & celui de Royal-Carabinier, à dix, chacun de quatre compagnies de trente-cinq maîtres; deux de Royal-Allemand & un de Roſen de ſix eſcadrons, chacun de trois compagnies de cinquante maîtres; celui de Fitz-James de quatre eſcadrons; chacun de trois compagnies à quarante-six maîtres; celui de Naffau à quatre efcadrons, chacun de trois compagnies de cinquante maîtres, & les fept de huffards, dont fix à quatre efcadrons, & celui de Berchiny à fix efcadrons, chacun de trois compagnies à cinquante huffards, faifant au total trente-huit mille cinq cens trente-deux.

Suivant l'Ordonnance du 15 Mars 1749, concernant la derniere réforme, la cavalerie a été réduite à cent vingt-neuf efcadrons de cent-vingt maîtres chacun, en quatre compagnies de trente maîtres, fans comprendre les fept régimens de huffards qui ont été mis, fçavoir celui de Berchiny à deux efcadrons, & les autres à un, en quatre compagnies de vingt-cinq maîtres.

Cette cavalerie au total eft compofée de foixante-fept Régimens.

Les Ordonnances d'augmentation feront jointes à la fin de cet ouvrage.

Un Régiment de cavalerie eft compofé d'un Meftre-de-Camp, (plufieurs ont encore un Meftre-de-Camp Lieutenant,) d'un Lieutenant-Colonel, d'un Major, d'un Aide-Major, d'un même nombre de Capitaines & de Lieutenans, avec autant de Maréchaux-de-Logis qu'il y a de compagnies dans chaque Régiment; il y a une paire de Timballes par Régiment, & deux Etendards par efcadron.

On entretient encore en tems de guerre un Cornette par compagnie, & un Aumônier & un Chirurgien par Régiment.

Les dix-neufs premiers Régimens font compris fous le titre de Régimens Royaux, dont trois de l'Etat Major, neuf ont le Roi pour Meftre-de-Camp; un le Roi de Pologne; un la Reine; deux M. le Dauphin; les fix qui fuivent font appellés des Princes; ces vingt-cinq Régimens ont de plus que les autres un Meftre-de-Camp Lieutenant, à l'exception cependant de ceux de Meftre-de-Camp Général & Commiffaire Général.

Trente-deux font appellés Régimens de Gentilshommes; ils portent le nom de leur Meftre-de-Camp; il y a de

de plus trois Régimens Allemands ; un Irlandois , trois
de huſſards·Hongrois , & quatre de Huſſards Etrangers.

Tous les Régimens ont entr'eux un rang fixé par l'Ordonnance du premier May 1699 ; avant ils marchoient
ſuivant l'ancienneté de leur Meſtre de Camp. On ne connoît pas d'Ordonnance qui regle le prix des Régimens. Ils
en ont de particulier , comme on le verra à l'article de
chacun : il y en a dont le prix eſt éteint par la mort des
Meſtres de Camp , ou parce que les prix en ont été rem-
bourſés aux Meſtres de Camp ; les Régimens Etrangers
ne ſe vendent point.

Par Ordonnance du 10 Janvier 1719 , les compagnies
de Cavalerie Françoiſe des Régimens de l'Etat Major &
des Royaux , ſe payent dix mille livres , & les autres huit ;
celles des Régimens Etrangers ne ſe vendent point ; celles
vacantes par mort ſont données aux plus anciens Lieutenans des Régimens où elles ſont vacantes.

M. Telles d'Acoſta , Maréchal Général de la Cavalerie.

M. Brunet d'Evry , Maréchal des Logis de la Cavalerie.

*ABREGÉ HISTORIQUE DE CHAQUE RÉGIMENT,
avec leur rang, prérogatives, le nom qu'ils ont eu , leurs
étendards , deviſes , uniformes , & le prix de ceux des Régimens qui en ont.*

1. COLONEL GENERAL , a ſeul trois eſcadrons , & eſt
le premier Régiment , tant par la dignité de ſon chef qui
eſt celui de toute la Cavalerie Légere , que par ſon ancienneté. Il a été formé en 1635 , des premieres compagnies
d'ordonnance de Charles VII , créées en 1445 , & tirées
des bans & des anciennes Gendarmeries.

Ses prérogatives ſont , quand la maiſon du Roi & la
Gendarmerie ne ſont pas à l'armée, d'occuper les premiers
poſtes , ſoit dans les batailles , ſoit dans les camps , ſoit
dans les marches ; il a le droit aux livraiſons de ſe faire
fournir après le Régiment auquel on délivre , lorſqu'il arrive , ſans avoir égard ſi la brigade eſt entiérement four-

S

nie : dans les cantonnemens ou autres logemens il choiſit, obſervant néanmoins de ne prendre qu'un des lots faits par les Majors ; les autres ſe tirent au ſort.

L'Uniforme de ce Régiment eſt, habit & doublure rouge, paremens & bavaroiſes de panne noire, boutons de cuivre dorés, bandouliere & culotte de peau blanche piquée, buffle à boutons de cuivre, culotte de peau de chevre, manteau & doublure rouge, chapeau bordé d'or fin, cocarde blanche & noire; l'épaulette, le cordon du ſabre & le galon de livrée des Trompettes, des houffes & chaperons, ſont noirs & blancs; l'équipage du cheval eſt de drap rouge bordé d'un galon blanc & noir.

Il y a dans ce Régiment ſix Etendards de ſoie à deux par eſcadron, dont un blanc à franges d'argent, & cinq noirs ſemés de fleurs de lis d'or & d'argent, avec des tours d'Auvergne d'un côté, ſoleil & deviſe du Roi en or; & au revers eſt une colonne de feu marchant devant les Iſraëlites, avec ces mots, *certum monſtrat iter*, bordés & frangés d'argent.

L'Etendard, qu'on nomme Cornette blanche, ne ſalue que le Roi & les Princes du Sang; de plus, il ne ſalue que deux fois ſeulement le Colonel & les Généraux d'armée, lorſqu'ils ſont Maréchaux de France : ſçavoir en entrant en campagne & en ſortant. Cet Etendard eſt ſalué par les autres Etendards, & les Officiers le ſaluent auſſi de l'épée; les cavaliers des Régimens aſſemblés étant pied à terre, doivent monter à cheval lorſque la Cornette blanche paroît.

L'Officier qui la porte eſt en charge, & marche comme Capitaine ſans en avoir la commiſſion, & s'appelle Cornette blanche; cette charge eſt à la nomination du Colonel Général, dans le caſuel duquel elle tombe; celui qui la poſſede eſt attaché à la compagnie Colonelle, ainſi que le Sous-Lieutenant qui eſt le ſeul de la cavalerie; il marche comme Capitaine, mais après le Cornette dans le corps; dans un détachement de guerre c'eſt leur commiſſion qui regle le rang entr'eux.

La compagnie Colonelle est la seule de la cavalerie qui soit montée sur des chevaux gris ; le Maréchal des Logis marche comme Cornette, & le premier Brigadier comme Maréchal des Logis.

Il y avoit autrefois dans ce Régiment un Lieutenant-Colonel, sans le Colonel Général qui commandoit la cavalerie en l'absence du Mestre de Camp Général ; mais il ne subsiste plus depuis la création de la charge de Commissaire Général ; celui qui le remplace n'a que le titre de Mestre de Camp Lieutenant ; en cette qualité il est Inspecteur né de ce Régiment, qui fut soustrait en 1705 de la direction & inspection ordinaire.

M. le Prince de Turenne possede la charge de Colonel Général depuis le 7 Juillet 1740.

M. le Comte d'Ourches, Mestre de Camp Lieutenant en 1748.

M. Fayet de Tersac, Major.

2. MESTRE DE CAMP GENERAL. Ce Régiment fut formé en 1635, de l'ancienne compagnie d'ordonnance du Mestre de Camp Général qu'avoit eu M. *de la Valette* en 1568. Il est de deux escadrons ainsi que les autres Régimens, à l'exception de ceux des Carabiniers & des Hussards. M. de Béthune est aujourd'hui Mestre de Camp Général.

Ce Régiment a quatre Etendards de soie rouge, soleil & devise du Roi en or, *nec pluribus impar*, semés de flammes d'or, brodés & frangés d'or.

L'Uniforme est, habit & doublure gris-de-fer, paremens & revers de panne noire, boutons de cuivre jaune, à quatre boutons de cuivre, manches en bottes, aiguillettes plates de laine aurore & noire, bandouliere & ceinturon de peau jaune, manteau gris-de-fer doublé de rouge, chapeau bordé d'or fin & cocarde noire ; l'équipage du cheval est de drap verd, & les Etendards brodés sur les houffes & chaperons de drap verd , bordé de la livrée du Meftre de Camp Général.

M. le Marquis de Béthune, Meftre de Camp Général en 1748 , *Maréchal de Camp.*

M. Montauriffe , Major.

3. COMMISSAIRE GÉNÉRAL. Ce Régiment qui eft de deux efcadrons , fut formé en 1654 de celui de M. d'*Ef- clainvilliers* qui avoit été formé de compagnies d'Ordonnance , & qui fut le premier Commiffaire Général en charge en 1656 , aujourd'hui M. de Caftries.

Ce Régiment a quatre Etendards , dont le premier eft de foie bleue , femé de fleurs de lis d'or fans nombre , & les trois autres de foie rouge , un foleil d'or & devife du Roi d'un côté , & de l'autre , une écreviffe fur terre, avec ces mots , *retrocedere nefcit* , bordés & frangés d'or.

Son uniforme eft , habit , manteau & doublure gris-blanc , paremens & revers de panne noire , boutons de cuivre , bandouliere & ceinturon de peau blanche piquée , bufle à boutons de cuivre , culotte de peau , chapeau bordé d'or fin ; l'équipage du cheval eft de drap rouge bordé.

M. le Marquis de Caftries Brigadier né , eft Commiffaire Général & Meftre de Camp de ce Régiment en 1748.

M. Lenfant , Major.

4. ROYAL. Ce Régiment qui eft de deux efcadrons, étoit au Cardinal de Richelieu : après fa mort , Louis XIII lui donna le titre de Royal en 1642. Ce Régiment ayant difputé le rang fur le Régiment Colonel , il y eut une Ordonnance qui lui donna le rang qu'il a. M. d'Ecquevilly en eft à préfent Meftre de Camp Lieutenant.

Ce Régiment a quatre Etendards de foie bleue , foleil au milieu & fleurs de lis brodés d'or , & devife du Roi , *nec pluribus impar* , & franges d'or.

Son uniforme eft, habit & manteau bleus, paremens, revers & doublures rouges, boutons de cuivre & fur le bufle, bandouliere blanche piquée, culotte de peau, chapeau bordé d'or fin ; l'équipage du cheval eft de drap bleu bordé. Prix 62500 liv.

Le Roi, Meftre de Camp.

M. le Marquis d'Ecquevilly, Meftre de Camp Lieutenant en 1743, *Brigadier.*

M. Saint Maurin, Major.

5. Du Roy. Ce Régiment qui eft de deux efcadrons, avoit été formé des anciennes compagnies d'Ordonnance, & a eu pour premier Meftre de Camp M. le Comte de *Vienne* en 1635 ; le Marquis de *Piez* le fut enfuite en 1650 jufqu'en 1656 que Louis XIV en fit fon Régiment, & nomma pour Meftre de Camp Lieutenant M. le Marquis de *Matignon* ; enfuite M. le Comte de *Vienne* ; M. le Comte de *Broglie* en 1693 ; M. le Marquis de *Fournez* en 1705 ; M. le Comte de *Fournez* en 1734, & aujourd'hui M. de Gace.

Ce Régiment a quatre Etendards d'un gros de Tours bleu, un foleil d'or & devife du Roi d'un côté, & de l'autre femés de fleurs de lis d'or fans nombre, brodés & frangés d'or.

Son uniforme eft, habit & manteau de drap bleu, doublure & paremens rouges, boutons fur bois de cuivre jaune en rofette, bufle à boutons jaunes, bandouliere & ceinturon de peau jaune piquée, culotte de peau, chapeau bordé d'or fin ; l'équipage du cheval eft de drap bleu bordé.

Prix 100000 liv.

Le Roi, Meftre de Camp.

M. le Comte de Gace, Meftre de Camp Lieutenant, 1748.

M. Ligonès, Major.

6. ROYAL ETRANGER a deux efcadrons, & fut formé

des anciennes compagnies d'ordonnance en 1635. Alors la cavalerie légere étoit composée de deux corps, l'un de cavalerie Françoise & l'autre Etrangere, ayant chacun un Colonel Général : ce Régiment étoit alors le premier de la cavalerie Etrangere. M. le Comte de *Roye* en a été premier Mestre de Camp Lieutenant. M. le Marquis de *Charleval d'Auneuil* l'a été en 1740, & aujourd'hui M. de *Chabot*.

Ce Régiment a quatre Etendards de soie bleue, soleil & devise du Roi brodés & frangés d'or, ainsi que ceux qui ont le titre de Royal.

Son uniforme est, habit, manteau bleus, doublure, paremens & revers rouges, boutons d'étain plats, bufles à agraffes jaunes, bandouliere blanche, culotte de peau, chapeau bordé d'argent fin ; l'équipage du cheval est bleu bordé.

Prix, 100000 liv.

Le Roi, Mestre de Camp.

M. de Chabot, Mestre de Camp Lieutenant en 1756.

Le Chevalier de Bon, Major.

7. CUIRASSIERS DU ROI. Ce Régiment a deux escadrons, & fut créé à la fin de 1666, dans le tems que les compagnies d'ordonnance furent réformées, & dans celui où les Seigneurs & les Gentilshommes formoient les Régimens qu'on créoit alors. M. le Comte de *Villequier* en fut premier Mestre de Camp Lieutenant. M. le Marquis d'*Havrincourt* le fut en 1734, & aujourd'hui M. de *Loftanges*.

Ce Régiment a quatre Etendards de soie bleue, soleil au milieu, quatre fleurs de lis aux coins, & devise du Roi, brodés & frangés d'or.

Son uniforme est, habit, veste & manteau bleus de Roi, doublure & paremens rouges, boutons d'étain, bandouliere & ceinturon de peau blanche piquée, culotte de peau, chapeau bordé d'un galon d'argent fin large de trois doigts ; l'équipage du cheval est bleu, bordé.

Prix, 100000 liv.

Le Roi, Meftre de Camp.

M. le Marquis de Loftanges, Meftre de Camp Lieutenant en 1748.

M. Valay, Major.

8. ROYAL-CRAVATTES. Ce Régiment a deux efcadrons
& fut créé en 1664. M. le Duc de *Vionne* en a été premier Meftre de Camp Lieutenant. A fa création il s'appelloit *Baltazar*, ainfi qu'on le voit dans le feptiéme & dernier abrégé militaire. Cependant il y a apparence qu'il fut
enrégimenté cette année, & qu'il avoit été en compagnies
avant, car M. de *Baltazar* en avoit quatre en 1636, comme le difent les Mémoires pour fervir à l'hiftoire du Cardinal de Richelieu; & dans l'hiftoire de la Monarchie Françoife, au fujet de la bataille de Rocroi en 1643, il y eft
parlé de deux compagnies de Cravattes, dont M. de *Gaffion*
étoit Capitaine ; à moins cependant que ce Régiment ne
foit celui que M. de *Vionne* amena d'au-delà du Rhin en
1664. M. le Comte de Teffé en eft aujourd'hui Meftre de
Camp Lieutenant.

Ce Régiment a quatre Etendards de foie bleue, foleil
au milieu, quatre fleurs de lis aux coins, devife du Roi,
brodés & frangés d'or.

Son uniforme eft, habit & manteau bleus, doublure &
paremens rouges, boutons d'étain, boutonnieres blanches, bufle à boutons d'étain, bandouliere blanche piquée,
culotte de peau, chapeau bordé d'un galon d'argent fin,
large de trois doigts ; l'équipage bleu bordé.

Prix, 100000 liv.

Le Roi, Meftre de Camp.

M. le Comte de Teffé, Meftre de Camp Lieutenant en
1755.

M. Bavent, Major.

9. ROYAL-ROUSSILLON. Ce Régiment a deux efcadrons,

& fut levé par M. de *Montelard* premier Meſtre de Camp
Lieutenant en 1667. Le Roi lui donna le nom de Royal-
Rouſſillon la même annéé ; il a eu ſucceſſivement pour
Meſtres de Camps Lieutenans, MM. les Comte de *Mont-
fort*, Marquis de *Praſlin*, Marquis de *Bouelles*, de *Cheme-
reüil*, de *Sommery*, Marquis de *Courtanvaux*, le Prince
de *Croy*, en 1738, & aujourd'hui M. de *Lauraguais*.

Ce Régiment a quatre Etendards de ſoie bleue, ſoleil
au milieu, deviſe du Roi, fleurs de lis brodés & frangés
d'or & d'argent, de même chaque côté.

Son uniforme eſt, habit, manteau de drap bleu de Roi,
doublure, paremens & retrouſſis rouges, boutons de métal blanc à petits carreaux, petite bandouliere blanche piquée de blanc, bufle & culotte de peau à agraffes, chapeau bordé d'argent fin & aiguillette rouge ; l'équipage du
cheval eſt bleu bordé de rouge.

Prix, 100000 liv.

Le Roi, Meſtre de Camp.

M. le Comte de Lauraguais, Meſtre de Camp Lieutenant en 1749.

M. de Turbilly, Major.

10. ROYAL-PIEDMONT. Madame Royale de Savoye fit
préſent à Louis XIV de ce Régiment, qui paſſa en France
en 1670. Il eſt de deux eſcadrons, & le Roi lui donna le
nom de *Royal-Piedmont* cette même année. Il a eu pour
premier Meſtre de Camp Lieutenant M. de *Sucinge*, enſuite MM. de *Rivarolles*, Comte de *Bouʒoles* qui a été
Vicomte de Bonne, de *Manicamp*, de *Germinon*, les Comtes de *la Feuillade*, de *Coſſé*, & à préſent M. de *Gamaches*.

Il a quatre Etendards de ſoie bleue, ſoleil & deviſe du
Roi en or au milieu, & quatre fleurs de lis aux coins,
brodés & frangés d'or.

Son uniforme eſt, habit, manteau bleus, doublure, paremens & bavaroiſes rouges juſqu'à la poche, boutons
d'étain

d'étain plats, bufle à boutons de cuivre, bandouliere large, blanche & piquée, culotte de peau, aiguillettes plates bleues & blanches, chapeau bordé d'argent fin ; l'équipage du cheval est rouge bordé de blanc.

Prix, 67500 liv.

Le Roi, Mestre de Camp.

M. le Marquis de Gamaches, Mestre de Camp Lieutenant, en 1752.

M. Pernot, Major.

11. ROYAL-CARABINIERS. Ce Régiment tire son origine de tous les autres Régimens. On ne doit pas lui en donner une du temps d'Henri IV. Il n'a de commun avec eux que de faire le même service ; sa premiere destination étant d'aller en parti. Louis XIII créa douze premiers Régimens de cavalerie, dits Carabiniers, en 1635, qui furent depuis supprimés, & ce ne fut que quelques années avant 1690 qu'on mit deux carabiniers dans chaque compagnie de cavalerie, choisis dans les meilleurs tireurs, à qui on donna des carabines rayées, d'où ils ont, suivant les apparences, pris leur nom. Louis XIV, sur la fin de la campagne de 1690, augmenta tous les Régimens chacun d'une nouvelle compagnie, sous le nom de compagnie de carabiniers ; elles étoient à l'égard de la cavalerie, ce que sont les Grenadiers à l'égard de l'infanterie. Cette compagnie étoit commandée par un Capitaine, deux Lieutenans, un Cornette, avec un Maréchal des Logis ; ils ne devoient pas avoir plus de trente-cinq ans ; les Mestres de Camp les nommerent, & tous ces Officiers eurent des pensions attachées à leurs emplois. Les Lieutenans, Cornettes & Maréchaux des Logis devoient être armés d'une carabine rayée, ainsi que les carabiniers.

Pour former ces compagnies, les Capitaines choisirent un nombre égal de cavaliers par chaque autre Régiment, jusqu'à la concurrence de trente maîtres ; ils donnoient par chacun tout monté 260 liv. ou pour l'homme nud 60 l.

T

Ils ne pouvoient tirer ni les brigadiers ni deux cavaliers, que les Capitaines des autres compagnies étoient maîtres de réferver ; la plûpart voulant conferver des têtes à leur compagnie, gardèrent les deux carabiniers ; la même chofe fut obfervée quand il fallut remplacer ceux qui manquoient, on les tiroit à tour de rôle de compagnie, & on les payoit 50 liv. Ces compagnies en 1691 & en 1692 furent détachées des Régimens ; elles campèrent enfemble & formèrent une Brigade aux ordres d'un Brigadier & de plufieurs Meftres de Camp, à proportion de leur force.

En 1693, Louis XIV les mit en un feul Régiment appellé *Royal*, dont le Roi fe fit Meftre de Camp, & M. le Duc du Maine Meftre de Camp Lieutenant-Commandant jufqu'en 1736 ; ce Prince prit l'attache du Colonel Général de la cavalerie, qui étoit pour lors M. le Comte d'Auvergne.

Les compagnies Allemandes n'y furent point incorporées ; il y en eut cent Françoifes, dont on fit vingt efcadrons à cinq compagnies chacun ; on les divifa en cinq brigades, ayant chacune un Meftre de Camp fous le titre de *Chef* de brigade, un Lieutenant-Colonel, un Major & un Aide-Major avec penfions ; fçavoir, les Meftres de Camp 1000 livres ; les Lieutenans Colonels 800 livres ; les Majors 600 livres, & les Aides-Majors 300 livres. Il n'y eut qu'un des deux Lieutenans par compagnie de diminué ; on mit un Timbalier à chaque compagnie Meftre de Camp, un Aumônier, un Chirurgien attaché à chaque brigade. Les compagnies prirent rang fuivant l'ancienneté de commiffion de leur Capitaine.

Ce Régiment en temps de guerre a été partagé en différentes armées.

En 1698, il fut réduit à dix efcadrons, chacun de quatre compagnies de vingt carabiniers ; les cinq brigades & l'Etat Major fubfifterent fur le même pied ; il n'y eut que les Cornettes qui n'avoient pas dix ans de fervice ; pour les autres, ils eurent les appointemens de réformés à la fuite de leur brigade.

Au commencement de la guerre de 1702, les compagnies furent remises à trente carabiniers, & comme il y eut beaucoup de Régimens réformés, de ceux qui avoient fourni une compagnie de carabiniers & qui la devoient recruter, alors ceux qui resterent sur pied commencerent, à tour de rôle, à fournir pour le remplacement : ce qu'on pratique encore aujourd'hui.

Ce Régiment subsiste maintenant dans le même état. Les compagnies, à la paix de 1738, avoient été mises à vingt-cinq carabiniers ; elles furent augmentées pendant la guerre de dix, & en 1748 de cinq : ce Régiment est actuellement de dix escadrons à quatre compagnies chacun, à trente maîtres par compagnie.

Il a vingt Etendards de soie bleue, avec soleil & devise du Roi, brodés en or & frangés d'or & d'argent.

Son uniforme est, habit, petit colet & manteau de drap bleu, doublure & paremens rouges, boutons d'étain, façonnés de trois en trois sur l'habit, un bordé d'argent fin sur les manches & sur les épaulettes, bandouliere blanche bordée d'un galon de fil blanc, ainsi que le ceinturon, veste de bufle, culotte de peau, chapeau bordé d'un large galon d'argent fin, cocarde noire ; l'équipage du cheval est de drap bleu bordé d'argent fin.

Le Roi, Mestre de Camp.

Chefs de Brigades.

Messieurs Montmorency-Logny, en 1742, *Lieutenant-Général* ; Brassac, 1743, *Maréchal de Camp* ; Bussy-Lameth, 1748 ; de Beauret 1749 ; Maisons 1754, *Brigadier*.

Messieurs Chanterac, Calmeih, de la Planche-Mortieres, Denouant, Malezieu, Majors.

12. ROYAL-POLOGNE. Ce Régiment est de deux escadrons, & a été levé en 1672. *Sainte-Rue* en fut premier Mestre de Camp au commencement des guerres d'Hollande : depuis il a été *Cossé, Brissac,* & *Monteils.* Il a eu le titre de

Staniſlas Roi , & rang après le Régiment de la Reine , en 1725 : M. le Chevalier *Viltz* en a été premier Meſtre de Camp Lieutenant cette année-là, juſqu'en 1738 , que M. le Prince de *Talmont* lui a ſuccédé. Par Ordonnance du Roi , du 30 Mars 1737, ce Régiment a eu le titre de *Royal-Pologne* & rang après le Régiment Royal des Carabiniers , & avant tous les autres qui ſont préſentement ſur pied. M. le Duc de Bethune en eſt aujourd'hui Meſtre de Camp Lieutenant.

Il a quatre Etendards de ſoie bleue , ſoleil & deviſe du Roi en or , au milieu , ſemés de fleurs de lis , brodés & frangés d'or.

Son uniforme eſt , habit & manteau de drap bleu , dou-blure , petit colet & paremens rouges , aiguillette blanche & bleue , boutons blancs des deux côtés , bufle à boutons de cuivre , bandouliere jaune , culotte de peau , chapeau bordé d'argent fin ; l'équipage du cheval eſt de drap bleu, avec des galons blancs entrelaſſés de bleu.

Prix , 22500 liv.

Le Roi de Pologne , Duc de Lorraine & de Bar , Meſtre de Camp.

Le Comte de Bethune , Meſtre de Camp Lieutenant, en 1746.

M. de Vieuville , Major.

13. **LA REINE.** Ce Régiment, qui eſt de deux eſcadrons, a été créé en 1635 pour la Reine Anne d'Autriche, épouſe de Louis XIII : M. de *Nantouillet* en a été premier Meſtre de Camp Lieutenant ; enſuite MM. les Comtes de *Rouſſillon* , de *Rochebonne* , de *Choiſeul* , de *Teſſan* , les Marquis du *Cayla* & de *Beauvau* : ce dernier le fut en 1734, & aujourd'hui c'eſt M. de *Galifet.*

Il a quatre Etendards de ſoie rouge , ſoleil & deviſe du Roi en or , ſemés de fleurs de lis d'or , le chiffre de la Reine Marie Princeſſe de Pologne , couronné & brodé en or & en argent aux quatre côtés , & frangés d'or & d'argent.

Son uniforme eſt, habit & manteau rouge, doublure &
paremens bleus de Roi, boutons de cuivre jaune plats, &
ſur le bufle, bandouliere jaune & large bordée d'un galon
de fil blanc, culotte de peau, aiguillette platte d'un galon
blanc, chapeau bordé d'or fin ; l'équipage du cheval, rouge
bordé d'un grand galon de la livrée de la Reine, avec
une fleur de lis jaune aux houſſes & chaperons.

Prix, 100000 liv.

La Reine, Meſtre de Camp.

M. de Galifet, Meſtre de Camp Lieutenant, en 1743.
Brigadier.

M. le Chevalier de Galifet, Major.

14. DAUPHIN. Ce Régiment a deux eſcadrons, & fut
créé à la naiſſance & au nom de M. le premier Dauphin,
en 1658. Il fut formé d'une compagnie d'Ordonnance,
qui étoit depuis long-temps d'un eſcadron, & qui ſe nommoit compagnie d'Ordonnance du Dauphin, dont M. de
S. Gelais (qui fut premier Meſtre de Camp Lieutenant)
étoit Capitaine-Lieutenant, & M. de *Cornelius*, Suedois,
en a été premier Lieutenant-Colonel. M. le Comte de
Perigord en eſt aujourd'hui Meſtre de Camp Lieutenant.

Il a quatre Etendards de ſoie bleue, ſoleil & deviſe du
Roi en or, quatre fleurs de lis & quatre dauphins brodés en or & en argent aux coins, & frangés d'or.

Son uniforme eſt, habit & manteau bleus, doublure &
paremens rouges, boutons de cuivre plats de chaque côté
de trois en trois, bufle à boutons de cuivre pareils, bandouliere blanche piquée, culotte de peau, chapeau bordé
d'or fin ; l'équipage du cheval eſt bleu bordé d'un galon
aurore.

M. le Dauphin, Meſtre de Camp.

M. le Comte de Perigord, Meſtre de Camp Lieutenant,
en 1753.

M. Noë, Major.

15. DAUPHIN ETRANGER. Ce Régiment eſt de deux eſcadrons, & fut créé, en 1666, au nom de M. le premier Dauphin. M. de *Montelar* en a été premier Meſtre de Camp Lieutenant ; M. le Marquis de Polignac en 1738, & aujourd'hui M. de Soyecourt.

Il a quatre Etendards de ſoie bleue, ſoleil & deviſe du Roi en or d'un côté, & de l'autre des fleurs de lis & des dauphins ſans nombre, brodés & frangés d'or.

Son uniforme eſt, habit & manteau bleu de Roi, dou-blure, paremens & revers rouges, boutons d'étain plats, bufle, bandouliere jaune étroite, aiguillette platte & blan-che, culotte de peau, chapeau bordé d'argent fin ; l'équi-page du cheval eſt bleu, bordé de blanc.

Prix, 100000 liv.

M. le Dauphin, Meſtre de Camp.

M. le Marquis de Soyecourt, Meſtre de Camp Lieu-tenant, en 1742. *Brigadier.*

M. le Marquis de Feuquieres, Major.

16. BOURGOGNE, ci-devant *Bretagne*. Ce Régiment a deux eſcadrons, & fut formé de la compagnie d'Ordon-nance de M. de *Paulmy*, qui en a été premier Meſtre de Camp Lieutenant. Enſuite il a été la *Roche-ſur-Yon*, Prince du Sang, & lorſque les Princes de Conty allerent en Hon-grie, M. *Daugé* en fut Meſtre de Camp, puis M. de *Pom-ponne*. Il fut donné à M. le Duc de Bourgogne en 1686, juſqu'à ce qu'il devint Bretagne. M. le Marquis d'*Houde-lot* en fut premier Meſtre de Camp Lieutenant, enſuite MM. le Marquis de *Pugion*, le Duc de *Bethune*, le Marquis de *Braſſac*, le Marquis de *Janſon*, le Comte *Gaſſion* en 1738. Il eſt redevenu Bourgogne par Ordonnance du 15 Sep-tembre 1751, & il a préſentement pour Meſtre de Camp Lieutenant, M. le Comte d'Helmſtadt.

Il a quatre Etendards de ſoie bleue ; d'un côté & de l'au-tre un phénix ſur un bucher, étendant ſes aîles, & ces mots pour deviſe : *in regnum & pugnax* ; trophées aux coins

& bordure femée de fleurs de lis d'or, bordés & frangés d'or.

Son uniforme eft, habit, manteau de drap bleu, doublure & paremens rouges, boutons d'étain façonnés, bufle & bandouliere blanche, culotte de peau, chapeau bordé d'argent fin large de trois doigts; l'équipage du cheval eft bleu bordé.

Prix, 100000 liv.

M. le Duc de Bourgogne, Meftre de Camp.

M. le Comte d'Helmftadt, Meftre de Camp Lieutenant, en 1748.

M. Courfan, Major.

17. AQUITAINE, ci-devant *Anjou*. Ce Régiment a deux efcadrons, & fut créé pour M. *Balroys de Chofi*, premier Meftre de Camp en 1666; enfuite M. le Duc de *Villars*. Il a eu le nom d'Anjou, Prince du Sang, en 1688, & a eu fucceffivement pour Meftres de Camp Lieutenans MM. le Marquis de *Blanchefort*, le Comte *Dauros*, le Marquis de *Curtouchafave*, le Marquis d'*Efcorail*, le Marquis de *Lonnoye*, le Duc de *Gontaud*, le Marquis de *Biffy*, le Marquis de *Vogué*, en 1736. Il eft devenu Aquitaine par Ordonnance du 10 Septembre 1753, & a préfentement pour Meftre de Camp Lieutenant M. le Duc de la Tremoille.

Il a quatre Etendards de foie bleu de Roi, foleil & devife du Roi en or, & aux coins une fleur de lis d'or, au revers femés de fleurs de lis, aux quatre coins une couronne de Prince de France, avec un écuffon à trois fleurs de lis, brodés & frangés d'or.

Son uniforme eft, habit & manteau bleu de Roi, doublure, paremens & revers rouges, boutons de cuivre façonnés, bufle, bandouliere jaune & large, aiguillette platte aurore, culotte de peau, chapeau bordé d'un large galon d'or fin; l'équipage du cheval, bleu bordé d'aurore.

Prix, 100000 liv.

Le Roi, Meftre de Camp.

Meſtre de Camp Lieutenant, M. le Duc de la Tremoille, en 1755.

M. de Montlezun, Major.

18. BERRY. Ce Régiment a deux eſcadrons, & fut levé
en 1674 par la Province du Rouſſillon, dont il porta le
nom juſqu'en 1690, qu'il a eu celui de *Berry*, Prince du
Sang. M. le Comte d'Ille en a été premier Meſtre de
Camp, & aujourd'hui c'eſt M. le Comte de Valbelle qui
en eſt Meſtre de Camp Lieutenant.

Il a quatre Etendards de ſoie bleue, ſoleil & deviſe du
Roi en or, les armes de Berry & fleurs de lis aux coins,
brodés & frangés d'or.

Son uniforme eſt, habit & manteau bleu de Roi, doublure, paremens & revers rouges, boutons d'étain à boſ-
ſette, bufle, bandouliere blanche étroite, aiguillette ronde & blanche, culotte de peau, chapeau bordé d'argent
fin ; l'équipage du cheval eſt bleu, bordé d'un galon bleu
& blanc.

Prix, 100000 liv.

M. le Duc de Berry, Meſtre de Camp.

M. le Comte de Valbelle, Meſtre de Camp Lieutenant,
en 1749.

M. Grandrecourt, Major.

19. ORLEANS. Ce Régiment eſt de deux eſcadrons, &
fut amené de Piedmont en France en 1670, pour la Maiſon d'Orléans, par M. le Grand Prieur de *Valencey*, qui
en fut premier Meſtre de Camp Lieutenant, enſuite M.
le Marquis de Graville, en 1734, & à préſent M. de
Conflans.

Il a quatre Etendards de ſoie rouge, ſoleil & deviſe du
Roi en or, les armes d'Orléans & fleurs de lis brodées
d'or au coin, & frangés d'or.

Son uniforme eſt, habit & manteau gris-blanc, doublure,

blure, paremens & revers rouges, boutons de drap gris-blanc des deux côtés, bufle à boutons de cuivre, bandouliere jaune & étroite, culotte de peau, chapeau bordé d'argent fin; l'équipage du cheval est rouge bordé de blanc.

M. le Duc d'Orléans, Mestre de Camp.

M. le Comte de Conflans, Mestre de Camp Lieutenant, en 1752.

M. de Segur, Major.

20. CONDÉ. Ce Régiment a deux escadrons, & fut créé en 1666, pour la Maison de Condé. M. le Comte de *Chamilly* en fut premier Mestre de Camp Lieutenant. M. le Comte de la Guiche en 1740, & aujourd'hui M. de la Guiche.

Il a quatre Etendards de soie bleue, soleil & devise du Roi en or, au revers ventre de biche, est un Soleil brodé en argent qui allume un bucher en pleine campagne, & ces mots, *da materiam, splendescam,* bordés & frangés d'argent.

Son uniforme est, habit & manteau gris-blanc à boutons de drap gris-blanc de deux en deux, tout du long, doublure & paremens rouges, bufle à boutons de cuivre, bandouliere blanche, culotte de peau, chapeau bordé d'argent fin; l'équipage du cheval est de couleur de ventre de biche, & l'écusson du Prince est bordé d'un galon velouté cramoisi.

M. le Prince de Condé, Mestre de Camp.

M. le Chevalier de la Guiche, Mestre de Camp Lieutenant, en 1749.

M. Villiers, Major.

21. BOURBON. Ce Régiment a deux escadrons, & fut formé *Enghien* en 1666; en 1686, après la mort du grand Condé, il fut nommé Bourbon. M. de Cambis en est aujourd'hui Mestre de Camp Lieutenant.

V

Il a quatre Etendards de foie bleue, foleil & devife du Roi en or, quatre fleurs de lis brodées en or aux coins, & frangés d'or.

Son uniforme eft, habit & manteau gris-blanc, doublure & paremens rouges, boutons de drap gris-blanc, bufle à boutons de cuivre, bandouliere blanche, culotte de peau, chapeau bordé d'argent fin ; l'équipage du cheval eft rouge, bordé.

M. le Comte de Charolois, Meftre de Camp.

M. le Comte de Cambis, Meftre de Camp Lieutenant, en 1744, *Brigadier.*

M. Saint Aftier, Major.

22. CLERMONT. Ce Régiment eft de deux efcadrons, & fut créé pour M. de Beaupré, premier Meftre de Camp, en 1666, puis a été *Chartres* en 1684, & a eu le nom de Clermont en 1709, & ce rang en 1724. M. de Vienne en eft aujourd'hui Meftre de Camp Lieutenant.

Il a quatre Etendards de foie rouge, avec un Soleil & devife du Roi brodés en or ; au revers eft une campagne, & dans le lointain s'éleve un petit foleil d'or, & ces mots, *fpes altera Martis*, brodés & frangés d'or.

Son uniforme eft, habit, doublure & manteau gris-blanc, paremens rouges, boutons de drap gris-blanc, bufle à boutons de cuivre, bandouliere blanche, culotte de peau & chapeau bordé d'argent fin ; l'équipage du cheval eft rouge, bordé.

Meftre de camp, M. le Comte de Clermont, Prince.

M. le Comte de Vienne, Meftre de Camp Lieutenant, en 1753, *Brigadier.*

M. Pefteils, Major.

23. CONTY. Ce Régiment a deux efcadrons, & fut créé d'*Humieres*, premier Meftre de Camp, en Août 1666, enfuite *Villeroy* en 1676, & Conty, le 18 Janvier 1733, qu'il

a eu ce nom & ce rang. M. de Langheac en eſt aujourd'hui Meſtre de Camp Lieutenant.

Il a quatre Etendards de ſoie jonquille, ſoleil & deviſe du Roi en or d'un côté, & de l'autre un Aigle volant à travers les foudres & les éclairs, & ces mots pour deviſe, *nec terrent, nec morantur*, brodés & frangés d'argent.

Son uniforme eſt, habit, doublure, paremens & boutons de drap gris de fer cendré, manches en botte, bufle ſans boutons, bandouliere de bufle piquée, aiguillette aurore, culotte de peau, manteau blanc de même, chapeau bordé d'or fin : l'équipage du cheval eſt de couleur ventre de biche, & l'écuſſon du Prince eſt brodé aux coins.

M. le Prince de Conty, Meſtre de Camp.

M. le Marquis de Langheac, Meſtre de Camp Lieutenant, en 1745, *Brigadier*.

M. le Chevalier de la Villeneufve, Major.

24. PENTHIÉVRE. Ce Régiment a deux eſcadrons, & fut levé en Mars 1674, par M. d'*Heudicourt*, premier Meſtre de Camp ; il a porté le nom de *Touloufe* en Août 1693, & celui de *Penthièvre* en Décembre 1737. M. de Saluces en eſt aujourd'hui Meſtre de Camp Lieutenant.

Il a quatre Etendards de ſoie cramoiſie, ſoleil d'or & deviſe du Roi ; au revers un homme armé ſur un cheval aîlé, & ces mots : *terrâque, marique*, brodés & frangés d'or.

Son uniforme eſt, habit & manteau gris-blanc, doublure & paremens rouges, boutons jaunes, bufle à boutons de cuivre, bandouliere blanche, culotte de peau, chapeau bordé d'or fin ; l'équipage du cheval eſt rouge, bordé de la livrée du Prince.

M. le Duc de Penthiévre grand Amiral, Meſtre de Camp.

M. le Comte de Saluces, Meſtre de Camp Lieutenant, en 1753.

M. Rouvroy, Major.

V ij

25. ARCHIAC. Ce Régiment a deux efcadrons, & fut créé *Coulange*, premier Meftre de Camp, en 1666, enfuite *Bordage*; *Du Maine* en 1688, *Saint Simon* en 1736, & aujourd'hui *Archiac*, du nom de fon Meftre de Camp.

Il a quatre Etendards de foie rouge, foleil & devife du Roi, brodés & frangés d'or.

Son uniforme eft, habit & manteau gris-blanc, paremens & revers rouges, boutons de drap gris-blanc, bufle à boutons de cuivre, bandouliere jaune, culotte de peau, chapeau bordé d'argent fin; l'équipage du cheval eft rouge, bordé.

M. le Comte d'Archiac, Meftre de Camp, en 1749.

M. Dérealle, Major.

26. POLY S. THIÉBAUT. Ce Régiment, qui eft de deux efcadrons, fut créé en 1666 *Tilladet*, qui en fut premier Meftre de Camp, enfuite *Souvré*, *Beringhen*, *Conty* en 1718, du *Chayla* en 1727, tems auquel il a eu ce rang, *Ancezune* en 1734, *Rumain* en 1740, & aujourd'hui *Poly S. Thiébaut*.

Il a quatre Etendards de foie jaune, foleil & devife du Roi en or; au revers, dans un quarré nuancé, eft un aigle qui s'éleve dans les airs malgré les vents & la foudre, & ces mots, *nec terrent, nec morantur*, brodés & frangés d'argent.

Son uniforme eft, habit & manteau gris-blanc, doublure, paremens & revers rouges, boutons gris-blanc, bufle à agraffes, bandouliere jaune, culotte de panne rouge, bas blancs, chapeau bordé d'argent fin; l'équipage du cheval eft jaune, bordé.

Prix, 22500 liv.

M. le Comte de Poly S. Thiébaut, Meftre de Camp, en 1749.

M. le Chevalier de Nanclas, Major.

27. LUSIGNAN. Ce Régiment a deux efcadrons, & fut

créé *Montelarre*, premier Meſtre de Camp en 1666, enſuite *Narbonne*, du *Trone*; en 1718 *Villars*; *Rohan* Prince, en 1735, & depuis *Brionne*, *Rochefort*, & aujourd'hui *Luſignan*.

Il a quatre Etendards de ſoie blanche, ſoleil & deviſe du Roi d'un côté, & de l'autre, de ſoie rouge, avec une deviſe, brodés & frangés d'or.

Son uniforme eſt, habit & manteau gris-blanc, doublure & paremens rouges, boutons d'étain, bufle à boutons de cuivre, bandouliere jaune & large, aiguillette rouge & blanche, culotte de peau, chapeau bordé d'argent fin ; l'équipage du cheval eſt de drap rouge, bordé d'un galon à carreaux rouges & blancs.

Prix, 22500 liv.

M. le Marquis de Luſignan, Meſtre de Camp, en 1749.

M. Perthuis, Major.

28. MARCIEUX. Ce Régiment a deux eſcadrons, & fut créé en 1666 pour M. le Marquis de la *Valette*, qui en fut premier Meſtre de Camp, enſuite le Prince *Camille* de Lorraine, en 1689, le Prince *Charles* de Lorraine, & le Prince *Lambeſc de Lorraine* en 1708, *Baucaire* en 1730 & en 1736, & à préſent M. de *Marcieux*.

Il a quatre Etendards de Damas verd, ſoleil & deviſe du Roi, brodés & frangés d'or.

Son uniforme eſt, habit, colet & manteau gris-blanc, doublure, paremens & revers rouges, boutons blancs de trois en trois, bufle à boutons de même, bandouliere jaune piquée, culotte de peau, chapeau bordé d'argent fin ; l'équipage du cheval eſt de drap verd, bordé d'un galon de livrée.

M. le Chevalier de Marcieux, Meſtre de Camp, en 1746.

M. le Chevalier de Reniac, Major.

29. DES SALLES. Ce Régiment eſt de deux eſcadrons ;

il fut créé en 1671 , & fut appellé *Grignan*. Le Chevalier
de *Grignan* en fut premier Meſtre de Camp , enſuite
MM. le Marquis de *Grignan* , *de Fleche* en 1704 ,
le Duc de *Luynes* en 1717 , le Duc de *Chevreuſe* en
1732 , le Duc d'*Ancenis* en 1737 , le Chevalier de *Brancas*
en 1739, de *Segur* enſuite, & à préſent M. le Marquis *des
Salles*.

Il a quatre Etendards de ſoie cramoiſie , ſoleil & deviſe
du Roi , brodés & frangés d'or. C'eſt le ſeul Régiment de
cavalerie dont les Etendards de ſoie cramoiſi aient des
bourſes blanches.

Son uniforme eſt , habit & manteau gris-blanc , doublure & paremens rouges , boutons de drap gris-blanc,
bufle à boutons de cuivre , bandouliere jaune , culotte de
peau , chapeau bordé d'un large galon d'or fin ; l'équipage
du cheval eſt rouge , bordé.

Prix , 22500 liv.

M. le Comte des Salles , Meſtre de Camp , en 1749.

M. Preaux , Major.

30. TALLEYRAND. Ce Régiment a deux eſcadrons ;
il fut créé en 1672, & M. de *Saint-Aignan* en a été premier
Meſtre de Camp , enſuite Meſſieurs de *Rohan* , *Saint-Aignan* , *Saint-Simon-Ruffec* en 1717 , *Sabran* en 1738 , &
aujourd'hui M. le Vicomte de *Talleyrand*.

Il a quatre Etendards de ſoie cramoiſie , ſoleil & deviſe
du Roi , au revers un lion d'argent , & ces mots , *noli irri-
tare leonem* , brodés & frangés d'or.

Son uniforme eſt , habit & manteau gris-blanc , doublure & paremens rouges , boutons d'étain plats , buffle
à boutons de cuivre , bandouliere jaune , culotte de peau ,
& chapeau bordé d'argent fin ; l'équipage du cheval eſt
rouge , bordé.

M. le Vicomte de Talleyrand, Meſtre de Camp, en 1749.

M. Vantelet , Major.

31. CLERMONT-TONNERRE. Ce Régiment a deux escadrons, & fut créé *Foucault*, premier Meftre de Camp en 1666, puis a été *Quinfon* en 1672, *Châlons*, *Gouffier*, *Egmont* en 1699, *Defmarets* en 1704, *Gêvres* en 1709, *Gêvre*, Comte de *Trefmes*, en 1726, & aujourd'hui *Clermont-Tonnerre* depuis 1740.

Il a quatre Etendards de foie citron, foleil & devife du Roi en or d'un côté, & de l'autre un lion regardant un foleil, & ces mots : *Ardet & audet*, brodés & frangés d'or.

Son uniforme eft, habit & manteau gris-blanc, paremens & doublure rouges, boutons d'étain d'Allemagne fur bois, des deux côtés jufqu'à la poche, la pate rouge pour la bandouliere, bufle bordé de blanc à boutons de cuivre, bandouliere jaune, culotte de peau, chapeau bordé d'argent fin ; l'équipage du cheval eft rouge, bordé.

M. le Comte de Clermont, Meftre de Camp, en 1740, *Brigadier*.

M. Deftaples, Major.

32. CHABRILLANT. Ce Régiment a deux efcadrons, & fut créé *du Gaft* en 1672, depuis il a été *Villequier* en 1690, *Momain* & *Belleacueil*, *la Tour* en 1711, *Chabrillant* en 1738.

Il a quatre Etendard de foie rouge, foleil & devife du Roi, brodés & frangés d'or.

Son uniforme eft, habit & manteau gris-blanc, doublés de rouge, paremens & revers rouges, boutons de de drap gris-blanc demi-plats, bufle à boutons de cuivre, bandouliere jaune, culotte de panne rouge, chapeau bordé d'argent fin ; l'équipage du cheval eft de drap rouge, bordé de blanc.

Prix, 22500 liv.

M. le Marquis de Chabrillant, Meftre de Camp, en 1749.

M. le Chevalier de la Fare, Major.

33. EGMONT. Ce Régiment eſt de deux eſcadrons, &
fut créé en 1672, à un eſcadron. M. de *Valavoire* en fut
premier Meſtre de Camp, peu après M. de *Vivans* pere,
& *Vivans* fils en 1689, M. *Heudicourt* en 1702, *Lorraine*
en 1719, *Lordat* en 1734, *Roſen* en 1738, *Egmont* en
1744.

Il a quatre Etendards de damas jaune, ſoleil & deviſe
du Roi en or d'un côté, & de l'autre un roſier fleuri &
boutonné, & ces mots, *qui s'y frotte, s'y pique*; en latin,
Pungit aggredientes, bordés & frangés d'argent.

Son uniforme eſt, habit & manteau gris-blanc, doublure, paremens & revers rouges, boutons plats de métal
blanc, bufle à petits crochets, bandouliere jaune &
étroite, aiguillette platte, mêlée de jaune & de noir, culotte de peau, chapeau bordé d'argent fin; l'équipage du
cheval eſt jaune, bordé d'un grand galon de panne noire.

M. le Comte d'Egmont, Meſtre de Camp, en 1744,
Brigadier.

M. Daiſy, Major.

34. BEAUVILLIERS. Ce Régiment a deux eſcadrons,
& fut créé *Pleſſis-Belliere*, premier Meſtre de Camp, en
1666, puis *Rabliere*, la *Tournelle* en 1693, la *Feuillade*,
Cayeux en 1705, *Beauvilliers* en 1734.

Il a quatre Etendards de ſoie aurore, ſoleil & deviſe du
Roi, brodés & frangés d'or.

Son uniforme eſt, habit & manteau gris-blanc, doublure & paremens rouges, boutons de drap gris-blanc,
bufle à boutons de cuivre, bandouliere jaune, culotte de
peau, chapeau bordé d'argent fin; l'équipage du cheval
eſt rouge, bordé.

M. le Duc de Beauvilliers-Saint-Aignan, Meſtre de
Camp en 1742, *Brigadier*.

M. Salies, Major.

35. GRAMMONT. Ce Régiment a deux escadrons ; en 1666 il fut créé *Thianges*, premier Mestre de Camp, ensuite *Florenzac* en 1674, le Prince *Talmont* en 1693, la *Tremoille* en 1710, le Prince *Turenne* en 1719, & *Grammont* depuis 1735.

Il a quatre Etendards de soie jaune, soleil & devise du Roi, brodés & frangés d'or.

Son uniforme est, habit & manteau gris-blanc, doublure & paremens rouges, boutons de drap gris-blanc, bufle à boutons de cuivre, bandouliere jaune, aiguillette ronde à deux cordons rouges & verds, culotte de peau, chapeau bordé d'argent fin ; l'équipage du cheval est de drap rouge bordé.

M. le Comte de Grammont, Mestre de Camp en 1745.
M. le Chevalier de Chataigner, Major.

36. BOURBON-BUSSET. Ce Régiment a deux escadrons, & fut créé en 1674 pour M. le Chevalier *Duc*, Gentilhomme Piémontois, premier Mestre de Camp ; ensuite il a été *Roquespine*, *Juilly* en 1701, *Vaudrey* en 1706, *Châtelleraut* en 1734, d'*Andlau* en 1738, & *Bourbon-Busset* en 1745.

Il a quatre Etendards de soie rouge, soleil & devise du Roi, brodés & frangés d'or.

Son uniforme est, habit & manteau gris-blanc, doublure, paremens & revers rouges, boutons d'étain tournés, bufle à boutons de cuivre, bandouliere jaune, culotte de peau, chapeau bordé d'argent fin ; l'équipage du cheval est rouge, bordé.

Prix, 22500 liv.

M. le Comte de Bourbon-Busset, Mestre de Camp en 1745.
M. Raincourt, Major.

37. LA VIEFVILLE. Ce Régiment est de deux esca-

X

drons ; en 1674 il fut créé pour M. le Marquis de *Saint Silvestre*, premier Mestre de Camp ; ensuite il a été *Bercourt*, *Uzès*, *Marcillac* en 1709, *la Roche-Guyon* en 1726, *la Rochefoucault*, *d'Urfé* en 1731, *du Châtelet* en 1734, *Harcourt-Beuvron* en 1734, *Fleury* en 1738, & aujourd'hui *la Viefville*.

Il a quatre Etendards de soie cramoisie, soleil & devise du Roi d'un côté, & de l'autre un Grenadier fleuri & ces mots, *floret & ornat*, brodés & frangés d'or & d'argent.

Son uniforme est, habit, collet & manteau gris-blanc, paremens, revers & doublure rouges, boutons de drap gris-blanc, boutonnieres blanches de deux en deux jusqu'aux poches, bufle à doubles pattes & à agraffes, bandouliere jaune à boucles de cuivre, surtout gris-blanc & paremens à la Prussienne, culotte de panne rouge, chapeau bordé d'argent fin ; l'équipage du cheval est rouge, bordé.

M. le Comte de la Viefville, Mestre de Camp, en 1743, *Brigadier*.

M. Saint Gobert, Major.

38. MAUGIRON. Ce Régiment est de deux escadrons, & fut créé en 1674. Il fut d'abord *Melac*, ensuite *Larrard* en 1690, *Saint-Germain-Beaupré*, *Brion*, *Saffenage* en 1721, & *Maugiron* en 1740.

Il a quatre Etendards de soie rouge, soleil & devise du Roi, brodés & frangés d'or.

Son uniforme est, habit & manteau gris-blanc, doublure, paremens & revers rouges, boutons d'étain d'Allemagne, bufle à boutons de cuivre, bandouliere jaune, culotte de peau, chapeau bordé d'argent fin ; l'équipage du cheval est rouge, bordé.

M. le Comte de Maugiron, Mestre de Camp, en 1740, *Brigadier*.

M. le Chevalier de Calonne, Major.

39. SAINT-JAL. Ce Régiment a deux escadrons, & fut créé en 1666. Il fut d'abord *Thury*, ensuite *Saint-Vallery* en 1674, *Saint-Lievier* en 1691, *Béints* en 1696, *Ruffé*, *Marcillac*, *Montrevel* en 1704, *Vogué* en 1734, & aujourd'hui *Saint-Jal.*

Il a quatre étendards de soie rouge bordés de blanc, soleil & devise du Roi, brodés & frangés d'or.

Son uniforme est, habit croisé avec un retroussis, & manteau gris-blanc, doublure & paremens rouges, boutons d'étain plats, busle à boutons de cuivre, bandouliere jaune, culotte de peau, chapeau bordé d'argent fin ; l'équipage du cheval est rouge, bordé.

M. de Saint-Jal, Mestre de Camp, en 1744, *Brigadier.*

M. le Chevalier de Scepeaux, Major.

40. FUMEL. Ce Régiment est de deux escadrons ; il fut créé pour le Duc *de Foix*, qui en fut premier Mestre de Camp en 1672, ensuite *Biron* en 1674, d'*Esclainvilliers* en 1691, & d'*Esclainvilliers* fils, en 1704, *Peyre* en 1724, *Vintimille* en 1739, & aujourd'hui *Fumel.*

Il a quatre Etendards de soie verte, soleil & devise du Roi, brodés & frangés d'or.

L'uniforme est, habit & manteau gris-blanc, doublure, paremens & revers rouges, boutons de drap gris-blanc, busle à boutons de cuivre, bandouliere jaune, aiguillette plate, blanche, noire, rouge & verte, culotte de peau, chapeau bordé d'argent fin ; l'équipage du cheval est rouge, bordé.

Prix, 22500. liv.

M. de Fumel, Mestre de Camp, en 1749.

M. de Valiere, Major.

41. LAROCHEFOUCAULD-LANGHEAC. Ce Régiment a deux escadrons ; en 1682 il fut créé *Tallard*, *Duras* en 1697, *Villequier* en 1710, la *Mothe-Houdancourt* en 1723, *Bris-*

sac en 1734, & la *Rochefoucauld-Langheac* à préfent.

Il a quatre Etendards de foie jaune, bordés de noir, foleil & devife du Roi, brodés & frangés d'or.

L'uniforme eft, habit & manteau gris-blanc, doublu- res, paremens & petits revers de drap rouge, un grand collet blanc, & deffus un petit collet rouge, manches à l'Allemande, boutons blancs de Strasbourg, larges & plats, bufle bordé de noir à boutons de cuivre, ban- douliere jaune, culotte de peau, chapeau bordé d'un grand galon d'argent fin; l'équipage du cheval eft jaune, bordé d'un galon noir.

Prix, 22500 liv.

M. le Marquis de la Rochefoucauld-Langheac, Meftre de Camp, en 1743, *Brigadier.*

M. de Létau, Major.

42. DE VIENNE. Ce Régiment eft de deux efcadrons; en 1672 il fut créé d'abord d'*Illes*, enfuite *Bezons* en 1675, *Baviere* en 1695, *Saint-Pouange* en 1696, *Bou- gard* en 1721, *Aumont* en 1728, *Camille* enfuite, & au- jourd'hui *de Vienne.*

Il a quatre Etendards de foie rouge, foleil & devife du Roi, brodés & frangés d'or.

L'uniforme eft, habit & manteau gris-blanc, doublu- res, paremens ouverts & revers rouges, boutons de drap gris-blanc, bufle à boutons de cuivre, bandouliere jaune, culotte de peau, chapeau bordé d'argent fin; l'équipage du cheval eft de drap rouge, bordé.

Prix, 22500 liv.

M. le Comte de Vienne, Meftre de Camp, en 1749.

M. le Chevalier de Paant, Major.

43. BUSSY-LAMETH. Ce Régiment a deux Efcadrons; en 1672 il fut créé *Liégeois*, puis *Point-Ségur* en 1675, *Tournefort* en 1696, *Livry* en 1699, *Bezons* & *Beringhen*,

Vaffé en 1730, *Broglie* & aujourd'hui *Buffy-Lameth.*

Il a quatre Etendards de foie cramoifi, foleil & devife du Roi, brodés & frangés d'or.

L'uniforme eft, habit & manteau gris-blanc, doublures, paremens & revers rouges, boutons de cuivre jaune des deux côtés, bufle à boutons de cuivre, bandouliere jaune, culotte de peau & chapeau bordé d'argent fin; l'équipage du cheval eft rouge, bordé.

Prix, 22500 liv.

M. le Comte de Buffy-Lameth, Meftre de Camp, en 1752.

M. Duchey, Major.

44. CRUSSOL. Ce Régiment a deux efcadrons, & il fut créé *Melin*, enfuite *Cayeux*, *Gamache* en 1675, la *Feronnays* pere, en 1669, & M. fon frere jufqu'en 1709, que le Roi le rendit à M. le Comte de la *Feronnays* pere; en 1720 il fut *Chabot*, & aujourd'hui *Cruffol.*

Il a quatre Etendards de foie rouge, foleil & devife du Roi, brodés & frangés d'or.

L'uniforme eft, habit & manteau gris-blanc, doublures & paremens rouges, boutons de cuivre plats, bufle à boutons de cuivre, bandouliere jaune, culotte de peau, chapeau bordé d'argent fin; l'équipage du cheval eft rouge, bordé.

Prix, 22500 liv.

M. le Duc de Cruffol, Meftre de Camp, en 1747.

M. la Bonere, Major.

45. FLEURY. Ce Régiment eft de deux efcadrons; il fut créé en 1673, *Vaubrun*, *Montbac* en 1675, & fes neveux en 1693, de *Vienne* en 1694, *Germinon*, de *Lorges*, *Durfort Randan* en 1720, *Fouquet* de *Bouchefoliere* en 1740, & aujourd'hui *Fleury.*

Il a quatre Etendards de soie rouge, soleil & devise du Roi, brodés & frangés d'or.

L'uniforme est, habit, petit collet & doublure gris-blanc, paremens & revers rouges, boutons de drap gris-blanc, manches coupées, busle à boutons de cuivre, bandoulière jaune, manteau gris-blanc doublé de rouge, culotte de peau, chapeau bordé d'argent fin ; l'équipage du cheval est rouge, bordé.

Prix, 22500 liv.

M. le Chevalier de Fleury, Mestre de Camp, en 1749, *Brigadier.*

M. de Vigerarac, Major.

46. LENONCOURT. Ce Régiment est de deux escadrons ; en 1666 il fut créé *Montauban*, ensuite *Beringhen* en 1672, *Livry* en 1676, *Clermont d'Amboise* en 1689, *Bartillac* en 1702, *Lenoncourt* en 1706, *Heudicourt* en 1735, & aujourd'hui *Lenoncourt.*

Il a quatre Etendards de soie verte, soleil & devise du Roi en or, au revers les armes d'Heudicourt, fond de gueules, bandes de sable & carneaux d'argent, avec ces mots, *si fractus illabatur orbis*, brodés & frangés d'or.

L'uniforme est, habit & doublure gris-blanc, manteau blanc doublé de rouge, paremens & revers rouges, boutons d'étain de trois en trois des deux côtés, manches en bottes, busle à boutons de cuivre, bandoulière de busle, culotte de peau & chapeau bordé d'argent fin ; l'équipage du cheval est de drap rouge bordé de verd.

M. de Lenoncourt, Mestre de Camp, en 1748.

M. le Chevalier de Soupire, Major.

47. BELLEFOND. Ce Régiment a deux escadrons ; en 1672 il fut créé *Leyssac*, Duc de *Villeroy*, puis *Imecourt* en 1676, M. son frere en 1693, *Montauban* & *Fourbin* en 1702, *Chepy* en 1708, *Chepy* en 1728, & aujourd'hui *Bellefond.*

Il a quatre Etendards de foie rouge, foleil & devife du Roi en or, au revers ces mots, *bello felicitas*, brodés & frangés d'or.

L'uniforme eft, habit & manteau gris-blanc, paremens, revers & doublure rouge, boutons de métal blanc, bufle à boutons de cuivre, bandouliere jaune, culotte de peau, chapeau bordé d'argent fin ; l'équipage du cheval eft rouge, bordé.

M. de Bellefond, Meftre de Camp, en 1744.

M. le Chevalier de Montamy, Major.

48. DAMPIERRE. Ce Régiment a deux Efcadrons ; en 1673 il fut créé *Lançon*, puis *Saint-Simon* en 1676, du *Bordage* en 1693, *Bouzols* en 1704, *Briffac* en 1719, *Coffé* en 1727, *Fiennes* en 1735, & aujourd'hui *Dampierre*.

Il a quatre Etendards de foie ponceau, bordés de noir, foleil & devife du Roi, brodés & frangés d'or.

L'uniforme eft, habit & manteau gris-blanc, paremens, doublure & revers rouges, boutons de drap gris-blanc de deux en deux, bufle à boutons de cuivre, bandouliere jaune, culotte de peau, chapeau bordé d'or fin ; l'équipage du cheval eft rouge, bordé.

M. le Marquis de Dampierre, Meftre de Camp en 1748.

M. le Chevalier de Fayat, Major.

49. HENRICHEMONT. Ce Régiment a deux efcadrons ; en 1674 il fut créé *Broglie*, enfuite *Charlus* en 1676, *Levy* en 1684, la *Vaupaliere* en 1704, *Novion* en 1714, une feconde fois *Charlus* en 1717, encore *Levy* en 1727, *Rohan*, & *Henrichemont* à préfent.

Il y a quatre Etendards de foie rouge, foleil & devife du Roi en or, au revers une Vierge & ces mots, *aide Dieu au fecond Chrétien Levy*, brodés & frangés d'or.

L'uniforme eſt, habit, manteau & doublure gris-blanc, paremens & revers de l'habit rouges, boutons de cuivre ſur bois façonnés, bufle à boutons de cuivre, bandouliere jaune, culotte de peau & chapeau bordé d'argent fin; l'équipage du cheval eſt de drap rouge, bordé.

Prix, 22500 liv.

M. le Prince d'Henrichemont, Meſtre de Camp en 1749.

M. Générat, Major.

50. MOUSTIER. Ce Régiment a deux eſcadrons; en 1674 il fut créé *Givry, Courtebonne* en 1677, *Barentin* en 1696, *Villepreux* & *Ruffec-Saint-Simon* en 1717, *Barbançon* en 1735, & aujourd'hui *Mouſtier*.

Il a quatre Etendards de ſoie aurore, ſoleil & deviſe du du Roi, brodés & frangés d'or.

L'uniforme eſt, habit & manteau gris-blanc, doublure, paremens & revers rouges, boutons d'étain demi-ronds façonnés, bufle à boutons de cuivre, bandouliere jaune, culotte de peau, chapeau bordé d'argent fin; l'équipage du cheval eſt de drap rouge, bordé.

M. de Mouſtier, Meſtre de Camp, en 1748,

M. du Molard, Major.

51. SALUCES. Ce Régiment a deux eſcadrons; en 1673 il fut créé *Streff*, puis *Romainville* en 1676, *Wiltz* pere, en 1696, *Wiltz* fils, *Marteville* en 1704, *Roye* en 1719, du *Luc* en 1725, *Puyzieulx* en 1734, *Saluces* en 1743.

Il a quatre Etendards de ſoie rouge, bordés de noir, ſoleil & deviſe du Roi, brodés & frangés d'or, au revers eſt un Lion & ces mots pour deviſe, *animo major quàm viribus*.

L'uniforme eſt, habit, petit collet, doublure & manteau gris-blanc, paremens rouges, boutons d'étain tournés,

nés, bufle à boutons de cuivre, bandouliere jaune, culotte de peau de chevre, chapeau bordé d'argent fin; l'équipage du cheval eft de drap verd, bordé.

Prix, 22500 liv.

M. de Saluces, Meftre de Camp, en 1743, *Brigadier*.

M. de Belot, Major.

52. NOAILLES. Ce Régiment a deux efcadrons; en 1688 il fut créé *Noailles*, enfuite d'*Ayen* en 1694, *Noailles* en 1730. Les aînés de la maifon de Noailles font Meftres de Camp nés de ce Régiment, depuis qu'il fut levé par le premier Maréchal de Noailles à fes dépens.

Il a quatre Etendards de foie rouge, foleil & devife du Roi, brodés & frangés d'or.

L'uniforme eft, habit, paremens, doublure & manteau de drap rouge, boutons de cuivre fur bois, façonnés, bufle à boutons de cuivre, bandouliere jaune, culotte de peau, chapeau bordé d'or fin; l'équipage du cheval eft de drap rouge bordé.

Prix, 22500 liv.

M. le Duc d'Ayen, Meftre de Camp, en 1754.

53. HARCOURT. Ce Régiment a deux efcadrons; en 1689 il fut créé, & ce fut le Cardinal de Furftemberg qui le donna à Louis XIV, puis il a été *Courcillon* en 1704, *Béthune* en 1710 & 1734, *Pons* en 1735, *Harcourt* en 1745.

Il a quatre Etendards de foie ifabelle, foleil & devife du Roi, brodés & frangés d'or.

L'uniforme eft, habit & manteau rouge, doublure & paremens bleus, boutons d'étain, bufle à boutons de cuivre, bandouliere de peau jaune, culotte de peau, chapeau bordé d'argent fin; l'équipage du cheval eft de drap verd bordé.

Prix, 22500 liv.

Y

M. le Marquis de Beuvron, Meſtre de Camp, en 1745.
M. le Chevalier de Ray, Major.

54. DESCARS. Ce Régiment a deux eſcadrons ; en 1707 il fut formé de deux compagnies des Gardes du Roi d'Eſpagne, amenées en France de Milan par le Prince de Lorraine de Vaudemont, dont le Régiment portoit le nom ; le Marquis de *Mouchy d'Hocquincourt* en fut le premier Meſtre de Camp la même année, enſuite M. le Marquis d'*Asfeld* en 1738, & à préſent M. le Marquis *Deſcars*.

Il a quatre Etendards de ſoie aurore, ſoleil & deviſe du Roi, brodés & frangés d'or.

L'uniforme eſt, habit & manteau gris-blanc, doublure, paremens & revers rouges, boutons d'étain plats & bordés unis, bufle à boutons de cuivre, bandouliere jaune, culotte de peau, chapeau bordé d'argent fin ; l'équipage du cheval eſt de drap rouge bordé.

M. le Vicomte Deſcars, Meſtre de Camp, en 1744, *Brigadier*.

M. Laiſné, Major.

55. MOUCLAIN. Ce Régiment a deux eſcadrons ; il fut créé en 1749, & fut formé des neuviémes compagnies des premiers Régimens.

Il a quatre Etendards.

L'uniforme eſt, habit gris-blanc, paremens, revers & doublure rouges, boutons d'étain d'Allemagne, bufle à boutons de cuivre, bandouliere jaune, manteau gris-blanc doublé de rouge, culotte de peau ; l'équipage du cheval eſt rouge bordé.

M. de Mouclain, Meſtre de Camp, en 1749, *Brigadier*.

M. Demont, Major.

56. BEZONS. Ce Régiment a deux eſcadrons, & fut

formé en 1749 des neuviémes compagnies des premiers Régimens.

L'uniforme eſt, habit gris-blanc, paremens, revers & doublure rouges, boutons de cuivre, bufle à boutons de même, bandouliere jaune, manteau gris-blanc doublé de rouge, culotte de peau; l'équipage du cheval eſt rouge bordé.

M. de Bezons, Meſtre de Camp, en 1749.

M. Defpinefort, Major.

CAVALERIE ETRANGERE.

Cavalerie Allemande.

ROYAL-ALLEMAND. Ce Régiment eſt le onziéme de la Cavalerie de France; il fut créé en 1671 ſur le pied de vingt-quatre compagnies, à cinquante chevaux chacune, au nom de M. le Comte de *Konigfmark*, qui en a été le premier Meſtre de Camp Allemand; en 1688 il a eu le titre *Royal*, & ce fut en ce temps que M. *Bohlon* en a été Meſtre de Camp, enſuite M. le Comte de *Naſſau-Sarbruck* en 1693, M. de *Quàdt* en 1712, M. le Prince de *Naſſau-Sarbruck*, Meſtre de Camp Lieutenant, en 1737. Ce Régiment a été souftrait en 1727 de la revue des Directeurs & Infpecteurs généraux, & il y eſt rentré en 1737.

Ce Régiment qui ne doit être compoſé que d'Etrangers, a un Meſtre de Camp, deux Lieutenans-Colonels, deux Majors, deux Aide-Majors, ſix Capitaines, huit Lieutenans, faiſant vingt-un Officiers en pied, avec huit Maréchaux des Logis; il eſt de deux eſcadrons qui forment huit compagnies, à quatre par eſcadron & à trente Maîtres chacune, faiſant en tout deux cens quarante Maîtres, y compris ſeize cadets conſervés par le Roi, à deux par compagnie, & vingt-quatre brigadiers à trois par compagnie.

Il a des Trompettes & une Timbale, avec quatre Etendards de foie blanche, foleil & devife du Roi, *nec pluribus impar*, brodés & frangés d'or des deux côtés, fuivant les Ordonnances du Roi, des 8 Janvier & 28 Février 1737.

Il y a de plus Prévôté ou grand Etat-Major, compofée d'un Maréchal des Logis, d'un Aumônier, d'un Chirurgien Major, d'un Prévôt avec fon Lieutenant, d'un Greffier, de quatre Archers & d'un Exécuteur de Juftice.

L'uniforme eft à la Polonoife, robe & manteau de drap bleu, doublés de rouge, petits paremens rouges retrouffés en pattes, garnis de brandebourgs, & boutons de foie rouge, blanche & bleue, vefte de drap incarnat, bordée d'un galon de fil blanc, à boutons d'étain, culotte de peau, bonnets à la Polonoife, avec une peau d'ours noire autour, & le deffus rouge, bandouliere jaune étroite de trois doigts & piquée; l'équipage du cheval eft de drap bleu bordé de blanc.

M. le Prince de Holftein-Beck, Meftre de Camp, en 1746.

M. de Guntzer, Major.

WIRTEMBERG. Ce Régiment, qui eft de deux efcadrons, a rang de cinquante-troifiéme: il entra au fervice de Louis XIII en 1639, après la mort du Duc de *Saxe-Weimar*; il étoit alors de mille chevaux, & appartenoit à *Rembold de Rofen*, premier Meftre de Camp, qui fut fait Lieutenant Général des armées du Roi. Après fa mort, en 1667, Louis XIV le donna à *Conrade de Rofen* fon neveu, depuis Maréchal de France en 1703. Ce Régiment fut licencié en 1668, à la paix de Nimegue; en 1671 il fut remis fur pied par le même *Conrade de Rofen*, qui le céda en 1682 au Comte de *Rottembourg* fon gendre, qui le vendit en 1696 à *Charles de Rofen* fon beau-frere, fils du Maréchal, puis en 1709 il le fut au Comte *Alexandre de Rottembourg* fon neveu, petit-fils du Maréchal, qui le vendit en 1720 au Comte d'*Helmftat* fon beau-frere; celui-ci le remit au Comte de *Rofen*, petit-fils du Maréchal, en

1729 ; M. le Prince *Louis de Wirtemberg* lui a fuccédé en 1749. Il a auffi Prévôté ou grand Etat Major, avec quatre Etendards de foie jaune, foleil & devife du Roi en or, & aux quatre coins un trophée d'armes, & le quarré brodé en argent, le revers brodé de même, avec trophées aux coins, & au milieu un rofier fleuri en foie, & ces mots au-deffus : *Flores cum armis*, brodés & frangés d'or.

Uniforme, habit & manteau gris-blanc, doublure, paremens & revers rouges fort larges, du haut en bas, boutons de drap gris fur bois, bufle à boutons de cuivre, bandouliere étroite de peau jaune, culotte de peau & chapeau bordé d'un grand galon d'argent fin ; l'équipage du cheval eft de drap jaune bordé de noir.

M. le Prince de Wirtemberg, Meftre de Camp, en 1749, *Maréchal de Camp*.

M. le Marquis de Rofen, Colonel en fecond.

M. de Marfilly, Major.

NASSAU SAARBRUCK. Ce Régiment a rang de cinquante-huitiéme, & a été créé en 1744 pour M. le Prince de Naffau Saarbruck ; il eft de deux efcadrons.

Il a quatre Etendards.

Uniforme : habit de drap bleu de Roi, paremens & revers couleur de paille, bufle & culotte de peau, avec une petite manche rouge, boutons & boutonnieres jaunes, aiguillette ronde, chapeau bordé d'or fin ; l'équipage du cheval eft de drap bleu, bordé.

M. le Prince de Naffau Saarbruck, Meftre de Camp, en 1744, *Lieutenant-Général*.

Cavalerie Irlandoife.

FITZJAMES. Ce Régiment eft le cinquante-fixiéme, & fut formé fur le pied François, en 1698, de deux Régimens Irlandois de cavalerie levés en 1692. Il a été *Scheldon, Nu-*

gent, *Irlandois* en 1716, *Fitzjames* en 1733; il est de deux escadrons. Il a quatre Etendards de soie jaune, Soleil & devise du Roi brodés & frangés d'argent, les housses & chaperons jaunes, bordés de blanc.

Uniforme, habit & manteau rouge, doublure, paremens & revers bleus à la bavaroise, boutons d'étain de deux en deux, bufle à boutons de cuivre, bandouliere de peau jaune, culotte de peau, chapeau bordé d'argent fin; l'équipage du cheval est de drap rouge, bordé.

M. le Duc de Fitzjames, Mestre de Camp, en 1733; *Lieutenant-Général*.

M. le Chevalier de Bertagh, Major.

HUSSARDS.

Les Hussards n'étoient point connus en France avant le regne de Louis XIV, du moins ne l'étoient-ils point sous l'habillement & le nom de Hussards : on trouve dans le temps de Louis XIII, dans l'Etat de revue de l'armée qui assiégea & prit Landrecy en 1637, cinq compagnies de cavalerie Hongroise, & les Hussards dans leur institution n'étoient autres que des cavaliers Hongrois. Les premiers qui porterent le nom d'Hussards en France, & qui furent équipés à la Hongroise, furent des déserteurs au nombre de vingt, à qui M. de Luxembourg donna un passeport pour aller à la petite guerre, en 1691; ils y firent si bien, que l'année suivante Louis XIV ordonna d'en faire un Régiment pendant l'hyver. Ce Régiment entra en campagne étant composé de deux escadrons, à trois compagnies de cinquante maîtres chacune; il y eut un Mestre de Camp, un Lieutenant-Colonel & un Major : ce Régiment a subsisté jusqu'à la paix suivante qu'il fut réformé.

M. le Maréchal de Villars en leva un aussi dans le même temps, dont M. de Verseils fut Mestre de Camp; ce Régiment fut incorporé à la paix dans celui de Ratzky; ce dernier avoit été donné à Louis XIV, en 1701, par l'Electeur de Baviere, il subsiste aujourd'hui sous le nom d'Apremont-Linden, qui est le plus ancien.

SUR LA CAVALERIE. 175

Nous avons eu pendant la guerre derniere fept Régimens de Huffards à quatre efcadrons, chacun de trois compagnies; celles du Régiment de Berchiny étoient de foixante-quinze hommes, compris vingt-cinq furnumeraires; ces Régimens fubfiftent encore aujourd'hui, mais ils ont été réduits, par Ordonnance du 30 Novembre 1748, à un efcadron chacun, de quatre Compagnies de vingt-cinq hommes, excepté celui de Berchiny qui a deux efcadrons.

Le Roi entend par la même Ordonnance que les Régimens de Berchiny, Turpin & Pollereski foient entiérement compofés d'Hongrois, & que ceux d'Apremont-Linden, Beaufobre, Rougrave & Ferrari, foient entretenus d'Allemands ou autres Etrangers qui ne feront pas de la nation Hongroife; chaque compagnie eft compofée d'un Capitaine; il n'y a point encore d'Ordonnance pour l'augmentation de ce corps.

Huffards Hongrois.

BERCHINY. Ce Régiment a deux efcadrons, & fut formé en Turquie en 1719 par M. de Berchiny premier Meftre de Camp de Huffards, qui l'amena en France, & il fut envoyé par le Roi dans les Cévenes, au fujet de la contagion, la même année 1719.

Il a quatre Etendards, dont un de foie blanche en pointe fendu par le bas, trois fleurs de lis d'or, & trois autres bleus de même, bordés & frangés d'argent.

Uniforme, pelliffe, vefte & culotte à la Hongroife d'un drap bleu célefte; la pelliffe eft garnie d'une douzaine & demi de gros boutons ronds pour le rang du milieu, & de trois douzaines de petits demi-ronds pour les deux côtés, de façon qu'il y a trois rangs de cordonnet de fil blanc pour fervir de boutonnieres; galon de fil blanc de fix lignes de largeur pour border la manche ainfi que la poche. La doublure de la pelliffe eft de peau de mouton blanche, & bordée tout autour d'une pareille peau noire : la vefte eft doublée d'une forte toile, & l'extrêmité de la manche eft retrouſſée dans l'épaiſſeur d'un pouce de drap bleu céleſte. La culotte eſt doublée d'une forte toile écrue; les bonnets ou ſcakos ſont de feutre rouge garnis en bleu céleſte, & bordés d'un galon blanc; l'écharpe eſt compoſée de laine cordonnée de couleur rouge garance, avec des boutons bleu céleſte; le manteau eſt de drap bleu de Roi à deux envers, avec le collet de même.

Les ſabretaches de ce Régiment ſont de drap rouge ornés d'une fleur de lys couronnée, bordés d'un galon blanc, les houſſes de drap rouge doublées de toile, bordées d'un galon de fil blanc de dix-huit lignes de largeur, ayant cinq fleurs de lis blanches couronnées & bordées d'un petit cordonnet de couleur bleue céleſte; le ceinturon à la Hongroiſe de cuir rouge, de quatre pieds de long & de quatorze lignes de large, avec trois anneaux de fer & une boucle, la bandouliere de cuir rouge de cinq pieds de long, & de deux pouces de large; la cartouche de vache rouge; bottes molles de cuir noir à la Hongroiſe.

Le tout eſt conforme à l'Ordonnance du 15 May 1752, concernant l'habillement des Huſſards.

M. le Comte de Berchiny, Meſtre de Camp, en 1751, *Lieutenant-Général.*

M. Wielgirard, Major.

TURPIN. Il a un eſcadron, & fut formé en 1734, à Strasbourg, pour M. le Comte d'*Eſterhaſi*, premier Meſtre de Camp Huſſard, enſuite M. *David*, & aujourd'hui M. le Comte *Turpin.*

Il a deux Étendards de ſoie, dont un blanc & l'autre bleu, tous deux en pointe & fendus par le bas, avec un Soleil & deviſe du Roi de chaque côté, brodés & frangés d'argent.

L'uniforme de ce Régiment eſt ſemblable à celui de Berchiny, excepté le galon & la garniture qui ſont noires; les fleurs de lis ſont ſans couronnes.

M.

M. le Comte de Turpin de Criffé, Meftre de Camp, en 1747, *Brigadier.*

M. Kacforfsky, Major.

POLERESKY. Ce Régiment a un efcadron, & fut créé en 1743.

Il a deux Etendards.

L'uniforme eft de même que celui de Berchiny, excepté le galon & la garniture, qui font rouges, & les fleurs de lis auffi fans couronnes.

M. de Poleresky, Meftre de Camp.

M. Szylagy, Major.

HUSSARDS ALLEMANDS.

LINDEN. Ce Régiment a un efcadron, & fut donné à Louis XIV par M. l'Electeur de Baviere, en 1701. M. le Marquis de *S. Geniés* en fut premier Meftre de Camp, enfuite le Baron de Rattky.

Il a deux Etendards de foie en pointe, fendus par le bas, foleil & fleurs de lis, brodés & frangés d'or.

Son uniforme eft de même que celui de Berchiny, excepté le galon & la garniture, qui font jaunes, & les fleurs de lis fans couronnes.

M. le Comte d'Apremont-Linden, Meftre de Camp, en 1743, *Maréchal de Camp.*

M. Schwilgué, Major.

BEAUSOBRE. Ce Régiment eft d'un efcadron; il a été créé en 1744, & a aujourd'hui pour Meftre de Camp M. le Marquis de *Beaufobre.*

Il a deux Etendards.

Son uniforme eft comme celui de Berchiny, excepté que celui-ci a un galon d'argent faux, & garniture bleu de Roi; les fleurs de lis font fans couronnes.

M. le Marquis de Beaufobre, Meftre de Camp.

M. Dorb l'aîné, Major.

Z

RAUGRAVE. Ce Régiment a un escadron, & a été créé en 1744. M. de Raugrave en est aujourd'hui Mestre de Camp.

Il a deux Etendards.

Son uniforme est comme celui de Berchiny, excepté le galon & la garniture, qui sont aurore, & les fleurs de lis sans couronnes.

M. le Comte de Raugrave, Mestre de Camp, en 1743, *Maréchal de Camp.*

M. Coify, Major.

FERRARI. Ce Régiment a un escadron, & a été créé en 1748. M. de *Ferrari* en est aujourd'hui Mestre de Camp.

Il a deux Etendards.

Son uniforme est de même que celui de Berchiny, excepté le galon & la garniture, qui sont d'un verd clair; les fleurs de lis sont aussi sans couronnes.

M. de Ferrari, Mestre de Camp, en 1745, *Brigadier.*
M. Salomon, Major.

BRIGADIERS DE DRAGONS.

1719, 1er. Février.

M. le Marquis d'Orival.
M. le Marquis de Lautrec.
M. de Conches.
M. Lauthier.

1738, 1er. Mars.

M. Desplassons.

1743, 20 Février.

M. de Thiers.

1747, 20 Mars.

M. le Chevalier de Beaufremont-Listenois.
M. le Chevalier d'Hugues.
M. Severac de Jusses.

1747, 14 Mai.

M. de Saint Sauveur.

1748, 1er. Janvier.

M. le Comte de Castellanne.

M. le Comte de Lillebonne.

M. de Fontés.

M. de Marmier.

1748, 10 Mai.

M. le Chevalier de Mezieres.

M. de la Blache.

M. le Marquis de Goyon.

M. le Comte de Montazet.

M. le Marquis d'Amezaga.

M. Desanglés.

M. de Mallevielle.

Des Dragons.

La maniere de combattre des Dragons est fort ancienne ; ce qui a été dit ci-devant, en parlant de l'origine de la cavalerie, fournit assez de preuves qu'il y a eu des troupes de cavalerie qui faisoient le service à pied ou à cheval, suivant les lieux & les besoins ; on ne peut donc discuter que sur le nom de Dragon : les Auteurs ne conviennent pas entr'eux de l'étymologie du nom. Je crois (il est vrai sur des apparences) qu'il sert à exprimer la vigilance, l'activité & la valeur qui doivent être les principales qualités de cette espece de gens à cheval, & que c'est delà que leur vient le nom de Dragon. Le Chevalier *Melzo*, Officier au service d'Espagne, qui a écrit en 1611 sur la cavalerie, s'exprime ainsi, *l'uso de gli Archibuzzi à cavallo, fu inventato da Francesi, nelle ultime guerre di Piedmonte, & da essi furono chiamati Dragone, il qual nome tutta via ritengono appresso di loro.* L'usage des Arquebusiers à cheval a été inventé par les François dans les dernieres guerres du Piedmont, & furent nommés par eux Dragons ; ce nom leur est resté. Nous avons connoissance de compagnies de Dragons

Z ij

en 1554, du temps d'Henri II ; le Maréchal de Brissac en avoit sous ses ordres dans l'armée qu'il commandoit en Piedmont. Les Histoires de Charles IX., d'Henri III, d'Henri IV, font mention d'*Arquebusiers à cheval* qu'on appelloit *Dragons.*

En 1662 le Comte de Soissons en avoit au blocus qu'il fit de la Rochelle ; Louis XIII les supprima en 1628 des troupes Françoises ; il n'y eut que ceux qui étoient étrangers qui furent conservés.

Ce même Roi en 1635, au mois de Juin, les rétablit en compagnies dont les commissions furent délivrées en trois jours ; sur la fin du regne de ce Prince il y avoit un Régiment de Dragons du Cardinal de Richelieu, de neuf cens hommes, un autre de M. d'Aligre, & plusieurs autres ; depuis ce temps les Dragons ont toujours existé. Le Régiment de la Ferté, de quarante compagnies, si connu par sa bonne réputation, fut levé en 1645 dans la Lorraine, dont le Marquis de la Ferté étoit Gouverneur. Les relations de la bataille de Rocroi parlent d'un Régiment de Dragons du Cardinal Mazarin.

En 1657, le Comte de Montecuculli, qui devoit passer au service de France, y envoya quatre compagnies de Dragons Allemands, auxquelles on en ajouta quatre autres de soldats choisis des Régimens d'infanterie.

En 1668, ce Régiment fut partagé en deux, dont l'un forma le Colonel général, & l'autre fut appellé Royal.

Les Régimens de Dragons furent tellement multipliés qu'il y en avoit en 1690 quarante-trois sur pied, & en 1704 trente ; on en conserva toujours quatorze à toutes les réformes, qui furent appellés les quatorze vieux ; en 1718 on les augmenta de celui d'Orléans.

Les Régimens & compagnies ont été différemment composés suivant les temps. A la guerre pour la couronne d'Espagne, qui commença en 1701, les Régimens de Dragons étoient de douze Compagnies, & les compagnies de trente-cinq Dragons : il y eut depuis bien des changemens ; à la paix en 1738 ils furent mis à seize compagnies de vingt-cinq hommes, dont dix à pied.

À la guerre derniere, en 1744, ils ne furent augmentés que de deux Régimens, fçavoir celui du Roi, formé d'une compagnie de chaque Régiment, & celui de Languedoc qui fut appellé Septimanie, levé par la Province de ce nom, comme elle en avoit aussi levé un en 1703. Chaque Régiment étoit composé de cinq escadrons, à trois compagnies de cinquante Dragons montés, compris trois Brigadiers & un tambour. Les Dragons ensemble formoient 12750 hommes.

Ces dix-sept Régimens ont été réduits par la derniere Ordonnance de réforme, du 31 Octobre 1748, chacun à huit compagnies à cheval de trente hommes, commandés par un Capitaine, un Lieutenant, avec un Maréchal des logis & quatre compagnies de soixante Dragons à pied, ayant à leur tête un Capitaine, un Lieutenant & un Lieutenant en second.

L'Ordonnance d'augmentation, & qui remet tous les Dragons à cheval, est à la fin de cet Ouvrage.

Le 20 Janvier 1749, le Régiment de Septimanie a été licencié, & les Officiers réformés avec appointemens à la suite de Montpellier, pour, dans les occurrences qui pourront l'exiger, remettre sur pied ledit Régiment, & y faire passer des hommes tirés des compagnies Gardes-côtes de la Province de Languedoc.

L'Etat Major de chacun des seize Régimens de Dragons actuellement sur pied, est composé d'un Mestre de Camp, d'un Lieutenant-Colonel, d'un Major, & de deux Aides-Majors.

Le Colonel Général a de plus que les autres, un Mestre de Camp Lieutenant, un Lieutenant en second, (ce dernier ne doit pas être remplacé lorsque sa charge viendra à vaquer,) un Sous-Lieutenant & un Cornette blanc en charge; le Mestre de Camp a un Lieutenant en second qui ne doit pas être remplacé lorsque sa charge viendra à vaquer, & un Cornette en charge; les Lieutenans de ces deux Régimens sont Capitaines nés.

Les cinq Régimens, Royal, du Roi, de la Reine, Dau-

phin & Orléans ont chacun un Meſtre de Camp Lièute-
nant.

Le ſervice des Dragons renferme celui de toutes les autres troupes.

Les compagnies ſont ordinairement vendues 7000 liv.
A l'égard du prix des Régimens, il ſe trouvera à l'endroit où il ſera parlé de chacun en particulier.

Le rang des Régimens a été reglé ; ſçavoir, pour ceux
levés pendant le regne de Louis XIV, par Ordonnance
du premier May 1699, celui du Roi en 1744, & Orléans
par Ordonnance du 23 Avril 1718.

*Abrégé hiſtorique de chaque Régiment de Dragons, avec
leur rang, le nom qu'ils ont eu, leur Etendard, deviſe,
uniforme & prix des Régimens.*

1. COLONEL GÉNERAL, fut formé, comme il a été dit ci-
devant, en 1668. Ses prérogatives ſur les Régimens de Dragons ſont à l'*inſtar* de celles de Colonel Général de la cavalerie. La compagnie Colonelle générale eſt de même montée
ſur des chevaux gris. Il eſt de deux eſcadrons, & a eu pour
premier Colonel Général M. le Duc de *Lauzun* ; enſuite
le Marquis de *Tilladet*, le Marquis de *Coigny*, le Comte de
Coigny, & aujourd'hui M. le Duc de *Chevreuſe* depuis 1754.

Ce Régiment a deux Guidons de ſoie, dont un blanc
ſemé de fleurs de lis d'or avec le chiffre du Roi couronné
au milieu, & ſemé de flammes d'or ſans nombre, & les
trois autres cramoiſi, de même brodés & frangés d'or.

Son uniforme eſt, habit & manteau rouge, doublure,
paremens, veſte & culotte bleue, la veſte bordée d'un galon de laine blanche ; boutons d'étain façonnés, boutonnieres blanches, bonnet rouge doublé de bleu & bordé de
blanc, épaulette & cordon de ſabre blanc, ceinturon,
cordon du fourniment & cartouche de peau piquée de
blanc, bas blancs, chapeau bordé d'argent fin, cocarde
noire ; l'équipage du cheval eſt de drap bleu, bordé d'un
galon de laine blanche, avec les attributs du Colonel
Général.

M. le Duc de Chevreufe, Colonel Général.

M. le Chevalier de Goyon, Meftre de Camp Lieutenant, en 1744, *Brigadier*.

M. le Comte de Dunois, Meftre de Camp en fecond, en 1755.

M. la Mare, Major.

2. MESTRE DE CAMP GÉNÉRAL, fut levé *Teffé* en 1674, & eft devenu Meftre de Camp Général en 1684. M. le Comte de *Teffé* en fut premier Meftre de Camp Général, & aujourd'hui M. le Marquis de *Coigny* depuis 1754.

Ce Régiment a deux Guidons de foie à double fonds bleu & blanc; le bleu eft femé de fleurs de lis brodées en or, & fur le blanc font écrits ces mots: *Victoria pinget*, brodés & frangés d'or.

Son uniforme eft, habit, manteau, doublure, paremens, vefte & culotte rouges, boutons d'étain fur bois, boutonnieres blanches, bonnet tout rouge, bordé de blanc, galon noir, ceinturon, cordon du fourniment & cartouche de peau, piqué de blanc, bas blancs, chapeau bordé d'argent fin, cocarde noire, épaulette & cordon de fabre noirs; l'équipage du cheval eft rouge bordé de noir.

M. le Marquis de Coigny, Meftre de Camp Général, en 1754.

M. la Porterie, Major.

3. ROYAL, eft de deux efcadrons; il fut créé en 1667 par M. le Comte de Montecucully, & partagé en 1668, dont une partie a formé celui de Colonel Général.

Ce Régiment a deux Guidons de foie bleue, foleil d'or de chaque côté, femés de fleurs de lis brodées en or, & frangés de même.

Son uniforme eft, habit & manteau bleu, doublure, paremens, vefte & culotte rouges, boutons d'étain façonnés, bonnet bleu, revers rouge, bordé d'un galon de laine fonds

blanc, mêlé des couleurs de la livrée du Roi; l'épaulette de
même, ainsi que le cordon du sabre, le reste comme au
premier ; l'équipage du cheval bleu, bordé comme ci-
dessus.

Prix, 120000 liv.

Le Roi, Mestre de Camp.

M. le Marquis de la Blanche, Mestre de Camp Lieutenant, en 1744, *Brigadier*.

M. Dantezat, Major.

4. DU ROI. Ce Régiment est de deux escadrons, & a
été créé en 1744. M. le Comte de *Creil* en a été premier
Mestre de Camp Lieutenant, ensuite M. d'*Ormenans* en
1747, & aujourd'hui M. de Scey.

Ce Régiment a deux Guidons.

Son uniforme est, habit & doublure bleue, paremens &
veste rouges, housse & chaperon bleu, bordés d'un galon
de laine fonds jaune, mêlé des livrées du Roi, épaulette
& cordon du sabre de même couleur, bonnet & revers
bleu, bordés de la même couleur que la housse.

Prix, 80000 liv.

Le Roi, Mestre de Camp.

M. le Comte de Scey, Mestre de Camp Lieutenant, en
1748.

M. Nanthiat, Major.

5. LA REINE. Ce Régiment a deux escadrons, & fut
levé en 1673 pour la Reine Marie-Thérèse d'Autriche.
M. le Chevalier d'*Hocquincourt* en a été premier Mestre
de Camp Lieutenant, & M. le Comte de Morand l'est aujourd'hui.

Il a deux Guidons de soie rouge, les armes de la Reine au milieu, semés de fleurs de lis brodées d'or & frangés
d'or & d'argent.

Son uniforme est, habit rouge, doublure, paremens
&

& vefte bleus, boutonnieres & boutons de deux en deux: houffe & chaperon rouges, bordés d'un galon de laine de la livrée de la Reine ; épaulette & cordon de fabre de même couleur, bonnet rouge, revers bleu, bordé pareillement.

Prix, 120000 liv.

La Reine, Meftre de Camp.

M. le Comte de Morand, Meftre de Camp Lieutenant, en 1748.

M. la Borie, Major.

6. DAUPHIN. Ce Régiment fut créé pour M. le Dauphin, fils aîné de Louis XIV, en 1673. Il a deux efcadrons, & a eu pour premier Meftre de Camp Lieutenant M. le Marquis de Sauvebœuf; aujourd'hui c'eft M. le Comte de Canify.

Il a deux Guidons de foie bleue, femés de fleurs de lis & de Dauphins, avec un foleil au milieu & devife latine, *in periculo ludunt*, brodés en or & en argent, frangés de même.

Son uniforme eft; habit, paremens, doublure & vefte bleus ; houffe & chaperon bleus, bordés d'un galon de laine blanche moucheté de bleu, ainfi que l'épaulette & le cordon de fabre; bonnet tout bleu bordé d'un pareil galon.

Prix, 100000 liv.

M. le Dauphin, Meftre de Camp.

M. le Comte de Canify, Meftre de Camp Lieutenant, en 1748.

M. Chazal, Major.

7. ORLÉANS. Ce Régiment eft de deux efcadrons, & fut créé en 1718, pour la maifon d'Orléans. Il a eu ce nom & ce rang par Ordonnance de la même année, & pour premier Meftre de Camp Lieutenant, M. le Marquis de la Farre, enfuite le Marquis de Trefnel, le Marquis

Aa

de Boufflers , & aujourd'hui le Chevalier de Pons.

Il a deux Guidons de foie rouge , femés de fleurs de lis d'or , un Hercule au milieu appuyé fur fa maffue , couvert & ceint de la peau du Lion , avec des Lauriers & ces mots , *nomen laudefque manebunt* , & le chiffre d'Orléans couronné au haut , brodés & frangés d'or & d'argent.

Son uniforme eft , habit rouge , paremens , doublure & vefte bleus , boutonnieres & boutons de trois en trois ; houffe & chaperon rouges , bordés d'un galon de laine des couleurs de la livrée d'Orléans , ainfi que l'épaulette & le cordon de fabre ; bonnet rouge , revers bleu bordé d'un pareil galon.

M. le Duc d'Orléans , Meftre de Camp.

M. le Chevalier de Pons , Meftre de Camp Lieutenant, en 1749.

M. d'Humieres , Major.

8. BEAUFREMONT. Ce Régiment a deux efcadrons , & fut créé en 1673. Il fut formé par M. de *Liftenois* , de la branche aîné de Beaufremont , qui en fut premier Meftre de Camp ; fon frere lui fuccéda en 1674 ; puis il a été *Grammont* en 1678 , *Peffac* en 1696 , il redevint *Liftenois* en 1699 , *Beaufremont* en 1710 , & eft aujourd'hui *Beaufremont* depuis 1730.

Il a deux Guidons de foie bleue , chargés d'un foleil d'or & devife du Roi en or d'un côté , & de l'autre , vairé d'or & de gueules , avec le cri de la Maifon de Beaufremont, *Dieu aide au premier Chrétien* , brodés & frangés d'or.

Son uniforme eft , habit , vefte , doublure & paremens rouges ; houffe & chaperon rouges , bordés d'un galon de laine ventre de biche ; l'épaulette & le cordon de fabre de la même couleur ; bonnet & revers rouge , brodés d'un galon pareil à celui de la houffe.

Prix , 120000 liv.

M. le Marquis de Beaufremont, Meftre de Camp, *Lieutenant Général.*

M. Rideberg , Major.

9. AUBIGNÉ. Ce Régiment a deux escadrons ; en 1673 il fut créé *Firmarcon* , ensuite *Barbezieres* en 1678 ; *d'Estrades* en 1692 ; *Belle-isle* en 1705 , *Bonnelles* en 1709; *d'Armenonville* en 1727 ; *Surgeres* , & aujourd'hui *d'Aubigné* depuis 1745.

Il a deux Guidons de soie rouge , devise du Roi en or, brodés & frangés d'or.

Son uniforme est , habit, paremens , veste & doublure rouges , housse & chaperon rouges bordés d'un galon de laine blanche , ayant deux zigzags rouges ; l'épaulette & le cordon de sabre de même ; bonnet & revers rouges , bordés d'un pareil galon que celui de la housse.

Prix , 100000 liv.

M. le Chevalier d'Aubigné, Mestre de Camp, en 1745.

M. Marel, Major.

10. CARAMAN. Ce Régiment, qui a deux escadrons , fut créé en 1674, & a eu pour premier Mestre de Camp M. de S. Sandoux , puis *Puisonnel* en 1677 ; *Gobert* en 1690 ; *d'Albert* en 1700 , Vidames d'Amiens en 1701 ; du *Heron* en 1702 ; *Bourneuf, Vassé* en 1705 ; *Espinay , Vibraye* en 1734, & à présent *Caraman* depuis 1745.

Il a deux Guidons de soie rouge , devise du Roi en or; au revers , deux couronnes de laurier jointes ensemble , sur fond bleu , & ces mots , *pro gemino certamine* , brodés & frangés d'or.

Son uniforme est , habit, paremens , doublure & veste rouges , housse & chaperon rouges , bordés d'un galon de laine verte ; épaulette & cordon du sabre de même ; bonnet rouge , bordé aussi de verd.

Prix , 100000 liv.

M. de Caraman , Mestre de Camp , en 1745.

M. le Marquis Damezoga , Major.

11. LA FERONAYE. Ce Régiment, qui a deux escadrons,

fut créé en 1674 *du Fay* , premier Meftre de Camp ; *la Lande* en 1678 , *Verac* en 1696 ; *Caylus* & *Beaucourt* en 1716 ; *Vitry* en 1725 ; l'*Hôpital-Sainte-Mesme* en 1739 , & aujourd'hui *la Feronaye.*

Il a deux Guidons de foie bleue , & devife du Roi en or ; au revers un coq brodé d'argent, aux armes de l'Hôpital-Vitry , & ces mots , *vigil & audax* , brodés & frangés d'or,

Son uniforme eft , habit , paremens , doublure & vefte rouges, houffe & chaperon rouges , bordés d'un galon de laine bleu-clair ; épaulette & cordon de fabre de la même couleur ; bonnet & revers rouges , bordés de bleu.

Prix , 100000 liv.

M. le Comte de la Feronaye, Meftre de Camp, en 1749.
M. Duroure , Major.

12. HARCOURT. Ce Régiment, qui eft de deux efcadrons , fut formé en 1674 à Maeftrick , de compagnies Franches & de Compagnies de Liégeois , puis il a été *la Bretéche* en 1675 ; *Chevilly* en 1682 ; *Caylus* en 1688 ; *Lautrec* en 1696 ; *Rochepierre* en 1720 , *Harcourt* en 1728. Ce Régiment avoit pris des Timbales à la guerre ; il les a confervé long-temps , mais le Roi les a fupprimées.

Ce Régiment a deux Guidons de foie cramoifie d'un côté , devife du Roi brodée en or , & le revers de Damas jaune , avec un nuage d'où fort la foudre qui brûle un Château , & ces mots , *fulgere citiùs* , brodés & frangés d'or & d'argent.

Il a pour uniforme , habit , paremens , doublure & vefte rouges : houffe & chaperon rouge , bordés d'un galon de laine jaune & noire ; épaulette & cordon du fabre de même ; bonnet rouge , bordé comme la houffe.

Prix , 120000 liv.

M. le Comte de Lillebonne , Meftre de Camp, en 1743.
M. Lambert , Major.

13. APCHON. Ce Régiment, qui eſt de deux eſcadrons, fut créé en 1674. Il a été *Nicolaï* ; *Burſard* en 1676 ; *Senneterre* en 1692 ; *Belleabre* en 1700 ; *Plelo* en 1727 ; encore *Nicolaï* en 1731 ; *Bertillac* en 1744, & aujourd'hui d'*Apchon*.

Il a deux Guidons de ſoie verte, deviſe du Roi en or, brodés & frangés d'or.

Son uniforme eſt, habit, paremens, doublure & veſte rouges ; houſſe & chaperon rouges, bordés d'un galon de laine bleue & aurore ; épaulette & cordon de ſabre de même ; bonnet rouge bordé comme la houſſe.

Prix, 100000 liv.

M. le Comte d'Apchon, Meſtre de Camp, en 1748.

M. de Selier, Major.

14. THIANGE. Ce Régiment, qui eſt de deux eſcadrons, fut créé en 1676. Il a été d'abord *Audigeau*, puis *Asfeld* en 1678, & ſon frere en 1689 ; *Hautefort* en 1690, *Sommery* en 1707, *la Suze* en 1731, *Asfeld*, & aujourd'hui *Thiange*.

Il a deux Guidons de ſoie rouge, deviſe du Roi en or, brodés & frangés d'or.

Son uniforme eſt, habit, paremens, doublure & veſte rouges, houſſe & chaperon rouges, bordés d'un galon de laine blanche & noire ; épaulette & cordon de ſabre de la même couleur ; bonnet rouge bordé comme la houſſe.

Prix, 100000 liv.

M. le Vicomte de Thiange, Meſtre de Camp, en 1749.

M. Beaurepaire, Major.

15. MARBEUF. Ce Régiment, qui eſt de deux eſcadrons, fut créé en 1676, pour la Maiſon de Condé, & a pris ce rang par Ordonnance du Roi du 21 Février 1740. Il a eu pour Meſtre de Camp Lieutenant M. de *Barbezieres*, puis a été *Firmarcon* en 1678 ; *Goesbriand*, *Condé* en 1710,

Mailly en 1740; *Egmont*, & aujourd'hui *Marbeuf.*

Il a deux Guidons de foie cramoifie, devife du Roi en or, femés de fleurs de lis, brodés & frangés d'argent.

Son uniforme eft, habit, paremens, doublure & vefte rouges, houffe & chaperon rouges, bordés d'un galon de laine blanc & violet; épaulette & cordon de fabre de même couleur; bonnet rouge, bordé comme la houffe.

Prix, 90000 liv.

M. le Marquis de Marbeuf, Meftre de Camp, en 1743.

M.   , Major.

16. LANGUEDOC. Ce Régiment a deux efcadrons, & fut créé en 1676 au nom de la Province de Languedoc. M. le Chevalier de *Ganges* en a été premier Meftre de Camp. Il a été rétabli *Languedoc* en 1684. M. Barin de la Galiffonniere en eft préfentement Meftre de Camp.

Il a deux Guidons de foie bleue, devife du Roi, femés de fleurs de lis d'or, brodés & frangés d'or.

Son uniforme eft, habit, vefte & doublure bleues, paremens rouges, boutons & boutonnieres de l'habit de deux en deux, quatre boutons fur la poche, & quatre fur la manche; houffe & chaperon rouges, bordés d'un galon de laine bleu & blanc; épaulette & cordon de fabre de même couleur; bonnet rouge, bordé comme la houffe.

Prix, 100000 liv.

M. Barin de la Galiffonniere, Meftre de Camp, en 1748.

M. Denouë, Major.

DES TROUPES LÉGERES.

On a commencé à faire des petites guerres avant que de former de gros corps d'armées; on peut partir delà, pour donner l'origine des troupes légeres; leur fervice a bien de la fimilitude avec la maniere de faire la guerre des premiers hommes.

On n'a bien connu l'utilité des troupes légeres qu'à la derniere guerre (1), le Miniftre ne fût pas plutôt en place, qu'il fentit, en formant des Régimens de Grenadiers Royaux, qu'il ne manquoit à la France, pour être fupérieure en armes, que des Régimens de troupes légeres ; & on en forma.

Il y avoit à la guerre derniere plus de quatorze mille hommes de ces troupes, divifés en Régimens, la plûpart de quinze cens hommes, dont cinq cens à cheval ; ils ont été réduits au point qu'il faudra en créer de nouveaux, en cas de guerre ; il faut croire que des motifs impénétrables & bien puiffans ont obligés lors de la paix à faire une fi grande réforme ; car on a peine à comprendre comment des troupes, faites pour combattre fans ceffe, ne font pas fans ceffe difciplinées, exercées & aguerries, & long-temps avant la guerre.

Un Officier très expérimenté a fait un petit Traité fur le fervice des troupes légeres, que l'on trouvera fort inftructif & fort intéreffant ; il doit paroître inceffamment.

Abrégé hiftorique de chacun des Régimens de Troupes Légeres.

Volontaires de Flandres.

Le Corps des Volontaires de Flandres fut formé par Ordonnance du premier Août 1749, des Régimens de Graffin, la Morliere & Bretons volontaires, qui ont été les premiers Régimens de troupes légeres mêlés d'infanterie & de cavalerie ; ils compofoient enfemble 4500 hommes, & font réduits aujourd'hui à trois cens foixante hommes, en trois brigades de cent vingt hommes, chacune formant deux compagnies de cavalerie & deux d'infanterie : celles de cavalerie compofées chacune d'un Capitaine en pied, un Capitaine en fecond ou Lieutenant, deux Maréchaux des Logis, quatre Brigadiers, quinze cavaliers &

(1) En 1744.

un trompette : celles d'infanterie, de quarante hommes chacune.

L'Etat-Major dudit corps eſt compoſé de trois Commandans, dont un par brigade, & de trois Aide-Majors ; ces ſix Officiers n'ont point de compagnies ; ce ſont les chefs de chacune des brigades qui propoſent aux emplois vacans.

Chaque brigade continue à former un corps ſéparé. Les maſſes ne ſont point confondues. Les Officiers ne doivent point paſſer d'une brigade dans une autre. Les uniformes ſont différens.

L'uniforme de la premiere brigage eſt ventre de biche, paremens & veſte bleus ; boutons d'argent.

Celui de la ſeconde, habit bleu, paremens de panne noire, veſte rouge.

Celui de la troiſiéme, habit gris-de-fer, paremens & veſte rouges.

M. de la Morliere, Chef de la premiere brigade, *Brigadier*.

M. de Bourgmary, Chef de la ſeconde, *Brigadier*.

M. de Saint Marſeau, Chef de la troiſiéme.

Volontaires Royaux.

Le Corps des Volontaires Royaux, formé des anciennes Compagnies franches en 1745, fut mis à deux mille trois cens ſoixante & dix hommes, & a été réduit en 1748, à ſix cens quarante hommes : ſçavoir, huit compagnies de Dragons de trente hommes chacune, en deux eſcadrons, chacun de quatre compagnies, compoſée chacune d'un Capitaine, un Capitaine en ſecond ou un Lieutenant, un Maréchal des Logis, deux Brigadiers, vingt-ſept Dragons & un Tambour ; deux Compagnies de Grenadiers de ſoixante hommes chacune ; quatre Compagnies de Fuſiliers auſſi de ſoixante hommes, & d'une Compagnie de Charpentiers ou Bateliers de quarante hommes, qui ne ſont aſſujettis à aucuns ſervices ; ils ſont obligés ſeulement de paroître aux revues,

L'Etat

L'Etat Major eft composé d'un Colonel-Commandant qui n'eft attaché à aucune Compagnie, d'un Major & d'un Aide-Major.

L'Uniforme eft, habit bleu, vefte & paremens rouges, boutons de cuivre.

M. le Comte de Chabot, Colonel-Commandant, *Brigadier*.

Volontaires du Dauphiné.

Le Corps des Volontaires du Dauphiné, formé des Volontaires de *Gantés*, des Compagnies de Chaffeurs à pied de *Sabatier*, de *Colonne*, & de celle des Volontaires de *Lancize*, faifant enfemble pendant la guerre onze cens hommes, & réduits en 1749 à cent vingt hommes; en une Compagnie de Dragons, compofée d'un Capitaine, d'un fecond Officier, foit Capitaine en fecond ou Lieutenant, d'un Maréchal des Logis; deux Brigadiers, dix-fept Dragons, un Tambour, & cinq compagnies d'Infanterie de vingt hommes.

L'Etat Major eft compofé d'un Commandant en chef & d'un Aide-Major.

L'uniforme eft, habit bleu de Roi; les paremens ventre de biche en botte; boutons blancs, & poches en long.

M. de Gantés, Commandant en chef, *Brigadier*.

Compagnies de Cantabres Volontaires.

Les compagnies de Cantabres Volontaires, entiérement d'infanterie, formées en 1749, du Régiment de Royal-Cantabres, qui étoit à mille fix cens quatre hommes, dont trois cens Huffards, a été mis à cent foixante hommes en quatre compagnies d'infanterie.

Corps des Chaffeurs de Fifcher.

Le Corps des Chaffeurs de Fifcher, qui étoit pendant

la guerre à fix cens hommes, a été réduit en 1749 à foixante hommes, formant une compagnie à cheval compofée d'un premier Capitaine en fecond, d'un fecond Capitaine en fecond, ou un Lieutenant; deux Maréchaux des Logis, quatre Brigadiers & feize Chaffeurs, & une compagnie d'infanterie de quarante hommes; en 1755 ils ont été augmentés de cent foixante Chaffeurs à pied.

L'Etat Major eft compofé d'un Commandant en chef, & d'un Aide-Major.

L'uniforme eft, habit verd, vefte rouge.

M. de Fifcher, Commandant.

Régiment Etranger de Beyerlé.

Le Régiment Etranger de Beyerlé, ci-devant Guefchray, levé par Ordonnance du 31 Juillet 1747, fur le pied de douze cens hommes, a été réduit, par celle du 25 Mars 1749, à cent vingt hommes (les Officiers compris) en deux compagnies de Dragons, compofée chacune d'un Capitaine, d'un Capitaine en fecond ou Lieutenant, d'un Brigadier & dix-fept hommes à cheval; & en deux compagnies d'infanterie de quarante hommes chacune.

L'Etat Major eft compofé du Colonel, qui n'a point de compagnie & d'un Aide-Major.

L'uniforme eft, habit bleu, doublure, paremens & vefte rouge, boutons de cuivre.

M. de Beyerlé, Colonel.

Fufiliers de Montagne.

Les Fufiliers de montagne, infanterie, qui étoient à fept cens vingt hommes, ont été réduits à cent vingt en trois compagnies de quarante hommes.

Volontaires de Schomberg.

Les Volontaires de Schomberg furent levés en 1743, par

M. le Comte de Saxe, fous le nom de Saxe-Volontaires, fur le pied de mille hommes à cheval, compris les Officiers. Ce Régiment a été réduit en Janvier 1751 à trois cens foixante hommes à cheval, diftribués en fix Brigades de foixante hommes, chacune commandée par un Capitaine, un Capitaine en fecond, un Lieutenant en premier, un Lieutenant en fecond, avec un Maréchal des Logis, & formée de quatre Brigadiers, quatre Sous-Brigadiers, un Trompette, & cinquante-un Volontaires.

L'Etat Major eft compofé d'un Meftre de Camp qui n'a point de Compagnie, & d'un Lieutenant-Colonel; d'un Major, d'un Aide-Major, d'un Auditeur, d'un Aumônier, d'un Chirurgien Major, d'un Maréchal des Logis, tenant lieu de Fourrier, d'un Prévôt, d'un Timbalier, de quatre Haut-bois, d'un maître Charpentier & de fix Charpentiers.

L'uniforme eft, habit verd, paremens rouges, bufle & culotte de peau, boutons de cuivre, cafque de tombac.

M. de Schomberg, Meftre de Camp.

Paiement des Troupes à Cheval, fuivant l'Ordonnance du premier Février 1731.

Gardes-du-Corps du Roi.

Les Officiers des Gardes-du-Corps du Roi, fervant à la Cornette, font payés par jour, fçavoir,

Chacun des Lieutenans,	6 l.
Chacun des Enfeignes,	5 l.
Chacun des Exempts, l'Aide-Major compris, ainfi que le Sous Aide-Major,	3 l.
Chacun des Brigadiers,	2 l.
Chacun des Sous-Brigadiers,	1 l. 15 f.
Chacun des Gardes, des Trompettes & Timbalier,	1 l. 13 f.
L'Aumônier,	2 l.
Le Chirurgien,	1 l.

B b ij

Le tout en chacune des quatre Compagnies defdits Gardes-du-Corps.

Grenadiers à Cheval.

La Compagnie des Grenadiers à Cheval eft payée par jour, fçavoir,

Le Capitaine-Lieutenant,	10 l.
Les Lieutenans, chacun,	6 l.
Les Sous-Lieutenans, chacun,	4 l.
Les Maréchaux des Logis, chacun,	3 l.
Les Sergens, chacun,	2 l.
Les Brigadiers, chacun,	1 l. 11 f.
Les Sous-Brigadiers, chacun,	1 l. 6 f.
Les Appointés & le Porte-Etendard, chacun,	1 l. 4 f.
Les Grenadiers & Tambours, chacun,	1 l.

L'Aumônier établi dans ladite Compagnie, par Ordonnance particuliere du 9 Février 1734. 2 l.

Gendarmes & Chevaux-Légers de la Garde du Roi.

Les grands Officiers des Compagnies de Gendarmes & de Chevaux-Légers de la Garde du Roi, & les Gendarmes & Chevaux-Légers, Trompettes & Timbalier de chaque compagnie, fervant par quartier près Sa Majefté, font payés fuivant des états & ordres particuliers qui font expédiés à cet effet. Quant à chacun des autres Brigadiers, Sous-Brigadiers, Gendarmes, Chevaux-Légers & Trompettes de chacune defdites deux compagnies fervant à la Cornette, ils font payés par jour à raifon de 1 l. 10 f.

Les fept petits Officiers auffi de chaque compagnie, fçavoir, un Aumônier, deux Fourriers, deux Chirurgiens, un Sellier & un Maréchal ferrant, chacun, 1 l.

Moufquetaires de la Garde du Roi.

Chacune des deux Compagnies de Moufquetaires de la Garde du Roi, eft payée par jour, fçavoir,

Au Capitaine-Lieutenant, pour ses appointemens de Capitaine, 20 liv. & pour ceux de Lieutenant 10 liv.   30 l.

  Aux Sous-Lieutenans, chacun,   6 l. 13 f.
  Aux Enseignes & Cornettes, chacun,   5 l.
  Aux Maréchaux des Logis, chacun,   2 l. 10 f.
  Aux Brigadiers, chacun,   2 l. 2 f.
  Aux Sous-Brigadiers & Mousquetaires, com-
pris les deux sols d'augmentation, par Ordon-
nance du premier Mai 1747, chacun,   2 l.
  Aux Hautbois, chacun,   2 l. 10 f.
  Aux Tambours & petits Officiers, sçavoir,
  Aumônier, Chirurgien, Apothicaire, Four-
rier, Sellier & Maréchal ferrant, chacun   1 l. 10 f.

*Gendarmerie. Grands Officiers des compagnies
de Gendarmes.*

  Les grands Officiers des dix Compagnies de Gendarmes de la Gendarmerie, sont payés suivant les états que
Sa Majesté a fait expédier ; & les Maréchaux des Logis,
Brigadiers, Sous-Brigadiers, Porte Etendards, Gendarmes, Trompettes & Timbaliers, sur le même pied de
ceux des compagnies de Chevaux-Légers, ainsi qu'il est
ci-après expliqué.

  Chacune des six Compagnies de Chevaux-Légers de
ladite Gendarmerie, est payée par jour, sçavoir,
  Au Capitaine-Lieutenant, (six livres
en qualité de Capitaine, & trois livres en
qualité de Lieutenant.)   9 l.
  Au Sous-Lieutenant,   3 l.
  A chaque Cornette,   2 l. 5 f.
  A chaque Maréchal des Logis,   2 l. 6 f.
  A chaque Brigadier & Sous-Brigadier,   1 l. 6 f. 6 d.
  Au Porte-Etendard,   18 f. 4 d.
  A chaque Chevau-Léger,   15 f.
  A chaque Trompette,   1 l. 2 f.

A chacun des Timbaliers entretenus
dans les huit premieres Compagnies,   1 l. 2 f.
Aux Aumôniers,   1 l. 10 f.

Etat Major.

Comme les Officiers de l'Etat Major de ladite Gendarmerie sont payés de leurs appointemens à l'ordinaire des
guerres, il n'en est point ici fait mention.

Suivant ces états, dont on délivre les ordonnances au
Bureau de la guerre de M. Marie, chaque Capitaine-
Lieutenant des Gendarmes reçoit 4660 liv. non compris
sa pension de 4500 liv.

Chaque Sous-Lieutenant des Gendarmes reçoit 3280
liv. non compris 3000 liv de pension.

Chaque Major, Sous-Lieutenant, Enseigne ou Guidon
reçoit 1080 liv. leur pension est de 2250 liv. ainsi que
celle des Aide-Majors & Cornettes.

Etat Major.

Les appointemens du Major sont de 3280 liv. & 1200
liv. de gratification.

A l'Aide-Major, 1080 liv. & 800 liv. de gratification.

Au premier Sous Aide-Major, 600 liv. supplément 500
liv. pension 500 liv.

Au second Sous Aide-Major, 600 liv. supplément 300
liv. pension 400. liv.

Ces deux Officiers ont de plus chacun 200 liv. de pension, comme premiers Maréchaux des Logis.

Cavalerie, Carabiniers, Hussards & Dragons.

Cavalerie. Compagnies.

Les Compagnies qui, en conséquence des Ordonnances, (1) composent les cinquante-cinq Régimens de Cava-

_____
(1) Ces Ordonnances sont à la fin de cet Ouvrage.

Ierie Françoiſe, ſont payées chacune ſur le pied par jour,
ſçavoir,

Au Capitaine,   5 l.
Au Lieutenant,   2 l. 10 ſ.
Au Maréchal des Logis,   1 l. 6 ſ. 8 d.
A chacun des Brigadiers,   8 ſ.
A chacun des Cavaliers, y compris le
Trompette & le Timbalier où il doit y en
avoir,   7 ſ.

Sous-Lieutenans & Cornettes en charge.

Le Sous-Lieutenant qui eſt dans la compagnie Colonelle du Colonel Général de la Cavalerie, le Cornette
blanc qui eſt dans ladite compagnie, & le Cornette qui
eſt en chacune des compagnies Meſtre de Camp des régimens du Meſtre de Camp Général & du Commiſſaire
Général de la Cavalerie, reçoivent par jour, ſçavoir,

Le Sous-Lieutenant,   2 l. 10 ſ.
Le Cornette blanc & chacun des deux
autres,   1 l. 17 ſ. 6 d.

Etat Major des Régimens, Colonel, Meſtre de Camp, & Commiſſaire Général de la Cavalerie.

L'Etat Major des Régimens Colonel, Meſtre de Camp
& Commiſſaire Général de la Cavalerie, eſt payé ſur le
pied, par jour, ſçavoir, le Lieutenant-Colonel, qui ne doit
point avoir de compagnie dans le Régiment, 6 l. 6 ſ. 8 d.
d'appointemens, & 5 liv. à titre d'augmentation de traitement,   11 l. 6 ſ. 8 d.
Le Major,   5 l.
L'Aide-Major,   2 l. 10 ſ.

Etat Major des cinquante-deux Régimens de Cavalerie Françoiſe.

L'Etat Major de chacun des cinquante-deux autres Régimens de Cavalerie Françoiſe, eſt payée ſur le pied par
jour, ſçavoir,

Au Meſtre de Camp, qui ne doit point
avoir de compagnie, 6 l. 13 ſ. 4 d.

Et le Lieutenant-Colonel, qui ne doit point avoir auſſi
de compagnie dans le Régiment, le Major & l'Aide-
Major reçoivent les mêmes appointemens ci-deſſus réglés, pour ceux de même grade des Régimens du Colonel,
Meſtre de Camp, & Commiſſaire Général.

Capitaines Réformés.

Les Capitaines de Cavalerie Françoiſe qui ſe ſont trouvés dans le cas de la réforme ordonnée le premier Septembre, 30 Octobre 1748, & 15 Mars 1749, & qui ont
été entretenus à la ſuite deſdits Régimens en qualité de
Capitaine réformé, ſont payés de leurs appointemens ſur
le pied de 150 liv. pour chacun des mois de Mai, Juin,
Juillet & Août, pendant leſquels ils ſont aſſujétis de ſervir au Régiment auquel ils ſont attachés.

Les Officiers réformés qui étoient entretenus à la ſuite
des Régimens de Cavalerie Françoiſe avant l'exécution
de la réforme ordonnée le premier Septembre, 30 Octobre 1748, & 15 Mars 1749, y ſont payés des appointemens,
par mois, qui leur ont été réglés, en ſervant toute l'année à leur corps, & paſſant préſens aux revues.

Carabiniers.

Chacune des Compagnies qui compoſent le Régiment
Royal des Carabiniers, eſt payée ſur le pied, par jour,
ſçavoir,

Au Capitaine, 6 l.
Au Lieutenant, 3 l.
Au Maréchal des Logis, 1. l. 10 ſ.
A chacun des Brigadiers, 9 ſ.
A chacun des Carabiniers, compris les Trom-
pette & le Timbalier qui eſt en chacune des com-
pagnies Meſtre de Camp, 8 ſ.

Etat

Etat Major.

L'Etat Major du Régiment Royal - Carabiniers, eft payé par jour, fçavoir,

Au Major de chacune des Brigades,	6 l.
A l'Aide-Major,	3 l.

Lieutenans réformés de Cavalerie Françoiſe & de Carabiniers.

Les Cornettes qui ont été ci-devant Maréchaux des Logis, & qui, en conféquence de l'article X de l'Ordonnance du 30 Octobre 1748, ont été entretenus en qualité de Lieutenans réformés à la fuite des Régimens de Cavalerie Françoiſe & de Carabiniers, y font payés de leurs appointemens, fur le pied de 25 liv. chacun par mois, en paffant préſens aux revues.

Régiment Irlandois de Fitz-James.

Chacune des Compagnies du Régiment de Cavalerie Irlandoiſe de Fitz-James, eft payée ſur le pied par jour, ſçavoir,

Au Capitaine,	5 l.
Au Lieutenant,	2 l. 10 ſ.
Au Maréchal des Logis,	1 l. 6 ſ. 8. d.
A chacun des Brigadiers,	10 ſ.
A chacun des Cavaliers, compris les Trompettes & le Timbalier où il doit y en avoir,	9 ſ.

Etat Major.

L'Etat Major recevra, ſçavoir,

Au Meftre de Camp,	6 l. 13 ſ. 4 d.
Au Lieutenant-Colonel, 6 l. 6 ſ. 8 d. d'appointemens, & 5 liv. à titre d'augmentation de traitement,	11 l. 6 ſ. 8 d.

Les Meftre de Camp & Lieutenant-

Cc

Colonel ne doivent point avoir de Compagnie, en conséquence de ce qui est
réglé par l'Ordonnance du 5 Avril 1749.

Au Major,   5 l.
A l'Aide-Major,   2 l. 10 f.

Officiers réformés.

Les Officiers qui se sont trouvés dans le cas de la réforme ordonnée dans ce Régiment le 15 Mars 1749, &
qui y ont été entretenus, y sont payés, sçavoir, chaque Capitaine réformé, sur le pied de 250 livres pour
chacun des mois de Mai, Juin, Juillet & Août, pendant
lesquels il doit servir au Régiment ; chaque Lieutenant
réformé, qui étoit auparavant Lieutenant en pied, sur
le pied de 41 liv. 13 f. 4 d. par mois, en passant présent
aux revues ; & chaque Lieutenant réformé qui étoit auparavant Cornette, à raison de 25 liv. par mois, aussi
en passant présent aux revues, jusqu'à leur remplacement.

Les Officiers réformés, qui étoient entretenus à la suite
dudit Régiment, avant la réforme qui en a été ordonnée les 30 Octobre 1748 & 15 Mars 1749, & qui y ont
été conservés depuis, y sont payés, ainsi qu'il est prescrit
par l'article VII de l'Ordonnance du 30 Octobre 1748,
sçavoir, chaque Capitaine sur le pied de 250 liv. par chacun des mois de Mai, Juin, Juillet & Août, pendant
lesquels il doit servir au Régiment, & chaque Lieutenant à raison de 41 liv. 13 f. 4 den. par mois, en passant
présent aux revues.

Les Mestre de Camp & Lieutenant-Colonel entretenus
à la suite dudit Régiment, y sont payés à raison par
mois, de 125 liv. au Mestre de Camp, & de 100 liv. au
Lieutenant-Colonel ; à l'exception cependant des Mestre
de Camp & Lieutenant-Colonel, auxquels il a été réglé
des appointemens différens, dont ils continuent de jouir
en conséquence des ordres particuliers qui leur ont été
expédiés.

Royal-Allemand.

Chacune des Compagnies du Régiment Royal-Allemand, eſt payée ſur le pied par jour, ſçavoir,

Au Capitaine,	6 l.
Au Lieutenant,	3 l.
Au Maréchal des Logis,	1 l. 10 ſ.
A chacun des Brigadiers,	9 ſ.

A chacun des Cavaliers, y compris les Cadets, Trompettes & Timbalier où il doit y en avoir,   7 ſ.

Il eſt payé en outre par jour à chaque Cadet qui paſſe en revue dans le nombre deſdits Cavaliers, ſur le certificat du Commandant du Régiment,   1 ſ.

Etat Major.

L'Etat Major dudit Régiment eſt payé, ſçavoir,

Au Meſtre de Camp,	6 l. 13 ſ. 4 d.

A chacun des Lieutenans-Colonels, indépendamment de leurs appointemens de Capitaine,   5 l.

A chacun des Majors,	8 l. 6 ſ. 8 d.
A chacun des Aide-Majors,	2 l. 13 ſ. 4 d.
Au Maréchal des Logis,	1 l. 6 ſ. 8 d.
Au Prévôt,	1 l. 13 ſ. 4 d.
Au Lieutenant du Prévôt,	1 l. 6 ſ. 8 d.
Au Greffier,	1 l.
A l'Aumônier,	1 l. 6 ſ. 8 d.
Au Chirurgien,	1 l. 6 ſ. 8 d.

A chacun des Archers & Exécuteur de Juſtice,   15 ſ.

Régimens de Wirtemberg & de Naſſau.

Les Compagnies des Régimens Allemands de Wirtemberg & Naſſau-Saarbruck, ſont payées ſur le pied par jour, ſçavoir,

Au Capitaine,   6 l.
Au Lieutenant,   3 l.
Au Maréchal des Logis,   1 l. 6 f. 8 d.
A chacun des Brigadiers,   8 f.
A chacun des Cavaliers, compris les
Trompettes & Timbalier où il doit y en
avoir,   7 f.

Etat Major du Régiment de Wirtemberg.

L'Etat Major du Régiment de Wirtemberg reçoit,
fçavoir,

Au Meftre de Camp, indépendam-
ment de fes appointemens de Capitaine,   3 l. 6 f. 8 d.
Au Lieutenant-Colonel, indépendam-
ment de fes appointemens de Capitaine,   2 l.
Au Major,   8 l. 10 f.
A l'Aide-Major,   3 l.
Au Chirurgien,   13 f. 4 d.
A l'Auditeur,   13 f. 4 d.
A chacun des Greffiers, Archers &
Exécuteur,   3 l. 6 f. 8. d.

Etat Major du Régiment de Naffau.

L'Etat-Major du Régiment de Naffau eft payé, fçavoir,
Au Meftre de Camp, indépendamment
de fes appointemens de Capitaine,   3 l. 6 f. 8. d.
Au Lieutenant-Colonel, indépendam-
ment de fes appointemens de Capitaine,   2 l.
Au Major,   6 l. 13 f. 4 d.
A l'Aide-Major,   2 l. 13 f. 4 d.
Au Chirurgien   13 f. 4 d.

Officiers réformés des Régimens de Royal-Allemand, Wirtemberg & Naffau.

Les Officiers qui fe font trouvés dans le cas de la réforme ordonnée les 30 Octobre 1748 & 15 Mars 1749,

& qui ont été entretenus à la fuite des Régimens Royal-Allemand, Wirtemberg & Naffau, y font payés, fçavoir, chaque Capitaine réformé, fur le pied de 200 liv. pour chacun des mois de Mai, Juin, Juillet & Août, pendant lefquels il doit fervir au Régiment ; chaque Lieutenant réformé, qui étoit auparavant Lieutenant en pied, fur le pied de 33 liv. 6 f. 8 den. par mois, en paffant préfent aux revues ; & chaque Lieutenant réformé, qui de Maréchal des Logis étoit parvenu au grade de Cornette, fur le pied de 25 liv. par mois, auffi en paffant préfent aux revues, jufqu'à leur remplacement, fçavoir, les Capitaines à des compagnies, & les Lieutenans à des Lieutenances.

Les Officiers réformés, qui étoient entretenus à la fuite de ces trois Régimens avant la réforme qui a été ordonnée les 30 Octobre 1748 & 15 Mars 1749, & qui y ont été confervés depuis, y font payés, ainfi qu'il eft prefcrit par l'article VII de l'Ordonnance du 30 Octobre 1748 ; fçavoir, chaque Capitaine fur le pied de 200 liv. par chacun des mois de Mai, Juin, Juillet & Août, pendant lefquels il doit fervir au Régiment, & chaque Lieutenant fur le pied de 33 liv. 6 f. 8 d. par mois, en paffant préfent aux revues.

Les Meftres de Camp & Lieutenans-Colonels entretenus à la fuite defdits trois Régimens, y font payés à raifon par mois de 100 liv. au Meftre de Camp, & 83 liv. 6 f. 8 den. au Lieutenant-Colonel ; à l'exception cependant des Meftres de Camp & Lieutenans-Colonels auxquels il a été réglé des appointemens différens, dont ils continuent de jouir, en conféquence des ordres particuliers qui leur ont été expédiés.

Huffards.

Les compagnies du Régiment de Huffards de Berchiny, & celles de chacun des Régimens de Turpin, de Pollerezky, de nation Hongroife, & de ceux d'Apremont-Linden, Beaufobre, Raugrave & Ferrary, font payées fur le pied, fçavoir,

Au Capitaine,   6 l.

Au Lieutenant,   3 l.

Au Maréchal des Logis,   1 l. 6 f. 8 d.

A chacun des Brigadiers,   9 f.

A chacun des Huffards, compris le Trompette ou le Timbalier,   7 f.

L'Etat Major de chacun des fept Régimens, eft payé, fçavoir,

Au Meftre de Camp,   13 l. 6 f. 8 d.

Au Lieutenant-Colonel,   10 l.

Au Major,   8 l. 10 f.

Au Chirurgien,   13 f. 4 d.

A l'Aide-Major du Régiment de Berchiny,   3 l.

Les Officiers réformés entretenus à la fuite defdits Régimens, y font payés, fçavoir, les Capitaines Hongrois, qui avoient des compagnies qu'ils ont perdues par la réforme ordonnée dans ces Régimens le 30 Novembre 1748, fur le pied de 50 liv. chacun par mois, en paffant préfens aux revues ; les Capitaines Etrangers, d'autre nation que la Hongroife, qui avoient auffi des compagnies qu'ils ont perdues par la même réforme, fur le pied de 41 liv. 13 f. 4 den. auffi chacun par mois ; pareilles 41 liv. 13 f. 4 den. à chacun des Capitaines qui n'ont pas eu de troupe & qui font Hongrois ; & 33 liv. 6 f. 8 den. à chacun des Capitaines Etrangers, d'autre nation que la Hongroife, qui n'ont pas eu auffi de troupe, compris dans ces deux dernieres claffes, les Aide-Majors qui ont été réformés en conféquence de l'Ordonnance du 30 Octobre 1748. Les Officiers, foit de la nation Hongroife ou d'autre nation Etrangere, qui font entretenus en qualités de Lieutenans réformés à la fuite defdits Régimens, par la réforme du 30 Novembre 1748, ou qui y étoient précédemment entretenus en ladite qualité, & qui y ont été confervés, font payés à raifon de 25 liv. chacun par mois.

Dragons.

Les Compagnies des Régimens de Dragons font payées, fçavoir,

Au Capitaine,	4 l. 10 f.
Au Lieutenant,	2 l.
Au Maréchal des Logis,	1 l.
A chacun des Brigadiers,	7 f. 6 d.
A chacun des Dragons & Tambour,	6 f. 6 d.

Etat Major des Dragons.

Au Meftre de Camp,	10 l.
Au Lieutenant-Colonel,	8 l. 6 f. 8 d.
Au Major,	4 l. 10 f.
A chacun des Aide-Majors,	2 l. 10 f.

Officiers en charge dans les Compagnies du Colonel Général & Meftre de Camp Général des Dragons.

Les feconds Lieutenant, Sous-Lieutenant & Cornettes entretenus dans la Compagnie Générale qui eft dans le Régiment du Colonel Général des Dragons, & le fecond Lieutenant & le Cornette entretenus dans la Compagnie Meftre de Camp du Régiment Meftre de Camp Général des Dragons, font payés fur le pied par jour, fçavoir,

A chacun des feconds Lieutenans,	2 l.
Au Sous-Lieutenant,	1 l. 13 f. 4 d.
A chacun des Cornettes,	1 l. 10 f.

Les Charges de fecond Lieutenant dans lefdites Compagnies, ne feront point remplacées lorfqu'elles viendront à vaquer.

Officiers réformés de Dragons.

Les Officiers qui, en conféquence de l'Ordonnance du premier Septembre 1748, fe font trouvés dans le cas de la réforme, & qui font entretenus à la fuite des Régi-

mens de Dragons, y font payés des appointemens qui leur
font réglés par ladite Ordonnance, fur le pied de 500 liv.
par an au Capitaine, & de 280 liv. auffi par an au Lieutenant, en paffant préfens aux revues.

A l'égard de ceux qui étoient entretenus avant l'exécution de la réforme ordonnée le premier Septembre 1748,
ils continuent d'être payés des appointemens par mois
qui leur ont été réglés en fervant toute l'année à leur
Corps, & paffant préfens aux revues.

TROUPES LÉGERES.

Volontaires de Flandre.

Chaque compagnie de cavalerie des Volontaires de
Flandre, eft payée par jour : fçavoir,

Au Capitaine en pied.	5 l.
Au Capitaine en fecond qui a été Capi-taine en pied.	3 l. 6 f. 8 d.
A celui qui n'a eu précédemment que le grade de Capitaine en fecond.	2 l. 13 f. 4 d.
Si ce fecond Officier eft un Lieutenant.	2 l. 10 f.
A chaque Maréchal des Logis.	1 l. 6 f. 8 d.
A chaque Brigadier.	8 f.
A chaque Cavalier & au Trompette.	7 f.

Etat Major.

L'Etat Major dudit Corps eft payé, fçavoir,

Au Commandant le plus ancien.	16 l. 13 f. 4 d.
Au Commandant de chacune des brigades.	8 l. 6 f. 8 d.
A l'Aide-Major attaché à chacune def-dites brigades.	3 l. 6 f. 8 d.

Volontaires Royaux.

Chacune des compagnies de Dragons eft payée ; fçavoir,

Le Capitaine	5 l.
Le Capitaine en fecond ou Lieutenant	2 l. 10 f.
Le Maréchal des Logis	1 l. 6 f. 8 d.

Chaque

Chaque Brigadier.   8 f.
Chaque Dragon & Tambour.   7 f.

Etat Major.

L'Etat Major dudit corps eft payé par jour; fçavoir,
Au Colonel.   16 l. 13 f. 4 d.
Au Major.   6 l.
A l'Aide-Major.   4 l.

Volontaires du Dauphiné.

La Compagnie de Dragons eft payée par jour; fçavoir,
Au Capitaine en pied.   4 l.
Au Capitaine en fecond, ou Lieutenant. 2 l.
Au Maréchal des Logis.   1 l. 6 f. 8 d.
A chaque Brigadier.   7 f. 6 d.
A chaque Dragon ou Tambour.   6 f. 6 d.

Etat Major.

L'Etat Major dudit Corps eft payé par jour; fçavoir,
Au Commandant en chef.   8 l. 6 f. 8 d.
A l'Aide-Major.   3 l.

Corps des Chaffeurs de Fifcher.

La Compagnie des Chaffeurs à cheval eft payée par jour;
fçavoir,
Au premier Capitaine en fecond.   2 l. 13 f. 4 d.
Au fecond Capitaine en fecond, ou à
fon défaut, au Lieutenant.   2 l. 10 f.
A chaque Maréchal des Logis.   1 l. 6 f. 8 d.
A chaque Brigadier.   16 f.
A chaque Chaffeur.   10 f.

Etat Major.

L'Etat Major dudit Corps eft payé par jour; fçavoir,
Au Commandant.   6 l. 13 f. 4 d.

Dd

A l'Aide-Major. 3 l.

Régiment étranger de Beyerlé.

Chacune des Compagnies à cheval est payée par jour;
sçavoir,

Au Capitaine. 5 l.
Au Capitaine en second, ou Lieutenant. 2 l. 10 s.
Au Brigadier. 9 s.
A chacun des Cavaliers. 7 s.

Etat Major.

L'Etat Major de ce Corps est payé par jour; sçavoir,
Au Colonel. 8 l. 6 s. 8 d.
A l'Aide-Major. 4 l.

Volontaires de Schomberg.

Le Régiment de Cavalerie légere des Volontaires de
Schomberg, ci-devant sous le nom de Volontaires de *Frie-
ze*, & avant de Saxe, est payé par jour; sçavoir,

Au Capitaine. 12 l.
Au Capitaine en second. 4 l. 16 s. 8 d.
Au Lieutenant en premier. 3 l. 6 s. 8 d.
Au Lieutenant en second. 2 l. 13 s. 4 d.
Au Maréchal des Logis. 1 l. 10 s.
A chacun des Brigadiers. 8 s.
A chacun des Sous-Brigadiers 7 s.
Au Trompette. 10 s.
A chacun des Volontaires. 6 s.

Etat Major.

L'Etat Major des Volontaires de Schomberg, est payé
par jour; sçavoir.
Au Mestre de Camp, qui n'a point de
Compagnie. 39 l. 6 s. 8 d.
Au Lieutenant-Colonel. 17 l. 6 s. 8 d.

Au Major.	13 l.
A l'Aide-Major.	5 l. 10 f.
A l'Auditeur.	2 l. 3 f. 4 d.
A l'Aumônier.	2 l. 3 f. 4 d.
Au Chirurgien-Major.	3 l.
Au Maréchal des Logis tenant lieu de Fourrier.	1 l. 10 f.
Au Prevôt.	2 l.
Au Timbalier.	2 l.
A chacun des Hautbois.	2 l.
Au Maître Charpentier.	1 l. 6 f. 8 d.
A chacun des Charpentiers.	1 l. 3 f. 4 d.

Au moyen du traitement réglé par Ordonnance du 8 Janvier 1751, les Capitaines chefs de Brigades du Régiment de Schomberg ne peuvent rien retenir fur la folde des Brigadiers, Sous-Brigadiers, Trompettes & Volontaires, foit pour le ferrage des chevaux ou quelqu'autre chofe que ce foit, qui demeure à la charge defdits Capitaines. De plus, ils font tenus de fournir par année, à chacun des hommes de leur Brigade, deux chemifes, une paire de fouliers, un col, & ce qu'il a été d'ufage jufqu'à préfent de leur donner indépendamment de leur folde.

Maffe de la Cavalerie, des Dragons & des Troupes Légeres.

Il eft donné (y compris le Régiment des Volontaires de Schomberg) outre la folde ci-deffus, qui eft payée fans aucun retranchement, dix deniers par jour pour chaque Brigadier, Cavalier, Carabinier, Huffard, Dragon, Volontaire, Trompette, Timbalier & Tambour dont le fonds refte entre les mains du Tréforier, pour compofer une maffe toujours complete, deftinée à l'habillement defdites troupes; de laquelle le Tréforier donnera fes reconnoiffances à la fin de l'année, à l'Officier chargé du détail defdits Régimens & Brigades; l'une à titre de groffe maffe fur le pied de fix deniers par Brigadier, Cavalier, Carabinier, Huffard, Dragon, Volontaire, Trompette, Tim-

balier & Tambour ; & l'autre à titre de petite maſſe, pour
les quatre deniers reſtans ; laquelle maſſe eſt payée ſur la
main-levée du Directeur ou Inſpecteur Général, dans le
département duquel leſdits Régimens, Brigades ou Compagnies ſe trouvent, viſée des Colonels Généraux de la
Cavalerie & des Dragons.

Défenſes de faire des avances aux troupes, autres que celles réglées par les Ordonnances.

Par les Ordonnances des premier & 3 Juillet 1749, premier & 3 Décembre 1750, portant qu'il ne ſera fait aucune avance aux troupes, que celles qui y ſont réglées,
ſous quelque raiſon & pour quelque prétexte que ce puiſſe
être, il eſt défendu aux Intendans des Provinces du Royaume, & aux Commiſſaires des guerres, de donner aucun
ordre à cet effet, & aux Commis de l'extraordinaire des
guerres de rien payer aux troupes au delà de ce qui leur
eſt réglé par leſdites Ordonnances, à peine d'en répondre
en leur propre & privé nom ; il eſt ſeulement permis auſdits Intendans & Commiſſaires des guerres d'expédier des
ordres pour faire donner des guêtres & des ſouliers à des
recrues, dans un cas de néceſſité indiſpenſable dont ils ſe
rendent certains, & il ne peut être donné d'argent à cet
effet, qu'à l'Officier, Sergent ou Soldat, chargé de la
conduite de la recrue, qui doit être muni d'un billet de
l'Officier chargé du détail du Régiment, juſtifiant le corps
où il ſert, & la ſignature de ce billet certifiée par le Tré-
ſorier du lieu où eſt la troupe.

Pour le décompte des paies de gratification pendant le tems de la marche des troupes.

Il eſt réglé par les Ordonnances des premier & 3 Juillet
1749, premier & 3 Décembre 1750, que le décompte
des paies de gratification, pendant le temps de la marche
des troupes, doit être fait par les Commis de l'extraordinaire des guerres, pour le temps que la troupe aura été en

route , fur la revue de l'arrivée de cette troupe au lieu de fa deftination , en fe conformant pour ce fujet auxdites Ordonnances.

Pour les Fourrages.

Il eft fourni une ration de fourrage par jour à chaque Brigadier, Sous-Brigadier , Carabinier , Cavalier , Huf-fard , Dragon, Volontaire, Chaffeur , Timbalier , Trom-pette & Tambour des compagnies à cheval ; les Officiers n'en ont point , fuivant ce qui eft prefcrit par l'article IV. de l'Ordonnance du 3 Juillet 1749 , tant pour les trou-pes qui font fournies en nature des magafins établis à cet effet , que pour celles qui fe trouvent dans le cas d'avoir la difpofition de leurs fourrages.

Prêt des Cavaliers , Carabiniers , Huffards & Dragons.

Comme l'intention du Roi eft, qu'il refte à la fin de chacun des douze mois quelqu'argent aux Cavaliers , Ca-rabiniers , Huffards & Dragons pour s'entretenir de linge, culotte , bas & fouliers , & que les chofes demeurent ré-glées entre les Capitaines & lefdits Cavaliers , Carabi-niers , Huffards & Dragons , de manière qu'il n'y ait au-cune difficulté fur le décompte à faire entr'eux ; que cha-que Cavalier & Huffard touche fix fols par jour pour fa fub-fiftance , chaque Carabinier fept fols, chaque Cavalier du Régiment Irlandois de Fitzjames huit fols , & chaque Dra-gon cinq fols fix deniers , fur lefquels il eft tenu d'entrete-nir le ferrage de fon cheval ; le fol de furplus refte entre les mains du Major , de l'Aide-Major ou Officier chargé du détail de chaque corps, qui leur délivre tous les trois mois les 4 l. 10 f. à quoi cela monte , après avoir examiné s'ils font fournis de linge , culotte , bas & fouliers ; & s'ils en manquent , il leur en fait faire l'emplette fur ce fonds , & leur remet exactement le reftant s'il s'en trouve.

Le Régiment de cavalerie des Volontaires de Schom-berg n'eft point compris dans cette difpofition ; car les Brigadiers , Sous-Brigadiers & Volontaires , reçoivent leur folde fans aucune déduction.

Officiers de Cavalerie réformés retirés dans les Provinces, ou entretenus dans les places.

Les Meftres de Camp & Lieutenans-Colonels réformés de cavalerie Françoife retirés dans les Provinces, aufquels le Roi a accordé des appointemens, continuent d'en être payés fur les Etats & ordres qui font expediés à cet effet.

Les Meftres de Camp & Lieutenant-Colonels réformés de Dragons qui ont auffi des appointemens par l'ancienneté de leurs fervices, font payés dans leur Province, fuivant les Etats & ordres qui font envoyés fur le pied de 2000 liv. par an à chaque Meftre de Camp qui a eu un Régiment, 1000 liv. à chacun des autres, & 600 liv. à chaque Lieutenant-Colonel.

Les Officiers réformés partifans de Cavalerie & Dragons entretenus dans les Places en cette premiere qualité, font payés en paffant préfens aux revues, des appointemens qui leur ont été réglés fuivant les Etats & ordres fignés du Sécrétaire d'Etat ayant le département de la guerre.

Les Capitaines & Lieutenans réformés de Cavalerie & de Dragons ci-devant attachés à la fuite des Régimens, ou entretenus à la réfidence des Places, qui ont été renvoyés dans leur Province, continuent d'y être payés de leurs appointemens, fur les Etats qui font envoyés tous les fix mois aux Intendans defdites Provinces, ainfi qu'il s'eft pratiqué par le paffé.

Sermens des Officiers.

Tout Officier pourvu d'un nouvel emploi, doit prêter ferment au Roi entre les mains du Commiffaire des guerres qui fait la revue de la troupe, la premiere fois que l'Officier s'y préfente, foit que le Commiffaire foit Provincial ou ordinaire; le droit appartient aux feuls Commiffaires Provinciaux, fuivant la délibération du Confeil de Guerre du 23 Juillet 1718.

SUR LA CAVALERIE.

Le droit autrefois étoit, pour les Colonels d'infanterie, l'épée du Colonel, & pour le Meftre de Camp de cavalerie, fon cheval, mais ils ont depuis été taxés comme les autres Officiers ; fçavoir,

Chaque Meftre de Camp. 50 l.
Chaque Colonel de Dragons. 45 l.
Chaque Lieutenant-Colonel, Major, ou Capitaine de Cavalerie. 40 l.
Chaque Lieutenant-Colonel, Major ou Capitaine de Dragons. 36 l.
Chaque Aide-Major ou Lieutenant de Cavalerie. 30 l.
Chaque Aide-Major ou Lieutenant de Dragons. 25 l.
Chaque Cornette de Cavalerie. 20 l.
Chaque Cornette de Dragons. 18 l.

Le Serment fe lit par le Commiffaire des Guerres, l'Officier doit ôter le gand de la main droite qu'il tient levée, & dit après la lecture, je le jure & promets.

Autrefois ce ferment fe faifoit à chaque revue.

CHAPITRE VIII.

De la Tactique en général, & particuliérement de celle des Grecs & des Romains.

LA Tactique eft proprement l'art de difpofer les différentes parties d'une armée de la maniere la plus convenable à leur efpece & à la fituation des lieux, felon les temps & fuivant les ennemis à qui l'on a affaire. Cette fcience eft comme un miroir fidele, qui par la réflexion que vous faites fur ce que vous entreprendriez, fi vous vous trouviez dans la pofition de votre ennemi, vous repréfente clairement tout ce qu'il peut entreprendre luimême, & ce que vous devez faire pour vous oppofer à fes entreprifes ; c'eft la Tactique qui forme le coup d'œil militaire, cette partie fi effentielle pour faire un bon Officier, c'eſt-à-dire, qui rend le coup d'œil aſſez juſte & aſſez prompt pour qu'on apperçoive le remede en même-temps que le danger. Elle eſt l'opération la plus ſçavante de l'eſprit, & la plus ſage du bon ſens; auſſi ne peut-elle s'acquérir que par une longue étude & de profondes méditations.

Une parfaite connoiſſance de ce grand Art eſt abſolument néceſſaire à tout Officier qui veut monter aux poſtes éminens de la guerre; mais il n'en eſt aucun qui ſoit diſpenſé d'en étudier les principales regles. Comment oſera-t'on prendre le commandement de quelque troupe que ce ſoit, ſi l'on demeure à cet égard plongé dans une profonde ignorance, ſi l'on n'a pour ſe conduire qu'une routine commune, & les lumieres d'une expérience toujours foible, toujours trompeuſe, quand elle n'eſt appuyée d'aucun principe connu?

Les Officiers de cavalerie, chargés particuliérement de mener très-ſouvent à la guerre des détachemens de troupes mêlées, ſont auſſi dans une plus étroite obligation d'être inſtruits de la Tactique. Cette ſcience doit être pour eux ce que ſont les Mathématiques pour les Ingénieurs; les uns & les autres ont à diriger des attaques & à trouver des moyens de défenſe, les Ingénieurs dans les Places, les Officiers de cavalerie en campagne, où ils commandent à grade égal à l'infanterie.

Plutarque, dans la vie de Philopœmen, nous apprend de quelle maniere ce Général étoit parvenu à ſe rendre habile dans la Tactique. Il faiſoit, dit-il, l'application des regles de la Tactique ſur les lieux, même en plaine-campagne: dans les marches il obſervoit exactement la poſition des lieux hauts & bas, toutes les coupures, les irrégularités du terrein, & toutes les figures que les eſcadrons étoient obligés de prendre à cauſe des ruiſſeaux, des défilés & des ravins. Suivant l'Hiſtorien de M. de Turenne, ce Général ne négligeoit aucune occaſion de s'inſtruire; on le voyoit ſans ceſſe le crayon ou la toiſe à la main, étudier avec application tout ce qui s'offroit à ſes

yeux,

yeux , & faire ſes remarques ſur les réponſes que les Officiers , les Ingénieurs , & même les ſoldats faiſoient à ſes
queſtions. Uniquement occupé de ſon objet , le déſir d'apprendre lui faiſoit mépriſer tous les dangers.

Ce ſont là les modeles que tout homme de guerre , s'il
veut devenir capable , doit ſe propoſer d'imiter ; il faut
qu'à l'exemple de ces grands hommes il faſſe de ſon métier
une méditation continuelle. L'habitude du travail lui en
rendra bientôt la pratique aiſée : il doit , dans ſes prome-
nades , dans ſes voyages , ſur les lieux qu'il parcourt , & ſur
les Cartes qu'il étudie , faire des fictions , regler des marches , établir des Camps , donner des combats imaginai-
res ; il doit ſurtout parler de guerre avec les anciens Officiers , lire l'Hiſtoire , étudier les ouvrages des meilleurs
Auteurs militaires , faire des obſervations ſur toutes les
actions de la guerre , & ſur les batailles données par les
Capitaines anciens & modernes les plus eſtimés ; car quels
que ſoient les ſervices d'un Officier , & quelqu'événemens
qui ſe ſoient paſſés ſous ſes yeux , tout cela n'eſt pas à
beaucoup près ſuffiſant pour lui acquérir l'expérience néceſſaire pour le commandement , & il n'aura jamais aſſez
vu pour n'être point embarraſſé dans mille circonſtances ,
qui ſeront toutes nouvelles pour lui. Les différentes diſpoſitions dont une armée eſt ſuſceptible , ſont d'une combi-
naiſon extrêmement étendue , parce qu'elles dépendent
toujours des circonſtances , dont la variété eſt infinie , &
qu'elles ſont d'ailleurs aſſujetties à la ſituation des lieux.
Or il ne ſe trouve peut-être pas dans la nature deux endroits parfaitement ſemblables , & c'eſt là ce qui rend la
connoiſſance des principes généraux de la Tactique d'une
néceſſité indiſpenſable , parce qu'étant fondés ſur un grand
nombre d'exemples de toute eſpece , il n'y a point de
rencontre où ils ne puiſſent recevoir leur application.

L'étude de la Tactique étoit généralement cultivée chez
les Grecs ; ils en avoient des écoles publiques , & les anciens Auteurs parlent beaucoup d'un certain *Evangelus* (1)

(1) On ne trouve point ce Livre.

E e

dont les Ouvrages en ce genre étoient fort eſtimés. Les Romains avoient auſſi des traités ſur la guerre, mais ceux-ci agiſſoient & écrivoient plutôt ſur leur expérience que ſur des principes géométriques. Pour nous, nous n'avons point encore de Traité particulier de la Tactique, mais on nous promet de la part d'un Officier Général du premier ordre, un Ouvrage conſidérable, dont l'objet eſt d'analyſer les principales actions de guerre anciennes & modernes, & de les réduire en principes certains.

On imagine qu'il y auroit un moyen de rendre l'étude de la Tactique intéreſſante aux jeunes gens, & de lui ôter cette ſéchereſſe qui eſt capable de leur en inſpirer du dégoût : il s'agiroit pour cela de faire faire certain nombre de machines, dont les unes repréſenteroient des cavaliers en file par deux, trois, ou quatre rangs ; les autres, des compagnies & des eſcadrons ſur deux ou trois rangs ; d'autres enfin, des Régimens & des Brigades en ligne ou en colonne, & de même pour l'infanterie : on feroit faire à ces figures tous les mouvemens convenables à des circonſtances qu'on auroit ſoin d'amener, & on expliqueroit le tout, en faiſant faire aux jeunes gens l'application des principes. Il faudroit pour cela repréſenter en relief des campagnes remplies de tout ce que la nature préſente d'obſtacles & de difficultés, comme des ravins, des défilés, des bois, des rivieres, &c ; & lorſqu'il ſe trouveroit quelqu'un de ces jeunes gens aſſez avancés, on pourroit leur faire ſoutenir des Theſes ſur ces plans & ſur ceux des Places en relief. De cette maniere on leur feroit aiſément concevoir quel eſt l'ordre d'une armée dans ſes marches, dans un camp, dans une bataille & dans tous ſes autres mouvemens, & on leur donneroit ainſi la théorie artificielle de tout ce qu'un Officier doit ſçavoir. Rien ne feroit plus propre à leur faire prendre du goût pour l'étude & à leur former le coup d'œil. On peut dire même qu'un mois de leçons bien employé, feroit peut-être plus utile qu'une campagne, où il faut deviner les raiſons des choſes, & où d'ailleurs il n'eſt pas poſſible de tout voir. L'Ecole militaire eft un endroit propre à mettre en œuvre ce projet, dont on ofe affurer que l'exécution ne peut qu'être extrê-mement utile.

Il ne nous refte rien de la Tactique des premiers âges. Les plus anciens Livres ne nous inftruifent ni de l'or-donnance générale des armées, ni de la difpofition des troupes particulieres : les différentes efpeces de celles-ci nous font à peine connues. Les Auteurs ont même ignoré le véritable ufage des chevaux dans la guerre de Troye (1) :

Dans les temps moins anciens on a écrit fur la Tactique, mais ces Ouvrages font aujourd'hui de bien peu de fe-cours ; les gens de Lettres qui les ont compofés fe font exprimés d'une façon prefque toujours inintelligible ; ils ont mal rapporté les actions, parce que ne connoiffant pas les refforts des mouvemens, ils ne pouvoient apperçe-voir les vrais motifs des différentes difpofitions ; & comme ils en ignoroient les caufes, ils n'en pouvoient fentir les conféquences, & ils n'ont pu rendre les faits avec jufteffe : d'ailleurs ils n'ont écrit que fur des rapports, qui pref-que toujours font infideles, furtout lorfqu'ils ont vieilli. Aulugelle nous apprend qu'il fut un temps où l'on ne mettoit au rang des Hiftoriens, que ceux qui avoient été témoins oculaires, ou qui avoient eu quelque part aux faits qu'ils racontoient. Ce temps renaît aujourd'hui, l'é-mulation fe réveille : on doit au Miniftre de la guerre des Hiftoriens fçavans & fideles qui n'écrivent que ce qu'ils ont vu, & que ce qu'ils ont bien vu. Il n'y a point de corps qui n'ait fes Polybes, fes Xénophons, fes Fron-tins, &c.

Pour prendre une légere connoiffance de la Tactique des anciens, fixons-nous à confidérer fuccinctement celle des Grecs & des Romains.

Les Grecs formoient leur infanterie en un gros corps qui agiffoit d'un feul & même mouvement, comme une piéce de bois, ce qui lui a fait donner le nom de *Pha-*

(1) Voyez le ch. II.

lange. Dans une armée il n'y avoit qu'une feule Phalange compofée de toute l'infanterie pefante : cette infanterie étoit armée de gros boucliers, de cafques, de cuiraffes, de greves & de piques qui avoient quatre coudées de longueur, c'eft environ fix pieds de notre mefure : il y en avoit de plus ou de moins longues, comme le rapporte Euftathe dans fon interprétation de ce paffage d'Homere, ›› les rangs font fi ferrés que les piques foutiennent les ›› piques : ›› il dit que le premier rang étoit difpofé de maniere que les piques du fecond rang plus longues que les premieres, rempliffoient le vuide qui étoit entre chaque foldat, & que celles du troifiéme rang encore plus longues que celles du fecond rang préfentoient leur pointe auffi avant que celle des premieres, & derriere il y avoit deux rangs de foldats qui tenoient les piques droites, tout prêts à remplir la place de ceux qui feroient hors de combat. Les foldats de la Phalange fe nommoient Hoplites. Cette Phalange étoit divifée en quatre fections, dont chacune formoit comme une fimple Phalange. Elles ne devoient être diftinguées que par de très-petits intervalles ; car elles n'agiffoient pas par un feul & unique mouvement : au moins peut-on l'inférer de ce qu'il arrivoit fouvent que le centre fut battu & les aîles victorieufes ; qu'une aîle plioit, l'autre avoit l'avantage, & le centre n'étoit point entamé.

La cavalerie étoit diftribuée en efcadrons & placée fur les aîles, lorfque la difpofition du terrein le permettoit ; quelquefois cette cavalerie fe mettoit en premiere ligne, en avant de la Phalange, & cette difpofition avoit pour objet de faire un premier effort. Dans les commencemens que les Grecs n'avoient que très-peu de cavalerie ou qu'elle étoit mauvaife (1), il étoit d'ufage de la mettre comme

---

(1) Paufanias, dans fon récit de la bataille de Meffénie, « dit qu'il n'y eut dans ›› l'une & l'autre armée que l'infanterie qui foutint l'effort du combat ; la cavalerie ›› étoit peu nombreufe, & ne fit rien qui mérite qu'on en parle ; car les peuples du ›› Péloponefe ne fçavoient-point encore l'art de bien manier un cheval. Quant à ›› la cavalerie légere des Mefféniens & Archers Crétois des Lacédémoniens, ›› ils ne furent que fpectateurs, parce que, fuivant l'ufage de ce temps, ils fai- ›› foient partie du corps de réferve qui ne donna point. *Paufan.* liv. IV, ch. VIII.

en réserve derriere la Phalange : quand une fois l'ennemi étoit rompu, elle s'abandonnoit fur lui, achevoit de le mettre en fuite, & s'attachoit à la pourfuite des fuyards. L'ufage de mettre la cavalerie en premiere ou feconde ligne eft fort ancien. Neftor (1) à la guerre de Troye plaça à la tête fes efcadrons avec leurs chars ; derriere eux il rangea fa nombreufe infanterie pour les foutenir : Agamemnon (2), au contraire, dans la même guerre, difpofe fon infanterie en bataille aux premiers rangs, & elle eft foutenue par la cavalerie.

Indépendamment de la cavalerie & des foldats pefamment armés, il y avoit parmi les anciens une troifiéme forte de milice armée à la légere : elle comprenoit les gens de traits, les Frondeurs, les Archers : ils fervoient à attacher l'efcarmouche avant le combat : ils étoient alors répandus par pelotons fur le front de la premiere ligne ; & lorfque les deux Phalanges étoient prêtes à fe charger, ou que l'une alloit à l'autre qui l'attendoit de pied ferme, les armés à la légere s'écouloient par les flancs ou par les intervalles des divifions qu'on leur ouvroit, & qui fe refermoient après qu'ils s'étoient retirés.

Les Phalanges fe chargeoient piques baiffées, à rangs & files extrêmement ferrés, & couroient l'une à l'autre *d'une très-grande diftance*, ce qui ne peut paroître impoffible qu'à quiconque ignore les effets prodigieux de la gymnaftique. La pratique habituelle des exercices du corps rend les hommes capables de tout. L'exemple des Grecs, qui ainfi difpofés, chargerent à Marathon (3) les Perfes, en courant à eux d'une diftance de huit ftades (4), convaincra fans doute de la facilité de rompre une troupe, en tombant fur elle au pas redoublé.

La hauteur de ces Phalanges, c'eft-à-dire, le nombre

(1) Homere, liv. IV.
(2) Idem, liv. II.
(3) Hérodote dans Erato, liv. VI.
(4) Selon Pline, le ftade étoit de cent vingt-cinq pas de cinq pieds chacun, ce qui fait pour les huit ftades que coururent les Grecs mille fix cens foixante-fept de nos pas.

des foldats placés l'un devant l'autre & formant une file, fut d'abord de quatre (1) hommes parmi les Grecs, enfuite on la doubla, tripla, quadrupla, enforte que la Phalange fut fucceffivement fur quatre, huit, douze & feize de hauteur, & quelquefois fur beaucoup plus; l'ufage le plus commun étoit de faire les files de douze ou de feize foldats. Dans la Bataille de Thymbara, Cyrus donna douze hommes de profondeur à fon infanterie, & Crefus trente. Au combat du mont Sipylus, la Phalange du Roi de Syrie avoit trente-deux hommes de hauteur.

Tout ce que nous venons de dire ne regarde pas feulement la Tactique des Grecs, mais en général & à quelques différences près, celle de tous les anciens avant les Romains, & des Romains mêmes pendant long-temps; c'eft ce qu'il eft néceffaire de fe rappeller quand on lit l'hiftoire de ceux-ci, parce que leurs ennemis combattoient ordinairement rangés en Phalange, & toutes les fois que leur ordre n'eft pas autrement décrit, on doit toujours fuppofer que leur infanterie ne formant qu'un même corps d'une très-grande profondeur, étoit étendue fur une feule ligne fans intervalles.

Les Romains avoient auffi leur infanterie pefamment armée, leur infanterie légere, & leur cavalerie, que l'on diftribuoit en plufieurs troupes nommées *Légions* : chaque Légion contenoit ordinairement quatre mille deux cens hommes d'infanterie & trois cens cavaliers ; c'eft ainfi qu'elle étoit du temps de Polybe & avant lui ; ce n'eft point ici le lieu de parler de toutes les variations. La Légion a monté de trois mille hommes à fix mille : mais prefque depuis l'établiffement du Confulat elle fut de quatre mille (2) hommes.

---

(1) Agefilas forma une fois fes troupes à deux de hauteur, mais c'étoit de loin, & pour donner une grande opinion de fes forces.

(2(Denys d'Halicarnaffe, liv. VI, dit que Valerius-Publicola leva dix Légions de quatre mille hommes, pendant la guerre des Volfques : Tite-Live fait les Légions de quatre mille, liv. VI, ch. XXII, & dans fon VIII, ch. XXV. *Quaternum & ducentorum peditum, equitumque trecentorum.*

Quatre fortes de foldats différemment armés, & diftribués en autant de corps différens, fuivant les âges, compofoient l'infanterie ; les *Velites*, qui étoient les plus jeunes de tous, les *Haftats* qui les fuivoient de plus près quant à l'âge ; les *Princes*, qu'on choififfoit parmi les plus forts & les plus vigoureux, & les *Triaires* qui étoient les plus anciens & les plus expérimentés. Il y avoit douze cens Vélites, douze cens Haftats, autant de Princes, & fix cens Triaires : quoiqu'on fît la Légion plus forte, le nombre des Triaires ne changeoit jamais ; chaque corps, à l'exception des Vélites, fe divifoit en dix troupes égales, qu'on nommoit Manipules (1).

Les Vélites (2) étoient répandus en nombre égal dans les Manipules : ils avoient pour armes une épée, un javelot (3) & une parme (4) : ils étoient diftribués à la queue de chaque manipule de Haftats, de Princes & de Triaires, dans l'ordre du campement ; mais au commencement de la bataille ils avançoient dans les intervalles des manipules, ou en premiere ligne, & efcarmouchoient par pelotons, puis fe retiroient à la queue par les intervalles : on les plaçoit auffi fur les aîles, ou on les mêloit avec la cavalerie : ils étoient furtout deftinés à l'accompagner dans les détachemens & dans les promptes expéditions. Ces Vélites n'ont été connus dans les armées Romaines que vers la feconde guerre Punique, vers l'an 542 de Rome; il ne faut pas les confondre avec les autres armés à la légere connus fous le nom de Frondeurs, d'Archers, de Rozaires & des Accenfes : chacune de ces efpeces de troupes doivent être comprifes fous la dénomination d'armés à la légere. Il feroit trop long de diftinguer les temps & d'obferver tous les changemens à leur égard : il fuffit de

(1) Ceux des Haftats & des Princes étoient de cent vingt, ceux des Triaires de foixante, & il y avoit dans les uns & les autres quarante Vélites.
(2) Polybe, liv. vi, ch. iv.
(3) Le javelot étoit de deux coudées, c'eft-à-dire, long de trois pieds, de la groffeur du doigt ; le fer en étoit fi mince qu'il ne pouvoit plus fervir une feconde fois ; après avoir été lancé, il fe fauffoit.
(4) Efpece de bouclier rond de deux pieds neuf pouces de diametre.

dire en général quel étoit l'ordre des Romains le plus en usage.

Les trois autres corps formoient l'infanterie pesante. Les Hastats & les Princes portoient l'armure complette; ils avoient le casque, la cuirasse, ou au moins un plastron, des greves, un bouclier convexe large de deux pieds & demi, & long de quatre pieds, une épée propre à frapper d'estoc & de taille, & deux piles ou dards à lancer, l'un fort gros, l'autre plus mince, tous deux longs de trois coudées. Les Triaires étoient armés de la même maniere, excepté qu'au lieu de dards, ils portoient une demi-pique. Quand les Hastats & les Princes avoient lancé leurs dards, ils combattoient avec l'épée.

Quoique ces différens ordres fussent connus dans la légion dès le temps de Romulus, (1) on ne distinguoit dans l'infanterie (2) Romaine que deux sortes de soldats, les armés à la légere, & les pésamment armés, que l'on formoit, à la maniere des Grecs, en phalanges, (3) c'est-à-dire sur une seule ligne, sans intervalles. On a lieu de conjecturer que les Romains conserverent cet usage plus de trois cens ans : le temps précis où ils le quitterent ne nous est point connu; tout ce qu'on peut assurer, c'est que leur nouvelle méthode de se ranger a précédé le commencement du cinquiéme siecle de Rome. Tite-Live semble donner pour époque des changemens dans les armes & dans la disposition, le tems où la solde fut établie, (*postquam stipendarii facti sunt;*) ce seroit donc pendant le siege de Veyes, dont la prise se rapporte environ à l'an 356 de Rome : ce qu'il y a de certain, c'est que la distribution des Hastats, Princes & Triaires, & la disposition en

(1) *Indè Patres centum denos secrevit in orbes;*
　Romulus ; Hastatos instituitque decem;
　Et totidem Princeps, totidem Pilanus habebat
　Corpora: legitimo quisque merebat equo.
　　　　　Ovid. liv. III, des Fastes.

(2) Cela se voit dans les premiers Livres de Tite-Live.

(3) Tite-Live, liv. VIII, ch. VIII. *Et quòd anteà phalangas similes Macedonicis, hoc posteà manipulatim structa acies cœpit esse.*

quinconce

quinconce, se trouve marquée dans la bataille contre les Latins, dans laquelle Decius Maximus se dévoua, c'est-à-dire, vers l'an 412 de Rome.

Depuis ce tems-là les Romains suivirent constamment l'ordre en quinconce, & rangerent leur infanterie pesante, divisée par manipules sur trois lignes différentes. Les dix manipules des Hastats étoient à la premiere, ceux des Princes à la seconde; les Triaires placés à la troisiéme, formoient comme un corps de réserve.

Les Auteurs ne nous instruisent pas de la grandeur des intervalles qui séparoient ces trois lignes; elle varioit, sans doute, selon la disposition des lieux & la volonté des Généraux.

Les manipules formés sur la même ligne, étoient aussi séparés l'un de l'autre par une certaine distance, & disposés de maniere que ceux de la seconde ligne se trouvoient vis-à-vis des intervalles que laissoient entr'eux les manipules de la premiere, & ceux de la premiere vis-à-vis les intervalles des manipules de la seconde; la distance d'un manipule à l'autre devoit être égale au front de chaque manipule.

Les manipules des Hastats & des Princes étoient rangés sur douze hommes de front & dix de profondeur : (1) ceux des Triaires avoient la même hauteur, mais un front plus étroit de moitié : on laissoit entre les files & les rangs trois pieds de distance.

La Cavalerie (2) étoit composée de tout ce que Rome avoit de jeunesse plus distinguée par sa naissance : celle de chaque Légion se partageoit en dix troupes de trente

---

(1) Frontin, sur la bataille de Pharsale, dit que Pompée fit toutes ses lignes de dix de hauteur, & tous les Auteurs font les manipules quarrés. Or il n'y a pas de disposition qui convienne mieux que de cent vingt hommes, dont dix de hauteur & douze de front.

(2) Du tems de Polybe, cette cavalerie étoit armée de même que celle des Grecs : les cavaliers portoient une cotte de mailles, un grand bouclier, une forte lance ou javeline, ferrée par les deux bouts, & une épée plus longue que celle des fantassins. Les chevaux étoient bardés au poitrail & aux flancs; mais Polybe ne dit pas cela positivement; il le donne à entendre en disant qu'ils quitterent leurs anciennes armes pour prendre celles des Grecs. *Liv. VI, ch. IV.*

Maîtres chacune ; il y avoit des occasions où l'on doubloit & triploit ces troupes, pour faire un plus grand effort.

La coutume la plus ordinaire étoit de partager également sur les deux aîles la Cavalerie d'une armée, en l'alignant au front de la premiere ligne. On la plaçoit quelquefois derriere l'infanterie, en pratiquant des intervalles par où elle pouvoit fondre sur l'ennemi dans la chaleur du combat, & tomber sur lui dans le moment où il s'attendoit le moins à l'avoir sur les bras.

Dans le commencement, cette cavalerie mettoit souvent pied à terre, & combattoit à la maniere de l'infanterie : on trouve encore des traces de cette coutume, toute mauvaise qu'elle étoit, dans la seconde guerre Punique. Elle prouve bien que les Romains ne connurent que fort tard l'usage véritable de la cavalerie : quelques Généraux ont employé ce moyen comme une ressource propre à relever le courage presque abattu des fantassins, lorsqu'ils étoient sur le point d'être pliés ou rompus. Rien en effet ne devoit leur inspirer plus de honte, ni n'étoit plus capable de ranimer leur courage, que de voir un gros de jeune Noblesse entreprendre un genre de combat auquel elle n'étoit point accoutumée, se jetter au milieu de l'ennemi, en arrêter les progrès, & après lui avoir arraché la victoire, remonter à cheval & achever leur défaite.(1).

Les armées étoient ordinairement composées de deux Légions Romaines, d'un nombre égal d'infanterie, & du double de cavalerie fourni par les Alliés. L'ordonnance de ces troupes étoit la même que celle des Romains : les Légions occupoient le centre de l'infanterie, celle des Alliés en formoient la droite & la gauche : la cavalerie couvroit les aîles de part & d'autre.

L'avantage de la disposition que nous avons décrite,

(1) Voyez entr'autres Tite-Live, liv. III, ch. LXII. *Equites duarum legionum sexcenti fere ex equis desiliunt, cedentibusque jam suis, provolant in primum simulque & hosti se opponunt, & æquato primùm periculo, pudore deinde animos peditum accedunt. Et liv. IV, ch. XXXVIII. Ostendit Romanis Volscisque neque equitibus vobis ullos equites nec peditibus esse pedites pares.*

confiſtoit en ce qu'on n'expoſoit à la fois qu'une partie des troupes à l'ennemi, que les trois lignes ſe ſou-
tenoient mutuellement, & pouvoient aller ſucceſſivement
au combat ſans ſe nuire ni s'embaraſſer dans leurs mouvemens ; qu'elles avoient encore la facilité de s'enchâſſer
les unes dans les autres, pour n'en former qu'une ſeule
quand les circonſtances l'exigeoient.

La maniere des Romains étoit de joindre l'ennemi tout
le plutôt qu'ils pouvoient. Après une foible eſcarmouche,
les Vélites & les autres armés à la légere ſe retiroient dans
les intervalles & derriere les manipules de la premiere
ligne, d'où ils continuoient à lancer leurs armes de jet.
Les Haſtats en venoient aux mains les premiers ; s'ils ſe
ſentoient trop vivement preſſés, ils ſe replioient, en con-
tinuant toujours de ſe défendre, dans les intervalles de
la ſeconde ligne : les Princes joints aux Haſtats, re-
commençoient alors un nouveau combat, dans lequel
l'ennemi déja fatigué, ne manquoit pas de trouver une
réſiſtance double de celle que la premiere ligne lui avoit
fait éprouver : ſi les efforts réunis de ces deux lignes ne
ſuffiſoient pas pour vaincre, ni pour s'empêcher d'être
vaincues, par une manœuvre ſemblable à la premiere, elles
rentroient dans les intervalles des Triaires, dont le corps
étoit la derniere reſſource de l'infanterie Romaine ; mais
une reſſource d'autant plus grande, qu'il ne contenoit
que des gens d'une valeur connue & d'une expérience
conſommée. A l'inſtant les trois lignes n'en faiſant plus
qu'une ſeule, continue & ſans intervalle, retournoient
à la charge avec un effort dont il devoit être bien difficile à l'ennemi de pouvoir ſoutenir la violence : rien n'é-
toit plus capable de lui inſpirer de la terreur, que de
voir qu'au moment où il croyoit n'avoir qu'à achever la
défaite des troupes pliées & preſque rompues, il ſe trouvoit encore en tête une ligne entiere plus nombreuſe &
plus redoutable que les précédentes.

Dans les tems poſtérieurs, lorſque les armées furent
plus conſidérables, la diviſion des lignes ne ſe fit plus

par manipules, mais par cohortes : cet ufage commença
fous Marius, fut pratiqué par Jules Céfar, & continua
jufques fous Trajan & fes fucceffeurs, que l'ordre en
phalange reprit le deffus chez les Romains mêmes. La
légion contenoit dix cohortes, dont quatre étoient mifes
en premiere ligne, trois à la deuxiéme, & trois à la troifiéme (1). La diftinction d'Haftats, de Princes & de Triaires ne fut plus fi marquée depuis ce temps-là ; d'ailleurs
l'opinion de chaque Général changea quelque chofe à
ces difpofitions, mais ce que nous apprenons d'Elien,
d'Arrien & de Végece (2), eft que l'ordre en phalange
fut le plus fouvent employé.

CHAPITRE IX.

De l'ordre dans les armées.

L'EXPERIENCE ayant fait connoître que le fuccès de
prefque toutes les batailles étoit dû aux manœuvres de la
cavalerie ; (3) le nombre s'en eft accru infenfiblement
dans les armées, parce que chaque nation a voulu être
fupérieure en cette partie à fes ennemis : cette grande
fupériorité, dont l'avantage fe fait aifément fentir, &
qu'on croit avoir fuffifamment démontrée au Chapitre I,
ne produiroit pourtant dans les armées qu'une confufion
d'autant plus grande qu'elles feroient plus nombreufes,
fi l'ordre le plus exact n'y étoit obfervé. Cyrus (4) nous
apprend que le grand nombre, dans une armée, n'eft

(1) Dans le tems que Végece écrivoit, il n'y avoit plus d'intervalles dans les lignes.

(2) *Acies erat Africana duplex....... Cæfaris triplex ; fed primam aciem quaternæ cohortes ex quintâ legione tenebant, has fubfidiariæ ternæ & rursùs totidem aleæ fuæ eujufque legionibus fubfequebantur. Cæfar, civilis belli.*

(3) Denys, liv. 11, ch. 11 de l'Antiquité, dit que très-fouvent on a dû la victoire aux cavaliers, parce qu'ils commençoient le combat, & qu'ils en fortoient les derniers.

(4) Xénophon.

d'aucune confidération contre le petit bien ordonné & bien conduit. Les victoires remportées fur Xercès, Darius, Mithridate, la conquête du Mexique par les Efpagnols, celle du Mogol par Thamas-Koulikan, pour ne rien dire de tant d'autres, font autant d'exemples qui peuvent fervir à prouver combien l'ordre eft néceffaire. Sans l'ordre, dit Platon (1), il n'y a rien de parfait, rien ne peut aller comme il faut : il eft l'ame & la lumiere des chofes, c'eft par lui que les plus brillans fuccès deviennent les plus folides ; c'eft le degré de fon établiffement qui rend la victoire plus ou moins confidérable, & prefque tous les malheurs à la guerre font autant de fautes contre le bon ordre.

Une armée peut être en quelque forte confidérée comme une machine dont on ne fçauroit fe promettre un grand avantage, fi elle n'eft conftruite felon toutes les regles du mouvement ; & comme dans les machines celles qui font le moins compofées, font fouvent les plus utiles, auffi l'ordre que l'on doit préférer dans une armée, eft toujours le plus fimple & le plus précis.

Quand une fois le Général a déterminé l'ordre pour quelqu'opération que ce foit, il doit être communiqué à tous les corps, & ceux qui font chargés de ce foin, ne fçauroient y apporter trop de diligence, & doivent furtout s'attacher à le rendre très-clairement. Ce point eft d'une extrême conféquence, parce que le moindre retardement ou la plus légere équivoque dans l'énoncé des manœuvres ordonnées, font capables de déranger les projets les mieux concertés. Il eft donc abfolument néceffaire que l'ordre foit rendu très-clair à tous ceux qui doivent concourir à le faire exécuter.

Les Aides de Camp dont on eft dans l'ufage de fe fervir, font pour la plûpart des jeunes gens de peu d'expérience, & qui quelquefois n'entendant pas bien eux-mêmes les ordres que leur donnent les Officiers Généraux,

(1) Liv. vii, des Loix.

font hors d'état de les rendre : c'eſt un inconvénient qu'on ne peut prévenir qu'en créant un corps particulier de ces Officiers : on choiſiroit les plus verſés dans la Tactique & les plus expérimentés dans la guerre, pour leur confier ces emplois, & parmi eux les plus capables pour compoſer les Etats Majors. C'eſt de ce corps que les Officiers Généraux ſeroient obligés de tirer les Aides de Camp que le Roi leur entretient ; ils y trouveroient des ſujets tout formés & en état de rendre un bon ſervice, & cet établiſſement aboliroit en outre bien des abus : on leur feroit un traitement en tems de paix, & ils ſerviroient dans tous les camps de diſcipline & d'exercice.

CHAPITRE X.

De l'abſolue néceſſité des exercices, & particuliérement de ceux de la Cavalerie.

Tous les Auteurs militaires & les plus judicieux Hiſtoriens (1) ont parlé de la néceſſité des exercices; mais ce qu'ils en ont dit, & tout ce qu'on pourroit y ajouter, n'en rendra jamais qu'imparfaitement l'importante obligation (2). Les Anciens étoient ſi intimement pénétrés de cette vérité, qu'ils paſſoient leur vie dans des exercices preſque continuels : auſſi voyons-nous que la victoire a toujours été la récompenſe & le fruit des peines & du zéle de ceux qui s'y ſont le plus adonnés. Les batailles de Salamine, de Marathon, de Platée, de Mycala, en ſont autant de preuves authentiques par rapport aux Grecs, & la conquête du monde entier, par rapport aux Romains (3). Les hommes, dit Elian, ch. 21, nous prou-

(1) Polybe, Tite-Live, Joſephe, de bello Judæorum, Végéce, &c.
(2) Qui deſiderat pacem, præparet bellum. Qui victoriam cupit, milites imbuat diligenter. Qui ſecundos optat eventus, dimicet arte non caſu. Nemo provocare, nemo audet offendere, quem intelligit ſuperiorem eſſe pugnaturum. Veg. Præf. lib. III.
(3) Philippe, avec une poignée de gens, mais bien exercés, ſe rendit maître de

vent qu'ils font capables de fe donner beaucoup de mouvemens, & de n'épargner ni peines, ni foins, ni travail
dans la recherche d'une infinité d'objets, ou frivoles, ou
méprifables; pourroient-ils, fans un excès d'aveuglement,
négliger ce qu'il leur importe le plus de fçavoir, & s'expofer au hafard des combats avant que d'avoir appris par
des épreuves multipliées les manœuvres de la guerre, &
les meilleures qu'il convient d'y employer ?

S'il eft d'une indifpenfable néceffité que toutes les troupes en général foient conftamment exercées, on peut affurer que cette loi oblige plus effentiellement la cavalerie
que l'infanterie. Non feulement le cavalier doit fçavoir
tout ce qu'on fait pratiquer au fimple fantaffin, mais deftiné à un genre de combat différent, il faut encore qu'il
s'y forme avec la plus grande attention, & qu'il y dreffe
en même-tems fon cheval : il faut qu'il apprenne à manier ce cheval & à le conduire avec intelligence; qu'il
l'accoutume à l'obéiffance & à la docilité, qu'il le prépare à un grand nombre de mouvemens particuliers; que
par des foins vigilans il entretienne & augmente la force &
la vigueur naturelle de cet animal, fa foupleffe & fa légereté,
& qu'il le rende capable de partager tous les fentimens
dont il eft lui-même tour à tour animé, foit à l'afpect
de l'ennemi, foit au commencement du combat, foit
dans la pourfuite. Il n'eft rien de plus dangereux pour un
cavalier que de monter un cheval mal dreffé (1) : la perte

toute la Grece, & Alexandre n'avoit que trente-fix mille hommes, quand il entre-
prit la conquête du monde entier.

Xercès, avec fept cens mille hommes, fe vit arrêté au pas des Thermopiles par
trois cens Lacédémoniens.

Dix mille Grecs, au fervice de Cyrus, contre Artaxercès, firent plier cent mille
Perfes, & retournerent chez eux pleins de gloire, en faifant une retraite de douze
cens lieues.

Lucullus, en Arménie, n'ayant que quinze mille hommes, contre les forces in-
nombrables de Tigranes & de Mitridate, les vainquit tous deux.

Céfar, toujours inférieur en nombre, mais toujours fupérieur par la difcipline
& l'exercice, cherchoit la bataille : il fe conduifit cependant plus lentement à la
guerre d'Afrique, parce qu'il avoit des troupes nouvellement levées.

(1) *Equus immorigerus non eft inutilis tantùmmodò, fed fæpè numero proditoris
vicem obtinet.* Xenophon, *de re equeftri.*

de fa vie & de fon honneur le punit très-fouvent de fa négligence à cet égard. Combien de reproches n'ont point à fe faire ceux qui, chargés des exercices des régimens, ont la foibleffe de fe rendre au cri des Officiers, que la pareffe, l'ignorance ou un faux intérêt retiennent dans l'inaction, & qui refufent aux cavaliers les inftructions aufquelles ils font obligés autant par devoir que par honneur!

La Grece, divifée en autant de Républiques qu'elle contenoit de Villes un peu confidérables, offroit autour de leur enceinte, le fpectacle fingulier & frappant d'une multitude d'habitans inceffamment occupés à la lutte, au faut, au pugilat, à la courfe & au jeu du difque : ces exercices particuliers fervoient de préparation à un exercice général de toute la nation, qui fe renouvelloit tous les quatre ans en Elide, proche la ville de Pife, autrement dite Olympie, où fe donnoit la brillante folemnité des jeux Olympiques. Si l'on réfléchit fur le caractere des perfonnages (1) illuftres à qui l'on en attribue le rétabliffement, on verra que ces jeux étoient purement politiques, & qu'ils avoient moins pour objet la Religion ou l'amour des Fêtes, que d'infpirer aux Grecs une utile activité qui les tînt toujours préparés à la guerre. En effet quels exercices pouvoient être plus convenables pendant la paix, à un peuple libre, & dont l'unique but étoit de défendre fa liberté contre les ennemis du dehors, que ceux qui raffembloient dans un même lieu toutes ces Républiques, à la vérité indépendantes les unes des autres, mais liées entre elles par l'intérêt commun ? Ces jeux excitoient une émulation générale que la baffe jaloufie ne fouilloit jamais : on fe difputoit le prix avec une égale ardeur; & quoiqu'on ne parvînt pas à l'obtenir, il étoit toujours beau d'avoir pu y prétendre : la gloire du vainqueur rejailliffoit jufque fur les vaincus; cette gloire étoit extrême & comparable en quelque forte aux triomphes des Con-

(1) Iphitus & Lycurgue. Ils avoient été inftitués par Hercule en l'honneur de Jupiter.

quérans;

quérans ; celui qui avoit été couronné donnoit son nom (1)
à l'Olympiade, & sa victoire étoit immortalisée par les
chants des plus fameux Poëtes de la Grece (2).

Les exercices dans lesquels il falloit exceller pour entrer dans la carriere Olympique, entretenoient le corps
agile, souple & léger, & procuroient aux Grecs une vigueur & une adresse qui les rendoit supérieurs à leurs ennemis. Ils l'étoient encore par un autre endroit ; comme
ils avoient dans le cœur la volonté de vaincre, ils ne
trouvoient jamais rien d'impossible ; leur courage, leur
esprit, toutes les facultés de leur ame se nourrissant ainsi
de ce violent désir, autant que des exercices, il n'y avoit
pas à craindre que le repos de la paix fît rien perdre à la
profession des armes ; profession qui, comme l'on sçait,
pourvoit seule à la conservation des autres ; c'est dans la
même vue & pour les mêmes raisons que furent introduits, dans les jeux (3) Pythiques, les mêmes combats que
dans les jeux Olympiques : les Amphictions, les Députés
des principales villes de la Grece y présidoient, & régloient tout ce qui pouvoit contribuer à la sûreté & à la
pompe de la fête. Les jeux Isthmiens & les jeux Néméens
avoient aussi le même objet.

Quant aux Romains, moins éloignés de nos tems, l'on
sçait que leurs immenses conquêtes ont été le fruit de
leurs exercices & de l'attention qu'ils apportoient à former leurs soldats : écoutons sur cela (4) Végece ; il commence son excellent ouvrage sur la guerre, par rassembler sous les yeux de Valentinien, tout ce qui pouvoit

(1) Diodore de Sicile désigne toujours à la premiere année de chaque Olympiade, le Grec qui avoit remporté le prix aux Jeux Olympiques, de même qu'il
fait tous les ans à l'égard des Consuls de Rome, & de l'Archonte d'Athenes.
(2) Les Odes de Pindare ont été faites en leur honneur.
(3) On les célébroit aussi tous les quatre ans, près de la ville de Delphes ; ils furent institués en la vingt-huitiéme Olympiade, l'an du monde 3228, en l'honneur
d'Apollon.
(4) In omni autem prælio non tàm multitudo & virtus indocta, quàm ars & exer-
citium solent præstare victoriam : nullâ enim aliâ re videmus populum Romanum orbem subegisse terrarum, nisi armorum exercitio, disciplinâ castrorum, usuque militiæ,
&c. Veg. lib. 1, cap. 1.

Gg

convaincre davantage cet Empereur de l'abfolue néceffité d'exercer les troupes. Pour fubjuguer la terre entière,
les Romains, dit-il, n'ont employé d'autres moyens qu'une
continuelle pratique des exercices militaires, d'une exacte
difcipline dans les camps, & d'une extrême attention à
apprendre tout ce qui a rapport à la guerre. Comment,
ajoute cet Auteur, leurs petites (1) armées euffent-elles
pu réfifter à la valeur & à la multitude des Gaulois?
Quels avantages leur petite taille leur eût-elle donné contre la haute ftature & la vigoureufe complexion des Germains; contre la force & le nombre des Efpagnols?
Qu'euffent-ils entrepris contre les immenfes richeffes des
Africains? & que n'auroient-ils pas dû craindre des rufes
des Carthaginois, du génie tout militaire des Grecs & de
leur expérience? Les Romains, ces vainqueurs de tant de
peuples qui jufqu'alors avoient paru invincibles, ne leur op-
poferent qu'une poignée de foldats, mais dreffés avec foin
au maniement des armes, dont les corps étoient endurcis
par l'habitude du travail, & qui avoient été préparés pendant la paix à tous les événemens de la guerre.

　L'hyver (2) comme l'été, les cavaliers Romains étoient
réguliérement exercés tous les jours (3), & lorfque la rigueur de la faifon empêchoit qu'on ne pût le faire à l'air,
ils avoient des endroits couverts deftinés à cet ufage. On
les dreffoit à fauter fur des chevaux de bois, tantôt à droite, tantôt à gauche; premiérement, fans armes, enfuite
tout armés, & la lance ou l'épée à la main : après que les
cavaliers s'étoient ainfi exercés feul à feul, ils montoient à

---

(1) L'ignorance de ceux à qui on a affaire eft pour les habiles le chemin qui
les conduit le plus fouvent aux heureux fuccès. *Polybe, liv. IX, ch. IV.*

(2) *Non tantùm autem à tyronibus fed etiam à ftipendiariis militibus falitio
equorum diftrictè eft femper exacta...... equi lignei hyeme fub tecto, æftate ponebantur
in campo : fuper hoc juniores primò in crines dùm confuetudine proficerent, demùm
armati cogebantur afcendere, &c.* Veg. lib. 1, cap. XVIII.

(3) Œtrien étoit fi bien exercé, qu'il faifoit paffer une fléche à travers un
anneau; ce qu'Alexandre ayant fçu, il le fit venir, & lui commanda de le faire
en fa préfence, mais il n'en voulut rien faire, & fut condamné à perdre la vie.
Alexandre cependant lui pardonna, lorfqu'il eut appris que le refus qu'il en avoit
fait venoit de ce qu'il craignoit de perdre fa réputation, parce qu'il avoit été quelques jours fans s'exercer.

cheval, & on les menoit à la promenade; là on leur faisoit
exécuter tous les mouvemens qui servent à attaquer & à
poursuivre en ordre. Si on leur montroit à plier, c'étoit
pour leur apprendre à se reformer promptement, & à retourner à la charge avec la plus grande impétuosité. On les
accoutumoit à monter & à descendre rapidement par les
lieux les plus roïdes & les plus escarpés, afin qu'ils ne pussent jamais se trouver arrêtés par aucunes difficultés du
terrein. Xénophon (1), recommandant l'usage des mêmes
pratiques, nous donne lieu de conjecturer que les Grecs se
conduisoient à cet égard comme les Romains.

L'Histoire nous fait voir une des principales causes des
succès étonnans d'Annibal, dans le relâchement où les
Romains étoient tombés après la premiere guerre Punique.
Vingt ans de négligence ou d'interruption dans leurs exercices ordinaires, les avoient tellement énervés & rendus
si peu propres aux manœuvres de la guerre, qu'ils ne purent tenir contre les Carthaginois, & qu'ils furent défaits
autant de fois qu'ils oserent paroître devant eux en bataille
rangée : ce ne fut que par l'usage des armes qu'ils sortirent
peu à peu de l'état de foiblesse & d'abattement où les avoit
réduit leur négligence pendant la paix. De sages Généraux
ayant fait revivre dans les Légions l'esprit Romain, en y
rétablissant l'ancienne discipline & l'habitude des exercices, leur courage se ranima, & l'expérience leur ayant
donné de nouvelles forces, ils arrêterent d'abord les progrès rapides de l'ennemi; ils balancerent ensuite ses succès, enfin ils en devinrent les vainqueurs. Scipion fut un
de ceux qui contribua davantage à un si prompt changement; il ne croyoit pas qu'il y eût de meilleur moyen pour
assurer la victoire à ses troupes, que de les exercer sans relâche (2). C'est dans cette occupation qu'on le voit goûter
les premiers fruits de la prise de Carthagene (3) : moins

(1) *De re equestri.*
(2) Scipion exerçoit ses soldats tous les jours, & les contraignoit de porter chacun sept pieux, & pour trente jours de bled. *Polyb. liv. VI.*
(3) *Ipse paucos dies quibus morari Carthagine statuerat, &c.*

glorieux d'une si brillante conquête qu'ardent à se préparer de nouveaux triomphes, tout le temps qu'il campa sous
les murs de cette place, fut employé aux différens exercices militaires. Un Historien (1) éclairé nous a conservé le
détail des mouvemens que Scipion faisoit faire à sa cavalerie. Il accoutumoit chaque cavalier séparément à tourner
sur sa droite & sur sa gauche, & à faire des demi-tours à
droite & à gauche ; il instruisoit ensuite les escadrons entiers à exécuter de tous côtés & avec précision, les simples,
doubles & triples conversions, à se rompre promptement,
soit par les aîles, soit par le centre, & à se reformer avec
la même légereté : il leur apprenoit surtout à marcher à
l'ennemi avec le plus grand ordre, & à en revenir de même. Quelque vivacité qu'il exigeât dans les diverses manœuvres des escadrons, il vouloit que les cavaliers gardas-
sent toujours leurs rangs, & que les intervalles fussent
exactement observés ; il pensoit, dit Polybe, qu'il n'y a
rien de plus dangereux pour la cavalerie, que de combattre quand elle a perdu ses rangs.

Ce qu'il y avoit d'admirable dans cette partie de la discipline militaire des Romains, c'est que les plus grands
hommes de la République se faisoient un devoir de donner eux-mêmes aux soldats l'exemple de ce qu'ils devoient
faire. Qui ignore que César & Pompée furent d'excellens
hommes de cheval ? Plutarque nous apprend que le premier
s'y exerçoit de toutes les manieres, & que bien souvent
les mains derriere le dos, & son cheval (2) n'ayant point
de bride, il lui faisoit prendre carriere : on voyoit dans les
exercices Pompée, à l'âge de cinquante-huit ans, monter à
cheval, mettre l'épée à la main & la remettre adroitement
dans le fourreau, pendant que son cheval couroit à bride

___

(1) Polybe, liv. x, ch. III.
(2) Ce cheval avoit quelque rapport avec celui d'Alexandre, ni l'un, ni l'autre
ne pouvant être montés ni dressés que par ces Héros : celui de César, à ce que dit
Suétone, avoit l'ongle séparé en forme de doigts. Alexandre & César firent aussi
pour leurs chevaux des choses extraordinaires : l'un bâtit une ville en l'honneur
de Bucéphale, & lui en donna le nom : l'autre dédia l'image du sien à Venus.

abattue ; & Plutarque (1) ajoute qu'il y avoit peu de jeunes gens qui égalaſſent la force & l'adreſſe avec laquelle il lançoit le javelot.

Si les Grecs & les Romains ont ſurpaſſé tous les anciens Peuples par leur conſtante application au métier de la guerre, on peut dire, avec autant de vérité, que depuis treize cens ans, les François l'emportent par le même endroit ſur le reſte de l'Europe : mais comme ils n'ont acquis cette ſupériorité qu'à la faveur de fréquens exercices, ils doivent, pour ſe la conſerver, perſiſter dans la pratique d'un moyen qui peut lui ſeul l'établir ſur des fondemens inébranlables ; les joutes & les tournois, genre de ſpectacles dans lequel la Nation Françoiſe s'eſt diſtinguée avec tant d'éclat, entretenoient parmi cette Nobleſſe, qui a toujours été la force & l'appui de l'Etat, l'adreſſe, la vigueur & l'intelligence néceſſaires dans la guerre. L'Ordonnance de ces Fêtes célebres avoit quelque reſſemblance avec les jeux Olympiques des Grecs ; mais on peut aſſurer que le ſage établiſſement de nos Camps de paix, qui ſe perpétueront ſans doute en ſe renouvellant, à l'exemple des jeux Olympiques, tous les quatre ans, pour chaque diviſion de nos troupes, remplacera les anciens ſpectacles de nos Peres, avec encore plus d'avantage & d'utilité pour l'Etat.

Les manœuvres de la cavalerie des Romains n'étoient pas différentes de celles que la nôtre exécute aujourd'hui : notre théorie eſt bonne, il ne s'agit que d'y joindre une grande pratique ; les manéges qu'on a déja commencé d'établir dans pluſieurs Régimens, & qui leur aſſurent un plein ſuccès dans toutes les actions de guerre où ils auront part, prouvent le zele avec lequel nous tâchons d'avancer vers la perfection ; l'exemple de ces Régimens influera ſur les autres : on y voit déja une ſubordination d'autant mieux établie, qu'elle dépend toujours des fréquens exercices, & l'on ſçait qu'elle eſt le grand reſſort de l'art militaire. Par les exercices, les hommes & les chevaux ſont rendus

(1) Vies de Céſar & de Pompée.

capables de supporter les plus grandes fatigues, ils deviennent moins sujets aux maladies, & la consommation des uns & des autres devient moindre.

Une raison bien puissante, si l'on veut y faire attention, pour prouver la nécessité des exercices, est que tous les désordres qui arrivent dans les troupes, & les malheurs qu'éprouvent souvent les armées, viennent ordinairement de l'inaction du soldat. L'Histoire est remplie d'exemples de cette vérité.

Les soldats d'Annibal, endurcis auparavant au froid & au chaud, accoutumés à endurer la faim, la soif, & les plus rudes fatigues de la guerre, ne se furent pas plutôt plongés dans les délices de la Campanie, qu'on vit la paresse, la crainte, la foiblesse & la lâcheté, prendre la place du courage, de l'ardeur, de l'intrépidité, qui peu de temps avant avoient porté la terreur jusqu'aux portes de Rome. Un seul hyver passé dans l'inaction & dans la débauche, en fit des hommes nouveaux, & coûta plus à Annibal que le passage des Alpes, & tous les combats qu'il avoit donnés jusqu'alors.

L'oisiveté engendre l'ennui ou la débauche, & l'un & l'autre occasionnent infailliblement ces désertions fréquentes, dont l'Officier souffre, sans vouloir approfondir la cause qui les produit. Le soldat, surtout le soldat François, veut être occupé; s'il ne l'est du bien il le sera du mal (1). Tous les instans de sa vie devroient donc être marqués par des occupations fixes. Ne fût-ce que par des jeux, il faut employer en tout temps les moyens capables de conserver dans un guerrier l'esprit de son état; mais il n'en est pas de plus certain que les exercices répétés. En occupant les sens, ils privent l'imagination d'objets sinistres ou dangereux, & le courage veut être entretenu par de fréquentes images de la guerre.

Aujourd'hui qu'une des principales attentions du Ministre se porte vers cette partie la plus essentielle du service,

_____

(1) Caton avoit coutume de dire que c'étoit apprendre à mal-faire que de ne rien faire.

on ne peut qu'espérer un plein succès des entreprises que
feront désormais les armes Françoises ; en supposant néanmoins que les Officiers, par une étude assidue, cultiveront
leur esprit, & se procureront des connoissances utiles, à
mesure que les cavaliers acquerront plus de force & d'a-
gilité. Qu'on lise Xénophon (1) : que n'exige-t'il pas dans
un Officier qui commande une troupe de cavalerie ? Non
seulement il doit sçavoir lui-même tout ce qu'il fait pratiquer à ses cavaliers, il doit encore le mieux exécuter :
il doit comme eux sauter les fossés à cheval, franchir des
retranchemens, marcher dans les lieux les plus difficiles,
se servir de ses armes avec adresse ; son courage doit être
connu de toute sa troupe, il faut qu'elle soit convaincue
qu'il sçait dans une attaque prendre tous ses avantages, &
qu'avec lui on est toujours assuré de vaincre. Il doit enfin,
continue le même Auteur, surpasser tous ceux qui sont
à ses ordres, en piété envers les Dieux, en vertu, en valeur,
en expérience. Toutes ces qualités réunies dans les Chefs,
contribuent efficacement au maintien de la discipline.

Le service de la cavalerie est plus compliqué que celui
de l'infanterie : la premiere étant sujette à faire de grands
mouvemens, ses manœuvres étant plus vives, moins uniformes & souvent inopinées, elles exigent d'autant plus
d'exercices dans le cavalier, & d'intelligence dans les Officiers, indépendamment de celles qu'ils doivent avoir au
même degré que les fantassins, parce qu'ils en font souvent le service. L'activité de l'Officier de cavalerie doit
être également pleine de feu & de modération ; il faut
qu'il ait un esprit toujours présent, une prévoyance à
toute épreuve ; qu'il connoisse sa propre force & celle qu'il
va combattre, & qu'il sçache, dans une affaire contre de
l'infanterie, opposer à propos la résolution & l'adresse à
la fermeté, unique moyen de résistance dans cette infanterie. Il aura alors tout à espérer & rien à craindre, l'ennemi lui fût-il de beaucoup supérieur en nombre : le che-

(1) *Atque, ut summatim dicam, minimè contemnetur præfectus, si quæ alios facere
velit ipse eadem meliùs quàm illi facere videatur, &c.* Xenophon *in Hipparchico.*

val femble né pour le combat (1) ; fa force eft infinie quand elle eft dirigée avec art, que l'homme fçait lui tranfmettre fes volontés, & qu'animés du même défir, ils agiffent tous deux par le même inftinct.

L'Ordonnance du Roi de Pruffe concernant la cavalerie (2), veut que les cavaliers montent à cheval tous les jours, foit en été, foit en hyver, à moins qu'ils ne le puiffent faire dans cette derniere faifon, fans s'expofer à un danger évident. L'article onziéme ordonne, qu'au printemps on faffe exercer les Régimens fix fois par femaine à cheval, & une fois à pied ; & que le jour qu'on aura exercé à pied, on faffe promener les chevaux : il eft d'ailleurs permis à chaque cavalier Pruffien de monter fon cheval quand bon lui femble, & de le caracoller comme il lui plaît. Ce grand Prince fait ainfi revivre la coutume des Romains (3), chez qui tous les nouveaux foldats étoient exercés tous les jours deux fois, & les autres réguliérement une fois.

Xénophon, dans fon livre du Général de la cavalerie, dit que les cavaliers (4) & les chevaux, qui n'ont point été rompus aux exercices, iront au combat comme des femmes qui entreprendroient de combattre des hommes. Au contraire ceux qu'on a dreffés à franchir des foffés & des retranchemens, à defcendre avec affurance des lieux élevés, ou à gravir de vîteffe au fommet des endroits efcarpés, auront autant d'avantage fur les autres que les oifeaux en ont par leurs aîles fur les quadrupedes, les hommes qui ont de bons yeux fur les aveugles, & ceux qui font agiles fur les boiteux.

De tout ce qui vient d'être dit, ne peut-on pas con-

(1) *Equus paratur in diem belli.* Salom. pro 21.

(2) Ch. III, art. 10.

(3) *Juniores quidem & novi milites manè & poft meridiem ad omne genus exercebantur armorum. Veteres autem eruditi, fine intermiffione, femel in die exercebantur.* Vegetius, *de re militari*, lib. II, cap. XXIII.

(4) *Qui funt exercitati tantùm eis antecellunt qui funt ad afperitates viarum inexercitati, quantùm claudis integri, ac locorum periti tantùm in progreffione & regreffione præftant imperitis, quantùm cæcis qui afpectu utuntur commodè, &c.* Xénophon, *in Hipparchico.*

clure

clure que ce font les exercices qui font naître les puiſſan-
ces, qui décident des ſuccès de la guerre, & qui reglent
le deſtin des Etats. Peut-on douter que le Roi le plus puiſſant en troupes bien exercées & diſciplinées, ne ſoit le
maître de la terre ? L'Univers lui eſt ouvert ; les reſſorts de
la plus adroite politique ne peuvent rien oppoſer à ſes armes ; l'obéiſſance aveugle du ſoldat aux ordres de ſes Officiers, lui fait braver avec confiance les périls les plus
évidens. Quels ennemis oſeront attaquer des troupes parfaitement inſtruites au maniement des armes & aux évolutions de la guerre, qui ſemblables à d'excellens chaſſeurs, ne tireront que des coups certains, & qui d'un pas
redoublé, ſçauront bien enſemble parcourir exactement
ſoixante toiſes par minutes ? Quelle cavalerie tiendra contre celle dont tous les hommes ſeront autant d'Ecuyers
adroits & vigoureux qui ne formant qu'un même corps,
feront toujours des efforts communs, & qui auront appris
à ne ſe rompre jamais, ou à ſe rallier promptement ? Pour
juger enfin combien il importe d'exercer les hommes pour
la guerre, il ne faut que conſidérer l'état primitif des plus
grands Royaumes, on verra qu'ils ne tiennent leur exiſ-
tence & ne doivent leur agrandiſſement qu'à de continuels exercices, &, ſans remonter plus haut que ce ſiecle,
la Ruſſie & la Pruſſe offrent des exemples bien capables
d'en prouver l'abſolue néceſſité.

CHAPITRE XI.

Des Etendards & de l'obligation d'en avoir deux par eſcadrons.

DE tous les temps il y a eu des ſignaux muets pour diſ-
tinguer les troupes, les guider dans leurs marches, leur
marquer le terrein & l'alignement ſur lequel elles doivent
combattre, regler leurs manœuvres, mais plus particulié-

rement pour les rallier & les réformer en cas de déroute. Ces signaux ont changé, suivant les temps & les lieux, de figure & de nom. Mais comme nous désignons d'une maniere générale par le seul mot d'enseigne toutes celles dont on a fait usage en France depuis le commencement de la Monarchie, ainsi les anciens comprenoient sous des termes génériques tous leurs signaux muets, à quelques troupes qu'ils appartinssent, & quelle que pût être leur forme (1), les mêmes termes avoient encore chez eux, comme chez nous, outre une signification générale, leur application particuliere. Chez les Romains, par exemple, qui se servoient indifféremment des mots *signum* & *vexillum* pour désigner toutes sortes d'enseignes, le premier mot signifioit néanmoins d'une maniere expresse les enseignes de l'infanterie (2) Légionnaire, & le second celle des troupes de cavalerie. Nous distinguons de même nos enseignes en deux especes : nous conservons le nom d'*enseignes* à celles dont on se sert dans l'infanterie ; nous appellons Etendards, Guidons, Cornettes, les Enseignes affectées aux gens de cheval.

Il y a toute apparence que dans les commencemens, les choses les plus simples & les plus aisées à trouver servirent de signes militaires. Des branches de feuillages, des faisceaux d'herbes, quelques poignées de chacune furent sans doute les premieres Enseignes : on leur substitua dans la suite des oiseaux ou des têtes d'autres animaux: mais à mesure que l'on se perfectionna dans la guerre, on prit aussi des Enseignes plus composées, plus belles, & l'on s'attacha à les faire d'une matiere solide & durable, parce qu'elles devinrent des marques distinctives & perpétuelles pour chaque Nation. On mit encore au rang des Enseignes les images des Dieux (3), les portraits des Rois,

(1) Soit qu'ils fussent de relief, de bas-relief, en images, ou d'étoffes unies.
(2) Le mot *vexillum* désignoit encore les enseignes des troupes fournies par les Alliés de Rome : ce n'est pas qu'on ne s'en servit quelquefois pour exprimer les enseignes de l'infanterie Romaine ; car toutes ces choses sont assez souvent confondues.
(3) Les Egyptiens firent tout le contraire ; ils mirent au rang de leurs Dieux les animaux dont la figure leur avoit servi d'enseigne.

des Empereurs (1), des Céfars (2), des grands hommes, & quelquefois des fimples favoris (3).

On adopta auffi des figures fymboliques: les Athéniens avoient dans leurs fignes militaires la chouette, oifeau confacré à Minerve; les Thébains, le Sphinx: d'autres peuples ont eu des lions, des chevaux, des minotaures, des fangliers, des loups, des aigles.

L'aigle a été l'enfeigne la plus commune de l'antiquité: celle de Cyrus & des autres Rois de Perfe dans la fuite, étoit une aigle d'or aux aîles déployées, portée au fommet d'une pique (4). L'aigle devint l'Enfeigne la plus célebre des Romains: elle étoit de même en relief, pofée à l'extrêmité d'une pique fur une bafe, ou ronde ou triangulaire, tenant quelquefois une foudre dans fes ferres: fa groffeur n'excédoit pas celle d'un pigeon: ce qui paroît conforme au rapport de Florus (5), qui dit qu'après la défaite de Varus, un fignifer en cacha une dans fon baudrier.

L'on fçait que chez les Romains le nombre des aigles marquoit exactement le nombre des Légions, parce que l'aigle en étoit la principale Enfeigne. Les manipules avoient auffi leurs Enfeignes; elles ne confifterent d'abord

Diodore dit, « que les Egyptiens, combattant autrefois fans ordre, & étant » fouvent battus par leurs ennemis, prirent enfin des Etendards pour fervir de » guides à leurs troupes dans la mêlée. Ces Etendards étoient chargés de la figure » de ces animaux qu'ils réverent aujourd'hui. Les chefs les portoient au bout de » leurs piques, & par-là chacun reconnoiffoit à quel corps, ou à quelle compa- » gnie il appartenoit. Cette précaution leur ayant procuré la victoire plus d'une » fois, ils s'en crurent redevables aux animaux repréfentés fur leurs enfeignes, » & en mémoire de ce fecours ils défendirent de les tuer, & ordonnerent même » qu'on leur rendît tous les honneurs que nous avons vu. *Liv. I, §. 2, tom. I, p.* *183, de Terraffon.*

(1) Les Annales de Tacite, liv. I, traitent des images de Drufus.
(2) Suétone, vie de Caligula, ch. xiv, dit du Roi des Parthes, *transgreffus Euphratem aquilas & figna Romana, Cefarumque imagines adoravit.*
(3) Il eft dit dans la vie de Tibere, que cet Empereur fit des largeffes aux Légions de Syrie, parce qu'elles étoient les feules qui n'euffent pas admis les images de Séjan au nombre de leurs enfeignes militaires.
(4) Xénophon, liv. vii de la Cyropédie.
(5) Lib. iv. *Signa & aquilas duas barbari adhuc poffident. Tertiam fignifer priùs quàm in manus hoftium veniret, evulfit; merfamque intrà baltei fui latebras gerens in cruenta palude fic latuit.*

Hh ij

qu'en quelques poignées de foin qu'on ſuſpendoit au bout d'une longue perche, & c'eſt delà, dit Ovide, qu'eſt venu le nom que l'on donna à ces diviſions de l'infanterie Légionnaire.

Pertica ſuſpenſos portabat longa maniplos
Unde maniplaris nomina miles habet.

Ovidius, lib. III Faſtorum.

Dans les temps poſtérieurs, ces marques de l'ancienne ſimplicité firent place à d'autres plus recherchées, dont on voit la repréſentation ſur les médailles & les monumens qui ſe ſont conſervés juſqu'à nous : c'étoit une longue pique traverſée à ſon extrêmité ſupérieure d'un bâton en forme de T (1), d'où pendoit une eſpece d'étoffe quarrée : la hampe de la pique portoit dans ſa longueur des plaques rondes ou ovales, ſur leſquelles on appliquoit les images des Dieux, des Empereurs, & des hommes illuſtres. Quelques-uns de ces ſignes étoient terminés au bout par une main ouverte, il y en avoit qui étoient ornés de couronnes de lauriers, de tours & de portes de Villes ; diſtinction honorable accordée aux troupes qui s'étoient diſtinguées dans une bataille, ou à la priſe de quelque Place.

L'Etendard de la cavalerie nommé *vexillum* ou *cantabrum*, n'étoit qu'une piece d'étoffe d'environ un pied en quarré, que l'on portoit de même au bout d'une pique, auſſi terminée en forme de T.

Les Dragons ont encore ſervis d'enſeigne à bien des Peuples : les Aſſyriens en portoient. Suidas (2) cite un fragment qui donne le Dragon pour Enſeigne à la cavalerie Indienne ; il y en avoit un ſur mille chevaux. Sa tête étoit d'argent, & le reſte du corps d'un tiſſu de ſoie de diverſes couleurs, le Dragon avoit la gueule béante, afin que l'air venant à s'inſinuer par cette ouverture, enflât le tiſſu de ſoie qui

(1) Voyez Montfaucon, Lipſe, &c.
(2) Suidas, *in verbo Indi.*

formoit le corps de l'animal, & lui fît imiter en quelque forte les fifflemens & les replis tortueux d'un véritable Dragon.

Selon le même Suidas, les Scythes eurent pour Enfeignes de femblables Dragons; ces Scythes paroiffent être le même peuple que les Goths, à qui l'on donnoit alors ce premier nom. On voit ces Dragons fur la colonne Trajane dans l'armée des Daces; il n'eft pas douteux que l'ufage n'en ait été adopté par les Perfes, puifque Zénobie (1) leur en prit plufieurs.

Après Trajan, les Dragons devinrent l'Enfeigne particuliere de chaque cohorte, & l'on nomma Dragonnaires ceux qui les portoient dans le combat. Cet ufage fubfiftoit encore lorfque Végéce (2) compofa fon excellent abregé de l'art militaire.

On prit enfin des Enfeignes fymboliques, comme des armes, des devifes & des chiffres; les uns étoient ceux des Princes, ceux des Chefs, ou d'autres affectés aux troupes.

L'honneur a fait de tous les temps une loi capitale du refpect & de l'attachement des Peuples pour leurs Enfeignes; quelques-uns ont pouffé ce fentiment jufqu'à l'idolâtrie, & pour ne parler que des Romains, on fçait qu'ils fe mettoient à genoux devant les leur, qu'ils juroient par elles, qu'ils les parfumoient d'encens; les ornoient de couronnes de fleurs, & les regardoient comme les véritables Dieux des Légions; hors les temps de guerre ils les dépofoient dans les Temples. Comme il y avoit une grande infamie à les perdre, c'étoit auffi une grande gloire que d'en prendre aux ennemis; delà preferoit-on plutôt de mourir que de fe les laiffer enlever, & quiconque étoit convaincu de n'avoir pas défendu fon Enfeigne de tout fon pouvoir, étoit condamné à mourir: la faute rejailliffoit même fur toute la cohorte; celle qui avoit perdu fon Enfeigne étoit rejettée de la Légion, contrainte à demeurer hors de l'enceinte du Camp, & réduite à ne

(1) In Vopifco.
(2) Liv. II, ch. XIII.

vivre que d'orge, jufqu'à ce qu'elle eût réparé fa honte par des prodiges de valeur : jamais les Romains ne firent des Traités de paix, que fous la condition que leurs Enfeignes leur fuffent rendus. Delà ces louanges d'Augufte par Horace (1), cet Empereur s'étant fait reftituer les Enfeignes que les Parthes avoient enlevées à Craffus.

Il faudroit des volumes entiers pour rapporter tous les ufages des anciens fur les Enfeignes ; encore ne pourroit-on pas toujours fe flatter d'avoir démêlé la vérité dans ce cahos de variations fucceffives, qui ont produit à cet égard une infinité de changemens dans les pratiques de toutes les Nations. Quelles difficultés n'éprouvons-nous pas feulement pour accorder entr'eux nos propres Auteurs (2) fur ce qu'ils ont écrit des Enfeignes dont on a fait ufage dans les différens temps de notre Monarchie.

L'opinion commune eft, que l'Oriflamme eft le plus célebre & le plus ancien de tous nos Etendards; c'étoit celui de toute l'armée. On croit qu'il parut fous Dagobert en 630, & qu'il difparut fous Louis XI. Les Hiftoires de France en parlent diverfement. M. le Préfident Hénaut dit que Louis le Gros eft le premier de nos Rois qui ait été prendre l'Oriflamme à Saint Denis. On vit enfuite des Gonfalons du temps de Charles II, dit le Chauve, en 840. Il ordonna aux Cornettes de faire marcher leurs vaffaux fous leurs Gonfalons.

Il y eut des Etendards en 922 ; Charles III, dit le Simple, en avoit un dans la bataille de Soiffons contre Robert; celui-ci portoit lui-même le fien, & celui de Charles étoit porté par un Seigneur de la plus haute diftinction nommé Fulbert.

Depuis, les Rois de France ont eu pendant fort long-temps un Etendard attaché à leur perfonne & diftinctif de ceux des troupes; on l'appelloit Banniere du Roi, Pen-

(1) *Et figna noftro reftituit Jovi.*
Direpta Parthorum fuperbis hoftibus : Liv. IV, Ode XV.
(2) Claude Beneton eft l'Auteur qui en ait écrit le plus au long. *Imprimé à Paris,* in-12. 1742.

non Royal, ou Cornette blanche du Roi : d'anciens Historiens ont parlé des Etendards de Dagobert, de ceux de Pépin, mais Ducange réfute ce qu'ils en ont dit, & prétend qu'ils n'ont pas existés.

Sous la troisiéme race, les Bannerets & les Communes eurent des Bannieres, & les Chevaliers, Bacheliers, & Ecuyers, des Pennons.

Le Connétable avoit aussi une Banniere : il avoit droit, en l'absence du Roi, de la planter, à l'exclusion de tous autres, sur la muraille d'une Ville qu'il avoit prise.

Ce droit étoit très-considérable ; il occasionna un grand démêlé entre Philippe-Auguste & Richard Roi d'Angleterre, lorsqu'ils passerent ensemble en Sicile : ce dernier ayant forcé Messine, y planta son Etendard sur les murailles ; Philippe s'en trouva fort offensé. *Eh ! quoi*, dit-il, *le Roi d'Angleterre ose arborer son Etendard sur le rempart d'une Ville où il sçait que je suis*. A l'instant il ordonna à ses gens de l'en arracher : ce que Richard ayant sçu, il lui fit dire qu'il étoit prêt à l'ôter ; mais que si l'on se mettoit en devoir de le prévenir il y auroit bien du sang répandu. Philippe se contenta de cette soumission, & Richard fit enlever l'Etendard. Brantôme ne fixe l'origine des Etendards de la cavalerie légere, que sous Louis XII. Les apparences sont cependant qu'il y en avoit bien avant.

Les Guidons subsistent depuis la levée des compagnies d'Ordonnances sous Charles IX, & sont affectés au corps de la Gendarmerie.

Les Gardes-du-corps ont des Enseignes, & les Grenadiers à cheval un Etendard ; les Gendarmes & les Chevaux-Légers de la Garde du Roi ont des Enseignes ; les Mousquetaires ont des Enseignes & des Etendards ; les Dragons ont aussi des Enseignes & des Etendards, ces deux corps étant destinés à servir à pied & à cheval.

On dit servir à la Cornette, quand on parle du service militaire près de la personne du Roi.

Les Cornettes font connus depuis Charles VIII (1).
A la bataille d'Ivry, Henri IV dit à fes troupes, en leur
montrant fon panache blanc ; *enfans, fi les Cornettes vous*
manquent, voici le fignal du ralliement, vous le trouverez
au chemin de la victoire & de l'honneur.

Il eft fouvent parlé dans l'Hiftoire de ces temps de la
Cornette blanche ; c'étoit l'Etendard du Roi, ou en fon
abfence celui du Général ; il y a encore dans la Maifon
du Roi une charge de porte Cornette blanche, & dans la
compagnie Colonelle du Régiment Colonel général de
la cavalerie, une autre charge de Cornette blanche. Ducange a prétendu que la Cornette blanche du Roi a remplacé l'Oriflamme vers le regne de Charles VI, mais cela
lui a été contefté.

Des Etymologiftes ont dit, que le nom de Cornette
qu'on a donné aux Etendards, vient de ce qu'une Reine
attacha la fienne au bout d'une lance, pour raffembler autour d'elle fes troupes débandées ; d'autres prétendent que
l'origine de ce nom eft tiré d'une efpece de Cornette de
taffetas, que les Seigneurs de diftinction portoient fur leur
cafque : elle étoit de la couleur de la livrée de celui qui la
portoit, pour qu'il pût être aifément reconnu des fiens,
& cela paroît plus vraifemblable : il y avoit encore d'autres raifons qui faifoient porter de ces fortes de Cornettes,
comme pour empêcher que l'ardeur du foleil n'échauffât
trop l'acier de ce cafque, & que par cette raifon il ne
caufât des maux de tête violens, ou pour que la pluie ne
les rouillât pas, ni n'en gâtât les ornemens, qui étoient
précieux. Le nom de Cornettes eft refté aux Officiers qui
portent les Etendards ; ce font les troifiémes Officiers des
compagnies : ils fe font un principe de ne jamais rendre
leur Etendard qu'avec le dernier foupir.

Dans l'ordre de bataille, chaque Etendard eft à peu
près au centre du premier rang de la compagnie de la

(1) En 1590.

droite

droite & de la gauche où il est attaché ; si l'escadron est formé sur trois rangs, sa place est à la tête de la cinquiéme file, en comptant par le flanc, & si l'escadron est sur deux rangs, il est à la septiéme file (1).

Plusieurs Officiers de cavalerie ont pensé qu'il seroit avantageux de réformer un des deux Etendards qu'il y a par escadrons, & de les réduire à un seul, comme dans les Dragons ; on ne peut disconvenir qu'à certains égards, la réforme d'un Etendard ne fût un embarras de moins pour la cavalerie ; mais s'il est de la plus grande conséquence que les escadrons soient à la même hauteur, pour se couvrir mutuellement les flancs, & pour la défense réciproque les uns des autres, &. s'il faut nécessairement que les flancs de l'infanterie soient gardés par les aîles de cavalerie, on sera forcé de reconnoître qu'il est absolument indispensable, pour que tous les corps puissent s'aligner entr'eux, d'avoir deux Etendards par chaque escadron.

S'il n'y avoit qu'un Etendard par escadron, il seroit possible qu'il n'y en eût pas deux sur le même alignement, & que cependant ils parussent tous ensemble être exactement alignés. Les uns pourroient présenter leur front & les autres leur flanc dans un aspect tout contraire, de sorte qu'ils seroient à découvert dans leurs parties les plus foibles : il pourroit encore arriver de ce défaut d'Etendards que l'Escadron de la droite de l'aîle droite fût à la juste hauteur du bataillon qui forme la pointe droite de l'infanterie, & que cependant le flanc de cette infanterie fût dénué de cavalerie, & qu'il y eût un jour favorable à l'ennemi pour se couler derriere, parce que la gauche de l'aîle droite de cavalerie en seroit trop éloignée. Si l'on répond que ce second cas est impossible, parce qu'on ne pourroit former ce dernier escadron de la gauche de l'aîle droite, sans s'appercevoir qu'il seroit tout-à-fait hors de l'alignement de l'infanterie, du moins conviendra-t'on, que pour remédier à ce défaut dès qu'il sera apperçu, il faudra que

(1) On trouvera au huitiéme titre de l'Ordonnance du 22 Juin 1755, ce qui a rapport aux Etendards.

Ii

l'aîle toute entiere se remette en mouvement afin de se
dresser de nouveau ; opération qui fera perdre beaucoup
de temps, sans qu'on puisse encore espérer d'y réussir.

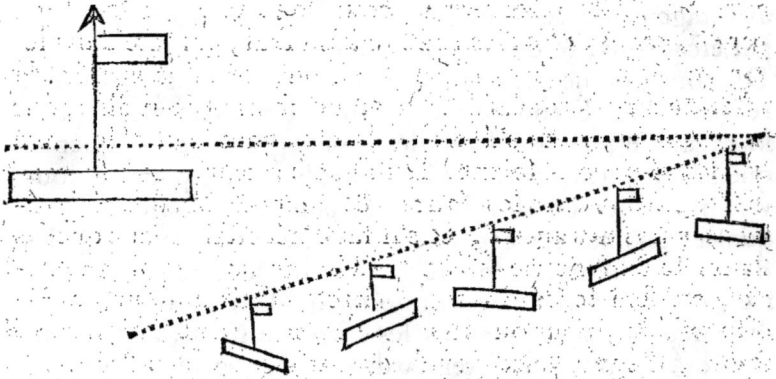

Des escadrons qui auront deux Etendards ne seront pas
susceptibles de pareils inconvéniens, puisqu'ils auront deux
points fixes ; condition nécessaire pour avoir la position de
toute ligne droite.

Si les escadrons de Dragons n'ont qu'un Etendard, c'est
qu'ils sont moins dans le cas de servir en ligne, que d'être
employés en corps détachés, & plutôt en pelotons qu'en
escadrons.

D'ailleurs, s'il n'y avoit qu'un Etendard dans un escadron de cavalerie il seroit placé entre les deux compagnies
du centre, & ne se trouvant pas appartenir à ces compagnies elles n'auroient pas le même intérêt de le conserver, c'est une prérogative qui appartient aux premieres
compagnies, qui se font un honneur de le défendre.

CHAPITRE XII.

Des armes de la Cavalerie, & de leurs effets.

LES premieres armes offensives de la cavalerie Françoise, furent l'arc, la hache, le poignard, l'épée & la lance : celle-ci, qui d'abord ne fut presque point différente de la javeline des Anciens, a été pendant plus de dix siecles l'arme principale de la Gendarmerie Françoise, quoique l'arbalête & l'arquebuse y eussent été introduites en différens temps : son usage n'a cessé entièrement que vers la fin du regne d'Henri IV. Les pistolets, la carabine ou le mousqueton, qui avec l'épée sont devenus ensuite les seules armes de notre cavalerie, ont tellement fait oublier les services qu'on a retiré de la lance, que peu de gens veulent réflechir sur l'utilité dont elle pourroit être encore aujourd'hui.

Cependant il faut observer que le feu des troupes de cavalerie ne sçauroit être bien dangereux ; que la manœuvre qu'elles faisoient il n'y a pas long-tems de se tirailler de loin & de se retirer tout de suite, outre qu'elle tient de la lâcheté (1), ne peut servir qu'à faire tailler en pieces celle qui n'exécute pas assez vîte sa demi-conversion ; & qu'enfin le grand effet de la cavalerie consistant dans la rapidité de son action, elle doit avoir pour but de fondre sur l'ennemi, de se mêler avec lui, & de redoubler d'efforts jusqu'à ce qu'il soit totalement rompu & mis en déroute : delà il est aisé de conclure que la lance & l'épée sont les armes qui lui conviennent le mieux.

_____

(1) Les Ordonnances du Roi de Prusse défendent à sa cavalerie de faire feu sur l'ennemi.

ESSAI

De la Lance.

Selon l'expreſſion de Montécuculli, la lance eſt la reine des armes pour la cavalerie : tous les Auteurs qui ont écrit ſur ce ſujet avant & après lui, à l'exception de Georges Baſta, penſent à peu près de même ; & ceux qui ne croient pas qu'on doit en rendre l'uſage général, voudroient au moins qu'il y en eût une certaine quantité dans les armées : tel eſt auſſi le véritable ſentiment de Montécuculli (1) : « Qui en auroit, dit ce grand hom-
» me, environ mille, en formeroit trente ou quarante
» petits eſcadrons, leſquels étant menés vivement & ſe-
» condés par les Cuiraſſiers, pourroient faire un grand
» effet : de toutes les armes dont on ſe ſert à cheval, la
» lance eſt la meilleure ».

On objecte contre les lances (2), qu'on ne pouvoit s'en ſervir que pour un coup ; que dans le choc elles ne tuoient perſonne & bleſſoient ſeulement des chevaux ; que celles des derniers rangs étoient inutiles, que toutes ſortes de terreins ne convénoient pas aux Lanciers, & qu'ils ſe mettoient ſouvent en déſordre en attaquant, parce qu'il leur faut prendre carriere de loin pour ajuſter un coup de lance avec roideur.

Ce ſont apparemment ces raiſons qui l'ont fait abandonner, d'un commun accord, par tant de Nations accoutumées depuis long-temps à ſe faire la guerre : elle a été en France l'arme diſtinctive de la Nobleſſe qui compoſoit anciennement toute la cavalerie : cette nobleſſe, en s'exerçant continuellement à la lance, ſoit dans les courſes de bagues, ſoit dans les tournois, ou dans toutes les fêtes qui ſe donnoient aux nôces, aux baptêmes & en d'autres occaſions, étoit parvenue à la manier avec tant d'adreſſe, que dans les combats nulle autre cavalerie ne pouvoit tenir contre elle.

(1) Liv. 11, ch. 11.
(2) La Noue, page 30 & ſuiv.

Mais une partie des fiefs ayant paſſée entre les mains de pluſieurs roturiers qu'il fallut admettre dans la cavalerie, comme ils ignoroient l'art de ſe ſervir de la lance, on leur donna des arbalêtes & enſuite des arquebuſes; & parce que ce nouveau genre d'armes n'exigeoit que des chevaux de taille médiocre, il fut bientôt préféré par ceux d'entre les Gentilshommes qui ſe trouverent hors d'état de ſe monter & équiper convenablement aux Lanciers. A cette premiere cauſe du changement d'armes, on peut en ajouter une autre, c'eſt qu'on avoit rendu dans ces derniers temps la lance auſſi inutile par l'excès de ſa longueur & de ſa peſanteur, qu'elle étoit avantageuſe auparavant: tant il eſt vrai que les meilleures choſes ſe tournent en abus, quand on ne ſçait pas fixer le point juſte de leur valeur.

Il ſeroit facile de corriger les défauts des lances anciennes, & Montécuculli a levé la plûpart des difficultés qui les ont fait abandonner: s'il exige encore que les lances ſoient très-longues & très-lourdes, il veut auſſi qu'on ne choiſiſſe pour Lanciers que des hommes grands & vigoureux; qu'on les arme de pied en cap, & qu'on leur donne des chevaux excellens & de grand prix: il penſe qu'ils ne ſont bons que ſur un terrein uni, ferme & nullement embarraſſé, & il veut qu'ils aillent à la charge au galop, pour ouvrir un chemin aux Cuiraſſiers qui doivent les ſuivre de près.

On peut ajouter aux réflexions de Montécuculli, en faveur de la lance, le cas que faiſoit de cette arme le Maréchal de Saxe, dont les ſentimens devroient ſervir d'autorité. Ce Général avoit commencé à en ramener l'uſage parmi nous, & il l'auroit ſans doute perfectionné, ſi la mort, au regret de toute la France, ne l'eût enlevé ſitôt: il y avoit encore trop de diſproportion entre les lances des Volontaires de Saxe & les anciennes, pour que les unes puſſent corriger les défauts des autres. On reprochoit aux anciennes une peſanteur exceſſive qui les rendoit trop difficiles à manier, & les nouvelles étoient si légeres, qu'on n'en pouvoit porter aucun coup avec la force nécessaire.

Pour rendre à cette arme sa premiere utilité, (si suivant le sentiment des plus grands hommes de guerre, on en vouloit établir une certaine quantité dans la cavalerie,) il faudroit lui rendre la forme & la consistance qu'elle devoit avoir lorsqu'elle étoit presque semblable à la javeline des Anciens. Cette lance seroit d'un bois très-dur, tel que le frêne ou le cornouaillier (1), & longue de sept pieds, compris un fer triangulaire : ce fer, qui se termineroit en pointe très-aigue, auroit un pied & demi de long, & un pouce & demi de large par en bas ; il seroit emmanché de six pouces : deux travers rivés des deux côtés le fixeroient sur le bois, que l'on garniroit jusqu'au talon, de deux petites bandes de fer : pour tenir la lance en équilibre, elle auroit une poignée & un petit anneau à deux pieds de l'extrêmité du talon, où passeroit un cuir qui la maintiendroit dans le bras droit ; elle entreroit dans une petite botte pendue à l'arçon de la selle, & non, comme autrefois, à l'étrier droit ; il y auroit un trou au bas du fer de la lance, pour y passer une banderolle blanche.

On pourroit se servir de cette lance en deux manieres : la premiere & la plus convenable à l'escadron, seroit, selon l'expression ancienne, de la tenir en arrêt, c'est-à-dire, appuyée ferme sur la cuisse droite, le bras serré contre le corps, l'avant-bras à demi plié & sans aucun mouvement. Les Lanciers, à cent pas de l'escadron qu'ils devroient charger, partiroient tous ensemble, & gardant toujours leurs rangs, en feroient trente au pas, autant au trot, & ensuite appuyant tous à la fois un coup d'éperon à leurs chevaux, ils fondroient en meme-tems au galop sur l'ennemi, & en le joignant ils ajusteroient la pointe de la lance au défaut de la cuirasse : ce mouvement bien

(1) Les piques & les lances des anciens Grecs étoient toutes de ce bois.

exécuté, il n'y a point de premier rang qui puiffe réfifter
à la péfanteur d'un pareil choc, & qui ne fe renverfe fur
ceux qui le fuivent (1).

Autrefois que les lances étoient fort lourdes, il falloit
les appuyer fur le col du cheval, ce qui obligeoit d'en
diriger la pointe vers la droite de l'ennemi ; en les fuppofant déformais plus légeres, quoique plus fortes, outre
l'avantage de les manier aifément, on aura celui d'at-
teindre par fa droite la gauche de l'ennemi, qu'il lui eft
plus difficile de défendre ; d'ailleurs les coups portés à
gauche, ou à l'homme ou au cheval, font la plûpart mor-
tels, les autres font moins dangereux.

La feconde maniere d'employer la lance, feroit celle
dont les Anciens fe fervoient, & qui eft encore en ufage
chez les Maures, chez les Arabes, & chez d'autres peuples : ils l'empoignent de la main droite qu'ils tiennent
renverfée à la hauteur de la tête, & fe dreffant fur leurs
étriers qu'ils tiennent fort courts, pour ajufter leur coup,
ils le portent en fe baiffant vivement fur le col de leurs
chevaux.

Le Chevalier Folard dit qu'à la bataille de Ceuta,
donnée en 1701, entre les Efpagnols & les Maures, ceux-
ci qui étoient armés de la forte, dès le premier choc jetterent à bas de leurs chevaux le premier rang des cavaliers Efpagnols : il ajoute que l'épée des Epagnols ne fut
d'aucun effet en cette occafion, & qu'il ne croit pas qu'on
puiffe rien imaginer de plus redoutable qu'une arme telle
que celle-là.

Sa réflexion eft jufte : l'effet des lances eft de percer,
enfoncer, rompre & diffiper les corps les plus fermes, foit
de cavalerie, foit d'infanterie ; l'impreffion en eft fi vio-
lente, que rien, pas même les cuiraffes (2), n'eft capable

(1) En marche les Grecs tenoient la pointe de la javeline entre les oreilles du
cheval. *Ne illud quidem prætermittendûm exiftimo, ut haftas ita teneant, ne aliæ
aliis incumbant, fed fuam quifque haftam inter aures equi geftet, fi terribiles & or-
dinatas ac in fpeciem multas videri velit haftas.* Xénophon..... du Général de la Cavalerie.

(2) Sans caufer le moindre mal aux cavaliers, n'euffent-ils pas été renverfés
par autant de coups de lance.

de réfifter à leurs coups, lorfqu'ils font portés par un galop uni & frappés tous à la fois.

Si les Lanciers ne veulent pas combattre, ils en font les maîtres; on ne fçauroit les y contraindre, étant ina- bordables à toute troupe qui n'a que des épées à leur op- pofer.

On peut fe fervir avantageufement des Lanciers fans en former des efcadrons, en les employant par petites troupes pour tomber fur les flancs & fur les derrieres de l'ennemi, tandis que la cavalerie ordinaire l'attaque de front.

La lance eft encore d'un merveilleux ufage dans les pourfuites, car elle joint l'ennemi avant qu'il ait le tems de fe mettre en défenfe.

Des cavaliers qui ont affaire avec de l'infanterie, ne font-il pas mieux armés contre la bayonnette avec une lance, qu'avec le moufqueton & l'épée? Celle-ci eft trop courte; le moufqueton n'a qu'un coup à tirer: avec la lance ils font toujours en état d'agir; elle femble donc l'arme la plus convenable de la cavalerie contre l'infan- rie, foit dans l'attaque, foit dans la défenfe. Qu'on le demande à ces Carabiniers qui enfoncerent à Fontenoï la formidable colonne des Anglois: jufqu'où n'auroient- ils pas pénétré dans cette maffe énorme, s'ils euffent été armés de lances, ou s'ils avoient du moins été précédés d'une cinquantaine de Lanciers?

Enfin la lance a mille propriétés qu'on chercheroit inutilement dans les autres armes, & elle eft à la cavalerie ce qu'eft la bayonnette à l'infanterie. Ces deux armes offen- fives & défenfives en même-tems ne fouffrent jamais de diminution dans leurs effets, & n'ont aucun des incon- véniens des armes à feu qui ne font qu'offenfives. La dé- penfe des lances eft bien moins confidérable que celle des moufquetons, tant pour l'achat que pour l'entretien & pour les exercices ordinaires: elles n'exigent pas d'im- menfes magafins, ni une fuite d'équipages pour fournir à leur ufage. La moindre partie qui manque à un moufque- ton,

ton, le rend inutile & très-incommode, d'ailleurs prefque tous fes coups font incertains : ceux de la lance au contraire font plus fûrs, & peuvent être redoublés : pour faire ufage du moufqueton, il faut y employer les deux mains, lorfqu'on a le plus befoin de la gauche pour conduire fon cheval, au lieu que la main droite fuffit toujours pour la lance; d'ailleurs fi l'on veut armer de lance une cavalerie nouvelle, il ne faut que très-peu de tems.

Si le génie d'une nation doit être confulté fur la maniere dont il faut qu'elle faffe la guerre, & fur l'arme la plus analogue à fon caractere, la queftion eft décidée. La vivacité naturelle au François, & l'ardeur de fon courage le portant bien plutôt à joindre l'ennemi de près, qu'à fe contenter d'un tiraillement fait de loin, la lance eft fans doute l'arme la plus propre à cet effet; mais pour en avoir une preuve contraire, il n'y a qu'à comparer les fuccès dont la cavalerie Françoife a pu fe glorifier pendant qu'elle en faifoit ufage, avec ceux qu'elle a obtenus depuis qu'on y a introduit le moufqueton.

De l'Epée.

Au défaut de la lance, l'épée eft la meilleure arme de la cavalerie : les raifonsdé duites dans ce Chapitre même, & dans celui des combats de cavalerie, fuffifent pour le prouver ; mais on ne contefte guere cette vérité, on en paroît généralement convaincu. Cependant par une efpéce d'inconféquence on s'attache peu à dreffer le cavalier au maniement de cette arme, la feule dont il puiffe fe fervir aujourd'hui avec avantage : l'exercice de l'épée lui étant auffi néceffaire que celui du fufil au fantaffin, il devroit y avoir un maître d'armes par compagnie ; il eft vrai qu'un pareil établiffement pourroit caufer quelques abus, mais les plus fages réglemens en font-ils exempts ? De plus un petit nombre d'accidens dont on parviendroit à arrêter le cours par une févere difcipline, doivent-ils entrer en comparaifon avec les grands biens qu'on en retireroit. Les Romains (1), qu'on ne doit jamais avoir honte d'imiter dans ce qui concerne l'art militaire, étoient très-perfuadés qu'on tiroit bien plus de fervice d'un foldat inftruit, que de celui qui ne l'eft pas; eux qui entretenoient dans leurs légions plufieurs maîtres d'armes auxquels ils donnoient une double ration par jour; enfin c'eft trop rifquer que d'aller à l'ennemi avec des hommes qui ne fçavent pas manier leurs armes, & les Capitaines qui les conduifent, ont à fe reprocher la perte de leurs cavaliers.

C'eft principalement à tirer de la pointe que le cavalier doit être inftruit & exercé avec foin; il ne faut lui apprendre à tirer de taille, que pour qu'il fçache parer les coups qui lui feront portés. Les Romains (2), en fuivant la méthode que je prefcris, non feulement battirent leurs ennemis qui ne frappoient que de taille, mais encore ils les mépriferent. Avec quelque force qu'un coup de tranchant foit appuyé, il tue rarement; les armes défenfives en garantiffent fouvent, & au défaut de celles-ci, les os empêchent qu'il ne pénétre, au lieu que la pointe enfoncée feulement de deux doigts, fait une bleffure mortelle, ou très-difficile à guérir; d'ailleurs il n'eft pas poffible de porter un coup de taille fans fe découvrir: en pointant on refte toujours en défenfe.

Pour porter avec jufteffe un coup d'épée, il faut la tenir à peu près comme la lance: le bras collé contre le corps, ne doit point faire de mouvement; & l'avant-bras étant à demi-plié, au moyen d'un coup d'éperon donné à propos au cheval, on perce l'ennemi.

Les coups portés de haut en bas & en plongeant, foit à l'homme, foit au cheval, font extrêmement dangereux; le fang ne pouvant s'écouler par la plaie, ils rendent immobiles ceux qui les reçoivent, hommes & chevaux:

_____

(1) *Ità autem feverè apud majores exercitii difciplina fervata eft, ut & doctores armorum duplicibus remunèrarentur annonis, & milites qui parùm in illâ prolufione profecerant, pro frumento hordeum cogerentur accipere. Lib.* 1, cap. XIII, Vegetii.

(2) *Prætereà non cæfim, fed punctim ferire difcebant. Non cæfim pugnantes non folùm vicere, fed etiam derifére Romani. Veg. lib.* 1, cap. XII.

mais quelqu'avantageux qu'il paroiſſe de faire combattre la cavalerie à l'arme blanche, il faut que ces armes ſoient proportionnées aux objets pour leſquels on les emploie, & les épées des cavaliers ne ſont nullement propres à percer ni à enfoncer : elles ſont ſi courtes, qu'il eſt de la plus grande impoſſibilité que des cavaliers en eſcadrons en atteignent d'autres dont la diſpoſition eſt ſemblable, fuſſent-ils hors d'aſſiette & fort etendus : la diſtance des corps eſt trop grande, de ſorte qu'un eſcadron armé avec des épées Eſpagnoles, joindroit celui qui ne le ſeroit qu'avec les épées en uſage dans notre cavalerie, ſans que ce dernier pût ſeulement l'effleurer de ſa pointe : ce défaut eſt apparemment venus de ce qu'en abandonnant la lance, on n'a pas fait attention qu'il falloit donner plus de longueur à la lame des épées.

Le traducteur de Végece dit dans ſa Préface, que c'eſt à juſte titre qu'on a loué dans les Romains cette ſupériorité de raiſon toujours prête à abandonner ce qu'ils reconnoiſſoient de défectueux dans leur milice, & à s'enrichir de ce que leurs ennemis avoient de préférable : il ajoute plus bas qu'ils prirent des Eſpagnols cette épée terrible dont Polibe (1) fait tant de cas.

Du Mouſqueton.

Le mouſqueton n'eſt pas tout à fait à rejetter ; il a ſon utilité dans tous les cas où les cavaliers font le ſervice à pied : ces cas ne ſont pas rares aujourd'hui, qu'on les emploie dans les tranchées : ils pourroient devenir plus fréquens, ſi, à l'exemple des Anciens, on les accoutumoit à combattre à pied comme à cheval ; & je crois qu'il ſeroit à propos dans ces occaſions, qu'ils euſſent encore une courte bayonnette. Ils ont beſoin du mouſqueton lorſqu'il s'agit d'un paſſage de riviere, de traverſer des bois, de défendre l'entrée d'un village : il leur eſt néceſſaire dans les fourrages

(1) Liv. vi.

contre les huffards, & la nuit pour la sûreté de leurs gardes : le moufqueton fert encore beaucoup à la cavalerie, dans le premier abord, lorfqu'elle attaque de l'infanterie.

Des Piſtolets.

Le piſtolet eſt une arme dont le plus grand uſage eſt dans la pourſuite, quoiqu'on s'en ſerve auſſi très-utilement dans la mêlée : il veut être tiré à brûle-pourpoint, & ajuſté à la hanche gauche de l'ennemi.

Les cavaliers doivent avoir une grande attention à viſiter ſouvent leurs armes à feu ; car leur péſanteur, leur ſituation renverſée, & le mouvement du cheval, font que les balles deſcendent & tombent fort ſouvent : dans tous les cas où ils ſont obligés de faire feu, comme ils ne doivent tirer que de près, il feroit bon que leurs armes fuſſent chargées de trois balles de quarante-huit à la livre, au lieu que, ſuivant le commun uſage, elles ne le font que d'une ſeule de ſeize à la livre : l'effet de trois balles eſt plus certain, une ſeule n'atteint point, ou bien elle donne ſouvent ſur la cuiraſſe, ou ſur un endroit indifférent ; mais de trois qui prennent un écart, il eſt à préſumer que quelqu'une donnera dans la tête, dans les bras, ou dans quelqu'autre partie également expoſée.

CHAPITRE XIII.

Des Selles, des Fers, des Brides, des Eperons, des Etrilles en uſage chez les Anciens, & de la maniere dont ils montoient à Cheval.

L'Uſage des ſelles eſt beaucoup moins ancien que celui de couvrir les chevaux avec des houſſes d'étoffe ou de peau. Car on ne doit pas entendre par le mot *ephippium* (1)

(1) *Ephippium tegmen equi ad mollem veſturam paratum Nonius.*

une felle de bois femblable aux nôtres, mais feulement une couverture de cheval, une forte de houffe, *ftratum*. Le paffage de Varron cité dans le Chapitre de la cavalerie des Romains, pris d'une maniere générale, fignifieroit que dans ce temps-là les houffes n'étoient point encore en ufage dans la cavalerie Romaine; elles le furent néanmoins bientôt après, & il y avoit long-temps que les particuliers s'en fervoient (1).

Quoiqu'on ait de la peine à comprendre comment dans le choc on pouvoit fe tenir ferme fur un cheval fans felle ni couverture, il eft certain que du temps de Céfar les Germains montoient leurs chevaux à poil (2) & qu'ils méprifoient la cavalerie Latine, parce qu'elle fe fervoit de ce qu'on appelloit *ephippia*. Les Perfes fous Cyrus eurent le même ufage que les Germains; mais (3) du temps de Xénophon ils avoient des houffes mieux rembourrées que leurs lits. Le temps où les premieres felles parurent nous eft inconnu. Le nom fcordifcale que d'anciens gloffaires leur donnent, a fait penfer à quelques Sçavans qu'elles pouvoient être venues de Pannonie, païs où fe trouvoit la nation des Scordifques. L'expreffion du Panégyrifte de Conftantin (4), perfuade que les felles étoient en ufage du temps de cet Empereur; & l'on voit dans une Lettre de Sidonius Apollinaris (5), qu'il n'en parle pas comme d'une nouveauté. Les monumens plus anciens ne nous fourniffent point à cet égard de lumieres certaines, pas même la colonne Trajanne, quoiqu'on y voye un cheval

(1) *Et cum tibi viro liceat purpureâ in vefte ftragula uti, matremfamilias tuam purpureum amiculum habere non fines? Et equus tuus pretiofiùs inftratus erit quàm uxor veftita?* Livius, lib. xxxiv. *Inftratos oftro alipedes pictifque tapetis.* Virg. lib. vii.

(2) *Germanis nihil turpius aut ineptius habetur quàm ephippiis uti.* Lib. iv. Comment. *de bello Gallico.*

(3) Cyroped. lib. viii. *Nunc ftragula plura in equis habent quàm in lectis.*

(4) *Tunc ire præcipites (equites hoftium) labi reclines, aut moribundi fedibus attineri, permiflâ equorum clade jacêre.* Panegyriftes Conftantini.

(5) *Alii fanguine ac fpumis pinguia lupata fufcipiunt, alii fellarum equeftrium madefacta fudoribus fulcra refupinant.* Sidon. Appoll. lib. iii, Epift. iii, *ad codicium.*

de Trajan, dont l'équippement paroît avoir quelque reffemblance à celui de nos chevaux.

Il faut que la coutume de ferrer les chevaux ait une origine bien ancienne, puifqu'on en remarque des traces dans
l'Iliade d'Homere (1) ; toute néceffaire qu'elle nous paroiffe aujourd'hui, elle a cependant été long-temps négli-
gée, & plufieurs fiecles fe font écoulés avant qu'on l'ait
fuivie. Le filence de Xénophon, qui n'en parle point, &
qui nous apprend feulement la maniere de durcir la corne
des pieds des chevaux , pourroit faire croire que de fon
temps on ne les ferroit point. Appien, dans fon livre de la
guerre de Mithridate, fait mention de l'ufage de ferrer les
chevaux. A en juger par un vers de Catulle (2), cet ufage
étoit alors devenu commun ; il fervit quelque temps après
à manifefter le luxe ridicule d'une femme & d'un Empereur Romain. Les fers des chevaux de Pompée furent d'or,
ceux des chevaux de Néron, d'argent (3).

Les brides & les éperons (4) doivent être à peu-près inventés en même-temps ; l'invention des premieres eft attribuée par Virgile aux Lapithes, Peuples de Theffalie,
qui connurent les premiers l'art de monter les chevaux :
fræna Pelethronii Lapithæ, girofque dedére, impofiti dorfo.

Les Numides & les Maffiliens ne fe fervoient ni de
brides ni d'éperons ; ils ne conduifoient leurs chevaux qu'a-
vec une fimple baguette, & par l'impreffion des jambes.

> *Et gens quæ nudo refidens maffylia dorfo*
> *Ora levi fleftit, frænorum nefcia, virga.* Lucanius, lib. IV.
>
> . . . . . *Numidæ gens infcia fræni,*
> *Queis inter geminas, per ludum mobilis aures*
> *Quadrupedem fleftit non cædens virga lupatis.* Silius, lib. I.

(1) Liv. XIII, chevaux aux pieds d'airain.
  (2) *Et fupinum animum in gravi derelinquere in cœno,*
    Ferream ut foleam tenaci in voragine mula. Catullus, Carm. 17.
    Tollit fe arreftum quadrupes & calcibus aures
    Verberat. Æneid. lib. X, v. 891.
(3) Pline & Xiphilin.
  (4) *Calcaribus fubditis, infeftâ cufpide, in unum fertur hoftem.* Livius, lib. IV,
cap. XIX.

Les étriers, si néceffaires pour monter commodément à cheval, font ce qu'on a trouvé le plus tard; & cela n'eft pas fort étonnant, quoique rien ne paroiffe plus facile à imaginer. Pour tenir les étriers fermes il faut deux points d'appui, qu'on ne pouvoit avoir avant l'invention des felles de bois. La nouveauté des étriers prouve encore que les *ephippia* des Anciens n'étoient point des felles faites comme les nôtres.

Les étriers, quoi qu'en dife un Auteur (1) qui croit avoir lu le mot *Stapeda* dans une prétendue Lettre de Saint Jerôme, font certainement poftérieurs à ce Saint. Il n'en faut pas de meilleure preuve que le filence de Végece à cet égard, & ce qu'il dit fur la maniere d'exercer les nouveaux cavaliers à monter à cheval. On lit à Rome (2) l'épitaphe d'un homme, qui s'étant engagé le pied dans l'étrier en tombant de cheval, fut traîné fi long-temps qu'il en mourut. Mais le fçavant Gruter affure que cette infcription eft moderne ou fuppofée.

Avant la commodité des étriers on étoit obligé de fauter fur le cheval; cet exercice chez les Romains fe nommoit *Salitio.*

> . . . . *corpora faltu,*
> *Subjiciunt in equos.* . . . . . Virg. Eneid. lib. xii.

Il y a apparence qu'ils fuivoient pour cela la même méthode que les Grecs. Xénophon (3) nous l'a confervée. Le cavalier, dit-il, doit prendre de la main droite au deffus des épaules du cheval, les renes & la criniere, de peur qu'en montant il ne vînt à tirer trop rudement la bride; ayant enfuite la main gauche fermement appuyée fur le cou du cheval tout auprès de la tête, à l'aide de la main droite il fe foulevera, & tenant la cuiffe & la jambe droite pliées, il les portera fur le côté droit du cheval : il obfer-

(1) Hermonimus Magius, *lib. 11*, *Mifcellaneorum.*
(2) Voyez Montfaucon, tom. iv, première partie, liv. iii, ch. iii.
(3) *In libro 1, de re equeftri.*

vera furtout dans ce mouvement de ne lui point pofer le genou fur le dos : on monte de même du côté droit, la main gauche faifant alors l'office de la droite, & la droite l'office de la gauche.

Plutarque, dans les vies de Céfar & de Pompée, remarque que le premier fe faifoit un exercice particulier de l'art de fauter à cheval : Pompée, quoique dans un âge avancé, s'y exerçoit tous les jours parmi les foldats ; Mafiniffa (1) dans fon extrême vieilleffe montoit encore à cheval de la même maniere.

L'ufage de monter ainfi à cheval fubfiftoit, comme nous l'avons dit, du temps de Végece (2). On commençoit par faire voltiger les nouveaux cavaliers fur des chevaux de bois, d'abord fans armes, enfuite tout armés. A force de foin & d'habitude ils apprenoient à monter & à defcendre également à droite & à gauche, l'épée ou la lance à la main.

Les Anciens étoient fi entendus à manier les chevaux, qu'ils les dreffoient à fe courber devant leur maître quand ils vouloient monter fur eux. Strabon ajoute que les Efpagnols ordonnoient aux leurs de fe mettre à genoux ; felon Dion, cela n'étoit pas rare chez les Romains. Appius & Gracchus (3), pour la commodité des voyageurs, firent mettre de diftance en diftance fur les grands chemins de grandes pierres quarrées qui avoient deux pieds de haut, & qui fervoient à monter à cheval.

Quand la difcipline tomba, & que les exercices furent négligés, il fallut imaginer d'autres moyens moins pénibles pour fe mettre à cheval. Les Grands eurent des valets nommés *Stratores* pour les aider ; les autres, un inftrument de fer, *anaboleus* en grec, *fcala* en latin. Selon Suidas, Euftate nous apprend qu'on ne donnoit pas feulement ces noms à l'inftrument, mais encore aux valets qui mettoient

---

(1) *In Appiani Lybicis.*
(2) *Vegetius*, lib. 1, cap. XVIII.
(3) Plutarque, *in Gracchis.* La même chofe étoit pratiquée dans la Grece. Voyez Xénophon, *in Hipparchio.*

leur

leur maître à cheval. Il n'eſt pas certain que ce fer fut attaché à ce qu'on appelloit alors *Ephippium*. Ammian (1)
Marcellin fait auſſi mention de ces *Stratores* : le cheval de
Valentinien s'étant cabré dans le temps qu'il vouloit y
monter , cet Empereur fit couper la main droite au ſoldat
qui faiſoit l'office de *Strator*.

On pourroit croire avec quelque apparence que les
étriers ſont de l'invention des Barbares.

CHAPITRE XIV.

De la néceſſité & de la facilité de mettre bien à cheval la Cavalerie.

CE n'eſt que depuis peu que les Officiers de cavalerie
commençent à s'appliquer à l'exercice du cheval qui avoit
été fort négligé en France , & l'on pourra regarder ce
temps-ci comme l'époque de l'excellence des armes Françoiſes, puiſqu'il eſt celui des exercices. L'exercice du cheval eſt le plus noble de tous ; & celui qui convient le mieux
à un homme de qualité ; & quiconque ne ſçait pas manier
un cheval , ne peut jamais être un bon Officier de cavalerie; c'eſt pourquoi on doit s'attacher à cet objet ſi eſſen-
tiel, que ſouvent l'honneur & la vie en dépendent. Les
plus grands Capitaines ont tous excellés dans l'art de l'é-
quitation. Les Allemands, les Eſpagnols , les Anglois font
de l'exercice du cheval une étude continuelle , & nous
voyons qu'ils y réuſſiſſent parfaitement : nous convenons
même qu'ils ont de ce côté quelque avantage , pourquoi
donc plus légers, plus adroits , ne travaillerions-nous pas
à joindre l'art à nos diſpoſitions naturelles , & à leur ravir
par-là cette ſuperiorité ? Il paroît qu'il n'y a rien de plus
facile que de mettre en peu de temps la cavalerie bien à
cheval : pluſieurs Régimens ont commencé; & l'on peut

(1) *De Valentiniano*, lib. xxx.

juger par les progrès qu'ils ont déja fait, qu'il ne faut que
de la bonne volonté pour qu'on en puisse autant attendre
des autres Régimens dont les Officiers doivent se sentir
piqués d'honneur. Il n'y a pas de Régiment où il n'y ait
un ou même plusieurs Officiers capables d'enseigner aux
autres ; en tout cas il est fort aisé de s'en procurer un de
ceux qui composent cette compagnie de la Maison du Roi,
si recommandable par les vertus qu'on y puise.

L'été est la saison la plus convenable pour exercer la
cavalerie en escadrons : l'on trouve aisément dans ce temps
des endroits spacieux ; mais il faudroit qu'ils fussent éloignés de celui de l'assemblée, puisqu'il n'y a rien de mieux
pour conduire à toutes les manœuvres, que celle de bien
marcher.

L'hyver semble plus propre à dresser les chevaux & à
enseigner à chaque cavalier à les monter chacun en particulier : il n'y a pas de place de guerre où il ne se trouve
un endroit couvert pour former une espece de manége ;
il y a dans tous les villages des granges qui peuvent en
servir : quinze ou vingt pieds de terrein en quarré suffisent
pour trotter, & pour apprendre tous les mouvemens nécessaires à l'homme & au cheval.

Il faudroit d'abord commencer par instruire les Officiers, les Maréchaux des Logis & les Brigadiers ; on pourroit même y joindre deux cavaliers par compagnie, que
l'on choisiroit parmi ceux qui montreroient le plus de disposition : cela formeroit un fonds pour enseigner du moins
les premiers principes aux autres.

Dans les Garnisons où il y auroit des manéges généraux,
il seroit enjoint à un Officier de chaque compagnie de s'y
trouver, ou au Maréchal des Logis, avec un Brigadier ou
l'un des cavaliers instruits : mais dans les quartiers chaque
Officier seroit tenu d'enseigner aux cavaliers de la compagnie à laquelle il seroit attaché ; & lorsqu'il s'en trouveroit quatre en état de manœuvrer en troupes, on les en-
verroit successivement au quartier de l'Etat Major pour y
être exercés, en observant absolument de n'en admettre

aucun qu'il ne fût parfaitement à cheval, & qu'il ne le
sçût bien manier. On peut dire que ce seroit là le moyen
de faire naître l'émulation parmi les cavaliers, qui regar-
deroient ces exercices, moins comme un devoir que comme un plaisir. Dans les routes, les Officiers & Maréchaux
de Logis ne doivent rien passer aux cavaliers, mais leur
répéter sans cesse ce qu'ils ont à faire pour être bien à
cheval, & bien dressés dans leur rang & sur leur file : avec
tous ces soins, & sans qu'il en coûte rien, on parviendroit
à former en peu de temps d'excellente cavalerie.

Les préceptes pour bien mettre la cavalerie à cheval,
sont détaillés dans les institutions de cavalerie de M. de
la Porterie, & dans une instruction pour le Régiment de
cavalerie de Moustier, qui a paru l'année derniere : il suffit
de sçavoir que ce sont les mêmes principes dans lesquels
on a exercé les Régimens de Moustier & celui de Mestre
de Camp de Dragons, pour être assuré qu'ils sont excellens, & c'est pour cette raison qu'on n'entrera pas dans un
long détail à ce sujet.

CHAPITRE XV.

De l'assiette du Cavalier & de la maniere de conduire son cheval.

LE cavalier doit s'asseoir & s'enfoncer dans la selle, de
maniere qu'il y soit à son aise, & que ses fesses ne la quittent point, quelque mouvement que fasse le cheval. La
tête doit être droite, mais sans gêne, les épaules plates &
un peu en arriere, la poitrine tant soit peu en avant, les
bras pliés aux coudes & joints légérement au corps,
l'avant-bras soutenu à la hauteur du coude & en dedans,
la main des rênes trois doigts au dessus du pommeau de la
selle, & quatre doigts en avant (1) du corps, les jointures

(1) M. de la Porterie veut qu'il y ait un demi-pied. *Chap. VII, art. V.*

Ll ij

tournées du côté du corps & un peu renversées en dehors, & la main droite près de la gauche, mais de façon qu'elles ayent toutes deux les mouvemens libres. Il faut tenir les rênes de la main gauche jointes ensemble bien également, & séparées par le petit doigt; la main bien fermée & le pouce sur le plat des rênes, dont le bout doit être renversé sur le premier doigt. Les hanches & les reins doivent être perpendiculaires aux fesses, la ceinture en avant, les cuisses tournées en dedans sur leur plat, & les genoux fermes & serrés contre la selle. Les jambes doivent tomber tout naturellement, & ne point toucher au cheval que lorsqu'il faut lui donner des aides; les pieds fermes & plats sur les étriers, le talon de la botte devant seul déborder, sans que la pointe tourne ni à droite ni à gauche.

Voilà en peu de mots ce qu'il faut observer pour être bien à cheval; mais ce n'est que par de longs exercices qu'on vient à bout de se rendre toutes ces choses familieres, & quelques dispositions qu'on ait reçu de la nature, on ne sçauroit se passer des leçons d'un maître, non seulement pour acquérir ce qu'on appelle la bonne grace, qui est une chose sur laquelle on ne peut point se juger soi-même, mais encore pour apprendre à faire usage à propos de la main & de la jambe, & faire faire au cheval des mouvemens de toutes especes.

Ces mouvemens paroissent d'abord peu de choses, cependant ils ne laissent pas d'avoir leur difficulté. Nous n'en dirons que deux mots. Aller en avant, en arriere, à droite, à gauche, de côté sur la droite ou sur la gauche, c'est à quoi se réduisent ces mouvemens. Une observation qu'il est bon de faire, c'est que quelque chose qu'on veuille faire faire au cheval, il ne faut jamais le surprendre ni des rênes ni des jambes; mais on doit le lui demander par degrés & avec plus ou moins de douceur, selon qu'il a la bouche délicate, & qu'il est sensible aux aides. Si l'on veut aller en avant, il faut baisser la main, en la portant en avant plus ou moins à proportion de la finesse de la bouche, & approcher les jambes près du cheval; pour reculer, lever la main en la portant près du corps, les jambes égales près du cheval.

Pour un à droite ou un à gauche, porter la main du côté où l'on veut aller, & appuyer la jambe du même côté.

Les pas de côté se font en portant la main du côté où l'on veut aller, & en appuyant la jambe du côté opposé. On trouve dans les institutions de cavalerie de M. de la Porterie une excellente leçon pour apprendre à fuir les talons; la maniere d'instruire les Cavaliers & les Dragons à monter à cheval, & de former les chevaux de remonte, y est aussi traitée très-méthodiquement.

CHAPITRE XVI.

De la maniere dont la Cavalerie doit marcher.

LA premiere de toutes les manœuvres de la cavalerie est celle de bien marcher : elle renferme toutes les autres, & c'est elle qui en assure le succès.

Il est aussi facile qu'il est nécessaire à la cavalerie de bien marcher; il ne faut que lui en faire contracter l'habitude par des exercices souvent répetés, dont elle a un extrême besoin. Ce qui s'appelle bien marcher pour la cavalerie, c'est lorsque les hommes & les chevaux qui forment un escadron agissent tous d'un même mouvement, comme s'ils ne faisoient qu'un seul & même corps. Les Experts en fait de cavalerie jugent, en voyant marcher deux escadrons l'un contre l'autre, lequel des deux sera battu : malgré l'égalité qu'il peut y avoir entr'eux pour le nombre & pour la valeur, voici sur quoi ils se fondent, & c'est une regle presqu'infaillible : l'impétuosité du choc de l'un rompt l'autre qui a moins de force, & cela parce qu'il marche mollement, qu'il est ouvert, défuni, ou bien encore parce qu'étant sur un front trop étendu, il flotte,

il fait la fcie : le premier n'eft plus fort que parce que
l'union étroite de fes parties bien proportionnées en forme un corps folide, & que la vîteffe qu'il acquiert, en
confervant dans fa carriere toute la fermeté, redouble encore la pefanteur de fa maffe. Sa marche eft fûre, elle eft
fiere, elle en impofe fouvent à tel point que fon ennemi
prévient fa charge en fuyant devant lui.

Pour qu'un corps de cavalerie puiffe marcher comme
il le doit, il eft abfolument néceffaire que toutes les parties qui le compofent, Officiers, cavaliers & chevaux, y
ayent été dreffées féparément avec le plus grand foin. Puifqu'il ne faut qu'un feul défaut pour défordonner l'efcadron
le mieux formé, on a peine à comprendre comment on
y fait entrer des cavaliers de recrues & des chevaux neufs
avant de les y avoir préparés long-temps auparavant, &
il eft encore plus étonnant que des jeunes gens, qui n'ont
pas deux ans d'Académie, ofent fe propofer pour entrer
dans la cavalerie en qualité d'Officiers. Peut-on être Ingénieur avant que d'être Mathématicien ?

L'attention qu'a eu le Miniftre de la guerre d'établir
une école pour le Génie (1), fait efpérer qu'il fentira la
néceffité de n'admettre dorénavant dans la cavalerie que
des Officiers qui foient parfaitement bons Ecuyers & bons
Tacticiens. Nos neveux auront peine à concevoir que l'art
de la guerre, le premier des arts, le plus beau & le plus
difficile, ait été jufqu'à ce jour fans école ; c'étoit avant
nous une fcience fans principes ; la guerre, avant de fi
belles inftitutions, fe faifoit fur l'expérience ou plutôt par
routine ; mais que peut la routine contre des événemens
finguliers, des circonftances nouvelles, des difpofitions
inconnues, & des fituations dont on n'a point vu de pareilles ?

Pour bien marcher, il faut d'abord que le cavalier foit
à plomb fur fon cheval, qu'il y foit à fon aife, & que le

---

(1) Il y a à Mezieres cent jeunes gens qu'on inftruit profondément dans toutes
les parties de la Géométrie, & on ne les y reçoit qu'autant qu'ils font excellens
Mathématiciens.

cheval ne foit gêné dans aucun de fes mouvemens : enfuite on doit, comme on l'a dit dans le Chapitre précédent, apprendre au cavalier à porter fon cheval en avant, à le faire reculer, le tourner à droite & à gauche, & fuir les talons des deux côtés. Toutes ces chofes doivent être familieres aux Cavaliers, & pour cela on ne fçauroit les leur faire répéter trop fouvent.

Lorfque les hommes & leurs chevaux font en quelque forte rompus à ces mouvemens, on en joint plufieurs à côté les uns des autres fur une même ligne, & c'eft ce qu'on appelle un rang. Il ne faut pas que les cavaliers foient trop ferrés, il fuffit que les bottes fe touchent fans qu'elles foient preffées : pour que le rang foit bien dreffé, les épaules des cavaliers doivent être dans la même direction.

Après avoir appris à ce rang à manœuvrer, on lui en joint un autre, dont les cavaliers font placés en ligne paralelle & directement les uns derriere les autres, c'eft ce qu'on appelle file : on doit prendre garde que les chevaux de derriere ne puiffent bleffer en marchant ceux de devant ; mais à cet inconvénient près, qu'il faut avoir foin de prévenir, les rangs doivent être ferrés l'un fur l'autre, autant qu'il eft poffible : c'eft un des points en quoi confifte la force des efcadrons. D'ailleurs, pour peu de diftance qu'il y ait entre des rangs, lorfque la cavalerie marche par un, deux, trois, quatre ou cinq cavaliers, elle occuperoit une file trop longue, & il faudroit un temps confidérable avant que la queue qui galoppe prefque toujours dans ce cas, eût pu joindre pour fe former en bataille, encore arriveroit-elle hors d'haleine, & hors d'état d'agir au moment qu'il faudroit combattre ; & comme cette queue forme le plus fouvent la gauche des troupes, déja foible par elle-même, c'eft ce qui fait que les marches en file ne font pas praticables en préfence des ennemis : elles font toujours lentes, occupent beaucoup de terrein, & font avec cela fujettes à divifer les troupes, & fouvent même à les laiffer coupées ; la tête ne peut marcher que lente-

ment, & eſt obligée de faire ſouvent des haltes qui fati-
guent les troupes, retardent leur arrivée, & peuvent être
la cauſe de beaucoup d'inconvéniens: auſſi ne doit-on marcher en file que lorſqu'on y eſt abſolument contraint par
la diſpoſition des lieux; cette maniere de marcher n'apprend rien d'ailleurs aux cavaliers, & ne peut qu'empêcher
les chevaux de s'accoutumer à marcher ſerrés.

Pour acquérir de la force à la cavalerie, rien n'eſt mieux
que de la faire toujours marcher ſur le plus grand front,
ſoit en paix, dans l'intérieur du Royaume, ſoit en guerre,
ſur le païs & en la préſence de l'ennemi toutes les fois qu'il
ne s'y rencontre pas de difficultés de terrein; car c'eſt là
la ſeule raiſon qui puiſſe en empêcher.

Avant que d'entreprendre de faire marcher les cavaliers
en eſcadrons, il faut leur apprendre à marcher par compagnie, enſuite on en joint deux enſemble, après quoi on
en réunit quatre, & l'eſcadron ſe trouve formé.

Il eſt bon que les eſcadrons ſoient exercés à faire des
converſions ſur la droite ou ſur la gauche, non pour pratiquer ces manœuvres en préſence de l'ennemi, mais ſeulement pour rendre les converſions par compagnies plus
aiſées; car ce ſont les ſeules qu'il convient de faire lorſqu'on a l'ennemi en tête. Les converſions par eſcadrons
ſont trop dangereuſes, en ce qu'elles exigent un temps
conſidérable: elles ſont d'ailleurs plus difficiles & ſujettes
à plus d'inconvéniens que les autres. Car, en ſuppoſant
que le front de l'eſcadron ſoit de quarante-huit maîtres,
ce qui eſt l'étendue la plus convenable qu'on puiſſe lui donner à tous égards, cet eſcadron ayant un quart de converſion à faire, le rayon de ce quart de cercle ſera de vingt-
quatre toiſes; au lieu que ſi la converſion ſe fait par compagnies, le quart de cercle qu'elles décrivent n'ayant qu'un
rayon de ſix toiſes, ſera conſéquemment moindre des
trois quarts: s'il faut une minute pour faire celle-ci, il en
faudra quatre pour l'autre; d'ailleurs le flanc de ces compagnies en colonne ſe trouvera de dix-huit toiſes plus
éloigné du front de l'ennemi, que celui de l'eſcadron entier qui auroit fait la converſion.

Un

Un exemple convaincra peut-être mieux que le raisonnement, de l'obligation de rompre & de former les lignes
de cavalerie par compagnies plutôt que par escadrons. Lorsqu'en 1744, les ennemis, après avoir passé le Rhin, s'em-
parerent des lignes de Wissembourg, l'armée de France,
qui faisoit face au fleuve, marcha en colonnes par sa
droite pour attaquer ces lignes : un Régiment de cavalerie
faisoit l'avant-garde; il étoit prêt d'entrer dans les lignes
par le village des Picards, mais il trouva que les ennemis
s'en étoient emparés, & qu'ils avoient poussé en avant de
très gros détachemens d'Hussards & de Croates qui gros-
sissoient de momens en momens, & qui étoient soutenus
par un feu vif & continuel de leur infanterie. Malgré cette
supériorité & tant d'avantages de la part des ennemis, le
Régiment qui sentoit la nécessité de ne pas leur laisser
prendre poste, & qui vouloit donner le temps à l'armée
d'arriver, tint ferme quatre heures de suite, se contentant
d'envoyer de petites troupes pour escarmoucher. L'ordre
fut donné à ce Régiment de faire sa retraite; il n'avoit
pas alors trente cavaliers de tués ou de blessés; on la lui
fit faire par une demi-conversion à gauche par escadrons;
il prêta le flanc à l'ennemi; un ravin qui se trouva près
de là, & que la hauteur des bleds avoit empêché d'appercevoir, acheva de désordonner les escadrons : l'ennemi
profitant de ces circonstances tomba sur ce Régiment;
les trois escadrons eurent leur droite entièrement défaite.
A l'égard des gauches, elles formerent un seul corps, qui
ayant été joint par un détachement de Gendarmerie,
repoussa l'ennemi jusques dans leurs lignes; ces gauches
firent une perte très-médiocre, mais le reste du Régiment
fut fort maltraité, ayant eu cent cinquante-six cavaliers
de tués. Cet exemple est une leçon bien capable de désa-
buser les Officiers de l'usage des grands mouvemens, surtout lorsqu'on est en présence de l'ennemi : car enfin, si
la conversion, au lieu de se faire par escadrons, eût été
faite par compagnies, les flancs eussent été plus éloignés
du front de l'ennemi, & les escadrons auroient moins été

forcés de se rompre , parce qu'alors ils n'auroient pas été
obligés de s'étendre jusqu'au ravin qui , loin d'être la cause
de leur perte , auroit pu au contraire causer celle de l'ennemi ; d'ailleurs il eût été plus facile de faire volte-face
par compagnies dans le cas où les derrieres eussent été me-
nacés d'une attaque.

Les conversions par demi-compagnie sont d'une exécution impossible lorsque les escadrons sont formés sur
trois rangs un peu serrés , parce que le terrein qu'occupe
le front d'une demi-compagnie n'est point assez spacieux
pour en contenir le flanc , qui est de vingt-quatre pieds ;
car on ne doit pas compter plus de huit pieds pour la longueur du cheval , quoiqu'on soit encore aujourd'hui dans
l'usage de l'apprécier à neuf pieds , & cela , parce qu'autrefois on en comptoit autant pour les grands chevaux de
bataille armés de chanfreins garnis de pointes , & qu'il
n'y a rien eu de statué à cet égard depuis qu'on ne se sert
plus de ces chevaux ni de cette armure. Pour rendre les
conversions par demi-compagnie d'une exécution possible,
il faudroit que les compagnies n'eussent que deux rangs ,
ou , si elles en avoient trois , qu'ils fussent composés chacun
de seize cavaliers : car une file de trois cavaliers contient
autant de terrein que le front de huit cavaliers.

Une autre maniere de faire exécuter des conversions à
la cavalerie , ce seroit de ne faire tourner que quatre cavaliers à la fois ; mais cette méthode est impraticable tant
que les escadrons sont serrés , comme ils doivent toujours
l'être en présence de l'ennemi : elle n'est bonne que dans
les exercices où l'on a le temps de compter les cavaliers ,
& où l'on peut laisser un pas de distance entre les rangs ,
& en ce qu'elle peut servir à rompre les hommes & les
chevaux pour les autres manœuvres.

Les demi-tours à droite par cavaliers ne sont pas approuvés de tous les Officiers. Ceux qui les rejettent prétendent qu'ils sont d'une exécution impossible , & la raison qu'ils en donnent , c'est que sur le terrein qu'occupe
un rang de quarante-huit cavaliers dédoublés , il s'en faut

de douze toiſes que les chevaux n'ayent un eſpace ſuffiſant pour tourner, parce que vingt-quatre chevaux, à quoi
ſe monte le rang dédoublé, ne ſçauroit contenir en file
moins de trente-ſix toiſes, & qu'il n'y en a que vingt-quatre de terrein dans un front de quarante-huit maîtres. Ce
calcul paroît juſte au premier coup d'œil; cependant il ne
l'eſt que dans la ſpéculation : car il faut d'abord réduire à
huit pieds de long les chevaux qu'on ſuppoſe mal-à-propos
en avoir neuf, & c'eſt, pour cet article, quatre toiſes à diminuer ſur les douze qu'on prétend d'erreur. Pour ce qui
regarde les huit autres toiſes, elles manqueroient ſans
doute, ſi les chevaux tournoient tout d'une piéce; mais
comme ils ſe ramaſſent en tournant, ils épargnent de cette
maniere aſſez de terrein pour ſuppléer au défaut de ces
huit toiſes; & c'eſt ce que l'expérience a démontré. Il eſt
cependant vrai de dire que les rangs étant ſerrés les uns
ſur les autres tels qu'ils doivent être vis-à-vis de l'ennemi,
il n'eſt guere poſſible de les dédoubler, & par conſéquent
d'exécuter les demi-tours à droite par cavaliers : mais tant
de circonſtances les rendent ſi néceſſaires, qu'il faut que
les cavaliers y ſoient parfaitement exercés; on croit qu'il
ſeroit plus aiſé pour l'homme & pour le cheval de tourner
ſur la gauche.

Quand une troupe de cavalerie tourne ſur ſa droite ou
ſur ſa gauche, il faut que tous les rangs tournent enſemble, & que les cavaliers du premier portent la tête de leur
chevaux droite, mais cependant un peu plus inclinée du
côté ſur lequel ils tournent que ſur l'autre. Les rangs qui
ſuivent doivent au contraire porter un peu la tête de
leurs chevaux du côté qui tourne, ſoutenant de la botte
le côté ſur lequel on tourne. Ce n'eſt que de cette maniere qu'il eſt poſſible de faire ſuivre exactement les chefs
de file; les cavaliers qui ſoutiennent doivent marcher auſſi-tôt que l'aîle a achevé de tourner, pour redreſſer les
rangs.

Quand c'eſt par la droite qu'on marche en colonne, il
faut ſuivre le chef de file par la gauche; autrement toutes

les troupes n'étant pas d'un égal front, il arriveroit que celles qui en auroient un moindre, se trouveroient reculées hors du front général lorsqu'on viendroit à se mettre en bataille. Si c'est par la gauche qu'on marche en colonne, il faut de même suivre le chef de file par la droite.

Il est un moyen d'éviter les quarts de conversion, c'est de porter les escadrons sur la droite ou sur la gauche, par des pas de côtés, & c'est ce qu'on appelle fuir les talons: cette méthode, qui n'est point encore assez en usage, est excellente, en ce que les escadrons qui s'en servent n'étant pas sujets à de grands mouvemens, ne sont point dans le cas de se rompre, & qu'ils sont toujours en état ou d'attaquer ou de se défendre, en conservant le terrein de l'alignement général.

Dans nombre d'occurrences où il n'est pas possible de faire des quarts de conversion, c'est un grand avantage pour les escadrons que d'être instruits aux pas de côté. On s'en sert pour former une ligne pleine d'une ligne tant pleine que vuide; & les manœuvres qui se font au moyen de ces pas, ont encore un avantage qui est de ne pouvoir être distinctement reconnus par l'ennemi, devant qui l'on peut aisément changer l'ordre de bataille sans qu'il s'en apperçoive. On peut encore, au moyen des pas de côtés, d'un escadron de trois rangs, le mettre sur deux.

Il n'est point difficile de faire fuir les talons aux chevaux, ils s'y portent aisément d'eux-mêmes; il ne s'agit que de les accoutumer à passer les jambes opposées au côté où l'on veut les faire aller par dessus les autres: par exemple, si c'est à droite, les jambes du montoir doivent croiser celles hors montoir. On voit cette manœuvre s'exercer facilement aujourd'hui dans plusieurs de nos Régimens, d'où l'on peut juger de la facilité qu'il y auroit à l'enseigner aux autres.

L'usage a établi que de plusieurs cavaliers unis ensemble sur un même rang, ce seroit sur le premier de la droite que les autres se régleroient pour marcher: les Anciens, de qui nous tenons cet usage, le pratiquoient ainsi, parce que

de leur temps le cavalier qui fermoit la droite d'un efcadron en étoit le Commandant, & que d'ailleurs le front
en étoit fi petit, que ce chef pouvoit aifément être apperçu
de tous ceux du même rang. Anciennement que nos efcadrons étoient difpofés comme ceux des Romains, il étoit
bon de fuivre leur exemple dans la maniere de marcher,
mais en changeant la forme des efcadrons, on auroit auffi
dû changer l'ufage de fe régler.

Les Scythes, les Thraces, les Macédoniens, les Theffaliens, qui formoient leur cavalerie en triangles ou en lofanges, régloient leur marche fur le Commandant, qu'ils
nommoient Ilarchos ; il étoit en tête chef de la file du
centre.

Le Commandant chez nous fe tient au centre de l'efcadron, c'eft à lui à juger de quel côté il le faut porter ; fi
c'eft fur le centre qu'il doit attaquer l'ennemi, ou bien par
quel flanc il doit le prendre : c'eft à lui à régler la marche
de fon efcadron, fur les conjonctures & fuivant la difpofition du terrein. Du centre où il eft placé il lui eft d'autant plus facile de diriger fa droite ou fa gauche, que l'une
ou l'autre fe trouvent près de lui à égale diftance ; au lieu
qu'un cavalier ou brigadier, lorfque c'eft fur lui que l'efcadron fe regle pour marcher, l'expofe quelquefois par un
mal-entendu, à faire tout le contraire de ce qu'il faudroit
qu'il fît : ce qui peut occafionner un défordre d'autant plus
grand, que le Commandant ne fçauroit donner fes ordres,
foit du géfte, foit de la voix, fans courir rifque d'être
entendu de l'ennemi qui peut ainfi rompre ou prévenir fes
deffeins.

Qu'un efcadron foit en marche, ou qu'il foit arrêté, le
front en eft toujours le même, & il occupe une trop longue étendue pour que la gauche, qui eft à une diftance
confidérable de la droite, puiffe marcher droit en s'alignant exactement fur elle. C'eft une difficulté qui paroît
peu fenfible ici, mais qui fe fait bien apperçevoir dans
l'exécution. En fuppofant donc que ce foit fur le centre,
c'eft-à-dire fur le Commandant que fe reglent la droite &

la gauche, au lieu de se régler l'une sur l'autre, cette étendue se trouve réduite à la moitié ; d'où il s'ensuit que les mouvemens de l'escadron doivent être plus sûrs ; il en marchera mieux, & sera moins en danger de crever, de se rompre, ou de perdre ses distances, comme cela arrive d'ordinaire, parce que la gauche appuie communément sur la droite, & que celle-ci, pour marcher droit & conserver ses intervalles, est obligée de soutenir l'escadron : ayant une conversion à faire, il la fera encore beaucoup mieux dans ce cas, & ne sera point sujet à faire la scie, inconvénient qui n'est occasionné que par le trop grand éloignement de la partie qui tourne de celle qui forme le pivot, ce qui les empêche l'une & l'autre de donner à leurs mouvemens le degré convenable.

Rarement un escadron marche droit lorsqu'il est mené par un seul cavalier ; il y a tout lieu de croire que la marche en sera bien mieux ordonnée lorsque les deux cavaliers du centre se reglant l'un sur l'autre, suivront exactement le Commandant, & que le cavalier qui ferme la droite & celui qui ferme la gauche, se régleront à leur tour sur les deux du centre. Ces trois points sont nécessaires à la justesse d'un alignement.

Il ne paroît pas possible que le cavalier de la droite d'un escadron puisse voir les deux cavaliers de la droite des deux escadrons qu'il sépare, & qu'il puisse en être vu : il est donc obligé de régler sa marche sur le cavalier de la gauche de l'escadron de sa droite ; & pour peu que celui-ci ne soit pas assez avancé ou qu'il le soit trop, il arrive que les aîles sont hors de l'alignement du centre de la bataille, & qu'on ne peut les redresser sans faire beaucoup de mouvemens, soit en avant, soit en arriere : or l'on sçait combien ces sortes de mouvemens sont dangereux en présence de l'ennemi. Ce défaut se trouve corrigé en faisant marcher les escadrons sur l'alignement des Commandans, qui étant hors des rangs, à la vue les uns des autres & à la même hauteur du centre de la bataille, n'en conservent que mieux les intervalles & la plus grande justesse dans l'ordre de la marche.

Une chofe incroyable, & qu'on a pourtant vue dans la derniere guerre, c'eft qu'on ait préfenté devant l'ennemi des efcadrons qui ne fçavoient pas marcher. Nous n'avons plus rien de pareil à craindre aujourd'hui, au moyen du nouvel établiffement de nos camps de difcipline ; c'eft dans ces camps que notre cavalerie pourra fe former aux mouvemens généraux, & s'accoutumer à obferver cet enfemble fi néceffaire dans les marches, qui peut feul rendre fes forces redoutables.

CHAPITRE XVII.

Des Marches.

UNE des plus fçavantes & des plus importantes pratiques de la guerre, c'eft celle des marches : elles exigent d'autant plus de précautions, que le danger y eft beaucoup plus grand que dans les batailles (1). Ici le Général a tout médité, tout combiné, tout le monde eft préparé, toutes les chofes font difpofées dans l'ordre le plus avantageux à leur efpece, & dans un terrein fouvent choifi : dans les marches au contraire où la fcene change à chaque inftant, un Général ne peut jamais tout prévoir : l'étendue de l'efprit humain a fes bornes; & ce feroit un paradoxe que de croire qu'il fût poffible d'être préparé pour toutes les attaques dont les marches font fufceptibles. Pour prendre de juftes mefures, il faudroit être inftruit non feulement du lieu & du moment de l'attaque, mais connoître encore le terrein qui doit fervir de champ, dans un affez grand détail pour pouvoir difpofer fes troupes de la maniere la plus convenable. Ce qu'on doit fur toutes chofes tâcher d'éviter dans une mar-

(1) *Qui rem ftudiofius didicerunt afferunt plura in itineribus quàm in ipfâ acie pericula folere contingere.* Veg. de re milit. lib. III, cap. VI.

che, ce font les furprifes : car les troupes les plus aguerries ne font point en garde contre l'étonnement ; il engendre toujours la confufion, & fouvent même quelque chofe de pis.

Il faut donc à chaque pas s'attendre à recevoir l'ennemi, ou, ce qui eft encore plus fûr, fe dérober à lui autant qu'il eft poffible. Quelqu'un a dit que les marches les plus courtes d'une armée, étoient celles qui l'éloignent le plus de la néceffité de combattre. Végece (1) nous apprend qu'il vaut mieux s'ouvrir un chemin fûr, quelque travail qu'il en coûte, que de courir le rifque d'être battu en beau chemin.

Perfonne n'a furpaffé M. de Turenne dans la fcience des marches, aucun événement ne l'étonnoit, parce qu'il les avoit tous prévus : fes marches étoient fçavantes, mais elles paroiffoient fimples, en ce qu'il avoit l'art de difpofer chaque corps fuivant fa propriété, fuivant le lieu & le temps où il auroit pu avoir à combattre. Les Maréchaux de Villeroy & de Luxembourg (2) ont eu auffi la réputation d'entendre parfaitement l'ordre des marches, & rien n'eft plus profond que ce qu'en a écrit le Maréchal de Puyfégur ; les principes qu'il établit, peuvent conduire aux plus fçavantes manœuvres.

C'eft dans une marche bien ou mal faite qu'on connoît la capacité d'un Général, ou fon infuffifance : plus le pays où l'on fait la guerre eft difficile, & plus il y a d'avantage pour celui qui fçait mettre à profit les difficultés.

La premiere chofe à quoi on doit faire attention lorfqu'il s'agit d'une marche, c'eft de cacher exactement à l'ennemi (3) le jour & le moment du départ, l'ordre qu'on y obferve, les chemins qu'on doit tenir, les lieux qu'on va occuper, & enfin l'objet pour lequel on marche. C'eft de

(1) Lib. III, cap. VI. *Quòd anguftæ fint viæ, fed tàm tutæ, meliùs eft præcedere cùm fecuribus ac dolabris milites, & cùm labore vias aperire, quàm in optimo itinere periculum fuftinere.*

(2) Les marches de ce dernier avec des planches font fous preffe.

(3) *Tutiffimum namque in expeditionibus creditur facienda nefciri.* Veg. lib. III, cap. VI.

la

la cavalerie dont on se sert pour couvrir les marches ; elle y est plus propre que l'infanterie, en ce que sa vîtesse la met dans le cas de se porter plus promptement partout, & qu'elle fatigue moins : d'ailleurs elle marche toujours dans un ordre qui la tient prête à combattre à tout événement, & c'est la nécessité qui la contraint à garder cet ordre ; parce qu'elle est très-difficile à rallier lorsqu'elle est une fois désordonnée. L'usage a décidé qu'elle devoit toujours marcher sur des files & sur des rangs, & c'est delà qu'est venu l'ancien titre des compagnies d'*Ordonnance*.

Avant que d'entreprendre une marche, on emploie la cavalerie pour reconnoître les routes par où l'on se propose de passer, & les lieux où l'on veut établir des postes.

Si les campagnes étoient assez vastes & assez unies pour contenir toujours une armée en ordre de bataille, il n'y auroit que deux manieres de la faire marcher : lorsqu'il s'agiroit d'aller en avant ou en arriere, elle marcheroit en front sur les mêmes lignes sur lesquelles elle seroit formée ; & s'il falloit aller sur la droite ou sur la gauche, on la feroit pour lors marcher en colonne ; l'artillerie & les équipages formeroient celle du centre. Dans ces deux manieres de marcher, la cavalerie occuperoit la place qui paroît lui convenir le mieux : si l'on marchoit en bataille, elle en formeroit les aîles ; si c'étoit en colonne, elle seroit à la tête & à la queue.

Mais la difficulté de trouver des campagnes capables de contenir dans ses marches une armée en ordre de bataille, fait qu'on est presque toujours obligé d'en former des colonnes dont la quantité se regle sur la disposition du terrein : moins il y a de colonnes, & plutôt une armée est en état de se défendre ou d'attaquer, parce que des forces réunies sont toujours supérieures à celles qui sont divisées & qui ne peuvent se joindre sans danger.

On peut regarder un pays comme avantageux pour faire la guerre, lorsque la disposition en est telle qu'une armée

Nn

en marche puiffe s'y partager en fix colonnes : l'artillerie & les équipages occupent celles du centre, qu'on fuppofe devoir être fur le terrein le plus ferme : celles de la droite & de la gauche font compofées d'infanterie, & les deux colonnes extérieures font formées par la cavalerie ; c'eft la place naturelle de celle-ci, & celle qui lui convient le mieux, parce que l'ennemi venant à paroître, c'eft à elle à envoyer reconnoître, & à marcher en front de bataille pour le recevoir & pour retarder fa marche : de cette maniere elle donne le tems aux autres colonnes de fe former en bataille, & elle dérobe aux ennemis la connoiffance de l'ordre que tient le refte de l'armée dont elle marque les difpofitions ; & comme ordinairement l'avant-garde d'une armée qui vient attaquer des troupes dans leur marche, n'eft guere compofée que de cavalerie, il arrive fouvent que l'attaque fe paffe en efcarmouches, durant lefquelles le refte de l'armée peut aifément filer & fe rendre à fa deftination.

Une marche ne fçauroit être bien faite qu'autant qu'elle eft unie & ferrée, & que chaque corps obferve exactement la proportion des diftances : pour cet effet la tête doit aller très-doucement, afin que la queue puiffe fuivre ; autrement il fe fait un trop grand vuide dans les colonnes, la marche fe trouve interrompue & les divifions coupées ; c'eft aux Colonels de cavalerie à prévenir ces inconvéniens, en réglant leur marche fur la hauteur de l'infanterie.

De la place de la Cavalerie dans les marches.

Comme il n'y a aucun terrein qui fe reffemble, il n'y a rien de déterminé fur la place qu'on doit donner à la cavalerie dans les marches ; cela dépend du temps, de la nature des lieux par lefquels on doit paffer, des poftes qu'occupe l'ennemi, & de ceux qui féparent les deux armées : on la difpofe felon qu'on a deffein d'attaquer ou de fe retirer, de maniere qu'elle foit toujours à la portée

de recevoir du fecours de l'infanterie, ou de lui en prêter,
& que par des mouvemens fimples & prompts, elle puiffe
occuper, pour quelque opération que ce foit, le terrein qui
lui convient le mieux. L'opinion du Général influe quelquefois fur la place de la cavalerie dans les marches,
mais ordinairement lorfque pendant le jour on fe trouve
en plaine, on en met à la tête de chaque colonne. Celles
des flancs, comme on l'a déja dit, en font entiérement
compofées ; ainfi toutes les parties extérieures de l'armée
n'oppofent que de la cavalerie : fi l'on foupçonne l'ennemi
de quelque côté, c'eft-là qu'il en faut jetter de plus
groffes troupes, & les difpofer de maniere qu'elles puiffent s'entre-fecourir à tout événement ; car il eft difficile,
dans ces fortes de rencontres, de pénétrer le deffein des
ennemis, & de fçavoir quelle fera leur véritable attaque,
ce qu'ils ne fçavent pas quelquefois eux-mêmes ; ils n'ont
fouvent d'autre intention que de profiter des circonftances
que le hafard fait naître ordinairement en de pareilles
occafions. Cependant la raifon veut que dans une marche,
ce foit plutôt la queue qu'on attaque que la tête : celle-ci
eft trop promptement fecourue par ceux qui fuivent, au
lieu que l'autre ne peut l'être qu'en faifant une contre-mar-
che : or les troupes ne retournent point volontiers fur
leurs pas ; d'ailleurs l'incertitude où l'on eft fi l'attaque
n'eft point fauffe, fait qu'on ne marche que lentement,
ou qu'on s'imagine, parce que les affaires de cavalerie font
ordinairement de courte durée, qu'on en eft trop éloigné
pour arriver affez tôt : il y a encore un autre inconvénient qui empêche que les arriere-gardes ne foient fecourues, c'eft que la plûpart des Officiers Généraux ne s'attachent malheureufement qu'à faire fuivre leurs divifions,
fans fe mettre beaucoup en peine de ce qui fe paffe ailleurs, & que chacun s'empreffe d'arriver.

Ce qu'on vient de dire fur la maniere de difpofer la
cavalerie, ne fe pratique que lorfqu'on eft en plaine &
pendant le jour ; car dans les marches de nuit & dans les
pays de bois ou de montagnes, l'infanterie prend pour

lors la place de la cavalerie : c'eft elle qui forme la tête & la queue, & qui couvre les flancs. Cyrus, dit Xéno-phon, avoit coutume, quand il marchoit la nuit, d'en-voyer avant le gros de fon armée une petite troupe de gens de pied des plus alertes, pour découvrir les chemins & obferver les ennemis, mais de jour c'étoit un gros de cavalerie pour foutenir les avant-coureurs & défendre le chemin.

Des Défilés.

Un habile Officier chargé de l'attaque d'une arriere-garde, choifit pour cela le temps qu'elle a un défilé à paffer, parce que c'eft ordinairement celui où elle fe trouve le plus éloignée du corps de bataille. Il commence par fermer l'entrée du défilé à cette arriere-garde, & la tient ainfi féparée du refte de l'armée ; il fait fon attaque avec la plus grande vivacité, fans l'annoncer auparavant par des efcarmouches : il a d'autant plus d'avantage, que fon détachement eft un corps deftiné à combattre, & dont les chevaux ne font point furchargés par les tentes & les autres équipages de cavaliers, comme l'eft celui qu'il at-taque. Lors donc qu'une troupe a un pont ou un défilé à paffer, il eft d'ufage de faire précéder la cavalerie par un détachement d'infanterie, ou fi l'on fait paffer la cavale-rie la premiere, comme cela arrive quelquefois (1), on doit en ce cas envoyer la plus vîte & la plus légere pour s'emparer de l'iffue du défilé, & avoir grand foin d'en faire garder l'entrée par un détachement. C'eft principa-lement dans le paffage d'un défilé que les troupes doivent fe comporter avec la plus grande valeur ; car les premieres une fois mifes en déroute, fe renverfent fur les fecondes, & celles-ci en font de même fur celles qui les fuivent, fans qu'elles puiffent être fecourues les unes par les autres: pour prévenir, autant qu'il eft poffible, un pareil acci-dent, on laiffe un vuide tout le long du chemin fur la

(1) A la bataille de Rocroy, ce fut la cavalerie qui paffa les défilés la premiere.

droite ou fur la gauche, pour donner un libre paſſage au
ſecours, & à la faveur duquel les vaincus & les bleſſés
peuvent auſſi ſe retirer. Il eſt important dans ces cas de
faire obſerver exactement les diſtances qu'il doit y avoir
entre les corps, pour, en cas de défaite, faciliter le ralliement des premiers, & conſerver aux autres la liberté
de leurs mouvemens ; c'eſt toujours la cavalerie légere,
comme on l'a déja dit, qu'on doit envoyer en avant lorſqu'on a quelque défilé à paſſer ; ces troupes, autant faites
pour combattre que pour fuir, paſſent le défilé à toute
bride, & trouvent le moyen, par leur vîteſſe, d'échapper
aux dangers les plus apparens, ſans que leur fuite, ni
même leur défaite, faſſent la moindre impreſſion ſur
les autres. On les fait ſoutenir par des dragons qui ſont
ſuivis de l'avant-garde.

La faute que fit Fulvius Flaccus à ſon retour de la Cel-
tiberie à Tarragone, de s'être engagé dans un détroit ſans
s'être emparé de la ſortie & de l'entrée, mit l'armée Romaine en danger d'être totalement défaite ; les Celtibériens ſçachant que les Romains devoient paſſer un défilé,
en occuperent ſecrétement le débouché, & lorſqu'ils les
ſçurent tous dedans, ils en fermerent l'entrée ; les Romains furent bientôt enveloppés de toutes parts, & ne
connurent d'autre reſſource que dans leur valeur : le
combat fut terrible, les Celtibériens commencerent à
avoir du deſſous, parce qu'ils ne purent tenir en ligne
contre les légions ; mais quand ils ſe furent formés en
coin, (ordre dans lequel, au rapport de Tite-Live, ils
étoient formidables) ils fondirent ſur les Romains avec la
plus grande impétuoſité, les enfoncerent, & mirent le
trouble & la confuſion dans leur armée, au point que
ſans la cavalerie de Flaccus, c'eût été fait de l'infanterie
Romaine : cette cavalerie (dont deux turmes avoient été
jointes enſemble, & formoient des eſcadrons de ſoixante
hommes,) prit le coin des trois côtés, l'ouvrit partout,
& diſſipant cette maſſe énorme, fit un terrible carnage des
Eſpagnols (1).

(1) Tite-Live, liv. xl, ch. xxxix.

Des avant-gardes, arriere-gardes, & garde-flancs.

Les avant-gardes de cavalerie font compofées des nouvelles gardes du camp, & les arriere-gardes le font des
anciennes : on les augmente felon le befoin, en y joignant
des détachemens tirés de chaque brigade defquelles on
tire auffi les garde-flancs.

De quelque maniere que foit réglée la marche des différens corps, ils doivent toujours, pour leur fûreté, détacher en avant de petites troupes : plus ils prendront de
précautions pour eux-mêmes, & moins le corps de bataille aura de rifque à courir dans fa marche ; car ce n'eft
guere que par un excès de confiance que l'on donne
dans les embufcades, & il eft aifé, avec un peu de vigilance, de s'en garantir : le devoir de ces petites troupes
détachées, c'eft d'aller au loin à la découverte de l'ennemi, & de l'arrêter lorfqu'elles le rencontrent, de s'emparer des paffages, de découvrir les embufcades, de blo-
quer les poftes, d'arrêter les déferteurs, les efpions & les
coureurs, & furtout d'informer, des moindres chofes,
les corps qu'ils précédent.

Quoique toutes ces chofes femblent regarder les troupes
légeres, il eft bon que la cavalerie y foit auffi fouvent
employée ; cela ne peut lui faire qu'un très-grand bien,
en ce que c'eft le moyen de la tenir toujours en haleine :
d'ailleurs les troupes légeres peuvent être retenues par
quelques circonftances ; de plus la cavalerie doit toujours
agir dans les marches, comme fi elle n'étoit précédée d'aucun des fiens, & qu'elle eût tout à craindre des ennemis.

Quand les troupes légeres feroient en nombre fuffifant
pour tous ces différens fervices, ce ne feroit pas une raifon pour en exclure la cavalerie : elle a befoin d'exercice ;
& pour peu qu'on négligeât de lui en procurer, il feroit
à craindre qu'elle ne contractât l'habitude d'un repos qui
pourroit lui devenir funefte.

Les troupes détachées doivent fe tenir, autant qu'il eft

possible, à la vue des corps dont elles font partie, afin
de pouvoir en être secourues au besoin : leurs mouvemens
font pour ceux-ci des avertissemens ; & si elles s'en éloignent à une trop grande distance, elles courent le risque de se faire couper & enlever ; & l'ennemi ayant tout
lieu de croire, en les voyant arriver, que son dessein est
prévenu, peut changer de mesures, & rompre ainsi celles
qu'on auroit prises pour le traverser.

Des marches pour aller camper.

Dans les marches pour aller prendre un nouveau camp,
la cavalerie est toujours placée de maniere que, sans cesser
un moment de couvrir l'armée de toutes parts, elle puisse
arriver, sans aucun obstacle, sur le terrein qui lui est destiné : on doit observer pour cela de faire suivre les brigades dans le même ordre qu'elles doivent camper : ainsi
lorsqu'une ligne de cavalerie, qui marche en colonne, est
obligée de se former, elle doit se trouver naturellement
dans son ordre de bataille.

Les distances entre les brigades, les régimens & les
escadrons, lorsqu'ils marchent en colonnes, sont absolument les mêmes pour la marche comme pour le camp :
elle se reglent selon que le terrein a plus ou moins d'é-
tendue ; mais communément on compte vingt-huit toises
pour le front d'un escadron, & trois toises pour l'intervalle d'un régiment à l'autre, ensorte que d'après ce
calcul, il doit y avoir du dernier rang de l'escadron qui
précéde un régiment, au premier rang de l'escadron de
celui qui le suit, vingt-neuf toises environ : de cette maniere les escadrons qui marchent en colonnes, venant à
faire une demi-conversion, il se trouve que chaque régiment occupe justement le terrein qui lui est prescrit, &
qu'il y a entr'eux les six toises d'intervalle fixées par l'ordonnance.

Dans les commencemens d'une campagne, on ne
change de camp que fort rarement, pour ne point fatiguer la cavalerie par des marches trop fréquentes : les

chevaux pour la plûpart font encore trop jeunes, &
n'étant point accoutumés aux injures de l'air, ni au changement de nourriture, ils feroient bientôt hors d'état de
fervir : il eft bon de ne les accoutumer à toutes ces chofes
que par degrés.

Des marches pour aller combattre.

Lorfqu'on marche pour aller à l'ennemi, & que le
terrein ne permet pas à la cavalerie de marcher en front,
par brigades ou par régimens, il faut chercher des routes,
ou s'ouvrir des chemins aflez larges pour qu'elle puifle du
moins marcher par efcadrons ou demi-efcadrons, ou au
moins par compagnies, que l'on doit d'avance difpofer fur
autant de rangs qu'il aura été réglé qu'elles devront combattre. C'eft de tous les moyens le meilleur & le plus aifé
pour fe préparer, comme il faut, à la bataille : outre que
cette maniere de marcher apprend à furmonter les difficultés fans nombre qui naiflent des inégalités du terrein,
elle inftruit encore les cavaliers & elle accoutume les
chevaux à marcher bien unis & convenablement ferrés ;
c'eft ce qui fait la véritable force de la cavalerie, & la
clef de toutes fes manœuvres : elle ne parviendra jamais à
fe les rendre familieres, qu'autant qu'elle contractera l'habitude de cette maniere de marcher, ou, ce qui eft encore
mieux, qu'autant qu'elle marchera en ligne. Ces chofes
font d'une fi grande conféquence, qu'on ne fçauroit y
faire trop d'attention : cependant il eft étonnant à quel
point elles font négligées, & c'eft une chofe bien furpre-
nante qu'on ait vu livrer des batailles, fans qu'auparavant les
foldats y euflent été préparés par des exercices généraux.
Lorfqu'il s'agit de repréfenter une Piece de Théâtre, (qu'il
foit permis de fe fervir de cette comparaifon,) voit-on
donc les Acteurs entreprendre de jouer leur rôle, quoiqu'ils les fçuflent parfaitement, fans s'y être auparavant difpofés par une ou même par plufieurs répétitions générales ?

Si l'on veut former les colonnes par efcadrons, & combattre dans l'ordre qu'on appelle tant vuide que plein, il
faut

faut alors que la diſtance de l'eſcadron qui précéde à celui qui le ſuit, ait le double d'étendue de ſon front, c'eſt-à-dire, que ſi les eſcadrons ſont de quarante-huit Maîtres de front, cette diſtance doit être de quatre-vingt-ſeize pas, afin que le ſecond eſcadron, lorſqu'on vient à former la ligne, puiſſe en occuper quarante-huit, & en laiſſer autant d'intervalle : car, dans la diſpoſition de l'ordre tant vuide que plein, les intervalles doivent être égaux au front des eſcadrons. Que ſi l'on ne veut donner qu'un demi-front d'intervalle, alors les diſtances, au lieu de quatre-vingt-ſeize pas, ſont réduites à ſoixante-douze ; mais ſi l'on ſe forme en ordre plein, ou ce qu'on appelle autrement en muraille, les diſtances en ce cas ne ſont plus que de quarante-huit pas, c'eſt-à-dire, d'une étendue pareille au front des eſcadrons. Les diſtances doivent être priſes du premier rang des troupes qui précédent, juſqu'au premier de celles qui ſuivent.

Il eſt bon de remarquer que ce qu'on vient de dire, par rapport aux différens degrés de diſtance qu'il doit y avoir entre les eſcadrons, s'obſerve auſſi pour les Régimens & pour les Brigades, & qu'il en eſt de même pour la diſtance de la cavalerie à l'infanterie.

CHAPITRE XVIII.

Des camps & cantonnemens de Cavalerie.

CE qu'on doit principalement conſidérer lorſqu'il eſt queſtion d'aſſeoir un camp, c'eſt de le choiſir tel qu'on puiſſe dans le beſoin ſe procurer un champ de bataille avantageux ; les derrieres en doivent être libres, les flancs gardés, les débouchés ouverts de toutes parts, pour qu'on puiſſe de tous côtés ſe préſenter en bataille, & décamper lorſqu'il en eſt beſoin. Ce n'eſt point aſſez d'établir des communications avec ſes Places ; il faut encore, autant

qu'il est possible, n'en point laisser derriere soi de celles
des ennemis, à moins qu'on n'en ait résolu le siege. Les
bons camps préparent d'heureuses batailles. Quelqu'avantageuse que paroisse une situation, on doit avant de s'en
emparer, tout examiner ; si l'endroit est sain, & si les vivres peuvent y arriver de tous côtés sans danger, & sans
qu'un trop long ou trop mauvais chemin ruine les équipages. Les lieux doivent être tels qu'il soit facile d'y faire
des fourrages abondans, d'y trouver de la paille, du bois
& de bonne eau pour abreuver les hommes & les chevaux ;
enfin il n'y doit rien manquer des nécessités de la vie, ausquelles on doit, autant qu'il est possible, joindre encore les
commodités, comme seroient les bois où l'on peut se mettre à l'abri des grandes chaleurs.

C'est le Maréchal des Logis de l'armée, qui, conjointement avec le Maréchal de Camp de jour, marque le terrein nécessaire à l'aîle de cavalerie par laquelle on marche,
& qui doit camper la premiere ; cette opération faite, le
Maréchal des Logis de la cavalerie partage ce terrein entre
les Majors de Brigade, qui le distribuent à ceux de chaque
Régiment, en plus ou moins d'étendue, suivant le nombre
d'escadrons dont ils sont composés. Ensuite vient l'infanterie, qui prend son terrein en s'alignant sur cette premiere
aîle, & à cinquante pas de distance d'elle : il en est de
même pour l'autre aîle de cavalerie, & de même pour la
seconde ligne de l'armée. Pendant que se fait cette subdi-
vision, le Maréchal de Camp de jour va en avant poster
les nouvelles gardes de cavalerie.

Pour déterminer l'étendue du terrein qu'occupe une aîle
de cavalerie dans un camp, il faut sçavoir le nombre d'escadrons dont elle est formée, l'étendue de son front, celle
de ses intervalles, & connoître les difficultés de terrein
qui se rencontrent sur la ligne.

Pour le nombre des escadrons, c'est d'ordinaire le quart
de tout ce qui compose l'armée, déduction faite de ceux
qu'on auroit pu tirer pour une réserve. Chaque quart se
place sur la droite & sur la gauche en premiere & en se-

conde ligne ; il arrive souvent qu'on en met davantage dans la première ligne.

L'étendue du front d'un escadron se regle sur le nombre des cavaliers qui le composent, & sur le plus ou le moins de rangs dont il est formé ; en supposant, comme cela paroit le plus convenable, qu'il soit de cent quarante-quatre maîtres, & qu'il soit formé sur trois rangs, il lui faut vingt-quatre toises de front, qui font un pas ou trois pieds pour chaque cavalier.

Les difficultés de terrein qui peuvent se rencontrer sur la ligne, font encore une raison qui oblige à lui donner plus d'étendue : plus le terrein a de ces difficultés, & plus la ligne en est prolongée ; mais on doit prendre garde que les lieux qui la coupent ne divisent pas aussi les brigades, ou au moins ne séparent point les escadrons d'un même Régiment, & ces lieux doivent être gardés avec les plus grandes précautions.

Les devants d'un camp de cavalerie doivent être spacieux, unis & découverts, & pour cela il faut avoir soin d'en combler les ravins, ou du moins de les rendre praticables, de faire couper les haies, & surtout de faire garder les bois lorsqu'on ne les a point fait abattre.

La distance qu'on met entre deux lignes, est d'ordinaire de trois cens pas ; cependant elle est quelquefois plus grande lorsque le quartier général y est enfermé : au reste on ne sçauroit donner là-dessus de regles certaines, parce que cela dépend presque toujours de l'étendue du terrein, du nombre des troupes, & encore plus de l'opinion du Général.

Les réserves n'ont point de poste fixe dans un camp : quelquefois on s'en sert pour établir les communications, d'autres fois, pour couvrir le quartier Général ; mais plus communément dans les batailles on en forme une troisieme ligne, en mettant à l'ordinaire la cavalerie sur les flancs.

Les flancs doivent toujours être couverts, soit par la situation naturelle des lieux, soit par des postes de trou-

pes légeres, de maniere qu'on n'ait point à craindre de
furprife : les précautions font d'autant plus néceffaires à
cet égard, qu'il faut un certain temps à la cavalerie pour
fe mettre fous les armes : c'eft pour cela qu'auffi-tôt qu'on
a le moindre foupçon, on tient même la nuit les cavaliers
cuiraffés & les chevaux fellés.

Les lieux à l'abri defquels les flancs de cavalerie peuvent
être le plus en fûreté, font la mer, la proximité d'une
place, une grande riviere, des bois, des marais, ou des
montagnes impraticables même aux gens de pied : cependant quelque avantageufes que paroiffent ces différentes
fituations, on ne doit pas encore négliger de les fortifier
par de bons poftes, principalement fi ce font des bois,
quoiqu'on ait coutume d'y faire des abattis.

Lorfque les flancs de cavalerie font entiérement découverts, & qu'on ne doit point féjourner long-temps dans
un camp, on fe contente quelquefois de les couvrir par
des chevaux de frife, & plus fouvent par des voitures en-
trelaffées, défenfes dont on fe fert encore pour couvrir
les chevaux lorfqu'on les envoye à la pâture : mais quand
on fe propofe de faire quelque féjour dans un camp, & que
les flancs font expofés, pour lors on les fortifie par des
retranchemens de fix pieds de profondeur fur trois toifes
de largeur, pour que les hommes ni les chevaux ne puiffent point les franchir, & on y établit des redoutes de
diftance en diftance.

S'il fe trouve dans les environs d'un camp des hauteurs
qui le commandent, il faut tâcher de s'en emparer le premier, ou d'en déloger l'ennemi s'il les occupe, parce que
l'avantage d'une telle fituation lui donneroit à connoître
tous les mouvemens que l'on feroit, fur lefquels il ne manqueroit pas de régler les fiens, & d'ailleurs il feroit fort
dangereux qu'il pût y établir du canon.

Ce qu'il faut encore obferver, c'eft que les camps ne
foient pas trop éloignés des rivieres, de peur que les chevaux obligés d'y aller & d'en revenir deux fois par jour,
ne foient fatigués par la longueur du chemin, & que les

cavaliers qui, lorfqu'ils vont à l'eau font prefque toujours
montés à poil & fans armes, ne foient enlevés par l'ennemi avant qu'on ait pu voler à leur fecours; & c'eft un
accident qu'on ne pourroit prévenir qu'en renforçant confidérablement les gardes. D'ailleurs quand les rivieres font
fi éloignées des camps, il eft à craindre que les ennemis
n'en occupent les bords, & qu'ainfi on ne puiffe avoir de
l'eau qu'à la pointe de l'épée (1). Pour éviter ces fortes
d'inconvéniens, il faut s'attacher à bien connoître les rivieres, en garder les gués, y faire des foffés, & y planter
des piquets.

S'il eft bon que les rivieres ne foient point trop éloignées d'un camp, il faut prendre garde auffi qu'elles n'en
foient trop proches, pour que leur débordement naturel
ou caufé par les ennemis, n'y puiffe occafionner une
inondation.

Une armée foible de cavalerie, ou celle qui fe trouve
dans le cas de faire une retraite forcée, doit faire enforte
de fe camper de maniere que la riviere foit entr'elle &
l'ennemi; au lieu que l'armée fupérieure en cavalerie, ou
celle qui marche à l'ennemi dans le deffein de le combattre à force ouverte, doit tâcher d'avoir la riviere derriere foi, parce qu'étant dans le cas de furprendre ou d'attaquer, il lui eft important de n'être point arrêtée par une
riviere dont le paffage, quelqu'aifé qu'il foit, ne fe fait pas
ordinairement fans fe rompre, & fans perdre beaucoup
de temps.

La cavalerie deftinée à la garde des bourgs & des villages fe porte pendant le jour fur les devans & fur les
flancs, & la nuit elle fe retire fur les derrieres.

Les fourrages, le panfement des chevaux & tous les
autres détails aufquels la cavalerie eft obligée dans un campement, exigent qu'on la faffe toujours arriver de bonne
heure.

(1) Afranius voyant que la cavalerie de Céfar chargeoit continuellement fes
gens lorfqu'ils alloient à l'eau, pofa des corps de gardes, & fit faire un grand retranchement depuis fon camp jufqu'à l'eau. *Comment. de Céfar, guerre civile, l. 11.*

Lorfqu'avant d'entrer en campagne, ou bien dans l'arriere-faifon, on fait cantonner la cavalerie, on la met en feconde ligne, & l'on fait occuper par l'infanterie les villages les plus près de l'ennemi : mais fi l'on appréhende quelque furprife, & que l'on foit obligé de fe tenir fur fes gardes, on prend les quartiers de fourrage ou d'hyver, en fuivant l'ordre que l'on a gardé dans les marches & les campemens, & l'on fait occuper les villages de droite & de gauche à la cavalerie : c'eft pour lors qu'elle doit ufer des plus grandes précautions pour fa fûreté ; les corps doivent fe communiquer les uns les autres pour fe donner refpectivement du fecours, & être prêts à fe rendre au premier fignal fur le champ de bataille, qui eft d'ordinaire marqué dans le centre : car fi la cavalerie par fa célerité a l'avantage d'arriver auffi-tôt que l'infanterie, quoique plus éloignée, celle-ci eft plutôt en état de marcher.

Une attention qu'on doit avoir dans les camps & les cantonnemens, c'eft que la diftribution des fourrages s'y faffe avec économie ; c'eft à quoi il faut veiller avec d'autant plus de foin qu'on s'eft vu fouvent obligé d'abandonner des camps & des quartiers avantageux, faute d'avoir pris à ce fujet les précautions convenables.

Le feu eft encore un inconvénient fort à craindre pour les camps de cavalerie, furtout lorfqu'on fourrage au fec, & les pertes qu'il occafionne par rapport aux chevaux & aux équipages, font fouvent confidérables, parce que perfonne ne veut s'engager à l'éteindre à caufe du danger qu'il y a que les moufquetons & les piftolets ne viennent à partir, comme cela arrive prefque toujours : on ne fçauroit donc prendre trop de précautions pour prévenir des accidens fi funeftes, & malgré celles qui font en ufage à ce fujet, il feroit bon encore d'interdire après les retraites les lumieres dans les tentes des cavaliers, ce qui ne préfente aucun inconvénient.

CHAPITRE XIX.

Des gardes ordinaires & des camps anciens.

ON voit que les Grecs en général avoient accoutumé de se retrancher partout où ils campoient, & l'usage parmi eux en étoit fort ancien, puisqu'on les voit à la guerre de Troye, enfermer leur camp d'une muraille flanquée de bonnes tours fort élevées, & défendues par un fossé garni de palissades, (1) & assez large pour que les hommes & les chevaux ne pussent le franchir; il paroît cependant (2) que les Grecs s'attachoient plus à choisir des assiettes avantageuses & fortes par elles-mêmes pour y placer leurs camps, qu'à les fortifier avec beaucoup de travail & d'industrie. Quand la situation des lieux ne pouvoit contribuer seule à leur sûreté, les retranchemens ordinaires dont ils se couvroient ne consistoient que dans un fossé profond bordé de palissades. Presque toujours assujettis aux irrégularités du terrein, leurs camps ne pouvoient avoir de forme fixe & réguliere que lorsqu'ils les prenoient dans la plaine & dans les endroits qui leur laissoient la liberté de s'étendre : alors, dit (3) Xénophon, la coutume des Lacédémoniens étoit de camper en rond, disposition qu'ils croyoient bien meilleure & capable d'une plus grande défense que celle qui est quarrée.

Le même Auteur nous apprend que les Assyriens (4) ne manquoient jamais de se retrancher, suivant l'usage, ajoute-t-il, qui est encore observé aujourd'hui par les Rois Barbares : on peut toutefois conjecturer que du temps de

(1) Iliade d'Homere, liv. VII.
(2) Voyez dans Polybe le camp de Cleomenes Roi de Sparte.
(3) *Nam quoniam quadrati agminis angulos inutiles esse duceret* (Lycurgus) *in orbem castra ponebat, nisi aut monte tuti essent, aut murum, aut fluvium post se haberent.* Xenophon, de Repub. Lacedemon.
(4) *Xenophon de disciplinâ Cyri*, lib. III.

Cyrus, les Medes (1) & les Perses ne le faifoient qu'en de
certaines conjonctures. Nous ne voyons pas qu'Alexandre
ait retranché fes camps, quoique cette méthode ait été
pratiquée quelquefois par les Capitaines (2) Macédoniens
fes fucceffeurs, qui avoient tous combattus fous ce grand
Roi.

Quand aux Rómains, l'on fçait qu'ils font de tous les
peuples ceux qui fe retranchoient avec le plus d'art, de
foin & d'intelligence. Ils faifoient autour de leurs camps
des foffés larges & profonds ; la terre qu'ils en tiroient
formoit en dedans un rempart élevé, auquel ils ajoutoient
un parapet de gazon garni de pieux & de fortes paliffades : des tours de bois, conftruites de diftance en diftance
flanquoient cette enceinte, dans laquelle ils étoient auffi en
fûreté que dans une ville réguliérement fortifiée : par ce
moyen ils évitoient non feulement toute furprife de la
part de l'ennemi, ils avoient encore une retraite affûrée
contre les malheurs qui fuivent la perte des batailles. Lorfqu'à la fin d'une longue marche le temps manquoit à leur
armée pour fe retrancher, & que les foldats ne trouvoient
pas fur les lieux affez de bois pour en faire des abattis propres à défendre l'entrée de leur camp, ils paffoient la nuit
fous les armes. Les Romains abandonnerent infenfiblement cet ufage dans ces temps de trouble & de fureur, où
la milice indifciplinée difpofoit du choix & de la vie des
Empereurs. Il étoit entiérement aboli du temps de Végece (3), qui exhorte vivement les Romains à le faire revivre,
pour fe garantir des attaques imprévues de la cavalerie des
Barbares.

Les Gaulois, vifs & ardens dans toutes leurs actions de
guerre, ne fe font jamais retranchés : ils auroient cru per-

(1) Idem, lib. IV.
(2) Eumenes, dit Diodore de Sicile, raffembla de tous les bourgs des environs
fes foldats difperfés, & ayant dreffé un camp environné d'une forte paliffade &
d'un foffé profond, il y reçut les Alliés qui lui venoient de divers endroits, & le
remplit de toutes les provifions néceffaires pour une grande armée. Liv. XIX,
tom. VI, pag. 85, de la traduction de l'Abbé Terraffon.
(3) Liv. I, ch. ccx.

dre

dre dans les immenſes travaux d'un camp un temps précieux qu'ils croyoient plus avantageux d'employer à des
courſes, à des marches promptes, ou à quelque expédition;
conduite qui, jointe à leur valeur naturelle, leur a procuré de grands ſuccès.

La maniere dont les anciens fortifioient leurs camps ne
les empêchoit pas d'établir pour leur ſûreté des gardes tant
au dedans qu'au dehors; les premieres avoient pour objet
le ſoin de la Police & le maintien du bon ordre dans le
camp; les autres étoient deſtinées comme les nôtres à découvrir au loin, & à garantir l'armée de toute ſurpriſe.
Les Lacédémoniens (1) dont la diſcipline militaire l'em-
portoit ſur celle du reſte des Grecs, chargeoient l'infanterie de la garde de l'intérieur du camp; ils confioient
celle des dehors à la cavalerie, qu'ils plaçoient à cet effet
ſur les lieux les plus éminens & les plus découverts. Les
Romains avoient auſſi des gardes de cavalerie qui ſe retiroient le ſoir, ou à l'entrée, ou au dedans du camp, &
qu'ils nommoient *ſtationes*. Suivant (2) l'uſage ancien, leur
ſervice duroit toute la journée: mais *Æmilius Paulus*, pour
les rendre moins fatiguant & les obliger en même-temps
à une plus grande vigilance, changea cette méthode durant la guerre des Romains contre Perſée, dernier Roi de
Macédoine, & abrégea de moitié le temps de chaque ſta-
tion, en quoi il fit fort bien, parce que des hommes & des
chevaux ſujets à bien des néceſſités, ne peuvent pas pendant
vingt-quatre heures être toujours en état de combattre;
ou ils mangent, ou ils ſont à l'abreuvoir, alors on peut
ſurprendre le poſte qui ſe trouve diminué de beaucoup :
d'ailleurs il eſt plus facile d'obliger un cavalier d'être à

(1) *Diurnas cuſtodias inſtituit (Lycurgus) illas quidem quæ in caſtra & ſuorum
arma verſæ eſſent, non enim hoſtium causâ, ſed & ſociorum & amicorum exconſti-
tuuntur. Alteras, quæ hoſtes obſervant, equitum; idque in locis quibus longiſſimè
fit proſpeſtus.* Xenoph. de Rep. Lacedem.

(2) *Stationum moram mutavit (Æmilius) armati omnes, & frenatis equis equites, diem totum perſtabant: id quum æſtivis diebus urente aſſiduo ſole fieret, tot ho-
rarum æſtu & languore ipſos equoſque feſſos, integri ſæpè adorti hoſtes; itaque ex
matutinâ ſtatione ad meridiem decedi, & in poſt meridianam ſuccedere alios juſſit : itâ
nunquàm fatigatos recens hoſtis aggredi poterat.* T. Liv. XLIV, ch. XXXIII.

cheval pendant douze heures, qu'il n'eſt poſſible à un cheval de porter pendant vingt-quatre heures un homme (1); & plus on monte ſouvent les gardes dans une armée, moins elles ont à craindre les ſurpriſes : ce qui pourroit encore faire croire que l'heure de monter ces gardes devroit, pour plus de ſûreté, n'être pas la même pour la cavalerie que pour l'infanterie.

Si l'on jugeoit à propos, à l'exemple d'*Æmilius Paulus*, ſur le ſentiment de Végece, & par toutes les raiſons qu'on vient de dire, de ne faire durer que douze heures le ſervice de nos gardes ordinaires de cavalerie, il faudroit pour cet effet qu'on ne commandât plus de gardes, & qu'on ſubſtituât un piquet de plus par Régiment. Ces deux piquets ſe releveroient ſucceſſivement; les cavaliers & les chevaux s'en trouveroient moins fatigués, & conſéquemment en état de mieux ſervir : il n'arriveroit plus ce qu'on voit fort ſouvent dans la cavalerie, qui eſt qu'à la deſcente du piquet il faut monter la garde, & que ces gardes, ſi l'armée vient à marcher, font encore un troiſiéme jour de ſervice, celui des arriere-gardes.

Tant que l'uſage des camps retranchés ſubſiſta, il falloit peu de gardes pour être avertis des mouvemens que l'ennemi pouvoit faire à portée de l'armée, & donner le temps aux ſoldats de ſe mettre en état de défenſe; mais à meſure qu'on a négligé de faire des retranchemens, ou qu'on les a regardés comme inutiles, il a fallu ſuppléer à leur défaut en multipliant les gardes avancées de cavalerie.

Il y a lieu de croire que le grand nombre de gens de cheval dont on ſe vit obligé d'augmenter les armées a vaincu la néceſſité de fortifier les camps, que le ſervice de cette arme rendoit aſſez fort par elle-même, & mettoit à l'abri d'inſulte, ſoit par ſes gardes avancées, ſoit par ſes patrouilles continuelles, ſoit enfin parce que la célérité de la cavalerie la porte bientôt en quelque lieu

(1) Végece eſt d'avis que la cavalerie ne ſoit dè garde que la moitié du jour. *Alii manè, alii poſt meridiem jugiter fatigationem hominum equorumque augurias faciunt.* Lib. III, cap. VIII.

que paroiffe l'ennemi : d'ailleurs les retranchemens dimi-
nuoient en quelque forte l'effet de cette arme qui faifoit
la force de l'armée : elle n'avoit pas la liberté entiere de
fes mouvemens, & même devenoit inutile lorfque les retranchemens étoient attaqués. Quoi qu'il en foit, les gardes ordinaires de cavalerie en tiennent lieu aujourd'hui.
L'inftruction du 22 Juin 1755, fur le fervice de la cavalerie
en campagne, entre dans les plus grands détails au fujet
des gardes : chaque Officier y trouve fon fervice perfon-
nel ; & comme il n'en doit ignorer aucun, il faut indif-
penfablement que tout Officier foit pourvu de cette inftruction.

On nomme gardes ordinaires nos gardes avancées de
cavalerie, qui fe montent & fe relevent toutes les vingt-
quatre heures. On les appelloit ci-devant grand-gar-
des, parce qu'elles étoient d'un efcadron avec fes étendards. Aujourd'hui elles font compofées de cinquante maîtres, y compris le trompette, commandés par un Capitaine, lequel a fous lui un Lieutenant, (un Cornette
quand il y en a) avec un Maréchal des Logis. Ces gardes
forment une chaîne deftinée à couvrir les devans, les derrieres, & les flancs de l'armée ; leur objet eft le même que
celui des retranchemens, d'en défendre les approches, &
de la mettre à l'abri de furprifes. Comme la fécurité du
camp eft entiérement fondée fur leur exactitude, leur attention, & leur fermeté, il eft du devoir des Officiers qui
les commandent d'ufer d'une extrême vigilance : il vaut
mieux, dit un grand Capitaine, prendre à la guerre un
nombre infini de précautions inutiles, que d'en négliger
une feule néceffaire.

Le Capitaine étant arrivé avec fa troupe au pofte qui
lui eft marqué pour le jour, il en détache un petit corps
de garde commandé par l'un des Officiers qui font à fes
ordres, & le porte cent pas en avant, où il le place, autant
qu'il peut, fur quelque éminence propre à découvrir de
très-loin. Ce petit corps de garde ne met jamais pied à
terre, & pouffe fur fon front & fur fes aîles des vedettes

aux endroits les plus convenables, lesquelles doivent l'avertir soigneusement de tout ce qu'elles apperçoivent : il doit y en avoir aussi une au moins, qui serve à conserver la communication entre les deux troupes. La grande étant formée sur deux rangs, il y en a toujours un à cheval : quant à l'autre, les cavaliers restent dans le rang auprès de leurs chevaux bridés, lorsqu'ils ne mangent pas, & le bras passé dans les rênes de la bride, afin de pouvoir monter dans l'instant à cheval à la moindre alerte. Le Capitaine dispose tout autour des vedettes qu'il étend le plus loin qu'il peut le faire sans danger, & il les visite souvent, de même que son petit corps de garde, qu'il a attention de relever successivement & avec précaution par d'autres divisions de sa troupe.

La nuit venue, les gardes se rapprochent, ou du camp, ou de quelque poste d'infanterie, qui se trouve à portée d'elles. Dans cette retraite, la petite troupe sert d'arriere-garde à la grande, & l'Officier qui est à sa tête ne doit point se mettre en mouvement que l'autre ne soit en pleine marche, qu'il n'ait retiré ses vedettes, & vu par lui-même s'il ne s'est rien glissé sur ses flancs.

Le poste de nuit n'est point un poste de repos ; il exige un redoublement de soins & de vigilance : il est souvent essentiel que toute la troupe demeure à cheval ; des vedettes, quelquefois doublées, doivent là couvrir de toute part, & il faut que des patrouilles battent continuellement l'estrade d'une garde à l'autre ; car rien alors ne doit entrer dans le camp ni en sortir, qui n'ait été arrêté.

Lorsque le jour paroît, chaque garde reprend son premier poste, précédée de sa petite troupe, qui marche avec beaucoup de circonspection, & détache en avant deux cavaliers, mousqueton haut, pour aller à la découverte bien avant de son front & de ses aîles, pour fouiller soigneusement les environs, & pour examiner s'il ne paroît aucun ennemi : nul bois qui se trouve à portée, nul chemin creux, nul ravin ne doit être oublié ; comme c'est le tems où l'on a le plus à craindre, c'est aussi celui où l'on doit moins se négliger.

Ces gardes sont toujours disposées de maniere qu'elles peuvent découvrir de fort loin, & qu'elles se communiquent entr'elles au moyen de leurs vedettes; autant que faire se peut, on les place à la vue les unes des autres, de celles d'infanterie & du camp. Il ne doit absolument rien se passer d'intéressant aux environs de leur poste, dont le Commandant ne soit informé, & dont il ne rende compte, pour peu que la chose mérite la moindre considération : toute troupe qui prend le chemin du camp doit être arrêtée, & on ne lui laisse continuer sa marche qu'après l'avoir reconnue avec toutes les précautions nécessaires.

Il paroîtroit incroyable que ces gardes se fussent jamais laissé surprendre, s'il n'y en avoit des exemples, même récens, & qu'il faut taire pour l'honneur des Officiers qui s'étoient trop confiés en la bonté de leurs postes, crus inaccessibles, & défendus par la proximité de quelque ruisseau ou d'une riviere : on peut seulement se rappeller ce qui occasionna la bataille (1) de Cassel. Les Flamands ayant passé les gardes sans être apperçus, ils entrerent dans le quartier du Roi; & sans un heureux hasard qui fit trouver sur leur chemin une troupe de cavalerie commandée par Robert de Cassel, qui revenoit de faire une course du côté de Bergues, & qui donna le tems au Roi de s'armer & de monter à cheval, on eût vu enlever Philippe de Valois au milieu de son armée.

L'attaque des gardes est l'événement le plus ordinaire de la guerre, & celui dont les Officiers chargés de leur défense retirent le moins de gloire, & jamais aucun avantage : on peut dire cependant que c'en est un pour eux que de n'être pas vaincus, puisqu'ils ne peuvent jamais aspirer à vaincre : quoiqu'on leur oppose communément des troupes supérieures par le nombre & par la résolution,

_____

(1) En 1328.

quelque mauvaise manœuvre que fasse l'ennemi, il ne leur est cependant pas permis, pour en profiter, d'abandonner le poste qui leur est confié: il en naîtroit une foule d'inconvéniens dangereux. Ainsi en cas d'attaque, leur devoir est d'en donner promptement avis au camp, & de faire ensorte, par une sage fermeté, que les piquets ayent le tems de monter à cheval, & l'armée celui de prendre les armes, si cela paroît nécessaire. Il faut donc que le Commandant d'une garde ordinaire fasse toujours la meilleure contenance; qu'aussi-tôt qu'il apperçoit l'ennemi, il détache, pour avertir au camp, le cavalier le plus sûr & le mieux monté; car on a vu des Hussards enlever ces sortes de cavaliers.

On ne doit pas recommander aux Officiers François de tenir ferme, il faut au contraire les prévenir que dans le cas d'une grande infériorité, ils doivent faire leur retraite, mais dans le meilleur ordre possible, marchant au petit pas afin de gagner du temps, parce qu'une troupe qui marche vîte en se retirant, donne autant de courage à son ennemi qu'elle en fait perdre à ses propres gens, & que d'ailleurs l'ordre en est moins dans le cas de se rompre. On doit surtout observer ce qui se passe au loin, dans la crainte de se laisser envelopper par d'autres troupes destinées à seconder celles que l'on a en tête. Il faut s'arrêter de temps en temps en faisant face à l'ennemi : le petit corps de garde marche sur le flanc opposé à l'ennemi, dans un tel éloignement qu'il n'ait point à craindre d'être coupé. C'est au Commandant à profiter des circonstances & des avantages du terrein dont il aura dû auparavant prendre connoissance : des défilés, des ravins lui peuvent être utiles jusqu'à ce qu'il ait joint d'autres postes, soit de cavalerie ou d'infanterie, ou qu'il lui soit arrivé du secours: aussi-tôt que les piquets paroissent, la garde, si elle se trouve divisée, doit se réunir & fondre vigoureusement sur l'ennemi.

La forme qu'on donne aux gardes de cavalerie ne paroît pas propre aux objets qu'elles ont à remplir : car une garde formée fur deux rangs ne peut fe mouvoir ni à droite ni à gauche, ni faire face en arriere que par des converfions qui la rompent fouvent, & qui font toujours qu'elle prête le flanc à l'ennemi dans le moment qu'il eft fur elle : les demi-tours à droite par cavaliers font encore plus dangereux.

Le quarré propofé pour faire face de tous côtés, eft la plus mauvaife manœuvre qu'on puiffe employer à la guerre ; il n'eft pas probable qu'elle ait jamais pu réuffir : les angles, les faces, tout en eft fufceptible d'inconvéniens ; il ne faut que quatre Huffards bien déterminés pour rompre cet ordre, le plus foible qu'on puiffe jamais donner à de la cavalerie : ne pourroit-on pas lui procurer plus de confiftance, & la difpofer de maniere à pouvoir aifément fe préfenter de toutes parts, fans être obligée de faire de grands mouvemens ? Ce font les Grecs dont on emprunte la forme qu'on croit préférable à toutes les autres, c'eft celle du Lofange fans rangs & fans files.

Ælian (1), dans fa Tactique, nous affure que malgré la diverfité des fentimens fur la maniere d'ordonner les troupes de cavalerie, l'ufage du Lofange, à caufe de fon excellente difpofition, avoit prefque toujours été généralement fuivi : cet Auteur penfe auffi que parmi les différentes fortes de Lofange, celle qui n'a ni rangs ni files eft la plus avantageufe, parce que tous les changemens de fituation s'y pratiquent avec plus de jufteffe & moins de peine, par chaque cavalier en particulier, que dans toute autre ordonnance : voici comment il enfeigne à la former.

Le chef commence par fe pofter, deux cavaliers fe mettent enfuite à fa droite & à fa gauche, en contenant la tête de leurs chevaux à la hauteur des épaules du fien : d'autres cavaliers fe rangent de même en dehors de ceux-ci, & compofent avec le Commandant la premiere fuite qui doit être impaire. Ælian la fuppofe de onze. Le chef ordinaire du fecond rang fe place enfuite derriere le Comman-

<hr/>

(1) J'ai engagé un Officier de mérite à tous égards, de nous donner une traduction de cet excellent ouvrage ; il paroîtra dans peu de tems.

dant, & à chacun de ſes côtés quatre cavaliers rangés dans
le même ordre que les premiers, enſorte que cette deuxiéme ſuite qui n'en a que neuf, forme dans le Loſange deux
nouveaux côtés intérieurs paralleles aux premiers. La troiſiéme ſuite ne contiendra que ſept cavaliers, & ainſi des
autres, en ſuivant la même progreſſion juſqu'à l'unité.
Cette troupe eſt de trente-ſix cavaliers; ſi on compoſoit
la premiere ſuite de treize cavaliers au lieu de onze, la
troupe en contiendroit quarante-neuf; d'où l'on voit qu'elle
ſe forme toujours par des nombres quarrés.

L'inſpection de la figure ci-après repréſentée, ſuffit pour
prouver qu'il ſe trouveroit entre les cavaliers de plus grands
intervalles que dans toute autre diſpoſition, ſans que l'ennemi en pût retirer aucun avantage : or c'eſt en quoi
conſiſte la facilité & la promptitude des manœuvres : l'ennemi ſe montrant de tous côtés, les faces marquées 1
& 2 n'ont qu'un demi à gauche ou un demi à droite
à faire pour lui préſenter un front, les faces marquées 3
& 4 ſont obligées de faire un à gauche & demi, & un à
droite & demi; ce qu'elles peuvent exécuter ſans que les
cavaliers ſe gênent mutuellement, en ſuppoſant les intervalles de deux pieds & demi, parce qu'il ne faut que ſix
pieds pour qu'un cheval puiſſe porter la tête où il a la
queue, & ces ſix pieds ſe trouveroient au moins en comptant l'épaiſſeur de trois pieds & les deux diſtances de droite
& de gauche.

Pour faire uſage de cette ordonnance dans les gardes
ordinaires, l'on pourroit partir du camp en deux troupes,
la premiere de trente-ſix cavaliers y compris le Capitaine,
deux Officiers & le Trompette; la ſeconde de ſeize maîtres y compris le quatriéme Officier, celle-ci ſervant d'a-
vant ou d'arriere-garde, ſuivant les occaſions. Ces deux
troupes garderoient toujours la même ordonnance, &
contiendroient tout compris cinquante-deux hommes : la
petite troupe formeroit le petit corps de garde, & ſeroit
relevée par un pareil nombre tiré de la grande; de cette
maniere le total de la garde ne formeroit que trois diviſions

fions chacune de quinze cavaliers & un Officier ; les deux cavaliers de furplus feroient leurs factions à la grande troupe. Le Trompette pourroit être placé au centre, c'eft-à-dire le troifiéme ou le quatriéme après le Capitaine, celui-ci compté. Dans cette difpofition une troupe peut manœuvrer de pied ferme, en marchant, & de tous côtés, ce qu'elle ne fçauroit faire dans les difpofitions ordinaires.

Petit corps de Garde.   Garde ordinaire.

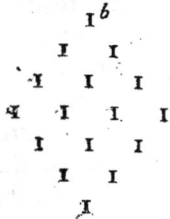

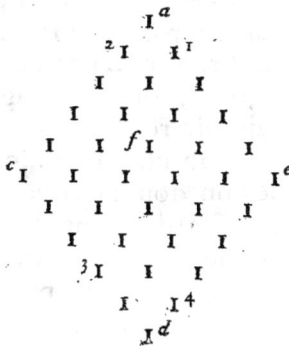

a Capitaine.
b Lieutenant, ou autre Officier.
c Cornette.
d Maréchal des Logis.
e Premier Brigadier.
f Trompette.

L'infanterie monte une garde à la tête du camp & vis-à-vis le front de chaque bataillon : elle eft compofée d'un homme par compagnie : on penfe que la cavalerie pourroit en monter une femblable pour deux efcadrons, qui feroit placée fur le même alignement que celles d'infanterie, vis-à-vis de l'intervalle des deux efcadrons.

La néceffité des grandes gardes de cavalerie paroîtra fans doute indifpenfable à tout homme de guerre qui entend fon métier ; l'origine de cet ufage fe perd dans l'antiquité la plus reculée comme nous l'avons prouvé ci-deffus. Ce que nous nommons aujourd'hui gardes ordinaires, les Latins les appelloient *ftationes* ; elles étoient diftinguées des gardes de jour & de nuit de l'infanterie, dont les unes fe nommoient *excubiæ* & les autres *vigiliæ* : la cavalerie ne faifoit aucun fervice dans l'intérieur des camps, c'étoit les Triaires qui étoient chargés du foin d'empêcher que les chevaux ne s'échappaffent ou ne fe battiffent. Il étoit

Qq

réfervé au feul Chevalier Folard de démentir cette vérité reconnue ; cet Auteur qui de chacune de fes opinions s'étoit fait une paffion , ne laiffe échapper aucune occafion de déclamer contre la néceffité de la cavalerie.

» Ces grandes gardes de cavalerie, dit-il,(1) qu'on avance
» pendant le jour fur tout le front d'une armée , & qui
» fe retirent la nuit aux petites gardes du camp , *étoient in-*
» *connues aux Anciens*, dont la cavalerie étoit en petit nom-
» bre , & quand ils en auroient eu autant que nous en
» avons , ils n'euffent pas moins méprifé ces fortes de
» précautions *inutiles*. On n'entreprend *jamais* fur une
» armée en plein jour , lorfqu'il s'agit d'une furprife , à
» moins qu'on n'ait affaire à un *Général imbecile* , *ignorant*
» *& fans précaution* , on choifit toujours la nuit , & dans
» les bonnes regles on doit attaquer une heure avant le
» jour ; ces grandes gardes font donc *inutiles* fi elles ne
» fervent que pour le jour. Les Anciens n'ufoient d'au-
» tres précautions contre les furprifes que de fe retran-
» cher , que d'envoyer à la guerre pour avoir des nou-
» velles , & la cavalerie en petit nombre battoit l'ef-
» ftrade. »

Combien d'erreurs dans les réflexions du Chevalier Folard ! l'on peut dire que le préjugé s'y montre partout à découvert. Pour en être convaincu , il ne faut qu'ouvrir l'hiftoire ancienne & moderne, on y trouvera une foule d'exemples qui prouvent tous qu'on entreprend préf-qu'auffi fouvent en plein jour qu'une heure avant le jour ; un feul fuffira pour ceux qui auroient époufé fon fentiment. Au combat de Steinkerque (2) , combat auffi glorieux pour l'infanterie que l'avoit été l'année précédente celui de Leufe pour la cavalerie (3) , il étoit neuf heures du matin

(1) Liv. 1, ch. vi , tom. I.
(2) En 1692.
(3) Le Prince d'Orange, dit M. le Préfident Hainaut, dut apprendre à Stein-kerque ce que fçavoit faire l'infanterie de France, comme il avoit appris à Leufe combien notre cavalerie étoit redoutable ; à quoi l'on peut ajouter que la con-noiffance qu'il avoit de celle-ci lui avoit fait craindre d'avoir affaire avec elle : il avoit cherché pendant toute la campagne une affaire de pofte.

lorſque les ennemis parurent, & peut-on dire pour cela que M. le Prince d'Orange & M. de Luxembourg fuſſent des Généraux *imbéciles*, *ignorans & fans précautions*, le premier pour avoir entrepris en plein jour, & l'autre pour avoir cru trop aiſément un eſpion qu'il ſçavoit lui être fidele.

Mais ſi le Chevalier Folard eût dit que ces gardes ordinaires de cinquante maîtres, étoient ou trop fortes, ou trop foibles il eût eu raiſon ; elles ſont trop fortes en ce qu'elles épuiſent toutes les compagnies, elles ſont trop foibles en ce qu'il eſt facile à l'ennemi qui les veut enlever de leur oppoſer de plus groſſes troupes.

On croit que ce ſervice ſe feroit mieux par eſcadron, comme du temps de M. de Turenne : ces grandes gardes, ainſi qu'on les nommoit alors, ſeroient fournies par Régiment & priſes dans toutes les compagnies; ce qui donnant du repos à ceux à qui ce ne ſeroit point à marcher, tiendroit plus complets tous les autres eſcadrons de l'armée : de nouveaux Capitaines ne commanderoient jamais ces gardes; elles ſeroient aſſez fortes pour détacher à toutes les heures du jour des patrouilles qui formeroient une chaîne de l'une à l'autre, & un petit corps de garde avancé ; en ſuppoſant les eſcadrons de cent cinquante maîtres, le gros de la troupe pourroit toujours reſter au nombre de cent-vingt.

CHAPITRE XX.

Des combats de Cavalerie.

LEs combats de cavalerie ſont terribles (1) ; la valeur ſeule y décide toujours de la victoire, parce que l'on s'y

(1) Eneid. Virg. lib. 11.
. . . *Sed poſtquàm congreſſi in prælia totas*
Impliçuére inter ſe acies, legitque virum vir;

Qq ij

bat d'homme à homme & à l'arme blanche. Il feroit difficile de dire comment & en combien de manieres deux
corps de cavalerie peuvent s'attaquer : on a vu fouvent dans
la même affaire trois efcadrons d'un même Régiment combattre chacun d'une maniere différente ; elle dépend donc
abfolument des circonftances & de l'habileté des Commandans ; c'eft à eux à ordonner fuivant les occafions, les
manœuvres qui paroiffent devoir produire le meilleur effet.

Autrefois deux efcadrons ennemis fe chargeoient à coup
de feu lorfqu'ils étoient à demi-carriere, & faifant enfuite
des demi-tours à droite & à gauche, ils revenoient & chargeoient de même, jufqu'à ce que l'un deux fût rompu :
quelquefois on ne faifoit combattre qu'un feul rang, &
enfuite les autres fucceffivement ; ce qui fe faifoit ainfi :
après que le premier rang avoit fait fa décharge, il fe rom-
poit par le centre, & alloit par un à droite & un à gauche
prendre la queue de l'efcadron, les autres rangs en faifoient autant chacun à leur tour : mais l'expérience a fait
reconnoître l'abus de ces manœuvres qui ne décidoient
rien, & dans lefquelles on a même cru entrevoir de la
foibleffe de la part des Commandans ; auffi ne font-elles
prefque plus en ufage aujourd'hui, & l'on n'auroit pas
bonne opinion de quiconque s'en ferviroit.

Pour attaquer un efcadron & pour l'enfoncer, rien n'eft
plus fûr que de le choquer de front l'épée à la main, & de fe
faire jour à travers, en ne fe fervant abfolument du moufqueton que dans la pourfuite, & du piftolet, que faute
d'épée.

Cette méthode n'eft cependant pas la plus fuivie ; fûr-
tout les Etrangers ne la pratiquent que rarement : leur coutume eft d'aller à l'ennemi l'épée pendue au poignet, & le
moufqueton haut ; après leur décharge, qu'ils font de cinquante pas, & fouvent même de plus loin, ils avançent
pour charger l'épée à la main, mais rarement peuvent-ils

Tum verò, & gemitus morientum & fanguine in alto
Armaque, corporaque, & permifti cæde virorum
Semiafimes volvuntur equi : pugna afpera furgit. Verf. 63 n.

en venir jufques-là ; cet efcadron qui a fait feu eft rompu, & n'étant plus en état d'aborder l'ennemi fans danger, il n'y marche pas avec confiance ; il eft bien moins occupé du défir de vaincre, que des moyens de faire fa retraite : fi toutefois il arrive jufqu'à l'ennemi, que peut craindre ce dernier d'une attaque faite dans un moment où les hommes & les chevaux des affaillans font encore étonnés par le bruit ; où leur efcadron eft défuni, où la fumée qui les aveugle les empêche de parer les coups qu'on leur porte, & de voir les manœuvres qu'on fait pour les prendre eux-mêmes par les flancs & par derriere ?

Dailleurs, de quarante coups de moufqueton tirés par un premier rang, fouvent il n'y en a pas un qui porte, & l'on ne doit pas en être furpris ; outre que le moufqueton eft une arme trop péfante pour être tirée d'une feule main, on ne tire ordinairement que de loin, les chevaux font alors au galop, les hommes font ébranlés, & l'objet fur lequel on tire eft auffi de fon côté dans un mouvement qui ne permet pas qu'on puiffe jamais le bien ajufter ; toutes raifons d'après lefquelles on doit croire que le feu de la cavalerie ne peut produire dans ce cas qu'un très-mauvais effet.

De plus la cavalerie ne peut tirer fans que le temps qu'elle y emploie n'interrompe en quelque forte fon action, & par conféquent n'en diminue la vivacité ; quel avantage pour un ennemi vigilant & actif qui fçaura profiter de ce vuide ? Qu'il parte au moment où on le met en joug, & que faifant fon principal effort par fa droite, il dérobe fa gauche par un mouvement de biais, il débordera fans peine l'ennemi, & fon choc aura la plus grande impétuofité, l'on peut même dire le plus grand fuccès.

Il y auroit encore une autre façon de faire combattre la cavalerie ; ce feroit de placer les cavaliers du fecond rang vis-à-vis les intervalles de ceux du premier : les rangs ainfi difpofés en échiquier (1) en feroient plus ferrés ; ils feroient

(1) Les efcadrons en lofange fans files & fans rangs des Grecs, reffembloient affez à l'échiquier.

comme enboîtés les uns dans les autres, les efcadrons plus forts feroient plus difficiles à enfoncer, leur marche en deviendroit plus aifée, & il n'y auroit plus à craindre les atteintes.

Cette méthode qu'on propofe au hafard, rapprocheroit tous les fyftêmes différens; ceux qui prétendent qu'il vaut mieux combattre fur deux que fur trois rangs, par la raifon qu'on fe préfente à l'ennemi en plus grand nombre, feroient obligés de convenir que de ce côté l'échiquier l'emporte encore fur les deux rangs feuls, puifque le nombre des deux premiers rangs qui fe préfente eft d'un quart plus fort. L'efcadron en échiquier de cent-vingt maîtres fur trois rangs, aura quatre-vingt combattans à la fois; le même efcadron en file fur deux rangs, n'en aura que foixante.

Ceux qui veulent que la cavalerie faffe feu, trouveroient auffi la forme de l'échiquier favorable à leur opinion, le feu même auroit une meilleure exécution, pourvu qu'on obfervât de ne faire tirer que le fecond rang, qu'il tirât à brûle pourpoint, au même moment que le premier chargeroit l'épée à la main.

Au refte, quelque fyftême que l'on adopte pour le combat de cavalerie, quel qu'en foit le fuccès heureux ou malheureux, on ne doit jamais la laiffer defordonnée; il faut toujours la rallier avec la plus grande célérité dans toutes les occafions & au premier moment qu'elle a été rompue: fa retraite, en cas de malheur, lui eft bien moins falutaire que fon ralliement; elle en peut efpérer une révolution fubite dans fa fortune, furtout fi elle eft ralliée la première: c'eft ce qu'on ne fçauroit trop répéter aux cavaliers pour les en convaincre, & à quoi on doit les accoutumer par de fréquens exercices. Sans cette conduite de la part des Romains à Zama, jamais ils n'euffent vaincu les Carthaginois.

La cavalerie qui pourfuit l'ennemi, lorfqu'elle le fait en bon ordre & en ufant de précaution, n'a point à craindre fon retour ni les embufcades, & elle eft à l'abri de ces revers de fortune dont fouvent a dépendu le falut des armées : la bataille de Pharſale, le chef-d'œuvre de Céſar, en eſt un exemple mémorable. Ce grand capitaine ſçavoit que ſa cavalerie ne tiendroit pas contre celle de Pompée, dans laquelle ſe trouvoit la plus illuſtre jeuneſſe de Rome, & qui lui étoit d'ailleurs autant ſupérieure par le nombre que par la qualité des combattans ; & convaincu que Pom＋ pée au contraire fondoit ſur la bonté de ſa cavalerie l'eſpérance du gain de la bataille, il prit de ſi juſtes meſures, qu'il tourna contre ſon adverſaire le très-grand avantage qui ſembloit devoir lui aſſurer une victoire certaine ; c'eſt par l'endroit même que Ceſar devoit être vaincu qu'il vainquit Pompée ; effet d'une prévoyance qui ne ſe rencontrera jamais que dans les génies du premier ordre, tel que celui de Céſar. La cavalerie de Céſar, comme il l'avoit prévu, ne ſoutint pas le choc impétueux & rapide de celle de Pompée ; elle plia, & auſſi-tôt la jeune Nobleſſe Romaine aveuglée par un premier ſuccès, & ſe livrant ſans précaution à l'ardeur de ſon courage, ſes eſcadrons ſe débanderent ; elle voulut enſuite, quoique toute deſordonnée, envelopper l'aîle droite de Céſar, dont elle croyoit par ce mouvement cauſer la déroute entiere ; mais à peine cette cavalerie avoit-elle fait ſa converſion pour exécuter ſa manœuvre, que ſix cohortes, que Céſar avoit exprès réſervées pour cette opération qu'il avoit prévue, vinrent fondre ſur elle ; il ne leur fut pas difficile de la combattre & de la vaincre : elle prit honteuſement la fuite, laiſſant à la boucherie ſes gens de traits qui furent tous taillés en piéces. Cet événement procura la victoire à Céſar. Ainſi la faute eſſentielle que fit cette cavalerie de ſe laiſſer emporter à trop de confiance, & de n'avoir pas ſçu conſerver ſon avantage en ſe tenant toujours en bon ordre, bien unie & bien ſerrée, décida de la liberté de Rome & du ſort de Pompée.

L'Hiſtoire fournit mille autres exemples pareils. Ceux que l'on vient de citer ſuffiſent pour prouver avec quelle circonſpection on doit ſe comporter au milieu des plus grands avantages, de quelle importance il eſt de contenir

toujours ſa cavalerie en eſcadrons bien formés , & de la
rallier au plutôt quand elle eſt une fois rompue. C'eſt toujours , à la fin d'un combat , d'une bataille , celui qui a le
plus de troupes ralliées qui remporte la victoire.

CHAPITRE XXI.

Des combats de Cavalerie contre Infanterie.

LA cavalerie combat avec beaucoup d'avantage contre
l'infanterie , lorſqu'elle la trouve marchant en plaine par
files ou par diviſions , ou même étant rangée en bataille
de front ; mais quand l'infanterie ſe reſſerre en bataille
quarrée pour faire face de toutes parts , l'attaque en devient
plus difficile ; cependant l'expérience démontre qu'elle
réuſſit ordinairement lorſque les cavaliers ſont conduits par
des Chefs intelligens , & qu'ils vont à la charge avec réſo-
lution : s'il eſt arrivé quelquefois que des bataillons quarrés
ayent bravé les efforts des eſcadrons , & ſe ſoient retirés
ſans ſe laiſſer entamer , on trouvera dans l'Hiſtoire des
exemples du contraire en bien plus grande quantité.

Dans tous les cas , la premiere regle à obſerver par celui
qui commande la cavalerie , c'eſt d'agir avec célérité , &
de ne pas donner à l'infanterie le temps de ſe former : auſſi-tôt qu'il l'apperçoit , il doit , en détachant contre elle
de petites troupes , eſſayer d'y mettre le déſordre : mais ſi
cette infanterie eſt déja diſpoſée en bataille quarrée , le
ſeul parti qui reſte à prendre , eſt de l'environner de toutes parts.

En ſuppoſant donc un bataillon dans la plaine , & qu'un
corps de cavalerie de moitié moins nombreux , doive l'attaquer , on détache du gros de l'eſcadron quatre pelotons
de cinq maîtres en forme de coin , ayant un Officier ou
Maréchal des Logis à leur tête , avec ordre de percer dans
les angles s'ils ne ſont garnis de Grenadiers , parce que
dans

dans cet endroit il y a moins à craindre le feu, ils doivent s'avancer le fabre pendu au poignet, & tâcher d'attirer le feu de l'ennemi : car les foldats naturellement intimidés à l'afpect des chevaux en courfe, ne manquent jamais de tirer tous, quoique fouvent hors de la portée du fufil ; ainfi le feu de la troupe fe confomme fans qu'il foit poffible aux Officiers de l'empêcher. A vingt pas du foldat, les cavaliers doivent faire feu & s'abandonner enfuite au galop, fondre l'épée à la main fur le bataillon pour tâcher de l'ouvrir par quelqu'endroit ; le gros de l'efcadron fuit de près auffi l'épée à la main, & marche contre la face la moins en ordre ; car en ne l'attaquant que par une face, le total de la cavalerie n'a affaire que contre un quart de l'infanterie, que les trois autres quarts ne peuvent défendre. Il eft inconteftable que fi dans cette manœuvre le bataillon fe laiffe entamer, ne fût-ce que par un feul cavalier, il ne peut plus tenir ; fon feu eft épuifé, & comme on le preffe vivement, la bayonnette, qui n'a plus la liberté d'agir, lui devient inutile, au lieu que rien n'arrêtant l'effet de l'arme blanche de la cavalerie, elle eft maîtreffe de tailler totalement en pieces l'infanterie, ou de faire prifonniers les foldats échappés au carnage inévitable du premier moment. Cette infanterie n'a qu'un feul moyen pour fe foutenir dans ce cas contre la cavalerie, c'eft, en confervant fes rangs, d'entretenir un feu reglé & mefuré.

Dans le cas où l'on ne réuffiroit pas à la rompre, ce qui pourroit arriver fi on avoit journellement exercée l'infanterie à cette manœuvre, & que la cavalerie ne l'eût point été, il faut que l'efcadron fe retire & aille au loin fe rallier : l'opiniâtreté ne ferviroit qu'à faire tuer inutilement des hommes & des chevaux ; d'ailleurs la gloire d'un tel combat, même après la retraite, fe partage toujours entre le vaincu & le vainqueur : car fans une imprudence téméraire & inexcufable dans le Commandant de l'efcadron, l'avantage de l'infanterie ne peut jamais aller jufqu'à la défaite entiere de la cavalerie. Il refte à celle-ci la facilité de fuivre de loin fon ennemi, de le fatiguer & de

R r

le joindre bientôt au cas que la défectuosité du terrein, ou quelqu'autre incident, lui présente durant la marche une occasion favorable de le charger.

Tout Officier qui commande un détachement, doit, autant qu'il peut, remplir l'objet de sa destination sans courir les risques de se faire battre, & s'il n'a des ordres précis du Général, il doit sacrifier l'honneur qu'il pourroit retirer d'un succès, & craindre de se laisser séduire par des apparences trompeuses : autrement, bien loin d'être plaint s'il venoit à être battu, il se mettroit dans le cas d'être blâmé justement.

La cavalerie s'emploie encore à soutenir de l'infanterie soit en plaine, soit derriere des lignes : dans ces cas on la poste de façon qu'elle n'embarrasse point celle-ci dans ses opérations, & qu'elle n'ait point à souffrir du feu de l'ennemi : s'il est possible de la tenir cachée jusqu'au moment qu'elle devra combattre, elle n'en surprendra que davantage ceux qui ayant forcé les lignes ou le corps d'infanterie, ne peuvent se présenter ni en grand nombre, ni sur un grand front, ni en ordre ; les pressant alors & en tête & par les flancs, elle pourra les défaire en détail, & en facilitant la retraite de son infanterie, empêcher que celle des ennemis ne puisse se former en bataille.

Le poste de cette cavalerie ne doit pas être éloigné de plus de deux cens pas de l'infanterie ; cette distance est convenable pour l'ébranler & la mettre en mouvement, & elle n'en manœuvrera que mieux : mais si elle étoit plus éloignée, il y auroit à craindre qu'elle ne se désunît ou ne perdît haleine dans un plus long trajet.

CHAPITRE XXII.

Comment on prend langue.

Les gardes ne fuffifent pas pour la sûreté d'une armée; elles ne découvrent qu'à une diftance très-bornée les mouvemens que l'ennemi peut faire dans le deffein de s'en approcher, & de l'attaquer à force ouverte ou par furprife. Quelque grande que fût la vigilance de ces gardes, l'ennemi fuivroit de fi près le premier avis qu'elles donneroient au camp de fon approche, qu'on ne pourroit oppofer qu'une défenfe confufe & précipitée à des difpofitions concertées à loifir, & exécutées avec tout l'avantage d'une attaque foudaine & imprévue. D'ailleurs il n'eft pas feulement néceffaire de prévenir les efforts que l'ennemi voudroit tenter, il faut encore, foit qu'on demeure campé, foit qu'on marche à lui, qu'on s'en éloigne ou qu'on forme une entreprife, être inftruit de fa pofition, de fes projets & de tous fes mouvemens.

On fe procure ces connoiffances au moyen des partis & détachemens de gens de cheval, qu'on fait continuellement fortir de l'armée, furtout la nuit, afin d'être promptement averti de tout ce qu'il eft important de ne pas ignorer.

De ces partis ou détachemens, les uns font deftinés à battre l'eftrade, à s'informer foigneufement de ce qui fe paffe dans le pays, à éloigner ou furprendre ceux de l'ennemi, à le harceler & à le fatiguer; d'autres, non moins effentiels, ont pour objet ce qu'en termes militaires on appelle prendre langue : ceux-ci partent des camps fixes & permanens, & font auffi détachés de l'armée dans tous les mouvemens qu'elle fait : les Officiers qui les commandent font chargés de reconnoître la pofition, les forces, les manœuvres de l'ennemi; d'éclairer fes démarches, de pénétrer fes deffeins, & de rendre au Général un compte fidele de ce qu'ils ont vu ou appris de certain.

La célérité avec laquelle il faut, dans ces conjonctures, malgré l'éloignement, se porter auprès de l'ennemi, & échapper, si l'on est découvert, aux différentes troupes dont on doit s'attendre d'être vivement poursuivi, ou à celles que l'on peut rencontrer en chemin, prouve que ce genre de service ne convient qu'à la cavalerie.

Le but de ces commissions n'est pas de combattre; cependant la guerre offre peu d'occasions qui servent davantage à manifester le courage, l'intelligence, le sçavoir d'un Officier : elles exigent dans lui beaucoup de prudence, de circonspection, de sang-froid, de fermeté, & une connoissance presque universelle de la constitution du pays. Les chemins, les sentiers, les défilés, les ravins, les coupures, tous les endroits pratiquables dans les rivieres, ruisseaux, ou marais; les bois, leur étendue, les routes dont ils sont percés; les haies, les buissons; les villages, les moulins ou maisons dispersés dans la campagne; nulle de ces choses ne lui doit être inconnue : en vain chercheroit-il toutes ces lumieres sur une carte détaillée, elles ne s'acquierent jamais que par l'inspection des lieux; ils offrent en tout temps une multitude de particularités essentielles qui échappent toujours aux Géographes les plus exacts.

Comme il n'est pas ordinaire de trouver tant de qualités réunies dans un même sujet, l'ordre du tableau n'est point observé dans le commandement des Officiers chargés d'apprendre des nouvelles sûres de l'ennemi; le choix en est fait par le Général, personnellement intéressé à le faire bon, puisque du compte qui lui sera rendu, dépend la détermination de ses mouvemens & le succès de ses manœuvres.

Le Commandant de la troupe n'ayant donc d'autre objet à remplir que celui de s'instruire pleinement de tout ce qu'il pourra sçavoir de l'ennemi, il doit, autant qu'il est possible, éviter de combattre & même d'être apperçu. En négligeant l'un ou l'autre de ces deux points, il manque également son but, & ne fait qu'une courfe inutile. Quel avantage pourroit-il efpérer qui égalât l'importance des nouvelles qu'il peut apprendre ? & n'y auroit-il pas une extrême imprudence de s'en priver mal à propos ? D'ailleurs l'ennemi, s'il a eu le temps de s'en approcher, ne lui fera-t-il pas toujours fupérieur, & n'aura-t-il pas la facilité de tomber fur lui avec fes piquets, c'eft-à-dire avec des chevaux frais & repofés, fur une troupe déja fatiguée & fans efpérance de fecours ?

Le détachement n'eft qu'une efcorte pour la fûreté de l'Officier ; on ne lui en donneroit pas fi l'on préfumoit qu'en allant ou en revenant, il ne fût pas rencontré d'aucun parti : moins on eft, plus il eft facile de fe gliffer partout ; on va & l'on revient plus vîte, & l'on a mieux le temps de tout voir & de tout examiner avec foin : mais une exacte précaution ne garantit pas toûjours de ce qu'on fe propofe d'éviter ; en ce cas, fi c'eft en allant qu'on trouve un détachement à peu-près égal au fien, l'objet que l'on avoit de voir ce qui fe paffoit chez l'ennemi, fe change en celui d'empêcher qu'il ne foit inftruit de vos mouvemens, & dans cette occurrence la valeur, l'adreffe, l'intelligence décide en faveur de qui en a le plus. Si c'eft en retournant, & qu'il n'y ait aucun moyen de s'empêcher d'en être joint, il faut l'étonner par une attaque brufque, fondre fur lui avec intrépidité, & s'ouvrir un chemin l'épée à la main : c'eft furtout pour affurer fa retraite que l'Officier a befoin d'un détachement ; car il eft naturel de penfer que s'il eft découvert, l'ennemi ne le fouffrira pas impunément aux environs de fon camp, & qu'il courra auffitôt à fa pourfuite.

Le premier devoir d'un Officier chargé d'aller à la découverte, eft de marcher avec la plus grande circonfpection : la connoiffance qu'il a du pays lui fert à éviter les troupes détachées qu'il pourroit rencontrer, & à tourner les poftes de l'ennemi : il fe fait précéder à deux cens pas de diftance par deux Cavaliers qui, marchant féparément, tâchent de découvrir au loin, &

fouillent exactement les endroits propres à cacher une
embufcade : durant fa marche, il confidere avec la plus
grande attention la nature des lieux qui féparent les deux
armées : quelqu'inftruit qu'il foit déja, il y a toujours à
apprendre pour lui & pour le Général, & du moins eft-il
bon qu'ils fe confirment dans ce qu'ils fçavent.

Arrivé à cinq cens pas de l'ennemi, il partage fon détachement en trois corps, l'avant-garde, le gros de la
troupe, l'arriere-garde, qu'il cache le mieux qu'il peut à
cent pas de diftance l'un de l'autre, à portée de fe fecourir, & il met entr'eux des vedettes qui fe puiffent communiquer, & les tenir avertis : après quoi il prend avec lui
un Officier ou le Maréchal des Logis & trois cavaliers des
plus intelligens & des mieux montés, lefquels l'un le
devançant de trente pas, & les deux autres marchant auffi
à trente pas fur fes flancs, obfervent attentivement à
droite, à gauche, devant eux ; il s'approche ainfi le plus
près qu'il peut de l'ennemi. Soit qu'il le trouve campé ou
en marche, il évite fur toute chofe de fe laiffer reconnoître ; par-là il a le temps d'obferver la fituation & l'é-
tendue de fon camp, le nombre de fes troupes, la difpofition de fes poftes. Si l'ennemi eft en mouvement, il
s'attache à examiner l'ordre de fa marche & toutes les
manœuvres relatives à cette opération ; objets importans,
dont le Général doit être inftruit à fonds pour concerter
fes projets & en affurer l'exécution.

Les mefures que l'ennemi pourra prendre contre cinq
hommes qui ne paroiffent avoir aucun deffein fur lui, ne
feront pas fort à craindre, il les prendra pour des fiens ;
d'ailleurs cinq hommes bien montés s'échapperont toujours à la pourfuite d'une troupe qui, plus elle fera nombreufe, plus elle fera pefante, & moins en état d'aller
vîte. Ces cinq hommes, qui ont dû fe pofter de maniere
à ne pouvoir être coupés, fe retirant doucement à l'approche d'une troupe, donneront à penfer qu'ils ne font
pas feuls : le premier pofte fortant de l'embufcade, &
s'avançant lentement, fera connoître qu'il eft foutenu ;

le fecond qui eft le plus fort, fe montrera enfuite, & enfin
le troifiéme ; ces deux derniers allant très-doucement, &
faifant halte de moment en moment, afin de donner le
temps au premier, s'il eft pourfuivi, de faire fa retraite,
& d'aller à cinq cens pas derriere attendre les autres,
ainfi fucceffivement les chevaux reprendront haleine, tandis que ceux de l'ennemi arriveront effoufflés ; & il n'y a
pas apparence qu'ils continuent de pourfuivre, s'ils n'ont
que des forces égales, ou qu'ils puiffent le faire long-temps,
s'ils font fupérieurs, ou du moins qu'ils vous entament.
Une retraite bien conduite fufpend les actions qui euffent
été les plus dangereufes.

Lorfque le pays eft tellement ras qu'il n'eft pas poffible
de couvrir le détachement, il faut recourir à une autre
rufe, & paroître plus fort qu'on ne l'eft effectivement :
cela fe fait en préfentant fur une feule ligne & fans être
ferré, un front très-étendu, en donnant du mouvement
à fa troupe, en faifant flotter des efpeces d'étendards, &
marcher quelques cavaliers fur les flancs & fur les derrieres du détachement. Si les cinq hommes font ferrés de
près, la troupe entiere s'ébranlera à la fois & avancera
de quelques pas ; une troifiéme partie marchera feulement
au grand trot en avant, tandis qu'une feconde n'ira qu'au
pas, & que la troifiéme s'arrêtera & fera ferme : la premiere ayant rejoint le Commandant, fera fa retraite en
fe repliant fur la derniere, ainfi de la feconde & de la
troifiéme, qui exécuteront la même manœuvre, & fe pof-
teront fucceffivement de cinq cens pas en cinq cens pas
l'une de l'autre.

Il pourroit arriver que l'Officier chargé d'apprendre des
nouvelles de l'ennemi, le trouvât en marche, fans que le
Général en fût informé ; alors il doit détacher diligemment un Officier ou un Cavalier intelligent pour l'en inftruire au plutôt ; & s'il a fait quelques prifonniers, rencontré des déferteurs, ou arrêté des gens venant de l'ennemi, il les lui enverra : pour affurer ce premier avis, il
lui en fera paffer d'autres de temps en temps avec des

nouvelles plus certaines de l'ordonnance de la marche, des lieux où elle passe, & de la route qu'elle prend.

Il est aisé de considerer à loisir les manœuvres d'un ennemi qui, occupé de sa marche, ne tente pas d'ordinaire de poursuivre ceux qui l'observent, dans la crainte où il est de tomber dans quelque embuscade : il y a même des cas où un détachement de cinquante maîtres pourroit retarder la marche d'une armée entiere dans des défilés, au passage d'un gué, d'un pont ; le Commandant doit l'entreprendre toutes les fois qu'il jugera ce retardement favorable aux siens.

CHAPITRE XXIII.

De la maniere de fourrager au verd & au sec, suivant des calculs ; & de l'attaque des fourrages & des pâtures.

LA théorie ne suffit pas pour bien fourrager ; il faut en avoir long-temps pratiqué l'usage : cette partie de la guerre exige de la part des Officiers Généraux une grande expérience : la connoissance des principes qui en doivent diriger les manœuvres, ne peut s'acquérir que par une habitude réfléchie.

Les fourrages fournissent quelquefois à un Général l'occasion d'exercer son génie, en imaginant des ruses, de faire valoir son habileté & sa prévoyance, en se garantissant de celles qu'on lui oppose, & de tirer un grand parti de sa hardiesse, en entreprenant de surprendre ou d'enlever un camp, sous le prétexte d'un fourrage général, ou dans le temps que l'ennemi en fait un.

Mais pour parler seulement de ce que cette opération a d'essentiel, on doit remarquer que souvent le sort des armées en dépend. Des fourrages faits sans y apporter les précautions nécessaires, l'exposent à beaucoup de risques, & la font périr en détail. Des fourrages mal ménagés

lui

lui font auffi très-pernicieux : car plus de temps une armée fubfifte dans un camp, moins elle eft obligée de faire de grands mouvemens, fouvent inutiles & toujours dange-reux ; & moins les fatigues des marches font fréquentes, plus une armée eft en état d'agir ; une confommation inutile la prive de tous ces avantages, la force de décam-per à contre-temps, & lui fait perdre le fruit d'une po-fition favorable dont l'ennemi ne manque jamais de fe prévaloir.

L'Officier chargé de faire un fourrage doit donc avoir un efprit d'économie, de calcul & de détail ; il doit être inftruit de ce qu'il en faut par jour pour la nourriture de chaque forte de chevaux & pour le total, afin d'en régler la quantité néceffaire pour le temps qui doit fe paffer d'un fourrage à l'autre. Il faut enfuite qu'il reconnoiffe par lui-même le terrein, qu'il examine les différentes efpeces de grains en herbe dont les champs font couverts, & qu'il juge par une combinaifon fondée fur ces connoiffances antérieures, de l'efpace qu'on devra fourrager.

On ne fçauroit donner de regles certaines pour eftimer avec précifion la quantité de fourrages que produit un terrein. La faifon, la nature de la terre, fes diverfes qua-lités & la variété de fes productions, operent à cet égard des différences fi prodigieufes, qu'il n'eft pas poffible de les foumettre à un calcul exact ; il fuffit d'en juger à peu-près, ce que l'on ne peut faire fi l'on ignore la divifion du terrein, & ce que contient une trouffe.

L'arpent fe divife en cent verges quarrées de dix-huit pieds chacune, ou trois toifes, c'eft-à-dire, dix perches de long fur dix de large (1).

La trouffe contient dix-huit gerbes de vingt livres cha-cune, c'eft trois cens foixante livres.

L'arpent produit dix-huit douzaines de ces gerbes, c'eft conféquemment quatre mille trois cens vingt livres d'her-bes, qui font douze trouffes.

(1) Encyclopédie.

Si une de ces trouffes de trois cens foixante livres nourriffoit fept chevaux, ce feroit par cheval & par jour cinquante-une livres trois feptiémes d'herbes, & il faudroit faucher pour chaque cheval dix toifes trois quarts quarrées.

Si au contraire cette trouffe ne fuffit qu'à la nourriture de cinq chevaux, à raifon de foixante-douze livres d'herbes, le terrein à faucher pour chaque cheval feroit de quinze toifes trois dix-neuviémes quarrées ; la toife quarrée ne doit rapporter que quatre livres & dix-huit vingt-troifiémes de fourrage.

On voit par-là quelle immenfe confommation l'on fait dans les fourrages en verd, furtout au commencement des campagnes.

La proportion à garder pour les différentes efpeces de fourrages, eft qu'un champ femé en froment fournit un quart de plus qu'un autre femé en orge, & une moitié de plus que celui qui eft femé en feigle ou en avoine. Il faut faire auffi des évaluations pour les autres fourrages verds, tels que le foin, le tréfle, la luferne, &c. Pour agir avec plus de certitude, l'Officier Général fait faire devant lui différentes épreuves par quelques cavaliers de fon efcorte, le jour qu'il va reconnoître les lieux où le fourrage devra fe faire. On eftime communément que quatre-vingt livres de fourrage en verd font une ration, & qu'il n'en faut que vingt-cinq livres en fec, lorfqu'il y a du grain.

On ne peut fourrager en verd que pour quatre jours : l'herbe s'aigrit au bout de ce temps, & les chevaux n'en veulent plus ; encore faut-il avoir attention de l'étendre & de la remuer tous les jours. Le fourrage doit être d'autant plus ménagé lorfqu'il eft verd, qu'en cet état il croît confidérablement en peu de temps, & que par le dégât qui s'en fait, on fe prive fans reffource, non feulement de fa quantité actuelle, mais encore de celle dont il augmenteroit : d'ailleurs il importe beaucoup au commencement d'une campagne de ne point quitter fon camp, & d'avoir toujours fa cavalerie à portée des endroits qui produifent le fourrage ; car il feroit impoffible de trouver affez de voitures pour fournir toute une armée de fourrages verds.

Quand on eft inftruit de la quantité de fourrages qu'il faut, & de celle que le pays produit, il eft queftion de mefurer le terrein & d'en faire la répartition : on toife pour cela les terres enfemencées, en diminuant proportionnellement celles qui rapportent moins, foit par leur mauvaife qualité, foit par l'efpece de grain.

On parvient, au moyen des différentes méthodes, à s'en procurer une mefure approchante ; la plus facile eft de partager le terrein enfemencé en grands quarrés longs, dont on toife deux côtés par des pas de trois pieds qu'on compte avec foin, & on a la mefure de la furface lorfqu'on en connoît deux côtés, en les multipliant l'un par l'autre. Pour tirer enfuite la preuve de fon calcul, on fe fait rendre compte par les payfans, de la quantité des terres qu'ils ont en valeur, & du produit annuel de chacune ; fur quoi il faut encore défalquer un article qui n'eft que trop confidérable par l'effet d'une négligence qu'on ne devroit point fouffrir, c'eft ce qui fera gâté par les pieds des chevaux en allant & en revenant, & par la faute des valets ; forte de gens accoutumés à fourrager fans économie.

On doit conferver un quartier de réferve pour fuppléer au fourrage qui pourroit manquer : les plus habiles ne font pas exempts de fe tromper dans un calcul, furtout s'il n'eft point fait géométriquement ; quelles erreurs ne doivent point craindre ceux qui, fans prendre la peine de faire un toifé, ne jugent qu'à vue d'oifeau, ou parce qu'ils fe preffent, ou dans la crainte de l'ennemi, ou parce qu'ils ne veulent pas examiner le terrein avec affez d'attention !

C'eft fur la difpofition du terrein, fur la proximité de l'ennemi, fur le foupçon qu'on a de fes deffeins, & fur les poftes qu'on doit occuper, qu'il faut régler la force des détachemens deftinés pour la sûreté des fourrageurs,

l'espece de troupes dont on les composera, & la distribution de chaque arme.

Comme il est de la derniere importance que l'ennemi
ignore les lieux qu'on devra fourrager, on va les reconnoître le plus secrétement qu'il est possible, & l'on se fait
accompagner par des Officiers Majors de chaque brigade,
qui le jour du fourrage, conduisent par les différens chemins marqués, chaque espece de fourrageurs.

Soit en allant, soit en revenant du fourrage, on doit
toujours marcher en colonnes très-minces; car plus elles
auroient de front, & plus on perdroit de fourrages (par
la même raison que si l'on marchoit en bataille, on en
gâteroit beaucoup plus qu'on en feroit.)

La maxime de Montécuculli & de Santa-Cruz est de
commencer toujours par fourrager au plus loin de son
camp, & au plus près de celui de l'ennemi. Cette maxime
si sage ne se peut pratiquer qu'en établissant un grand
ordre dans la maniere d'aller au fourrage & d'en revenir,
& en ne souffrant point que l'on marche à travers la
campagne. En suivant cette regle on enleve le fourrage à
l'ennemi, on l'oblige d'en aller chercher au loin, ou d'a-
bandonner son camp; enfin on le détruit en détail, en
le mettant dans le cas de faire de nombreux & de fréquens détachemens, en le harcelant & en lui faisant des
prisonniers : d'ailleurs on ménage ses propres fourrages,
& on se les rend de jour en jour plus aisés & plus abondans.

Pour former une chaîne qui enferme le fourrage & les
fourrageurs, on suit les mêmes regles que lorsqu'il s'agit
d'assurer un camp, & plus particuliérement met-on encore
en usage les mêmes principes & la même diligence qu'on
doit observer pour couvrir un convoi pendant sa marche.

Les postes placés en avant, ainsi que ceux qui composent la chaîne, sont pris sur le total de l'armée, & fournis sur le pied des gardes, tant par l'infanterie que par la
cavalerie; celle-ci fournit de plus un cavalier par compa-

gnie, dont on forme par régiment des troupes nommées petites escortes : elles font commandées chacune par un Capitaine, & forment ensemble une espece de réserve, dont l'Officier Général commandant le fourrage se sert selon l'exigence des cas.

Si le pays est couvert ou environné de bois, on s'en rend maître autant que leur étendue & la force des troupes le permettent ; il faut au moins qu'il n'y ait aucun de ces bois qui n'ait été battu avec soin, & dont les lisieres en dehors ne soient garnies de sentinelles. On établit des postes d'infanterie dans les routes dont ils sont percés : s'ils sont fort grands, & qu'il y ait beaucoup de ces routes, on ferme avec des abattis d'arbres celles qu'on ne sçauroit garder ; on pose à la tête des bois un gros de cavalerie, & l'on pousse en avant des parties de hussards, dragons, & troupes légeres, pour être informé de tout ce qui pourroit venir du côté de l'ennemi. Les postes doivent se communiquer & avoir un lieu de ralliement, afin de se replier les uns sur les autres en cas de nécessité.

On s'empare des villages, châteaux & maisons dispersées qui se trouvent dans l'enceinte ou dans les environs du lieu qu'on fourrage, après les avoir fouillées exactement : on en ferme les avenues au moyen de plusieurs voitures mises en travers : on établit en dedans des postes d'infanterie qui empêchent les fourrageurs d'y entrer, & en dehors vers l'ennemi des gardes de cavalerie : le gros des troupes d'infanterie se place ordinairement dans les cimetieres ou autres lieux semblables, retranchés naturellement contre la cavalerie, & d'où elles peuvent communiquer aisément avec leurs petits postes détachés.

Lorsque pour fourrager il faut passer quelque riviere, on doit auparavant s'être assuré de tous les défilés qui conduisent l'ennemi à ses bords, & en user d'ailleurs comme il est dit dans le chapitre qui concerne le passage des rivieres : en ce cas les détachemens seront plus forts que ceux que pourroient opposer les ennemis, & l'on doit

avoir attention de ne repaffer la riviere qu'après que tous
les fourrageurs l'ont paffée : les gardes des poftes & des
défilés repafferont toujours les dernieres.

Il eft auffi dangereux & pénible pour une armée d'être
obligée de paffer des rivieres pour aller au fourrage, qu'il
leur eft au contraire très-avantageux d'en avoir une qui
fépare les fourrageurs de l'ennemi ; comme alors elle n'a
pas befoin de détachemens auffi forts, elle eft bien moins
fatiguée : cependant il faut toujours faire garder les ponts
& les gués par de l'infanterie foutenue de quelques troupes de cavalerie.

L'efcorte doit partir pendant la nuit, & arriver affez
tôt pour que tous les poftes foient occupés avant le jour :
afin que le fecret foit mieux gardé, on envoie en avant
des partis à cheval, qui arrêtent toutes les perfonnes qui
fe trouvent fur leur paffage, & qui pourroient informer
l'ennemi du canton deftiné au fourrage.

Au refte, comme il n'eft point de lieux qui fe reffem-
blent, les difpofitions à obferver dans chaque fourrage
dépendent de la fituation particuliere du terrein qui devra
être fourragé. On ne peut donner fur cela que des regles
générales ; par exemple, de placer la cavalerie dans les
endroits ouverts, l'infanterie dans les lieux fermés ; de
jetter en avant les huffards, dragons & troupes légeres ;
de détacher fur les aîles de chaque troupe de cavalerie de
petits pelotons pour battre l'eftrade le long de la chaîne,
avec ordre de n'en laiffer fortir aucuns fourrageurs ; car
ils ne doivent abfolument faucher que ce qui a été marqué, ni quitter le lieu où l'on fourrage.

On doit toujours avoir vers le centre de l'enceinte un
corps de réferve quelquefois compofé des petites efcortes
dont il a été parlé plus haut ; quelquefois il eft compofé
d'infanterie, fuivant l'opinion de l'Officier Général.

L'ufage qui s'eft établi que les cavaliers fourrageurs
foient fans armes, eft très-mauvais. Hors d'état de fe défendre, ils perdent toute confiance à la moindre allarme,
& on les voit au premier coup de feu abandonner leurs

trouffes, & retourner au camp au galop & dans le plus grand défordre. On devroit remédier à cet abus, dont les fuites peuvent être fâcheufes, en faifant porter aux cavaliers leurs moufquetons chargés & leurs cartouches, & furtout lorfque les fourrages généraux fe font du côté de l'ennemi ; ce jour là toute l'armée même doit fe tenir fous les armes.

Fourrages en fec.

Sur la fin de la campagne, la maniere de fourrager demande une autre conduite que celle dont on vient de parler : il y a plus de difficulté à fourrager en fec dans les villages, qu'en verd dans les champs, parce qu'étant ordinairement obligé de le faire dans plufieurs villages à la fois, l'éloignement où ils font les uns des autres, exige une grande quantité de troupes d'efcorte, indépendamment de celles qui font néceffaires pour environner chaque village.

Malgré les rufes & les détours du Payfan pour déguifer la vérité, on parvient à connoître avec plus de certitude la quantité de fourrage lorfqu'il a été recueilli, que lorfqu'il eft fur pied ; & il eft facile d'en faire un jufte calcul fuivant le nombre des granges, & en les réduifant à la toife cube comme on le démontre à la fin de ce Chapitre.

Il faut regarder un village que l'on fourrage comme une ville qu'on affiége, & former de même, par des détachemens de cavalerie, une ligne de circonvallation, qui affure les fourrageurs dans leurs opérations. Ceux-ci font quelquefois plus à craindre que l'ennemi : plufieurs portent avec eux un efprit de pillage, & un goût pour la boiffon aufquels ils fe livrent uniquement. Loin de faire leurs trouffes, ils emploient le temps à piller & à s'enyvrer ; la nuit les furprend avant qu'ils foient rentrés au camp ou fortis des villages : s'ils font attaqués dans ces momens, ils ne doivent efpérer aucun fecours, & font perdus fans reffource : les plus habiles & les plus braves ne s'engagent pas volontiers dans les affaires de nuit ; & quand même il n'y auroit rien à craindre de l'ennemi, les suites de ces excès sont sans nombre, & suffisent pour ruiner une armée. Il n'y a qu'une entiere attention de la part des Officiers qui puisse prévenir un tel désordre, & on doit souhaiter que les troupes soient assez bien disciplinées pour que ces réflexions ne tombent que sur les valets.

La meilleure maniere de fourrager au sec, est de s'adresser aux chefs des villages, & de leur prescrire de faire porter dans un lieu sûr qu'on indique, une quantité de fourrage proportionnée à celle qu'ils en ont & au besoin de l'armée. Les Paysans obéïssent plus volontiers à ces ordres, qui les garantissent des excès inséparables des fourrages qui se font dans les granges : cependant ils n'en doivent pas être prévenus à l'avance, & il ne faut mettre aucun intervalle entre le commandement & l'exécution ; sans quoi ils détourneroient une partie du fourrage, ou avertiroient l'ennemi du dessein que l'on a.

Dans cette espece de fourrage, comme dans les autres, il faut mettre les villages à l'abri ; & les détachemens ne doivent point se replier que le fourrage ne soit enlevé.

On ne doit jamais négliger, dans quelque fourrage que ce soit, d'assurer les derrieres de la chaîne, & d'établir des communications jusqu'au camp, autant pour contenir les fourrageurs dans les routes marquées, que pour protéger leur retour.

De l'attaque des fourrages.

L'Officier chargé d'attaquer un fourrage, en use à cet égard comme dans l'attaque d'un convoi. Par le moyen de plusieurs fausses attaques & d'une seule véritable, il tâche de forcer la chaîne & de pénétrer dans l'enceinte du fourrage : alors il fond de toutes parts sur les fourrageurs éparpillés, & emmene le plus d'hommes & de chevaux qu'il lui est possible. S'il sçait que les fourrageurs s'en retournent tard & en désordre, il se met en embuscade dans des bois, dans des défilés & autres lieux avantageux ; par-là là il réuſſit à faire plus de priſonniers, à prendre beaucoup de chevaux, & à ruiner en détail la cavalerie, qui ſe trouvant ainſi harcelée dans tous ſes fourrages, eſt bientôt obligée de décamper.

Les décampemens & les fourrages ſont deux occaſions à la guerre, dans leſquelles un parti peut ruiner totalement l'autre.

Des pâtures.

La pâture eſt une autre ſorte de fourrage auſſi néceſſaire aux jeunes chevaux que contraire aux vieux, qu'elle énerve & à qui elle cauſe ſouvent des maladies. Dans les commencémens des campagnes on fait pâturer les jeunes chevaux pour les purger, les rafraîchir & les diſpoſer à la nourriture en verd; on les envoie encore en pâture dans les pays qui y ſont propres, lorſque tous les fourrages ſont en grains, parce qu'ils échauffent beaucoup. Cette méthode épargne bien du fourrage, & donne à une armée la facilité de ſubſiſter plus long-temps dans le même canton.

Indépendamment des précautions que l'on prend dans les fourrages ordinaires, la pâture exige d'être couverte d'une riviere, où s'il ſe peut d'un poſte fortifié, parce que le ſervice en étant continuel durant trente ou quarante jours, l'armée en général & les Régimens en particulier qui devroient fournir les gardes & les petites eſcortes en ſeroient trop fatigués. Il faut obſerver d'ailleurs, qu'à la pâture les chevaux étant en liberté, il ne ſeroit pas poſſible de les en retirer facilement en cas d'attaque. Les cavaliers dont les chevaux ſont en pâture doivent porter leurs mouſquetons, & avoir une faulx pour couper l'herbe néceſſaire à leurs chevaux pendant la nuit.

Comment l'on peut trouver la ſolidité des granges pleines de fourrage.

La plûpart des granges & autres bâtimens où l'on ſerre les gerbes de toutes ſortes de grains avant que de les battre, ſont aſſez ſemblables. On en joint ici deux figures,

Tt

que l'on désigne par 1 & 2 ; si chacun de ces bâtimens se trouvoit entiérement rempli de la même espece de grains, il seroit facile de connoître la quantité de gerbes qu'il renfermeroit, après néanmoins qu'on auroit appris, par des expériences préliminaires, combien une toise cube contiendroit de ces gerbes. En multipliant les dimensions intérieures de la grange les unes par les autres, on auroit un solide égal à la quantité de fourrage qui y seroit renfermé ; & il n'y a rien de plus simple que cette opération.

Fig. 2.   *Fig. 1.*

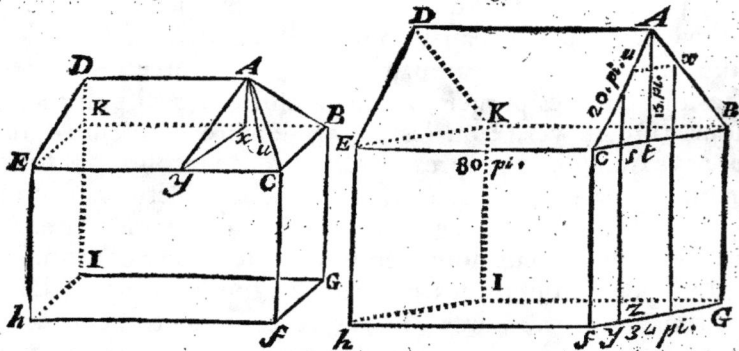

Par exemple, dans la grange de la figure premiere, après avoir multiplié la hauteur *f* C, de quinze pieds, par la largeur *f* G, de trente pieds, ce qui donneroit la surface du côté B C *f* G de quatre cens cinquante pieds, on multiplieroit cette surface par la profondeur E C du bâtiment, laquelle est de quatre-vingt pieds. Le résultat, de trente-six mille pieds cubes, donneroit la solidité du fourrage contenu dans la partie B C E K *f* G *h* I de la grange. Pour avoir ensuite la solidité du fourrage qui se trouve immédiatement enfermé par le toit, ou de cette portion de la grange que la forme de la couverture rend triangulaire, il ne faut que chercher l'aire du triangle A B C que l'on multiplie par la profondeur E C.

On sçait que pour avoir l'aire ou la surface d'un triangle, on tire de l'angle du sommet une perpendiculaire sur la base, & que l'on multiplie cette perpendiculaire par la

moitié de la bafe. En imaginant ici la perpendiculaire A
t de quinze pieds, la bafe B C étant de trente pieds,
on multiplieroit quinze pieds par quinze pieds, dont le
produit de deux cens vingt-cinq pieds, aire du triangle,
étant multiplié par la profondeur A D ou E C de quatre-
vingt pieds, il viendra pour la folidité de la partie A B
C D E K de la grange, dix-huit mille pieds cubes, lefquels ajoutés aux trente-fix mille ci-deffus, donneroient
pour la folidité entiere du bâtiment, fuppofé plein, cinquante-quatre mille pieds cubes. Or comme une toife cube
contient deux cens feize de ces pieds, en divifant cinquante-quatre mille par deux cens feize, on fçaura que la
folidité d'un tel bâtiment eft de deux cens cinquante toifes
cubes.

Si l'on fçait d'ailleurs qu'un efpace cubique d'une toife
en tout fens peut contenir, par exemple, cent vingt-
quatre gerbes d'un tel poids, de l'efpece de fourrage qui
eft renfermé dans la grange, en multipliant les deux cens
cinquante toifes cubes par cent vingt-quatre, on fçaura
combien il s'y trouve de ce fourrage, foit en poids, foit
en nombre de gerbes.

S'il s'agiffoit d'avoir la folidité de la grange de la figure
2, après avoir pris par la méthode précédente la folidité de la partie B C E K *f* G *h* I, pour avoir celle de
l'efpace contenue par la couverture, on imagineroit les
lignes A *y*, A *x*, *x y*, menées du point A paralellement
aux lignes D E, D K, K E, mefurant enfuite l'aire du
triangle D E K, & la multipliant par la longueur D A,
on auroit un folide égal à la partie de grange A *x y* D E K;
le refte de la couverture A *x y* B C forme une pira-
mide, ayant pour bafe le quarré B C *x y*, dont la furface
étant mefurée & multipliée par le tiers de la hauteur perpendiculaire A *u*, de la pyramide, on en aura la folidité.

Toutes les figures irrégulieres de grange peuvent fe
mefurer avec la même facilité, en tirant, comme dans
la précédente, ou en imaginant, des lignes paralelles.
Mais il n'arrive peut-être jamais qu'une grange foit exac-

tement pleine jufqu'au fommet, & qu'elle le foit d'une
feule efpece de gerbage. D'abord la partie où l'on bat le
grain, eft pour l'ordinaire toujours vuide; & s'il ne s'agiffoit que de fouftraire la folidité de cette partie de la folidité de tout le bâtiment, l'opération feroit encore aifée.

Si l'aire (figure première) étoit fur l'un des deux côtés
de la grange, comme en C E ƒ H, & que fa largeur
fût ƒ y, on imagineroit la ligne u y : l'on chercheroit la
furface du rectangle C S F y, & on la multiplieroit
par la longueur C E ; on chercheroit enfuite la furface du
triangle C S u, que l'on multiplieroit par la même longueur C E ; ces deux produits réunis donneroient la folidité de la portion vuide, qu'il faudroit retrancher de la folidité totale du bâtiment ; on voit par-là ce qu'il conviendroit de faire fi l'aire de la grange étoit dans le milieu,
comme en u A x y z.

Enfin, ce qu'il eft effentiel de fçavoir pour connoître
avec une forte d'exactitude la quantité de fourrage qui peut
être dans une grange, c'eft combien une toife cube de
gerbes de froment contiendra de ces gerbes d'une telle
groffeur & d'un tel poids ; combien dans le même efpace
il entrera de gerbes d'avoine ou de tout autre grain, de
bottes de foin, de fainfoin, &c.

Ces premieres expériences bien faites, on en tire des
moyens fuffifans de comparaifon pour approcher autant
qu'il eft poffible de la vérité, car on ne doit pas s'attendre
d'arriver jufqu'à une précifion géométrique du réfultat de
ces expériences.

Les Officiers de l'Etat Major doivent fe faire une table
qui ferve de bafe & de regle fondamentale dans l'examen
du fourrage dont on eft chargé de vérifier la quantité.
Cette table doit être faite fuivant les ufages de chaque Pays
où l'on fait la guerre.

Les lignes ponctuées défignent les parties du bâtiment
qui font cachées par celles que l'on voit.

Les lignes dont le trait eft plus léger & moins marqué,
font imaginées pour faire comprendre la maniere de mefurer la folidité d'une portion de bâtiment.

CHAPITRE XXIV.

De la conduite d'un convoi.

L A conduite d'un convoi eſt preſqu'entiérement du reſſort de la cavalerie : ſouvent on ne lui donne point d'autre eſcorte lorſqu'il doit marcher par des plaines ; & quand
il doit traverſer un pays couvert, difficile & montueux , on
joint encore des troupes de cavalerie à l'infanterie dont on
le fait eſcorter. De toutes les opérations de la guerre, c'eſt
ici la plus néceſſaire , & en même-temps la plus difficile à
bien exécuter.

L'Officier qui en eſt chargé , doit faire enſorte que l'ennemi ne puiſſe être informé , ni du jour, ni du moment
du départ du convoi , ni du chemin qu'il tiendra ; pour
cet effet, on devance ou on retarde le temps qui a été an-
noncé pour le départ, & l'on prend la route qui paroît le
moins conduire au lieu de ſa deſtination ; en ce cas la plus
longue & la plus difficile ſe trouve ſouvent la plus ſûre.

Les principes à obſerver pour conduire ſûrement un
convoi à l'armée ou dans une Place , ſont les mêmes que
ceux qui ſervent à établir la ſûreté dans les marches : mais
ils doivent être ſuivis avec encore plus d'exactitude ; le
moindre défaut d'attention devient d'une extrême conſé-
quence, auſſi cette commiſſion eſt-elle un écueil contre
lequel on a vu échouer de prétendus excellens Officiers :
Une légere négligence a ſuffi pour cauſer la perte des convois dont ils étoient chargés , & celle de leur réputation.

Le premier ſoin qu'on doit avoir, eſt de maſquer par
des détachemens de cavalerie les poſtes que les ennemis
occupent dans les lieux voiſins de la route du convoi , de
s'emparer des défilés, des ponts , des gués qui ſéparent
ces poſtes du chemin qu'il tient, & par où les ennemis
pourroient déboucher & fondre ſur lui. On tire du gros

de l'efcorte trois forts détachemens pour affurer la tête, le centre, & la queue du convoi, en obfervant dans un pays ouvert, de mettre en tête un plus grand corps de cavalerie, & de fe faire précéder dans un pays fourré par de l'infanterie.

Dans ce dernier cas il faut faire fouiller le pays long-temps avant la marche du convoi, & détacher à l'entrée des défilés de petites troupes de cavalerie, qui les traver-fant au grand galop, reconnoiffent s'il n'y eft point en-tré d'ennemis. On fait enfuite avancer le convoi avec la plus grande diligence, & lorfque la tête eft entrée dans la plaine, on lui fait faire halte, encore moins pour chan-ger de difpofition, que pour donner le temps à la queue de rejoindre, & ne laiffer aucun vuide dans la file ; chofe effentielle, qu'on ne doit jamais perdre de vue dans tout le cours de l'opération.

On place en dehors fur les flancs du convoi des troupes de cavalerie formées fur trois ou quatre rangs, qui doivent, autant que cela fe peut, marcher à la vue les unes des au-tres, & jetter quelques cavaliers fûrs vers le côté qui re-garde l'ennemi ; pour qu'elles puiffent être toujours à la même hauteur, & à égale diftance, il faut qu'elles ayent attention de faire de fréquentes haltes, parce que des troupes détachées marchent plus vîte que celles en colonne.

On ne doit point négliger de mettre de ces troupes fur le flanc qu'on croit à l'abri de l'ennemi ; car il fe trouve fouvent dans les endroits où on le foupçonne le moins. L'infanterie fe divife par pelotons, & fe place auffi fur les flancs, mais fort près des voitures.

Le pofte ordinaire du Commandant eft au centre, d'où il peut aifément diftribuer fes ordres, & pourvoir à tous les événemens ; il doit tenir près de lui un corps de ré-ferve compofé de cavalerie & d'infanterie marchant en bataille autant qu'il eft poffible, & prêt à être porté par-tout où le convoi feroit attaqué. Une chofe fur laquelle on ne fçauroit trop infifter, c'eft que perfonne ne doit quitter fon pofte fans ordre ; car ce qu'on croit fouvent une véritable attaque, n'en est presque toujours qu'une fausse, & l'endroit qu'on laisse à découvert peut être celui par où l'ennemi veut pénétrer.

L'arriere-garde doit être plus forte en cavalerie que la tête ; delà il est facile de porter du secours en avant & partout où les circonstances peuvent le rendre nécessaire ; d'ailleurs on est en état de détacher plus facilement de cette cavalerie.

Si l'on est attaqué en plaine par un ennemi supérieur, la cavalerie doit le charger vigoureusement, afin de l'éloigner ou le retarder, tandis que l'infanterie se forme avec les charriots une espece de retranchement, d'où elle fait feu sur lui lorsqu'il approche du convoi qui marche toujours ; alors il doit y avoir deux files de charriots, l'infanterie entre deux.

Si l'ennemi est inférieur, il suffit de lui opposer des troupes détachées que l'on soutient & releve successivement, sans interrompre la marche du convoi.

Dans tous les cas la bonne contenance décide du succès. La plûpart des convois ne sont enlevés que parce que le désordre se met dans une partie, tandis qu'une autre est attaquée, ou parce que les escortes se négligent ou se laissent surprendre : pour éviter toute confusion, le Commandant doit prévenir par écrit les chefs de chaque troupe des différentes manœuvres qu'ils auront à faire suivant la diversité des conjonctures ; il doit avoir prévu tout ce que l'ennemi peut tenter par sa force, la situation du terrein, & sa position.

Quand le convoi est à la vue de sa destination, la cavalerie de la tête doit se former en bataille, le front faisant face du côté de l'ennemi, & faire halte en attendant que le centre, l'arriere-garde & les garde-flancs soient arrivés. Car il arrive quelquefois que l'ennemi qui n'a été informé que tard du départ du convoi, & qui n'a pu se mettre en marche assez vîte pour l'attaquer dans sa route, essaye de le couper lorsqu'il est sur le point d'arriver, ou bien encore étant trop foible, il n'attaque le convoi que lorfqu'il croit la plus grande partie de l'efcorte déja entrée dans le camp ou dans la place, dans l'efpérance d'en entamer la queue.

CHAPITRE XXV.

De l'attaque d'un convoi.

S'Il eft difficile de bien défendre un convoi contre un ennemi entreprenant, il faut auffi pour l'attaquer un efprit fertile en expédiens, beaucoup d'activité, de prudence & d'adreffe; car la force ouverte n'eft pas toujours le plus fûr moyen de réuffir, quoiqu'elle en foit un bien puiffant.

L'Officier chargé de l'attaque d'un convoi doit être parfaitement inftruit de la quantité & qualité des troupes qui l'efcortent, de fa nature, du moment de fon départ, & du chemin qu'il tiendra pour profiter de tous les avantages que peut lui fournir la fituation des lieux: il mettra des embufcades dans les bois, il fe fervira des rivieres, des ponts, des gués, des défilés pour arrêter & embarraffer la marche du convoi, pour en couper l'efcorte, & fe rendre par ce moyen fupérieur à la partie qu'il a deffein d'attaquer. S'il faut beaucoup d'ordre dans la conduite d'un convoi, il faut auffi beaucoup de connoiffance du métier pour imaginer le meilleur parti qu'il y a à prendre dans ces occafions, & furtout une grande réfolution; car dans ce cas on peut donner quelque chofe à la fortune qui feconde prefque toujours les entreprifes hardies & courageufes (1).

L'ufage ordinaire eft de fe préfenter à la fois en plufieurs endroits, & de n'avoir cependant qu'un feul deffein formé, dont on tâche d'ôter la connoiffance à l'ennemi.

(1) *Audaces fortuna juvat.*

Les fauſſes attaques doivent ſe faire principalement à la tête & à la queue, pour y retenir les troupes qui y ſont, & tâcher d'y attirer une partie de celles du centre, où l'on fait enſuite de plus grands efforts : dès que ces troupes commencent à plier, la confuſion augmente à chaque inſtant. L'eſcorte de la tête & celle de la queue, déja occupées à ſe défendre, ſe trouvant entre deux feux, ne ſçauroient plus empêcher la perte totale du convoi.

Il arrive quelquefois qu'une attaque qui ne devoit être que feinte, eſt faite ſi à propos & avec tant de vigueur, qu'elle devient la véritable ; alors c'eſt une raiſon de plus pour s'attacher au centre, afin d'être à portée d'aider ſes troupes à conſerver leur avantage, & de contenir l'ennemi.

Quand une fois on s'eſt rendu maître de la tête, il faut achever d'y répandre le trouble & le déſordre, couper les traits des chevaux, les emmener, renverſer les charriots, en briſer ou détacher les roues : mais quelques grands que ſoient les avantages remportés par l'attaquant, ils lui deviendront funeſtes, s'il n'empêche, dans ce temps de confuſion, que les ſoldats ne s'occupent au pillage, & s'il n'a ſoin de rallier ſa cavalerie & de la tenir en ordre.

Dans tous les cas de l'attaque d'un convoi, la célérité eſt abſolument requiſe ; c'eſt pourquoi on y emploie un plus grand nombre de cavalerie : mais lorſqu'on s'en eſt rendu maître, il faut rétablir abſolument cet ordre ſi néceſſaire pour le conduire, & empêcher qu'il ne ſoit repris : afin d'en accélérer la marche & la rendre plus légere, on en ſupprime ce qui ne ſçauroit être enlevé promptement : ſurtout on ne laiſſe rien de ce qui pouvant être utile à l'ennemi, deviendroit contraire à ceux qui en ſont les maîtres : ſi c'eſt de la poudre, on la renverſe dans la campagne ; ſi c'eſt de l'artillerie, on la met hors d'état de ſervir. On brûle les fourrages, & ſi l'on ſe trouve auprès d'une grande riviere, on y jette pour plus de ſûreté ce qui ne peut être emmené.

On ne doit pas oublier d'envoyer en avant quelques

détachemens de cavalerie pour arrêter tout ce qui auroit pris la fuite pendant l'attaque : ne fût-ce qu'un charriot, la précaution est nécessaire, parce que le trésor peut être dans ce charriot.

CHAPITRE XXVI.

Des passages de rivieres.

UNE des obligations de la cavalerie, est d'être instruite à passer les rivieres, & d'en faciliter le passage à l'infanterie, ou pour les surprises, ou pour les retraites, sans avoir besoin de ces préparatifs considérables qui demandent beaucoup de temps, & causent des dépenses immenses, souvent fort inutiles, parce qu'ils ne sont point achevés dans le moment où l'occasion & les conjonctures les rendent nécessaires.

Il faut donc que les cavaliers & les chevaux soient exercés, soit à nager, soit à assurer le passage des gués à l'infanterie ; & il n'est rien de plus aisé que de le leur apprendre : il ne faut aux hommes que de la constance & de l'habitude ; car pour les chevaux ils nagent naturellement & fort long-temps.

L'usage de faire passer la cavalerie à la nage a été pratiqué par les Anciens ; mais il paroît que nous leur sommes beaucoup supérieurs dans cette partie de la guerre : on ne voit pas qu'ils l'ayent entrepris sans le secours de barques, de radeaux, ou de peaux cousues & remplies de vents ou de matiere séche. La cavalerie des Corinthiens passant de Rhege en Sicile, (dont le trajet est de deux lieues de mer) les cavaliers étoient dans des barques, & tenoient par la longe leurs chevaux qui nageoient : (1) c'est à peu près de la même maniere qu'Alexandre, Annibal

(1) Plutarque, vie de Timoleon.

faiſoient paſſer leur cavalerie à la nage : le premier, tra-
verſant le Tanaïs, mit ſes gens de cheval ſur des radeaux,
tenans leurs chevaux par les rênes nageant à la poupe (1);
le même ſe ſervit d'une autre maniere au paſſage de l'hy-
daſpe : ſa cavalerie étoit ſur des peaux pleines de paille (2);
c'eſt ainſi que ſon armée paſſa le fleuve Oxus. Annibal, au
fameux paſſage du Rhône, avoit ſur le derriere de chaque
bateau un homme qui tenoit par la bride trois ou quatre
chevaux de chaque côté. Tite-Live dit que ſon infanterie
le paſſa ſur des peaux enflées.

Pour ce qui regarde Céſar, on le voit faire partout des
ponts ; il paſſe en un jour la Saône (3), ce que les Suiſſes
à la pourſuite deſquels il étoit, n'avoient pu faire qu'en
vingt, parce que faute d'intelligence ils ne s'étoient ſervis pour ce paſſage que de radeaux & de petites barques.
Céſar croyant une autre fois qu'il étoit de la dignité de
l'Empire de porter les armes Romaines au delà du Rhin,
ſurmonta les difficultés que la rapidité, la largeur & la
profondeur de ce fleuve lui préſentoient : il y fit conſtruire
un pont de bois avec des arches, mais il ne fut achevé
qu'en dix jours (4). Enfin on voit Céſar ſouvent embarraſſé,
faute d'avoir exercé ſa cavalerie à paſſer les rivieres à la
nage, il ne s'en fallut même que très-peu de choſe qu'il
ne perdît toute ſa gloire & ſon armée, lorſqu'étant campé
entre deux rivieres, la Ségre & la Cinga, les ponts qu'il
avoit ſur chacune furent emportés par un orage, il ſe trouva
ſans vivres, ſans fourrages, & ſans eſpérance qu'il lui en
pût arriver : Rome même, étoit par cette conjoncture ſur
le point de ſe déclarer pour Pompée ; mais Céſar, par le
moyen de petits batelets, fit conſtruire un pont ; enſuite
faiſant de profondes tranchées, il s'ouvrit un gué, & les
choſes changerent bientôt de face (5).

Enfin, pour prouver le peu d'uſage qu'avoient les Ro-

(1) Arian, liv. v.
(2) Quinte-Curce, liv. vii, ch. ix.
(3) Comment. de Céſar, guerre des Gaules, liv. i.
(4) Idem, liv. iv.
(5) Guerre civile, liv. i.

mains de traverser les rivieres à la nage, & avec combien
de peine & d'embarras ils le faisoient, il n'y a qu'à écouter Végece, qui dit que les cavaliers Romains, après s'être
débarrassés de leurs équipages, mettent leurs armes sur
des roseaux secs ou joncs dont ils font des faisceaux, &
passent à la nage eux & leurs chevaux, en traînant après
eux ces faisceaux attachés à une longe (1). Les Romains
cependant avoient eu long-temps auparavant Végece au
nombre de leurs auxiliaires, des cavaliers Bataves exercés
à traverser les rivieres, nageant d'une main, & de l'autre, conduisant leurs chevaux chargés de leurs armes : ce
furent eux, dit Tacite, (2) qu'Agricola employa pour
soumettre l'Isle de Mone : les Insulaires, ajoute-t'il, regar-
derent comme invincibles des guerriers, qui n'ayant point
de flottes sçavoient passer les mers à la nage, & reçurent
Garnison (3).

Le Chevalier Folard, qui entre dans un grand détail
sur les différens passages de riviere, propose une nouvelle
maniere de faire passer sûrement & facilement les chevaux
à la nage (4) au moyen de deux especes de ballons qu'il
attache sous les cuisses des cavaliers.

Mais son secret & l'exemple des Anciens, n'ont rien
de comparable au célebre passage du Rhin (5) en 1672,
exécuté sous les yeux de Louis le Grand : le Comte de
Guiche, à la tête du Régiment des Cuirassiers (6), précédé
de douze de ces cavaliers, passa le premier, & fut suivi
de deux mille hommes de cavalerie, & ensuite de la Maison du Roi : les escadrons nagerent en bataille l'espace de
plus de deux cens pas, dans un tel ordre qu'on eût cru
qu'ils étoient sur terre : ils aborderent, malgré le feu continuel de la Garnison du Fort de Tolhuys, & la vigoureuse

(1) Végéce, lib. III, ch. II.
(2) Vie d'Agricola.
(3) M. l'Abbé de la Bletterie dit que, dix-sept ans auparavant, Palenus avoit
fait faire le même trajet à sa cavalerie, partie au gué, partie à la nage.
(4) Comment. de Polyb. lib. III, ch. VIII.
(5) Le 12 Juin.
(6) Commandés par le Comte de Revel.

défenſe de deux Régimens d'infanterie Hollandoiſe, &
de quelques eſcadrons qui étoient en bataille à l'autre bord,
& qui entrerent même dans l'eau : ce fut là le commencement du combat, lequel continua juſqu'à un retranchement où le Prince de Condé força enfin l'ennemi qu'il
ne ceſſa de pourſuivre, qu'après qu'il ſe fut entiérement
diſſipé. C'eſt à ce paſſage exécuté par la cavalerie, que la
France dut un ſi grand nombre de conquêtes : trois rivieres paſſées, trois Provinces & plus de quarante villes for-
tifiées, priſes en ſi peu de temps, ſont des choſes incroya-
bles à qui ne ſçait pas ce que donne de courage aux François la préſence de leur Roi.

Un ſi grand événement plus vrai que vraiſemblable, &
dont le fait eſt une preuve inconteſtable de la poſſibilité des
paſſages de rivieres à la nage par la cavalerie, fait aiſément
concevoir combien il eſt important de faire entrer dans le
nombre de ſes exercices celui de nager & de lui en faire contracter l'habitude ; il n'y a rien de ſi ſimple, il ne faut que
trouver des rivieres dont les bords ne ſoient pas trop eſcar-
pés, ou bien en diſpoſer par des talus qu'on fait faire exprès, pour que les chevaux puiſſent aiſément y entrer &
en ſortir de même.

Pour commencer cet exercice, on doit faire mettre
dans des barques des cavaliers, & faire paſſer enſemble
quelques chevaux à la nage & à poil, au moyen des rênes
de la bride que tiennent ces cavaliers qui conduiſent les
chevaux à côté des bateaux, ce que l'on fait répéter juſqu'à
ce que l'on voye qu'ils nagent avec liberté, enſuite les cavaliers montent ſur leurs chevaux étant armés & équipés
comme pour la guerre, devant premierement obſerver de
les deſſangler au moins de trois points, pour leur donner
plus d'aiſance, & d'ôter la gourmette qu'ils accrochent
au montant de la têtiere. Ils doivent auſſi tenir la bride
aſſez haute pour empêcher que les chevaux ne boivent, ou
qu'ils ne ſoient éblouis & étourdis par la vue de l'eau ;
pour cette derniere raiſon les cavaliers doivent auſſi fixer
la terre.

Les étriers doivent être ou très courts ou mis sur le col du cheval, les jambes des cavaliers relevées appuyant celle du côté de la pente de l'eau. On doit entrer dans la riviere beaucoup plus haut que l'endroit où l'on veut aborder, parce que le courant entraîne toujours dans sa pente, en raison de sa rapidité & du petit nombre de cavaliers qui nagent.

Le mousqueton se met en Grenadiere, & disposé de façon à pouvoir s'en servir, même dans la traverse. Pour qu'une troupe puisse mieux résister à l'impétuosité du courant, & donner en même-temps plus de confiance à chaque cavalier, on imagine qu'ils doivent tous se soutenir mutuellement par trois points d'appui. Pour cet effet les cavaliers du premier rang tiendroient ceux du second, au moyen de leur corde à fourrage ; ceux du second feroient de même pour le troisieme, & ainsi des autres, en suivant les files : les cavaliers d'un même rang pourroient tous se joindre ensemble, en tenant de la main droite, chacun la longe du licol du cheval du cavalier de sa droite, ce qu'il est facile d'éprouver.

Les rangs & les files ne doivent être ni trop ni trop peu serrés ; s'ils le sont trop, les chevaux nagent difficilement, s'ils ne le sont pas assez, la rapidité de l'eau emporte les chevaux. Plus les rivieres sont fortes & plus les troupes de cavalerie doivent être grosses : un escadron ordinaire formé sur six rangs peut passer les plus fortes rivieres.

Une précaution qu'on doit avoir dans les passages de rivieres, c'est de faire descendre quelques bateaux sur lesquels il y ait des soldats armés de longues perches pour retirer de l'eau les hommes qui auroient pu tomber de cheval. La cavalerie une fois exercée à ces manœuvres, on sera maître d'entrer dans tel pays qu'on voudra, & d'y établir des postes pour favoriser la construction des ponts, chaque cavalier pouvant porter en croupe un fantassin ; c'est encore un exercice auquel il faut accoutumer les chevaux, parce qu'il y en a quelques-uns qui ne souffrent pas qu'on les monte en croupe.

Une premiere troupe passée, qui n'a de ressource que

dans sa valeur, soutiendra assez long-temps pour donner
le temps à d'autres corps de passer & de venir la secourir;
& ainsi successivement, au moyen d'une nombreuse cava-
valerie une armée passe une riviere. Mais il faut, autant
que faire se peut, que le passage se fasse à l'improviste,
de maniere que l'ennemi n'en soit instruit que lorsqu'il
vous voit sur lui : pour cela on part la nuit pour arriver,
par une combinaison des temps & des chemins, avant le
jour, & passer aussi-tôt qu'il paroît.

La maniere de passer les rivieres au gué est très-an-
cienne, & la même dont nous nous servons aujourd'hui :
on commence par faire passer quelques troupes de cavalerie pour couvrir les gens de pied, & ensuite on établit
sur le haut & le bas des gués des colonnes de la plus
grosse cavalerie : celle du haut doit être épaisse, & les files
& les rangs fort serrés, pour qu'elles puissent rompre la
rapidité de l'eau : mais celle d'en bas au contraire, doit être
mince & à rang ouvert pour faciliter son écoulement : la
seule opération de celle-ci étant de sauver les soldats que
pourroit emporter le courant de l'eau, ces deux colonnes
placées, l'infanterie passe à files & rangs serrés; entre-deux
la colonne de cavalerie du bas la suit, & celle du haut
passe la derniere : on recommence cette manœuvre aussi
souvent qu'il y a de corps de troupes qui doivent passer,
pour donner un libre cours à l'eau, & que les mêmes
chevaux ne restent pas si long-temps dans la riviere.
C'est ainsi que César près de Lérida passa la Segre après
l'avoir fait saigner. Cresus fit mieux; car ne pouvant passer la riviere d'Halys, il la détourna, la faisant entrer
dans un canal qu'il conduisit derriere son camp.

La cavalerie qui passe des gués doit avoir attention de
marcher tantôt haut tantôt bas, pour éviter que les pieds
des chevaux ne creusent, comme il arrive souvent, dans les
rivieres, parce que le sable roulé & la rapidité de l'eau
l'emporte. Cet accident n'est point à craindre pour de la
cavalerie exercée à nager; le gué venant à lui manquer,
elle n'en passe pas moins la riviere.

On croit pouvoir rapporter ici quelques ſtratagêmes mis en uſage par les Anciens, pour n'être point attaqués dans le paſſage des rivieres, ni pourſuivis après l'avoir exécuté, & des ruſes pour les paſſer.

Sertorius, craignant après avoir paſſé une riviere que les ennemis ne la paſſaſſent après lui, fit faire un grand retranchement à l'entrée du gué, & l'ayant rempli de bois & de faſcines, y mit le feu; le foſſé empêchoit ſes ennemis de paſſer, & la fumée leur avoit dérobée la connoiſſance de ſon paſſage.

Pélopidas, ce célebre Thébain, dans la guerre de Theſſalie, voulant auſſi paſſer une riviere & n'en être pas empêché par ſes ennemis, fit une grande circonvallation de bois autour de ſon camp, & y ayant mis le feu paſſa ſans danger.

Les Grecs avoient ſans doute coutume d'exercer leurs ſoldats à nager; car l'on ſçait qu'Iphicrate ayant fait boire & huiler des Athéniens, les fit paſſer la mer à la nage près d'Abyde, pendant un temps obſcur: ils ſurprirent par derriere les Lacédémoniens qui défendoient un détroit formé d'un côté par des rochers, & de l'autre par la mer; ceux-ci furent défaits, & le Général Athénien fut maître du défilé.

Porus, défendant l'Hidaſpe que vouloit paſſer Alexandre, ſuivit Alexandre qui feignit de remonter la riviere; mais dans le bas de cette riviere il avoit laiſſé des troupes embuſquées, qui paſſerent & faciliterent le paſſage à l'armée d'Alexandre.

Le Roi de Macédoine paſſa l'Indus à peu - près de même: il fit ſonder des gués par ſa cavalerie, tandis qu'un détachement de ſes troupes s'étant emparé d'une Iſle, paſſoit du côté des ennemis qui accoururent tous dans cette partie. Alors Alexandre paſſa ſuivi de l'armée, par les gués qu'avoient reconnus la cavalerie.

Xénophon en Arménie, ayant reconnu deux gués, attira les ennemis à l'un, puis feignit de paſſer à l'autre, revint au premier, & enfin paſſa au ſecond.

Catulus

Catulus n'ayant de reſſource pour ſe ſauver de la pourſuite des Cimbres que de paſſer une riviere , feignit de
s'arrêter & de camper : ſes ennemis remirent au lendemain à l'attaquer ; mais il mit la riviere entre eux & lui ,
& les incommoda.

Créſus détourna la riviere d'Halys par un canal qu'il fit
paſſer derriere ſon camp , & Céſar, près de Lérida, paſſa
la Segre à gué , après l'avoir ſaignée en pluſieurs endroits.

CHAPITRE XXVII.

*De l'emplacement de la Cavalerie dans les batailles , & du
mélange de l'Infanterie avec elle.*

CE n'eſt point aſſez d'avoir ſçu garantir les flancs de ſa
cavalerie de toute inſulte ; dans les marches ou dans les
camps, il faut encore lui procurer les moyens de combattre ſur un terrein ſpacieux & uni , & ſçavoir y attirer l'ennemi. Toutes les précautions priſes avant la bataille , n'ont
d'autre but que celui d'en préparer le ſuccès.

Un Général habile connoît tous les environs de ſon
champ de bataille , juſques dans le moindre détail ; s'il s'y
rencontre des bois , des coupures , des ravins , il ne manque pas de s'en emparer, ſoit pour éviter les embuſcades,
ſoit pour s'y fortifier , ou pour cacher ſes mouvemens. La
défaite des Romains, à la bataille de la Trebie (1), vint en
partie de la faute que fit leur Général , de ne point reconnoître les bords élevés d'un ruiſſeau. Annibal , à qui
rien n'échappoit , prévoyant bien qu'une embuſcade ſeroit
là d'autant plus ſûrement qu'on s'en défieroit moins , à
cauſe du terrein qui étoit plat & uni aux environs , fit
cacher parmi les arbriſſeaux, qui étoient en grand nombre , deux mille cavaliers Numides, leſquels tombant par

(1) Polybe, liv. III, ch. XIV.

Xx

346   E S S A I

derriere fur les légions Romaines, les mirent en déroute.

Rien ne doit s'oppofer aux opérations de la cavalerie. S'il fe rencontre fur fon paffage des haies ou des murs, & qu'on n'en puiffe tirer aucun avantage, il faut les abattre, parce que ce font autant d'obftacles qui peuvent l'arrêter, ou du moins affoiblir fon impétuofité.

Dans une bataille, c'eft la cavalerie qui défend elle-même fes flancs & ceux de l'infanterie : (1) fes forces lui fuffifent pour attaquer & pour fe défendre. La feconde ligne, placée environ à cent cinquante pas derriere la premiere, eft toujours prête à la foutenir & à réparer fes pertes : c'eft elle qui lui fert de point de ralliement, qui garde fes derrieres, & qui obferve fes flancs. Les fecours que la feconde ligne prête à la premiere, elle les reçoit à fon tour de la réferve qui eft placée derriere elle. Ces trois lignes font faites pour fe défendre réciproquement.

Quelques perfonnes ont prétendu que de l'infanterie mêlée par pelotons avec la cavalerie dans les batailles, ce qui a quelquefois été tenté par les Anciens (2), pouvoit produire un bon effet : mais ces gens-là n'ont pas fans doute affez réfléchi fur les inconvéniens qu'un pareil mêlange entraîne après foi ; inconvéniens également nuifibles à la cavalerie, dont il ralentiroit la vivacité, & à l'infanterie qu'il affoibliroit d'autant plus que les pelotons (ainfi qu'on l'a propofé) devroient être compofés de Grenadiers. En effet, pour que ces pelotons puffent être de quelque utilité, il faudroit que la cavalerie, fans faire aucun mouvement, attendît l'ennemi de pied ferme, ou fi elle vouloit marcher à lui, elle ne le pourroit faire qu'au petit pas des chevaux : les mouvemens de la feconde ligne en feroient encore confidérablement retardés ; & ce qu'il y auroit de plus à craindre, c'eft que pour peu que ces pelotons fe trouvaffent abandonnés, ils ne fuffent foulés

---

(1) *Equites ponuntur in cornibus, à fortioribus namque equitibus peditum protegenda funt latera.* Veg. de re militari, lib. III, cap. XIV.

(2) M. le Chevalier Folard dit qu'Epaminondas entrelaffa de fon infanterie légere la cavalerie des Thébains, à la bataille de Mantinée ; mais il s'eft trompé, car il en mit d'un côté & de l'autre. *Voyez Xénophon, liv. VII.*

aux pieds des chevaux, foit par la cavalerie ennemie, foit
même par celle qui de la feconde ligne s'avançeroit dans
le deffein de les fecourir : d'ailleurs cette feconde ligne
feroit bien gênée dans tous fes mouvemens, par ces pelotons qui fe trouveroient directement placés dans les vuides qu'elle viendroit occuper.

En parcourant toutes les circonftances d'une de ces occafions où il paroît avantageux d'employer un pareil mêlange, on ne voit pas qu'il y en ait une feule dans laquelle il puiffe produire un bon effet. D'abord avant que
les efcadrons en viennent aux mains, il n'y a pas d'apparence que les pelotons, s'ils font placés derriere eux, puiffent faire feu ; fi on les place fur les flancs de ces efcadrons, ce qu'il n'eft pas raifonnable de penfer, leur feu
devient non feulement inutile par le trop grand éloignement, mais il peut encore être nuifible, parce que le feu
& le bruit mettent les chevaux dans une agitation capable
de défunir l'efcadron, & que les cavaliers incommodés
par la fumée, auroient de la peine à fe rallier s'ils étoient
une fois rompus. De plus, lorfque les efcadrons font en
carriere ou qu'ils font mêlés, le feu de la moufqueterie
devient impraticable, & celui de pelotons contre pelotons,
loin d'être d'aucun bien à l'une ou à l'autre cavalerie, ne
peut qu'être très-dangereux pour toutes deux.

Les perfonnes qui fe font déclarées en faveur de ce
mélange, n'ont pas fans doute prétendu qu'il pût être
d'aucune reffource en cas de déroute : car il ne feroit pas
raifonnable de fuppofer qu'une cinquantaine de pelotons
compofés chacun de vingt ou vingt-cinq Grenadiers, abandonnés par leur cavalerie, & réduits en cet inftant à ne
fe fervir que de la bayonnette, pût tenir contre toute une
aîle de cavalerie victorieufe. Ce mélange eft donc abfolument inutile en cas d'accident : le vainqueur même n'en
fçauroit tirer aucun fruit, par l'impoffibilité qu'il y a que
des fantaffins puiffent fuivre une cavalerie au galop, &
même (en fuppofant que la chofe fût poffible) ces fantaffins ne feroient qu'augmenter le défordre inféparable de

la pourfuite, ils jetteroient la confufion dans leur propre
çavalerie, & l'empêcheroient de fe rallier; de forte que
malgré fa victoire il y auroit encore tout à craindre pour
elle, au cas de quelque attaque fubite & imprévue de
l'ennemi. Il fuffit de fçavoir ce que c'eft que la fougue de
la cavalerie, pour comprendre combien eft mauvais le
mélange des pelotons d'infanterie avec elle.

Il eft vrai que les Anciens ont quelquefois employé le
mélange (1) de l'infanterie avec la cavalerie dans les batailles; ils formoient pour cela de jeunes gens légers &
difpos, & qui égaloient ou furpaffoient même à la courfe
les chevaux les plus vîtes. On les appelloit *Vélites* (2);
ils avoient pour armes le bouclier, l'épée & le javelot,
& on les plaçoit chacun entre deux chevaux : mais malgré toutes les précautions, nous ne voyons pas qu'ils aient
tiré grande utilité de ce mélange, puifque du temps de
Végece, qui écrivoit fous le jeune Valentinien, c'eft-à-
dire, vers le milieu du quatriéme fiecle, il y avoit déja
long-temps que cette méthode n'étoit plus en ufage (3).
Nous ne voyons pas même qu'aucune nation s'en foit faite
une regle : en effet, l'Hiftoire ancienne & la moderne
nous fourniffent quantité d'événemens qui n'ont été malheureux que par cette difpofition. Ce fut-là en partie la
caufe de la perte de la bataille du Téfin. Les Carthaginois,
dit l'Hiftorien, venoient de paffer les Alpes : leur infanterie haraffée d'une marche fi longue & fi pénible, ne pouvant pas leur être d'un grand fecours, ils s'avancerent
avec leur feule cavalerie. Scipion, qui leur étoit inférieur

(1) On en voit un exemple, l'an de Rome 542. Elle fut employée contre la cavalerie de Campanie. Les Gaulois uferent de cette maniere de combattre. *T. Livi.
lib. VII, XLII.*

Les Germains la conferverent long-tems. *Tacite, de morib. Germ. Cæfar. de
bello Gallico.*

Salufte fait mention de ces Vélites mêlés avec de la cavalerie dans la guerre de
Jugurtha.

Hirtius, *Bell. Afric.* dit que les Numides fe fervoient de ce mélange de troupes.

Valere Maxime attribue l'invention du mélange des deux armes au Centurion
Q. Nævius; il ignoroit apparemment que les Grecs l'avoient employé, comme
on peut voir, à la bataille de Mantinée.

(2) *Quafi volitantes.*

(3) Cet Auteur, en parlant de ce mélange, dit *more Veterum.*

de ce côté, croyant réparer ce défaut, s'avisa de mêler de l'infanterie parmi la sienne ; mais au premier choc ces armés à la légere, épouvantés par la cavalerie Carthaginoise qui venoit sur eux, plierent & s'enfuirent par les intervalles qui séparoient les escadrons, & les Numides enveloppant ces gens de trait, qui d'abord avoient échappés à la cavalerie, les foulerent aux pieds des chevaux (1). Cet événement & quantité d'autres dont l'histoire est pleine & que nous ne rapporterons pas, pour ne point passer les bornes que nous nous sommes prescrites, sont sans doute ce qui fit revenir les Romains de ce mêlange, & qui le leur fit abandonner pour jamais.

Les Généraux modernes qui ont voulu se servir de cette méthode, ne s'en sont pas mieux trouvés. Dans la campagne de 1674, M. de Turenne, inférieur en cavalerie, au combat de Sintzheim, & qui de plus avoit contre lui l'avantage du terrein, crut, comme avoit fait Scipion en pareil cas, pouvoir suppléer à ces désavantages, en jettant quelqu'infanterie parmi ses escadrons ; mais cela ne lui réussit pas mieux qu'au Général Romain : huit escadrons qu'il avoit ainsi mêlangés, furent défaits. Il changea sa disposition, & les ennemis furent obligés de faire retraite. Ce grand Capitaine, qui avoit été quarante-cinq ans à la tête des armées, n'avoit trouvé pendant tout ce temps, que deux occasions où il crut devoir mêler de l'infanterie avec la cavalerie : dans la premiere nous venons de voir que sa cavalerie fut enfoncée ; & dans la seconde, à la bataille d'Ensheim, qui arriva la même campagne de 1674, cinq cens grenadiers qu'il avoit mêlés parmi ses escadrons, n'y faisant rien, il les en fit sortir pour leur faire attaquer un bois où les ennemis s'étoient retranchés.

Le Grand Condé ne tira pas plus d'avantage de cette disposition à la bataille de Rocroy : (2) aussi ne voit-on pas que depuis il en ait fait aucun usage. Que conclure donc

(1) Polybe, liv. III, ch. XIII.
(2) Voyez le Chapitre de la bataille de Rocroy.

de tous ces exemples ? finon que le mêlange de l'infanterie avec la cavalerie ne fçauroit être d'aucune utilité ,
& que ce n'eft pas fans raifon qu'on ne s'en fert plus.

Si l'on eft plus foible en cavalerie , ce n'eft point à
cette difpofition qu'on doit avoir recours ; mais il faut
éviter avec foin d'être forcé à donner bataille en plaine ,
& tâcher d'attirer fon ennemi dans un pays coupé. Que
fi malgré toutes les précautions prifes pour éviter la bataille , on fe trouve dans la néceffité de la donner , il eft
plufieurs moyens de fuppléer à l'infériorité de fa cavalerie , foit en n'en faifant qu'une feule aîle , (de maniere
cependant que le flanc de l'infanterie dégarni de cavalerie , foit à couvert par la fituation des lieux (1) ,) foit en
difpofant fes efcadrons en forme de coin ou de tenailles ,
mettant aux pointes l'élite ; on pourroit encore former
deux aîles de cavalerie en ordonnant fon front en ligne
oblique , dérobant les gauches. Enfin quand on eft bien
inférieur en nombre d'efcadrons, on les met dans les intervalles de la premiere & feconde ligne , ou bien l'on en fait
un corps de réferve. Mais un avantage que le petit nombre peut fe procurer contre le grand , c'eft qu'il attaque
le premier , avant même que l'autre ait eu le temps de fe
former en bataille ; alors la confufion eft d'autant plus
grande du côté du plus nombreux , que ce nombre eft
plus confidérable , & la réfolution des attaquans plus vigoureufe.

Des Chevaux de Frife.

Les chevaux de frife ont été fouvent d'un grand fecours
aux ennemis foibles de cavalerie , contre la nôtre fupérieure. On a vu tout récemment le Roi de Sardaigne s'en
fervir avec utilité à la bataille de Coni (2). Plufieurs nations s'en fervent dans les armées , tels que les Polónois ,
les Mofcovites : ces derniers euffent été défaits en 1711
par les Turcs , en Crimée , s'ils ne fe fuffent retranchés au

(1) Bataille de Pharfale.
2.) Le 30 Septembre 1744.

moyen de plufieurs rangs de chevaux de frife. A la bataille
de Morat (1), il y eut des chevaux de frife; les Suiffes refuferent de s'en fervir, parce que, dirent-ils, *ils vouloient
combattre franchement.*

On ne voit pas que les Grecs fe foient fervis de chevaux de frife; mais ils font fort anciens chez les Romains:
ils ont été inventés par Urbicius, du temps de l'Empereur
Anaftafe, qui vivoit fur la fin du quatrieme fiecle. Le
Livre que nous avons de lui a pour titre : *Urbici inven-
tum five commentum ingeniofum quo pedites Romani Barba-
rorum equeftres copias debellare fecurè poffunt.*

CHAPITRE XXVIII.

De la ligne tant vuide que pleine, & de la ligne pleine.

ON demande fi l'on formera les lignes d'une armée
pleines, ou tant pleines que vuides, & quelle fera la diftance entre chaque corps?

A confulter d'abord l'antiquité, il paroît que les Grecs
ne laiffoient point de diftance entre les différens corps
dont leur phalange étoit compofée : on ne découvre
même aucun intervalle fenfible entre la phalange & les
aîles de cavalerie; & leur conftance à conferver cet ufage
fur toute forte de terrein, leur a été très-fouvent funefte.
Les Romains fuivirent auffi la même méthode dans leurs
commencemens, & combattirent fur une feule ligne pleine:
mais ils quitterent cet ordre vers la fin du quatrieme
fiecle (2), & depuis fe formerent prefque toujours fur trois
lignes, tant pleines que vuides, plaçant les troupes de la
feconde vis-à-vis les intervalles de la premiere, & celles
de la troifieme plus éloignée, vis-à-vis des intervalles de
la feconde; difpofition qu'ils n'ont changée que lorfqu'ils

(1) En 1476.
(2) Tite-Live.

étoient forcés d'ouvrir un libre paſſage aux éléphans qu'on leur oppoſoit (1) ; cet ordre en quinconce, autrement dit ſpirale, fut négligé depuis le regne de Trajan. Végece, en décrivant l'ordonnance d'une armée, ne déſigne aucun intervalle entre les manipules & les cohortes. Il dit ſeulement que chaque homme occupe trois pieds de front, & qu'il y a ſix pieds d'un rang à l'autre : partant de ce principe il forme un rang de mil ſix cens ſoixante-ſix hommes ſur mille pas (2) : d'où il paroît évident que l'uſage de ſéparer les troupes de chaque ligne par des intervalles égaux à leur front, n'étoit plus ſuivi du temps de l'Empereur Valentinien II. On ne ſçauroit fixer poſitivement l'époque du renouvellement de l'ordre en quinconce : tout ce qu'on en peut dire ici, c'eſt qu'il eſt probable que la facilité qu'il procure dans les mouvemens & les manœuvres des différens corps, l'ont fait revivre & paſſer juſqu'à nous.

La réflexion & l'expérience ont démontré que les intervalles étoient trop grands, quant à l'infanterie, lorſqu'ils étoient égaux au front de chaque bataillon. Les ſentimens de tous les Officiers éclairés ſe ſont réunis à préférer une moindre diſtance d'une troupe à l'autre (3) : une ſeconde ligne d'infanterie n'étant jamais d'une grande utilité, il vaut mieux que la premiere ſoit plus forte : l'autre trop éloignée ne ſçauroit la ſecourir aſſez promptement lorſqu'elle a été rompue, ni profiter du déſordre où l'ennemi ſe trouve au moment même de ſon avantage. Enfin une ſeconde ligne d'infanterie ne doit être regardée que comme une réſerve, un point de ralliement, puiſque ſon feu n'eſt d'aucun effet, & qu'elle ne peut ni protéger les flancs de la premiere, ni attaquer ceux de l'ennemi.

Il n'en eſt pas de même de la cavalerie : les uns veu-

---

(1) Polybe, batailles de Tunis, de Zama, &c.
(2) Le pas étoit de cinq pieds Romains.
(3) L'Ordonnance du 17 Février 1753, ſur le ſervice de l'infanterie en campagne, établit qu'il y aura vingt pas d'intervalle entre le camp de chaque bataillon.

fent qu'on laiffe, fuivant l'ufage, entre les efcadrons des intervalles égaux à l'étendue de leur front ; d'autres, qu'ils foient réduits à la moitié ou au tiers ; les troifie-mes (1) enfin font du fentiment que « quand on a affez » de troupes pour former la ligne pleine, il n'y faut pas » manquer. »

Il y auroit moyen de réunir les fentimens différens, en confervant, fuivant l'ancienne coutume, dans les lignes de cavalerie, des intervalles égaux au front des efcadrons.

Deux de ces lignes, dont les vuides égalent les pleins, & dont les efcadrons de la feconde font placés vis-à-vis les intervalles de la premiere, peuvent facilement former une ligne pleine au moment de la charge : il fuffit pour cela que les deux lignes s'ébranlent en même-temps, la premiere allant au petit pas & la feconde au trot : par cette marche combinée, la ligne fera pleine en arrivant à l'ennemi, & aura fur la fienne beaucoup d'avantage, fi elle la trouve tant vuide que pleine, puifque combattant avec un nom-bre deux fois plus grand, elle pourra la prendre en front, en flanc & en queue : car de partir la ligne pleine & d'arriver tous enfemble, cela eft prefque impraticable ; la ligne flotteroit, creveroit, & feroit bientôt rompue ; d'ailleurs il y a tant de difficulté de terrein à furmonter, qu'on ne doit jamais efpérer d'en trouver d'affez vafte & d'affez uni pour le parcourir avec toute une ligne pleine de cavalerie.

Quant à ce qu'on propofe de réduire les grandes diftances à la moitié ou au tiers de la longueur de l'efcadron, il feroit aifé de le faire, en les confervant encore égales au même front. Il n'y auroit qu'à garnir chaque intervalle de petites troupes, foit de cavaliers, foit de carabiniers, ou même de huffards & dragons, pour ne pas affoiblir les efca-drons : cette méthode de remplir les vuides ne pour-roit être que très-bonne à bien des égards, mais plus par-

(1) Le Maréchal de Puyfegur.

ticuliérement en ce qu'elle ne diminueroit en rien la seconde ligne de cavalerie, qui est de la plus grande nécessité dans les batailles, dont elle protege le corps : c'est elle qui, toujours en escadrons formés, prend l'infanterie ennemie par les flancs & par les derrieres, tandis que la première ligne est à la poursuite de la cavalerie ennemie, ou occupée à se reformer après l'avoir mise en fuite.

De deux armées en présence, égales en nombre d'escadrons, qui auront l'un & l'autre leur front d'égale étendue, celle qui réduira ses intervalles à moitié, aura sa ligne d'un quart moins longue que son ennemi, lequel aura l'avantage, en la débordant, de pouvoir l'embrasser & la prendre par ses flancs & par ses derrieres.

Si dans les deux armées, l'une avoit ses escadrons sur trois rangs, & l'autre sur deux, celle-ci en ne donnant que moitié d'intervalle, auroit encore sa ligne plus étendue que la premiere : cela est vrai ; mais son ordre de bataille seroit bien plus mince, & il y auroit d'ailleurs de grands défauts, 1°. en ce que plus une ligne a d'étendue, & plus elle doit avoir d'épaisseur, ce qui lui manqueroit alors : 2°. en ce que plus les escadrons sont étendus sur leur front, plus il leur faut de terrein pour manœuvrer ; car lorsque les escadrons qui ne font que sur deux rangs, sont forcés de plier, ce qui leur arrive immanquablement, occupant dans leur retraite un très-grand espace, ils ne pourront se retirer sûrement par les intervalles de la seconde ligne, s'ils ne sont fort larges ; & se renversant sur elle, ils la rompront, au lieu d'aller se reformer derriere.

Il paroît donc préférable dans tous les cas de faire les intervalles égaux au front des escadrons disposés sur trois rangs, plutôt que de former la muraille & ne lui donner que deux rangs.

S'il est essentiel à la cavalerie d'avoir un corps de réserve, il lui sera bien plus avantageux d'en avoir deux ; & c'est les avoir que de la former plutôt sur deux lignes tant pleines que vuides, que sur une seule pleine : les

reſſources en ſont doubles ; d'ailleurs la cavalerie d'une
ſeconde ligne n'a pas à craindre, comme celle de la premiere, d'être incommodée du feu de la mouſqueterie,
ce qui la conſervant entiere & en ordre, la doit rendre
ſupérieure à des corps qu'une premiere attaque a néceſſairement dérangés.

CHAPITRE XXIX.

Des Réſerves.

LES réſerves ſont compoſées de ce qu'il y a d'élite, tant
en infanterie qu'en cavalerie : leur objet eſt de ſe porter
promptement aux endroits où l'on eſt trop vivement
preſſé ; de boucher les vuides que le déſordre peut occa-
ſionner ſans qu'il faille dégarnir le front, ni changer la
diſpoſition générale ; & de voler enfin partout où il eſt
néceſſaire d'oppoſer un corps frais & bien formé pour
arrêter les progrès de l'ennemi, ou pour en accélérer la
défaite. Comme le ſuccès de ces opérations dépend beaucoup de la diligence, (1) on y emploie d'ordinaire un grand
nombre de cavalerie.

L'uſage des réſerves eſt très-ancien : Xénophon (2) en
fait remarquer dans l'ordre de bataille ſur lequel Cyrus
combattit à Thymbara contre Créſus, & remporta cette
mémorable victoire qui précipita le Roi de Lydie du trône
dans les fers. Cyrus rangea à la queue de ſon armée &
derriere les bagages, deux corps compoſés l'un & l'autre
de mille hommes d'infanterie & d'autant de cavalerie : il
joignit à ces troupes celle des Chameaux, & ordonna aux
Chefs de ſe tenir prets à charger. En effet un de ces corps
& celui des Chameaux s'étant avancés preſqu'auſſitôt que

(1) *In rebus bellicis celeritas ampliùs ſolet prodeſſe quàm virtus.* Veg. lib. IV,
cap. XXXI.
(2) Cyropédie, liv. VI & VII.

l'affaire fut engagée, tomberent sur les flancs de l'aîle gauche de Crésus, & la défirent entiérement.

On pourroit conclure de la difposition de Cyrus, que dans ces temps reculés les réserves avoient deux emplois: elles servoient d'abord à garder les bagages & les derrieres d'une armée, d'où sortant ensuite, ainsi que d'une embuscade, elles se développoient sur les flancs, & accabloient inopinément l'ennemi. Quoi qu'il en soit, Végece en attribue l'invention aux Lacédémoniens : ce qu'il y a de certain, c'est que les Carthaginois apprirent d'eux à s'en servir, que les Romains adopterent depuis la même méthode, & qu'ils la trouverent si utile, qu'ils n'en quitterent jamais l'usage.

Rien n'est plus essentiel dans les batailles que des corps de réserve. Ils ont souvent ramené la victoire dans une armée, malgré le mauvais succès des premieres attaques, & au moment d'une défaite qui paroissoit inévitable. Végece en exprime avec force la (1) nécessité ; il conseille même, si l'on n'a pas (2) assez de troupes, de diminuer l'étendue de son front de bataille, pour se ménager des réserves plus considérables. « C'est une maxime (3) que » toute troupe, quelque grosse qu'elle soit, si elle a com- » battu, est en tel désordre que le moindre qui survient, » est capable de la défaire absolument ; tellement que le » Chef d'armée, qui peut conserver le dernier quelques » troupes sans avoir combattu, doit avec icelles rem- » porter la victoire. »

Souvent nos réserves ne consistent qu'en un seul corps de troupes mêlées ; c'est qu'apparemment on se regle encore sur la maniere dont on les formoit lorsque nos armées étant moins fortes, & les bataillons combattant sur plus de hauteur, le corps de bataille se trouvoit plus court : aujourd'hui que le front en est d'une fort longue étendue,

(1) *Hâc dispositione nulla melior invenitur.* Veg. lib. III., cap. XVII.
(2) *Melius est aciem habere breviorem, dummodò in subsidiis colloces plurimos.* Veg. ibid.
(3) Le parfait Capitaine, ouvrage d'Henri, Duc de Rohan, au Chapitre VII du Traité de la Guerre, pag. 211.

il feroit plus convenable de partager les réferves en trois corps, dont l'un placé derriere le centre, & hors de la portée du canon, ne devroit être compofé que de cavalerie. Par ce moyen il fera capable de fe porter rapidement dans une mêlée, où trouvant un égal défordre entre les vaincus & le vainqueur, il fera paffer la victoire dans fon parti, ou l'aidera à la rendre complette ; ou bien il le protégera, en cas qu'il foit trop preffé, & qu'il ait befoin d'un prompt fecours. De l'infanterie mife ainfi hors de la portée du canon, ne fçauroit avoir dans fon action la vîteffe qu'exigent toujours les occafions preffantes.

Les deux autres corps de réferve fe placeroient derriere les aîles de cavalerie, mais dans un certain éloignement : ils feroient compofés de bataillons en colonne, ou en coin, difpofition préférable : ces bataillons laiffant entr'eux de grands intervalles, ferviroient de point de ralliement, & arrêteroient la pourfuite de la cavalerie victorieufe de l'ennemi : ils avanceroient à mefure des progrès de l'aîle à laquelle ils fe trouveroient attachés, & la remplaceroient même fur la ligne pour défendre les flancs de l'infanterie : cet appui mutuel des deux armes, qui préviendroit ou arrêteroit avec promptitude tous les accidens, ne peut que rendre l'ordonnance générale plus ferme & plus affurée.

CHAPITRE XXX.

De la cavalerie dans les batailles. Relation de celle de Rocroy.

L'UTILITÉ de la cavalerie dans les batailles eft fi grande & fi générale, qu'il feroit difficile de faire l'énumération des fervices qu'elle peut rendre, & des avantages fans nombre qu'en peut tirer un Chef qui pofféde l'art de s'en fervir & les différentes manieres de l'employer : elle fert principalement à couvrir l'infanterie, à

la foutenir, la protéger, la fecourir, la remplacer, à découvrir l'ennemi, à lui cacher les difpofitions que l'on
fait, à obferver les fiennes, à le prévenir, à efcarmoucher ; c'eft la cavalerie qui attaque la premiere, c'eft elle
qui enveloppe, & il n'y a qu'elle qui pourfuive : le gain
ou la perte des combats dépend prefque toujours des
bonnes ou des mauvaifes manœuvres de la cavalerie ;
l'Hiftoire en fournit des exemples dans prefque toutes les
batailles mémorables : nous n'en choifirons qu'un feul ;
& il fuffira pour nous convaincre de cette influence de
la cavalerie fur le fort d'une action, c'eft celui de la bataille de Rocroy (1).

Bataille de Rocroy.

Dans cette journée célebre, qui fut en même-temps la
gloire & le falut de la nation Françoife, toutes les manœuvres de cavalerie furent exécutées avec autant d'ordre,
de précifion & de conduite, qu'elles pourroient l'être dans
un camp de difcipline par des évolutions concertées.
Jamais l'antiquité, dans aucune affaire générale, n'offrit
des traits de prudence & de valeur plus grands que
ceux qui ont fignalé celle-ci. Elle raffemble dans fes circonftances tous les événemens finguliers qui diftinguent
les autres batailles, & qui caractérifent les propriétés de
la cavalerie. Elle en a de plus qui lui font propres, &
nous devons la regarder comme un exemple d'autant plus
décifif, que dans cette bataille, affez récente pour que les
détails en foient connus avec certitude, on ne voit rien,
foit par rapport aux ordres des Généraux, foit par rapport
à la maniere de les exécuter, qui ne foit conforme, ou
du moins analogue à notre façon actuelle de fervir.

Louis de Bourbon, Prince de Condé (2), n'avoit pas

_____

(1) Le 19 Mai 1643.
(2) Les Auteurs qui ont parlé de la bataille de Rocroy, ont défigné ce Prince
fous le nom de Duc d'Enghien, qu'il ne devoit cependant plus porter : il y avoit
alors deux ans que fon pere étoit mort.

vingt-deux ans (1) accomplis, lorfqu'en 1643 Louis XIII lui confia le commandement de fon armée de Flandres : le Roi lui avoit donné le Maréchal de l'Hôpital pour Lieutenant Général, en lui prefcrivant de fuivre les confeils de cet Officier, qu'un mérite diftingué venoit d'élever au premier grade militaire : mais le Prince de Condé déféra plus à fes propres preffentimens, qu'aux avis du Maréchal, & cette fage indocilité fauva la France : elle fut juftifiée par un fuccès important qu'il fçut prévoir par juftefle fupérieure d'efprit, & mériter par la conduite la plus fçavante ; parce que cette fcience de la guerre, de laquelle feule on attend avec raifon les coups de maître, n'étoit pas en ce Prince le fruit tardif des années. Le génie lui tint lieu d'expérience : femblable à Scipion & à Annibal (2), mais encore plus jeune qu'eux, il devança dans la carriere de la gloire les plus habiles Généraux.

Vers la fin du mois d'Avril, le Prince fe rendit à Amiens où fon armée s'affembloit, & où il pouvoit être à portée d'obferver les mouvemens des Efpagnols. La derniere campagne leur avoit été favorable dans les Pays-bas : Dom Francifco de Mélos avoit repris Lens, Aire, la Baffée, & gagné la bataille d'Honnecourt. Fier de ces fuccès, il s'en promettoit de plus grands cette année, parce que la maladie défefperée de Louis XIII, & les intrigues de divers prétendans à la Régence & au Miniftere, lui faifoient efpérer que la Cour de France, remplie de cabale & de divifion, ne feroit point en état de s'oppofer à fes entreprifes. Ces conjonctures lui infpirerent le deffein de porter toutes fes forces du côté de la Champagne, & d'attaquer ainfi la plus foible & la plus mal pourvue de toutes nos frontieres : il comptoit fe faifir fans peine d'un pofte avantageux, en faire fa place d'armes, & delà pénétrer jufqu'au cœur du Royaume.

(1) Il étoit né le 8 Septembre 1621.

(2) Scipion avoit vingt-quatre ans lorfqu'il obtint le commandement de l'armée Romaine en Efpagne, & Annibal n'en avoit que vingt-trois lorfque l'armée Carthaginoife le nomma unanimement Général dans le même pays.

Après avoir caché durant quelque temps son véritable projet, sous le dessein simulé du siege d'Arras, il décampa des environs de Douay, & s'avança à grandes journées vers la Meuse. Le Prince de Condé n'eut pas plutôt appris le mouvement que Mélos venoit de faire, qu'il en prévit les suites, & résolut de tout hazarder pour rompre ses projets. Il détacha d'abord Gaffion avec deux mille chevaux, & le chargea d'observer la marche des ennemis, de pénétrer leur dessein, & de jetter du secours dans les places les plus exposées : ayant ensuite donné ses ordres pour accélérer la jonction des troupes qui devoient former son armée, il se mit en marche avec celles qu'il avoit auprès d'Amiens.

Le Prince sçut bientôt que les Espagnols avoient ouvert la tranchée devant Rocroy : à cette nouvelle il ne songea plus qu'à dégager la place assiégée. Sur ces entrefaites il reçut avis de la mort du Roi (1), mais il la cacha jusqu'à son arrivée à Bossu (2), où Gaffion vint l'instruire des opérations des ennemis, de la disposition des postes qu'ils occupoient, & de celle des lieux par où l'on pourroit y arriver.

Rocroi étoit alors la derniere de nos places frontieres du côté des Ardennes : elle est située au milieu & dans l'endroit le plus élevé d'une assez vaste plaine, environnée de tous côtés de grands bois marécageux, & dans laquelle on ne peut entrer que difficilement par de longs & pénibles défilés, où il faut nécessairement marcher en petites troupes : un corps des ennemis y étoit entré le 10 Mai, & Mélos l'ayant suivi peu de jours après avec le reste de son armée, il avoit établi ses quartiers autour de la ville, dans un terrein qui est plus sec que celui des bois : ayant fait quelques retranchemens, il s'étoit posté derriere ; ses principales forces occupoient le côté qui regarde les défilés, & ses postes étoient si bien disposés,

---

(1) Le 14 Mai.
(2) A quatre lieues du camp des Espagnols.

que rien ne pouvoit paroître dans la plaine qu'il n'en fût
averti sur le champ.

Malgré cette heureuse disposition des ennemis, Gassion,
à la tête de ses deux mille chevaux, avoit traversé les
bois & secouru la place (1), dont la perte, sans ce secours,
auroit été inévitable. Deux cens Dragons commandés par
de S. Martin (2) & Cimeterre (3), y étoient entrés pendant que Gassion avoit attiré à lui les assiégeans, & la
garnison, aidée de ce renfort, ayant en même-temps fait
une sortie, elle reprit une demi-lune & tous les dehors dont
les Espagnols s'étoient emparés.

On doit remarquer que ce fut par le moyen d'un grand
corps de cavalerie & de quelques dragons que Gassion
vint à bout de son entreprise : la cavalerie Espagnole étoit
trop nombreuse pour que de l'infanterie pût tenter seule
les approches de la place ; d'ailleurs elle en étoit trop
éloignée, lorsqu'on eut le premier avis du dessein des
ennemis, pour arriver assez tôt. Ce n'est pas le seul service important que rendit la cavalerie par la même opération ; elle procura à Gassion l'avantage d'observer de
près l'armée des Espagnols, & de rendre un compte si
exact de leur position, que le Prince fut en état de prendre contre eux les plus justes mesures, malgré les difficultés qui paroissoient insurmontables ; Gassion, chemin
faisant, couvrit aussi, au moyen de sa cavalerie, la marche d'un corps de troupes que conduisoit Gessvres, & en
facilita la jonction avec l'armée.

Le Prince de Condé, ayant ainsi reçu de Gassion toutes
les informations nécessaires, fit assembler un Conseil de
guerre. Il y déclara d'abord que le Roi étoit mort depuis
trois jours ; ensuite il prouva la nécessité de livrer bataille
dans cette conjoncture, si l'on vouloit soutenir la réputation des armes Françoises, sauver Rocroy, & prévenir
l'irruption dont le Royaume se voyoit menacé. Le Maré-

(1) Le 17 Mai.
(2) Capitaine au Régiment du Roi.
(3) Lieutenant des Gardes du Duc.

Z z

chal de l'Hôpital prétendit qu'il seroit très-dangereux d'attaquer un ennemi supérieur & maître de la campagne ; mais le Prince persista dans son avis : il représenta que les Espagnols, comptant sur les troubles inséparables des commencemens d'une minorité, formoient déja les plus vastes projets, & regardoient Rocroy comme une porte qui leur ouvroit le chemin de Paris ; que cette Capitale se souvenoit de les avoir vu plus près d'elle (1) dans un temps moins orageux ; qu'il falloit, par une action d'éclat, appaiser les murmures du peuple, en faisant cesser les craintes, & arrêter la révolution générale que les cabales préparoient dans l'intérieur du Royaume. Le Prince ajouta que dans l'état où étoit la place, un petit secours seroit inutile, & que s'il étoit considérable, il affoibliroit trop l'armée, & ne serviroit peut-être qu'à augmenter le nombre des prisonniers ; qu'en risquant la bataille, les François avoient une ressource qui manquoit aux Espagnols : ceux-ci, en la perdant, perdoient tout, leur défaite devoit être complette, comme en effet elle le fut : les François au contraire se trouvoient dans leur pays, & les débris de leur armée, en cas d'échec, pouvoient joindre celle que le Maréchal de la Mailleraie commandoit dans le Bassigny, & tenir encore la campagne : il pouvoit arriver encore, si l'on présentoit la bataille, que l'ennemi levât le siege & se retirât : d'ailleurs l'armée étant très-leste, bien complette, & ne faisant que de sortir de ses quartiers, on devoit tout attendre du courage des François, qui n'est jamais plus grand qu'au commencement des campagnes, lorsqu'ils n'ont point encore souffert.

Malgré la solidité de ces raisons, l'avis contraire l'emporta d'une voix : mais le Prince étoit trop jaloux de sa gloire, dont l'intérêt se joignoit en ce moment à celui de l'Etat, pour souffrir que la perte d'une place prise sous ses yeux fût l'époque de son premier commandement. Il usa donc de son autorité, & déclara qu'il feroit le

_____

(1) A Corbie en 1636.

lendemain la revue générale de son armée, & qu'il marcheroit tout de suite aux ennemis : l'événement justifia
la sagesse de ses vues, & produisit une singularité qui est
échappée à nos Historiens, c'est que tous ceux qui, dans
le Conseil, s'opposerent à la bataille, y furent ou tués ou
blessés.

L'armée Françoise étoit composée de quinze mille
hommes d'infanterie, & d'environ sept mille de cavalerie :
outre le Maréchal de l'Hôpital, qui commandoit sous le
Prince, il y avoit trois Maréchaux de Camp, Gassion,
la Ferté-Senneterre & Despenan ; la Valliere faisoit les
fonctions de Maréchal de bataille, & la Barre commandoit l'artillerie.

Le Prince, en faisant sa revue, disposa ses troupes
dans l'ordre où elles devoient combattre (1) ; & ayant
renvoyé les équipages à Aubanton & à Aubigni, il fit
marcher l'armée en bataille jusqu'à l'entrée des bois, où
s'étant rompue par sa droite, elle se forma sur deux colonnes pour passer les défilés. Par cette manœuvre, qui
fut comme un exercice général, dont on ne sçauroit
trop faire usage avant une bataille, l'armée se déploya
facilement en entrant dans la plaine.

Le Général Espagnol (Dom Francisco de Mélos) étoit
un Chef habile & expérimenté. Il avoit huit mille hommes de cavalerie aux ordres du Duc d'Albuquerque, &
dix-huit mille hommes d'infanterie, dont le Comte de
Fontaine étoit Mestre de Camp général : cette infanterie
passoit pour la meilleure de l'Europe ; sa réputation étoit
fondée sur une infinité d'actions de valeur faites dans une
guerre de soixante-dix ans, qu'elle avoit soutenue sans
interruption contre les Hollandois.

On voit que la cavalerie des deux armées étoit très-
nombreuse par proportion avec l'infanterie : les deux
nations sçavoient combien elle est utile & nécessaire à

_____

(1) Epaminondas, avant la bataille de Mantinée, dit le Chevalier Folard, fit sa
marche dans l'ordre où il vouloit combattre, afin de ne point perdre de temps
dans la disposition de ses troupes lorsqu'il arriveroit sur le champ de bataille.

la guerre, & furtout dans les batailles ; en effet elle décida feule de celle-ci.

Le Général Efpagnol joignant à des forces fupérieures
l'avantage des lieux, pouvoit aifément défendre l'entrée
de la plaine aux François ; il n'avoit qu'à s'emparer des
deux défilés qu'ils devoient paffer. Peu de gens les euffent
bien défendus, & le temps qu'on eût mis à les difputer,
lui auroit vraifemblablement fuffi pour fe rendre maître
de la place. Rocroy n'avoit d'autres fortifications que cinq
baftions de terre & quelques demi-lunes fraifées ; & avant
le fecours que Gaffion y avoit jetté, la garnifon ne confiftoit qu'en quatre cens hommes, prefque dénues de
vivres & de munitions : le Gouverneur Goffreville étoit
malade & à l'extrêmité ; & la Lieutenance de Roi étoit
vacante : c'étoit Pierre de Noel qui y commandoit en fa
qualité de Major, & qui défendit la place avec courage (1) ; mais malgré fa réfiftance, à peine pouvoit-elle
tenir encore un jour.

Soit que Mélos efpérât tout de la grande difcipline &
de la valeur de fes troupes, foit que la jeuneffe du
Prince le rendît moins précautionné, foit que portant
plus loin fes vues, il voulût donner aux François la liberté de s'enfermer dans cette vafte enceinte de bois,
foit enfin que par cet efprit de lenteur fi connu à ceux de
fa nation, il eût trop différé à prendre les mefures convenables, il ne défendit point les défilés, & fembla chercher par fa conduite à favorifer les projets du Prince.

Dès que l'armée Françoife approcha de l'entrée des bois,
on en détacha cinquante croates pour percer le défilé de
Fors, & pour reconnoître s'il étoit gardé ; Gaffion les fuivit
à la tête de l'avant-garde compofée du régiment des fufi-

---

(1) Il en fut depuis Lieutenant de Roi, & obtint des Lettres de Nobleffe en
1647, où il eft dit en termes exprès : « que le fieur Pierre Noel ayant été fait
» Major dans Rocroy, il regagna pendant le fiege une demi-lune prife par les
» ennemis, ayant tué ou fait prifonnier tout ce qu'il rencontra, & par cette
» belle action reculé la prife de cette ville, & contribué beaucoup à donner le
» temps au fecours, qui par une fameufe bataille conferva la place, ruina les
» troupes ennemies, l'appui de la Flandre.

liers à cheval, d'un escadron du régiment Royal & des
Gardes du Prince : on ne trouva qu'une garde ordinaire
de cinquante hommes, qui fut poussée jusque dans son
camp : pour peu qu'elle eût fait de résistance, elle auroit
donné sans doute à Mélos le temps de la faire soutenir,
& peut-être celui de défendre le défilé, & de s'y maintenir : effectivement cette faute, qui fut en partie cause de
la défaite des Espagnols, prouve que le service des gardes
ordinaires est de la premiere importance. (1)

Tandis que Mélos rassembloit ses quartiers, & faisoit
ses premieres dispositions, Gassion envoya de Chevers,
Maréchal général de la cavalerie, informer le Prince
que les défilés étoient libres : le Prince partit à l'instant, & fit avancer légérement sa cavalerie de l'aîle
droite, où étoient les régimens du Roi, de Gassion, de
Lenoncourt, de Coaslin & de Sully. Il déploya ces corps
à mesure qu'ils arriverent dans la plaine ; & voyant qu'une
troupe de cavalerie ennemie occupoit une éminence qui lui
étoit nécessaire pour étendre le front de son armée, & que
d'ailleurs elle l'observoit de trop près, il l'en fit chasser
par un corps de cuirassiers & de croates commandés par
Vassau, s'y établit, & disposa si bien sa cavalerie, qu'elle
ôtoit aux ennemis la vue de ses derrieres, ainsi que des
mouvemens que faisoient ses troupes en débouchant les
défilés.

De cet avantage, le Prince tira celui de sauver son
armée d'un péril évident qu'elle couroit alors, si elle eût
été attaquée : mais le Général Espagnol, incertain & craignant une embuscade, perdit par son irrésolution un
temps précieux & l'occasion de remporter la victoire. On
peut dire qu'il n'osa vaincre, puisqu'avec l'avantage des
circonstances, celui de sa position & celui de la situation

(1) En 1747, une pareille faute facilita le siege de Berg-op-zoom : le Capitaine
qui commandoit l'avant-garde de l'armée Françoise, enleva les grandes gardes
qu'avoient en avant les ennemis, lesquelles, si elles se fussent défendues, auroient
donné aux ennemis le temps de s'établir en avant, & auroient mis le Général
François dans le cas de livrer bataille, & d'en courir les risques, comme il l'a souvent répeté à ce Capitaine.

du terrein, il lui étoit très-facile de défaire en détail
l'armée Françoise, dont les différens corps marchant partie dans la plaine, partie dans les bois, dans des marais,
ou dans les défilés, pouvoient être pris de toutes parts,
sans qu'il fût possible aux uns de prêter du secours aux
autres : les Espagnols pouvoient marcher aux François sur
un plus grand front que le leur, parce que l'ouverture des
défilés s'élargissoit vers la plaine, & alloit en diminuant
dans l'extérieur du bois. Cependant Mélos s'en tint à une
légere escarmouche ; il croyoit par ce moyen découvrir
ce qui se passoit derriere les escadrons du Prince : mais il
trouva trop de difficulté, & il n'osa s'engager plus avant,
ne soupçonnant pas qu'un corps de cavalerie si considérable eût passé les défilés sans être soutenu par de l'infanterie : il avoit aussi fallu un certain temps à Mélos pour
déboucher de ses lignes, & se former en bataille. Le
Prince profita du temps que lui donna ce foible combat
pour faire entrer avec diligence dans la plaine la plus
grande partie de ses troupes. Cette circonstance fut avantageuse à chacun des deux partis, & doit faire sentir la
nécessité d'avoir des troupes légeres.

Les deux Généraux concourant au même but, s'occuperent ensuite à ranger leurs armées en bataille : ils vouloient la livrer le même jour (1) ; comme il n'étoit que
deux heures après-midi, & qu'ils avoient l'un & l'autre
beaucoup de cavalerie, il leur restoit assez de temps pour
la terminer avant la nuit.

L'armée Françoise fut rangée sur deux lignes, soutenue
d'un corps de réserve ; elle occupoit un terrein spacieux
& plus élevé que celui des environs : la droite demeura
postée sur la hauteur dont le Prince s'étoit emparé ; la
gauche se terminoit à un marais & à un bois, qui dans
cet endroit n'étoit pas fort épais : il y avoit une autre hauteur vis-à-vis celle qu'occupoit l'aîle droite, & au dessous
étoit un bois taillis. Mélos plaça sa gauche sur cette hau-

(1) Le 18 Mai.

teur, & fit entrer mille Mousquetaires dans le bois taillis;
le reste de son armée s'étendit comme celle du Prince, &
se forma aussi sur deux lignes, mais sans réserve. Dans les
deux armées la cavalerie fut mise sur les aîles (1), & l'infanterie au centre : ce fut de tous les temps la place la plus
ordinaire de l'une & de l'autre; la qualité de la cavalerie,
ses propriétés ordinaires semblent exiger qu'elle soit dans
l'extérieur : il est cependant des occurrences qui obligent
quelquefois de changer cet ordre, & de varier, suivant les
temps & les lieux, la distribution de chaque armée, oppo-
sant la plus forte contre la plus foible, en dérobant la plus
foible à la plus forte; c'est à la sagacité du Général à le
faire avec avantage, & c'est toujours du bon parti qu'il
sçait prendre dans ce cas, que dépend certainement le
succès des affaires.

On voyoit entre les deux armées un enfoncement en
forme de vallon; & il y avoit une demi lieue du champ
de bataille à Rocroy. La bataille se termina cependant à
la vue de cette place, à cause des mouvemens qui en rap-
procherent les deux armées.

Le Prince, après avoir parcouru tous les rangs, & augmenté par ses discours l'ardeur du soldat qu'animoit déja
sa présence, donna pour mot de ralliement *Enghien*, &
se mit à la tête de l'aîle droite, ayant Gassion sous lui.
Le commandement de l'aile gauche fut donné au Maréchal de l'Hôpital qui se mit à la premiere ligne, & la
Ferté-Senneterre à la seconde. Despenan commanda l'infanterie, & Sirot, Mestre de camp de cavalerie, le corps
de réserve. Les troupes légeres, les dragons, les carabiniers, les fusiliers à cheval, les gardes du Prince & ceux
du Maréchal furent jettés en avant & en dehors des deux
aîles, comme aux postes qui convenoient le mieux à leur
espece de service.

Lorsque le Prince, après la revue de son armée se fut mis
en marche pour s'approcher de l'ennemi, il avoit eu la

_____

(1) *Alæ dicuntur ab eo quòd ad similitudinem alarum ab utrâque parte protegant
acies.* Veg. *de re milit.* lib. 11, cap. 1.

précaution de placer dans les intervalles de ses escadrons des pelotons de cinquante Mousquetaires , parce que sa cavalerie devoit passer des bois & des défilés difficiles : comme il ne paroît pas que cette infanterie ait été d'aucun usage dans la bataille , on doit conjecturer que ces deux armes furent bientôt séparées , ou parce que la raison qui les avoit fait joindre ne subsistoit plus , ou parce que le Prince connut en cette occasion que le mélange en est au moins inutile , si même il n'est pas bien souvent dangereux : aussi l'Histoire ne dit-elle point qu'il s'en soit servi depuis.

On se canonna de part & d'autre pendant que les deux Généraux mettoient leurs troupes en bataille : celles du Prince furent extrêmement incommodées par le canon des Espagnols dont l'Artillerie étoit plus nombreuse & mieux servie que la nôtre , & qui d'ailleurs , maîtres du lieu depuis plusieurs jours , avoient eu le temps d'établir avantageusement leurs batteries ; près de deux mille hommes furent mis hors de combat du côté des François, ils conserverent cependant avec fermeté le terrein qu'ils occupoient , & le Prince continua de faire ses dispositions.

Il étoit six heures du soir , & la réserve paroissant dans la plaine , l'armée Françoise se préparoit à donner , lorsqu'il se fit une manœuvre trop hazardée qui l'auroit exposée à une défaite certaine , si le Général Espagnol avoit été plus actif. La Ferté-Senneterre commandoit seul dans ce moment l'aîle gauche en l'absence du Maréchal de l'Hôpital qui étoit allé prendre les ordres du Prince : toujours plein du premier projet de jetter du secours dans la Place, il crut avoir trouvé l'occasion de l'exécuter : le marais avoit été reconnu praticable en plusieurs endroits : en conséquence il le fit passer à toute la cavalerie de sa première ligne & à cinq bataillons ; ce qui donnoit aux ennemis une ouverture de deux mille pas entre le marais & le flanc gauche de l'infanterie Françoise qui restoit à découvert , dénué de cavalerie. Le Prince en ayant eu avis , se porta aussi-tôt à l'aîle gauche , & fit remplir le vuide de la premiere

miere par la cavalerie de la feconde, en attendant que la
Ferté, à qui il avoit envoyé ordre de revenir fur fes pas,
eût repaffé le marais. L'occafion etoit belle pour les Efpagnols, fi leur ordre de bataille eût été affuré : ils firent
mine d'en vouloir profiter ; leurs trompettes fonnerent, &
ils fe mirent en mouvement : mais dès qu'ils crurent s'appercevoir que la Ferté étoit repaffé, ils firent halte, & les
troupes de la Ferté ayant repris leur premier pofte avant
la nuit, cet accident ne fit que retarder la bataille : il
donna toutefois aux Efpagnols l'avantage de gagner du
temps & du terrein pour mieux difpofer leur feconde ligne
qui étoit trop ferrée, & pour y établir un meilleur ordre
que celui que la précipitation les avoit forcé de prendre.
La nuit qui fut obfcure établit une efpece de treve entre
les deux armées ; les gardes d'infanterie avoient relevé
celles de cavalerie, fuivant le principe ordinaire de mettre
la cavalerie en avant durant le jour, & l'infanterie pendant la nuit : ces gardes fe parlerent, & il regna entr'elles
une fi grande tranquillité, qu'on fe feroit cru plutôt à la
veille d'une fufpenfion d'armes qu'au moment de livrer
une fanglante bataille. La place & la tranchée paroiffoient
cependant toutes en feu ; on les voyoit pardeffus le camp
des Efpagnols.

On éveilla le Prince dès que le jour parut (1) ainfi qu'il
l'avoit ordonné. Il étoit plongé dans un profond fommeil :
fa valeur intrépide lui infpiroit la plus grande fécurité ; la
guerre étoit en quelque forte pour lui un état naturel,
comme pour Alexandre qu'on trouva de même endormi
fur le point de donner la célebre bataille d'Arbelles, &
qui répondit à ceux qui lui en témoignerent leur furprife,
« qu'il ne faifoit que prévenir de quelques momens le
» terme de fes travaux ». (2) Le Prince fut bientôt à cheval ; & après avoir fait donner le fignal du combat, il fe
mit à la tête de la premiere ligne de cavalerie de fon

(1) Le 19 Mai, à trois heures du matin.
(2) Philippe Augufte dormoit lorfqu'on vint l'avertir pour la bataille de Bou-
vines.

aîle droite, alla environner le bois où étoient les mille Mousquetaires Espagnols, & les chargea avec tant de vigueur qu'il les défit entiérement : tous demeurerent sur la place sans qu'il en échappât un seul, pour porter au Duc d'Albuquerque, qui commandoit l'aîle gauche des ennemis, la nouvelle de cette défaite. Ce premier exploit du Prince étoit nécessaire pour assurer ses autres entreprises : tant que cette infanterie auroit occupé le bois, il ne pouvoit joindre d'Albuquerque sans exposer sa cavalerie à un feu de mousqueterie, qui la prenant de tous côtés, l'eût infailliblement rompue. L'infanterie Espagnole étoit dans un lieu retranché naturellement & presqu'inaccessible à de la cavalerie : mais on voit par-là que rien n'est difficile à la cavalerie, quand elle est conduite par un chef tel que le grand Condé. Ce premier succès influa sur toutes les opérations de la journée.

Quelque bonne que soit la cavalerie, elle ne sçauroit conserver ses rangs pendant un combat opiniâtre, surtout si ce combat se donne dans un bois ; celle-ci étant rompue, il falloit quelque temps pour la reformer : le Prince qui n'en vouloit point perdre, chargea Gassion de cette opération, en lui ordonnant de tourner ensuite sur sa droite à la faveur du bois pour aller prendre l'ennemi en flanc. Pour lui il fit avancer la cavalerie de la seconde ligne, & marcha droit au Duc d'Albuquerque, en laissant à sa main droite le taillis : Gassion agit avec cette diligence qu'on ne peut attendre que de la cavalerie.

A peine le Prince commençoit-il à charger de front la cavalerie Espagnole que Gassion parut sur son flanc gauche : Albuquerque fut d'autant plus étonné, qu'ignorant la perte de ses mille Mousquetaires, il n'avoit pris aucune mesure pour en prévenir les suites : cependant il se présenta bien ; mais ébranlé par une double attaque, & obligé de dégarnir son front pour défendre son flanc, il éprouva combien il est dangereux de faire de grands mouvemens quand on a l'ennemi en tête. Après quelque résistance, les escadrons François culbuterent la cavalerie Espagnole, qui fe renverfant fur fa feconde ligne, la rompit & y porta la confufion ; Gaffion pourfuivit cette aîle gauche qui étoit en déroute avec la premiere ligne de l'aîle droite de la cavalerie Françoife ; & le Prince ayant promptement remedié au défordre caufé à la fienne par la violence du choc, il lui fit faire un à gauche & tomba fur le flanc & fur les derrieres de l'infanterie ennemie : celle-ci ne tint pas contre une cavalerie victorieufe qui foula aux pieds tout ce qu'elle rencontra, paffa fur le ventre des Wallons, des Allemands, & mit les Italiens en fuite, preuve évidente de ce qu'une profonde expérience a fait dire à Montecuculli, « que lorfque les aîles de cavalerie font rompues » l'infanterie eft aifément enveloppée, & n'a plus le cœur » ni le moyen de fe défendre, & qu'ainfi ayant perdu le » courage, elle met bas les armes & demande quartier. »

La gauche de l'armée Françoife combattoit avec un fuccès bien différent : la cavalerie de l'aîle droite des Efpagnols remportoit fur elle autant d'avantage que le Prince venoit d'en obtenir fur leur gauche. Le feul Régiment d'infanterie de Picardie avoit foutenu les efforts de la cavalerie Efpagnole, par une manœuvre que lui fit faire M. Pedamont (1) Capitaine de ce Régiment : il l'avoit formé en octogone, & il ne fut point entamé. Le Maréchal de l'Hôpital renverfé fous fon cheval bleffé de deux coups de Moufquet, eut le bras caffé d'un coup de piftolet. La Ferté-Senneterre qui avoit tenu ferme à la feconde ligne, fut bleffé de plufieurs coups d'épée & de feu, & ayant eu fon cheval tué fous lui, fut fait prifonnier ; & les deux lignes de la cavalerie Françoife mifes en déroute s'étant renverfées l'une fur l'autre, une partie de celle des ennemis s'attacha à la pourfuivre, & ne s'arrêta qu'à la vue du corps de réferve, tandis que l'autre s'étant jettée fur l'infanterie, rompit plufieurs bataillons, & s'empara même d'une batterie de fept piéces de canon.

Un fi malheureux événement provenoit de ce que la

(1) Etudes Militaires de Bottée, page 320, édit. de 1729.

Aaa ij

cavalerie Françoise avoit été menée à l'ennemi au grand
galop ; comme elle avoit eu à descendre & à monter, il
n'étoit pas possible que les escadrons ne fussent rompus,
& les chevaux mis hors d'haleine avant que d'arriver aux
Espagnols qui les avoient attendus de pied-ferme ; cette
cavalerie fut vaincue par son propre désordre avant que
de combattre. Dans une semblable conjoncture, à la bataille de Pharsale, la cavalerie de César allant attaquer
celle de Pompée qui l'attendoit, fit halte à moitié chemin : ce moment de repos lui fit reprendre ses rangs, &
lui donna de nouvelles forces qui la mirent en état de continuer sa marche vers l'ennemi ; c'est ce qu'auroit dû faire
à Rocroy la cavalerie Françoise de la gauche. Il y a un
milieu, entre épuiser ses forces par des mouvemens ex-
cessifs, & ralentir son ardeur par une action trop lente.
On ne doit point attribuer l'avantage des Espagnols au
parti qu'ils avoient pris de demeurer fermes en attendant
les François. César blâme cette conduite dans les troupes
de Pompée ; mais il ne l'impute pas à ce Général. (1)

Despenan, qui commandoit l'infanterie, en détachoit
de temps en temps des pelotons, dans le dessein seulement
d'escarmoucher & d'entretenir dans ses bataillons le désir
du combat, qu'il évitoit avec soin de rendre général,
parce qu'il vouloit voir pour laquelle des deux cavaleries
la victoire se déclareroit ; le Comte de Fontaine ayant sans
doute les mêmes vues, & comptant de plus sur la supériorité de la cavalerie Espagnole, ne fit de son côté aucune manœuvre pour obliger Despenan à s'engager davantage. Comme les deux infanteries avoient été prises par
un de leur flanc, & sur leur derriere par de la cavalerie,
il y auroit eu de l'imprudence de leur faire faire quelque
mouvement dans des momens aussi critiques pour elle.

Le Prince de Condé, que la rapidité du succès avoit

_____

(1) « Ce fut, dit-il, un conseil de Triarius, que je n'approuve nullement ; car
» il y a dans l'homme une certaine ardeur, & une impétuosité naturelle qui se
» rallume par le mouvement, & qu'il faut tâcher d'entretenir plutôt que de la
» laisser éteindre ; c'est pourquoi nos ancêtres ont fait sonner la trompette, &c.

conduit bien avant fur les derrieres de l'ennemi, vit la déroute de la cavalerie de fon aîle gauche, & le grand avantage que commençoit à prendre fur fon infanterie la cavalerie Efpagnole ; & dans cet inftant de la plus grande chaleur du combat, donnant, comme Alexandre, à la bataille d'Iſſus, des marques d'une préſence d'eſprit admirable, il abandonna cette infanterie dont il défaiſoit les bataillons l'un après l'autre pour voler au ſecours de la ſienne, & rappeller ſa cavalerie au combat : il coule avec ſes eſcadrons, qu'il reforme en marchant, derriere les bataillons ennemis, & faiſant un à gauche lorſqu'il a débordé leur flanc droit, il joint leur cavalerie qu'il trouve débandée, la charge, la renverſe, lui enleve les priſonniers qu'elle avoit faits, du nombre deſquels étoit Seneterre, reprend le canon, & rétablit l'ordre dans ſes bataillons à demi vaincus. Sirot qui s'étoit avancé avec ſa réſerve, favoriſa la prompte expédition du Prince en ralliant les cavaliers François, & arrêtant l'ennemi qui les pourſuivoit.

Le Prince évita par ſa retenue le fort qu'éprouvent ordinairement les Généraux qui ſe laiſſent aveugler par un premier ſuccès : victorieux dans le début, ils finiſſent par être battus, par être tués ; l'Hiſtoire eſt remplie de traits ſemblables.

La cavalerie Efpagnole ne jouit pas long-temps de ſa victoire : bientôt pourſuivie elle-même, elle fut rencontrée par Gaſſion qui tailla en piéces tout ce qui étoit échappé au Prince, & qui n'avoit pu ſe dérober par la fuite. « Ainſi on a vu de tous temps la victoire paſſer dans les » batailles d'un parti à l'autre, lorſque ceux qui l'avoient » obtenue n'ont pas ſçu la conſerver, en obſervant le » plus grand ordre. (1) » Le Prince dut tous ſes ſuccès, & enfin une victoire complette à l'excellente précaution qu'il avoit eu de faire pourſuivre l'aîle gauche par ſa premiere ligne de cavalerie, tandis qu'avec celle de la ſeconde, qu'il contint toujours en eſcadrons bien formés, il aſſuroit ſes

(1) Arian, liv. 15.

premiers avantages, & s'en procuroit succeffivement de plus grands (1).

Mélos qui avoit été pris & s'étoit fauvé deux fois, voyant l'entiere déroute de fon aîle droite, fe retira du combat : il fe laiffa entraîner par les fuyards qu'il ne parvint à raffembler que fous le canon de Philippeville, à plus de fept lieues du champ de bataille. Dans la crainte d'être encore repris il jetta un bâton qu'il portoit ordinairement, & fur lequel étoient gravés les noms des batailles qu'il avoit gagnées ; enfuite il s'avança de Philippeville à Marienbourg, à cinq lieues de Rocroy, où il acheva de ramaffer les débris de fon armée.

Après la fuite de toute la cavalerie Efpagnole, il ne reftoit plus fur le champ de bataille, que cinq mille cinq cens fantaffins de la même Nation : c'étoit l'élite de l'infanterie ennemie, & les plus vieux Régimens de ceux qu'ils avoient en Flandres (*Burgy*, *Albuquerque*, *Velandia*, *Villealbois*) : le Comte de Fontaine, Officier d'une très-grande confidération, les commandoit ; il étoit âgé de foixante-quinze ans, & fes infirmités l'obligeoient de fe faire porter dans une chaife découverte (2), d'où il donnoit fes ordres partout. Il prit le feul parti honorable qui lui reftoit pour fauver cette infanterie ; ce qui effectivement eût pu arriver fi elle eût eu affaire à une autre cavalerie que la Françoife, ou que celle-ci eût eu un Général moins intrépide que le Prince.

Le Comte de Fontaine forma de ces cinq mille cinq cens hommes un feul bataillon quarré, hériffé de toute parts de longues piques, & s'y renferma avec dix-huit pieces de canon. Cette maffe reffemblante en quelque

(1) Xénophon remarque que Cyrus ne deftinoit qu'une partie de fa cavalerie à la pourfuite de l'ennemi, ne permettant jamais de fe débander à celle qu'il avoit réfervé pour combattre de pied ferme.

(2) On voit cette chaife à Rocroy, chez Madame le Blanc, arriere petite-fille de Pierre de Noël, dont il eft parlé dans cette relation ; elle eft toute de bois, ce qui a fait préfumer que cet Officier fe la procura dans fa route pour s'y faire porter, à caufe que la goutte, à laquelle il étoit fujet, l'avoit pris il y avoit quelques jours. Le Maréchal de Saxe étant très-malade le jour de la bataille de Fontenoy, *étoit* dans une chaife que traînoient deux chevaux.

SUR LA CAVALERIE.

bandes Espagnoles formées aux manœuvres de la guerre
par une longue expérience, & par de continuels exercices, sçavoit se mouvoir aisément, & subir sans se rompre toutes les formes que la situation du terrein la forçoit
de prendre : elle s'ouvroit avec autant de facilité que de
vîtesse, pour laisser jouer le canon, & se refermoit aussi-
tôt, afin de soutenir les puissans efforts d'une cavalerie à
laquelle rien n'avoit résisté dans cette journée. Une si fiere
contenance n'étonna pas le Prince de Condé ; il vouloit
vaincre ou mourir : toutes ses actions annonçoient en lui
cette ferme résolution qui réussit presque toujours à ceux
qui la prennent véritablement. Aussi pouvoit-on le croire
sur sa parole, lorsqu'à la nouvelle donnée que le Comte
de Fontaine avoit été tué, il dit qu'il auroit souhaité
d'être à sa place s'il n'avoit pas été vainqueur. Le Prince
n'avoit avec lui d'autre cavalerie que celle de la seconde
ligne de son aîle droite, encore étoit-elle beaucoup diminuée par les pertes qu'elle avoit essuyée dans les différentes
charges. Comme elle ne lui paroissoit pas suffisante pour
attaquer ce corps formidable, qu'il falloit entamer en
même-temps, & par les faces & par les angles, il se déterminoit à attendre que Gassion revînt de la poursuite
des ennemis : mais ayant sçu par des prisonniers que Beck
menoit aux Espagnols un renfort de mille cavaliers & de
deux mille fantassins prêts à sortir du bois, & que Mélos
avoit sans doute destiné pour son corps de réserve, il ne
balança plus, & sans attendre son infanterie il fit une premiere & furieuse charge. Le bataillon fut inébranlable :
c'étoit une citadelle par sa force, avec cette différence
que les breches n'étoient pas plutôt faites qu'elles étoient
réparées. Les Espagnols attendirent les François de pied-
ferme, & ne tirerent sur eux que quand ils les virent à
cinquante pas : alors le bataillon s'ouvrit en un instant, &
il en sortit une si terrible décharge de canons chargés à
cartouches, suivie d'un si grand feu de mousqueterie, que
le peu d'infanterie qui avoit joint le Prince fut mise dans

le plus grand défordre : « fi les Efpagnols, dit un Hifto-
» rien (1), avoient eu de la cavalerie pour la poufler, ja-
» mais elle n'auroit pu fe mettre en ordre. » Cette réflexion
eft fi jufte, que les gens même qui ne font pas du métier
en font frappés : des bataillons rompus, dès qu'ils n'ont
point de cavalerie qui puiffe les protéger, & qu'ils font
vivement pourfuivis par celle de l'ennemi, ne fçauroient
fe reformer : leur défaite eft fans remede, il ne leur refte
de reffource que dans la pitié du vainqueur. Il n'en eft pas
ainfi de la cavalerie qui peut toujours aller au loin fe rallier ; les chevaux même fe recherchent, & pour peu qu'il
fe forme des pelotons, ils groffiffent à vûe d'œil, & deviennent fouvent en état de rétablir les affaires défefpe-
rées, en tombant à leur tour fur ceux qui fe feroient
immanquablement rompus en les pourfuivant, ce qui
arrive toujours par la confiance préfomptueufe du vainqueur, comme on vient de le voir de l'aîle droite des
Efpagnols.

Les troupes Françoifes s'étant ralliées facilement, le
Prince tenta une feconde charge qui ne fut pas plus heu-
reufe que la premiere : une troifieme n'eut pas plus de fuccès ; mais elles fervirent à prouver que rien n'en impofe
à des François bien conduits : la gloire de la Nation & le
bien de l'Etat ne leur laiffent apperçevoir que la néceffité de
vaincre. En même-temps que le danger accroît le courage
aux Efpagnols : il y eut des efcadrons qui chargerent jufqu'à cinq ou fix fois : ceux du Régiment du Roi commandés par de Monbas, entrerent deux fois dans le bataillon ;
mais cette cavalerie n'étoit pas affez nombreufe pour l'empêcher de fe refermer auffi-tôt qu'il avoit été ouvert. Enfin
Gaffion revenant de la pourfuite des fuyards, joignit fes
efcadrons à ceux du Prince, & le corps de réferve étant
arrivé dans le même temps, l'ennemi fut bientôt envelopé
de toutes parts. La fierté Efpagnole fe vit contrainte de
céder à la valeur Françoife. Ces intrépides combattans,

(1) La Chapelle.

déformais

déformais dans l'impoſſibilité de ſe défendre, penſerent à ſe rendre : les Officiers firent ſigne de leurs chapeaux qu'ils demandoient à capituler.

Le Prince de Condé, trop génereux pour ne pas recevoir à compoſition de ſi braves gens, s'avançoit afin de traiter avec eux, lorſque par un effet du déſordre inſéparable de ces occaſions, qui ne permet pas à tous également de voir ce qui ſe paſſe, il ſe fit d'une partie du bataillon une grande décharge ſur le Prince : les François regardant cet accident comme une trahiſon de la part des Eſpagnols & irrités du danger que leur Général venoit de courir, n'écouterent plus alors que la fureur & la vengeance : ils ſe précipiterent ſur l'ennemi, enfoncerent le bataillon, & pénétrant juſqu'au centre l'épée à la main, ils ne firent aucun quartier. Le carnage fut épouventable, il n'y eut d'épargnés que ceux qui purent ſe réfugier auprès du Prince ; la cruauté des ſoldats, ſurtout celle des Suiſſes, fut d'autant plus grande, qu'ils avoient éprouvé plus de réſiſtance. Le Prince crioit qu'on donnât quartier, & fit les plus grands efforts pour arracher les Eſpagnols à l'animoſité des François. Quoique vainqueur il marqua une attention de préférence à rallier ſes troupes, ce qui eſt ſans contredit le gage le plus certain de la victoire, & le véritable moyen de la rendre complette ; il diſtribua enſuite les priſonniers ſous différentes gardes (1).

La bataille avoit durée depuis la pointe du jour juſqu'à neuf heures, que le Prince croyoit avoir encore à combattre le renfort de Beck ; mais il apprit par Gaſſion que les fuyards de l'armée ennemie ayant communiqué leur terreur aux troupes de ce Général, il s'étoit retiré avec précipitation, & qu'il avoit même abandonné deux pieces de canon lorſqu'il avoit apperçu Geſvres. Celui-ci avoit été détaché avec deux cens chevaux & autant de Mouſquetaires, pour aller chercher des nouvelles des ennemis

(1) Le Comte de Garos, & Dom Georges de Caſtelluy, Meſtre de Camp, furent pris de la main du Prince.

Bbb

que le Prince foupçonnoit de s'être ralliés , comme ils l'auroient effectivement dû faire.

La premiere action du Prince , dès qu'il ne vit plus d'ennemis , fut de faire chanter le *Te Deum* fur le champ de bataille : la France ne dut jamais rendre au Dieu des armées des graces plus grandes. « (1) Jamais bataille , dit
» M. de Voltaire, n'avoit été pour elle , ni plus glorieufe
» ni plus importante ; elle en fut redevable à la conduite
» pleine d'intelligence du Duc d'Enghien qui la gagna par
» lui-même , & par l'effet d'un coup d'œil qui découvroit
» à la fois le danger & la reffource : ce fut lui qui à la
» tête de la cavalerie attaqua par trois différentes fois , &
» qui rompit enfin cette infanterie Efpagnole jufques-là
» invincible ; par lui le refpect qu'on avoit pour elle fut
» anéanti , & les armes Françoifes, dont plufieurs époques
» étoient fatales à leur réputation , commencerent d'être
» refpectées : la cavalerie acquit furtout en cette journée
» la gloire d'être la meilleure de l'Europe. »

Ce fut ainfi que cent (2) ans auparavant François de Bourbon (3) Comte d'Enghien , du même fang que le Prince , prefque auffi jeune (4) que lui , vainquit dans les champs de Cérifoles les mêmes ennemis , rangés dans la même forme d'un bataillon quarré de cinq mille hommes , & auffi par le moyen de la cavalerie.

La cavalerie Efpagnole n'effuya pas une perte bien confidérable : Gaffion occupé feulement à l'empêcher de fe rallier , ne laiffa point débander la fienne pour la pourfuivre. Il fuivit la maxime de Scipion , qui veut que l'on faffe un pont d'or à l'ennemi qui fuit , de peur qu'en le pouffant avec trop de chaleur , & en le réduifant à l'alternative de vaincre ou de périr , le défefpoir ne prenne la place du courage , & ne produife des effets capables de changer le fort du combat : auffi la cavalerie de Gaffion

(1) Siecle de Louis XIV.
(2) Le 14 Avril 1544.
(3) Il étoit arriere-grand oncle du Duc.
(4) Il avoit vingt-neuf ans , fix mois.

eut-elle à la journée de Rocroy, l'honneur que celle de Scipion avoit eu à Zama : ce fut elle qui termina heureusement la bataille en revenant à propos sur ses pas.

Quant à l'infanterie Espagnole, elle fut totalement ruinée : tous les Officiers furent tués ou pris : de dix-huit mille fantassins huit mille resterent sur la place, & sept mille presque tous blessés, furent faits prisonniers. Toute l'artillerie (1) demeura au pouvoir du vainqueur avec cent soixante-dix Drapeaux, quatorze Cornettes & vingt Guidons, que de Chevers porta au Roi : le trésor, les munitions, les équipages furent pillés ; & il se fit un butin si considérable, qu'un seul Régiment de croates partagea plus de cent mille livres. Fontaine fut tué dans la mêlée, d'un coup que lui tira Gueimy Capitaine dans le Régiment de Persan.

Du côté des François il y eut deux mille hommes de tués, & à peu près autant de blessés ; il n'y eut que peu d'Officiers de marque de perdus, parmi lesquels on compte le Comte d'Ayen fils aîné de Noailles & Vivans. Le Prince n'eut qu'un cheval de blessé sous lui de deux coups de mousquet (2).

Goyon, Marquis de la Moussoye, (3) Aide de camp du Prince, fut dépêché à la Reine Anne d'Autriche.

La célebre bataille de Rocroy commença le regne de Louis XIV, & doit être regardée comme le présage & la source des triomphes de ce Monarque, par les succès éclatans qui en ont été les suites. Rocroy fut délivré : Paris allarmé jusqu'alors, vit ses craintes s'évanouir & ses espérances renaître. L'armée Françoise, auparavant sur la défensive, devint offensive : les débris de celle des Espagnoles se renfermerent dans leurs places, dont la cavalerie n'osa même s'éloigner au delà de la portée du canon : ainsi le Prince

(1) Dix-huit canons & six pièces de batterie.
(2) On lui a souvent oui dire dans le courant de sa vie, que l'action qui l'avoit le plus flatté, étoit la bataille de Rocroy : il la regardoit comme son chef-d'œuvre.
(3) Il est Auteur de la relation de cette bataille, qu'a écrit d'après lui, plus élégamment que militairement, M. Chapelle.

demeuré maître de la campagne, se vit en état de tout
entreprendre. Il parcourut avec une extrême rapidité les
Provinces ennemies, & répandit la terreur jusques sur les
remparts de Bruxelles; Emeri, Maubeuge, Barlèmont,
Binche, lui ouvrirent leurs portes : mais ces postes étoient
trop peu considérables pour que le Prince en fît le principal objet de ses conquêtes : il en méditoit une plus importante. Dès qu'il sçut qu'on avoit fait tous les préparatifs
pour en assurer le succès, il détacha d'Aumont avec douze
cens chevaux, & l'envoya investir Thionville : comme il
falloit prévenir l'ennemi, on ne pouvoit y réussir qu'au
moyen de la cavalerie. Le Prince de Condé s'étant rendu
devant la place, elle fut prise en trente jours de tranchée
ouverte, malgré la vigoureuse défense du Gouverneur qui
y périt avec les deux tiers de la garnison.

Les avantages que nous remportâmes dans les campagnes suivantes, à Fribourg, Nordlingue, & partout où
nous combattîmes, firent sentir de plus en plus aux Espagnols la grandeur de la perte qu'ils avoient faite à
Rocroy : nous leur enlevâmes Thionville, Philisbourg,
Mayence, Wormes, Spire, Rose, Balaguier, Por-
tolongone, Piombino, Gravelines, Mardick, Courtray, Bourbourg, Furnes, Dunkerque, & plusieurs autres places qui sont autant de monumens de l'importance
de cette victoire. Ce qui restoit de ces vieilles troupes
Espagnoles, autrefois si redoutables à toute l'Europe,
périt enfin dans les plaines de Lens; malheur à jamais sensible pour l'Espagne, & la preuve la plus évidente qu'il
n'est pas impossible à de la cavalerie bien menée, de rompre les plus épais bataillons.

On peut encore regarder comme un des avantages de
cette victoire, qu'elle fut la premiere leçon que reçut
François-Henri de Montmorenci, Duc de Luxembourg
de l'art de vaincre : il n'avoit alors que quinze ans.

On croit ne pouvoir mieux finir la relation de la bataille
de Rocroy, qu'en donnant l'état des troupes Françoises
qui y combattirent : on doit conserver à la postérité le

nom des différens corps dont la valeur contribua à la
gloire de cette journée, en commençant par la cavalerie :
il y avoit dans le corps de réserve les Gendarmes & les
Chevaux-Légers de la Reine, de Monfieur, des Ecoffois,
une brigade de la compagnie de Monfieur le Prince, une
de celle d'Enghien, une de celle de Savoye, une de Lon-
gueville, d'Angoulême, de la Meilleraye, de Guiche,
de Trefmes, de Vaubecourt & de Luxembourg, avec les
Régimens de Sirot & de Schac. Hors la ligne & en avant
du flanc droit étoient les Croates & les Gardes du Prince,
& dans la même pofition, à gauche, les fufiliers à cheval.
La cavalerie de la premiere ligne de l'aîle droite étoit
compofée des Régimens Royal, Meftre de camp, Lenoncourt, Coaflin & Sully ; celle de la feconde, des Régimens de Roquelaure, Menneville, Silhau, l'Echelle &
Vambert. Il y avoit à la premiere ligne de l'aîle gauche,
les Régimens de Guiche, la Ferté-Senneterre, Beauveau,
la Claviere & Piedmont ; & à la feconde, Harcourt, Heudicourt, Marolles, Notaf & Raab. L'infanterie de la premiere ligne, en commençant par la droite, étoit compofée
des Régimens de Picardie, la Marine, Perfan, Moulon-
din, Bourbonnois, Bifcarras, Rambures, Piedmont :
celle de la feconde ligne, de ceux de Vervins, la Prée, le
Vidame, Vatteville, Gardes Ecoffoifes, Ruol, Lan-
geron, Brezé, Buffi, Guiche ; & enfin celle du corps
de réferve, des Régimens d'Harcourt, Vatteville, & les
Royaux.

Differtation fur les batailles de Leuctres & de Mantinée.

Les batailles de Leuctres & de Mantinée font, dit le Chevalier Folard, *les plus fameufes de l'antiquité en fait d'intelligence : l'excellente difpofition d'Epaminondas dans celle
de Leuctres, fut autant rufée que fçavante & profonde : l'ordre
& la diftribution des troupes dans la bataille de Mantinée
font dignes de l'admiration des experts.* Cet Auteur ne voit
rien de plus profond & de plus remarquable depuis Epa-

minondas. *Nous n'avons*, ajoute-t'il, *aucun exemple d'un ordre semblable : c'est ici le chef d'œuvre de ce grand Capitaine.*

Epaminondas méritoit sans doute cet éloge & d'autres qu'il seroit inutile de rapporter ; mais ils ne lui font pas directs. En élevant le mérite de ce grand homme, le Chevalier Folard semble moins avoir voulu le dépeindre sous ses véritables traits que se louer lui-même. Prévenu en faveur du système qu'il vouloit établir , il ne trouvoit de bien que ce qui y avoit quelque rapport , & ne reconnoissoit pour excellens Capitaines , que ceux qu'il croyoit s'être conduits suivant ses propres principes. Personne n'ignore ce système favori , c'est celui de la colonne.

Folard persuadé que les Thébains combattirent dans cet ordre à Leuctres & à Mantinée , s'autorise de ce sentiment pour donner aux colonnes une origine célèbre & fort ancienne. *Les Romains*, dit-il , *ne sont pas les premiers qui ayent connu la colonne : c'est aux Grecs qu'on doit l'attribuer : c'étoit le grand principe d'Epaminondas ; il ne combattit jamais que dans cet ordre , & fut toujours victorieux.*

On ne peut rien avancer de plus affirmatif : *il ne combattit jamais que dans cet ordre.* J'ose néanmoins assurer qu'Epaminondas combattit dans un ordre tout différent: je prouverai de plus , qu'indépendamment des fautes que firent les Lacédémoniens , le Général Thébain dut autant ses succès à l'excellence de sa cavalerie , qu'à la manière dont il rangea son infanterie.

On va d'abord rapporter d'après Xénophon (1) les principaux détails de la bataille de Leuctres : c'est l'Auteur qu'a préféré le Chevalier Folard , quoiqu'il ne l'aye pas bien entendu. *Plutarque* (1), dit-il , *n'instruit pas assez : . . . pour redresser ce qui manque à cet Auteur , j'ai choisi Xénophon, &c.* Il n'est pas douteux que le témoignage d'un Capitaine très-experimenté & contemporain des faits qu'il

(1) Liv. vi de son Histoire Grecque.
(2) Plutarque , vie de Pélopidas.

raconte, ne doive être d'un plus grand poids que celui de Plutarque & de Diodore de Sicile (1), qui n'étoient qu'Historiens, & d'ailleurs plus modernes de plusieurs siecles. Ces trois Auteurs peuvent cependant s'éclairer mutuellement dans la narration des mêmes faits, les deux derniers ne manquent ni d'exactitude ni de fidélité ; & le premier a été soupçonné de jalousie contre Epaminondas qu'il n'a pas même daigné nommer en parlant de la bataille de Leuctres.

Bataille de Leuctres.

Cléombrote, Roi de Sparte, malgré la supériorité de ses forces, n'avoit point envie de combattre : il ne s'y détermina que pour céder au cri unanime de ses amis, de ses ennemis, & des Spartiates qui formoient le Conseil de l'armée. On lui fit entrevoir que s'il se retiroit, on ne manqueroit pas de lui faire un crime du peu de progrès qu'il avoit fait depuis le commencement de la campagne; qu'on l'accuseroit même d'être d'intelligence avec l'ennemi, & qu'enfin, quel que pût être le succès du combat, il étoit mille fois plus avantageux d'en tenter le hazard, que de retourner honteusement à Lacédémone sans avoir rien fait. Il est important de remarquer encore que les Spartiates prirent leur derniere résolution à cet égard après leur repas & dans la chaleur du vin & du jour : cela occasionna sans doute la premiere faute qu'ils firent ; car comme s'ils avoient craint d'avoir affaire à un trop petit nombre d'ennemis, ils forcerent à rentrer au camp des Thébains des troupes qui servoient d'escorte à des équipages & à des marchands que l'approche du combat obligeoit à s'en éloigner.

Les Lacédémoniens mirent leur cavalerie en premiere ligne, & en seconde leur infanterie, à laquelle ils ne donnerent en hauteur que le tiers d'une escouade ; ensorte,

(2) Liv. xv.

dit Xénophon, que les files n'étoient pas de plus de douze hommes. Dans le vrai, elles ne devoient pas en avoir au-delà de dix ou onze tout au plus : l'escouade, au rapport de Thucidide (1), étoit de trente-deux hommes, disposés ordinairement à quatre de front sur huit de hauteur.

Les Thébains se rangerent dans le même ordre que les Lacédémoniens : ils couvrirent par la cavalerie, leur ligne d'infanterie, mais pour mieux enfoncer le corps où étoit le Roi Cléombrote, dont ils prévoyoient sagement que la défaite leur assureroit infailliblement le gain de la bataille, ils formerent leur infanterie à cinquante de hauteur.

L'affaire commença par l'attaque des deux cavaleries, dont le succès fut tel qu'il devoit l'être naturellement. La cavalerie de Lacédémone, mal composée & nullement exercée, après une foible résistance, fut renversée sur son infanterie par la cavalerie Thébaine, entretenue dès long-temps avec soin, & qui s'étoit encore formée dans les guerres d'Orchomene & de Thespies.

La négligence des Spartiates, par rapport au service de la cavalerie, étoit parvenue à un excès qu'on a de la peine à comprendre. Les riches & les principaux d'entr'eux étoient chargés de la nourriture des chevaux : lorsqu'il falloit entrer en campagne, ces chevaux étoient délivrés à des hommes peu vigoureux, & les moins capables de servir à pied ; ils étoient d'ailleurs mal armés & sans expérience : on les envoyoit ainsi au combat, & sans y avoir été préparés par aucun exercice.

On peut dire qu'en ce point les Lacédémoniens s'étoient écartés, non seulement de l'usage de toutes les Républiques de la Grece, où les cavaliers furent toujours tirés des premieres classes de Citoyens, mais encore des institutions de leur Législateur. Licurgue (2) trop éclairé

_____

(1) Liv. vi.
(2) *Eligunt ipsorum Ephori ex iis qui ætate florent viros tres qui Hippa Grætæ (ab equitatu congregando) appellantur horum. Quisque viros centum deligit, declarans hujus gratiæ alios in honore præferat, alios reprobet.* Xenophon, de Republ. Laced.

pour

pour ne pas sentir toute l'importance du service que peut rendre une bonne cavalerie, en bannissant toute sorte de distinction entre les Spartiates, voulut néanmoins qu'il y eût toujours sur pied un corps de trois cens cavaliers choisis parmi les jeunes hommes en qui l'on reconnoîtroit une supériorité de mérite & de valeur.

L'inobservation d'un réglement si utile devint funeste à la gloire de Sparte, & contribua certainement à sa perte : en effet quelle ressource n'auroit-elle pas trouvé dans une semblable troupe composée de l'élite de ses habitans! Les prodiges de valeur qu'elle étoit en droit d'en attendre, & qu'ils eussent faits, l'auroient conduite insensiblement à reconnoître la nécessité d'en augmenter le nombre. Par ce moyen la force & la bonté de sa cavalerie ayant égalé celle de son infanterie, il n'est pas douteux qu'elle n'eût conservé l'Empire de la Grece : l'événement de la bataille de Leuctres justifie suffisamment ce qu'on vient d'avancer.

Il est étonnant que Cléombrote ait été assez ignorant dans l'art de la guerre pour méconnoître la foiblesse de sa cavalerie, & la supériorité de celle des Thébains, ou qu'avec cette connoissance il ait osé placer la sienne dans la position la plus dangereuse qu'il pût lui donner. C'est à cette faute capitale que la perte de la bataille doit être surtout attribuée. La cavalerie de Sparte, en se renversant sur son infanterie, porta dans les rangs le trouble & la confusion : l'ennemi poursuivant avec vigueur son premier avantage, profita de ce désordre pour en remporter de plus grands. Il éprouva cependant plus de fermeté qu'il n'avoit cru. La droite de l'infanterie Lacédémonienne attaquée à la fois par la cavalerie victorieuse & par la phalange Thébaine, soutint d'abord avec beaucoup d'intrépidité la violence de ce double choc, & tint même assez long-temps la victoire en balance, pour que le Roi,

Cela est confirmé par le témoignage de Denis d'Halicarnasse, lorsqu'il parle de l'institution du corps des *Celeres*, faite par Romulus.

Hunc mihi morem videtur Romulus à Lacedæmoniis transtulisse, cùm didicisset quòd apud eos generosissimi juvenum trecenti erant custodes regum, quibus in bello utebantur, scutatis iisdem & equitibus & peditibus. Dyon. Halicarn. lib. II.

percé de coups & mourant, pût être emporté hors du combat. Elle ne céda enfin qu'après avoir perdu ses principaux Officiers & l'élite de ses combattans : mille hommes furent tués, parmi lesquels on comptoit quatre cens Spartiates, sur sept cens qu'ils étoient. La gauche voyant la droite rompue, plia à son tour : l'une & l'autre se retirerent derriere le fossé du camp, où s'étant réunies & remises en ordre, quelques-unes furent d'avis que l'armée retournât sur le champ de bataille, afin d'en retirer ses morts l'épée à la main, plutôt que d'avouer sa défaite, en les demandant aux Thébains ; mais les Chefs s'y opposerent, parce qu'ils voyoient que la plûpart de leurs Alliés étoient découragés, & que les autres se réjouissoient en secret du malheur de Sparte.

Telle est presque mot à mot la description de l'affaire de Leuctres, par Xénophon ; description au reste assez succincte, & de laquelle il résulteroit, si nous n'avions pas celles de Plutarque & de Diodore de Sicile, que l'infanterie Thébaine, très-inférieure par le nombre à l'infanterie de Sparte, ne prit le parti de se former sur une hauteur triple de la hauteur ordinaire de la phalange, que parce que dans l'impuissance où elle étoit d'égaler le front de l'armée Lacédémonienne, il ne lui restoit d'autre moyen que de combattre en une seule masse pour soutenir les plus grands efforts, & pouvoir en même temps faire face de toutes parts, si elle se trouvoit enveloppée.

Les Thébains, suivant Diodore de Sicile, n'avoient que six mille fantassins ; ils eussent conséquemment été mis en bataille sur cent vingt de front & cinquante de hauteur. Xénophon ne dit donc rien qui présente l'idée d'une colonne ; mais Folard, en paroissant ne se fonder que sur le témoignage de cet Auteur, n'a pas laissé que de puiser dans les deux autres Historiens Grecs déja cités, ce qui pouvoit venir à l'appui de son système : aussi se conforme-t-il ici davantage à ce qu'ils ont écrit. Comme eux il partagea l'armée Thébaine en deux corps ; celui de la droite formé sur peu de profondeur, & celui de la gauche commandé par Epaminondas, & qui fut mis à cinquante de hauteur : ce font ces files de cinquante hommes qu'il prend pour une colonne, & il conjecture qu'elle étoit de trois mille hommes.

Mais outre qu'une femblable conjecture eft purement gratuite, il eft certain qu'un corps de foixante fantaffins de front fur cinquante de profondeur, ne fçauroit paroître à toute perfonne non prévenue, qu'une forte de phalange triplée : loin d'avoir aucun rapport à la colonne, il reffemble bien plutôt à un grand quarré plein qui préfenteroit à l'ennemi fon côté le plus long. Si l'on vouloit pouffer les recherches plus loin à cet égard, en approfondiffant les diverfes évolutions pratiquées par les Grecs, il ne feroit peut-être pas difficile de prouver que le corps porté obliquement, à la tête duquel Epaminondas combattit, étoit un véritable coin : mais ce n'eft pas-là notre objet. Il fuffit que nous ayons démontré qu'il ne s'agit nullement d'une colonne dans le récit de Xénophon ; voyons fi dans le refte le Chevalier Folard eft plus conforme à l'Auteur qu'il a pris pour guide.

Les Thébains, dit-il, *s'ébranlèrent tout d'un coup par un demi-quart de converfion à droite, de forte que leur droite fe trouva fort éloignée de la gauche de Cléombrote.... La groffe colonne choque de tête, enfonce tout ce qui lui réfifte, paffe outre & retourne fur ce qui reftoit, pour ne pas lui donner le temps de fe reconnoître.*

L'on ne voit rien de tout cela dans Xénophon ; mais ce qu'on y voit, & que le Commentateur paffe trop légérement, c'eft une cavalerie culbutée fur fa propre infanterie, qui en eft à fon tour renverfée ; une excellente cavalerie qui ne donnant point à cette infanterie le temps de fe rétablir, tombe auffitôt fur elle, & ouvre à la fienne le chemin de la victoire. Qu'auroit pu faire de mieux ce corps de foixante hommes de front fur cinquante de profondeur, s'il eût lui-même entamé l'affaire ? Il fuivoit de près, dira-t'on, fa cavalerie. Cela eft vrai, & fans doute il n'a pas nui au gain de la bataille ; mais ce n'eft point à lui que le fuccès en doit être attribué. Le courage avec lequel les Lacédémoniens, quoique rompus & prefque enfoncés, fe défendirent, peut fort bien faire préfumer que fans l'avantage remporté par la cavalerie Thébaine, l'infanterie d'Epaminondas n'eût pas vaincu. Un feul des inconvéniens que nous avons remarqué, a pu fuffire pour caufer la perte de la bataille ; 1° le moment où les Lacédémoniens réfolurent de combattre ; 2° la mauvaife difpofition de leur cavalerie ; 3° le peu de réfiftance de cette cavalerie qui fe renverfe fur fon infanterie ; 4° le Roi Cléombrote tué. Toutes ces caufes concoururent à la fois au malheureux fuccès de cette journée ; mais la principale fut, fans contredit, la fupériorité de la cavalerie Thébaine fur la Lacédémonienne. Les chofes auroient tourné tout autrement fi la cavalerie des Spartiates avoit été la meilleure : enfin, le combat de Leuctres, à s'en rapporter furtout à Xénophon, paroît plutôt une affaire de cavalerie que d'infanterie. *Cette bataille,* ajoute le Chevalier Folard, *peut être comparée aux plus fameufes de l'antiquité : jamais Lacédémone n'en éprouva de plus honteufes.* Ce n'eft pas-là le cas de reprocher de la honte aux Lacédémoniens : la défenfe qu'ils firent, les juftifie contre ce foupçon ; il n'y a de honteux pour eux que leur négligence à fe procurer & à former une bonne cavalerie : d'ailleurs leur retraite ne fut point celle de gens qui avoient fui, mais qui avoient combattu jufqu'à l'extrêmité.

Le Chevalier Folard, après la defcription de cette bataille, dénombre les *énormes bévues* du Roi, & enfeigne ce qu'il auroit dû faire pour les éviter : on ne peut qu'applaudir aux réflexions qu'il a fait à ce fujet, mais elles perdent leur prix par la maniere dont il les termine. *Après tout,* dit-il, *cela n'eût fervi de rien contre les colonnes :* voilà le langage de la prévention. Toujours rempli de fon objet, il ajoute qu'*Epaminondas fe trouva fi bien de cette difpofition à la bataille de Leuctres, qu'il ne manqua pas de s'en fervir à Mantinée : il combattit dans cet efprit, & vainquit pour cela feul ;* c'eft ce qu'on va examiner.

Leuctres & Mantinée font deux sœurs qui ne vont guere l'une fans l'autre, & qui contribuerent également à la réputation d'Epaminondas : c'eft peut-être là ce qui a fait imaginer au Chevalier Folard qu'elles fe reffembloient par la difpofition dans laquelle les Thébains y combattirent ; ayant cru voir l'ordre en colonne dans la premiere, il n'a pas douté qu'on n'en eût de même fait ufage dans la feconde.

Épaminondas informé que toute la cavalerie des Lacédémoniens, leurs troupes foudoyées, & trois des douze compagnies qui fervoient à la garde ordinaire de leur ville, avoient été envoyées au fecours des Arcades, forma le projet hardi de marcher pendant la nuit à Sparte, qu'il comptoit trouver prefque fans défenfe, & de l'emporter aifément dans la furprife d'une attaque imprévue : mais l'ennemi ayant foupçonné fon deffein, bien loin de vaincre, il fut lui-même repouffé avec quelque perte par Archidamus, lequel n'avoit pas plus de cent hommes à fa fuite. Epaminondas fe voyant découvert, & ne jugeant pas à propos d'attendre le retour des troupes réunies des Lacédémoniens & des Arcades qui marchoient à lui, prit le parti de fe retirer, & le fit en bon ordre. Arrivé à Tégée, il donna du repos à fon infanterie, & commanda à fa cavalerie de s'avancer avec une extrême diligence à Mantinée, alors dénuée de fes habitans, qui la veille avoient marché au fecours des Lacédémoniens. Cette feconde tentative ne réuffit pas mieux que la premiere à Epaminondas : la cavalerie des Athéniens, alliés de Sparte, qui arrivoit dans le même moment à Mantinée pour s'y loger, battit celle des Thébains, & s'acquit d'autant plus d'honneur en cette occafion, qu'outre le fervice qu'elle rendit aux Mantinéens en fauvant leur pays, elle eut la gloire de vaincre à la fois les deux excellentes cavaleries de Theffalie & de Béotie.

Ce qu'on vient de dire eft précifément ce qui engagea le Général Thébain à donner la bataille de Mantinée : il craignoit de perdre fa réputation au moment que le terme

de fon commandement alloit expirer ; que les Lacédémoniens fiers de fa retraite, n'attaquaffent les Alliés de Thébes, & qu'il ne pût lui-même achever cette retraite avec
affez de fûreté.

Bataille de Mantinée.

Après qu'il eut mis fon armée en bataille, il ne lui fit
pas fuivre le chemin le plus court pour aller aux ennemis,
mais il la conduifit en ordre de marche, comme s'il n'a-
voit point eu de deffein de combattre ce jour-là, vers des
montagnes peu éloignées de Tégée. Arrivé au pied de ces
montagnes, pour mieux perfuader qu'il ne penfoit qu'à
camper en cet endroit, il fit mettre bas les armes à fes
troupes. Dans cette confiance les Lacédémoniens & leurs
Alliés quittent leurs rangs, fe féparent, & rentrent fous
leurs tentes : alors Epaminondas commanda que chacun
reprît promptement fes armes, & au moyen d'un quart
de converfion par divifion, ayant fait face à l'ennemi &
renforcé l'endroit de la bataille où il étoit, il s'avança droit
aux ennemis dans le moment qu'ils s'y attendoient le
moins. Ceux-ci étonnés du mouvement de l'armée Thébaine, & prefque à demi vaincus par la furprife, s'arment
à la hâte & fe preffent de reprendre leurs rangs & de fe
former : cependant Epaminondas faifant marcher très-
lentement la partie la plus foible de fon armée, s'avançoit
à grands pas à la tête de l'autre, qui femblable (1) à l'é-
peron d'une Galere, menaçoit de renverfer de fa pointe
tout ce qui voudroit s'oppofer à fon effort.

La cavalerie Thébaine rangée en efcadrons très ferrés
& triangulaires (2) pour rendre fon choc plus vigoureux,
étoit placée fur les deux aîles, ayant à droite & à gauche
des troupes armées à la légere, difpofées de maniere à
pouvoir tirer fur l'ennemi en flanc. Les cavaliers de Sparte

---

(1) *Ipfe verò aciem quafi triremem infefto roftro ductabat.* Xénophon, rerum Græ-
carum, lib. VII.

(2) E'μβολὸν, *Ibid. fub finem libri.*

& d'Athénes étoient fur un front très étendu, fans intervalles entre leurs efcadrons, & fans mêlange de gens de
pied.

Epaminondas craignant que les Athéniens n'envoyaf-
fent du renfort aux Lacédémoniens contre lefquels il fe
propofoit de faire fon plus grand effort, plaça fur des hauteurs voifines quelque infanterie & cavalerie pour tenir les
Athéniens en échec, & ils les auroient pu prendre en
flanc & en queue, s'ils euffent voulu aller au fecours de
la droite.

Après ces détails des préparatifs du combat, Xénophon
ne dit qu'un mot de l'action même. Les Lacédémoniens
furent enfoncés par la pointe que leur avoit oppofé Epaminondas : mais quoiqu'ils priffent la fuite, les Thébains
n'oferent cependant pas les pourfuivre, foit que leur Général étant bleffé ils n'en euffent pas reçu la permiffion,
(car il avoit établi dans fes troupes une fi grande fubordination, que les avantages les plus apparens, ni la crainte
des plus grands périls, ne l'emportoient jamais fur l'obéiffance aveugle qu'il exigeoit d'eux) foit que leur ordre de
bataille ne fût pas propre pour la pourfuite : enfin les Thébains ne profiterent point de la victoire, & demeurerent
fermes dans leur pofte. La cavalerie, dont l'objet devoit
être d'empêcher le ralliement, ne fuivit pas long-temps
les fuyards avec qui elle s'étoit mêlée, craignant peut-être
de fe voir pourfuivie à fon tour par celle des Athéniens,
qui n'avoit pas beaucoup fouffert.

Le récit très-circonftancié qu'on trouve de ce combat
dans Diodore de Sicile (1), peut fuppléer en quelque forte
à ce qui manque dans Xénophon : il juftifie en même temps
ce que nous avons avancé dès le commencement, que la
cavalerie ne contribua pas moins que l'infanterie au fuccès
de l'affaire.

La cavalerie Athénienne attaquée par l'aîle droite des

(1) Suivant cet Auteur, l'armée de Sparte & de fes Alliés étoit de vingt mille
hommes de pied, & deux mille chevaux. Celle des Thébains de trente mille hommes de pied & trois mille chevaux.

Thébains, se défendit avec la plus grande fermeté ; &
lorsqu'elle se vit obligée de céder au nombre, elle se re-
plia sans désordre derriere son infanterie : l'aîle victorieuse
se jetta tout de suite sur la phalange des Athéniens ; mais
elle fut vigoureusement repoussée par la cavalerie des
Eléens, dont la manœuvre hardie rétablit aussitôt l'égalité
du combat dans cette partie. La cavalerie d'Athènes remise du premier choc qui l'avoit ébranlée, marcha ensuite
aux troupes qui étoient postées sur les hauteurs & les tailla
en piéces.

À l'aîle gauche des Thébains, l'avantage de la cavalerie
de Thebes & de Thessalie sur celle de Sparte fut complet ; & ce fut à la faveur de cet avantage qu'Epaminondas engagea le combat d'infanterie. Diodore assure
que la victoire demeura longtemps indécise, & qu'Epaminondas ayant jugé que c'étoit à lui de faire pencher
la balance, forma un gros des plus braves de son armée,
à la tête desquels s'étant jetté dans le plus fort des ennemis, il les rompit, les força de reculer & de lui abandonner le champ de bataille : mais sur le point de remporter une victoire entiére, il reçut malheureusement un
coup mortel.

Il paroît delà que Diodore n'a fait que développer ce
que Xénophon raconte trop en abrégé : l'un & l'autre conviennent que les deux partis se crurent également vainqueurs & vaincus ; & que, comme ni les Thébains ni les
Lacédémoniens ne tirerent aucun avantage de cette bataille, il y eut aussi dans la Grece plus de trouble & de confusion qu'auparavant.

Le Chevalier Folard s'étonne qu'aucun homme de guerre
n'ait fait attention à la belle ordonnance des Thébains :
mais c'est qu'aucun homme de guerre n'avoit rendu cette
bataille telle qu'on la voit décrite par le Chevalier Folard.

Selon lui Xénophon dit que *le Général Thébain fit sa
marche dans l'ordre qu'il vouloit combattre, pour ne pas perdre dans la distribution des troupes, un temps qu'on ne sçauroit trop ménager dans les grandes entreprises.* Loin que l'Historien

torien dife un mot de cela, il fait fentir tout le contraire,
en rapportant qu'Epaminondas, après être arrivé au pied
de la montagne, & avoir fait halte, renforça le corps où il
étoit : ce qui ne fe put faire fans changer quelque chofe dans
la première difpofition & fans y employer du temps.

C'eſt fans doute ce corps renforcé que le Chevalier Folard appelle une colonne : ç'en feroit effectivement une,
s'il étoit vrai, comme il le prétend, *que le Général avoit
eu la précaution d'en former la tête*, (c'eſt-à-dire la droite)
*en doublant la hauteur de cette aîle pour la rendre plus folide
& plus forte pour le choc.* Elle auroit eu alors trente-deux
hommes de front, fon flanc étant devenu fa tête : mais
on ne voit rien de femblable dans Xénophon : cet Auteur
ne dit pas que ce fut l'aîle droite que l'on renforça, il ne
dit point qu'elle fut doublée ; il ne défigne pas même directement en quelle partie de la bataille étoit le corps que
conduifoit Epaminondas : Folard donne donc fes conjectures pour des faits ; on pourroit conjecturer de même
que le Général Thébain fe mit au centre de fon armée,
pour foutenir fa droite au moyen d'un gros corps. Le texte
de Xénophon bien étudié pourroit donner lieu à ce fentiment, s'il n'étoit pas plus fûr de l'expliquer par le récit
de Diodore, qui place l'infanterie Thébaine à la gauche
de la bataille.

Le mouvement de l'armée Thébaine parut bientôt, continue
Folard, *une phalange renverſée par un demi-quart de converfion.* Mais fi elle n'a fait qu'un demi-quart de converfion,
comment reffembloit-elle à une colonne, car elle a dû
préfenter alors une pointe à l'ennemi, & paroître fous
une forme triangulaire : voilà donc l'*embolon* des Grecs,
& l'explication naturelle de l'expreffion fuivante. *Epaminondas s'avançoit à la tête de fa troupe, qui femblable à l'é-
peron d'une Galere, menaçoit de renverſer de fa pointe tout
ce qui voudroit s'oppofer à fon effort :* du moins eſt-il plus
raifonnable de le penfer que de croire à la colonne, dans
la conjoncture dont il s'agit, puifque les Hiftoriens Grecs
ne difent rien qui paroiffe avoir le moindre rapport avec
cette évolution. Ddd

Folard, non content d'altérer le sens & les expressions
des Auteurs qu'il choisit pour ses garants, va jusqu'à faire
penser Epaminondas. *Il pensa d'abord*, dit-il, *à attaquer
l'infanterie de Sparte sur la valeur & l'expérience de laquelle
il comptoit fort peu.* Quelle absurdité ! Comment le Chevalier Folard a-t'il pu imaginer qu'on lui passeroit une si
fausse supposition : y eut-il jamais de meilleure infanterie
que celle de Sparte ? De plus, si cette infanterie n'avoit ni
valeur ni expérience, quelle gloire pour une colonne de
l'avoir enfoncée ? On doit conclure de nos observations,
qu'il est nécessaire, avant que d'adopter les sentimens de
ce Commentateur, de relire les textes d'après lesquels il
a décrit ses batailles. Au reste, si nous nous sommes déterminés à relever les erreurs qu'il a faites en décrivant
les batailles de Leuctres & de Mantinée, c'est uniquement
parce que, dans le dessein de tout rapporter à sa colonne,
il paroît avoir affecté de cacher la part que la cavalerie a
eu dans ces deux célebres combats. Elle fait l'objet de
cet ouvrage, comme la colonne fait celui de ses commentaires.

CHAPITRE XXXI.

De la cavalerie dans les Sieges, & des investissemens de Places.

DE tous les temps on a senti la nécessité de la cavalerie
pour les sieges, soit dans les places assiégées, soit dans les
armées assiégeantes. Le fameux siege de Troye fournit
une preuve de l'antiquité de cet usage, & l'on croit avoir
suffisamment prouvé (1) que les Sçavans qui ont prétendu que l'art de l'équitation étoit alors inconnu dans la
Grece, se sont trompés : quoi qu'il en soit, sans remonter

(1) Chap. II.

plus haut que le regne de Cyrus, nous voyons que ce
Prince au fiege de Babylone avoit dans fon armée une cavalerie fort nombreufe. Le fiege d'Olynthe, par Philippe
de Macédoine, eft encore fameux dans l'Hiftoire par les
exploits de la cavalerie des affiégés. Philippe ayant éprouvé dans deux batailles contre les Olynthiens qu'elle leur
avoit été d'un très-grand fecours, crût qu'il ne parviendroit jamais à fe rendre maître de leur ville, tant qu'elle
feroit défendue par cette cavalerie. Pour les priver de
cette défenfe, il eut recours à une rufe dont l'Hiftoire
nous a tranfmis le détail. Il commença par ufer de toute
forte de ménagemens pour le Commandant de cette cavalerie. Dans le dégât général qu'il fit faire autour de la
ville d'Olynthe, les terres du feul Appollonide furent refpectées, & lorfqu'il crut l'avoir rendu fufpect à fes concitoyens par ces ménagemens affectés, il le fit accufer de
de trahifon par quelques Olynthiens qui lui étoient fecré-
tement dévoués. Appollonide fut exilé, & fon pofte confié à deux penfionnaires de Philippe, qui ne tarderent pas
à le rendre maître de cette cavalerie. Les Olynthiens
privés de leur principale défenfe, furent détruits & leur
ville ruinée.

Les Anciens, qui n'avoient point de cavalerie, ou qui
n'en avoient point affez pour inveftir une ville affiégée,
n'y fuppléoient que par des travaux immenfes. Thucydide
nous apprend qu'au fiege de Platée, Archidamus, Roi de
Sparte, fut obligé de faire une circonvallation entiere de
paliffades avec de gros arbres coupés, pour fermer l'entrée
& la fortie de la ville; opération qui dut lui coûter un temps
& des peines infinies, & qu'il fe fût épargnée s'il eût eu
de la cavalerie.

La longue durée du fiege d'Alexia, & toutes les difficultés que Céfar eut à effuyer avant que de s'en rendre le maître, ne vinrent, comme il le dit lui-même dans fes Commentaires, que de la foibleffe de fa cavalerie, qui ne put
jamais empêcher Vercingentorix, qui en avoit une bien
plus nombreufe, de paffer au travers de fa ligne d'invef-

tiffement, pour aller préparer aux affiégés un fecours de deux cens cinquante mille hommes.

C'eft de tous les temps qu'on a employé de la cavalerie pour inveftir une place. Vefpafien, ayant appris que Jofephe s'étoit jetté dans Jotapat, fit partir fur l'heure même un détachement de mille chevaux pour aller inveftir la ville de tous côtés, & empêcher que Jofephe ne pût s'échapper. Enfin, pour ne parler que d'événemens qui fe font paffés, pour ainfi dire, fous nos yeux, c'eft par le moyen d'une nombreufe cavalerie, que deux des plus fameux fieges de la derniere guerre ont été entrepris ; fieges qui rendront la mémoire du Maréchal de Saxe & le Miniftre de la Guerre à jamais glorieux. La célérité fi néceffaire dans ces entreprifes, vu que le fuccès dépend toujours du fecret, & l'inveftiffement fubit de ces deux places furent l'ouvrage, en plus grande partie, de la cavalerie. Ce font-là des objets que l'infanterie, quelque nombreufe qu'elle foit, ne pourra jamais remplir elle feule. Au milieu d'un hyver rigoureux, Bruxelles, rempli de troupes & d'Officiers Généraux, fe trouve entiérement invefti, & treize jours fuffifent pour cette importante conquête. Maftricht eft invefti en un feul jour, & dans le moment que les ennemis fembloient n'avoir plus rien à craindre pour cette place ; & par une même opération Berg-op-zoom, qui manquoit de tout, fe trouve abondamment pourvu.

Quoique les travaux & les dangers d'un fiege femblent être le partage de l'infanterie, la cavalerie ne laiffe pas d'y être d'une grande utilité. L'un & l'autre de ces corps y ont leur fervice particulier, & il eft trop jufte qu'ils jouiffent de la gloire attachée au fuccès, à proportion que chacun d'eux y a contribué. Cependant, malgré le préjugé contraire, il n'eft pas impoffible que la défenfe, ou la prife d'une place foient l'ouvrage de la cavalerie, & qu'ainfi on lui en doive la principale gloire : c'eft elle qui en facilite le fecours par des forties ; & fes opérations ont fouvent fait entreprendre des fieges dont mille obftacles fembloient devoir détourner : d'ailleurs on l'emploie aux mêmes services que l'infanterie, en faisant mettre pied à terre aux cavaliers, ainsi que cela s'est quelquefois pratiqué, & plus particuliérement dans la derniere guerre.

L'Officier de cavalerie doit donc être autant instruit de cette sçavante partie de la guerre que celui d'infanterie ; il doit sçavoir les Mathématiques, sans quoi il n'y a pas d'apparence qu'il devienne jamais Officier général, ni qu'on lui confie le gouvernement d'une place qu'on sçait qu'il ne pourra défendre.

De toutes les opérations de la guerre, il n'en est aucune dont le succès dépende aussi essentiellement de la capacité du Général, & qui intéresse davantage sa réputation, que celle d'un siege. Dans un combat, dans une bataille, quelques circonstances qui n'ont pu être prévues, suffisent pour renverser les projets les mieux concertés : alors la justesse des mesures prises pour l'exécution & la sagesse de la manœuvre, justifient le Général, qu'on ne sçauroit sans injustice rendre garant de l'événement : mais dans un siege, il n'y a point d'obstacles qu'on n'ait dû prévoir avec d'autant plus de soin qu'un siege ne s'entreprend pas sans que tout soit auparavant médité avec la plus grande réfléxion.

On n'a pas dessein d'entrer ici dans un détail qui appartient à l'Ingénieur ; il suffit de dire que les lumieres d'un Général chargé d'un siege, doivent s'étendre sur tous les moyens propres à faire réussir son projet, & en même temps sur tous les obstacles qui pourroient en empêcher ou retarder le succès : il ne faut pas qu'il se trompe jamais dans le choix des uns, & il doit être toujours supérieur aux autres. L'ignorance, l'oubli, le hazard, les accidens imprévus, l'impossibilité même, rien ne l'excuse : s'il échoue, il est non seulement responsable du succès, mais encore il faut qu'il soit le plus prompt, le moins pénible & le moins coûteux, & surtout que le sang du soldat y soit ménagé le plus qu'il est possible.

Les connoissances préliminaires qu'exige l'entreprise d'un siege, sont infinies, soit par rapport aux dedans, soit par rapport aux dehors de la place. Pour ce qui regarde les dedans, on en doit connoître exactement la situation, soit avantageuse ou désavantageuse, l'état actuel de ses fortifications, ce que l'art & la nature y peuvent changer pendant le temps du siege, la force de la garnison, la qualité des troupes qui la composent, & leur résolution; la qualité & l'espece de munitions de bouche & de guerre dont elle est pourvue; enfin la capacité de celui qui commande & son caractere: quant à l'extérieur de la place, il faut connoître la disposition du pays qui l'environne; en quoi elle peut accélérer ou retarder le succès de l'entreprise; si les abords en sont aisés ou difficiles; s'ils peuvent être rendus impraticables par les travaux des assiégés, & comment il est possible de prévenir ou de remédier à cet inconvénient: on doit sçavoir si l'ennemi est en état d'assembler des forces suffisantes pour faire une diversion considérable, ou tenter un puissant secours; en quel nombre, en quel temps, & par quel endroit il peut se présenter; ce qu'il y a à craindre du dérangement des saisons, du débordement des rivieres, de la nature du terrein & du voisinage des ennemis.

Il faut être instruit de toutes ces choses dans le plus grand détail; car elles sont la base & le fondement de toutes les opérations qui conduisent au but que l'on s'est proposé: ce sont ces connoissances qui déterminent la meilleure maniere de distribuer les troupes, & de les faire agir convenablement à leur espece. C'est sur ce plan que l'on pourvoit à l'abondance & à l'entrepôt des munitions nécessaires dans ces conjonctures, ainsi qu'à la facilité & à la sûreté de leur transport: on peut dire enfin qu'il faut beaucoup de sagesse & de prudence dans la délibération; un secret impénétrable dans le conseil, une attention extrême dans les préparatifs, une fermeté & une intelligence supérieure dans l'exécution.

Afin de dérober la connoissance de son projet, & d'en mieux assurer la réussite, il arrive souvent qu'un Général porte son armée dans des lieux éloignés de la place dont il a réfolu le fiege, & que fe poftant de maniere à faire craindre en même temps pour plufieurs villes, il engage par-là l'ennemi de fixer fon attention fur toute l'étendue de la frontiere menacée ; ce qui le fait quelquefois négliger ou dégarnir la place qu'on a pour objet, ou quelqu'autre fur laquelle on n'avoit d'abord aucun deffein, mais dont la prife peut être fouvent plus avantageufe. Ce moment eft celui dont on tâche de profiter pour en faire l'inveftiffement, & comme cette opération exige une extrême diligence, c'eft toujours à la cavalerie que l'exécution en eft confiée : on en fait un détachement confidérable, qui doit marcher avec la plus grande célérité vers la place qu'on veut affiéger, de crainte que l'ennemi venant à fe douter du deffein qu'on a fur cette place, n'ait le temps de la mettre à couvert : ce détachement s'en approche le plus près qu'il eft poffible ; il en occupe toutes les avenues & tous les défilés, s'empare de tous les poftes qui la dominent, & fermant de cette maniere l'entrée & la fortie, il la prive par ce moyen de tout fecours.

Les détachemens deftinés à ces ufages, doivent être proportionnées à la grandeur de la place qu'ils font chargés d'inveftir, au nombre de cavalerie qui y eft renfermé, & à celle que l'ennemi peut encore fubitement oppofer : cependant comme ils ont fouvent à combattre des gardes avancées de cavalerie, ou des partis que les Commandans de place ne manquent pas en temps de guerre de tenir en campagne, pour être avertis de ce qui fe paffe dans les environs, il n'y a point de rifque de les faire extrêmement nombreux. S'il fe rencontre dans les environs de la place qu'on veut inveftir des difficultés de terrein, ou que le pays foit couvert, en ce cas il faut faire avancer avec toute la diligence poffible un détachement d'infanterie pour s'en faifir. L'Officier Général chargé de l'inveftiffement, pouffe devant lui des petites troupes de fa plus légere cavalerie, qu'il deftine à reconnoître les environs, à éventer les embufcades : elles lui fervent à faire des prifonniers dont il peut tirer d'utiles informations, & à enlever des beftiaux

appartenans à la garnifon : cependant il fait fes difpofitions fuivant les lieux ; l'endroit le plus propre à favorifer
l'entrée d'un fecours dans la place, eft celui où il pofte le
gros de fa troupe ; diftribuant enfuite le refte par pelotons,
il en forme la chaîne ; dans laquelle la place fe trouve
entiérement enfermée.

Ces opérations ne doivent pas le rendre moins attentif
aux mouvemens que peut faire l'ennemi, foit pour jetter
du fecours dans la place, foit pour y faire entrer des munitions, foit enfin pour le combattre lui-même ; & dans ce
dernier cas il ne doit pas l'attendre de pied-ferme, mais
aller jufqu'à une certaine diftance au devant de lui, parce
qu'il eft très difficile, quel que foit l'événement du combat, que quand il fe donne près de la place, la proximité n'en foit avantageufe à l'ennemi, ou du moins qu'il
n'en profite pour introduire des troupes (1) : c'eft pour cette
raifon qu'il faut, autant qu'il eft poffible, tenir la chaîne
exactement ferrée, le combat fouvent n'étant qu'une feinte
pour attirer les affiégeans d'un côté, tandis que de l'autre
on fait entrer du fecours dans la place affiegée.

L'objet de l'inveftiffement d'une place étant de lui retrancher tous les moyens extérieurs de réfiftance, & de
la réduire uniquement à ceux qu'elle trouve dans elle-
même, on voit que l'habileté des manœuvres qui conduifent à ce but, influent extrêmement fur le fuccès du fiege
dont elles rendent les opérations bien plus courtes & plus
aifées ; auffi demandent-elles dans l'Officier qui en eft
chargé, & dans ceux qui font fous fes ordres, une grande
intelligence, jointe à une connoiffance profonde de tout
ce qui regarde le fervice de la cavalerie, une activité &
une vigilance finguliere. La négligence d'un feul Officier
dans fon pofte, peut rendre toutes les précautions inutiles,
& les plus habiles font fouvent dans le cas de s'y tromper, comme on l'a vu au fiege de Thionville après la bataille de Rocroy. Le Prince de Condé voulant cacher aux

(1) Voyez le Chapitre de la bataille de Rocroy.

Efpagnols

Espagnols le deffein qu'il avoit fur cette place, de crainte qu'ils n'y fiffent entrer du fecours, fit une fauffe marche dans le milieu de la Flandres, ce qui obligea les ennemis de diftribuer leur infanterie dans les garnifons voifines, & de faire retirer la cavalerie fous les places : pour mieux couvrir fa feinte, le Prince s'empara chemin faifant d'E-mery, Barlemont, Maubeuge, & de quelques autres villes peu confidérables, & lorfque tout fut prêt pour ce fiege, il détacha d'Aumont avec douze cens chevaux pour l'aller inveftir. Il n'y avoit alors pour toute garnifon dans Thion-ville que huit cens hommes qui n'étoient pas en état de faire une défenfe ni bien longue ni bien forte. Le Prince arriva deux jours après avec l'armée, & Grancey fut chargé d'établir les gardes, ce qu'il fit avec beaucoup de fageffe & de connoiffance, parce que quatre ans aupara-vant il avoit fervi à ce fiege. L'armée paffa la nuit fous les armes ; l'ordre de l'inveftiffement étoit fi exact qu'il n'y avoit pas d'apparence que la place pût être fecourue : il arriva cependant qu'elle le fut. Grancey ayant, fur de faux avis, dégarni fon pofte pour fe porter avec la meilleure partie de fes troupes du côté que des payfans lui avoient dit avoir vu les Efpagnols, ceux-ci au nombre de deux mille profiterent de la conjoncture, & pafferent par ce quartier prefque abandonné. Cette erreur nous coûta cher : il fallut faire des travaux immenfes pour affurer le fuccès de l'entreprife ; vingt jours furent employés à établir feu-lement la circonvallation, & le fiege dura trente autres jours : on fut obligé d'affurer la ligne par des redoutes, de la garnir de fraifes & de paliffades, & on éleva de grands forts fur les hauteurs qui commandoient dans la plaine, ce qui donna le temps aux ennemis de fe fortifier & de faire à toute heure des forties de cavalerie, dont notre armée fut fort incommodée. « La plaine, dit Ram-» fay, étoit toujours remplie d'efcarmoucheurs ; il s'y fai-» foit des combats fi opiniâtres qu'on y perdoit autant » de gens que dans des actions plus éclatantes : deux » jours après la féparation des quartiers, il y eut une fortie

E e e

” fi vigoureuſe qu’ils la pouſſerent juſques dans le camp
” du Duc d’Enghien ; mais la derniere fut la plus vigou-
” reuſe de toutes : les aſſiégés firent ſortir la meilleure
” partie de leur cavalerie pour reconnoître de plus près les
” préparatifs , l’après-dîné ſe paſſa en eſcarmouches , ſur
” le ſoir le combat fut plus opiniâtre : Dandelot fut en-
” veloppé , & il eût été pris ainſi que la Mouſſaye , ſi le
” Prince ne les eût ſecouru en leur menant une grande
” garde de cavalerie. Ces ſorties étoient ſi opiniâtres ,
” continue le même Auteur , que ſans la vigilance &
” l’application continuelle du Duc d’Enghien , les ſoldats
” ſe ſeroient rebutés , & qu’on fut obligé , pour s’en ga-
” rantir , d’établir à la queue de la tranchée deux places
” d’armes aſſez grandes pour contenir de gros détache-
” mens de cavalerie. ”

Ce ſeul trait, en faiſant connoître l’importance des ſervices de la cavalerie pour les ſieges , & la néceſſité dont
elle eſt , ſoit pour les aſſiégeans , ſoit pour les aſſiégés ,
peut encore ſervir d’exemple à tous les Officierrs chargés
d’un inveſtiſſement , & leur apprendre que la moindre
fauſſe démarche en ces occaſions , peut quelquefois avoir
de terribles ſuites. ſi l’ordre de l’inveſtiſſement de Thionville n’eût point été changé, la place n’auroit point été ſe-
courue ; & réduite à une garniſon de huit cens hommes ,
ſa réſiſtance n’eût pu être vigoureuſe : la ville ſeroit tom-
bée d’elle-même ſans de grands efforts.

Il eſt bien rare de voir réuſſir un ſiege quand la place
ne ſçauroit être totalement inveſtie ; peut-être ne s’en
trouvera-t’il qu’un exemple : ce prodige étoit réſervé à la
Nation ; il lui fait autant d’honneur qu’au Général qui
l’a commandé. On a vu une ville eſtimée juſqu’alors im-
prenable , fortifiée par le ſecours de l’art autant que par
la nature , défendue par une groſſe garniſon ſans ceſſe
renouvellée , & protegée par une armée plus nombreuſe
que celle des aſſiégeans ; on a vu, dis-je , cette ville , malgré
tant de moyens de défenſe réunis , être contrainte de
céder à l’intrépidité Françoiſe , que rien n’arrête quand
elle eſt bien conduite.

Des Sorties.

Les premiers jours de l'ouverture de la tranchée on commande un nombre d'escadrons plus ou moins considérable, à proportion de la force des assiégés en cavalerie, afin de soutenir les travailleurs & les gardes d'infanterie. Ces escadrons sont placés par l'Officier Général de tranchée, conjointement avec l'Ingénieur en chef, de façon qu'ils n'ayent point à souffrir de l'artillerie de la place, & qu'ils puissent manœuvrer avantageusement en cas de sorties. Comme cette cavalerie n'est postée qu'à l'entrée de la nuit, c'est au Commandant à reconnoître pendant le jour le terrein, & à observer tous les lieux par où l'ennemi pourroit déboucher : il doit sçavoir quelle est la partie de la place sur laquelle se dirige la tranchée ; l'endroit où l'on se dispose de faire l'ouverture, & celui où sont placés les gardes & les travailleurs, pour éviter les méprises si ordinaires pendant la nuit. Les troupes étant ainsi disposées, on envoie le plus près de la place qu'il est possible de le faire sans être apperçu, un petit corps de garde commandé par un Capitaine, & composé des cavaliers les plus vigilans, & l'on a soin de doubler les vedettes qui sont en avant de cette petite troupe : ces vedettes sont souvent des Lieutenans, Maréchaux des Logis ou Brigadiers. Les patrouilles, qui continuellement font leur ronde, doivent aussi être composées de cavaliers choisis. Au premier bruit qu'on entend, l'une des deux vedettes vient avertir le Commandant du petit corps de garde, lequel fait passer l'avis au gros de la troupe, d'où celui qui commande la cavalerie le fait communiquer à l'Officier Général de tranchée : on doit observer dans tous ces cas le plus grand silence. Lorsqu'on a reconnu que les ennemis font une sortie, les petits corps de gardes se replient sur les corps dont ils sont détachés, & on laisse passer l'ennemi jusqu'à ce qu'on le puisse prendre par derriere & en flanc tout à la fois, en séparant, s'il est possible, fon infanterie de fa cavalerie : il arrive fouvent qu'on parvient à lui couper la retraite , avec d'autant moins de rifque , qu'on n'a point à craindre dans ce moment le feu de la place qui deviendroit aussi nuisible aux uns qu'aux autres.

Les différentes manœuvres dont on vient de parler & qui font du devoir de la cavalerie affiégeante , font autant de leçons qui doivent apprendre à celle des affiégés la maniere dont elle doit préparer & faire fes forties. D'abord elle n'en doit tenter aucune qu'auparavant elle n'ait fait faire des découvertes pour n'avoir rien à craindre des embufcades. Cela fait , l'ordre de la fortie doit être tel que la tête & les flancs du gros de la troupe foient toujours garnis du côté oppofé à l'ennemi , & fes derrieres exactement gardés. Pour la retraite, on fçait, fans qu'il foit befoin de le dire , de quelle conféquence il eft qu'elle foit toujours affurée.

Des Gardes à pied dans la tranchée.

Indépendamment des fervices affectés à la cavalerie dans les fieges, chaque brigade de cavalerie fournit encore une garde à pied de cinquante maîtres : elles fe tiennent au lieu que leur indique l'Officier Général ; & leur place le plus ordinairement eft à la queue de la tranchée : ces troupes doivent toujours être prêtes à tout événement , & difpofées dans un tel ordre , qu'elles puiffent fubitement marcher & former un gros corps.

De la Fafcine.

La cavalerie a encore un fervice fort effentiel dans les fieges, celui d'y fournir les fafcines dont on ne peut abfolument fe paffer , & que l'infanterie n'y pourroit porter qu'avec des peines infinies : jamais en fi grande quantité qu'il en eft néceffaire , & perfonne n'eft exempt de porter la fafcine ; elle fe met fur l'arçon de la felle , de

façon que le cavalier & le cheval n'en puissent être blessés
ni incommodés. Les brigades, suivant leur rang, font ce
service en commençant par la premiere ; les cavaliers marchent en file , & doivent faire bonne contenance tant en
allant qu'en revenant dans le meilleur ordre, car on soup-
çonne d'avoir peur ceux que l'on voit galopper.

CHAPITRE XXXII.

Des moyens de former une bonne cavalerie pour la guerre.

LA nature du pays qui doit être le théâtre de la guerre,
le plus ou le moins d'ennemis que l'on aura à combattre,
& surtout leurs forces en cavalerie , doivent déterminer
l'espece & la quantité de celle dont il est nécessaire de se
pourvoir (1).

Les mêmes principes font aussi , par une conséquence
naturelle, la base des augmentations qu'il est à propos de
faire dans la cavalerie qui avoit été conservée durant la
paix : mais quelqu'excellente que celle-là soit déja, l'on
n'y pourra néanmoins compter parfaitement pour la guerre
qu'autant qu'on aura choisi les moyens les plus simples &
les plus certains, pour accélérer la levée d'une premiere
augmentation aussi-tôt qu'elle aura été reconnue indispensable, & pour la mettre promptement en état de servir.

La moindre erreur dans le choix des moyens est dangereuse, & peut avoir des suites funestes ; le plus petit
mal qu'on en ait à craindre, est celui de rendre inutiles
des premiers frais immenses, & qui deviennent très oné-
reux.

(1) M. de Turenne avoit quelquefois autant de cavalerie que d'infanterie ; mais
le plus souvent le nombre des gens de cheval surpassoit celui des gens de pied. En
1644, il avoit dix mille hommes, dont cinq de cavalerie. En 1645, son armée
étoit composée de six mille fantassins & cinq mille chevaux. En 1646, sur sept
mille hommes de pied, il en avoit dix de cheval. Enfin la cavalerie alloit en augmentant, puisqu'en 1647 il en avoit vingt mille hommes, sur quatorze mille
hommes d'infanterie.

E S S A I

On convient unanimement que les vieilles troupes font le fonds fur lequel on doit compter, c'eft comme le germe qui fert à faire fructifier tout ce qu'on leur en ajoute de nouvelles : celles-ci par leur communication & leur mélange avec les autres, puifent dans l'habitude d'être & de vivre enfemble, les mêmes ufages, le même efprit, les mêmes fentimens, la même intrépidité. Il eft rare qu'en fuivant une méthode différente, & même après plufieurs années de peines & de foins, on obtienne au même degré ces puiffans effets qu'un commerce journalier opere en très-peu de temps.

Cela regardé comme inconteftable, pour juger quels moyens font les plus propres à produire tout le fruit qu'on attend d'une augmentation, prenons un objet de comparaifon. On connoîtra mieux ce qu'il conviendroit de faire en obfervant ce qui a été fait.

On peut fe rappeller quel étoit à la guerre derniere l'état de la cavalerie Françoife, en jettant les yeux fur les différentes augmentations qui y ont été faites.

En 1741 on augmenta de dix hommes les compagnies Françoifes, qui lors de la précédente paix avoient été réduites à vingt-cinq. En Décembre 1742, on ajouta un troifieme efcadron à ceux des Régimens qui n'en avoient que deux. Enfin au mois de Juillet 1743 on les mit tous à quatre efcadrons ; ce qui fit par Régiment feize compagnies de trente-cinq hommes, dont les deux premieres avoient pour Capitaines le Colonel & le Lieutenant-Colonel. Ainfi les cinquante-trois Régimens de la cavalerie légere Françoife, indépendamment de celui de Royal des Carabiniers & des Etrangers, formoient deux cens douze efcadrons de quatre compagnies chacune ; en tout vingt-neuf mille fix cens quatre-vingts maîtres, & en y comprenant les quarante compagnies de trente-cinq Carabiniers chacune, trente-un mille quatre-vingt.

Cette cavalerie auroit fuffi fans doute & même en bien moindre quantité, fi elle eût été toute compofée de gens également difciplinés, exercés, aguerris : mais il n'y avoit dans la plûpart des Régimens que les deux premieres compagnies de chaque escadron qui fuſſent de vieilles troupes ; encore les anciens cavaliers n'en faiſoient-ils pas le plus grand nombre : car, ſans compter les dix hommes par compagnie de la premiere augmentation, on fut obligé d'en remplacer beaucoup, que les maladies, les fatigues & d'autres accidens enleverent dès le commencement de la guerre, dans les Régimens qui avoient été en Baviere & en Bohême. Des cavaliers de nouvelle levée compoſoient donc à peu-près les deux tiers de la cavalerie, & le peu d'intervalle qu'il y eut entre le temps de faire ces levées & l'ouverture de chaque campagne, ayant été trop court pour remplir tous les objets qui ſervent à former une bonne cavalerie, & qui demandent chacun un temps conſidérable, quand il eſt queſtion de dreſſer un grand nombre de troupes entiérement compoſées d'hommes & de chevaux neufs, on a de la peine à comprendre comment on oſa riſquer de mettre en campagne une telle cavalerie.

La plûpart des compagnies nouvelles, ſurtout les dernieres, ne commencerent à être en état de ſervir qu'au moment qu'on les réforma. C'eſt une vérité d'expérience reconnue par tous les anciens Officiers, qu'il faut au moins cinq années pour faire une bonne cavalerie : ce ſervice, plus difficile que celui de l'infanterie, demande des hommes plus adroits, plus ſouples, plus vigoureux, d'une taille plus haute, & qui ayent contracté une longue habitude avec les chevaux ; qualités qui ne ſe trouvoient pas dans les nouveaux cavaliers : ils étoient, pour la plus grande partie, petits, foibles, & pluſieurs n'avoient jamais monté à cheval. La néceſſité de compléter promptement ces compagnies nouvelles, avoit obligé de prendre ceux qui ſe préſentoient les premiers : l'abus alla même ſi loin qu'on vit des Capitaines engager des déſerteurs, gens toujours dangereux, & ſinguliérement pour la cavalerie.

D'ailleurs, la quantité de chevaux neufs propres pour la cavalerie ayant manqué, l'on fut obligé d'en faire venir en fraude de chez l'Etranger ; ce qui les fit monter à une

excessive cherté , quoiqu'ils fussent presque tous trop
jeunes & hors d'état de servir : aussi après un mois de
campagne beaucoup de cavaliers furent-ils à pied : hommes & chevaux devinrent inutiles , & cependant ils avoient
coûté fort cher.

Les équipemens & habillemens augmenterent aussi de
prix sans être de meilleure qualité ; & ce surcroît de dépense acheva de ruiner les Capitaines, ce qui a fait que plusieurs excellens Officiers n'ont pu se soutenir au service.

La guerre , dira-t'on , rend les augmentations nécessaires
dans la cavalerie : on ne peut donc se dispenser de faire
de nouvelles levées ? Sans doute ; mais n'est-il pas étonnant qu'on se mette dans le cas de recourir à des moyens
qui depuis longtemps ont été, comme ils le seront toujours,
l'origine de mille inconvéniens , tandis qu'il y a en France
une ressource capable de procurer à très-peu de frais , les
plus grands avantages ; celle des Milices.

On ignoroit avant la derniere guerre combien la milice
pouvoit être avantageuse à l'Etat. Uniquement abandonnée à la garde des places les plus éloignées de l'ennemi ,
elle sembloit moins levée pour la réalité que pour la forme.
Mais quand on possede l'art de bien employer les hommes,
on voit qu'il n'en est point dont on ne puisse retirer d'u-
tiles services : il ne s'agit que de connoître & de remuer
à propos le ressort le plus capable de les mouvoir & de les
porter où l'on veut. En France, plus qu'ailleurs, ce ressort
puissant est l'honneur. La rusticité naturelle du paysan
n'empêche pas qu'il n'en sente l'aiguillon, & qu'il ne se
livre à son impression ; l'expérience l'a démontré. Le Ministre (1) n'a eu qu'à dire à de simples miliciens qu'il les
faisoit Grenadiers , sur le champ ils le sont devenus , en
ont pris l'ame & le courage , & ont marché avec distinction sur les traces de ceux des vieilles troupes ; on a même
dit qu'ils en avoient toutes les vertus sans en avoir les
vices. Les bataillons de milice qu'on a mis en brigades ne

_____

(1) En 1745 , on forma sept Régimens de Grenadiers Royaux.

se

fe font pas comportés avec moins de bravoure , & les cavaliers & foldats des Régimens n'ont pas trouvé des camarades indignes d'eux dans les miliciens qu'on a donnés
à l'infanterie & à la cavalerie.

Si dans un temps où exiftoit encore le préjugé contre
la milice , où par un excès de négligence on donnoit peu
d'attention à la bien compofer en Officiers, où le défaut
d'attention y faifoit languir le fervice & la difcipline ; fi
dis-je, alors les feules lumieres d'un génie profond ont
fait trouver dans ce corps ce qu'on n'imaginoit pas y pouvoir être : que fera-ce à l'avenir ? qu'il fuffira de fe conformer à l'efprit des nouveaux reglemens qui le concernent ; & qui, fans furcharger les Provinces, le rendront
déformais capable de fervir l'Etat plus effentiellement que
par le paffé ?

Aujourd'hui ce corps quoiqu'épars & féparé , ne laiffe
pas d'être toujours fubfiftant au moyen de la réunion qui
fe renouvelle tous les ans, & qui toute momentanée qu'elle
eft , contribue néanmoins à prouver au milicien qu'il eft
foldat, qu'il doit en remplir les devoirs & les obligations
& s'en inftruire. La teinture légere qu'il en reçoit dans ces
courtes affemblées , jointe à la connoiffance de fon état,
produira toujours cet effet qu'au commencement d'une
guerre il marchera avec confiance & réfolution partout où
l'on aura befoin de fon fervice : comme il aura eu le temps
de fe préparer à cet événement , il n'en fera point étonné ;
il fubira fans crainte & fans murmure la loi du fort qui
le lie, affuré par l'exemple du paffé qu'en quelque corps
qu'il foit mis, il y recouvrera fa liberté dans le moment
même où le terme de fon engagement fera expiré. Avec
cette affurance il n'eft rien qu'on n'en puiffe attendre ;
on l'a vu même avant qu'elle fût bien établie : tous les
miliciens qu'on avoit difperfés dans les Régimens y font
demeurés jufqu'à la paix, ont très bien fervi, & n'ont
nullement penfés à déferter ; maladie contagieufe dont les
foldats engagés volontairement ne font que trop fouvent
affectés , & que les autres connoiffent à peine de nom,

F f f

parce que le libertinage, l'idée de l'indépendance, dictent l'engagement de la plûpart des premiers, tandis que les miliciens, qui ne font que céder à la néceſſité de prendre les armes pendant la guerre, conſervent toujours l'empreinte des liens étroits qui les attachent à leur patrie, à leurs parens, à leur famille.

Ces réflexions ſur l'uſage qu'on a fait de la milice pendant la guerre & ſur ſon état actuel, nous y doivent faire découvrir un fonds excellent & certain pour une première & très-prompte augmentation dans la cavalerie : il ſuffit de conſidérer les mœurs & le caractere de la plus grande partie des hommes qui compoſent cette troupe, pour voir qu'on ne ſçauroit les mieux employer que dans la cavalerie. Quels hommes en effet ſont plus capables d'y ſervir que des gens forts & robuſtes, accoutumés dès leur naiſſance avec les chevaux, élevés dans la peine & les travaux de la campagne, qui d'ailleurs vivant habituellement avec les cavaliers qui ſont en quartier, connoiſſent en partie leur ſervice & leurs obligations.

Quelque raiſon qu'on ait de conſerver en entier le corps des milices, comme il eſt très-aiſé de remplacer les hommes qui en ſortent, il ſera toujours impoſſible, quand les circonſtances l'exigeront, de n'en pas tirer le fonds d'une premiere augmentation pour la cavalerie, ſi l'on veut éviter les inconvéniens de la derniere guerre. La cavalerie a un preſſant beſoin d'hommes, & d'hommes faits pour le cheval. Le moyen qu'on propoſe de les tirer des milices paroît le meilleur qu'on puiſſe choiſir pour ſe procurer bientôt & ſans frais de nouveaux cavaliers qui deviendroient en peu de mois capables de rendre autant de ſervices que les anciens. C'eſt ce qu'on croit pouvoir prouver par un détail ſimple & précis.

Nous avons actuellement cinquante-cinq Régimens de cavalerie Françoiſe, ſans y comprendre celui de Royal des Carabiniers. Ces Régimens ſont à deux eſcadrons, à l'exception du Colonel Général qui en a trois; ce qui fait au total cent onze eſcadrons; quatre cens quarante-quatre

compagnies à trente maîtres chacune, & treize mille trois
cens vingt cavaliers. En ajoutant à ce nombre les douze
cens Carabiniers, le total de la cavalerie légere Françoise
est de quatorze mille cinq cens vingt hommes.

On pourroit d'abord porter toutes ces compagnies à
quarante cavaliers comme elles étoient en 1684, 1694 &
1731, & donner à chacune un Cornette pour troisieme
Officier. On formeroit de plus dans chaque Régiment
une compagnie de trente-cinq Carabiniers, & l'on por-
teroit au même nombre de trente-cinq hommes les quarante Compagnies du Régiment Royal des Carabiniers.
Ces trois (1) objets remplis, produiroient une augmentation de six mille cinq cens soixante-cinq cavaliers, un
peu moindre à la vérité que les deux réunies (2) de 1741
& 1742, mais qui seroit sans comparaison beaucoup
meilleure, moins coûteuse, plus aisée à faire, plutôt en
état de servir; points essentiels à considérer dans une
premiere augmentation, puisqu'on se regle toujours sur
celle-là dans les subséquentes, lorsque la guerre les rend
nécessaires, & que ce n'est qu'autant qu'on aura pris un
bon parti à cet égard, qu'on pourra compter entiérement
sur la cavalerie.

Ces considérations nous font croire qu'il faudroit prendre dans la milice les quatre mille quatre cens quarante
hommes qui devroient former l'augmentation de dix cavaliers par compagnie, ainsi que les deux cens qu'on ajouteroit au régiment Royal des Carabiniers. Le nombre de ces
milices ne montant en tout qu'à quatre mille six cens quarante, on voit qu'il n'iroit pas à cinq hommes par chacune des onze cens compagnies de milice qui existent sur
le pied de cinquante; objet très-peu considérable rélative-
ment au bien qui en résulteroit, & qui d'ailleurs épar-

(1) Premier objet. 4440
Second objet. 1925
Troisieme objet. 200

Total 6565 Cavaliers.

(2) Ces deux augmentations réunies font huit mille deux cens soixante Cavaliers.

gneroit au Roi une fomme de quatre cens foixante-quatre
mille livres.

Dans le même-temps qu'on s'occuperoit de cette opération, le fecond Capitaine réformé & les huit nouveaux
Cornettes travailleroient à faire chacun quatre hommes
de recrues. Ces trente-fix hommes feroient diftribués dans
les compagnies, au lieu des cavaliers qu'on en auroit tiré
pour former celle des carabiniers, y compris celui qui
remplaceroit le Maréchal des Logis, lequel devroit être
choifi entre tous ceux du régiment.

Le premier Capitaine réformé prendroit la compagnie
du Capitaine, qui monteroit à celle des Carabiniers, &
feroit obligé d'armer, équiper & habiller à fes dépens les
trente-cinq carabiniers ; & comme il y a un rang pour le
fervice entre tous les corps de cavalerie, fans avoir égard
à l'ancienneté des régimens, il paroîtroit jufte que les
cinquante-cinq compagnies qui deviendroient vacantes,
fuffent données par préférence aux cinquante-cinq plus
anciens Capitaines réformés, ayant plutôt égard à la
commiffion qu'au régiment où ils font.

Le fecond Capitaine réformé ferviroit comme Lieute-
nant dans la compagnie des carabiniers. La place de Sous-
Lieutenant deviendroit une récompenfe de plus pour les
Maréchaux des Logis.

On fuivroit d'ailleurs, foit pour le choix du Capitaine,
foit pour tout le refte, ce qui fut ordonné en 1690, lorfqu'on leva de pareilles compagnies qui compofent aujour-
d'hui le régiment Royal des Carabiniers.

Quant aux chevaux pour cette troupe, on devroit
choifir les plus petits d'entre tous ceux que le Roi fourniroit, & tous ceux des régimens ; c'eft ainfi que l'exige
cette efpece de fervice : il faut d'ailleurs qu'il y en ait de
vieux comme de jeunes.

La formation des compagnies de carabiniers trouvera
des contradicteurs. On dira que c'eft exténuer la cavalerie, que d'en tirer les meilleurs cavaliers : cette objection
tombe d'elle-même, fi l'on accorde des foldats du corps

de la milice, & encore mieux fi on les prend parmi les grenadiers poftiches : d'ailleurs on peut, après avoir choifi trois Brigadiers qu'il faut à cette compagnie, fur le total des Brigadiers du régiment, ne prendre par compagnie qu'un des quatre Carabiniers, deux des anciens cavaliers & le meilleur des dix hommes de milice d'augmentation; au moyen de quoi l'on aura une excellente compagnie fans faire tort aux autres.

Quelque foibleffe qu'on fuppofe que ce mouvement apporte aux compagnies ordinaires, celles des carabiniers y fuppléront aifément pour le peu de temps que les premieres feront à fe rétablir. Ce léger inconvénient ne balancera jamais les avantages immenfes que l'Etat trouveroit dans une femblable acquifition.

On pourra dire encore que les compagnies de carabiniers font toujours abfentes des régimens; mais qu'importe, puifque employées à des fervices importans qui exigeroient de très-gros détachemens, elles empêchent par-là que les efcadrons ne deviennent trop foibles?

L'Auteur du Traité des Légions, qu'on dit être un Officier du premier ordre, prétend « que trente compa- » gnies à cheval de cinquante braves foldats *hors d'état de* » *fervir à pied par leurs infirmités & leurs bleffures*, font » capables de décider du fort d'une bataille : » fur ce principe que ne devroit-on pas efpérer de cinquante-cinq compagnies de carabiniers ? Ce nom feul imprime un caractere de valeur aux hommes qui le portent, & remplit d'effroi ceux qui les trouvent en tête. Qu'à ces cinquante-cinq troupes, l'on joigne les quarante du régiment Royal des Carabiniers, il n'y aura point d'entreprife, quelque grande qu'elle foit, dont avec vingt-trois efcadrons formés de tels gens, on ne doive efpérer les plus heureux fuccès.

Ces compagnies feroient à l'égard des régimens de cavalerie, ce que font les grenadiers par rapport à ceux d'infanterie, de même que le régiment Royal des Carabiniers eft pour toute la cavalerie ce qu'eft celui des gre-

nadiers de France pour toute l'infanterie ; & il feroit à
défirer que comme on envoie dans ce dernier de jeunes
Colonels y apprendre leur métier, l'on voulût bien auffi
en admettre dans Royal des Carabiniers.

Quelqu'un dira peut-être que le fonds de huit compagnies de cavalerie dont eft compofé chaque régiment,
n'eft pas fuffifant pour y entretenir une compagnie de carabiniers, & qu'il n'en eft pas à cet égard de même que
l'infanterie dont un bataillon qui fournit une compagnie
de grenadiers, eft de feize compagnies ; on répond à cela,
1° que les compagnies de carabiniers ont dix hommes de
moins que celles des grenadiers ; 2° que la confommation de ces dernieres eft incomparablement plus grande
que celle des carabiniers, qui ne font pas fujettes aux
pertes occafionnées par les fieges : enfin l'on eft perfuadé
qu'une compagnie de carabiniers eft préférable, à tous
égards, à un mauvais efcadron, & l'on penfe que tout
efcadron fera tel tant qu'il fera nouveau, ou compofé
d'une quatriéme compagnie nouvelle.

De quelque moyen qu'on fe ferve pour augmenter la
cavalerie, le plus fûr eft abfolument de ne point créer de
corps nouveaux, & même de ne lever de nouvelles compagnies que le moins qu'il fera poffible. Ce n'eft que dans
les vieux corps que réfide cet efprit de difcipline & de
valeur fi néceffaire pour le fuccès des armes : cet efprit
que l'émulation communique bientôt des anciens cavaliers aux nouveaux, ne gagne que très-difficilement tout
un corps ; il ne peut l'acquérir qu'après bien du temps
& par une longue habitude de la guerre. Il y a d'ailleurs
mille actions de détail toutes effentielles au bien du fervice, qui ne peuvent fe pratiquer fi l'on ne les voit faire :
il fuit delà qu'on ne fçauroit rien efpérer d'un corps nouvellement formé, & plus particuliérement d'un corps de
cavalerie ; la raifon en eft fimple. Les hommes n'étant
point, par des exercices, accoutumés aux fatigues de la
guerre, & les chevaux étant neufs & trop jeunes, ils ont
tous également befoin d'être ménagés : ils ne peuvent par

conséquent se soulager les uns par les autres, & succombent ensemble. Aussi arrive-t'il toujours qu'avant la fin de la campagne presque toutes les compagnies nouvelles sont hors d'état de servir, & qu'un grand nombre de chevaux périssent faute de soin, que les nouveaux cavaliers n'entendent pas à leur donner.

Indépendamment des inconvéniens dont nous venons de parler, la grande quantité de compagnies nouvelles en entraîne plusieurs autres. On a vu dans la première augmentation de la derniere guerre, de jeunes gens, à peine capables d'être Cornettes, former des compagnies; on les a vu même commander par accident des régimens: de plus le grand nombre de Lieutenans & de Cornettes qu'il a fallu attacher aux nouvelles troupes, a été pour la plûpart tiré de la Maison du Roi, & en a affoibli les corps: si l'on ajoute les Maréchaux des Logis, les Brigadiers pris dans les anciennes compagnies pour celles-ci, les carabiniers que la cavalerie a dû fournir, les hommes qui manquoient au complet de vingt-cinq, déja trop foible, on verra, comme nous l'avons remarqué, que la cavalerie étoit totalement épuisée, & que ce qui restoit d'anciens cavaliers en faisoit la moindre partie lorsqu'il fallut se mettre en campagne.

On ne parle pas de la quantité de Trompettes, Maréchaux, Selliers, Fraters, &c, gens absolument nécessaires pour le service ou pour les besoins de la vie, dont on a cependant généralement manqué, ce qui n'arriveroit pas s'il y avoit moins de compagnies, & qu'elles fussent plus fortes. Il est vrai qu'on auroit moins d'escadrons, mais alors ils seroient plus sûrement complets, & dans une plus juste proportion, au lieu qu'ils ne pouvoient l'être, les compagnies n'étant qu'à trente-cinq; car pour peu qu'ils vinssent à manquer d'hommes ou de chevaux, elles étoient réduites à rien.

L'augmentation qu'on propose semble donc, à tous égards, devoir être préférée: les Officiers, qui sont l'ame des corps, auroient tous du service, & conséquemment

de l'expérience ; & d'anciens cavaliers, qui en font le nerf
& la force, formeroient toute la cavalerie : c'eſt encore
le vrai moyen d'épargner à l'Etat les frais immenſes qu'oc-
caſionnent les nouveaux corps, ſoit pour la levée & l'entretien, ſoit par les ſuites de la réforme.

Pour qu'enfin cette cavalerie ſoit bien entretenue, il
faut auſſi que les Capitaines, dont les dépenſes ſont conſidérables pendant la guerre, y puiſſent ſubvenir : elles
ſeront d'autant plus grandes, que les compagnies ſeront
nombreuſes, & l'on regarde comme indiſpenſable d'augmenter le prix des places d'uſtenſiles qui leur ſont accordées pendant l'hyver.

La guerre venant à durer, elle occaſionneroit une ſeconde augmentation. On propoſe, ſuivant toujours le
ſyſtême de ne point affoiblir les eſcadrons en y mêlant
des compagnies nouvelles, d'augmenter chaque régiment
de cavalerie Françoiſe d'une compagnie de cinquante
Volontaires, & celui de Royal des Carabiniers de cinq
de ces compagnies. Ce projet paroîtra d'abord extraordinaire à ceux qui ne connoiſſent pas le ſervice de cette
ſorte de troupe, ni combien elle peut ménager la cavalerie & lui préparer de ſuccès. Mais à le bien examiner,
quand même il ne ſeroit point accepté, du moins trouvera-t'on qu'il a pu être raiſonnablement propoſé. Tout
bon Citoyen peut donner des projets, c'eſt au Miniſtre à
choiſir ; lui ſeul eſt inſtruit des véritables beſoins de l'Etat
& de ce que les conjonctures exigent. N'étant d'ailleurs
préoccupé d'aucune idée particuliere, ne cherchant que
le plus grand bien, & pouvant le procurer, il porte ſur les
objets un coup d'œil ſûr, il les enviſage par toutes leurs
faces, & ne ſe détermine que ſur des connoiſſances qu'un
particulier, quelque bien intentionné qu'il ſoit, ne ſçauroit jamais avoir (1).

La ſeconde augmentation propoſée ne ſeroit, il eſt vrai,
que de trois mille hommes qui, joints aux ſix mille cinq

(1) Ces Compagnies pourroient bien être à la ſuite des Régimens d'infanterie,
à qui elles rendoient de grands ſervices dans les marches & pour la diſcipline.

cens

cens soixante-cinq de la premiere, & aux quatorze mille cinq cens vingt qui existent, n'en feroient que vingt-quatre mille quatre-vingt-cinq ; c'est-à-dire six mille neuf cens quatre-vingt-quinze de moins que dans la derniere guerre : mais on auroit une cavalerie, sans nulle comparaison, meilleure & bien moins embarrassante qu'elle n'étoit ; car la cavalerie, quand elle n'est pas excellente, est toujours plus préjudiciable qu'avantageuse.

Ces compagnies de Volontaires peuvent être formées en très-peu de temps. Les hommes propres à ce service se trouvent aisément, & ne diminuent pas le nombre de ceux qui sont nécessaires pour le reste de la cavalerie : il en est de même des chevaux, qui ne doivent avoir plus de quatre pieds six à sept pouces.

On se trouve aujourd'hui forcé d'avoir dans les armées beaucoup de cavalerie semblable, puisque le système de guerre de l'Europe en général en adopte l'usage. L'utilité des troupes légeres n'a jamais été si bien connue que dans la derniere guerre ; & l'on sçait de quel avantage elles ont été pour ceux qui en avoient le plus. L'Empire conserve actuellement sur pied cent trente-quatre (1) escadrons de hussards & dragons à cent vingt hommes. Le Roi de Prusse en a encore davantage : les hussards ou dragons forment cent cinquante (2) escadrons à cent soixante hommes chacun, & ce nombre augmente sans doute en temps de guerre. L'exemple de ce Roi qui fait une continuelle méditation de ce qui peut être le plus favorable à ses armes, doit être un exemple bien convainquant.

Cette cavalerie est la même par ses propriétés que celle des Numides, des Parthes, & de tant d'autres peuples qui n'ont dû qu'à cette arme leur liberté, ou leurs conquêtes. La cavalerie Numide, après avoir été la terreur des Romains, prenant parti pour eux, les fit enfin triompher des Carthaginois, qui n'avoient vaincu que par elle. La seule Nation du monde que les Romains ne purent sou-

(1) Seize mille quatre-vingt hommes.
(2) Vingt-quatre mille hommes.

Ggg

mettre, & qui les fit même trembler, n'a dû qu'à fa cavalerie légere fon falut & fes avantages. « La force des Romains, dit M. de Montefquieu, (1) confiftoit dans leur infanterie, la plus forte, la plus ferme, la mieux difciplinée du monde. Les Parthes n'avoient point d'infanterie, mais une cavalerie admirable. Ils combattoient de loin, & hors de la portée des armes Romaines...... Ils affiégeoient une armée plutôt qu'ils ne la combattoient, inutilement pourfuivis, parce que chez eux fuir c'étoit combattre...... Ainfi ce qu'aucune nation n'avoit pas encore fait, d'éviter le joug des Romains, celle des Parthes le fit, non pas comme invincible, mais comme inacceffible.

Les exemples récens de ce qui s'eft paffé en Boheme & en Baviere, prouvent bien la néceffité d'entretenir beaucoup de cavalerie légere. Les fervices qu'elle rend font fans nombre : c'eft par elle qu'on établit la fécurité de fon camp, & en même temps qu'on feme le trouble & la confufion dans celui de l'ennemi. Par elle on eft informé de tout ce qui fe paffe chez lui, de fes manœuvres, de fes difpofitions : elle lui enleve fes tréfors, fes couriers, fes recrues, tous fes convois : comme elle paffe partout aifément, qu'elle s'eft plutôt retirée d'un pofte qu'on n'a pu l'y appercevoir, elle peut agir en toute occafion avantageufement contre l'ennemi, fans que celui-ci puiffe rien contre elle.

L'emploi de nos volontaires feroit à peu près le même : ils font faits auffi pour être toujours en campagne. Leur fervice journalier auroit pour objet de favorifer les fourrages, d'affurer la marche des troupes & des convois, en formant une chaîne fur les flancs des colonnes. Ils éviteroient les embufcades, & pourroient en former. Ils contribueroient encore à la fûreté du camp, en faifant des courfes & des patrouilles continuelles dans les intervalles des grandes gardes, ce qui même diminueroit le grand nombre de ces gardes ordinaires.

_____

(1) Confidérations fur les caufes de la grandeur des Romains, ch. xv.

Leur service dans les batailles ne seroit pas moins avantageux à la cavalerie ; en supposant les Carabiniers, les Dragons & les Hussards occupés ailleurs, comme ils le sont presque toujours dans ces conjonctures, où il est d'usage de les porter en avant, sur les flancs, en réserve. Les volontaires ne perdant jamais de vue les corps de cavalerie auxquels ils seroient attachés, leur prépareroient le terrein sur lequel ils doivent se former, & qui se trouve très-souvent disputé par des troupes légéres. Ils disputeroient eux-mêmes à l'ennemi celui qu'il voudroit occuper, & lui cacheroient toutes les dispositions que l'on feroit. Ils commenceroient toujours l'escarmouche, & l'ordre de bataille étant établi, ils se retireroient par pelotons, derriere les escadrons de la premiere ligne ; d'où sortant, comme d'une embuscade, dans l'instant de la charge, ils fondroient au grand galop sur les flancs & sur la queue des escadrons ennemis : ceux-ci enfoncés, ils seroient chargés seuls de les poursuivre, & donneroient par ce moyen une très-grande facilité à leur propre cavalerie de se rallier, de se reformer, & de s'avancer en les suivant en bon ordre jusqu'à une certaine distance.

En supposant, contre toute apparence, que nos escadrons vinssent à plier, alors ils trouveroient dans leurs volontaires une ressource assurée contre les suites de ce premier désavantage. Ils empêcheroient que l'ennemi ne pût ni reformer ses escadrons, ni en faire avancer de nouveaux, & le tiendroient continuellement en échec, tandis que la seconde ligne arriveroit au secours de la premiere, & que celle-ci iroit se rallier très-promptement derriere elle.

On ne finiroit pas si l'on vouloit rendre ici tous les avantages qu'on retireroit de cette cavalerie pour la cavalerie même. Ils sont d'autant plus réels, qu'elle ne seroit point formée au détriment de l'autre.

Un préjugé que les dernieres campagnes ont détruit, avoit fait regarder les François comme incapables de la petite guerre ; il semble au contraire qu'aucune nation

n'y foit plus propre , puifqu'il faut pour la faire , être
adroit, rufé, léger, vif, entreprenant, actif & vigilant :
quelle Nation poſſéde mieux toutes ces qualités que la
Françoiſe ? Le peu de tenue dont on l'accuſe , ſeroit un
bien plus grand défaut dans un corps de cavalerie ou d'infanterie , les ſervices de l'une & de l'autre exigeant plus de
fermeté que celui des troupes légeres. On a vu dans la
derniere guerre que les François qu'on y a employés y ont
parfaitement bien ſervi.

On dira peut-être que huit compagnies par Régiment
ne ſont pas ſuffiſantes pour fournir à toutes les eſpeces de
ſervices de la cavalerie , dont chacun exige que l'on prenne
ſix cavaliers par compagnie & plus , pour former une
troupe de cinquante maîtres. En effet , qu'un Régiment
ſoit obligé de faire marcher deux détachemens, il faudra
douze hommes par compagnie : ſi l'on ajoute à ce nombre
un cavalier malade , un aux gros équipages , un aux menus , ſix autres de garde ordinaire , &c. on comprend ſans
peine que par tous ces différens ſervices qu'il faut remplir
en même-temps les eſcadrons ſe trouveront réduits preſqu'à rien.

Cette objection n'eſt conſidérable qu'autant que l'ennemi ſera ſupérieur en cavalerie : autrement les ſervices
que rendroient journellement nos Carabiniers & nos Volontaires , ſeroient tous en diminution de ceux qui roulent d'ordinaire ſur la ſeule cavalerie.

S'il étoit donc vrai que l'ennemi eût plus de cavalerie
que nous , & un plus grand nombre d'eſcadrons , il faudroit néceſſairement lui enlever cet avantage : en ce cas
une troiſieme augmentation deviendroit indiſpenſable ,
parce qu'il eſt important de pouvoir oppoſer eſcadron à
eſcadron , & que plus on a de compagnies & d'eſcadrons,
moins on prend d'hommes dans chacun , quand il faut
former des détachemens.

En ſuppoſant que, par une nouvelle augmentation reconnue abſolument néceſſaire , il fût queſtion de porter
la cavalerie Françoiſe au même nombre à peu-près que

dans la derniere guerre, il n'y auroit qu'à former un troisieme escadron dans les cinquante-quatre Régimens qui n'en ont que deux, & un quatrieme dans le Colonel Général : l'on tireroit trois cavaliers de chacune des huit compagnies anciennes, pour donner à chacune des nouvelles, un Maréchal des Logis, deux brigadiers & trois anciens cavaliers ; & on réduiroit toutes les compagnies à trente-sept cavaliers, sans toucher néanmoins à celles des Carabiniers, ni des Volontaires, qui continueroient d'être à trente-cinq & à cinquante. Par ce moyen le Roi n'auroit que trente-un chevaux à fournir, les Officiers de nouvelles troupes n'auroient que trente-un hommes à faire, & cette augmentation, qui seroit de six mille huit cens huit hommes, portant le Régiment du Colonel Général à quatre escadrons, les autres à trois, & toutes les compagnies à trente-sept cavaliers, elle donneroit cent soixante-six escadrons à quatre compagnies, faisant vingt-quatre mille cinq cens soixante-huit hommes, qui joints au total des Carabiniers & des Volontaires, feroient trente mille huit cens quatre-vingt treize ; c'est-à-dire, cent quatre-vingt sept de moins que dans la derniere guerre ; mais outre que cette cavalerie seroit meilleure, elle coûteroit à l'Etat près de cent mille écus de moins, par la seule paie par an, sans comprendre une bien moindre dépense pour le prix du premier achapt des chevaux.

Pour procéder à cette derniere augmentation, il faudroit ne la faire que la seconde année de la guerre, mais commencer d'y travailler dès le commencement de la campagne : il y auroit à craindre, si l'on attendoit plus tard, que les recrues pour la cavalerie ne fussent retardées, parce que se faisant en même-temps que la levée des nouveaux cavaliers, ces deux opérations ne pourroient que se nuire réciproquement : d'ailleurs il faut du temps pour choisir des gens propres à la cavalerie ; & ce troisieme escadron étant destiné à servir la campagne suivante, il est certain qu'une année entiere n'est qu'à peine suffisante

ESSAI

pour dreſſer des hommes & des chevaux neufs; encore faut-il que les exercices ſoient continuels, & que les chevaux ſoient bien engrainés.

Il conviendroit, avant que de mettre ces nouveaux eſcadrons en campagne, de les faire ſervir pendant quelques mois dans les places de la frontiere : ils fourniroient la plus grande partie des eſcortes néceſſaires pour la ſûreté des convois de vivres, de fourrages, d'artillerie : les hommes ſe fortifieroient ainſi peu à peu, s'aguerriroient, prendroient l'eſprit de leur métier, n'ayant paſſé que par degrés du repos aux fatigues de la guerre : la conſommation en ſeroit bien moins grande, les ſervices qu'ils rendroient enſuite plus ſolides & plus eſſentiels; & les Officiers Généraux qui la guerre derniere ſe trouvoient trop de cavalerie dans leurs armées, n'auroient plus à ſe plaindre de celle-ci, qui dans les trois eſpeces dont elle ſeroit compoſée, fourniroit à tous les différens ſervices qu'exige le ſyſtême actuel de faire la guerre.

On ne ſçauroit pendant la guerre trop augmenter nos Régimens de cavalerie Etrangere, ainſi que ceux de Huſſards; les ſommes qu'il en coûte ſont d'autant mieux employées, que ces augmentations ſe font au préjudice de l'ennemi.

Quant aux Dragons, la forme qu'ils avoient dans la derniere guerre ſemble la plus convenable à l'eſprit de ce corps; principe qu'on ne doit jamais perdre de vue dans tous les changemens que la néceſſité des occurrences oblige d'apporter à la conſtitution d'une troupe : c'eſt en la formant qu'on doit lui donner l'eſprit pour lequel on la forme; car il n'eſt pas douteux, que ſi dans la primitive formation des Dragons il y en eût eu les deux tiers à pied, les ſervices de ce corps n'en euſſent été d'un plus grand avantage pour l'État.

On n'ignore pas qu'il pourroit y avoir quelqu'avantage à former nos troupes légeres d'Étrangers, à l'exemple des Romains, dont à meſure que la puiſſance augmenta, les armés (1) à la légere, les Vélites (2), les Frondeurs (3), les gens de traits (4) ne furent plus que des soldats mercenaires ou étrangers : mais les inconvéniens considérables qui pourroient en résulter , font penser que ces Régimens ne doivent être composés que de François , & qu'on ne sçauroit avoir trop de compagnies franches Etrangeres.

(2) *Leves milites.*
(2) *Velites.*
(3) *Ferentarii.*
(4) *Rorarii.*

L'Auteur ayant été obligé , pour le service du Roi, de s'absenter pendant l'impression de son ouvrage , on a oublié de commencer le Chapitre VI de la Cavalerie Françoise , page 137, par l'Etat des Inspecteurs Généraux de la Cavalerie & des Dragons : on va le mettre ici avec le nom des Secretaires Généraux de la Cavalerie & des Dragons & leur adresse , parce que les Officiers de ces Corps en ont affaire pour prendre l'attache des Colonels Généraux.

Inspecteurs Généraux de la Cavalerie & des Dragons.

1738. M. le Marquis de l'Hôpital , Lieutenant Général.

1739. M. le Comte d'Estrées, Lieutenant Général.

1743. M. le Comte de Berchiny, *pour les Hussards ,* Lieutenant Général.

1744. M. le Marquis du Mesnil , Lieutenant Général.

1745. M. le Comte de Graville , Lieutenant Général.

1746. M. de Cremille , *pour la Cavalerie & pour l'Infanterie ,* Lieutenant Général.

1749. M. le Comte de Mailly-d'Haucourt, Lieutenant Général.

1749. M. le Comte de Voyer, Maréchal de Camp.

1754. M. le Marquis de Poyanne, Maréchal de Camp.

1754. M. le Marquis de Barbançon, Maréchal de Camp.

1754. M. le Comte du Luc, Maréchal de Camp.

Messieurs Gaultier pere & fils, Secretaires généraux de la Cavalerie, à l'Hôtel de Bouillon.

M. Bernard, Secretaire général des Dragons, rue neuve des petits Champs, à l'Hôtel Mazarin.

La date de l'Ordonnance du paiement, page 195, doit être de 1751, & non pas de 1731, comme il est dit.

TABLEAU des changemens faits dans la Cavalerie Légere Françoise lors de la derniere guerre, & de ceux proposés en cas de guerre dans le Chapitre précédent.

ÉTAT de la Cavalerie Françoise, depuis le commencement jusqu'à la fin de la derniere guerre.	Nombre des Régimens.	Régimens à trois escadrons.	Régimens à deux escadrons.	Nombre des escadrons des Régimens à 3 escadrons.	Nombre des escadrons des Régimens à 2 escadrons.	Total des escadrons.	Nombre des compagnies par escadrons.	Total des Compagnies.	Cavaliers par Compagnie.	Total des Cavaliers.
RÉGIMENS										
Premiere augmentation de 1741.	53	34	19	101	38	140	4	560	25	14000
Seconde augmentation de 1741.		?			19	19			10	5600
Troisieme augmentation de 1743.				54	19	53		76	35	2660
Total de la Cavalerie.	53					212		212	35	7420
Régimens des Carabiniers.	1					10	4	848	35	29680
Total de la Cavalerie Françoise & des Carabiniers à la fin de la guerre.	54					222	4	40	35	1400
ÉTAT actuel de la Cavalerie Françoise, Carabiniers, & augmentation proposée.						222	4	888	35	A. 31080
Régimens de Cavalerie Françoise.	55	1	54	3	108	111	4	444	30	13320
Régiment Royal des Carabiniers.	1					10	4	40	30	1200
Premiere augmentation dans les Régimens par compagnie.									10	4440
Dans le Régiment des Carabiniers par compagnie.									10	
Compagnie nouvelle des Carabiniers dans les Régimens.									5	200
Seconde augmentation d'une compagnie de Volontaires par Régiment.								55	35	1925
Volontaires dans Royal des Carabiniers.								55	50	2750
								5	50	250
Troisieme augmentation d'un escadron par Régiment, en réduisant les anciennes compagnies à 37 Cavaliers, & portant les nouvelles au même nombre, cela fait une augmentation de cent vingt-quatre hommes par chacun des Régimens à deux escadrons, & de cent douze pour le Colonel Général : au total						55	4	220		6808
Total de la Cavalerie après les augmentations proposées.	56	1 à 10 escadrons.	1 à 4 escadrons.	54 à 3 escadrons.		176 compris les dix du Régiment Royal des Carabiniers.	4	819 compris les Carabiniers & les Volontaires.	37 dans la Caval. 35 dans les Carab. 50 dans les Volontaires.	B. 30893

Comparaison A. 31080
             B. 30893

Il n'y auroit de moins qu'à la derniere guerre 187 hommes.

CALCUL de la dépense des Compagnies de la Cavalerie Légere Françoise, qui étoient sur pied à la fin de la derniere guerre, & de celles des Compagnies de la même Cavalerie qui seroient formées suivant le projet du Chapitre précédent.

Compagnie de 55 Cavaliers, par jour.	Compagnie de 35 Carabiniers, par jour.	Total de la dépense des 848 Compagnies de Cavalerie, & 40 de Carabiniers dans la derniere guerre.	Compagnie de 37 Cavaliers, par jour.	Les Compagnies de Carabiniers du projet seroient payées comme les précédentes troupes de Carabiniers : ce qui fait pour les 55 que l'on mettroit dans les 55 Régimens, la somme annuelle de G. 560505 l.	Compagnie de 50 Volontaires paiés sur le pied des Dragons, par jour.
liv. fols. den.	liv. fols. den.		liv. fols. den.		liv. fols. den.
Capitaine. 5	Capitaine. 6	Compagnies de Cavalerie. C. 7484448 l.	Capitaine. 5		Capitaine. 4 10
Lieutenant. 2 10	Lieutenant. 3		Lieutenant. 2 10		Lieutenant. 2
Cornette. 1 17 6	Cornette. 2 5	Compagnies de Carabiniers. D. 407640 l.	Cornette. 1 17 6		Cornette. 1 10
Maréchal des Logis. 1 6 8	Maréchal des Logis. 1 10		Maréchal des Logis. 1 6 8		Maréchal des Logis. 1
2 Brigadiers. 16	2 Brigadiers. 18		2 Brigadiers. 16		48 Volont. à 6 l. 6 d. 15 12
55 Cavaliers à 7 f. 11 11	33 Carabiniers à 8 f. 13 4		35 Cavaliers. 11 5		2 Brigadiers. 15
à 10 d. pour la masse. 1 9 2	Masse. 1 9 2		Masse. 1 10 10		Masse. 2 1 8
Par jour. 24 10 4	Par jour. 28 6 2		Par jour. 25 6		Par jour. 27 8
Par mois. 735 10	Par mois. 849 5		Par mois. 759		Par mois. 823
Par an. 8826	Par an. 10191	Total E. 7892088 l.	Par an. 9108		Par an. 9876
Pour 848 semblables Compagnies qui existoient à la derniere guerre. C. 7484448 liv.	Pour 40 de ces Compagnies qui existoient à la guerre derniere. D. 407640 liv.		Pour 664 semblables Compagnies qui existeroient à la fin de la troisieme augmentation du projet, la dépense annuelle seroit de F. 6047712 l.		Pour 55 semblables Compagnies de Volontaires. H. 543180 l Pour 5 semblables Compagnies L. 49380 l

RÉSULTAT de la dépense totale du projet.

664 Compagnies de Cavalerie à 37 hommes.	F. 6047712 liv.
40 Compagnies du Régiment Royal des Carabiniers, à 35.	D. 407640 liv.
55 pareilles Compagnies ajoutées aux Régimens.	G. 560505 liv.
55 Compagnies de Volontaires à 50.	H. 543180 liv.
5 autres de ces Compagnies pour le Régiment des Carabiniers.	L. 49380 liv.
Total.	M. 7608417 liv.

COMPARAISON.

Dépense totale à la derniere guerre.	E. 7892088 liv.
Dépense du projet.	M. 7608417 liv.
Excédant de la premiere, & profit de la derniere.	283671 liv.

RECUEIL
DES ORDONNANCES
Concernant la Cavalerie & les Dragons.

ORDONNANCE
Du 3 Juillet 1749.

Portant réglement sur les revues des Commiſſaires des Guerres, & les décomptes de la Cavalerie Françoiſe & Etrangere, & des Dragons & des Troupes Légeres.

ARTICLE PREMIER.

SA MAJESTÉ a ordonné & ordonne, que les Commiſſaires des guerres, à commencer du premier Novembre prochain, feront leurs revues tous les deux mois, du 20 au 30 du premier mois, pour ſervir au paiement de la ſubſiſtance de la Cavalerie Françoiſe & Etrangere, & des Dragons & des troupes Légeres. Ces revues feront faires, par appel, ſur le Contrôle que chaque Capitaine dreſſera la veille de la revue, des hommes & des chevaux dont ſa compagnie eſt compoſée, lequel ſera certifié véritable & ſigné par lui, les Officiers ſubalternes & le Maréchal des Logis de la compagnie ; & dans celles à pied par les Sergens ; & en l'abſence du Capitaine, le premier Officier ſubalterne de la compagnie ſera tenu de dreſſer ce Contrôle.

Les Contrôles des compagnies ſeront remis au Meſtre de Camp ou Colonel du régiment, en ſon abſence, au Lieutenant Colonel, & à ſon défaut, au Commandant du corps, par lequel ils ſeront viſés, ainſi que par le Major ; & en l'abſence de ce dernier, par l'Aide-Major ou autre Officier chargé du détail, après avoir vérifié s'ils ſont conformes au livre du Contrôle général du régiment : le Major les remettra enſuite au Commiſſaire des guerres, au moment de ſa revue, pour en faire l'appel compagnie par compagnie.

Il ſera envoyé aux Majors des modeles de ces Contrôles, pareils à celui joint à la préſente Ordonnance, contenant par colonnes, le

Hhh

nom de baptême & de famille, celui de guerre, l'âge, la taille & le lieu de la naissance de chacun des hommes de la compagnie : & dans la derniere colonne il sera marqué ceux qui seront présens sous les armes, les absens par congé, depuis quel temps, pour combien de temps, & les lieux où ils sont allés ; & les malades, tant à l'Hôpital de la place, qu'à la chambre & aux Hôpitaux externes, en spécifiant le nom de la place de l'Hôpital externe, & depuis quel temps ils y sont : il sera aussi fait mention sur ce Contrôle, des chevaux effectifs, & des malades ou écloppés aux écuries.

Ces Contrôles seront joints aux extraits des revues que les Commissaires des guerres enverront au Secretaire d'État ayant le département de la guerre, qui fera faire des vérifications des soldats absens ou malades aux Hôpitaux externes : & en cas d'infidélité reconnue dans ces Contrôles, le Commandant du Corps sera interdit & privé de ses appointemens pendant un mois ; il sera retenu un mois d'appointemens au Major ou autre Officier chargé du détail, qui les aura visés ; le Capitaine de la compagnie sera mis en prison pendant six mois, & conservera cependant ses appointemens, pour qu'il ne soit pas privé des moyens d'entretenir sa troupe ; les Officiers subalternes de la compagnie seront mis en prison pendant un mois, & privés de leurs appointemens, & le Maréchal des Logis sera cassé & renvoyé ; & les Sergens seront aussi cassés, & mis en qualité de simples soldats à la queue de la compagnie. Le Major ou autre Officier chargé du détail, sera tenu de représenter le livre du Contrôle général du régiment, au Commissaire des guerres, lorsqu'il en sera par lui requis, pour y faire les vérifications qu'il jugera nécessaires.

I I.

LES intentions de Sa Majesté ayant été suffisamment expliquées au sujet des revues des Commissaires des guerres, par les articles III, IV, V, VI, VII, VIII, IX, X, XI, XII, XIII, XIV, XV & XVI de son Ordonnance du premier Juillet 1749, concernant l'infanterie, Elle ordonne qu'ils aient aussi leur exécution à l'égard des troupes comprises dans la présente Ordonnance, chacune pour ce qui les concerne ; *Sa Majesté explique ainsi ses intentions dans lesdits articles de sadite Ordonnance du premier Juillet 1749.*

I I I.

LES Commissaires des guerres, avant de faire leurs revues, en demanderont la permission aux Gouverneurs ou Commandans des Places, qui ne pourront la leur refuser sans des raisons dont ils informeront sur le champ le Secretaire d'État ayant le département de la guerre : ces Commissaires avertiront les Majors des Places quelques jours avant, du jour & de l'heure qu'ils auront pris pour faire la revue ; & ces derniers en préviendront les Officiers Majors des régimens, qui, de leur côté, en informeront les Capitaines, afin qu'ils tiennent leurs Contrôles prêts, pour être remis aux Commiffaires des guerres au moment de leurs revues, aufquelles les Officiers Majors des Places fe trouveront, & veilleront à ce qu'il ne s'y paffe aucun abus.

I V.

Toutes les gardes, poftes, & les travailleurs, même aux travaux du Roi, des bataillons qui pafferont en revue, feront généralement relevés par d'autres bataillons de la garnifon ; & au cas qu'il n'y en eût qu'un de la Place, les gardes & les poftes feront relevés par la compagnie des Grenadiers, & fi elle ne fuffit pas, par des compagnies entieres, qui pafferont enfuite en revue devant le Commiffaire des guerres : l'intention de Sa Majefté étant que tout ce qui fe trouvera dans la Place, foit préfent à l'appel, pour y répondre en perfonne.

V.

Les foldats malades, tant aux Hôpitaux de la Place, qu'aux Hôpitaux externes, feront compris dans les revues pour le nombre employé fur le Contrôle qui en fera remis aux Commiffaires des guerres par les Officiers, lefquels répondront de la vérité, ainfi qu'il eft porté par l'article premier de la préfente Ordonnance.

A l'égard des Hôpitaux de la Place, défend Sa Majefté aux Directeur & Contrôleur, fous peine d'un an de prifon & d'être privés de leur emploi, d'y recevoir des enfans, domeftiques ou gens eftropiés ou défectueux, qui leur feroient préfentés à la veille des revues, pour les faire paffer fur le pied de foldats malades.

Sa Majefté, en rappellant les difpofitions de fon Ordonnance du 20 Avril 1717, portant réglement pour les Hôpitaux de fes troupes, veut & entend qu'au jour marqué pour les revues, le Directeur de l'Hôpital remette aux Commiffaires des guerres, un état des foldats qui y feront alors malades, figné & certifié de lui. Défendant, Sa Majefté, audit Directeur & au Contrôleur, de laiffer fortir, ledit jour de revue, aucun foldat de l'Hôpital : (& à cet effet la configne en fera donnée par les Officiers Majors de la Place, aux fentinelles de garde aux portes de l'Hôpital,) jufqu'à ce que le Commiffaire, après fa revue, s'y foit tranfporté, pour procéder à la vérification dudit état, qui devra être conforme aux Contrôles qui lui auront été remis par les Officiers.

Quant aux Soldats déclarés malades à la chambre, le Commiffaire des guerres fera tenu, immédiatement après fa revue, de s'y tranfporter pour en faire l'appel, & les comprendra dans fa revue.

V I.

Tout paſſe-volant qui ſera dénoncé, ſera arrêté ſur le champ, conduit en priſon, & condamné aux galeres perpétuelles; & il ſera délivré au dénonciateur ſon congé abſolu, & la ſomme de cent livres ſur les appointemens du Capitaine, lequel, ainſi que les Officiers ſubalternes & les ſergens de la compagnie, encourront la punition portée par l'article premier de la préſente Ordonnance.

Tout artiſan, domeſtique ou autre non engagé, ſera puni comme paſſe-volant.

Tout ſoldat d'un régiment, qui ſera ſurpris dans un autre pour y paſſer en revue, ſera auſſi puni comme paſſe-volant; & il en ſera uſé de même à l'égard d'un ſoldat du même régiment qui ſe préſenteroit à la revue dans une autre compagnie que dans celle où il ſeroit engagé.

V I I.

Les Officiers ſeront tenus, à chaque revue, de porter les armes affectées à leur Charge, même les Enſeignes leur Drapeau déployé; & lorſque la troupe défilera devant le Commiſſaire des guerres, les ſoldats porteront leurs armes, & les tambours battront aux champs.

V I I I.

Les Commiſſaires des guerres ne comprendront les Officiers dans leurs revues, que du jour de leur réception au Corps; Sa Majeſté leur défendant très-expreſſément d'y faire mention des nouveaux Officiers qui entreront dans le ſervice, auxquels Elle auroit fait expédier des Commiſſions, Lettres ou Brevets, pour des Charges où ils n'auroient pas encore été reçus; & à cet effet ils continueront à marquer l'emploi vacant, juſqu'à ce que l'Officier qui doit le remplir, ait joint le Corps, & alors il ſera fait mention dans la premiere revue où il paſſera préſent, de la date de ſa Commiſſion, Lettre ou Brevet, ainſi que du jour de ſa réception au Corps, à commencer duquel il ſera payé de ſes appointemens : Entend néanmoins Sa Majeſté, que les Officiers qui monteront à de nouveaux grades dans les mêmes Corps pendant le temps d'un congé ou ſemeſtre, jouiſſent des appointemens attribués à leur nouveau grade, à compter de la date de leur Lettre, en rejoignant leur troupe à l'expiration de leur congé ou ſemeſtre.

I X.

Les Commiſſaires des guerres feront mention dans les extraits de revue, des emplois vacans, depuis quand ils le ſont, le nom des Officiers qui les rempliſſoient, & ſi c'eſt par mort, abandonnement ou autrement.

X.

Ils marqueront dans chaque extrait de revue, les Officiers abfens, le jour de leur départ, le lieu où ils font allés ; fi c'eft par femeftre ou congé, & pour combien de temps, ainfi que ceux qui fe feront abfentés fans permiffion de Sa Majefté, & depuis quel temps.

X I.

Défend Sa Majefté aux Commiffaires des guerres, de marquer fur leurs extraits de revue, aucun Officier abfent par congé, lorfqu'il fera parti du régiment avant l'arrivée dudit congé ; & en ce cas, le Major fera tenu de le remettre au Commiffaire des guerres, qui le renverra au Secretaire d'État ayant le département de la guerre, pour être annullé.

X I I.

Les Officiers rejoignant leur Corps à l'expiration de leur femeftre ou congé, feront tenus de prendre un certificat de leur arrivée du Commiffaire des guerres, vifé du Commandant de la Place, qu'ils remettront au Tréforier, qui, en conféquence dudit Certificat & de ceux de non payement, leur fera le décompte de leurs appointemens pendant leur abfence.

X I I I.

Les Commiffaires des guerres feront mention dans les premieres revues qu'ils feront aux troupes qui arriveront dans leur départe-ment, du jour qu'elles y feront arrivées, & de celui que leur paye-ment devra commencer, en obfervant de rappeller dans cette pre-miere revue, les jours qu'elles auront marché en vivant de leur folde : à cet effet les Majors feront tenus de leur repréfenter les Certificats des Commis de l'Extraordinaire des guerres des lieux d'où lefdites troupes feront parties, juftifiant du temps qu'ils auront ceffé de les payer, & les originaux des routes fur lefquelles elles auront marché, pour connoître les jours pendant lefquels elles n'auront point reçu l'étape dans les lieux où il n'eft pas d'ufage d'en fournir, & il en fera fait mention dans l'extrait de revue, pour que le décompte puiffe leur en être fait.

Les Commiffaires des guerres marqueront pareillement fur leurs extraits, le jour du départ de chaque troupe, & le nombre de jours que la fubfiftance devra lui être payée dans la place jufqu'à celui de fon départ exclufivement.

Lorfqu'un régiment partira d'une garnifon pour fe rendre dans une autre, la revue lui fera faite à fon arrivée ou peu de jours après, pour fervir au paiement de la fubfiftance des jours qui refteront à expirer du mois dans lequel il aura marché, & le fuivant en entier ; c'eft-à-dire, que s'il a marché pendant une partie du mois de Janvier, il lui fera fait une revue pour les derniers jours de Janvier & le mois de Février en entier : fi au contraire il n'a marché que pendant une partie de Février, les derniers jours dudit mois feront compris & rappellés dans la revue qui lui fera faite, pour fervir au paiement de la fubfiftance des mois de Mars & Avril, & le même ordre fera obfervé dans tous les autres mois de l'année : l'intention de Sa Majefté étant que fi un régiment étoit en marche pendant le mois de Mai en entier, ou qu'il n'arrivât à fa deftination que dans les derniers jours dudit mois, le décompte du complet accordé par l'article XVIII ci-après de la préfente Ordonnance, foit réglé fur la revue du mois de Juin, qui n'embraffera point celui de Juillet, ce dernier mois devant être joint avec celui d'Août.

X I V.

LES extraits de revue feront dreffés par les Commiffaires des guerres, dans la forme précédemment prefcrite, & dont il leur fera envoyé des modéles.

Ces extraits de revue feront fignés par les Commiffaires des guerres & par les Gouverneurs des Places, ou, en leur abfence, par les Lieutenans de Roi ou Commandans, & par les Majors : & lorfque lefdits extraits contiendront plufieurs feuilles, elles feront fignées fur toutes par les fus-nommés, à peine auxdits Officiers & Commiffaires des guerres, de répondre des abus qui pourroient être commis, en y inférant des feuilles différentes.

Et dans les lieux où il n'y a point d'État-Major, le Commiffaire des guerres fera tenu d'en faire mention, & fignera feul.

X V I.

LES Commiffaires des guerres enverront dans le courant du mois qui fuivra celui où ils auront fait leurs revues, des extraits au Secretaire d'État ayant le département de la guerre ; & ils remettront en même-temps de pareilles expéditions à l'Intendant de la Province, au Tréforier de la Place, ainfi qu'aux Munitionnaires des vivres & autres Fourniffeurs.

RE'GIMENT d

en garnison à

Mois d

1749.

Modele de Contrôle.

Carabiniers , Cavalerie Françoise , Allemande , Huffards ou Dragons.

CONTROLLE de la Compagnie d
au Régiment d   de

OFFICIERS.

Le fieur   Capitaine. . . . ⎰ *Marquer s'ils font préfens ou abfens*
Le fieur   Lieutenant. . . . ⎱ *par congé, femeftre, ou fans congé, de-*
Le fieur   Maréchal des Logis. ⎰ *puis quel temps, & où ils font allés.*

NOMS DE BAPTESME ET DE FAMILLE de chacun des hommes de la Compagnie.	NOM DE GUERRE.	AGE.	TAILLE.	Lieu de la naiffance , en marquant , fçavoir , pour les François, la Généralité ou l'Election ; & pour les Etrangers , fous la domination de quel Prince.	Préfens, malades ou abfens.
Brigadier. *Idem.*					

RE'CAPITULATION.

Brigadiers , Cavaliers , ou Dragons préfens. . . . .
Malades aux Hôpitaux ou à la chambre. . . . .
Abfens par congé. . . . .

TOTAL des hommes. . . . .

Chevaux en état de fervir. . . . .
Chevaux malades ou écloppés aux écuries. . . . .

TOTAL des chevaux. . . . . .

NOUS , *Capitaine, Lieutenant, & Maréchal des Logis de la Compagnie d au Régiment d   certifions le préfent Contrôle véritable. FAIT à le   jour du mois d   1749.*

Vu bon par nous Commandant
du Régiment

Vu bon par nous Major
du Régiment.

EXTRAIT
De l'Ordonnance du 3 Septembre 1749.

I I I.

SA Majesté voulant que les Cavaliers, Dragons & Soldats restent
à leur corps pendant l'été, pour être employés où le bien de son service l'exigera, Elle ordonne à cet effet, qu'il ne soit accordé de congé
absolu ni limité à aucun Brigadier, Sergent, Carabinier, Cavalier,
Hussard, Dragon ni Soldat, du premier Mai jusqu'au Semestre;
défendant aux Commissaires des guerres de les comprendre dans leurs
revues. A l'égard de l'hyver, Sa Majesté permet qu'il soit donné trois
congés limités en chacune des compagnies de trente hommes, & deux
congés en chacune des compagnies de vingt-cinq hommes montés,
quinze pour chaque brigade de cent soixante hommes du régiment
de cavalerie des Volontaires de Saxe; & dans les compagnies à pied,
quatre congés limités par compagnie, dans celles composées de
soixante & de cinquante hommes, trois pour celles de quarante, &
deux pour celles de trente hommes; lesquels Carabiniers, Cavaliers,
Hussards, Dragons & Soldats absens par congé, seront compris dans
les revues des Commissaires des guerres. Aucun de ces congés ne sera
délivré qu'il n'ait été préalablement présenté au Commissaire des
guerres, qui les visera & en tiendra un Contrôle exact; & au départ
d'un régiment, il remettra une copie signée de lui à l'Officier chargé
du détail, de ceux qui se sont absentés par congé, pour la présenter
au Commissaire des guerres sous la Police duquel le Régiment passera.

I V.

IL continuera d'être fait tous les deux mois sur chaque revue, un
décompte définitif, tant de la subsistance des troupes, que du pain,
ainsi que des fourrages pour les compagnies à cheval: mais Sa Majesté
ayant résolu de faire vérifier avec la plus grande exactitude, au mois
de Mai de chaque année, l'état des troupes comprises dans la présente Ordonnance, par les Directeur & Inspecteurs Généraux de sa
Cavalerie, sur les ordres qu'Elle leur fera expédier pour se rendre dans
les différentes garnisons & quartiers où elles seront placées, Elle entend
que lesdits Directeur & Inspecteurs Généraux constatent alors leur
situation, le nombre d'hommes & de chevaux qu'il y aura à chaque
compagnie, & leur qualité; qu'ils réforment ce qui s'y trouvera de
défectueux,

défectueux, & qu'ils établissent par leurs revues ce que chaque Commissaire devra comprendre dans la sienne. Ordonne à cet effet Sa Majesté aux Commissaires des guerres, de ne procéder à la revue qu'ils feront dans le mois de Mai, que conjointement avec lesdits Directeur & Inspecteurs, ou ceux qui seront commis par Sa Majesté pour en faire les fonctions, qui les préviendront des jours qu'ils feront l'inspection de chaque corps. Et dans le principe que Sa Majesté s'est fait de donner aux Capitaines les moyens nécessaires pour rétablir leur compagnie dans le courant de l'hyver, bien entendu qu'ils en auront profité, & qu'ils auront fait tous leurs efforts pour mettre leur troupe dans l'état convenable à son service, veut Sa Majesté, que sur les revues des Commissaires des guerres qui seront faites relativement à celles des Directeur & Inspecteurs, dans le mois de Mai 1750, & dans le même mois des années suivantes, jusqu'à ce qu'il en soit autrement ordonné par Sa Majesté, il soit fait par le Commis de l'Extraordinaire des guerres chargé du paiement de la troupe, un supplément de décompte aux compagnies, suivant les gradations ci-après.

Sçavoir, pour les troupes à cheval.

Celles de Carabiniers, de Cavalerie Françoise, Allemande, Irlandoise, & de Dragons du corps des Volontaires Royaux, & du corps des Volontaires du Dauphiné qui passeront à ladite revue de Mai, à trente hommes & trente chevaux, auront le supplément de décompte du complet de la solde & des fourrages pendant les six mois d'hyver du premier Novembre au dernier Avril.

A vingt-neuf hommes montés, le supplément de décompte du complet de la solde & des fourrages pendant quatre mois, du premier Janvier au dernier Avril,

Et à vingt-huit hommes montés & au dessous, aucun supplément de décompte de la solde ni du fourrage.

Celles de Hussards, du Régiment Royal Cantabres, & des Régimens de Graffin, la Morliere, des Bretons Volontaires, & de Geschray (1), & du corps de chasseurs de Fischer, qui passeront à ladite revue de Mai à vingt-cinq hommes & vingt-cinq chevaux, auront le supplément de décompte du complet de la solde & des fourrages, pendant les six mois d'hyver, du premier Novembre au dernier Avril.

A vingt-quatre hommes montés, le supplément de décompte du complet de la solde & des fourrages pendant quatre mois, du premier Janvier au dernier Avril.

_____

(1) Aujourd'hui Beyerlay.

Et à vingt-trois hommes montés & au deſſous, aucun ſupplément de décompte de la ſolde ni de fourrage.

Paie de gratifi-cation des Compa-gnies à cheval du Régiment de Geſ-chray.

A l'égard des paies de gratification des compagnies à cheval du Régiment de Geſchray, le décompte n'en ſera fait pour les ſix mois d'hyver qu'à la revue de Mai, ſur le pied de trois paies pour les com-pagnies qui y paſſeront à vingt-cinq hommes montés ; deux paies pour celles qui ne ſeront que de vingt-quatre hommes ; & à vingt-trois hommes montés & au deſſous, aucune paie de gratification.

Paiement du ſup-plément de rations de fourrages, reve-nant aux Capitai-nes ſur la revue de Mai.

Sa Majeſté voulant qu'il ne ſoit fait aucun rachat de fourrage par les Capitaines dont les compagnies ſe trouveront dans le cas d'être fournies en nature des magaſins établis à cet effet, Elle ordonne que les quantités de rations par ſupplément qui ſe trouveront leur revenir des ſix mois d'hyver ſur la revue de Mai, leur ſoient payées des fonds de l'Extraordinaire des guerres, à raiſon, ſçavoir ; de huit ſols par ration, dans les départemens où le prix eſt en entier à la charge de Sa Majeſté, ſept ſols ſix deniers par ration dans le Cambreſis, ſix ſols dans la Flandre maritime, cinq ſols dans les Etats de Lille, Douay & Orchies, & pareils cinq ſols dans la ville de Beſançon & en Al-ſace ; l'excédent juſqu'à concurrence de huit ſols par ration, devant être à la charge des pays ci-deſſus, & payé par eux aux troupes qui y ſeront emplacées, bien entendu que le prix de la ration accordé aux Entrepreneurs pour le Roi ne ſera pas au deſſous de huit ſols ; auquel cas la ration ne ſeroit payée aux Capitaines de la caiſſe de l'Extraor-dinaire des guerres, que ſuivant les marchés de ces Entrepreneurs ; au moyen de quoi il ne ſera point queſtion d'aucun ſupplément de décompte de la part deſdits Entrepreneurs.

A l'égard de l'Artois, comme la fourniture du fourrage eſt en en-tier à la charge de la Province, les Etats ſeront auſſi chargés de payer les huit ſols par ration, qui reviendront par ſupplément pour les ſix mois d'hyver ſur la revue de Mai, aux Régimens qui y ſeront en quartier.

Et à cet effet, Sa Majeſté renouvelle les défenſes portées par ſes précédentes Ordonnances, aux Entrepreneurs & Garde-magaſins, de convertir aucune ration de fourrage en argent, ſous les peines y énoncées, tant contre leſdits Entrepreneurs & Garde-magaſins, que contre les Officiers, Carabiniers, Cavaliers, Huſſards & Dragons, & tous particuliers qui acheteroient leſdits fourrages.

Quant aux troupes auſquelles Sa Majeſté a laiſſé la diſpoſition de leurs fourrages, le paiement des rations par ſupplément qui ſe trou-veront revenir aux Capitaines pour ces ſix mois d'hyver ſur la revue de May, ſera fait de la caiſſe de l'Extraordinaire des guerres, relati-vement aux prix qui auront été reglés par ration ; & dans les pays où Sa Majeſté ne paye la ration qu'à cinq ſols, tels que le Comté de

Bourgogne, la Bretagne, le Languedoc, la Provence, & le pays de Foix; l'excédent jufqu'à concurrence du prix que Sa Majefté aura fixé par ration, fera à la charge de ces Provinces.

V.

LE décompte définitif de la folde & du pain, & celui du fourrage pour les compagnies à cheval, devant être fait fur le pied du nombre d'hommes & de chevaux qui exifteront à chaque revue, il fera fait raifon au Capitaine fur la revue de Mai, de la paie entiere du Cavalier, Dragon ou Soldat, & des quantités de ration de fourrage revenant aux Capitaines des compagnies à cheval, dans le fupplément de décompte du complet de l'hyver accordé par l'article ci-deffus.

V I.

IL ne fera fait aucun paiement ni décompte des paies de gratification des compagnies à pied, & de celles de Dragons de Gefchray pendant les fix mois d'hyver; elles ne feront payées qu'à la revue de Mai fur le pied des gradations portées par l'article IV.

Et pour exciter encore plus les Capitaines à rendre leur compagnie totalement complette au mois de Mai, Sa Majefté veut bien accorder à ceux qui feront parvenus à mettre leur compagnie à la premiere gradation du complet, que les paies de gratification leur foient continuées fur le pied de ladite revue de Mai, aux autres revues de l'été, jufqu'au dernier Octobre, à tel nombre que leur compagnie y paffe.

Paie de gratification des Compagnies pendant l'été.

A l'égard des compagnies qui pafferont à ladite revue de Mai, à la feconde gradation & au deffous, les Capitaines recevront les paies de gratification pendant l'été fur le pied de leur compofition aufdites revues, relativement aux gradations de l'article IV de la préfente Ordonnance.

V I I.

Quant aux compagnies de Grenadiers des troupes légeres du corps des Volontaires Royaux, des Régimens de Royal Cantabres, de Graffin, de la Morliere, & des Bretons Volontaires, Sa Majefté voulant que les Capitaines remplaçent dans les premiers jours de Mars les hommes qui manqueront à leur compagnie, en les tirant de celles de fufiliers, ils recevront le fupplément de décompte du complet de la folde de leur compagnie, à commencer au premier Novembre, fur la revue qui leur fera faite pour les mois de Mars & Avril; laquelle fervira auffi pour le décompte des paies de gratification fur le pied complet, qui leur feront dûes du premier Novembre; ne devant recevoir que la folde des hommes qui feront employés fur les revues à commencer dudit jour premier Novembre jufqu'à celle du mois de Mars & Avril. Entend néanmoins Sa Majefté, que lefdits Capitaines entretiennent leurs compagnies au complet depuis ladite revue jufqu'au dernier Octobre fuivant, pendant lequel temps elles feront payées de la folde, & recevront les paies de gratification, fuivant leur compofition aux revues, & relativement à l'Ordonnance qui fera rendue pour le payement des troupes.

Les Capitaines des Grenadiers tireront dans les compagnies de Fufiliers les hommes dont ils auront befoin pour mettre leur compagnie au complet, en payant vingt-cinq livres pour chacun des deux premiers hommes, & cinquante livres pour chaque homme de furplus.

V I I I.

Avance aux Capitaines pour le rétabliffement de leur troupe.

SA Majefté voulant faciliter aux Capitaines les moyens de rétablir leur troupe, en attendant le bénéfice du complet de l'hyver, dont ils ne pourront jouir qu'au mois de Mai de l'année fuivante, Elle ordonne qu'il foit fait par le Tréforier Général en exercice une avance, lors du départ des Semeftriers.

Sçavoir ; pour les troupes à cheval.

De huit cens livres par compagnie de trente hommes montés, & fept cens livres par compagnie de vingt-cinq hommes montés, qui fe trouveront dans le cas d'être fournis en nature des fourrages des Magafins.

De quatre cens livres feulement par compagnie de trente hommes montés, & de trois cens livres par compagnie de vingt-cinq hommes montés, qui jouiront de la difpofition des fourrages.

Pour les troupes à pied.

Quatre cens livres à chaque compagnie de foixante hommes.

Trois cens cinquante livres à chaque compagnie de cinquante hommes.

Trois cens livres à chaque compagnie de quarante hommes, non compris celle de Charpentiers & Bateliers du corps des Volontaires Royaux.

Et deux cens cinquante livres à chaque compagnie de trente hommes.

Il fera fait une maffe par le Major ou autre Officier chargé du détail, du produit de ces avances pour chaque corps ; & la diftribution en fera faite par ledit Major ou autre Officier chargé du détail, aux Capitaines, proportionnément à leurs befoins, à l'exception des

Capitaines de Grenadiers, qui ne doivent point participer à cette avance.

Le Tréforier général fera remboursé de ces avances, tant fur le fupplément de décompte du complet de la folde, des fourrages & paies de gratification de l'hyver qui fera fait au mois de Mai, que pour ce qui pourroit revenir d'ailleurs à ces compagnies.

Défend Sa Majefté aux Commis de l'Extraordinaire des guerres, de faire aucune autre avance aux troupes, que celles réglées par le préfent article.

I X.

Le Régiment de cavalerie légere, fous le nom de Saxe Volontaire, continuera d'être payé fur le pied complet de la folde des
mille hommes, compris les Officiers dont il eft compofé, & de recevoir les vingt paies de gratification affectées à chaque Brigade, relativement aux gradations réglées par les Ordonnances du paiement
des troupes, fur chaque revue qui fera faite par appel tous les deux
mois audit Régiment, conformément à ce qui eft prefcrit par l'article premier de la préfente Ordonnance.

Volontaires de Saxe.

Il fera fait auffi une revue par appel tous les deux mois, à la compagnie de quarante Charpentiers & Bateliers du corps des Volontaires
Royaux ; fur laquelle revue le décompte des appointemens du Capitaine, des trois paies de gratification, & de la folde des Charpentiers & Bateliers qui y pafferont préfens, fera fait conformément à
l'article VI de l'Ordonnance du 10 Novembre 1748 pour la réduc-
tion de ce corps, Sa Majefté ne jugeant pas à propos de faire participer cette compagnie du bénéfice du complet de l'hyver.

*Compagnie de Char-
pentiers & Bate-
liers du corps des
Volontaires-
Royaux.*

X.

Quoique la fubfiftance des troupes foit payée fur le pied de trente
jours également par chaque mois, fans avoir égard au 31 des mois
qui en ont ce nombre, ni au 28 ou 29 de Février, cependant, lorfque celles comprifes dans la préfente Ordonnance marcheront fur
leur folde le trente-uniéme jour d'un mois, la fubfiftance leur fera
payée pour ledit jour, & le fourrage fourni à celles-montées ; & fi
c'eft dans le mois de Février, elles ne recevront la folde & le fourrage que pour autant de jours qu'aura ce mois, ainfi qu'il en eft ufé
pour l'Etape.

ORDONNANCE

Du 3 Décembre 1750, servant de supplément à celle du 3 Juillet 1749.

I.

LES Lieutenans-Colonels, ou Commandans des corps, en leur abfence, examineront fi les engagemens des hommes de recrues font pour fervir fix ans au moins, conformément aux Ordonnances ; défendant Sa Majefté d'en recevoir aucun dont l'engagement feroit d'un moindre terme, ni d'admettre aucun Etranger dans les Régimens François, & réciproquement aucun François dans les Régimens Etrangers.

I I.

Après que les hommes de recrue auront été reçus par le Lieutenant Colonel ou Commandant du corps, en fon abfence, ils feront menés devant le Commiffaire des guerres de la place, qui examinera pareillement leurs engagemens, leur expliquera les Ordonnances du Roi fur le temps de leur fervice & la punition des paffevolans, & fera enfuite leur fignalement, qu'il écrira fur un Regiftre où il fera mention du jour que l'homme lui aura été préfenté, de fon nom de Baptême, de famille & de guerre, de celui du pere & de la mere, l'âge, la taille, le lieu de la Province, le lieu de la naiffance & de l'Election, & finalement la defcription de la figure : il aura attention fi le Cavalier ou Dragon venoit à mourir ou à déferter, d'en faire mention à fon article, en marquant le jour qu'il feroit mort ou déferté, & ce, indépendamment de l'enregiftrement qui doit être fait à l'ordinaire de chaque homme de recrue par le Major du Régiment fur fon livre de Contrôle.

I I I.

LE Commiffaire des guerres, à la revue de Mai, reconnoîtra, au moyen de fon Regiftre, les hommes qui lui auront été préfentés pendant l'hyver, & il remettra ce Regiftre à l'Infpecteur lors de fa revue, qui le rendra certain du travail des Capitaines, & de ce que feront devenus les hommes de recrue qui fe trouveront manquer alors.

I V.

SA MAJESTÉ, dérogeant à l'article III de fon Ordonnance du 3

Juillet 1749, veut bien permettre qu'il soit donné, après la revue de
l'Inspecteur, six congés pendant l'été par escadron de Cavalerie Hussards & Dragons; huit pour les quatre compagnies à pied de chaque
Régiment de Dragons, & pour les troupes légeres, deux par compagnie à pied de soixante & de quarante hommes, un par compagnie à pied de vingt hommes, & un congé aussi par compagnie à
cheval de trente & de vingt hommes.

V.

SA MAJESTÉ renouvelle cependant la défense qu'elle a déja faite
par son Ordonnance du 3 Juillet 1749, de ne donner de congé absolu
à aucun Brigadier, Cavalier ni Dragon pendant l'été, pour quelque
cause ou raison que ce puisse être, à l'exception de ceux qui seront
réformés par les Inspecteurs, enjoignant très-expressément Sa Majesté aux Commandans des corps, de tenir exactement la main à ce
qu'il ne soit contrevenu au présent article, sous peine de désobéis-
sance, & d'en répondre en leur nom.

V I.

SA MAJESTÉ voulant traiter favorablement les Capitaines qui auront fait des efforts pour completter leur compagnie, & que des cas
imprévus pourroient priver de la grace du complet de l'hyver, par
le peu de temps qu'ils auroient à pouvoir remplacer les pertes qui
leur seroient survenues, ordonne que les Cavaliers ou Dragons morts
du 20 Avril à la revue de Mai, seront compris dans la revue du Commissaire des guerres dudit mois de Mai, pour être payés jusqu'au
jour de leur décès, & serviront de plus au rappel du complet de
l'hyver, suivant les gradations portées par l'article IV. de l'Ordonnance du 3 Juillet 1749, en rapportant par le Capitaine un Extrait-
mortuaire en bonne forme de l'Aumônier de l'Hôpital, ou du Curé
de la Paroisse qui l'aura inhumé, duement légalisé, qu'il remettra au
Commissaire des guerres.

V I I.

A l'égard des Cavaliers désertés dans le même temps ci-dessus du
20 Avril à la revue de Mai, le Commissaire des guerres les comprendra pareillement dans sa revue du mois de Mai, pour être payés
jusqu'au jour de la désertion, & servir au rappel du complet de
l'hyver, de la solde, ainsi que des fourrages; si le Cavalier ou Dragon a déserté monté, après qu'il se sera rendu certain de l'existence
de l'homme déserté, & qu'il lui aura été remis pour les Régimens
qui sont en garnison, un certificat du Commandant & du Major de
la place, qui certifieront la désertion; & pour les Régimens qui sont

dans le plat-pays, un certificat de l'Intendant de la Province ou du
Subdélegué : enjoint de plus Sa Majeſté au Major du Régiment de
porter ſa plainte, & de demander un Conſeil de Guerre dans le
terme du délai de huit jours preſcrit par l'Ordonnance du Roi du 17
Janvier 1730, pour faire juger par contumace ces Cavaliers ou Dragons déſertés.

V I I I.

LE Commiſſaire des guerres comprendra pareillement dans ſa revue
dudit mois de Mai, & pour ſervir au rappel du complet de l'hyver,
les Cavaliers & Dragons à qui il aura donné des congés limités pendant l'hyver après les Semeſtres tirés, qui étant reſtés chez eux n'auront pu être préſens à la revue dudit mois de Mai, pourvu qu'ils aient
été ſommés de rejoindre ; & à cet effet le Major du Régiment ſera
tenu de repréſenter au Commiſſaire des guerres les pieces juſtifi-
catives de la ſommation qui leur aura été faite, dont il fera mention
dans ſon Extrait de revue, & toutes autres raiſons d'abſence des Cavaliers ou Dragons qui n'auront pas rejoint ſeront rejettées, & le
Commiſſaire des guerres n'y aura aucun égard, & ne les comprendra
point dans ſa revue.

I X.

LES compagnies à pied des Régimens de Dragons & des troupes
légeres, ſeront aſſimilées en tout point à ce qui eſt preſcrit par l'Ordonnance du premier Décembre 1750, concernant l'infanterie Françoiſe & Etrangere.

X.

SA MAJESTÉ ayant fait des réductions dans pluſieurs corps de
troupes légeres depuis ſon Ordonnance du 3 Juillet 1749, voulant
expliquer ſes intentions ſur le complet des compagnies qui ſe trouvent dans ce cas ; elle ordonne que celles des fuſiliers des Cantabres
Volontaires qui paſſeront la revue de Mai à quarante hommes, reçoivent le ſupplément de décompte du complet, & trois paies des gratifications pendant les ſix mois d'hyver du premier Novembre au dernier Avril : à trente-neuf hommes, quatre mois de ſupplément, &
deux paies de gratification, du premier Janvier au dernier Avril ; à
trente-huit hommes, trois mois de ſupplément, & deux paies de
gratification, du premier Février au dernier Avril : à trente-ſept hommes, aucun ſupplément ni paie de gratification ; celle de fuſiliers
des Volontaires du Dauphiné qui paſſeront à la revue de Mai à vingt
hommes, recevront le ſupplément du décompte du complet, & deux
paies de gratification pendant les ſix mois d'hyver ; à dix-neuf hommes, quatre mois de ſupplément, & une paie de gratification.

A

A dix-huit hommes & au deſſous, aucun ſupplément ni paie de gratification ; celles à cheval des Volontaires du Dauphiné, celles des Chaſſeurs de Fiſcher & du Régiment de Geſchray qui paſſeront à vingt hommes & vingt chevaux, recevront le ſupplément de décompte du complet de la ſolde & des fourrages pendant les ſix mois d'hyver, du premier Novembre au dernier Avril : à dix-neuf hommes montés, le décompte du complet de la ſolde & des fourrages pendant quatre mois, du premier Janvier au dernier Avril ; & à dix-huit hommes montés & au deſſous, aucun ſupplément de décompte de la ſolde ni de fourrage.

A l'égard des paies de gratification des compagnies à cheval du Régiment de Geſchray, le décompte n'en ſera fait pour les ſix mois d'hyver qu'à la revue de Mai, ſur le pied de trois paies ; ſi chaque compagnie y paſſe à vingt hommes montés, deux paies ; à dix-neuf hommes auſſi montés, & à dix-huit hommes & au deſſous, aucune paie de gratification. *Paies des gratifications des Compagnies à cheval du Régiment de Geſchray.*

Quant aux avances que Sa Majeſté par l'article VIII. de ſon Ordonnance du 3 Juillet 1749, a preſcrit de faire aux Capitaines, de la Caiſſe de l'Extraordinaire des guerres lors du départ des Semeſtriers, elles n'auront lieu pour les corps ci-deſſus, que ſur le pied. *Avances aux Capitaines.*

Sçavoir :

De trois cens livres par compagnie de fuſiliers des Cantabres Volontaires, compoſée de quarante hommes.

De deux cens livres à chaque compagnie de fuſiliers des Volontaires du Dauphiné, compoſée de vingt hommes.

De ſix cens livres par compagnie de vingt hommes montés des Volontaires de Flandres, Volontaires du Dauphiné, Chaſſeurs de Fiſcher, & du Régiment de Geſchray qui ſe trouvera dans le cas d'être fournie en nature des Magaſins du Roi ; & de deux cens cinquante livres pour chaque compagnie des quatre corps ci-deſſus, qui ſe trouvera jouir de la diſpoſition des fourrages.

X I.

Veut au ſurplus Sa Majeſté que l'Ordonnance du 3 Juillet 1749, portant Reglement ſur les revues des Commiſſaires des guerres, & les décomptes de la Cavalerie Françoiſe & Etrangere, & des Dragons & des troupes légeres, continue d'avoir ſon exécution en tout ce qui ne ſe trouvera pas contraire à la préſente Ordonnance du 3 Décembre 1750.

Les Commiſſaires des guerres ſont en droit de faire mettre pied à terre aux troupes de Cavalerie, & auſſi de leur faire mettre le ſabre à *Obſervations au ſujet des revues.*

Kkk

la main en défilant devant eux, non comme un honneur militaire, mais comme une suite des fonctions de leur charge, qui leur donne droit d'examiner en détail la qualité des hommes, *celles de leurs équipages ou de leurs armes, ce qui a été décidé par M. de Breteuil le 20 Novembre 1740, M. d'Angervilliers le 25 Mai 1739,* & en dernier lieu par M. le Comte d'Argenson le 29 Mai 1750.

Il est défendu aux Directeurs, Inspecteurs & Commissaires, de passer dans leurs revues les Officiers & Cavaliers qui ne seront pas armés & équipés de la maniere ordonnée, *12 Décembre 1684.* Il ne doit être passé dans les revues aucun Officier de Cavalerie & Dragons, que justifiant par un certificat du Major du Régiment, que son cheval est à lui, *Lettre de M. de Breteuil 28 Février 1725. en conséquence de l'Ordonnance du 27 Septembre 1680.*

ORDONNANCE

Concernant l'habillement, l'équipement & l'armement des Régimens de Dragons.

Du premier Mai 1750.

SA MAJESTÉ voulant régler l'habillement, l'équipement & l'armement de ses régimens de dragons, d'une maniere invariable, & qui puisse en même-temps faciliter à ce Corps les moyens de pourvoir à son entretien, a ordonné & ordonne que l'habillement desdits régimens ne pourra être fait à l'avenir en totalité, mais seulement par tiers, par quart, ou suivant la partie qui sera jugée nécessaire à chaque régiment, par les Directeur & Inspecteurs généraux de sa Cavalerie, lors de leurs revues; Sa Majesté entendant que tous lesdits régimens se conforment à cette disposition, ainsi qu'à ce qui est porté par le réglement qu'Elle a arrêté, & qui sera joint à la présente Ordonnance, concernant leur uniforme, leur équipement & armement; à l'exception des régimens Colonel Général & Mestre de Camp Général, auxquels Sa Majesté veut bien permettre de conserver les trophées qu'ils sont dans l'usage de porter à leurs housses. Ordonne Sa Majesté à tous ses régimens de dragons, de se conformer audit réglement, & aux Mestres de Camp, Commandans & Majors, d'y tenir réguliérement la main, en faisant observer dans tous ses points, les qualités, quantités & dimensions qui y sont prescrites, à mesure des renouvellemens qu'il y aura à faire, & suivant les modeles défignés par ledit réglement, & qui leur feront adreffés, à peine d'en répondre : MANDANT Sa Majefté, &c.

Réglement arrêté par Sa Majefté, fur ce qui doit être doré-navant obfervé pour l'habillement, équipement & arme-ment de fes Régimens de Dragons.

Habillement.

Les juftaucorps & veftes des Brigadiers, Caporaux, Anfpeffades, Carabiniers & Dragons, feront compofés de trois aunes & un quart de drap de Lodéve ou de Berry, d'une aune de large, des couleurs bleu, rouge-garence, ou en vermillon, affectées à chaque régiment, fuivant ce qui fera ci-après expliqué, doublés de cinq aunes un quart de ferge d'Aumale, ou de fept aunes cadis-canourgue; la doublure de la vefte toujours blanche.

Les paremens feront en botte, de la hauteur de fix pouces, & de dix-huit de tour, avec des boutonnieres ouvertes; le devant de l'habit garni de boutons jufqu'à la poche, & de boutonnieres blanches des deux côtés, auffi jufqu'à la poche.

Les pattes feront fans poches.

Les poches feront de toile, & placées dans les plis de l'habit, des deux côtés, entre la doublure & le drap.

Les veftes feront garnies de boutonnieres des deux côtés jufqu'en bas, & de boutons feulement d'un côté jufqu'à la poche.

Les pattes des veftes feront fans poches & fans boutons, garnies de boutonnieres; les manches defdites veftes à la mariniere, fermées, fans boutons.

Il y aura fur l'habit une épaulette, au lieu de l'aiguillette, qui de-meurera fupprimée, & l'épaulette fera à l'ordinaire, placée fur l'é-paule gauche, pour contenir la bandouliere de la cartouche.

Un bonnet de drap, bordé d'un galon de laine d'un pouce de large, de la couleur qu'il fera expliqué ci-après pour chaque régi-ment.

Un chapeau de laine du poids de douze à quatorze onces, dont la forme fera d'environ quatre pouces de hauteur, les aîles d'un pouce & demi de plus; bordé d'un galon d'argent du poids d'une once, de feize lignes de largeur, dont quatre en dedans, & douze en dehors.

Les manches des Brigadiers & des Caporaux feront garnies de trois agrémens en treffe, moitié argent & foie, large de dix lignes, de quatre pouces de hauteur, le tout pefant une once.

Les Carabiniers & les Anfpeffades, un bordé feulement moitié ar-gent & foie, large de dix lignes, pefant cinq gros.

Kkk ij

Les manteaux feront de drap de Lodéve, d'une aune de largeur, rouge ou bleu, apprêté à deux envers, parèmentés de ferge d'Aumale ou cadis-canourgue, des couleurs affectées à chaque régiment, avec trois agrémens de chaque côté, de la couleur des épaulettes.

La houffe & le chaperon feront compofés de demi-aune un douze de drap de Lodéve ou de Berry, d'une aune de large, doublés de toile, & bordés d'un galon de laine de dix-huit lignes de largeur, comme il fera ci-après expliqué pour chaque régiment.

Équipement.

Le fabre à poignée de cuivre, à double branche, la lame à dos, de trente-trois pouces de longueur.

La demi-giberne à trente coups, fuivant le modéle pour l'infanterie, à poche & patelette de vache rouge; ladite giberne nervée, & collée d'une bonne toile, le cordon de bufle en blanc, piqué de la largeur de vingt-deux lignes.

Le ceinturon à un pendant de bufle pareillement blanc, piqué de la largeur de deux pouces deux lignes.

Couleurs affectées à chaque Régiment.

COLONEL GÉNÉRAL. Habit rouge, paremens, vefte & doublure bleus, la vefte bordée d'un galon de laine blanche; houffe & chaperon bleus, bordés d'un galon de laine blanche de la largeur de dix-huit lignes; bonnet rouge, revers bleu, bordé de blanc, épaulette & cordon de fabre blancs.

MESTRE DE CAMP GÉNÉRAL. Habit, paremens, vefte & doublure rouges, houffe & chaperon rouges, bordés de noir; bonnet & revers rouges, bordés d'un galon noir; épaulette & cordon de fabre noirs.

ROYAL. Habit bleu, doublure, paremens & vefte rouges; houffe & chaperon bleus, bordé d'un galon de laine fond blanc, mêlé des couleurs de la livrée de Sa Majefté; l'épaulette de même, ainfi que le cordon de fabre; bonnet bleu, revers rouge, bordé d'un galon de laine des mêmes couleurs.

DU ROI. Habit & doublure bleus, paremens & vefte rouges; houffes & chaperon bleus, bordé d'un galon de laine fond jaune, mêlé des livrées du Roi; épaulette & cordon de fabre de même couleur; bonnet & revers bleus, bordés de la même couleur que la houffe.

LA REINE. Habit rouge, doublure, paremens & vefte bleus, boutonnieres & boutons de deux en deux; houffe & chaperon rouges, bordés d'un galon de laine de la livrée de la Reine; épaulette & cordon de fabre de même couleur; bonnet rouge, revers bleu, bordé pareillement.

Habit, paremens, doublure & vefte bleus; houffe & chaperon *DAUPHIN.*
bleus, bordé d'un galon de laine blanche moucheté de bleu, ainfi
que l'épaulette & le cordon de fabre; bonnet tout bleu, bordé d'un
pareil galon.

Habit rouge, paremens, doublure & vefte bleus, boutonnieres & *ORLÉANS.*
boutons de trois en trois; houffe & chaperon rouges, bordés d'un
galon de laine des couleurs de la livrée d'Orléans, ainfi que l'épaulette & le cordon de fabre; bonnet rouge, revers bleu, bordé d'un
pareil galon.

Habit, vefte, doublure & paremens rouges; houffe & chaperon *BAUFREMONT.*
rouges, bordés d'un galon de laine ventre de biche; l'épaulette & le
cordon de fabre de la même couleur; bonnet & revers rouges, bordés
d'un galon de laine ventre de biche; l'épaulette & le cordon de fabre
de la même couleur; bonnet & revers rouges, bordé d'un galon
pareil à celui de la houffe.

Habit, paremens, vefte & doublure rouges; houffe & chaperon *D'AUBIGNÉ.*
rouges, bordés d'un galon de laine blanche, ayant deux zigzags rouges; l'épaulette & le cordon de fabre de même; bonnet & revers
rouges, bordés d'un pareil galon que celui de la houffe.

Habit, paremens, doublure & vefte rouges; houffe & chaperon *CARAMAN.*
rouges, bordés d'un galon de laine verte; épaulette & cordon de
fabre de même; bonnet rouge, bordé auffi de verd.

Habit, paremens, doublure & vefte rouges; houffe & chaperon *LA FERONAYE.*
rouges, bordés d'un galon de laine bleu clair; épaulette & cordon
de fabre de la même couleur; bonnet & revers rouges, bordés de
bleu.

Habit, paremens, doublure & vefte rouges; houffe & chaperon *HARCOURT.*
rouges, bordés d'un galon de laine jaune & noire; épaulette &
cordon de fabre de même; bonnet rouge, bordé de même que la
houffe.

Habit, paremens, doublure & vefte rouges; houffe & chaperon *D'APCHON.*
rouges, bordés d'un galon de laine bleue & aurore; épaulette & cordon de fabre de même; bonnet rouge, bordé comme la houffe.

Habit, paremens, doublures & vefte rouges; houffe & chaperon *THIANGES.*
rouges, bordés d'un galon de laine blanche & noire; épaulette &
cordon de fabre des mêmes couleurs; bonnet rouge, bordé comme
la houffe.

Habit, paremens, doublure & vefte rouges, houffe & chaperon *EGMONT.*
rouges; bordés d'un galon de laine blanche & violette; épaulette &
cordon de fabre de même couleur; bonnet rouge, bordé comme la
houffe.

Habit, vefte & doublure bleus, paremens rouges, boutons & *LANGUEDOC.*
boutonnieres de l'habit de deux en deux; quatre boutons fur la

poche, & quatre fur la manche; houffe & chaperon rouges, bordés d'un galon de laine bleu & blanc; épaulette & cordon de fabre des mêmes couleurs; bonnet rouge, bordé comme la houffe.

Les Dragons, tant à pied qu'à cheval, feront armés d'un fufil garni de cuivre jaune, de la longueur & du calibre de ceux de l'infanterie, avec fa bayonnette.

Ceux à cheval auront de plus un piftolet, avec un outil.

Il y aura dans chaque compagnie de Dragons à pied, vingt outils, dont huit groffes haches, quatre pelles, quatre pioches, & quatre ferpes.

Il fera envoyé à chaque régiment, des modeles des parties d'habillement, armement & équipement ci-deffus, ainfi que des gands, cocardes & cravattes; & il leur fera pareillement adreffé le modele de l'équipement général d'un cheval, auxquels ils feront tenus de fe conformer.

Les Sergens, Brigadiers, Caporaux, Anfpeffades, Carabiniers & Dragons, feront obligés, fuivant l'ufage, de s'entretenir de linge & chauffure, de culotte de peau à double ceinture; & ceux à cheval, de ferrage, & de tenir leurs armes en bon état.

Les Dragons, tant à pied qu'à cheval, auront des bottines de veau paffé à l'huile, fuivant le modele qui fera envoyé; les uns & les autres auront auffi des guêtres blanches.

Les Tambours des Régimens royaux continueront d'être à la livrée du Roi; & ceux de l'État Major & des Gentilshommes, à la livrée des Colonels.

Il y aura un Tambour-major, indépendamment des douze exiftans dans chaque régiment, lequel fera toujours attaché, & fera nombre dans la premiere compagnie.

La dépenfe des manteaux & des houffes ne fera point prife fur les Maffes, & fera à la charge des Capitaines des compagnies à cheval.

Les habits uniformes des Officiers feront en tout femblables à ceux des Dragons, à l'exception qu'ils feront de drap d'Elbeuf, ou autres manufactures de pareille qualité.

Il ne fera employé de doublure aux habits, d'aucune autre étoffe que de laine, ni aucun galon fur les juftaucorps, ni fur les veftes; mais feulement des boutonnieres de fil d'argent, & des boutons d'argent fur bois.

Les houffes defdits Officiers feront des couleurs affectées à chaque régiment, & bordées feulement d'un galon d'argent; fçavoir, de deux pouces de largeur pour celles des Capitaines, & d'un pouce & demi pour celles des Lieutenans.

Ils auront tous des épées uniformes, dont la garde fera de cuivre doré, la lame à dos, de trente-un pouces de longueur, conformes au modele, & pareilles à celles des Officiers de Cavalerie.

Seront tous lefdits Officiers armés d'un fufil avec fa bayonnette, & auront une gibeciere garnie de fix cartouches, fuivant les modeles qui en feront envoyés à chaque régiment.

Les Maréchaux des Logis & les Sergens, feront habillés de drap de Romorantin, de cinq quarts de large, ou autre de pareille qualité; teint en laine pour les régimens bleus, & en demi-écarlate pour les régimens rouges; obfervant toutefois que les uns ni les autres n'auront de boutonnieres en fil d'argent, ni fur l'habit, ni fur la vefte.

Ils auront des fabres à doubles branches, la lame auffi à dos, plus large que celle des Officiers, & pareille à celle des Maréchaux des Logis de la Cavalerie.

Les houffes defdits Maréchaux des Logis feront des couleurs affectées à chaque régiment, & bordées d'un galon d'argent de la largeur d'un pouce.

ORDONNANCE

Concernant l'habillement, l'équipement & l'armement de la Cavalerie.

Du premier Juin 1750.

SA MAJESTÉ ayant réglé par fon Ordonnance du 28 Mai 1733, ce qui devoit être obfervé fur l'habillement, l'équipement & l'armement de fa Cavalerie, à l'effet de détruire les différens ufages contraires au bien de fon fervice, qui s'y étoient introduits. Et voulant encore expliquer plus particuliérement fes intentions à ce fujet, & faciliter en même-tems les moyens de parvenir à l'entretien de ce Corps, d'une maniere ftable & uniforme, Elle a ordonné & ordonne que tous les régimens de fa Cavalerie, tant Françoife qu'Étrangere, ne pourront dorénavant habiller en totalité, mais feulement par tiers, par quart, ou fuivant la partie qui fera jugée néceffaire par les Directeur & Infpecteurs généraux de fa Cavalerie, lors de leurs revues; Sa Majefté voulant que lefdits régimens fe conforment à cette difpofition, ainfi qu'au réglement qu'elle a arrêté, & qui fera joint à la préfente Ordonnance, contenant ce qu'elle a réfolu qui foit réguliérement fuivi touchant ledit habillement, l'équipement & l'armement de fa Cavalerie. Ordonne Sa Majefté aux Commandans & Majors, d'y tenir la main, & de faire obſerver, à meſure qu'il y aura des remplacemens à faire de quelques parties dudit entretien, les modeles mentionnés audit réglement, qui leur ſeront adreſſés ; à peine de répondre de l'inexécution ; n'entendant au ſurplus Sa Majeſté déroger à ſes Ordonnances précédentes, & notamment à celle du 28 Mai 1733, qu'à l'égard de ce qui ſe trouve contraire à la préſente, & au réglement y attaché : MANDANT, &c.

Réglement arrété par Sa Majeſté, ſur ce qui doit être dorénavant obſervé dans l'habillement, équipement & armement de ſa Cavalerie.

Habillement.

Le juſtaucorps des Brigadiers & Cavaliers, ſera compoſé de deux aunes un douze de drap de Lodéve ou de Berry, d'une aune de largeur entre les deux liſieres, bleu, rouge, ou gris-mêlé, ou piqué de bleu, d'un quart de drap de pareille qualité & largeur, en demi-écarlate, tant pour les paremens que pour les revers, qui ne deſcendront que juſqu'à la taille, ſuivant le modele.

Les régimens du Colonel Général, ceux de la Reine, de Harcourt, de Fitzjames & de Noailles, dont la couleur eſt rouge, ne pourront employer de couleur fine, pas même de la demi-écarlate, pour le fond de l'habit des Cavaliers.

Les régimens de la Reine, de Harcourt & de Fitzjames, continueront d'avoir les revers & paremens bleus.

Les pattes ſeront ſans poches ; les poches ſeront de toile, & placées dans les plis de l'habit, des deux côtés, entre la doublure & le drap.

Le juſtaucorps ſera doublé de trois aunes & demie de ſerge d'Aumale, ou de quatre aunes trois quarts de cadis refoulé de la camourgue.

Le juſtaucorps ſera garni de trente-huit gros boutons & quatre petits, de deux épaulettes de laine pour contenir la bandouliere & la cartouche, au lieu de l'aiguillette qui demeurera ſupprimée.

Les paremens des manches des Cavaliers ſeront ronds, de ſix pouces de haut, & de dix-huit pouces de tour, ainſi que ceux des Brigadiers ; leſquels ſeront garnis d'un bordé en argent large de dix lignes, & d'un galon de quinze lignes de large ; les deux enſemble du poids d'une once : le parement des manches des Carabiniers, d'un bordé en argent de dix lignes de large, du poids de quatre gros.

D'un buffle plus court que le juſtaucorps d'environ neuf pouces.

D'un

D'un chapeau de laine du poids de treize à quinze onces, la forme d'environ quatre pouces de hauteur, les aîles d'un pouce neuf lignes de plus, bordé d'un galon d'argent de seize lignes de largeur, du poids d'une once, dont quatre lignes en dedans, & douze en dehors.

Le manteau sera composé de quatre aunes de drap de Lodéve, d'une aune de large, fabriqué & apprêté à deux envers, paramenté de serge ou cadis-canourgue, de couleur à l'usage des corps, avec trois agrémens de chaque côté, pareils à l'épaulette.

Houffe & Chaperons.

La houffe & les chaperons seront composés de deux tiers & demi de drap de Lodéve ou de Berry, bleu, d'une aune de largeur, doublés de toile, & bordés d'un galon de laine de dix-huit lignes de largeur.

S Ç A V O I R,

Pour les Régimens Royaux, d'un galon aurore mêlé des différentes couleurs de la livrée du Roy.

Ceux des Princes, de leur livrée ; & ceux des Gentilshommes, des couleurs diftinctes dont les modeles leur seront envoyés.

Les régimens de Harcourt, de Fitzjames & de Noailles, auront des houffes bleues, ainfi que le refte de la Cavalerie, & le bordé auffi conforme au modele qui leur en fera pareillement envoyé. Le régiment de la Reine seulement confervera fes houffes de la livrée de Sa Majefté, telles qu'il les a aujourd'hui.

Épaulettes.

Les épaulettes feront pareilles & uniformes aux galons des houffes de chaque régiment.

Les cordons des fabres feront de la même couleur des épaulettes dans chaque régiment.

Les rubans de laine pour trouffe-queue, feront dans tous les régimens de couleur rouge.

Armement & Équipement.

Un moufqueton & deux piftolets, conformes aux dimenfions & longueurs preferites par l'article V I de l'Ordonnance du 28 Mai 1733, laquelle fera également obfervée en ce qui concerne les calottes & plaftrons pour les Cavaliers, & les cuiraffes dont les Officiers doivent être pourvus : Sa Majefté entendant que lefdits Officiers portent leurs cuiraffes, & les Cavaliers leurs plaftrons & calottes dans tous les exercices, aux revues & dans les marches, ainfi qu'elle l'a réglé par les articles I & VII de fadite Ordonnance.

Le fabre à monture de cuivre, à double branche, la lame à dos, de trente-trois pouces de longueur.

Un ceinturon de bufle piqué à deux pendans, bien coufu, fans clous, de deux pouces & demi de largeur.

Une bandouliere de pareille largeur, qui fera blanche pour les régimens Royaux feulement; & de bufle pour les régimens des Princes & des Gentilshommes, piquée de blanc.

Une cartouche à douze coups, portée en bandouliere de gauche à droite.

Il fera envoyé un modéle à chaque régiment, de toutes les parties de l'équipement mentionnées ci-deffus, ainfi que des gands, cocardes & cravates.

Il leur fera pareillement donné un modele de l'équipement général du cheval, auquel Sa Majefté entend qu'ils fe conforment.

Les Brigadiers & Cavaliers feront tous en bottes molles, conformément à l'article V de l'Ordonnance du 28 Mai 1733, & il n'y aura de changement que dans la genouillere & l'éperon, qui feront dorénavant conformes au modele envoyé à chaque régiment.

Lefdits Brigadiers & Cavaliers feront obligés, fuivant l'ufage, de s'entretenir de culottes, qui feront de peau à double ceinture, de linge, de chauffure, leurs chevaux de ferrage, & de tenir leurs armes en bon état, conformément à l'Ordonnance du paiement des troupes du premier Décembre 1747.

Les habits uniformes des Officiers feront femblables à ceux des Cavaliers, excepté qu'ils n'auront pas d'épaulettes, & qu'ils auront, felon l'ufage, des poches à leurs habits, qui feront de drap d'Elbeuf, ou des manufactures de pareille qualité. Il ne fera employé de doublure aux habits, d'aucune autre étoffe que de laine, ni aucun galon ni boutonnieres de fil d'or ou d'argent fur les juftaucorps ni fur les veftes, lefquelles feront de la couleur des paremens des habits, mais feulement des boutons d'argent fur bois.

Les houffes defdits Officiers feront de couleur femblable à celles du Cavalier, & bordées d'un fimple galon d'argent; fçavoir, celles des Capitaines, d'un galon de deux pouces de large; & celles des Lieutenans, d'un pouce & demi.

Ils auront des épées uniformes, dont la garde fera de cuivre doré, la lame à dos, de trente-un pouces de long, fuivant le modele qui en fera envoyé.

Les habits des Maréchaux des Logis feront de drap de Romorantin, de cinq quarts de large, ou autre de pareille qualité, doublés de laine, fans galon ni boutonnieres de fil d'or ni d'argent.

Les houffes defdits Maréchaux des Logis auront un bordé d'argent, d'un pouce de largeur : ils auront des fabres uniformes, à double branche, la lame à dos, & plus large que celle des Officiers, fuivant le modele qui en fera pareillement adreffé à chaque Corps.

Les trois régimens de l'État-Major conferveront les paremens & revers de panne noire, de la grandeur prefcrite par le préfent réglement, ainfi que les galons des houffes, & les autres diftinctions dont ils ont joui jufqu'à préfent, en fe conformant néanmoins aux modeles qui leur feront envoyés, & fans que les Officiers puiffent avoir aucun galon fur leurs habits & veftes, ainfi qu'il eft ordonné pour le refte de la Cavalerie.

Le régiment Royal des Carabiniers & celui de Royal-Allemand, continueront d'avoir les juftaucorps fans revers, ainfi que celui de Royal-Cuiraffiers, qui feul aura des veftes au lieu de bufles.

Aucuns régimens ne pourront porter des bonnets, à l'exception des Allemands, qui font dans l'ufage d'en avoir ; & nul Officier ne paroîtra à la tête de fa troupe avec un manteau ou redingote, que de la couleur uniforme de fon régiment.

La cafaque & les gages du Timbalier de chaque régiment, feront à la charge du Meftre de Camp.

A l'égard du cheval du Timbalier, le premier Capitaine paiera quatre cens livres, lorfqu'il s'agira de le renouveller, le furplus de ce qu'il en coûtera devant être fourni par les autres Capitaines.

DU SERVICE DE LA CAVALERIE

DANS LES PLACES,

Extrait de l'Ordonnance du 25 Juin 1750.

SA MAJESTÉ étant informée que nonobftant ce qui eft prefcrit par fon Ordonnance du premier Août 1733, concernant le fervice des Places, les différens ufages qu'Elle avoit en vue de détruire fubfiftent encore, & qu'il s'en eft même introduit depuis de nouveaux ; & voulant remédier aux inconvéniens qui réfultent néceffairement de toute variété arbitraire dans une matiere auffi importante, en établiffant dans toutes les places une regle conftante & uniforme, & aboliffant généralement tous ufages contraires, fous quelque nom & prétexte qu'ils aient été admis, Elle a ordonné & ordonne ce qui fuit :

Du commandement dans les Places.

V.

Inspecteurs.

LES Directeurs & Inspecteurs Généraux d'*Infanterie*, de Cavalerie & de Dragons, étant dans les places avec un ordre pour y faire l'inspection des troupes de la garnison, y donneront le mot, & jouiront des honneurs attachés à leur grade, comme s'ils avoient des Lettres de service. Lorsqu'ils voudront faire prendre les armes aux troupes, & en faire la revue, ils le demanderont au Commandant de la place, qui ne pourra le refuser sans des raisons dont il rendra compte sur le champ à Sa Majesté.

XIII.

Commandement au défaut des Officiers Majors.

LORSQU'IL ne se trouvera point dans une place de guerre, d'Officier pourvu d'un pouvoir de Sa Majesté pour y commander, le commandement appartiendra à l'Officier des troupes Françoises de la garnison, soit de Gendarmerie, de Cavalerie & de Dragons, ou d'Infanterie qui aura le grade supérieur ; & à grade égal, à l'Officier d'Infanterie du plus ancien Régiment François, quand même il se trouveroit seul avec sa compagnie, & ce, par préférence à tous les Officiers des Régimens de nation Etrangere, même d'un grade supérieur à celui de l'Officier François, & en attendant qu'il ait été établi un Commandant par Sa Majesté ou par les Généraux de ses armées.

XIV.

ENTEND néanmoins Sa Majesté, que s'il y avoit dans une place ainsi dénuée, des Officiers de son Etat-major ayant pouvoir de commander, un ou plusieurs Officiers Généraux ou Brigadiers employés, le plus ancien d'entre eux prendra le commandement, de maniere cependant que le Brigadier d'Infanterie Françoise ait la préférence sur celui de Cavalerie ou de Dragons.

XV.

Officiers Généraux non employés.

LES Officiers Généraux & Brigadiers qui n'auront point de Lettres de service, n'auront aucun rang ni commandement à prétendre en cette qualité.

XVI.

Colonels & Lieutenans - Colonels réformés.

IL en sera de même des Colonels, Mestres-de-camp & Lieutenans-Colonels réformés à la suite des corps, & des Officiers qui auront obtenu de semblables commissions, lesquels ne pourront commander dans les places, que suivant le grade des autres emplois dont ils feront revêtus, & n'y feront d'autres fonctions que celle defdits emplois.

X V I I.

Les Aide-majors des places, aufquels Sa Majefté n'aura pas fait expédier d'ordre pour commander en l'abfence du Major ou autres Officiers fupérieurs, n'y commanderont qu'après les Capitaines François, & avant tous Lieutenans & Enfeignes.

Aide-Majors des places.

X V I I I.

L'ordre établi pour le fervice des places par les Gouverneurs, Lieutenans de Roi & Commandans, ne pourra être changé par les autres Officiers de l'Etat-major & de la garnifon qui en auront le commandement en leur abfence.

Ordre établi ne fe changera.

X I X.

Les Capitaines des portes qui ne feront point pourvus de brevets d'Aide-major, n'auront de rang dans les places qu'après tous les Officiers de la garnifon ; & ne feront reconnus en leur qualité de Capitaine des portes, que lorfqu'ils fe préfenteront pour ouvrir & fermer les portes aux heures ordinaires.

Capitaines des portes.

X X.

Tous Chefs & Officiers des troupes de Sa Majefté, de quelque grade & caractere qu'ils puiffent être, & ceux étant fous leur charge, comme auffi Officiers d'Artillerie, les Ingénieurs, & généralement tous autres Officiers militaires, reconnoîtront les Gouverneurs, Lieutenans de Roi ou Commandans, & autres Officiers de l'Etat-major des places où ils fe trouveront, foit en garnifon, foit en y paffant avec leur troupe ; & feront tenus de leur obéir fans difficulté, en tout ce qui concernera leurs fonctions, telles qu'elles font ci-deffus détaillées.

Subordination.

X X I.

Tout Cavalier, Dragon ou Soldat, qui mettra l'épée à la main contre lefdits Officiers, qui les frappera ou les menacera, foit en portant la main à la garde de fon épée, ou en faifant quelque mouvement pour mettre fon fufil en joue, quand même il auroit été frappé ou maltraité par lefdits Officiers, fera puni fuivant la rigueur des Ordonnances.

X X I I.

Les Soldats, Cavaliers ou Dragons qui feront convaincus d'avoir confpiré contre la fûreté de la place, & contre les Gouverneurs ou

Commandans defdites places, feront punis fuivant la rigueur des Ordonnances.

XXIII.

Les Commandans des troupes de Gendarmerie, de Cavalerie, de Dragons ou d'Infanterie, étant en garnifon dans les places, ne pourront les affembler, leur faire prendre les armes, ni les faire monter à cheval, en tout ou en partie, fans la permiffion dudit Gouverneur ou Commandant de la place.

XXIV.

Lorsque le Gouverneur ou Commandant d'une place, ou un Officier Major de leur part, ordonnera aux Officiers de faire prendre les armes ou de monter à cheval, à la totalité ou partie des corps qu'ils commanderont, ils feront tenus de s'y conformer, fans pouvoir exiger d'eux de leur rendre raifon du motif des ordres qu'ils leur donneront concernant le fervice.

De l'arrivée des troupes dans les Places.

XXV.

Officiers qui iront au logement. Lorsqu'un Régiment d'Infanterie, de Cavalerie ou de Dragons devra arriver dans une place pour y tenir garnifon, le Major ou l'Aide-major, avec un Capitaine & un Lieutenant, partiront à l'avance du dernier logement, pour venir prendre les ordres du Commandant de ladite place, & les porter à celui du Régiment lorfqu'il fera à portée de la place.

XXVI.

Halte des troupes avant d'entrer. Les troupes arrivées près de la place, fe mettront en bataille au pied du glacis, pour y attendre les Soldats, Cavaliers & Dragons qui feront reftés derriere.

XXVII.

Vifite des Commis des Fermes. Si les troupes doivent être fouillées par les Commis des Fermes, on fera mettre les Cavaliers & Dragons pied à terre à la tête des chevaux, & l'on mettra au moins fix pas d'intervalle libre entre chaque rang.

XXVIII.

Entrée dans la place. Lorsque le logement aura été réglé, les troupes fe mettront en marche pour entrer dans la place, fur l'avertiffement qu'elles en recevront du Major, ou de l'Aide-Major de la place, qui viendra les

prendre hors de la barriere, & fe mettant à leur tête, les conduira
fur la place d'armes.

XXXI.

LES troupes de Gendarmerie, Cavalerie & Dragons, défileront
par compagnie fur un front plus ou moins étendu, fuivant la largeur
des rues, & dans le même ordre que les efcadrons devront être formés, les Officiers étant à la tête l'épée à la main, les timbales bat-
tant, & les trompettes fonnant.

XXXII.

LES troupes arrivées fur la place d'armes, s'y mettront en bataille,
faifant face au corps-de-garde ou à la maifon de ville, autant que
cela fe pourra; & le Major de la place ayant fait fonner un ban, fera
les défenfes ordonnées.

XXXIII.

LORSQUE le Commandant de la place l'ordonnera, les compagnies
défileront devant lui, pour qu'il puiffe en connoître la force, & le
Major lui en remettra un état contenant le nombre des hommes de
chaque compagnie qui feront préfens, & de ceux qui feront abfens
par congé, ou aux Hôpitaux.

*Contrôle des trou-
pes, remis au Com-
mandant.*

XXXIV.

LES compagnies feront conduites delà à leurs quartiers par leurs
Officiers, qui ne les quitteront que lorfqu'elles y feront arrivées.

*Conduite au quar-
tier.*

XXXV.

AVANT que les troupes entrent dans leurs quartiers, les étendards
feront conduits chez les Commandans des corps, efcortés par des
détachemens, dans le même ordre qui eft établi pour les aller chercher quand la troupe doit s'affembler.

Etendards.

XXXVI.

LES gardes aux portes arrêteront les traîneurs qui fe préfenteront
pour entrer une heure après l'arrivée de la troupe.

Traîneurs.

Des bans.

XXXVII.

DÈS qu'une troupe étant arrivée dans le lieu de fa garnifon, fe fera
formée en bataille fur la place d'armes, le Commiffaire des guerres,

*Défenfes à l'arri-
vée.*

où à son défaut celui que le Commandant de la place préposera à cet effet, publiera à la tête de ladite troupe, un ban portant défenses sous les peines portées par les Ordonnances, à tous Soldats, Cavaliers & Dragons, de s'éloigner du lieu de la garnison, au delà des limites qui leur seront indiquées ; d'y mettre l'épée à la main, ou de commettre aucun désordre ; de s'établir en d'autres logemens que ceux portés par leurs billets :

D'entrer dans les jardins & autres lieux fermés ; d'y fourrager, couper des arbres, ni prendre aucune chose :

De rien exiger de leur hôte, qu'un lit garni pour deux, & place au feu & à sa chandelle. Les mêmes défenses seront faites aux Officiers, à peine de concussion, & d'être responsables des dommages causés par leurs Soldats, en cas de tolérance de leur part.

XXXVIII.

LE Commandant de la place ajoutera à ces défenses celles qu'il jugera nécessaires, par rapport aux conjonctures & au service particulier de la place.

XXXIX.

Plaintes contre les contrevenans.

IL sera fait aussi un autre ban, à la diligence du Commissaire & du Commandant de la troupe, portant injonction aux habitans, qu'en cas de contravention aux défenses susdites, ils aient à le venir déclarer incontinent, & porter leur plainte au Commandant de la place, pour en être fait justice sur le champ ; faute de quoi, il en sera dressé procès verbal par les Officiers de ville ou principaux habitans, que le premier d'entr'eux sera tenu d'envoyer au Secrétaire d'Etat ayant le département de la guerre, & à l'Intendant, à peine aux Officiers ou principaux habitans, de répondre des dommages que les particuliers auront soufferts impunément.

XL.

Crédit aux Soldats.

IL sera fait aussi défenses aux bourgeois & autres habitans de faire crédit aux Soldats, Cavaliers & Dragons, à peine de perdre leur dû.

XLI.

Plaintes au départ.

AVANT le départ de la troupe du lieu de sa garnison, il sera de même fait un ban à la diligence du Commissaire des guerres, ou à son défaut de la part du Commandant, pour sçavoir s'il y aura plainte contre aucun Officier ou Soldat ; & en cas qu'il y en ait, elle sera sur le champ réparée par le soin & autorité du Commandant ou du Commissaire.

XLII.

XLII.

Les Officiers de ville, ou principaux habitans, seront tenus de recevoir les plaintes qui leur seront faites dans les premieres vingt-quatre heures après le départ de la troupe, d'en dresser des procès-verbaux, & de les envoyer pareillement au Secretaire d'État ayant le département de la guerre, & à l'Intendant, à peine d'en répondre : Voulant Sa Majesté que ledit terme de vingt-quatre heures étant écoulé sans qu'il y ait eu de plaintes, lesdits Magistrats ne puissent refuser de donner un certificat de bien vivre à l'Officier Major, qui restera pour cet effet au lieu de la garnison après le départ de la troupe.

XLIII.

Qui que ce soit ne pourra faire battre de bans dans une place sans la permission de celui qui y commandera.

Publications de Bans.

XLIV.

On ne pourra de même, sans sa permission, faire recevoir un Officier ou Maréchal des Logis ou Sergent, ni publier aucunes Lettres de casse.

Du Logement.

XLV.

Le Régiment ou autre troupe qui arrivera dans une garnison, y prendra le quartier de celui qu'il remplacera.

Choix du quartier.

XLVI.

S'il y a plusieurs quartiers vuides, il choisira celui qui lui conviendra le mieux ; & quand il y sera établi, il ne pourra être déplacé à l'occasion de l'arrivée d'un autre Régiment, à moins qu'il ne fût nécessaire de resserrer le logement pour faire place à la nouvelle troupe.

XLVII.

Si plusieurs Régimens arrivent ensemble dans une même place, ils tireront au sort le quartier que chacun d'eux devra occuper, sans que le plus ancien puisse prétendre de choisir.

XLVIII.

La préférence sera seulement réservée aux Régimens des Colonels

Généraux de la Cavalerie & des Dragons, vis-à-vis des autres Régimens des mêmes corps.

XLIX.

Dans les places où il y aura des casernes & pavillons destinés pour le logement des troupes, aucun Officier, Gendarme, Cavalier, Dragon ou Soldat, ne pourra être logé chez l'habitant, qu'après que toutes les chambres desdits bâtimens auront été remplies.

L.

Visite des casernes.

Quand la troupe devra être établie dans des casernes, un Officier Major, après en avoir fait la visite comme il sera marqué ci-après, ira avec des Cavaliers, Dragons ou Soldats de chaque compagnie chez l'Entrepreneur, pour se faire délivrer les fournitures de lit & ustensiles nécessaires, dont il lui donnera son reçu; & il en retirera une décharge, lorsqu'elles lui seront rapportées pour être rendues ou échangées.

LI.

Si elles ne se trouvent pas alors dans le même état qu'elles auront été délivrées, le Régiment les fera réparer ou en payera le dégât, ainsi que de celles qui pourroient avoir été perdues.

LII.

Usages des fournitures.

On ne pourra se servir de ces fournitures, que dans les chambrées & quartiers assignés aux troupes, & pour le seul usage des hommes servant à leurs compagnies.

LIII.

Clefs du quartier.

Les clefs du quartier, lorsqu'on pourra le fermer, seront remises à l'Officier, Sergent ou Maréchal des Logis qui y sera établi de garde, dans le même instant de l'arrivée de la troupe.

LIV.

Assiette du logement.

Lorsqu'une troupe devra être logée chez le bourgeois, les Maire & Echevins étant avertis à l'avance, se trouveront à l'Hôtel-de-ville pour procéder en toute diligence à la répartition du logement, en conformité de la route qui leur sera représentée par un Officier Major de la troupe, ou autre Officier chargé de ce détail.

LV.

Lesdits Officiers de ville feront le logement de la troupe avec le

Commiſſaire des guerres qui en aura la police, en préſence d'un Officier du corps; & ſi le Commiſſaire eſt abſent, ils lui remettront à ſon retour un contrôle du logement ſigné d'eux.

L V I.

Les Officiers des troupes qui aſſiſteront au logement, ne pourront s'ingérer en aucune maniere de l'aſſiette dudit logement.

L V I I.

Il ſera donné, autant qu'il ſera poſſible, à chaque Capitaine une chambre avec un lit, & une autre chambre avec un lit pour ſon valet; & aux Officiers ſubalternes, une chambre à deux lits pour deux, & un endroit avec un lit pour leurs valets.

L V I I I.

Il leur ſera de plus fourni des écuries pour le nombre effectif des chevaux qu'ils auront, bien entendu que ce nombre n'excédera pas celui des places de fourrage qui leur ſont fournies par étape.

L I X.

A l'égard des Colonels, Lieutenans-Colonels & Commandans de bataillon, il leur ſera fourni des logemens convenables à leur qualité, & dans leſquels ils puiſſent faire Ordinaire.

L X.

N'entend néanmoins Sa Majeſté qu'en aucun cas les hôtes puiſſent être délogés de la chambre où ils auront coutume de coucher. *Chambre des hôtes.*

L X I.

Les billets de logement contiendront la qualité & le nombre de ceux qui devront être logés en chaque maiſon, & ſeront ſignés d'un Officier municipal. *Billets de logement.*

L X I I.

Les Officiers municipaux obſerveront d'expédier leſdits billets, de maniere que tous ceux d'une même compagnie ſoient logés de proche en proche dans un même quartier, afin que les Maréchaux des Logis & Sergens ſoient à portée de veiller & remédier promptement aux déſordres qui pourroient arriver.

L X I I I.

Les billets étant expédiés, l'Officier Major ou autre du Régiment

Mmm ij

à qui ils feront remis, diftribuera aux Officiers fupérieurs ceux qui feront pour eux ; à l'égard de ceux des Capitaines & des Lieutenans, il les remettra au Capitaine & au Lieutenant qui feront venus au logement avec lui, pour être tirés au fort ; ceux des Capitaines entre les Capitaines, & ceux des Lieutenans entre les Lieutenans ; & il remplira à mefure le contrôle defdits logemens, des noms de ceux aufquels ils feront échus.

L X I V.

Contrôle du loge-
ment.

QUANT aux billets des Soldats, Cavaliers ou Dragons, qui auront été mis par paquets féparés pour chaque compagnie ; les Capitaines aufquels ils feront remis, auront attention en les diftribuant, de remplir fur le contrôle de leur compagnie, le nom des hôtes chez lefquels leurs Soldats, Cavaliers ou Dragons devront loger ; & ils remettront lefdits contrôles au Major du Régiment, pour en former un contrôle général, dont il donnera un double au Maire ou principal Officier de ville.

L X V.

LES Officiers diftribuant les billets à leurs Soldats, Cavaliers ou Dragons, leur rappelleront les peines portées par les Ordonnances, contre ceux qui voleroient les meubles ou uftenfiles des maifons où ils feront logés, ou qui exigeroient quelque chofe que ce fût de leur hôte au delà d'un lit garni de linceuls, d'une place à leur feu & à leur chandelle.

L X V I.

Logement fans
billet.

LES Officiers qui fe logeront fans billet des Officiers municipaux ou des Commiffaires des guerres, feront mis en prifon, & il en fera rendu compte au Secretaire d'Etat ayant le département de la guerre.

Les Soldats, Cavaliers ou Dragons qu'on trouvera établis en d'autres logemens que ceux qui leur feront échus, feront arrêtés & mis en prifon, pour être punis fuivant l'exigence du cas.

L X V I I.

Officiers munici-
paux infultés.

LES Officiers qui infulteront les Officiers des villes où ils feront en garnifon, feront mis en prifon, & il en fera rendu compte au Secretaire d'Etat ayant le département de la guerre.

A l'égard des Soldats, Cavaliers & Dragons qui tomberont dans le même cas, ils feront arrêtés & remis aux Juges defdits lieux, pour être par eux jugés fuivant que le cas le requerra.

SUR LA CAVALERIE. 461

LXVIII.

Lorsqu'il arrivera des Officiers à la garnison qui n'auront pas été préfens à la troupe lors de l'affiette du logement, les Officiers de ville leur donneront de nouveaux billets, & ils en uferont de même pour les Soldats, fur les certificats que le Commiffaire donnera de leur arrivée.

LXIX.

Répartitions des logemens.

Les logemens feront répartis alternativement & avec égalité, fur tous les habitans qui y font fujets, en forte qu'aucun ne puiffe loger deux fois avant que tous les autres aient logé une fois.

LXX.

Changement des logemens affis.

Lorsque les logemens feront une fois affis, ils ne pourront être changés que par l'ordre de l'Intendant de la Province, ou par celui des Commiffaires des guerres, avec l'avis des Officiers de ville; defquels changemens le Commiffaire fignera les billets conjointement avec eux, faute de quoi il n'y fera pas déféré.

LXXII.

Sa Majesté autorife les Commiffaires des guerres, à faire loger les gens de guerre chez les Officiers de ville, de Juftice & autres exempts, qui, par connivence ou autrement, fouffriroient qu'il fût commis quelque abus au fait des logemens, après en avoir reçu plaintes.

LXXIII.

Exempts de logement.

Seront exempts du logement des gens de guerre, & de toute contribution à icelui, les Eccléfiaftiques étant actuellement dans les Ordres, ou pourvus de bénéfices qui exigent réfidence dans le lieu.

LXXIV.

Les Officiers étant actuellement dans le fervice militaire, ou qui s'en font retirés après avoir obtenu la Croix de l'Ordre militaire de Saint Louis, ou une penfion de Sa Majefté.

LXXV.

Les Officiers commenfaux des Maifons Royales, chargés d'un fervice annuel dans lefdites maifons, fans que ceux qui n'auront qu'un titre de charge, & ne rempliront aucun fervice, puiffent prétendre ladite exemption.

LXXVI.

Les Conseillers-Secretaires de Sa Majesté, Maison, Couronne de France & de ses Finances ; ensemble les Audienciers, Contrôleurs & autres Officiers de la grande Chancellerie.

LXXVII.

Les Présidens, Conseillers, Gens de Sa Majesté, & autres Officiers des Parlemens, Chambres des Comptes, Cours des Aides, & autres Cours ou Conseils supérieurs.

LXXVIII.

Les Présidens & Trésoriers Généraux de France, aux Bureaux des Finances des Généralités du Royaume.

LXXIX.

Les Présidens, Lieutenans Généraux, Particuliers, Civils & Criminels du principal Siege de chaque lieu, ensemble les Gens de Sa Majesté auxdits Sieges ; sans que les Chefs & Officiers des autres Justices établies dans le même lieu, puissent participer à la même exemption.

LXXX.

Les Grands Maîtres & Maîtres Particuliers des Eaux & Forêts.

LXXXI.

Tous les Officiers & Cavaliers des compagnies de Maréchaussée.

LXXXII.

Les Maire, Mayeurs, Bourg-Mestres, Echevins, Consuls, Jurats ou Syndics des Villes & Communautés, pour le temps de leur administration seulement ; ces exemptions ne pouvant être prétendues au delà, sous tel prétexte que ce soit.

LXXXIII.

Les Trésoriers & Receveurs Généraux ou Particuliers, ayant maniement actuel des deniers de Sa Majesté.

LXXXIV.

Les Commis des Fermiers des Domaines, Gabelles, Aides, Traites foraines, Douanes domaniales, & autres Fermes de Sa Majesté.

L X X X V.

Les Changeurs.

L X X X V I.

Les Etapiers, non seulement pour les maisons où ils demeureront, mais encore pour celles où seront leurs magasins servant à la
fourniture desdites étapes.

L X X X V I I.

Les Commis chargés de la fourniture des lits dans les Garnisons.

L X X X V I I I.

Les Directeurs des Bureaux des Lettres, les Maîtres de Poste établis par Brevets de Sa Majesté, ainsi que les Couriers ordinaires employés par les Fermiers des Postes.

L X X X I X.

Les veuves des Gentilshommes, Officiers des troupes, ou autres
ayant des Charges qui leur procuroient ladite exemption pendant
leur vie, continueront d'en jouir pendant leur viduité.

X C.

Les Privilégiés ne jouiront de leurs exemptions que pour les maisons, ou parties d'icelles, qu'ils occuperont personnellement, sans
que les particuliers non exempts, qui pourroient les louer en tout ou
en partie, puissent participer, sous tel prétexte que ce soit, à ladite
exemption.

X C I.

Entend Sa Majesté, que ceux qui étant exempts par leur état,
leurs Charges ou Emplois, feront commerce à boutique ouverte, ou
tiendront cabaret, soient déchus de leur exemption, & qu'ils soient
assujettis au logement, comme Marchands ou Cabaretiers, pendant
tout le temps qu'ils feront ledit commerce.

X C I I.

En cas de foule, le logement doit être fait indifféremment chez
les exempts & non exempts, en suivant néanmoins l'ordre des Privileges ; de maniere que les Ecclésiastiques soient logés tous les derniers.

Cas de foule.

XCIII.

Difcuffions jugées par les Intendans.

Sı quelques autres perfonnes que celles ci-deffus nommées, prétendent jouir de l'exemption du logement des gens de guerre, foit par conceffion particuliere ou autrement, elles fe pourvoiront par devant l'Intendant de la Province, qui décidera de la validité de leurs titres, & connoîtra fupérieurement & privativement à tous autres, des détails des logemens; & ce qui fera par lui ordonné, fera exécuté par provifion, fauf à ceux qui fe croiront léfés par leurs ordonnances, à adreffer leurs repréfentations au Secrétaire d'État ayant le département de la guerre, pour en rendre compte à Sa Majefté, & y être par Elle pourvu.

Des Gardes aux Portes.

CCLXXIII.

Découverte.

LE Commandant de la Place fera commander à l'ordre, tous les jours, un nombre de Cavaliers ou Dragons à cheval, ou de Grenadiers, tel qu'il le jugera à propos, pour faire la découverte; & il leur fera prefcrire jufqu'où ils devront aller, & les attentions qu'ils devront avoir.

Du Mot & de l'Ordre.

CCCXI.

Infpecteurs.

LES Infpecteurs Généraux, qui feront Officiers Généraux des troupes, donneront le mot dans les Places, quand ils y feront actuellement dans les fonctions de leur Charge.

Des Rondes.

CCCXXXVI.

Rempart interdit après la retraite.

Dès que la retraite aura été battue, les fentinelles ne laifferont plus paffer qui que ce puiffe être fur les remparts, que les rondes & les patrouilles.

CCCLXXXVI.

LES chevaux pris fur les Huffards ennemis, feront remis par préférence aux Officiers de Huffards des troupes du Roi, qui en paieront la valeur aux Partis qui en auront fait la capture.

Service

Service de la Gendarmerie, Cavalerie & Dragons.

C C C L X X X V I I.

LA Cavalerie montera chaque jour la garde à cheval, dans les Places frontieres qui confinent aux Pays Etrangers.

Garde de Cavalerie.

C C C L X X X V I I I.

DANS les Places de seconde ligne, la garde sera réglée de maniere que chaque Officier & Cavalier la monte réguliérement deux fois par mois ; & si les hommes & les chevaux ne pouvoient avoir dix nuits de repos, on n'en commandera que le nombre nécessaire pour faire tous les jours la découverte.

C C C L X X X I X.

LA troupe de Cavalerie qui devra monter la garde à cheval, se rendra sur la Place, où l'on assemblera les escouades une heure avant celle de la garde.

Assemblée.

C C C X C.

UN Officier Major du régiment en fera l'inspection, l'exercera & la conduira au rendez-vous indiqué pour l'assemblée des Postes de l'Infanterie.

Inspection.

C C C X C I.

ELLE y arrivera l'épée à la main, l'Officier à la tête, & le Brigadier à la queue ; & elle se mettra en troupe sur deux rangs, à la gauche de l'Infanterie.

Parade.

Lorsqu'elle sera commandée par un Capitaine, le Trompette marchera devant, & sonnera.

C C C X C I I.

SI, lorsqu'il faudra défiler, toute la garde se rompt par un seul & même mouvement, celle de Cavalerie suivra celle de l'Infanterie ; sinon elle attendra que le Major de la Place lui dise (*Marche*), & alors elle défilera de même que l'Infanterie.

C C C X C I I I.

L'OFFICIER saluera de l'épée, en passant devant le Commandant de la Place.

CCCXCIV.

Corps de garde. ON deſtinera, autant qu'il ſera poſſible, un lieu ſur la Place d'armes, pour mettre à couvert les hommes & les chevaux de la Cavalerie, & leur ſervir de Corps-de-garde.

CCCXCV.

IL y aura pendant le jour devant ce Corps de garde, une vedette à cheval, le mouſqueton haut, qui ſera relevée d'heure en heure.

La nuit, il n'y aura qu'un ſentinelle à pied, le mouſqueton ſur le bras, qui ſera relevé toutes les deux heures.

CCCXCVI.

Garde relevée. A l'arrivée de la nouvelle garde, l'ancienne garde ſe trouvera en troupe ſur deux rangs, l'épée à la main, tournant le dos au Corps de garde, le Trompette à la droite ; la nouvelle viendra ſe former à ſa gauche, lorſque l'ancienne ſera formée par la droite : ſi au contraire l'ancienne garde étoit formée par la gauche, la nouvelle prendroit ſa droite.

A l'approche de la garde relevante, les deux Trompettes ſonneront la marche, & les Officiers ſe ſalueront de l'épée.

CCCXCVII.

LORSQUE les conſignes ſeront données, les vedettes & ſentinelles relevées, la vieille garde marchera quelques pas en avant, & ſe repliera par ſa droite ou par ſa gauche, juſqu'à ce qu'elle ſoit hors de vue de la nouvelle garde : alors elle fera halte pour remettre les épées, & l'Officier qui la commandera, la conduira en ordre au quartier.

CCCXCVIII.

LA nouvelle garde remettra les épées après le départ de l'ancienne ; elle marchera quelques pas en avant, puis fera face au Corps de garde, & mettra pied à terre & les chevaux dans l'écurie, y laiſſant un Cavalier ſans armes, & un ſentinelle armé d'un mouſqueton à la porte du Corps de garde.

CCCXCIX.

Garde aux Caſernes. S'IL n'y a point ſur la Place d'armes de Corps de garde deſtiné à la Cavalerie, l'ancienne garde partira du quartier pour ſe rendre à ſon poſte ſur la Place d'armes, une demi-heure avant qu'on monte la garde; & quand celle qui devra la relever, se présentera, elle lui cédera son poste.

La nouvelle garde restera à cheval une demi-heure après que toutes les escouades d'Infanterie auront défilé; elle retournera ensuite aux casernes, où les chevaux demeureront sellés dans une écurie particuliere, & les Cavaliers bottés dans une chambre destinée à cet effet, sans qu'il leur soit permis de s'en écarter.

C D.

ELLE laissera seulement sur la Place, une vedette & un Cavalier à pied au Corps de garde de l'Infanterie, pour recevoir les ordres du Major de la Place, & les porter à la garde de Cavalerie; lesquels vedette & Cavalier à pied seront relevés toutes les deux heures.

C D I.

DÈS que la cloche sonnera pour la fermeture des portes, la garde de Cavalerie montera à cheval, & se rendra sur la place, où elle restera jusqu'à ce que les portes soient fermées; & elle retournera ensuite au Corps de garde de la Place d'armes ou des casernes. *Fermeture des portes.*

Les chevaux demeureront sellés, & les Officiers & Cavaliers de garde seront obligés d'y passer la nuit sans se débotter.

C D I I.

LORSQU'ON battra la Diane, la garde de Cavalerie se rendra pareillement sur la Place, & elle y restera jusqu'à ce que l'ouverture des portes soit faite. *Ouverture des portes.*

C D I I I.

SI le Commandant de la Place juge à propos d'envoyer battre l'estrade hors des portes avant de les faire ouvrir, ceux de la garde de Cavalerie qui seront commandés pour cet effet, se rendront, le mousqueton haut, aux portes qui leur seront indiquées, pour sortir de la place lorsque l'on en fera l'ouverture, & aller à la découverte. *Découverte.*

A leur sortie on fermera la barriere, & quand ils auront rapporté qu'il n'y aura rien à craindre, on les laissera rentrer dans la Place.

C D I V.

LES jours de marché, la garde de la Cavalerie montera à cheval, entiere ou par détachement, ainsi que le Commandant de la Place le jugera à propos, pour être placée où il la croira la plus utile à empêcher le désordre; & elle y demeurera jusqu'à ce que le marché soit fini. *Marchés.*

Nnn ij

C D V.

Patrouilles à cheval. La garde fournira les patrouilles à cheval qui feront commandées pour la nuit.

C D V I.

Appel de la garde. Quand elle devra fortir avec fes armes, le fentinelle criera (*Cavaliers, aux armes*), & quand elle devra fortir fans armes, (*Cavaliers, hors de la garde.*)

C D V I I.

Le Brigadier de garde fera l'appel des Cavaliers toutes les heures, & avertira l'Officier de ceux qui manqueront.

C D V I I I.

Vedettes. Les vedettes feront relevées par le Brigadier à cheval, partant du Corps de garde l'épée à la main, & les Cavaliers le moufqueton haut, & y retourneront de même.

C D I X.

La nouvelle vedette prendra la gauche de la vieille en la relevant, & le Brigadier fe mettra vis-à-vis, pour entendre fi la configne fe rend bien.

C D X.

A l'égard des fentinelles, le Brigadier les relevera étant feulement armé de fon moufqueton, qu'il tiendra d'une main par le milieu, & les Cavaliers le porteront fur le bras gauche.

C D X I.

Service à pied. Les Commandans des Places feront faire, lorfqu'ils le jugeront néceffaire, le fervice à pied à la Cavalerie, de la même maniere qu'à l'Infanterie.

En ce cas, on deftinera des poftes féparés à la Cavalerie, dont les efcouades prendront la gauche de l'Infanterie, dans l'ordre de bataille.

C D X I I.

Les Officiers de Cavalerie qui feront commandés pour la garde à pied, tireront les poftes entr'eux, après ceux de l'Infanterie, en préfence d'un Officier Major de la Place, qui les infcrira fur le regiftre de la garde.

CDXIII.

Les postes de la Cavalerie seront partagés en escouades, comme ceux de l'Infanterie ; & ces escouades seront commandées par les Brigadiers.

CDXIV.

Les Officiers de Cavalerie étant de garde à pied, seront armés d'un mousqueton.

CDXV.

Les Majors ou Aide-Majors de Cavalerie se trouveront sur la Place d'armes, à l'heure que le Major de la Place ira donner l'Ordre au cercle de l'Infanterie : les Maréchaux des Logis s'y trouveront aussi, ou des Brigadiers à leur défaut, avec un Brigadier ou Cavalier par compagnie, armé d'un mousqueton ; il y aura aussi un Brigadier de la garde.

Ordre.

CDXVI.

Le Major de la Place, en sortant du cercle de l'Infanterie, donnera le Mot & l'Ordre auxdits Majors ou Aide-Majors de Cavalerie, en suivant l'ancienneté de leurs régimens.

CDXVII.

Les Officiers Majors de Cavalerie ayant pris l'Ordre, formeront un cercle pour le rendre à leurs Maréchaux des Logis.

CDXVIII.

Ce cercle commencera par le plus ancien Major, ou Aide-Major en commission de Capitaine, à moins que le Major de la Place ne voulût y entrer lui-même : les autres Majors & Aide-Majors se rangeront à sa droite, suivant l'ancienneté de leurs régimens, & après eux les Maréchaux des Logis, ou Brigadiers en faisant les fonctions, gardant le même ordre entr'eux, & ceux du même corps suivant ensemble le rang de leurs compagnies ; & le Brigadier de la garde terminera le cercle.

CDXIX.

A quatre pas de ce cercle, les Brigadiers & Cavaliers en formeront un second, pour l'envelopper, présentant les armes en dehors.

CDXX.

Alors l'officier Major qui devra donner l'ordre, expliquera tout ce qui concerne le service, & donnera ensuite le Mot tout bas à l'oreille, par sa droite; les Maréchaux des Logis le recevront chapeau bas, & le feront passer de l'un à l'autre, jusqu'à ce qu'il revienne à l'ancien Major; après quoi le cercle se rompra, & le Brigadier de la garde retournera à son poste.

C D X X I.

CHAQUE Officier Major formera ensuite un cercle particulier pour son régiment, comme il est expliqué à l'égard de l'Infanterie; & l'ordre se distribuera de même aux Officiers supérieurs & autres, & dans les chambrées des Cavaliers.

C D X X I I.

Retraite.   Tous les Trompettes des régimens de Cavalerie de la garnison se trouveront sur la Place d'armes à l'heure de la retraite; & en même temps que les Tambours en partiront, ils sonneront la retraite.

C D X X I I I.

ILS retourneront delà chacun au quartier de leur régiment, où ils la sonneront une seconde fois.

C D X X I V.

UNE heure après la retraite sonnée, les Maréchaux des Logis visiteront les chambres des Cavaliers, & en feront l'appel.

C D X X V.

Patrouilles.   LE Commandant de la garde de Cavalerie fera faire par sa garde, tous les détachemens & patrouilles qui lui seront ordonnés par les Officiers de l'Etat Major de la Place, & ces patrouilles se conformeront à ce qui est enjoint à celles d'Infanterie.

C D X X V I.

Rondes.   LES Officiers, Maréchaux des Logis & Brigadiers de Cavalerie, qui seront commandés pour faire la ronde, se conformeront pareillement à ce qui est prescrit à cet égard, aux Officiers, Sergens & Caporaux de l'Infanterie.

C D X X V I I.

Garde des Etendards.   CHAQUE régiment de Cavalerie fournira un sentinelle pour la

garde de ſes étendards, à la porte de la maiſon où ils feront dé-
poſés ; & il fera commandé pour cet effet quatre Cavaliers par régiment , avec un Brigadier, qui ſe tiendront au Corps de garde de
la Place , ou autre poſte le plus voiſin de ladite maiſon.

Ces Cavaliers feront relevés tous les jours ; ils ſe rendront directement de leur quartier audit poſte , à l'heure où les gardes s'aſſembleront , & ne feront point d'autre ſervice.

C D X X V I I I.

La Gendarmerie étant dans une Place de guerre, elle y fera le
ſervice comme la Cavalerie légere , montera la garde à cheval, &
fournira des détachemens pour les eſcortes, pour aller à la guerre ,
pour faire la découverte, & pour les patrouilles.

Gendarmerie.

C D X X I X.

Elle fera auſſi le ſervice à pied, quand le bien du ſervice & la
ſûreté de la Place l'exigeront, de même qu'il eſt preſcrit à la Cavalerie légere : il y aura néanmoins cette différence, que les Gendarmes, ſoit à pied, ſoit à cheval, ne monteront point la parade ſur la
Place avec la garde de la garniſon, mais qu'ils s'aſſembleront à leurs
quartiers, d'où ils défileront aux poſtes fixés qui leur feront deſtinés,
ſans être ſujets à d'autre inſpection que celle des Officiers Majors
du Corps, & ſans que leurs eſcouades puiſſent être mêlées avec celles
des autres troupes, ni que leurs détachemens eſcadronnent avec
les autres.

C D X X X.

Que le Major ou l'Aide-Major de la Gendarmerie prendra directement le Mot du Commandant de la Place ; recevant au ſurplus
l'Ordre & le détail du ſervice, du Major de ladite Place, pour le
rendre au cercle particulier de ce Corps, qui fera formé par les Brigadiers & Sous-Brigadiers des compagnies , & non par les Maréchaux
des Logis.

C D X X X I.

Que la Gendarmerie ne fournira des ſentinelles qu'aux priſons,
aux magaſins, aux arſenaux & au tréſor ; les Commandans des Places
n'en pouvant point exiger d'honoraires de ce Corps.

C D X X X I I.

Et que les Gendarmes n'aſſiſteront point aux exécutions, ni en
corps, ni par détachement.

CDXXXIII.

ENTEND Sa Majesté que sous prétexte de ces distinctions, ou tel autre que ce soit, les Gendarmes ne puissent se dispenser de reconnoître les Officiers, soit d'Infanterie, de Cavalerie légere ou de Dragons, des autres troupes de la garnison, & de leur obéir & entendre en tout ce qui leur sera ordonné pour le service de Sa Majesté.

CDXXXIV.

Dragons.

LES Dragons se conformeront pour le service qu'ils auront à faire dans les Places, si c'est à cheval, à ce qui est ordonné pour la Cavalerie; & si c'est à pied, à ce qui est ordonné pour l'Infanterie.

CDXXXV.

LES Commandans des Places régleront l'un & l'autre service que les Dragons auront à faire, suivant le nombre des compagnies de ce Corps, tant à pied qu'à cheval, qui seront dans leur place, & par proportion aux autres troupes, soit d'Infanterie ou de Cavalerie de la garnison.

CDXXXVI.

SI les circonstances exigent qu'ils fassent faire le service à pied aux compagnies qui seront montées, ils en diminueront d'autant celui qu'ils leur auroient fait faire à cheval.

CDXXXVII.

LES escouades des Dragons qui feront le service à pied, se placeront à la gauche de l'Infanterie avec leurs Officiers, sans être mêlées avec l'Infanterie; & il leur sera donné des postes séparés, qu'ils tireront entr'eux.

CDXXXVIII.

LES Dragons à cheval prendront pareillement la gauche des Cavaliers avec lesquels ils seront commandés.

CDXXXIX.

LES Maréchaux des Logis des compagnies de Dragons, soit à pied, soit à cheval, feront un cercle à part, où le Major du régiment donnera l'ordre, après l'avoir pris de celui de la Place; à moins que celui-ci ne veuille l'y donner lui-même.

CDXL.

CDXL.

Les Dragons qui feront le fervice à pied, porteront le fufil fur l'épaule; & leurs Officiers, Maréchaux des Logis & Brigadiers, le porteront fur le bras gauche.

Les Dragons qui ferviront à cheval, le porteront haut dans tous les cas où les Cavaliers devront mettre l'épée à la main.

CDXLI.

Les Tambours des Dragons battront la garde & la retraite, marchant quarante pas derriere ceux de l'Infanterie; & lorfqu'ils feront à cheval, ils battront dans les mêmes occafions où les Trompettes doivent fonner.

Des Troupes de paffage.

CDXLII.

Les troupes de paffage qui logeront & qui féjourneront dans les Places, obferveront, à l'égard de leur entrée, les mêmes regles établies pour celles qui doivent y tenir garnifon; à l'exception que les Officiers d'Infanterie des troupes de paffage, pourront demeurer à cheval à la tête de leurs compagnies, & qu'elles ne feront point conduites par le Major de la Place, mais par leurs Officiers qui les meneront fur la Place d'armes, d'où elles iront aux quartiers qui leur feront deftinés.

Entrée dans les places.

CDXLIII.

Elles ne contribueront à la garde de la Place, que dans les cas de néceffité : elles établiront feulement des gardes à leur quartier, pour la police & le bon ordre.

Garde.

CDXLIV.

Les Majors, Sergens & Maréchaux des Logis des troupes qui feront logées dans les Places pendant leur route, feront obligés de fe trouver à l'Ordre comme s'ils étoient en garnifon.

Ordre.

CDXLV.

Le Commandant de la Place leur indiquera le lieu où elles devront fe pofter en cas d'alarme, & l'heure de leur départ : pour cet effet un Officier Major ira le foir à l'Ordre chez ledit Commandant.

Rendez-vous, & heure du départ.

CDXLVI.

Retraite. LEURS Tambours & Trompettes battront & fonneront la retraite avec les autres.

CDXLVII.

Arriere-garde. L'ARRIERE-GARDE ne fortira de la Place qu'une heure après le régiment ; & elle vifitera auparavant les logemens & les cabarets, pour voir à ce qu'il ne refte derriere aucun Soldat.

CDXLVIII.

Traineurs. SI après le départ de l'arriere-garde, il fe trouve encore dans la Place quelque Soldat, Cavalier ou Dragon du régiment qui y aura paffé, les Officiers-Majors de la Place les feront arrêter & remettre à la Maréchauffée qui devra fuivre le régiment dans fa route, pour les y conduire.

Des affemblées des Troupes.

CDLIII.

Générale imprévue. LORSQUE l'on battra la Générale à l'improvifte dans une Place ; toute la garnifon prendra les armes, & la Cavalerie fonnera fur le champ le boute-felle.

CDLVII.

Pofte d'honneur. On regardera comme la droite & le pofte d'honneur, le côté qui fera à droite en fortant du logis de celui pour qui on aura pris les armes ; s'il ne loge point dans la place, & qu'il ne faffe que la traverfer, le pofte d'honneur fera la droite de la porte par laquelle il entrera.

CDLVIII.

Proceffions. LORSQUE l'on bordera la haie pour les proceffions, le pofte d'honneur fera à la droite de la porte de l'Eglife par laquelle la proceffion fortira.

CDLXVII.

Diftributions. Les diftributions de pain, fourrages, étapes & autres, fe feront toujours en préfence d'un Officier-Major du corps, qui fera refponfable du défordre qui pourroit y arriver de la part de ceux à qui la diftribution fera faite, & fera tenu d'avertir le Commandant du corps, s'il lui paroît qu'il y ait fraude de la part des Entrepreneurs ou autres Fourniffeurs.

CDLXVIII.

Les Soldats, Cavaliers & Dragons qui devront aller à ces distributions, feront affemblés par leurs Sergens ou Maréchaux des Logis, qui les y conduiront en bon ordre & tous enfemble.

Des honneurs militaires qui feront rendus dans les Places.

CDLXXII.

Le Saint Sacrement paffant devant une troupe de Cavalerie, fi elle eft à cheval, les Officiers & Cavaliers auront le chapeau fous le bras gauche, & l'épée à la main ; les Cornettes tiendront leur Etendard dont ils falueront, ainfi que les Officiers de l'épée ; les Timbales battront, & les Trompettes fonneront la marche : fi la troupe eft à pied, elle mettra le genou en terre, préfentant le moufqueton, & le chapeau fur la garde de l'épée.

CDLXXIII.

Aux proceffions du Saint Sacrement, la Cavalerie fera en bataille fur les places les plus commodes.

CDLXXIV.

Lorfque Sa Majefté devra entrer dans une Place, toute la garnifon prendra les armes ; la Cavalerie ira au devant d'Elle jufqu'au lieu qui lui fera indiqué par le Commandant de la place.

Le Roi.

Les Etendards, & les Officiers falueront ; les Timbales battront, & les Trompettes fonneront la marche.

CDLXXVII.

Si Sa Majefté s'arrête dans la place, & que les troupes deftinées à fa garde particuliere ne foient pas près de fa perfonne, il fera mis devant le logis de Sa Majefté, un efcadron de garde du plus ancien Régiment de Cavalerie de la garnifon, commandé par le Meftre de Camp, lequel efcadron fournira deux vedettes l'épée à la main devant la porte, & fera relevé fucceffivement par les premiers efcadrons des autres Régimens de la garnifon.

CDLXXIX.

Lorfque Sa Majefté fortira de la Place, la Cavalerie fe trouvera fur fon paffage hors de la place.

CDLXXX.

Princes du Sang. QUAND les Princes du Sang, ou les Princes légitimés de France, paſſeront par une place ou s'y arrêteront, la Cavalerie ira au devant d'eux.

D.

LES gardes des Places ſe mettront en haie pour les Brigadiers qui commanderont ; mais elles ne ſortiront point pour les autres.

D X.

Trompettes. LES Trompettes ſonneront la marche, pour ceux qui auront une garde avec un drapeau.

Des honneurs funebres.

D X I I.

Maréchaux de France. LORSQU'UN Maréchal de France mourra dans une Place, la cavalerie montera à cheval.

D X V I.

Brigadiers. AU convoi d'un Brigadier employé, on fera marcher un piquet de chacune dès troupes de la garniſon du même corps dans lequel ſervoit le défunt ; & s'il eſt Colonel ou Meſtre de camp, ſon Régiment marchera en entier, indépendamment deſdits piquets.

D X V I I.

Colonels, Meſtres de Camps & Lieute-nans-Colonels. POUR un Colonel ou Meſtre de camp en pied, étant dans la place avec ſon Régiment, ledit Régiment marchera en corps au convoi.

D X X I.

POUR les Meſtres de camp en pied qui ne ſeront pas avec leurs drapeaux, ou ceux qui n'auront que des réformes ou commiſſions, on commandera deux cens hommes de la garniſon ſans Etendard.

POUR un Lieutenant Colonel en pied de Cavalerie ou de Dragons il y aura la moitié du Régiment par détachement avec un Etendard ; ſi le Régiment dont il eſt n'eſt pas préſent, ou qu'il ſoit réformé ou par commiſſion, on commandera cent cinquante hommes de la garniſon ſans Etendard.

Capitaines, Ma-jors, & autres Offi-ciers inférieurs.

D X X I I I.

POUR un Capitaine ou Major, cinquante hommes ; pour un Lieutenant , Enseigne ou Cornette , trente hommes ; & pour un Maréchal des logis ou un Sergent , quinze hommes ; le tout du Régiment dont sera le défunt.

DXXVIII.

Tous les détachemens qui marcheront pour rendre les honneurs funebres, seront commandés par des Officiers de même grade que celui pour lequel ils seront rendus , ou à leur défaut , par ceux du grade inférieur. *Officiers comman-dés,*

DXXIX.

Il en sera de même des Officiers qui devront porter les quatre coins du poêle.

DXXX.

La Cavalerie & les Dragons ne monteront à cheval que pour les Officiers généraux. *Monter à cheval.*

DXXXI.

Les Soldats & les Cavaliers , & Dragons à pied , porteront les armes traînantes. *Armes traînantes.*

DXXXII.

Tous ceux qui seront commandés feront trois décharges de leurs armes , après l'enterrement , la derniere en défilant devant la porte de l'Eglise. *Mousqueterie.*

DXXXIII.

Il sera mis des crêpes aux drapeaux & étendards qui marcheront aux convois ; les tambours & timbales seront couverts de serge noire , & il sera mis des sourdines & des crêpes aux trompettes. *Crêpes.*

DXXXIV.

Les crêpes resteront aux drapeaux & étendards à la mort du Colonel , jusqu'à ce qu'il ait été remplacé.

De la discipline des troupes dans les Places.

DXLIX.

Nul Officier de la garnison ne pourra s'en absenter , ne fût-ce que pour une nuit , sans la permission du Commandant de la Place , & de celui du corps , quand bien même il seroit de semestre , ou auroit obtenu un congé. *Des Officiers de la garnison,*

D L.

Les Commandans des Provinces pourront, sur la réquisition des Commandans des corps, accorder des permissions de s'absenter aux Capitaines & autres Officiers qui seront en garnison dans les Places de leur commandement, mais seulement pour quinze jours, & à un Capitaine & à un Lieutenant seulement à la fois de chaque Régiment de Cavalerie ou de Dragons, ayant attention qu'ils ne soient pas de la même compagnie.

D L I.

Les Commandans des Places pourront accorder les mêmes permissions pour huit jours, dans les Provinces où il n'y aura point de Commandant général, & pour deux jours seulement dans celles où il y en aura.

D L I I.

Les permissions de s'absenter qui auront été ainsi accordées aux Officiers, soit par les Commandans des Provinces, ou par ceux des Places, ne pourront autoriser ceux qui les auront obtenues, à sortir de l'étendue de la Province où ils seront en garnison.

D L I I I.

Les Officiers qui auront été absens, iront à leur retour rendre compte de leur arrivée au Commandant de la Place; lequel fera mettre en prison ceux qui n'auront pas rejoint exactement leur troupe à l'expiration des congés, semestres & permissions qu'ils auront eues, & les y tiendront autant de jours qu'ils en auront manqué à se rendre à leur devoir.

D L I V.

Si ce terme excede celui de quinze jours, ils en rendront compte au Secretaire d'État ayant le département de la guerre, & au Commandant de la Province.

D L V.

Contrôle des Officiers, remis au Commandant.

Les Majors des corps, à leur arrivée dans les Places, remettront au Commandant un contrôle qui comprendra le nom & le grade de chaque Officier, en marquant ceux qui seront absens par congé, semestre, simple permission ou autrement, & le temps auquel ils auroient dû ou devront rejoindre, ainsi que leur adresse.

D L V I I.

Absence des Soldats, Cavaliers & Dragons.

Les Commandans des troupes ne pourront permettre aux Gendarmes, Cavaliers, Dragons & Soldats, étant sous leurs ordres, de découcher de la place où ils tiendront garnison, sans en avoir informé le Commandant de la place.

DLVIII.

LES congés limités qui seront donnés aux Cavaliers, Soldats & Dragons en garnison dans les places, seront nuls, si, outre la signature de l'Officier Commandant la compagnie dont ils seront, du Commandant, & de l'Officier chargé du détail du Régiment, ils ne sont encore visés par le Gouverneur ou Commandant de la Place où ils auront été expédiés.

DLIX.

LES Commandans des Places auront attention que les Officiers de leur garnison portent toujours les Uniformes de leur corps; & si aucun s'en dispense, ils les feront mettre aux Arrêts, & en informeront le Secretaire d'État ayant le département de la guerre. *Uniformes.*

DLX.

LES Soldats, Cavaliers ou Dragons qui quitteront leur habit uniforme, pour porter des habits bourgeois, seront mis en prison pour quinze jours.

DLXII.

LES Soldats, Cavaliers & Dragons qui se prêteront leur habit uniforme d'un Régiment à l'autre, seront punis suivant la rigueur des Ordonnances.

DLXIII.

LES Sergens & Maréchaux des Logis feront tous les jours quatre appels des Soldats, Cavaliers & Dragons de leur compagnie; le premier à la pointe du jour, le second à l'heure du dîner, le troisieme à celle du souper, & le quatrieme une heure après la retraite. *Appels.*

DLXLV.

ILS auront de la lumiere quand ils feront leur appel pendant la nuit.

DLXV.

CES appels se feront dans chaque chambrée des casernes: & si les Soldats, Cavaliers ou Dragons sont logés chez les bourgeois, les Sergens & Maréchaux des Logis iront chez leurs hôtes.

DLXVI.

Les Soldats, Cavaliers ou Dragons qui manqueront à l'appel, seront mis en prison pendant quinze jours.

DLXVII.

Le Major de chaque Régiment nommera tous les jours un Maréchal des Logis ou Sergent, qui rassemblera les billets que chaque Sergent ou Maréchal des logis devra faire des Soldats, Cavaliers ou Dragons de sa compagnie, qui auront manqué à l'appel, dont il dressera un état pour le porter au Major du Régiment.

DLXVIII.

Ces mêmes Maréchaux des Logis & Sergens remettront le soir dans la boîte qui sera à la porte du Commandant, les billets de l'appel du soir; & le lendemain matin ils porteront au Major de la Place, l'état de ceux qui auront manqué à l'appel de la pointe du jour, & ledit Major en rendra compte au Commandant.

DLXIX.

Lorsque les rondes & patrouilles arrêteront quelques Soldats, Cavaliers ou Dragons, après la retraite sonnée, si lesdits Soldats, Cavaliers & Dragons ne se trouvent pas dénoncés dans lesdits billets d'appel, le Sergent ou le Maréchal des Logis de la compagnie duquel ils seront, sera mis en prison pendant quinze jours.

DLXX.

Les Commandans des Places & des Régimens feront faire les appels par des Officiers, lorsqu'ils le jugeront à propos; & dans ce cas, l'Officier commandé pour faire l'appel, en signera l'état.

DLXXI.

Punition du Soldat ivre.

Les Soldats, Cavaliers & Dragons qui s'enivreront le jour qu'ils seront de garde, seront mis sur le cheval de bois, chaque jour à la garde montante, pendant un mois.

DLXXII.

De celui qui causera une alarme.

Subiront la même peine, ceux qui tireront des armes à feu après que la garde de nuit aura été posée, ou qui feront du bruit, ou quelqu'autre chose capable de causer quelque alarme.

DLXXIII.

DLXXIII.

Les Soldats, Cavaliers & Dragons ne travailleront de leurs métiers, que chez les maîtres-ouvriers des villes où ils feront en garnison, hors que ce ne foit pour le fervice & l'utilité de leur Régiment ; auquel cas ils ne pourront travailler ailleurs que dans leurs quartiers ou cafernes, mais fans pouvoir fous ce prétexte travailler pour les habitans ou étrangers.

Travail des Soldats.

DLXXIV.

Lorsque quelque Officier d'une garnifon aura commis une faute grave, le Commandant de la place le fera arrêter, & en informera dans les vingt-quatre heures, le Secretaire d'Etat ayant le département de la guerre, & le Commandant de la Province.

Détention des Officiers.

DLXXV.

A l'égard de ceux qui manqueront de conduite, Sa Majefté s'en remet aux Commandans des Places, & à ceux des corps dont ils feront, de les tenir en prifon tout le temps qu'ils jugeront néceffaire pour leur correction.

DLXXVI.

Les Commandans des places pourront faire arrêter & mettre en prifon tout Soldat, Cavalier ou Dragon qui fera prévenu de crime, ou qui aura manqué au fervice de la place, de quelque corps qu'il foit, en faifant avertir le Commandant de ce corps.

Emprifonnement des Soldats.

DLXXVII.

Les chefs & Officiers des troupes, pourront pareillement faire arrêter & mettre en prifon les Soldats, Cavaliers ou Dragons de leurs corps, qui feront tombés en faute, en en rendant compte au Commandant de la place ; mais ne les feront point mettre en liberté fans la permiffion dudit Commandant.

DLXXIX.

Le Commandant donnera en conféquence fes ordres, pour faire élargir ceux qu'il jugera à propos, ou dont l'élargiffement lui fera demandé par les Commandans des corps ; le Major en fera un état, le fignera, & le remettra à un Sergent de la garde de la place, qui le portera à la prifon : le Geolier fera fortir ceux qui feront fur cet état.

Sortie de prifon.

Ppp

D L XXX.

Le Geolier ne pourra demander pour la sortie de chaque prisonnier, qu'un demi jour de leur solde.

Du service des Officiers principaux des Troupes.

D L XXXVI.

Visite des Postes, Casernes & Hôpital.

Les Commandans des places y commanderont chaque jour, & moins souvent s'ils le jugent à propos, un ou plusieurs Colonels, Mestres de camp, Lieutenant-Colonels ou Commandans de bataillon en pied de la garnison, pour faire là visite des postes, des casernes, & de l'hôpital, aux heures qui leur seront indiquées : ces Officiers rouleront ensemble pour ce genre de service particulier.

D L XXXVII.

Les Colonels, Lieutenant-colonels d'Infanterie, & Commandans de bataillon, visiteront les postes de l'Infanterie ; ceux de Cavalerie seront visités par les Mestres de camp & Lieutenant-Colonels de Cavalerie.

D L XXXVIII.

Les Mestres de Camp & Lieutenant-Colonels de Dragons, visiteront les postes de Dragons ; & ceux qui seront mêlés de Cavalerie & de Dragons à cheval, seront visités par les Officiers supérieurs de Cavalerie & de Dragons.

D L XXXIX.

Lorsque ces Officiers se présenteront devant un corps de garde, celui qui commandera le poste en fera sortir les Soldats, Cavaliers ou Dragons, les fera mettre en haie, ou sur plusieurs rangs, reposés sur leurs armes ; & se mettra à leur tête, ayant ses armes près de lui, sans que cette position puisse être réputée pour marque d'honneur.

D X C.

Compte au Commandant.

Ces Officiers rendront compte au Commandant de la Place, de ce qu'ils auront remarqué dans leur visite.

D X C I.

Réception pendant la nuit.

Si le Commandant de la place ordonne que cette visite soit faite pendant la nuit, en ce cas l'Officier principal qui la fera, sera reçu par les postes, comme le Major doit l'être lorsqu'il fait sa première ronde.

De la Police des Places.

DXCIII.

AUCUNE troupe ne pourra avoir de Vivandiers à sa suite dans les garnisons, à l'exception du Régiment des Gardes Françoises & des Régimens Suisses; ces derniers devant jouir de ce privilége, en vertu de leur capitulation, & conformément aux Réglemens qui ont été faits en conséquence.

Vivandiers.

DXCIV.

QUI que ce soit n'ira, ni envoyera au devant des paysans & autres personnes qui apporteront des vivres dans la place, soit pour les prendre en les taxant arbitrairement, ou pour les choisir ; ne pouvant les acheter qu'ils ne soient arrivés sur le marché.

Défenses d'aller au devant des vivres.

DXCV.

SERONT passés par les verges, les Soldats, Cavaliers & Dragons qui iront au devant des personnes qui apportent des vivres dans les places, pour les acheter, quand même ce seroit de gré à gré & sans aucune violence.

DXCVI.

CEUX qui voleront ou prendront de force aucune denrée ou marchandise, dans les marchés ou boutiques, seront punis suivant la rigueur des Ordonnances.

Punition des vols.

DXCVII.

TOUT bourgeois ou autre habitant qui fera crédit à un Soldat, Cavalier ou Dragon, perdra son dû, s'il ne lui en a été répondu par son Sergent ou Maréchal des Logis.

Crédit au Soldat.

DXCVIII.

LES Commandans des places auront attention à empêcher les Officiers & Soldats de leur garnison, de jouer à aucuns jeux de hazard.

Jeux défendus.

DXCIX.

LES Soldats, Cavaliers ou Dragons qui tiendront table de jeu, seront condamnés aux peines portées par les Ordonnances.

DC.

CEUX qui auront joué, seront mis en prison pour quinze jours.

D C I.

LES Commandans des Places s'informeront des bourgeois & autres habitans qui pourroient donner à jouer dans leur maison à des jeux défendus ; ils les feront arrêter & remettre aux Juges des lieux, pour les punir en conformité des déclarations de Sa Majesté.

D C I I.

Filles débauchées.

LORSQU'UNE femme ou fille débauchée sera surprise avec des Soldats, Cavaliers ou Dragons, dans les corps de gardes, les casernes ou ailleurs, en flagrant délit, le premier Officier qui en sera instruit, la fera arrêter, & en informera aussitôt le Commandant de la Place.

D C I I I.

Si ces femmes ou filles étoient domiciliées dans la Place, le Commandant les fera remettre au Juge Royal du lieu, sans leur infliger aucune peine.

D C I V.

Si elles sont étrangeres & sans aveu, le Commandant de la Place les fera passer par les verges, après avoir été exposées sur le cheval de bois ; & elles seront ensuite chassées de la ville, avec défenses d'y rentrer, sous peine de prison.

D C V.

Spectacles.

Il ne pourra être établi aucun spectacle dans les Places, sans que le Commandant en soit averti, afin qu'il puisse prendre les précautions nécessaires pour prévenir le désordre qui en pourroit arriver.

D C V I.

Assemblées & publications.

IL en sera de même de toutes assemblées & publications au son de la cloche, du tambour, ou de la trompette, qui ne se feront jamais sans la participation du Commandant de la Place ; lequel cependant n'y pourra former aucun obstacle, à moins que le service du Roi n'y fût intéressé, auquel cas il en rendra compte sur le champ au Secrétaire d'État ayant le département de la guerre.

Des Conseils de guerre & exécutions.

D C I X.

Se tiendront chez le Commandant.

LES Conseils de guerre qui seront assemblés dans les Places, setiendront chez les Gouverneurs ou Commandans en icelles, & lesdits Gouverneurs ou Commandans y présideront.

D C X.

LES Majors des Places instruiront les procès qui devront être jugés par le Conseil de guerre, & donneront leurs conclusions, sans avoir voix délibérative.

Le Major instruira le procès.

D C X I.

SI le Major d'une Place se trouve Commandant, ou s'il en est absent, le premier Aide-Major remplira ses fonctions.

L'Aide-Major au défaut du Major.

D C X I I.

AUCUN Officier ne sera mis au Conseil de guerre, sans un ordre de Sa Majesté. Pourra cependant le Commandant de la Place, dans les cas qui requerront célérité, faire entendre des témoins pour constater la vérité des faits, dont il rendra compte au Secrétaire d'État ayant le département de la guerre, qui lui fera sçavoir les intentions de Sa Majesté.

Jugement des Officiers.

D C X I I I.

LORSQU'UN Soldat, Cavalier ou Dragon d'une garnison où il y aura État Major, y commettra un crime ou délit pour lequel il devra être jugé par un Conseil de guerre, l'Officier Commandant la compagnie dont sera l'accusé, & à son défaut ou refus, le Major de la Place rendra sa plainte à celui qui y commandera, pour obtenir qu'il en soit informé.

Plainte au Commandant.

D C X I V.

LE Commandant de la Place ne pourra refuser de recevoir ladite Requête, sans des raisons très-graves, dont en ce cas il informera sur le champ le Secrétaire d'État ayant le département de la guerre, pour en rendre compte à Sa Majesté.

D C X V.

LA Requête ayant été répondue d'un (*Soit fait ainsi qu'il est requis*) signé dudit Commandant, sera remise au Major de la Place, lequel procédera à l'information, l'interrogatoire de l'accusé, le récolement des témoins, & leur confrontation audit accusé : le tout en suivant les formalités prescrites par l'Ordonnance Criminelle du mois d'Août 1670 ; & de maniere que la procédure soit parfaite en deux fois vingt-quatre heures au plus, à moins qu'il n'y ait des raisons considérables qui exigent d'y employer un plus long temps.

Instruction du procès.

DCXVI.

Lorsque pour l'inſtruction du procès, le Major de la Place aura beſoin de la dépoſition de quelque témoin qui ne ſera pas ſujet à la Juſtice militaire, il s'adreſſera aux Magiſtrats du lieu, pour ordonner auſdits témoins de ſe rendre à cet effet devant ledit Major à une heure marquée, & leſdits Magiſtrats ne pourront refuſer ledit ordre.

DCXVII.

Ordre d'aſſembler le Conſeil de guerre. Le procès étant en état, le Major de la Place en rendra compte au Commandant, qui ordonnera ſans délai la tenue du Conſeil de guerre, & nommera les Officiers qui devront le compoſer.

DCXVIII.

Le Conſeil de guerre ne ſe tiendra que les jours ouvrables, hors les cas extraordinaires qui ne permettront pas de le différer.

DCXIX.

Officiers commandés. Les Officiers qui devront compoſer le Conſeil de guerre, ſeront commandés à l'Ordre par le Major, la veille du jour qu'il devra ſe tenir ; & aucun d'eux ne pourra ſe diſpenſer de s'y trouver, & d'y opiner.

DCXX.

Leur nombre. Ils ſeront au moins au nombre de ſept, compris le Préſident.

DCXXI.

Recours aux Officiers des différens corps. Quand il n'y aura point aſſez d'Officiers d'Infanterie, ſoit en pied ou réformés, dans une garniſon, pour juger un Soldat, on aura recours aux Officiers de Cavalerie & de Dragons de la même garniſon : & réciproquement, lorſqu'il s'agira du jugement d'un Cavalier ou Dragon, s'il n'y a pas dans la garniſon ſuffiſamment d'Officiers, ſoit en pied ou réformés de ces deux corps, on y appellera des Officiers d'Infanterie de la garniſon.

DCXXII.

Si en raſſemblant tous les Officiers de la garniſon de ces différens corps, il ne s'en trouvoit pas le nombre requis pour tenir le Conſeil de guerre, le Commandant de la Place y ſuppléera, en appellant les Officiers, ſoit d'Infanterie, ſoit de Cavalerie ou de Dragons, des garniſons voiſines; leſquels, ſous aucun prétexte, ne pourront ſe diſpenſer de s'y rendre.

DCXXIII.

Les Officiers de la garnison où le Conseil de guerre se tiendra, ne pourront faire difficulté d'admettre les Officiers des Places voisines qui y auront été ainsi appellés, ni prétendre avec eux d'autre rang que celui de l'ancienneté de leurs corps.

DCXXIV.

Lorsqu'un Capitaine de la garnison où se tiendra le Conseil de guerre, commandera dans la Place, il aura la préséance sur ceux qui se rendront dans ladite place, quoique d'un corps plus ancien.

DCXXV.

Au défaut d'Officiers dans la place & les garnisons voisines, pour juger les Soldats, Cavaliers & Dragons, on admettra au Conseil de guerre, des Sergens & Maréchaux des Logis de la garnison, jusqu'au nombre nécessaire. *Sergens & Maréchaux des Logis, faute d'Officiers.*

DCXXVI.

Tous ceux qui devront composer le Conseil de guerre, se rendront chez le Commandant de la place, à l'heure de la matinée qui leur aura été prescrite; & ils iront avec lui entendre la messe, qui sera dite avant qu'ils se mettent en place. *Assemblée des Juges.*

DCXXVII.

Lesdits Officiers seront à jeun; ceux d'Infanterie auront des guêtres, & porteront leur hausse-col; ceux de Cavalerie auront leurs bottes, & ceux de Dragons leurs bottines.

DCXXVIII.

Au retour de la Messe, le Commandant de la Place s'étant assis, les autres Juges prendront leur place alternativement à sa droite & à sa gauche; ceux d'Infanterie se placeront suivant leur grade & l'ancienneté des Régimens dont ils seront, de manière que les Capitaines du second Régiment ne prennent rang qu'après que ceux du premier seront placés, & ainsi des Lieutenans. *Ordre dans lequel ils siégeront.*

DCXXIX.

A l'égard des Officiers de Cavalerie & de Dragons, ils se placeront de même alternativement à droite & à gauche du Président, ſuivant leur grade , & prendront ſéance entr'eux , ſuivant l'ancienneté de leurs commiſſions ou brevets.

D C X X X.

Les Officiers réformés d'Infanterie prendront ſéance après tous les Officiers en pied d'Infanterie de même grade ; & entr'eux, ſuivant l'ancienneté de leurs commiſſions ou Lettres.

D C X X X I.

Ceux de Cavalerie & de Dragons prendront ſéance avec les Officiers de Cavalerie & de Dragons en pied, ſuivant l'ancienneté de leurs commiſſions ou brevets.

D C X X X I I.

Les Officiers de Cavalerie appellés à un Conſeil de guerre d'Infanterie , & ceux d'Infanterie appellés à un Conſeil de guerre de Cavalerie , prendront ſéance à main gauche du Préſident ; & en ce cas les Officiers du corps dont ſera l'accuſé , ſe rangeront ſucceſſivement à la droite du Préſident.

D C X X X I I I.

Commiſſaire des guerres. — Le Commiſſaire des guerres ayant la police de la troupe dont ſera l'accuſé, pourra aſſiſter au Conſeil de guerre ; en ce cas, il ſe mettra à la gauche du Préſident , & pourra repréſenter aux Juges les Ordonnances relatives au délit dont il ſera queſtion ; mais il n'y aura point voix déliberative.

D C X X X I V.

Place du Major. — Le Major s'aſſeoira près de la table vis-à-vis le Préſident, & apportera les Ordonnances militaires & les informations.

D C X X X V.

Préſence des Officiers de la garniſon. — Tous les Officiers de la garniſon, de quelque corps qu'ils ſoient, pourront être préſens au Conſeil de guerre, & ils s'y tiendront debout , chapeau bas , & en ſilence.

D C X X X V I.

Rapport du procès. — Les Juges étant aſſis & couverts, après que le Préſident aura dit le ſujet pour lequel le Conſeil de guerre ſera aſſemblé, le Major de la place ſera la lecture de la Requête contenant plainte , des informations,

mations., du récolement & de la confrontation des témoins , & de
ses conclusions qu'il sera tenu de signer.

DCXXXVII.

APrès la visite & la lecture entière du Procès, le Président ordonnera que l'accusé soit amené devant l'assemblée, où il le fera asseoir
sur une sellette , si les conclusions sont à peines afflictives , sinon
l'accusé y comparoîtra debout.

*Interrogatoire de
l'accusé.*

DCXXXVIII.

LE Président , après lui avoir fait prêter serment de dire vérité ;
procédera à son dernier interrogatoire : chaque Juge pourra l'inter-
roger à son tour ; & il sera reconduit en prison quand les interroga-
toires seront finis.

DCXXXIX.

L'ACCUSÉ étant sorti , le Président prendra les voix pour le Jugement de l'accusé.

Maniere d'opiner,

DCXL.

LE dernier Juge opinera le premier., & ainsi de suite en remon-
tant jusqu'au Président, qui opinera le dernier.

DCXLI.

DAns les Conseils de guerre mêlés d'Officiers d'Infanterie & de
Cavalerie , les Officiers de Cavalerie opineront les premiers , s'il
s'agit de juger un Fantassin; & ce seront les Officiers d'Infanterie , s'il
s'agit de juger un Cavalier.

DCXLII.

CELUI qui opinera , ôtera son chapeau , & dira à voix haute, que
trouvant l'accusé convaincu , il le condamne à telle peine ordonnée
pour tel crime ; ou que le jugeant innocent , il le renvoie absous ;
ou si l'affaire lui paroît douteuse, faute, de preuves, qu'il conclut à un
plus amplement informé , l'accusé restant en prison.

DCXLIII.

A mesure que chaque Juge donnera son avis, il l'écrira au bas
des conclusions du Major , & le signera.

DCXLIV.

L'AVIS le plus doux prévaudra dans les jugemens, si le plus févere ne l'emporte de deux voix ; & l'avis du Président ne sera compté que pour une voix, de même que celui des autres Juges.

DCXLV.

Sentence.

L'ACCUSÉ étant jugé, le Major fera dresser la sentence suivant les modeles imprimés qui lui seront envoyés : tous les Juges signeront au bas, quand bien même ils auroient été d'avis différent de celui qui aura prévalu, & il en sera envoyé une expédition au Secretaire d'État ayant le département de la guerre.

DCXLVI.

LE Major ira ensuite à la prison avec celui qui lui servira de Greffier ; & si l'accusé est renvoyé absous, il le fera mettre en liberté aussitôt après que la sentence lui aura été lue.

DCXLVII.

SI l'accusé est condamné à mort ou à une peine corporelle, le Major le fera mettre à genoux, pendant que le Greffier lui lira sa sentence : dans le premier cas on lui donnera aussitôt un Confesseur, & il sera exécuté dans la journée ; dans le second, il restera en prison jusqu'au moment de l'exécution.

DCXLVIII.

DÉFEND Sa Majesté aux Commandans des Places, d'ordonner ni souffrir, sous tel prétexte que ce puisse être, qu'il soit sursis à l'exécution d'un jugement du Conseil de guerre, sans un ordre exprès de Sa Majesté.

DCXLIX.

Invalides.

DANS les cas néanmoins où des Soldats Invalides seront prévenus de quelque crime ou délit militaire, toute la procédure sera instruite sous l'autorité du Conseil de guerre, & conduite jusqu'à jugement définitif exclusivement ; l'intention de Sa Majesté étant qu'il soit sursis audit Jugement, en attendant que sur le compte qui lui en sera rendu, il en soit par Elle ordonné.

DCL.

Exécutions.

LE Commandant de la Place pourra, s'il le juge à propos, faire prendre les armes à toute la garnison, pour assister aux Exécutions, ou seulement au Régiment dont sera le coupable, & à des piquets des autres corps.

D C L I.

LORSQUE l'on amenera le criminel fur le lieu de l'exécution, les troupes feront fous les armes, les Officiers à leurs poftes, les Tambours battront aux champs; & il fera publié un ban à la tête de chaque troupe, portant défenfe de crier (*Grace*) fous peine de la vie.

D C L I I.

LE criminel étant arrivé au centre des troupes, on le fera mettre à genoux, & on lui lira fa Sentence à haute voix, après quoi on le conduira au lieu du fupplice.

D C L I I I.

CELUI qui aura été condamné à être pendu, fera paffé par les armes, au défaut d'éxécuteur; & en ce cas, il en fera fait mention au bas de la Sentence.

D C L I V.

L'EXÉCUTION étant faite, les troupes défileront devant le mort; le Régiment dont fera l'exécuté, marchant avant les piquets.

D C L V.

LES Régimens Etrangers ayant leur Juftice particuliere, pourront tenir leurs Confeils de guerre dans les Places, chez leur Commandant, à la prifon ou en tel autre endroit qu'ils jugeront convenable; & les Majors de ces Régimens inftruiront les procès des Soldats de leurs corps, felon les formes ufitées dans leur Nation, à l'exclufion de ceux des places. *Régimens étrangers.*

D C L V I.

LES Commandans de ces Régimens ne pourront cependant affembler le Confeil de guerre, qu'après en avoir demandé la permiffion au Commandant de la Place, & ils feront tenus d'envoyer un Officier l'informer du Jugement, & lui demander la permiffion de le faire exécuter fuivant leur ufage.

D C L V I I.

LA Gendarmerie & le Régiment des Gardes Françoifes exerceront leur juftice dans les places, ainfi qu'elle eft établie dans leurs corps. *Gendarmerie & Gardes Françoifes.*

Des émolumens des Etats Majors des Places.

D C L X X I I.

LES fumiers des chevaux des Cavaliers & Dragons étant établis *Fumiers & Latrines.*

dans les caſernes , appartiendront aux Majors des places , ainſi que le
produit des latrines , à moins qu'il n'ait été rendu des déciſions contraires ; à condition que leſdits Majors ſe chargeront de faire enlever
leſdits fumiers & autres immondices , de façon qu'ils ne nuiſent pas
aux bâtimens ; & de fournir aux Cavaliers & Dragons , les fourches
& pelles néceſſaires pour nettoyer les écuries.

D C L X X I I I.

Les Gendarmes & Huſſards auront la diſpoſition des fumiers de
leurs chevaux , aux mêmes conditions de les faire enlever , & de ſe
fournir des uſtenſiles néceſſaires pour les manœuvres.

D C L X X V I.

Rétribution des troupes.

Les Officiers des Etats Majors des Places ne pourront recevoir aucune rétribution des troupes de la garniſon , ſous prétexte des fau-
teuils , chevaux de ronde , écrivains , droits de ſortie de priſon ,
abonnemens de caffé , & ſous tel autre titre que ce puiſſe être.

Des Scellés & Inventaires des Officiers des Etats Majors , & autres.

D C L X X X.

Cas où il appar-
tient au Major de
mettre le ſcellé.

Les Majors des Places , & les Aide-Majors en leur abſence , pourront appoſer le ſcellé ſur les effets des Officiers d'Infanterie , de Cavalerie & de Dragons , qui mourront dans leur Place , & en faire
l'inventaire , ſi ces Officiers y ſont tombés malades leur troupe y
paſſant , ou y étant en garniſon.

C D L X X X I I.

Vente des effets.

L'Officier Major de la Place ne pourra faire vendre les effets des
ſucceſſions qu'il aura inventoriées , ſi cette vente n'eſt néceſſaire pour
l'acquit des dettes que le défunt auroit faites dans la garniſon , &
pour le paiement des frais funéraires , ou s'il n'en eſt requis par les
héritiers : en ce cas il pourra retenir le ſol pour livre ſur le produit
de la vente.

D C L X X X V.

Droit d'épée.

L'épée que portoit ordinairement l'Officier défunt , ſera miſe ſur
ſon cercueil lors de ſon enterrement ; & le Major de la Place , ou
l'Aide-Major en ſon abſence , pourra la retenir comme un honoraire ,
en conſidération du ſoin qu'il aura pris de faire rendre les honneurs
militaires au convoi.

D C L X X X V I.

Si le prix de cette épée étoit néceffaire pour l'acquittement des dettes du défunt, elle y feroit employée par préférence.

Si le défunt en avoit difpofé authentiquement avant fa mort, il en feroit mis une autre à la place.

D C L X X X V I I.

LES Majors des Régimens Etrangers, mettront le fcellé fur les effets de la fucceffion des Officiers de ces Régimens, & en feront l'inventaire & la vente, par préférence à ceux des Places : mais à l'égard de l'épée defdits Officiers, elle appartiendra au Major de la Place, à l'exclufion du Major du Régiment Etranger, lorfque le convoi defdits Officiers Etrangers aura reçu les honneurs militaires par les foins du Major de ladite Place.

Régimens étrangers.

D C L X X X V I I I.

LES Majors des Places ne pourront exiger les fabres des Officiers de Huffards qui décéderont dans les Places, ni les piftolets des Officiers de Cavalerie.

Cavalerie.

INSTRUCTION

Que le Roi a fait expédier pour le remplacement des Carabiniers.

Du 20 Mars 1751.

SA MAJESTÉ voulant que les Carabiniers qui viendront dorénavant à manquer dans fon Régiment des Carabiniers, foient choifis en temps de paix, par les Directeur & Infpecteurs Généraux de fa Cavalerie, lors de leur revue, Elle entend qu'il foit remis au Secretaire d'État ayant le département de la guerre, le premier du mois d'Avril de chaque année, des états certifiés par les Commandans & Majors des Brigades dudit corps, du nombre de Carabiniers à remplacer, dont la répartition fera faite fur les Régimens de Cavalerie Françoife qui feront en tour de les fournir ; pour enfuite le choix en être fait par lefdits Directeur & Infpecteurs Généraux, qui, auffitôt qu'ils y auront procédé, les feront partir pour joindre le corps des Carabiniers fur les routes qui leur feront expédiées ; Sa Majefté s'étant réfervé, par rapport aufdits Carabiniers de remplacement, de s'expliquer par une Ordonnance particuliere, fur le rappel du complet de l'hyver des Brigades dudit corps.

Les Directeur & Infpecteurs Généraux choifiront pour les Carabiniers de remplacement qu'ils feront chargés d'envoyer au corps des Carabiniers, les meilleurs fujets, tant du côté des mœurs que de la valeur, en fuivant d'ailleurs pour regle, de les prendre de la taille de cinq pieds quatre pouces & au deffus, avec une figure & une tournure convenables ; de l'âge de vingt-cinq ans jufqu'à quarante, non mariés, fervant au moins depuis deux ans, & ayant auffi, pour le moins, trois ans de fervice à remplir fuivant leur engagement.

Le Capitaine de Cavalerie dont la compagnie fera en tour de fournir des Carabiniers de remplacement, gardera les deux Brigadiers & les quatre Carabiniers de fa compagnie, lorfqu'il aura d'autres fujets convenables, fans quoi il ne pourra réferver que les deux Brigadiers : & dans le cas où il ne fe trouveroit point de Cavaliers propres pour les Carabiniers, dans fa compagnie, l'Infpecteur en choifira dans une autre ; & celle qui n'y aura pas contribué à fon tour, fera reprife & affujettie aux fournitures qui feront demandées par la fuite.

Les Capitaines de Carabiniers continueront de payer aux Régimens de Cavalerie la fomme de quatre-vingt-dix livres pour chaque Cavalier, auffitôt qu'ils feront arrivés aux brigades ; hors le temps de la guerre, pendant lequel l'Officier chargé du détail, donnera fa reconnoiffance, payable à l'entrée de l'hyver, de ce qui fera dû pour lefdits Cavaliers de remplacement.

Les Cavaliers une fois choifis, & partis pour fe rendre au Régiment des Carabiniers, qui viendront à mourir en route, feront à la charge des Capitaines des Carabiniers ; mais les Capitaines de Cavalerie ne pourront exiger aucun paiement pour les Cavaliers qui déferteront en pareil cas.

Si quelques-uns des Cavaliers envoyés aux brigades des Carabiniers, font reconnus, dans l'efpace de fix mois, à compter du jour de leur arrivée, incapables de fervir dans ce corps, les Chefs des brigades en informeront le Secretaire d'État de la guerre ; & cependant ces Cavaliers refteront aux brigades jufqu'à la prochaine revue de l'Infpecteur, afin qu'en conféquence de fon examen, les Cavaliers défectueux puiffent être renvoyés à leur Régiment, aux dépens du Major & du Capitaine qui auront diffimulé leurs défauts, dont Sa Majefté les rend refponfables : les Capitaines de Cavalerie feront de plus obligés de fournir à leurs dépens d'autres Cavaliers, qui aient toutes les qualités requifes pour être admis ; Sa Majefté étant déterminée, d'ailleurs , à févir contre les Officiers de Cavalerie qui négligeront d'indiquer les meilleurs fujets qu'Elle veut qui foient fournis pour fon Régiment des Carabiniers.

Défend Sa Majefté aux Capitaines dudit corps, de donner aucuns congés abfolus , fi ce n'eft aux Carabiniers dont les engagemens feront expirés , ou à ceux que les Infpecteurs jugeront fufceptibles de la grace d'être reçus à l'Hôtel Royal des Invalides ; aufquels cas lefdits congés feront fignés des Capitaines , vifés par les Commandans & Majors des brigades , & approuvés par le Meftre de Camp Lieutenant du Régiment.

Sa Majefté donnera au furplus fes ordres pour qu'il foit pourvû en temps de guerre, au remplacement des Carabiniers (1), lors des revues que les Directeur & Infpecteurs Généraux feront à la fin de chaque campagne ; & fi pendant l'hyver il venoit à manquer quelques Carabiniers , ils feront remplacés fur les Etats qui en feront fournis au premier Février, & le choix en fera fait fur les nouveaux ordres que Sa Majefté en donnera à ceux de fes Infpecteurs ou autres Officiers principaux qu'Elle jugera à propos d'en charger ; Sa Majefté voulant que fon Régiment des Carabiniers foit toujours complet , principalement pendant la guerre , & qu'il n'y foit paffé que les effectifs, à moins que par des certificats des Curés , Juges , ou Sénéchaux des lieux, vifés par les Commandans & Majors des brigades , les Capitaines à qui il manquera des hommes à l'entrée de campagne, ne prouvent leur mort, leur maladie , ou quelqu'autre accident imprévu , arrivé depuis les derniers Etats de remplacement envoyés au Secretaire d'État de la guerre.

ORDONNANCE

Concernant l'habillement , l'équipement & l'armement des Régimens de Huffards.

Du 15 Mai 1752.

SA MAJESTÉ voulant régler l'habillement, l'équipement & l'armement des Régimens de Huffards , à l'effet de détruire les différens ufages contraires au bien de fon fervice qui s'y font introduits , & procurer en même temps à ce corps les moyens de parvenir plus

(1) L'augmentation de ce Régiment eft comprife dans l'Ordonnance du premier Décembre 1755.

facilement à fon entretien, d'une maniere ftable & uniforme, Elle a ordonné & ordonne que l'habillement des Régimens de Huffards ne pourra être fait à l'avenir en totalité, mais feulement par tiers, par quart, ou fuivant la partie qui fera jugée néceffaire à chaque Régiment, par l'Infpecteur Général lors de fes revues; Sa Majefté entendant que tous lefdits Régimens fe conforment à cette difpofition, ainfi qu'à ce qui eft porté par le Réglement qu'Elle a arrêté touchant l'uniforme, l'efpece & la qualité de l'habillement, de l'équipement & de l'armement qui les concernent, & qui fera joint à la préfente Ordonnance. Ordonne Sa Majefté à tous fes Régimens de Huffards de s'y conformer; & aux Meftres de Camp, Commandans & Majors d'y tenir réguliérement la main à mefure des renouvellemens qu'il y aura à faire, à peine d'en répondre: MANDANT Sa Majefté, &c.

Réglement arrêté par Sa Majefté, fur ce qui doit être dorénavant obfervé pour l'habillement, l'équipement & l'armement de fes Régimens de Huffards.

Habillement.

La peliffe, la vefte & la culotte feront à la Hongroife, de drap de Lodeve ou de Berry, d'une aune de largeur entre les deux lifieres, teint en bleu célefte, fuivant l'Ordonnance du 26 Octobre 1744.

La peliffe fera compofée d'une aune un quart du même drap, garnie d'une douzaine & demie de gros boutons d'étain ronds pour le rang du milieu, & de trois douzaines de petits demi-ronds pour les deux côtés, de façon qu'il y ait feulement trois rangs; de cinq aunes & demie de cordonnet de fil blanc pour fervir de boutonnieres; & de huit aunes de galon de fil blanc de fix lignes de largeur pour border la manche ainfi que la poche.

La doublure fera de peau de mouton blanc, & bordée tout autour d'une pareille peau noire.

La vefte fera plus courte que la peliffe de fept pouces, compofée d'une aune du même drap, de pareille qualité & couleur, garnie de la même qualité & quantité de boutons & de cordonnet que la peliffe, & de fept aunes de pareil galon de fil blanc; doublée d'une forte toile; l'extrêmité de la manche fera retrouffée, dans l'épaiffeur d'un pouce, de drap de la couleur affectée à chaque Régiment.

La culotte fera compofée de trois quarts de drap de pareille qualité & couleur, doublée d'une forte toile écrue, à la Hongroife.

Les bonnets ou fchakos feront de feutre blanc, ainfi qu'il a été ordonné, à l'exception de ceux du Régiment de Berchiny, qui con-

tinuera

tinuera de les porter rouges , & feront garnis des couleurs affectées à chaque Régiment, avec une fleur de lis devant le bonnet.

S Ç A V O I R ,

Berchiny , galon blanc, garniture bleu célefte.
Turpin , galon & garniture noire.
Polleresky , galon & garniture rouge.
Lynden , galon & garniture jaune.
Beausobre , galon d'argent faux , garniture bleu de Roi.
Raugrave , galon & garniture aurore.
Ferrary , galon & garniture verd clair.

L'écharpe fera compofée de laine cordonnée , de la longueur de huit pieds : elle fera de couleur rouge garence ; mais les boutons de ladite écharpe feront de la couleur affectée à chaque Régiment, pour la garniture des bonnets.

Les fabretaches feront dans tous les Régimens de drap rouge , ornés d'une fleur de lis , & bordés d'un galon de la couleur qui leur eft affectée pour les houffes ; ceux du Régiment de Berchiny auront une couronne de plus.

Le manteau fera compofé de trois aunes un quart de drap de Lodeve bleu de Roi , d'une aune de large, fabriqué & apprêté à deux envers, y compris le collet de dix-neuf pouces de long , & de deux pieds de large.

Les houffes feront rouges, & compofées d'une aune un quart de drap de Lodeve ou de Berry , d'une aune de large , doublées de toile , & bordées d'un galon de fil de dix-huit lignes de largeur, de la couleur affectée à chaque régiment pour le bord des bonnets, ayant cinq fleurs de lis blanches, bordées d'un petit cordonnet de la même couleur affectée ; celles du régiment de Berchiny auront de plus une couronne au deffus de chaque fleur de lis.

Armement & équipement.

Un moufqueton & deux piftolets conformes aux dimenfions & longueurs prefcrites par l'article VI de l'Ordonnance du 28 Mai 1733. *Moufqueton & piftolets.*

Le fabre courbé, à monture de cuivre , à fimple branche en croix, la poignée fera couverte de cuir bouilli crénelé , & fur le dos une plaque de cuivre, la lame à dos de trente-cinq pouces de longueur & de quatorze lignes de large, le fourreau garni, au deffous de la branche, d'une bande de cuivre de deux pouces de long , fuivant l'ufage Hongrois. *Sabre.*

Le ceinturon à la Hongroife de cuir rouge , de quatre pieds de long & de quatorze lignes de large, avec trois anneaux de fer & une boucle. *Ceinturon.*

498 **ORDONNANCES**

Bandouliere. La bandouliere fera de cuir rouge, de cinq pieds de long & de deux pouces de large.

Cartouche. La cartouche à vingt coups, couverte de vache rouge, portée de gauche à droite.

Equipage du cheval. Tous les régimens de Huffards continueront d'avoir l'équipage du cheval à la Hongroife, comme ils l'ont toujours eu, avec toutes les fournitures néceffaires à cet équipement.

Bottes. Les Brigadiers & les Huffards feront en bottes molles de cuir noir, à la Hongroife.

Uniforme des Officiers.

La pélisse, vefte & culote feront de drap d'Elbœuf ou autres Manufactures de pareille qualité, bleu célefte, & femblables à celles des Huffards; les Capitaines auront des galons d'argent de fix lignes de largeur, les Lieutenans de cinq lignes feulement.

La doublure de la pélisse fera de peau de renard, & la bordure de peau de gorge de renard; la vefte fera doublée de laine; les boutons tant de la pélisse que de la vefte, feront d'argent fur bois.

Les bonnets ou fchakos, des Officiers des régimens de Huffards, feront de feutre blanc, à l'exception de ceux des Officiers du régiment de Berchiny, qui continueront de les avoir rouges; ils feront tous bordés d'un galon à la Moufquetaire, de dix-huit lignes de large, & garnis d'une fleur de lis en argent.

Les houffes defdits Officiers feront de couleur femblable à celle des Huffards avec une fleur de lis, & bordées d'un galon d'argent de dix-huit lignes de large pour les Capitaines, & d'un pouce pour les Lieutenans.

Ils auront des fabres uniformes, la lame pareille à celle des Huffards, la monture de cuivre doré, le fourreau de chagrin.

Les fabretaches des Officiers feront dans tous les régimens de drap écarlate, bordés d'un galon d'argent de la même largeur que celui des bonnets, avec une fleur de lis au milieu; ceux du régiment de Berchiny auront une couronne de plus.

Les habits des Maréchaux des Logis feront de drap bleu célefte de Romorantin, de cinq quarts de large, ou autre de pareille qualité, les galons d'argent de quatre lignes de large, la pélisse doublée de mouton noir, & bordée de peau de dos de renard, les bonnets de même que ceux des Huffards, & bordés d'un galon d'argent d'un pouce de large, les houffes de drap de Romorantin ou autre de pareille qualité, & bordées d'un galon d'argent de huit lignes de large, & d'ailleurs pareilles à celles des Huffards, ainfi que les fabres.

Défend Sa Majefté à tous les Officiers de Huffards de paroître à la tète de leur troupe avec un manteau ou redingote d'autre couleur que bleu de Roi, ou de la couleur uniforme de leurs régimens.

Défend pareillement Sa Majesté aux Officiers de Huffards de paroître à la tête de leur troupe en chapeau ou bonnet, autre que celui de l'uniforme de leurs régimens.

La cafaque du Timbalier de chaque régiment fera à la charge du Meftre de Camp, & les gages à celle des Capitaines.

A l'égard du cheval du Timbalier, le premier Capitaine payera deux cens livres lorfqu'il s'agira de le renouveller, le furplus de ce qu'il en coûtera devant être fourni par les autres Capitaines.

Les Brigadiers & Huffards feront obligés de s'entretenir de culottes de peau, de linge, leurs chevaux de ferrage, & de tenir leurs armes en bon état.

INSTRUCTION

Sur le fervice que les Régimens de Cavalerie devront faire dans les Camps qui ont dû s'affembler en 1755.

Du 22 Juin 1755.

Du Campement.

ARTICLE PREMIER.

LES Meftres de Camps des régimens qui ont eu ordre de fe tenir prêts à camper, auront foin qu'ils foient pourvus de tout ce qui eft néceffaire à cet effet.

I I.

Il y aura fix tentes égales par compagnie; fçavoir, une pour le Maréchal des Logis, & cinq pour les Cavaliers, à raifon de fix hommes par chambrée. *Tentes.*

I I I.

LES chambrées feront compofées d'anciens & de nouveaux Cavaliers.

I V.

CHAQUE chambrée fera pourvue d'une marmite, d'une gamelle, d'un barril, d'une pelle, d'une pioche, d'une hache & d'une ferpe. *Marmites & outils.*

V.

Manteau d'armes. IL y aura un manteau d'armes par régiment, pour couvrir les armes des Cavaliers de la garde des étendards.

V I.

Cordeaux & fiches. IL y aura un cordeau par escadron, de cinquante-six pas de longueur, pour marquer le front du camp, & un autre de trente-six pas, pour en marquer la profondeur : ces cordeaux seront divisés par toises & demi-toises.

Il y aura aussi par compagnie deux fiches blanches de sept pieds de haut, ferrés par un bout, & ayant à l'autre une banderole des mêmes couleurs du galon affecté à chaque régiment.

V I I.

Avis de l'armée. QUAND le régiment arrivera dans le lieu le plus à portée de celui où il devra camper, celui qui le commandera donnera avis de son arrivée au Commandant du Camp, & à l'Intendant.

V I I I.

Détachement pour aller marquer le camp. LE Commandant du régiment fera partir à l'avance pour aller au campement, un Officier Major avec un Maréchal des Logis par escadron, un Brigadier & un Cavalier par compagnie.

I X.

LES Maréchaux des Logis seront munis des cordeaux, & les Brigadiers des fiches ci-dessus indiqués.

X.

AUCUN autre que les Officiers, Maréchaux des Logis, Brigadiers & Cavaliers, commandés pour le campement, n'y marchera avec eux, à moins d'un ordre contraire.

X I.

Distribution du terrein. QUAND l'alignement du camp aura été réglé sur des points de vue donnés, l'aîle droite ou l'aîle gauche de Cavalerie (selon le côté par lequel on devra commencer) marquera son camp ; & quand l'Infanterie aura marqué le sien, l'autre aîle continuera de même, laissant cinquante pas d'intervalle entre le camp de l'Infanterie & le sien.

XII.

LE Maréchal général des Logis de la Cavalerie diftribuera aux Majors des brigades de ce corps, le terrein qui lui aura été défigné; & ceux-ci le diftribueront à chaque régiment & efcadron.

XIII.

LES Majors de l'aîle de la Cavalerie qui marquera fon camp la derniere, fuivront l'alignement de l'Infanterie, à moins qu'il n'eût été ordonné de faire un coude.

XIV.

LES Camps des efcadrons d'un même régiment ou d'une même brigade, feront marqués dans le même ordre qu'ils devront être en bataille.

XV.

ON laiffera fix pas d'intervalle entre le camp de chaque régiment, & trente pas d'une brigade à l'autre.

Intervalles.

XVI.

LORSQUE le cordeau du front du camp de l'efcadron aura été tendu, on marquera la place de la fourche des premieres tentes de chaque compagnie, de maniere que les tentes des deux compagnies du centre de l'efcadron qui feront adoffées, occupent onze pas ou trente-trois pieds, y compris la ruelle pour l'écoulement des eaux, & qu'il y ait dix-huit pas ou cinquante-quatre pieds entre les tentes des compagnies qui fe feront face.

Place des tentes des Cavaliers.

XVII.

LE cordeau qui devra marquer la profondeur du camp, fera placé perpendiculairement à celui du front, fur l'alignement que la premiere compagnie devra former, auquel les autres compagnies fe conformeront.

XVIII.

ON laiffera fept pas ou vingt-un pieds entre les fourches des tentes de chaque compagnie.

XIX.

LES piquets des chevaux feront plantés trois pas en avant des four-

Place des piquets des chevaux.

ches des tentes : le premier fera mis vis-à-vis de celle de la tente du Maréchal des Logis ; & on laiffera un intervalle entre les chevaux de chaque chambrée, pour le paffage des Cavaliers.

X X.

Place des fourra-ges.

L'on mettra les fourrages dans l'intervalle des tentes de chaque compagnie ; & la derniere chambrée, pour éviter les accidens du feu, à caufe de la proximité des cuifines, les mettra entre fa tente & celle de la chambrée précédente.

X X I.

Place des cuifines & des forges.

Les places des cuifines feront à quinze pas de la derniere tente des Cavaliers ; & les forges feront placées fur le même alignement.

X X I I.

Des Vivandiers.

Celles des tentes des Vivandiers, à dix pas des cuifines.

X X I I I.

Des tentes des Officiers.

Celles des tentes des Lieutenans, à vingt pas de celles des Vivandiers, & celles des Capitaines à vingt pas de celles des Subalternes.

X X I V.

A l'égard des tentes des Officiers fupérieurs des régimens, elles feront trente pas en arriere de celles des Capitaines ; fçavoir, celle du Meftre de Camp, vers le centre du régiment ; celle du Lieutenant-Colonel, à la gauche de celle du Meftre de Camp ; & celles du Major & de l'Aide-Major, à la gauche, & un peu en arriere de celles du Meftre de Camp & du Lieutenant-Colonel ; obfervant que quand le régiment fera campé par fa gauche, les tentes du Lieutenant-Colonel & des Officiers Majors devront être fur la droite de celle du Meftre de Camp.

X X V.

Les portes de toutes ces tentes feront tournées du côté du Camp ; & afin qu'elles foient alignées fur celles des Cavaliers, ainfi que les cuifines & les forges, l'Officier Major qui fera marquer le camp, aura attention qu'il foit mis des fiches qui indiquent cet alignement.

X X V I.

Refferrer ou élargir le camp.

Si l'on fe trouve dans l'obligation de refferrer ou d'étendre le Camp, on diminuera ou on augmentera les intervalles entre les

Régimens & les brigades, & entre la Cavalerie & l'Infanterie : on pourra aussi élargir les rues des chevaux ; mais on n'augmentera ni ne diminuera jamais l'intervalle entre les tentes adossées.

XXVII.

Le Camp étant marqué, les Majors ordonneront aux Maréchaux des Logis & Brigadiers de campement, d'empêcher que les troupes & les équipages ne passent ailleurs que dans les grands intervalles.

Passage par les grands intervalles.

XXVIII.

Lorsque les marqueurs du Camp auront marqué les maisons qui devront être occupées dans le voisinage, s'il en reste dans le terrein d'une brigade qui n'aient point été marquées par eux, il sera permis au Brigadier, & après lui au Major de Brigade, d'y loger ; mais au défaut de maisons dans ledit terrein, ces Officiers seront obligés de camper à la queue de leur brigade.

Logement du Brigadier & du Major de brigade.

XXIX.

Pour éviter toute difficulté sur la fixation du terrein de chaque brigade, sa largeur sera comptée, à l'égard de celles qui seront campées en première ligne, depuis l'alignement de l'encoignure de la première tente de la droite, jusqu'à celui de la première tente de la brigade suivante ; & en profondeur, depuis soixante-dix toises en avant du front du camp, jusqu'à quatre-vingt toises en arriere. Quant aux brigades de la seconde ligne, leur terrein s'étendra sur la même largeur depuis leur front de bandiere jusqu'à deux cens toises en arriere.

XXX.

Aucun des Officiers à qui il est ordonné de camper, ne pourra, sous quelque prétexte que ce soit, s'établir ni mettre ses chevaux, domestiques & équipages dans une maison voisine du Camp.

Défenses aux Officiers de loger.

XXXI.

Les Majors de brigade seront tenus d'avertir le Brigadier & le Maréchal Général des Logis de la Cavalerie, des Officiers qui ne seront pas campés à leurs troupes, ou qui seront contrevenus à l'article ci-dessus ; & celui-ci en rendra compte au Commandant du Camp & à celui de la Cavalerie.

XXXII.

Qui que ce soit, en aucun cas, ne pourra loger dans les Eglises ou Chapelles.

ORDONNANCES

XXXIII.

Conduite au camp. CHAQUE Major de campement ira au devant de son Régiment dès qu'il en verra arriver la tête, pour le conduire sur le terrein où il devra camper ; & lorsque la colonne des équipages commencera à paroître, un Maréchal des Logis ira pareillement au devant pour le conduire à la queue du Camp, aux places qui auront été marquées ; observant de s'informer des chemins par lesquels les troupes & les équipages devront venir au Camp, afin qu'ils y arrivent sans embarras.

De l'établissement dans le Camp.

XXXIV.

Arrivée au camp. LE Régiment étant arrivé à la tête de son camp, s'y mettra en bataille l'épée à la main, faisant face en dehors.

XXXV.

UN Officier Major fera aux Cavaliers les défenses ordonnées.

XXXVI.

Piquet. LE Piquet se tiendra trente pas en avant du Régiment, jusqu'à ce que le Régiment étant campé, le Commandant de la brigade lui ordonne d'entrer dans le Camp.

XXXVII.

Garde de l'Etendard. LE Major fera sortir des rangs les Cavaliers pour la garde des Etendards, & le Brigadier qui devra les commander, lequel les fera entrer dans le Camp, mettre pied à terre, attacher leurs chevaux à leurs piquets, prendre leurs mousquetons, & venir se placer à la tête du Camp de la première Compagnie, pour y recevoir les Timbales & les Etendards quand ils y arriveront.

XXXVIII.

LE Lieutenant ou Maréchal des Logis de chacune des Compagnies auxquelles les Timbales & les Etendards sont attachés, & à leur défaut un Brigadier, se portera en avant du Régiment, suivi du Timbalier & du Cavalier portant l'Etendard, avec une escorte de deux Cavaliers ayant le sabre à la main pour les conduire à l'avant-garde du piquet, qui se sera formée entre le Régiment & le piquet ; & les y ayant remis, il retournera seul à sa troupe.

XXXIX.

XXXIX.

Entrée dans le camp.

Lorsque le Brigadier ou le Meftre de Camp commandant la brigade , aura donné l'ordre au Major de Brigade ou du Régiment, de faire entrer la Brigade ou le Régiment dans fon Camp, chaque Officier Major , après avoir fait remettre les fabres , fera faire demitour à droite par Compagnie à fon Régiment , & marcher pour entrer dans le Camp.

X L.

Les efcadrons de la même brigade obferveront de faire ce mouvement enfemble autant qu'il fera poffible , en fe réglant fur le Régiment Chef de brigade.

X L I.

Le Régiment étant entré dans fon Camp , l'Officier commandant l'avant-garde du piquet marchera avec les Timbales & les Etendards & les Cavaliers de leur efcorte , pour les remettre à la garde de l'étendard , après quoi il retournera avec fon avant-garde à la tête du piquet , & les Cavaliers de l'efcorte entreront dans le Camp.

X L I I.

Les Brigadiers & Meftres de Camp refteront à cheval à la tête du Camp , jufqu'à ce qu'ils aient vu entrer leur Brigade ou leur Régiment.

X L I I I.

Les Maréchaux des Logis feront aligner & tendre les tentes de leur compagnie , & les Officiers ne mettront point pied à terre qu'elles ne foient tendues.

X L I V.

Détachemens aux fourrages & autres diftributions.

Pendant qu'on tendra les tentes , un Officier Major affemblera promptement à la tête du Camp , le nombre de Cavaliers néceffaires pour aller aux fourrages & autres diftributions , avec les Officiers & Maréchaux des Logis qui devront les conduire.

X L V.

Propreté du camp.

Dès que les tentes feront tendues , les Officiers & Maréchaux des Logis des compagnies feront nettoyer la tête du Camp.

X L V I.

Feu.

Ils empêcheront de faire du feu ailleurs qu'aux places marquées pour les cuifines & les forges.

XLVII.

Communications. LES Officiers Majors feront faire diligemment les communications néceffaires, tant à leur droite qu'à leur gauche, en avant & en arriere, fans avoir aucun égard au temps & à la fatigue ; & s'il fe trouvoit devant le Régiment un terrein inégal, ils le feront applanir jufqu'à quarante pas en avant du front du Camp.

XLVIII.

LE terrein dont chaque Régiment fera chargé, s'étendra depuis le front de fa premiere tente jufqu'à celle de la premiere compagnie du Régiment voifin ; l'intervalle de l'un à l'autre devant être cenfé faire partie de celui qui aura été diftribué au premier pour camper.

XLIX.

Latrines. ON fera creufer les latrines fur le même alignement que celles de l'Infanterie : on mettra un appui à la place où elles auront été marquées, & une feuillée, s'il eft poffible ; & tous les huit jours on fera de nouvelles latrines, & on comblera les anciennes qu'on marquera avec un jalon.

L.

Boucheries. DANS les Régimens où il y aura des Bouchers, les Majors leur indiqueront en même temps le terrein où ils devront fe placer, dans un affez grand éloignement pour qu'ils ne puiffent point caufer d'infection dans le Camp ; & ils les obligeront d'enterrer les entrailles des beftiaux qu'ils tueront.

Ils empêcheront qu'il ne s'établiffe dans leur Camp des Vivandiers d'un autre Régiment.

LI.

Corvées. ON commandera pour les premieres corvées le nombre d'hommes néceffaire, fans y employer les Cavaliers de piquet ; & lorfqu'il y aura à la garde de l'Etendard des Cavaliers arrêtés pour châtiment, on les obligera à faire les travaux du Camp.

LII.

Attentions des Majors. DEPUIS le moment où la troupe fera entrée dans le Camp, jufqu'à celui où elle fera campée dans l'ordre où elle doit l'être, les Officiers Majors feront tenus de refter à cheval à la tête du Camp, fans pouvoir fe retirer que tout ce qui eft prefcrit ci-deffus n'ait été auparavant exécuté.

LIII.

ILS iront enfuite vifiter les abreuvoirs à portée du Camp, pour faire mettre en état ceux qui feront praticables ; & les Majors de brigade feront rompre ceux qui feroient dangereux.

Abreuvoirs.

LIV.

LES Majors des Régimens donneront en arrivant au Camp, & enfuite tous les mois, au Maréchal Général des Logis de la Cavalerie, un état exact de la force du Régiment & du nombre des Officiers préfens, auquel ils ajouteront les noms & les grades des Officiers qui manqueront, les raifons de leur abfence & les lieux où ils feront.

Etat du régiment.

LV.

ILS rendront compte à ce même Officier de ce qu'il y aura à leur Régiment, de poudre, de balles & de pierres à fufil, pour qu'il leur en procure la quantité néceffaire.

Poudre & balles.

De la garde de l'Etendard.

LVI.

LA garde des Etendards de chaque Régiment, fera compofée de trois Cavaliers par compagnie, commandés par un Brigadier.

Sa compofition.

LVII.

LES Cavaliers feront bottés pendant le jour, & en fouliers pendant la nuit : à l'égard du Brigadier, il fera en fouliers jour & nuit.

Cavaliers bottés pendant le jour.

LVIII.

CETTE garde fe tiendra en haie à droite & à gauche des Timbales & des Étendards, qui feront pofés fix pas en avant du premier piquet des chevaux de la premiere compagnie du Régiment; les Cavaliers deftinés à la garde du premier Étendard fe tiendront avec le Brigadier en dehors du côté de l'intervalle, & le refte en dedans du côté du Camp.

Place de la garde raffemblée.

LIX.

ELLE fera relevée tous les matins aux gardes montantes.

Sa durée.

LX.

LA nouvelle garde s'affemblera devant le Camp au centre du

Maniere de la relever.

Régiment, où elle fera vifitée par un Officier Major , & par le Brigadier qui relevera , pour s'affurer que les armes foient en état & chargées , & les Cavaliers bien tenus.

L X I.

Le Brigadier portant fon moufqueton fur le bras gauche , fe fera
fuivre par les Cavaliers deux à deux , portant leur moufqueton , &
les conduira jufqu'à l'ancienne garde , que le Brigadier qui defcendra
aura fait mettre en haie à fon pofte.

L X I I.

Quand le Brigadier approchera de l'ancienne garde , il fera filer
les Cavaliers derriere lui un à un , jufqu'à ce qu'étant arrivé à la
hauteur du Brigadier de cette garde , il s'arrêtera & fe formera vis-à-
vis d'elle en faifant à droite.

L X I I I.

Le Brigadier de la nouvelle garde ayant pris la configne & relevé
les fentinelles , l'ancienne garde fe retirera dans le même ordre que
la nouvelle fera venue jufqu'au centre du front du Camp du Régiment , d'où le Brigadier qui la commande la renverra.

L X I V.

Etendards divifés. Le Brigadier de la nouvelle garde fera développer enfuite les
Etendards , excepté dans les temps de groffe pluie , pendant lefquels
ils refteront ployés auprès des Timbales.

L X V.

On ne déployera pas non plus les Etendards les jours de fourrage ;
& la nouvelle garde remplacera les fentinelles de nuit de l'ancienne
garde , & ne les retirera point qu'on ne foit revenu du fourrage.

L X V I.

Les Etendards étant déployés , le Brigadier les remettra aux Cavaliers des compagnies , à la tête defquelles ils devront être portés ,
qui feront les premiers à entrer en faction.

L X V I I.

Comme il y a deux Etendards par efcadron , les fix Cavaliers des
deux compagnies de la droite feront deftinés à en garder un , & ceux

des compagnies de la gauche, l'autre, lorsqu'ils feront difperfés.

LXVIII.

Les Cavaliers qui porteront les Etendards, feront gantés, & les tiendront de la main gauche, pofés fur l'épaule ; ils feront accompagnés chacun de droite & de gauche par un Cavalier ; & les autres Cavaliers affectés à chaque Etendard, qui ne feront point en faction, formeront un fecond rang derriere l'Etendard.

LXIX.

Le Brigadier ayant ainfi rangé les Cavaliers de fa garde, il les fera marcher le long du front du Camp ; obfervant que ceux des compagnies les plus éloignées marchent les premiers.

LXX.

A mefure que chaque Etendard arrivera vis-à-vis de la compagnie devant laquelle il devra être pofé, le Cavalier qui le portera le pointera dans terre vis-à-vis, & fix pas en avant du premier piquet des chevaux de cette compagnie, & il y reftera en faction le fabre nu à la main : les autres Cavaliers qui l'auront accompagné, poferont leurs armes fur un chevalet long de quatre pieds & de la même hauteur, qui fera dreffé à cet effet fur la même ligne que l'Etendard ; & ils feront renvoyés enfuite à leurs tentes par le Brigadier.

LXXI.

Les mêmes chofes ayant été obfervées pour tous les Etendards du Régiment, le Brigadier retournera au premier Etendard, & avertira en paffant les fentinelles aux Etendards, d'appeller lorfque la garde devra prendre les armes.

LXXII.

La garde des Etendards prendra les armes pour le Commandant du Camp, pour celui de la Cavalerie, pour les Officiers Généraux de jour, & lorfqu'il paffera une troupe devant le front du Camp du Régiment. *Vifites de jour.*

LXXIII.

Alors les Cavaliers factionnaires à chaque Etendard, fe plaçant derriere cet Etendard, en empoigneront la lance de la main gauche à la hauteur de la poitrine, tenant leur fabre nu de l'autre main, la garde appuyée fur la cuiffe, la lame croifant l'Etendard, portant fur le pouce de la main gauche qu'elle débordera par la pointe d'environ un demi-pied, les deux talons vis-à-vis l'un de l'autre sur la même ligne, à un demi-pied de distance l'un de l'autre, la pointe de la botte du pied gauche touchant la lance de l'Etendard, le genou gauche un peu plié, la jambe droite tendue, l'épaule droite effacée, & le regard assuré.

Les autres Cavaliers se mettront en haie à droite & à gauche de celui qui tiendra l'Etendard de leur compagnie, portant le mousqueton.

Quant au Brigadier, il se tiendra à la droite de la garde du premier Etendard, étant reposé sur le mousqueton qu'il tiendra de la main droite par le bout du canon, la crosse à terre, la platine tournée en dehors, & le bras tendu : il ôtera le chapeau de la gauche pour saluer ceux pour qui il aura pris les armes.

LXXIV.

Les Officiers Généraux qui seront employés aux Camps en cette qualité & en celle d'Inspecteurs Généraux de la Cavalerie, seront reçus des piquets & des gardes, lorsqu'ils les verront, comme s'ils étoient Officiers Généraux de jour, sans néanmoins tirer à conséquence à l'égard de ces mêmes Officiers, lorsqu'ils sont employés dans les armées.

LXXV.

Rassembler les étendards.

Le soir, à l'heure du guet, le Brigadier appellera la garde de l'Etendard : pour lors les Cavaliers ayant quitté leurs bottes pour prendre des souliers, & ayant leurs manteaux renversés sur les épaules, se mettront en haie avec leurs armes à droite & à gauche de l'Etendard qu'ils auront gardé pendant le jour, & le Brigadier les ramenera avec les Etendards, commençant par les plus éloignés, dans le même ordre qu'il les aura posés le matin.

LXXVI.

Les Etendards étant rassemblés autour des Timbales, le sentinelle qui les gardera sera armé d'un mousqueton, de même que tous ceux qui seront posés pendant la nuit.

LXXVII.

Garde de nuit.

A l'entrée de la nuit, outre le sentinelle qui restera aux Etendards, le Brigadier en posera deux à chaque escadron, un à la tête & l'autre à la queue du centre de l'escadron : ces sentinelles se promeneront le long du front & de la queue de l'escadron, pour voir s'il ne se détachera pas des chevaux, & veiller aux accidens qui peuvent arriver.

LXXVIII.

IL détachera de sa garde quatre Cavaliers pour la garde de nuit du Meſtre de Camp qui aura un ſentinelle à ſa tente pendant le jour.

LXXIX.

EN l'abſence du Meſtre de Camp , le Lieutenant-Colonel aura jour & nuit à ſa tente un ſentinelle tiré de cette même garde.

LXXX.

LE Commandant du Régiment par accident , en aura un la nuit ſeulement.

LXXXI.

LE Major ou l'Officier chargé du détail du Régiment, aura un ſentinelle jour & nuit.

LXXXII.

LE Brigadier , après avoir poſé tous ces ſentinelles , fera allumer le feu de ſa garde , & l'entretiendra pendant la nuit.

LXXXIII.

IL partagera les factions des ſentinelles, tant de jour que de nuit, de maniere qu'elles ſoient également réparties à toute la garde.

LXXXIV.

SI le Commandant du Camp , un Officier Général de jour , le Commandant de la Cavalerie , le Brigadier , Meſtre de Camp & Lieutenant-Colonel de piquet, ou le Maréchal Général des Logis de la Cavalerie , viennent à paſſer le long de la ligne pendant la nuit , le ſentinelle en faction aux Étendards , après qu'on lui aura répondu au *qui vive* , criera *halte là* ; & avertira le Brigadier commandant la garde de l'Etendard , qui fera prendre les armes à ſa garde , & ſe détachera de dix pas en avant des Etendards ayant le ſabre à la main , eſcorté de deux Cavaliers le mouſqueton préſenté : alors il dira : *avance qui a l'ordre* ; & ayant reçu le mot de l'Officier qui fait la viſite , il retournera en rendre compte à l'Officier de piquet qui doit être à cette garde. Cependant les deux Cavaliers demeureront les armes préſentées vis-à-vis l'Officier ſupérieur , qui s'arrêtera juſqu'à ce que l'Officier du piquet ait ordonné de le laiſſer avancer ; & ledit Officier , eſcorté de quatre Cavaliers préſentant leurs

Viſites de nuit.

armes, marchera au devant de l'Officier supérieur, auquel il rendra le mot.

LXXXV.

Prisonniers aux étendards.

LORSQU'IL y aura aux Etendards un ou plusieurs prisonniers, si ces prisonniers sont accusés de crime, ils seront attachés à un piquet, & la garde restera rassemblée jour & nuit, ce qui n'empêchera pas néanmoins qu'on ne place les Etendards à la tête de leurs compagnies; mais il ne restera auprès de ces Etendards que les sentinelles pour les garder; & indépendamment du sentinelle qui sera au premier Etendard, on mettra un second Cavalier en faction avec un mousqueton, pour garder les Criminels, lequel en sera responsable, ainsi que le Brigadier. Il sera même commandé un détachement particulier pour garder les Criminels, si le nombre en est trop grand pour que la garde de l'Etendard y puisse suffire.

LXXXVI.

QUAND les prisonniers ne seront détenus que par correction, la garde se divisera à l'ordinaire : cependant si quelqu'un de ces prisonniers faisoit la tentative de s'échapper, on l'attachera à un piquet comme un Criminel.

LXXXVII.

Jours de marche.

LES jours de marche, la garde de l'Etendard ne sera relevée qu'à l'arrivée au Camp. Lorsqu'on sonnera le boutte-selle, on renverra successivement une moitié des Cavaliers de cette garde pour aller seller & charger leurs chevaux; & lorsqu'on sonnera à cheval, l'Officier qui commandera l'avant-garde du piquet, fera prendre les Timbales & les Etendards, & les distribuera chacun à leur compagnie, quand le Régiment sera en bataille.

LXXXVIII.

LES Etendards ayant été ainsi remis, les Cavaliers de cette garde rentreront chacun dans leur compagnie, pourvû qu'il n'y ait pas de prisonniers aux Etendards, parce qu'en ce cas, ils devroient les conduire à la tête du Régiment jusqu'au nouveau Camp.

Du Piquet.

LXXXIX.

Sa composition.

LE piquet de chaque Régiment consistera en une troupe de trente-six Maîtres, y compris deux Brigadiers, un Trompette & un Maréchal,

chal, commandés par un Capitaine, un Lieutenant, & un Maréchal des Logis : cette troupe sera composée, comme les chambrées, d'anciens & de nouveaux Cavaliers.

X C.

Il sera nommé tous les jours à l'ordre un Brigadier, un Meftre de Camp, & un Lieutenant-Colonel sur toute la Cavalerie, & un Major par chaque aîle de Cavalerie, pour être de piquet; ces Officiers feront aux ordres des Officiers Généraux de jour, & du Commandant de la Cavalerie.

Officiers supérieurs du piquet.

X C I.

Le piquet se formera, comme il a été dit, à l'arrivée du Régiment au Camp, & il fera relevé tous les jours par de nouveaux Cavaliers.

Durée du piquet.

X C I I.

Le nouveau piquet s'affemblera le matin à la tête de fon Régiment, où le Major fera l'infpection des hommes, des armes, & des chevaux, avant de faire celle des gardes.

Infpection.

X C I I I.

Cette infpection étant faite, les piquets monteront à cheval, & refteront en bataille, chacun à la tête du Camp de fon Régiment, jufqu'à ce que les gardes ordinaires foient parties du rendez-vous où on les affemblera pour aller relever les anciennes gardes; & alors on fera rentrer les piquets dans le Camp.

Piquet à la tête du camp.

X C I V.

Les jours de fourrage, le nouveau piquet reftera à cheval après l'infpection, & fe tiendra à la tête du Camp de fon Régiment, d'où il enverra des vedettes à la queue & aux flancs du Camp, afin d'empêcher les Cavaliers & valets d'en fortir que le rendez-vous ne foit donné, & que les fourrageurs n'aient reçu l'ordre de partir avec les efcortes commandées ; & le piquet ne rentrera dans le Camp que lorfque tous les fourrageurs y feront revenus.

Jours de fourrage.

X C V.

Les jours de décampement, le piquet montera à cheval au boute-felle, & mettra pareillement des vedettes à la queue & aux flancs du Camp, pour que perfonne ni aucuns équipages n'en fortent, jufqu'à

Jours de marche.

Ttt

ce que l'ordre du départ ayant été donné, il retirera les vedettes & prendra la tête du Régiment.

XCVI.

Préfence des Officiers fupérieurs à la tête des piquets.

LE Meftre de Camp & le Lieutenant-Colonel entrant de piquet, refteront à cheval à la tête des piquets pendant tout le temps qu'ils feront à la tête du Camp.

XCVII.

Vifite du Major de brigade.

PENDANT que les piquets feront à la tête du Camp, les Majors de brigade les vifiteront; & s'ils trouvent qu'il y manque quelqu'Officier ou Cavalier, ou qu'il y en ait quelqu'un de négligé, ils en rendront compte à leur Brigadier & au Maréchal Général des Logis de la Cavalerie.

XCVIII.

Leur préfence aux gardes montantes.

LES Brigadier, Meftre de Camp & Lieutenant-Colonel fortant de piquet, fe trouveront aux gardes montantes, pour rendre compte à l'Officier Général de jour de ce qui fe fera paffé pendant la nuit; & ils iront enfuite en rendre compte au Commandant de la Cavalerie.

Le Brigadier entrant de piquet, fe trouvera auffi aux gardes montantes, pour recevoir les ordres de l'Officier Général de jour.

XCIX.

Piquets dans le camp.

LES piquets étant rentrés dans le Camp, feront toujours prêts à marcher: pour cet effet, les Officiers & Cavaliers ne pourront s'éloigner du Camp ni fe deshabiller; ils refteront bottés jour & nuit; leurs chevaux feront toujours fellés; ils auront la bride à portée d'eux, & leurs cuiraffes feront à la tête de leurs chevaux.

C.

Un Officier de piquet à la garde de l'étendard.

LES deux Officiers & le Maréchal des Logis de chaque piquet, s'arrangeront ensemble de façon qu'un d'eux foit continuellement jour & nuit à la garde de l'Etendard: ils auront leurs chevaux prêts pour faire monter le piquet à cheval en cas de befoin; & ils vifiteront de temps en temps le piquet, tant de jour que de nuit, pour voir s'il fera en état.

C I.

Marche & remplacement des piquets.

SI l'on fait marcher le piquet, dès qu'il fera forti du Camp on en commandera un autre.

C I I.

QUAND le piquet rentrera dans le Camp , après avoir passé les *Leur rentrée après*
gardes ordinaires, son service sera fait, & celui qui l'aura remplacé *avoir passé les gar-*
restera en fonction. *des ordinaires.*

C I I I.

LES piquets sortiront à la tête du Camp pendant le jour , quand *Piquets demandés.*
ils seront demandés par le Commandant du Camp, celui de la Cavalerie, les Officiers Généraux de jour, le Brigadier, le Mestre de
Camp, & le Lieutenant-Colonel de piquet, & par le Maréchal général des Logis de la Cavalerie.

C I V.

QUAND on appellera le piquet à la tête du Camp pendant le jour,
les Cavaliers sortiront bottés avec leurs bandoulieres & leurs sabres,
mais sans mousquetons: ils se mettront en haie entre les deux Etendards de leur escadron, sur le même alignement de la garde de l'E-
tendard.

Les Officiers se trouveront à pied dispersés en avant des Cavaliers
de piquet, de maniere qu'il y en ait à chaque escadron.

C V.

L'OFFICIER de piquet qui restera au feu de la garde de l'Etendard *Visite du piquet*
pendant la nuit , recevra les Officiers qui ont autorité sur le piquet , *pendant la nuit.*
comme il est expliqué à l'article LXXXIV ; & s'ils veulent le visi-
ter, il les menera dans les rues des compagnies.

C V I.

SI les piquets font la nuit hors du Camp , lorsque les Officiers
qui ont droit de les visiter arriveront à la ligne, la vedette criera
d'environ quinze pas, *Qui vive* ; il sera répondu *France*, & elle demandera *quel Régiment*. Quand l'Officier aura indiqué son grade, la
vedette l'arrêtera en criant *halte là* : alors un Brigadier & deux Cavaliers de piquet s'avanceront jusqu'à la vedette, le Brigadier le
pistolet à la main, & les Cavaliers le mousqueton haut. Le Brigadier criera *avance qui a l'ordre*, afin de recevoir le mot de l'Officier
supérieur : ayant reçu le mot & reconnu celui qui le lui aura donné,
il retournera au trot en rendre compte au Capitaine de piquet,
dont la troupe sera à cheval l'épée à la main. Le Capitaine s'avancera ensuite à six pas de la vedette, escorté de deux Cavaliers le

mousqueton haut, & dira *avance à l'ordre* : l'Officier supérieur s'avancera & recevra le mot du Capitaine, qui lui fera voir ensuite son piquet, dont les Officiers seront chacun à leur place.

C V I I.

Le Brigadier, le Mestre de Camp & le Lieutenant-Colonel de piquet feront chacun une ronde pendant la nuit, dont l'heure sera reglée par le Brigadier : non seulement ils parcourront la tête du Camp, mais ils passeront aussi entre les deux lignes, afin d'examiner s'il ne s'y commettra pas de désordre.

C V I I I.

Ils visiteront les piquets pendant la nuit quand ils seront hors du Camp, pour s'assurer que les Officiers soient présens, & les Cavaliers en état ; & ils seront reçus comme il a été dit à l'article CVI, quand ils demanderont à voir le piquet d'un Régiment.

C I X.

Majors de piquet. Les fonctions des Majors de piquet seront de faire une ronde pendant la nuit, chacun dans les brigades de leur aîle, à l'heure qui leur paroîtra la plus convenable, escortés d'un Brigadier & de deux Cavaliers de piquet ayant leur mousqueton ; d'y visiter les gardes des Etendards, pour voir si les Brigadiers & les Cavaliers font leur devoir ; d'y faire une fois le jour la visite des piquets, pour voir s'il y aura un Officier de piquet de chaque Régiment à la tête du Camp, & si les sentinelles seront alertes.

D'examiner si le feu des cuisines sera éteint, si l'on ne donnera point à boire chez les Vivandiers, & s'il ne se passera aucun désordre.

Ils rendront compte chaque jour aux Officiers supérieurs de piquet, de ce qui se sera passé à leur ronde, & informeront les Majors de brigade de ce qu'ils auront remarqué de défectueux dans leurs brigades, pour que ceux-ci en instruisent le Maréchal général des Logis de la Cavalerie.

C X.

Les Officiers de chaque piquet veilleront à ce qu'il ne reste point d'immondices à la tête & à la queue de leur Camp : pour cet effet, ils feront enterrer ces immondices par des Cavaliers de leur piquet ; ils leur feront aussi transporter au loin les chevaux morts, ayant soin qu'ils les enterrent à quatre pieds de profondeur au moins.

Des Brigades.

C X I.

LES Régimens seront mis en brigade à leur arrivée au Camp.

C X I I.

LE Régiment chef de brigade en prendra la droite , soit pour se mettre en bataille , pour marcher , ou pour camper : le second se placera à la gauche ; & quand il y en aura un plus grand nombre , ils se placeront de même alternativement dans le centre de la brigade , tous les Régimens de l'aîle droite se formant par leur droite , excepté ceux de la brigade de la gauche qui appuiera à l'Infanterie , laquelle se formera par sa gauche.

Cet ordre sera renversé dans les brigades de l'aîle gauche.

Arrangement des régimens & escadrons.

C X I I I.

LES escadrons d'un même Régiment observeront entre eux le même ordre que tiendront les Régimens dans la formation de la brigade.

C X I V.

CELUI des Majors des régimens d'une même brigade qui sera le plus ancien de commission de Capitaine , sera Major de cette brigade.

Majors des brigades.

C X V.

S'IL n'y avoit dans une brigade aucun Major en état de faire le service de Major de brigade , il y seroit suppléé par l'Aide-Major du régiment de la brigade qui se trouvera le plus ancien de commission de Capitaine.

De l'Ordre.

C X V I.

LES Majors de brigade iront tous les jours à l'Ordre chez le Maréchal général des Logis de la Cavalerie , à l'heure qu'il leur aura indiquée , pour y écrire l'Ordre qu'il leur dictera , ainsi que les détails qui concerneront leurs brigades.

Donné chez le Maréchal général des Logis de la Cavalerie.

C X V I I.

ILS ne s'exempteront d'aller à l'Ordre sous aucun prétexte ; & lorsque , pour des raisons légitimes , quelqu'un d'eux ne pourra s'y trouver, il fera avertir le Major de la brigade le plus ancien après lui, qui s'y rendra à fa place.

C X V I I I.

Porté au Brigadier. LE Major de brigade portera l'Ordre & le Mot au Brigadier de fa brigade, lorfque ledit Brigadier fera au camp, & il recevra fes ordres fur ce qu'il aura à y ajouter avant de le diftribuer aux autres Majors de fa brigade.

C X I X.

Diftribué par les Majors de brigade. LES Majors, & à leur défaut les Aide-Majors des régimens, iront à l'Ordre chez le Major de leur brigade, qui le leur dictera avec le détail concernant le fervice de leur régiment, & ce que le Brigadier aura jugé à propos d'y ajouter.

C X X.

Porté aux Meftres de Camp. LES Majors des régimens ayant pris l'Ordre du Major de leur brigade, iront porter le mot à leur Meftre de Camp lorfqu'il fera au camp, lui feront la lecture de l'Ordre, & recevront ceux qu'il aura à donner ; après quoi ils iront donner l'ordre à leurs régimens.

C X X I.

Aux Lieutenans-Colonels. EN l'abfence du Meftre de Camp, le Major donnera le mot au Lieutenant-Colonel, à qui il fera porté par l'Aide-Major quand le Meftre de Camp fera préfent ; & lorfque le Meftre de Camp & le Lieutenant-Colonel ne feront point au régiment, le Major portera l'Ordre également à l'Officier qui le commandera à leur défaut.

C X X I I.

Envoi de l'ordre. AUCUN Officier-Major n'enverra l'Ordre d'un régiment à l'autre autrement que par écrit, & par un Officier ou un Maréchal des Logis.

C X X I I I.

Cercle. LORSQUE le Major d'un régiment voudra diftribuer l'Ordre, le Timbalier battra un appel auquel les Maréchaux des Logis des compagnies s'affembleront à la tente du Major.

C X X I V.

IL ne fera permis d'y entrer qu'au Brigadier de la brigade, au Meftre de Camp, au Lieutenant-Colonel ou autre Officier commandant le régiment, & aux Officiers Majors.

C X X V.

LE Brigadier commandant la garde aux étendards, en prendra aussitôt deux Cavaliers qu'il conduira à cette tente ; & en les mettant en faction, l'un devant, l'autre derriere la tente, il leur donnera pour consigne de n'en laisser approcher personne que les Officiers ci-dessus.

C X X V I.

LE Major fera écrire aux Maréchaux des Logis ce qu'ils auront à exécuter : il en fera faire ensuite la lecture, vérifiera leur livre d'Ordre pour s'assurer qu'ils l'aient écrit exactement, & le leur fera expliquer par un Officier Major.

C X X V I I.

ON nommera à l'Ordre les Officiers commandés pour tous les différens genres de service du camp, & le Brigadier qui devra commander la garde des Etendards.

C X X V I I I.

LE Major fera mention aussi chaque jour, dans l'Ordre, des Officiers qui seront les premiers à marcher pour chaque espece de service.

C X X I X.

CHAQUE Maréchal des Logis portera l'Ordre aux Officiers de sa compagnie ; & lorsqu'il fera cette fonction, il aura le chapeau bas, ainsi que l'Officier, dans l'instant où le Maréchal des Logis lui donnera le mot à l'oreille.

Rendu aux Officiers des compagnies.

C X X X.

LE Maréchal des Logis ira ensuite dans chaque tente de la compagnie expliquer aux Cavaliers les défenses & ce qui aura été ordonné, & avertir ceux qui devront être de service.

Aux Cavaliers.

C X X X I.

LE Major de brigade donnera l'Ordre cacheté à un Cavalier de chaque garde ordinaire de sa brigade, que le Commandant de ladite garde aura eu soin, à son arrivée à son poste, de renvoyer au camp de son régiment pour lui apporter les ordres qu'on aura à lui donner.

Aux gardes ordinaires.

Du Guet & de l'Appel, & autres regles du Camp.

CXXXII.

Ecole des Trompettes.

UNE heure avant que le soleil se couche, tous les Trompettes se trouveront à la tête du camp de leur régiment, pour tenir entr'eux l'école jusqu'au soleil couchant.

CXXXIII.

Signal pour sonner le guet.

AU signal de la retraite, les Trompettes sonneront le guet, commençant à l'aîle droite & à l'aîle gauche par les régimens qui joindront l'Infanterie.

CXXXIV.

Rassembler les étendards, & poser les sentinelles de nuit.

LE guet étant sonné, les Etendards seront rapportés à la tête de la premiere compagnie de chaque régiment ; & le Brigadier de cette garde posera les sentinelles de nuit.

CXXXV.

Eteindre les feux.

ON éteindra les feux des cuisines : les Vivandiers cesseront de donner à boire, & les Cavaliers seront rentrés dans leurs tentes une heure après la retraite.

CXXXVI.

Appels.

LES Maréchaux des Logis, & en leur absence les Brigadiers, feront réguliérement des appels des Cavaliers de leur compagnie, après le guet sonné & au point du jour, & plus souvent s'il est nécessaire.

CXXXVII.

ILS feront ensuite leurs billets d'appel, sur lesquels ils marqueront s'il manque quelqu'un ou non, & le nombre des Cavaliers qui seroient morts au camp, ou qui auroient été envoyés à l'hôpital d'un appel à l'autre.

Ils dateront & signeront ces billets, & ils les porteront au Brigadier de la garde de l'Etendard, qui les remettra au Major de son régiment ; & ils en rendront compte au Commandant & à leur Capitaine,

CXXXVIII.

LES appels se feront tente par tente, en appellant les Cavaliers par leur nom, & les obligeant de répondre chacun pour soi.

Les

Les Maréchaux des Logis ou Brigadiers qui y manqueront par négligence, ou qui ne marqueront pas fur leurs billets les Cavaliers qui ne fe feront pas trouvés à leur appel, feront punis févérement.

C X X X I X.

Les Lieutenans des compagnies en feront l'appel après le guet, indépendamment de celui des Maréchaux des Logis ; & ils marqueront les Cavaliers qui auront manqué, fur des billets qu'ils figneront, & qu'ils remettront au Commandant du régiment ; ils en informeront enfuite le Capitaine.

C X L.

Les Majors des régimens formeront fur les billets d'appel des Maréchaux des Logis ou Brigadiers, des billets datés & fignés d'eux, qu'ils enverront tous les matins au Major de leur brigade.

Ils marqueront fur ces billets les noms de Cavaliers qui auront manqué à l'appel, avec ceux de leurs compagnies, & l'heure à laquelle on fe fera apperçu de leur abfence.

Quand il n'auroit manqué perfonne, ils n'en feront pas moins mention fur leurs billets.

Ils y marqueront auffi le nombre des Cavaliers entrés à l'hôpital ou morts au camp.

C X L I.

Chaque Major de Brigade formera de même fur les billets des Majors des régimens de fa brigade, un billet détaillé des Cavaliers qui y auront manqué, lequel il fignera, datera & enverra au Maréchal général des Logis de la Cavalerie ; & il en rendra compte à fon Brigadier.

C X L I I.

Le Maréchal général des Logis de la Cavalerie formera du tout un état général, qu'il remettra au Commandant du camp & à celui de la Cavalerie, à l'heure de l'Ordre.

C X L I I I.

Les Lieutenans des compagnies feront tous les matins la vifite des tentes, afin de voir fi les Cavaliers font propres, fi leurs équipages & leurs armes font en bon état, & s'ils feront ordinaire. *Vifite des Lieutenans.*

C X L I V.

Ils verront leur compagnie lorfqu'on panfera leur chevaux, lorfqu'on leur donnera l'avoine, & quand on les menera à l'abreuvoir ;

Vuu

& ils auront attention qu'en les y menant, il y ait à la tête un Maréchal des Logis ou un Brigadier, & un Carabinier à la queue.

De l'ordre à observer pour commander les Gardes & les Détachemens.

C X L V.

Détachemens par brigade.

LES détachemens pour toute sorte de service, seront commandés par brigade, chacune devant fournir à son tour, en commençant par la premiere, à proportion du nombre d'escadrons dont elles seront composées.

C X L V I.

Contrôle du Maréchal général des Logis de la Cavalerie.

LE Maréchal général des Logis de la Cavalerie tiendra un Contrôle des brigades, suivant leur rang, sur lequel seront marqués tous les détachemens commandés.

Il tiendra pareillement des Contrôles des Brigadiers employés, des Mestres de Camp & des Lieutenant-Colonels, pour les commander chacun à leur tour.

C X L V I I.

Brigadiers, Mestres de Camp & Lieutenant-Colonels.

LES Brigadiers employés, & les Mestres de Camp & Lieutenant-Colonels, soit en pied, réformés ou par commission, seront commandés par rang d'ancienneté.

C X L V I I I.

LES Mestres de Camp & Lieutenant-Colonels par commission, qui auront d'autres emplois dans la Cavalerie, y feront un double service ; mais ils feront toujours celui de leurs emplois, par préférence à celui de Mestre de Camp & de Lieutenant-Colonel ; à l'exception des Majors qui, lorsqu'ils auront la commission de Mestre de Camp ou de Lieutenant-Colonel, ne feront de service en cette qualité qu'une fois en entrant & en sortant de campagne.

C X L I X.

Contrôles des Majors de brigade.

LES Majors de brigade tiendront un Contrôle des Régimens de leur brigade, où ils marqueront les Officiers, Maréchaux des Logis & Cavaliers qui seront commandés, par proportion du nombre de leurs escadrons, & par rang de régiment, en commençant par le régiment chef de brigade.

C L.

Contrôles des Majors des régimens.

CHAQUE Major de régiment tiendra aussi un Contrôle du régiment, compagnie par compagnie, sur lequel il marquera le nombre d'Officiers, de Maréchaux des Logis, de Brigadiers & de Cavaliers qui feront commandés.

C L I.

Ces Contrôles commenceront du jour de l'arrivée au camp, & feront continués jufqu'à celui de fa féparation.

C L I I.

Il y aura quatre fortes de tours de garde.
Le premier, pour les gardes d'honneur, lorfqu'il y aura occasion d'en donner.
Le fecond, pour les gardes ordinaires.
Le troifieme, pour les détachemens.
Et le quatrieme, pour le piquet.

Tours de garde.

C L I I I.

Les régimens fourniront de plus, chacun à leur tour, une garde de Capitaine pour le quartier général.

C L I V.

Il y aura un tour particulier pour les Brigadiers & Cavaliers qui feront commandés pour la garde des Etendards, ainsi que pour tout autre fervice à pied, pour lequel les Cavaliers ne feront commandés qu'avec un Brigadier, ou tout au plus un Maréchal des Logis.

C L V.

Les trois premiers tours de garde feront commandés par la tête, & celui du piquet par la queue.

C L V I.

On fuivra exactement le rang des Capitaines, & on fera marcher les Lieutenans fuivant celui des compagnies aufquelles ils font attachés; ce qui n'empêchera pas que ceux du même régiment ne commandent entr'eux fuivant leur ancienneté.

C L V I I.

Les Maréchaux des Logis, Brigadiers & Cavaliers feront pareillement commandés par rang des compagnies.

C L V I I I.

L'Officier qui fe trouvera en même temps le premier à marcher

Concours des différens tours de garde.

pour différens fervices, fera commandé par préférence pour le premier de ces fervices, dans l'ordre qui eft défigné ci-deffus.

C L I X.

Celui qui étant de fervice actuel pour une garde d'honneur, une garde ordinaire, ou un détachement, devroit marcher à fon tour pour tout autre fervice, continuera celui dont il eft.

C L X.

Celui qui étant de piquet devra marcher pour un des autres fervices, quittera fon piquet., & fera remplacé dans le moment par celui qui doit le fuivre dans le tour du piquet.

C L X I.

Quand le tour fera paffé.

Tout Officier qui étant le premier à marcher pour une garde d'honneur, une garde ordinaire, un détachement, ou le piquet, ne fe trouvera pas au Camp quand on le commandera, ou ne pourra faire ce fervice pour quelque caufe que ce foit, fera remplacé par celui qui le fuivra.

C L X I I.

En ce cas, fon tour fera paffé pour les gardes d'honneur & les détachemens, dont il ne pourra venir prendre le commandement fi-tôt qu'ils feront en marche & au-delà des gardes ordinaires : mais à l'égard de la garde ordinaire & du piquet, le tour n'en paffera jamais, foit que l'Officier foit abfent ou de fervice ailleurs, devant toujours le reprendre après fon retour au Camp, le feul cas de maladie excepté.

C L X I I I.

Quand le fervice fera cenfé fait.

Les détachemens ne feront cenfés faits que lorfqu'ils auront paffé les gardes ordinaires, & l'on ne tiendra point compte de ceux qui auront été renvoyés du lieu du rendez-vous.

C L X I V.

Commandant par accident.

Le Commandant d'un Régiment, par accident, devra être commandé à fon tour, de garde & de détachement ; il fera feulement exempt de piquet pendant le temps qu'il commandera.

C L X V.

Officiers Majors.

Les Majors de brigade ne marcheront qu'avec leur brigade ou leur Régiment.

CLXVI.

IL fera commandé un Major ou un Aide-Major pour accompagner un Brigadier commandé en détachement ou de piquet, lequel fera pris dans la même brigade où le Brigadier fera employé, & par préférence dans fon Régiment, s'il en eft Meftre de Camp.

CLXVII.

LES Majors des Régimens marcheront avec leurs Meftres de Camp, à moins qu'ils ne foient Majors de brigade, auquel cas un Aide-Major accompagnera le Meftre de Camp à la place du Major.

CLXVIII.

LES Aide-Majors marcheront avec les Lieutenant-Colonels en pied de leur Régiment, à moins que le Major du Régiment ne fût Major de brigade, auquel cas il fera commandé un Lieutenant pour marcher avec le Lieutenant-Colonel.

CLXIX.

LORSQU'UN Meftre de Camp & Lieutenant-Colonel réformé ou par commiffion, fera détaché dans ce grade, il fera commandé un Lieutenant du corps auquel il fera attaché, pour marcher avec lui.

CLXX.

TOUTE troupe commandée pour une garde ou pour un détachement, fera compofée; fçavoir,

Celle de Capitaine, d'un Lieutenant, un Maréchal des Logis & cinquante Maîtres, compris deux Brigadiers, deux Carabiniers, un Trompette & un Maréchal.

Celle de Lieutenant, d'un Maréchal des Logis & trente-fix maîtres, compris deux Brigadiers, un Carabinier & un Trompette.

Et celle de Maréchal des Logis, de douze Cavaliers, compris un Brigadier.

Compofition des gardes & détachemens.

CLXXI.

LE Commandant du Camp pourra cependant, dans certains cas, faire doubler, s'il le juge à propos, les Lieutenans dans une même troupe commandée par un Capitaine.

CLXXII.

CHAQUE troupe fera compofée d'Officiers & de Cavaliers tirés du même Régiment.

CLXXIII.

Les Maréchaux des Logis des compagnies auront attention que les gardes & détachemens soient toujours composés d'anciens & de nouveaux Cavaliers.

CLXXIV.

Carabiniers.

Lorsque le Commandant du Camp voudra faire marcher les Carabiniers, ils feront toujours commandés par le plus ancien Capitaine, le plus ancien Lieutenant, & le plus ancien Maréchal des Logis de chaque Régiment.

De la Garde ordinaire.

CLXXV.

Son assemblée.

Les gardes ordinaires s'assembleront tous les matins à l'heure ordonnée, chacune à la tête du centre du Régiment qui devra la fournir.

CLXXVI.

Le Major ou l'Aide-Major de chaque Régiment, après avoir fait l'inspection des Cavaliers & des chevaux de sa garde, la menera au centre de la brigade, pour la remettre au Major de brigade.

CLXXVII.

Le Major de brigade fera l'inspection des gardes de sa brigade en présence des Officiers Majors de chaque Régiment; & il les conduira ensuite au rendez-vous général des gardes, pour les remettre au Maréchal général des Logis de la Cavalerie.

CLXXVIII.

Cet Officier mettra les gardes en bataille selon le rang des brigades dont elles seront tirées, & les visitera.

CLXXIX.

Départ des gardes.

Il fera défiler les gardes quand il en aura reçu l'ordre des Officiers Généraux de jour, ou du Commandant de la Cavalerie; & en leur absence d'un Officier supérieur de piquet : & pour cet effet, il se mettra à la droite des gardes; & lorsqu'il aura dit à l'Officier commandant la troupe, qu'il peut marcher, celui-ci en donnera l'ordre à sa troupe, en disant : *Prenez garde à vous : Marche.*

CLXXX.

LE Cavalier de chaque garde ordinaire, qui aura été renvoyé au Camp, se trouvera à l'assemblée des nouvelles gardes pour conduire à son poste celle qui devra la relever. Ce Cavalier se mettra en face de la garde qu'il aura à conduire, à la distance qui lui sera prescrite, & prendra la tête de cette garde quand elle défilera.

CLXXXI.

LES gardes salueront, en défilant, le Commandant du Camp, les Officiers Généraux de jour, & le Commandant de la Cavalerie; mais s'ils s'y trouvent ensemble, elles ne salueront que l'Officier supérieur.

Salut en défilant.

CLXXXII.

LES gardes défileront le sabre à la main & trompettes sonnantes. Les Officiers qui les commanderont, pourront faire remettre les sabres quand elles seront hors de l'alignement des gardes du camp de l'Infanterie; mais ils devront les faire tirer de nouveau lorsque les gardes arriveront à la vue d'une vieille garde.

CLXXXIII.

SI une garde rencontre, chemin faisant, une troupe armée, ou un Officier général à qui les honneurs soient dûs, le Commandant de cette garde fera sonner la trompette sans s'arrêter.

CLXXXIV.

LES Officiers détachés avec les gardes ordinaires, observeront au sortir du Camp, d'avoir une avant-garde commandée par un Officier, lequel fera porter les mousquetons hauts aux Cavaliers de cette avant-garde, & marchera à une distance convenable de la troupe dont il aura été détaché.

Avant-garde.

CLXXXV.

QUAND la nouvelle garde arrivera à son poste, son avant-garde rentrera dans les rangs, & la troupe aura le sabre à la main, ainsi que l'ancienne garde qu'elle devra relever, dont elle prendra la gauche.

Arrivée au poste.

CLXXXVI.

LE Capitaine qui descend la garde, donnera la consigne à celui qui le relève.

Donner la consigne.

CLXXXVII.

Relever le petit corps de garde.

Celui-ci fera sortir de sa garde un Officier l'épée à la main, & douze Cavaliers le mousqueton haut, pour aller relever le petit corps de garde avancé.

CLXXXVIII.

Relever les vedettes.

Les Brigadiers des deux gardes iront ensemble relever les vedettes.

CLXXXIX.

Reconnoître le poste.

Pendant qu'on relevera les vedettes, les deux Capitaines visiteront ensemble les flancs & les avenues du poste; & celui qui releve prendra de l'autre les éclaircissemens nécessaires sur tout ce qui peut contribuer à sa sûreté.

CXC.

Les deux Lieutenans iront ensuite reconnoître le poste de nuit, ainsi que les chemins & les endroits où les patrouilles devront se porter pendant la nuit; & celui de la nouvelle garde en rendra compte au Capitaine.

CXCI.

Retour de l'ancienne garde.

Tous les postes étant relevés, la vieille garde retournera au camp, son petit corps de garde composé d'une division faisant l'arriere-garde: elle y arrivera le sabre à la main & trompette sonnante, se mettra en bataille à la tête du centre de sa brigade; & ayant remis les sabres, fera face au camp par un demi-tour à droite par troupe: après quoi le Commandant de la garde fera décharger les armes, renverra les Cavaliers, & ira rendre compte de son retour au Commandant de la brigade & à celui du Régiment.

Du Service des gardes ordinaires dans leurs postes.

CXCII.

Etablissement dans le poste.

Après le départ de l'ancienne garde, le Commandant de la nouvelle s'emparera du poste.

CXCIII.

Il ne pourra en sortir ni rien changer à la consigne; mais seulement augmenter de précautions, & en rendre compte aux Officiers supérieurs quand ils le visiteront.

CXCIV.

CXCIV.

LE Commandant restera à cheval avec sa garde, & fera doubler les vedettes lorsque la sûreté de sa troupe l'exigera.

CXCV.

LE reste du temps, il fera mettre pied à terre à un rang alternativement, pour débrider les chevaux & les faire manger, ayant attention que le rang qui sera à cheval soit toujours quinze pas en avant de celui qui sera débridé; & il restera toujours un Officier, au moins, à cheval avec le rang qui y sera.

CXCVI.

S'IL y a des bois ou des haies à portée du poste, il les fera fouiller par un Brigadier & quelques Cavaliers avant de faire mettre pied à terre; & quand même le pays seroit uni & découvert autour de lui, il ne laissera pas d'envoyer à une certaine distance, pour examiner s'il n'y auroit point de ravins ou chemins creux.

CXCVII.

LE Commandant de la garde ne permettra à aucun Officier ni Cavalier de s'écarter en aucun temps, sous quelque prétexte que ce puisse être.

Assiduité au poste.

CXCVIII.

IL aura soin d'avoir une communication libre avec les gardes voisines, afin que rien ne puisse passer entre elles & lui sans être vu.

Communication avec les gardes voisines.

CXCIX.

IL sera consigné aux gardes en avant & sur les flancs du camp, de ne laisser passer au delà aucuns Cavaliers, Dragons, Soldats ni valets, d'arrêter tous ceux qui se présenteront, de les envoyer au Prevôt, & d'en donner avis au Maréchal général des Logis de la Cavalerie.

Consignes.

CC.

LA même consigne sera donnée aux gardes sur les derrieres du Camp, excepté qu'elles devront laisser passer les Cavaliers, Dragons & Soldats qui seront porteurs de congés dans la forme prescrite par les Ordonnances, & les valets qui auront des congés par écrit de leurs maîtres, visés du Major du Régiment.

Xxx

C C I.

IL fera auffi configné de reconnoître ceux qui arriveront au Camp, & de faire conduire les Etrangers au Maréchal général des Logis de la Cavalerie, fans cependant caufer aucun trouble ni empêchement aux allans & venans pour le commerce & la fubfiftance du Camp, & donnant au contraire toute liberté & fûreté à ceux qui y apportent des vivres & denrées.

C C I I.

Aller au qui vive. QUAND une vedette avertira qu'elle apperçoit une troupe ou plufieurs perfonnes enfemble venant de fon côté; fi la garde n'eft pas à cheval, le Commandant l'y fera monter, le fecond rang ferrant alors fur le premier : il enverra deux Cavaliers au grand trot, le moufqueton haut, à trente pas en avant des vedettes. Lorfque ceux que ces Cavaliers voudront reconnoître, feront à portée de les entendre, ils crieront *qui vive*; leur ayant été répondu *France*, ils demanderont *quel Régiment*. Après la feconde réponfe, un des deux Cavaliers ira rendre compte au Commandant de la troupe, l'autre fe retirera au pofte de la vedette, d'où il criera à la troupe venant; *halte-là*; & lorfque le Commandant lui aura envoyé dire de laiffer approcher ou paffer, il fe retirera à fa troupe après avoir averti ceux qu'il aura arrêtés qu'ils pourront avancer ou paffer.

C C I I I.

Envoi à l'ordre. LE Commandant de la garde ordinaire, après s'être établi dans fon pofte, enverra un Cavalier de fa troupe au camp, pour lui apporter les ordres que le Major de fa brigade aura à lui envoyer.

C C I V.

Pofte de nuit. AU coucher du foleil, le Commandant de la garde la fera monter à cheval, fera retirer fes vedettes & fon petit corps de garde, & fe retirera au pofte de nuit. En faifant cette retraite il fera deux haltes, & marchera avec une arriere-garde : il tâchera de faire ce mouvement en même temps que les gardes qui feront à fa droite & à fa gauche.

C C V.

Abreuvoir. DANS les cas qui exigent d'être alerte, on ne doit faire boire les chevaux qu'après que la garde s'eft retirée au pofte de nuit : en toute autre circonftance on pourra faire boire le matin avant de quitter le pofte de nuit, & dans la journée fi les chaleurs obligent de faire rafraîchir les chevaux.

C C V I.

QUAND on enverra à l'abreuvoir, fi la garde eft au pofte de jour, elle montera entiérement à cheval, les Officiers à la tête : on ne détachera que fix Cavaliers à la fois, avec un Brigadier ou un Carabinier, & on attendra que les premiers foient revenus pour en envoyer d'autres. On aura auffi attention de faire relever le petit corps de garde pendant qu'il ira faire boire, conduit par l'Officier qui le commandera.

On prendra les mêmes précautions en allant à l'abreuvoir, partant du pofte de nuit, fi ce n'eft que l'on pourra y envoyer un plus grand nombre de chevaux à la fois, pour que cette opération foit plutôt finie.

C C V I I.

LA garde ordinaire étant établie au pofte de nuit, celui qui la commande, après avoir mis des vedettes autour & un petit corps de garde en avant, fera mettre pied à terre au refte de la troupe ou à une partie, felon les circonftances, ayant toujours au moins un des rangs bridé, dont les Cavaliers tiendront leurs chevaux par la bride, & feront en avant de l'autre rang dont les chevaux feront débridés.

C C V I I I.

LES vedettes feront toujours doublées pendant la nuit ; & elles feront affez près les unes des autres, pour qu'il ne puiffe paffer perfonne entre elles fans être entendu.

C C I X.

Il y aura du feu au pofte de nuit des gardes ordinaires, autant que cela fera poffible.

C C X.

LE Commandant de la garde réglera le temps auquel les Officiers & le Maréchal des Logis feront tour à tour la patrouille.

Patrouilles.

C C X I.

CELUI qui devra faire la patrouille, prendra avec lui deux Cavaliers ; & après avoir reçu les derniers ordres du Commandant, il partira le piftolet à la main, fuivi des Cavaliers ayant le moufqueton haut, armé & accroché à la bandouliere.

CCXII.

Ils marcheront avec le moins de bruit qu'il sera possible, & feront halte de temps en temps pour écouter.

CCXIII.

Lorsqu'ils reviendront à la troupe, les vedettes les arrêteront en leur criant *halte-là* : alors un Brigadier escorté par deux Cavaliers, viendra les reconnoître, & recevoir le mot de celui qui commandera la patrouille, avec celui du ralliement : après quoi on les laissera rejoindre la garde ; & l'Officier rendra compte au Commandant, de ce qu'il aura vu & entendu.

CCXIV.

Pour éviter que les patrouilles soient découvertes, on conviendra d'un signal muet, que l'on donnera aux vedettes & aux patrouilles.

CCXV.

Reprendre le poste de jour.

Au petit point du jour, toute la garde montera à cheval, & y restera jusqu'à ce que la découverte ait été faite.

CCXVI.

Lorsqu'il fera jour, on détachera un Maréchal des Logis avec quatre Cavaliers, pour aller faire la découverte dans tous les endroits qui lui auront été marqués.

CCXVII.

La découverte étant faite, le Commandant de la garde fera retirer les vedettes, & marcher pour reprendre le poste de jour, le petit corps de garde faisant l'avant-garde ; & s'il y a un poste d'Infanterie dans le cas de prendre son poste de jour auprès du sien, il observera d'y marcher ensemble, pour se protéger mutuellement.

CCXVIII.

Visites.

Si le Commandant du camp, le Lieutenant Général de jour, ou le Commandant de la Cavalerie, visitent les gardes ordinaires pendant le jour, elles monteront à cheval, les Cavaliers auront le sabre à la main, le Trompette sonnera, & les Officiers salueront.

SUR LA CAVALERIE.

C C X I X.

Le Maréchal de Camp de jour fera reçu comme le Lieutenant Général de jour, excepté que le Trompette ne fonnera pas.

C C X X.

Pour le Brigadier de piquet, les gardes monteront à cheval fans mettre l'épée à la main, & le Trompette ne fonnera point.

C C X X I.

Ces Officiers vifitant les gardes pendant la nuit, feront reçus comme par les piquets.

C C X X I I.

Le Maréchal général des Logis de la Cavalerie aura le droit de vifiter les gardes ordinaires, dont les Commandans exécuteront ce qu'il leur prefcrira de la part du Commandant du camp, ou de celui de la Cavalerie, & il fera reçu comme le Brigadier de piquet.

C C X X I I I.

Les gardes ordinaires monteront à cheval, & fonneront quand il paffera une troupe à portée d'elles pendant le jour : elles n'en laiffe-ront paffer aucune allant au camp pendant la nuit, quand même elles l'auroient parfaitement reconnue pour être de celles du camp; elles la feront refter à l'écart, & ne lui donneront paffage que lorf-qu'il fera grand jour, à moins d'un ordre du Commandant du camp ou du Maréchal général des Logis de la Cavalerie.

Paffage des trou-pes.

C C X X I V.

Elles permettront néanmoins à l'Officier qui commandera cette troupe, s'il a des nouvelles preffées à donner au Commandant du camp, d'aller chez lui, ou d'y envoyer.

C C X X V.

Si le Commandant d'une garde ordinaire apprend des nouvelles qui méritent attention, il les écrira, & les enverra par un Cavalier au Maréchal général des Logis de la Cavalerie.

Nouvelles.

C C X X V I.

S'il fe préfente des déferteurs étrangers pour entrer au camp, on

Deferteurs.

les fera conduire par un Brigadier & un Cavalier chez le Commandant du camp : s'il étoit trop éloigné, on les fera garder à vue après
les avoir fait défarmer, & on les lui amenera avec leurs armes &
chevaux en defcendant la garde.

CCXXVII.

Relever les gardes.

AUCUNE garde ordinaire n'abandonnera fon pofte, fous quelque
prétexte que ce puiffe être, qu'après avoir été relevée par une autre,
ou par un ordre écrit du Commandant du camp, du Maréchal général des Logis de la Cavalerie, ou du Major de brigade, à moins
qu'un Officier général de jour ou le Major de brigade ne vienne la
retirer lui-même, ou qu'elle ne foit attaquée par une troupe fupérieure.

CCXXVIII.

UN Commandant de garde ne pourra refuser de fe laiffer relever
par une autre garde, fous prétexte qu'elle feroit moins nombreufe,
ou commandée par un Officier d'un grade inférieur au fien.

CCXXIX.

LES jours de marche, les anciennes gardes attendront les ordres
du Général pour rentrer dans leurs régimens ou faire l'arriere-garde;
& les nouvelles s'affembleront à l'ordinaire pour fuivre le Maréchal
de Camp de jour au campement, & exécuter fes ordres.

CCXXX.

Garde du quartier général.

LA garde du quartier général fournira au Prévôt les Cavaliers
dont il aura befoin pour fon efcorte.

Elle ne montera à cheval pour perfonne fans un ordre du Commandant du camp, qui lui prefcrira ce qu'elle aura à faire.

Son Maréchal des Logis ira prendre l'ordre chez le Maréchal général des Logis de la Cavalerie.

Des Vedettes.

CCXXXI.

LES vedettes doivent toujours être mifes à portée & en vue de la
garde qui les pofe.

CCXXXII.

QUAND elles ont été pofées, les Officiers de la garde doivent
aller fucceffivement leur faire répéter la configne.

CCXXXIII.

ELLES doivent se tourner de temps en temps de différens côtés, pour mieux découvrir ce qui se passera autour d'elles, & avertir en appellant ou par signes, quand elles découvrent des troupes ou plusieurs personnes venant de leur côté.

CCXXXIV.

CELLES qui sont doublées ne doivent jamais parler ensemble que pour les cas du service : elles seront tournées de deux côtés opposés ; l'une viendra avertir pendant que l'autre restera pour l'observer ; & si une des deux déserte, l'autre tirera dessus.

CCXXXV.

LES vedettes doivent toujours avoir le mousqueton haut & armé, & accroché à la bandouliere.

CCXXXVI.

TOUS Cavaliers qui doivent relever des vedettes, seront conduits par un Brigadier, qui partira de la troupe le sabre à la main, & les Cavaliers le mousqueton haut.

CCXXXVII.

LES Cavaliers qui seront relevés, auront pareillement le mousqueton haut, jusqu'à ce qu'ils aient rejoint la troupe.

CCXXXVIII.

QUAND le Brigadier aura plusieurs vedettes à relever, il commencera toujours par la plus éloignée, & ramenera ensemble tous les Cavaliers qu'il aura relevés.

CCXXXIX.

LA nouvelle vedette prendra la gauche de la vieille en la relevant, & le Brigadier se tiendra devant elles, pour avoir attention que la consigne soit bien donnée.

Des Cavaliers d'Ordonnance.

CCXL.

IL sera commandé tous les jours deux Cavaliers par brigade, pour être d'ordonnance chez le Commandant de la Cavalerie, aux ordres d'un Brigadier.

CCXLI.

Il y aura aussi deux Cavaliers par brigade, avec un Brigadier d'ordonnance, chez le Maréchal général des Logis de la Cavalerie.

CCXLII.

Les Brigadiers employés auront chez eux deux Cavaliers tirés de leur brigade, dont ils ne pourront se faire suivre.

CCXLIII.

Lorsque les Majors de brigade auront des ordres à envoyer ailleurs qu'aux gardes ordinaires, ils pourront se servir d'un Cavalier du piquet, mais sans pouvoir s'en faire suivre.

Des Détachemens.

CCXLIV.

Leur assemblée. Tous les détachemens commandés seront formés chacun à la tête du régiment qui le fournira.

CCXLV.

L'Officier Major qui en fera l'inspection, visitera les armes & munitions des Cavaliers, en présence des Officiers qui devront commander le détachement : il vérifiera si les Cavaliers auront du pain & de l'avoine pour le temps qui aura été ordonné ; & il ne souffrira point de chevaux qui ne soient en bon état.

CCXLVI.

Pour remédier à ce qui pourroit se trouver de manque à cette inspection, il s'y trouvera un Officier ; & au défaut d'Officier, un Maréchal des Logis ou un Brigadier de chaque compagnie.

CCXLVII.

L'Officier Major du régiment conduira ensuite les détachemens au centre de la brigade, d'où le Major de brigade, après les avoir visités, les conduira au rendez-vous indiqué par le Maréchal général des Logis de la Cavalerie, auquel il les remettra en lui donnant par écrit le nom des régimens qui auront fourni les différens déta-

chemens,

chemens, & ceux des Officiers de tous grades qui seront attachés à chaque troupe commandée.

CCXLVIII.

LES détachemens de Cavalerie, de quelque régiment qu'ils soient, marcheront entre eux suivant le rang de la brigade de laquelle ils auront été tirés ; mais les Capitaines commanderont entre eux suivant l'ancienneté de leurs commissions.

Rang des détachemens.

CCXLIX.

L'OFFICIER de grade supérieur, soit de Cavalerie ou d'Infanterie, commandera partout à celui d'un grade inférieur.

Commandement.

CCL.

EN parité de grade, l'Officier de Cavalerie commandera par préférence à celui d'Infanterie, lorsqu'ils se trouveront ensemble en campagne.

CCLI.

TOUT Officier qui aura été nommé à l'ordre de l'armée pour commander un détachement composé d'Infanterie & de Cavalerie, le commandera pendant tout le temps que ce détachement sera hors du camp.

CCLII.

LORSQUE l'Officier nommé à l'ordre pour commander un détachement sera hors d'état de le suivre, le commandement passera à un des premiers Officiers qui auront marché avec lui, selon ce qui est réglé aux articles CCXLIX & CCL.

CCLIII.

TOUT Officier qui commandera un détachement sortant du camp, donnera un mot de ralliement à sa troupe.

Mot de ralliement.

CCLIV.

QUAND au retour d'un détachement, il se trouvera à la vue du camp & en dedans des gardes ordinaires, l'Officier qui le commandera fera faire halte à son avant-garde, & mettra ses troupes en bataille à mesure qu'elles arriveront, faisant face en dehors du camp.

Retour.

CCLV.

DÈS que son arriere-garde l'aura joint, il fera défiler devant lui chaque troupe pour retourner à leur camp.

Yyy

C C L V I.

AVANT de faire défiler, il examinera s'il ne manquera personne, afin de faire châtier les Cavaliers qui se seront absentés.

C C L V I I.

S'IL s'en trouve quelqu'un chargé de maraude, il le fera arrêter & conduire sur le champ au Prévôt.

C C L V I I I.

APRÈS avoir fait l'arriere-garde de tous les détachemens, il ira rendre compte au Commandant du camp, & à celui de la Cavalerie.

S'il est Mestre de Camp, il ira rendre compte de plus au Brigadier de sa brigade.

Les autres Officiers, depuis le Lieutenant-Colonel jusqu'au Cornette, rendront compte de même à leur Brigadier, s'ils ont commandé un détachement en chef, & ensuite au Commandant de leur régiment, à qui ils rendront toujours compte, quand même ils n'auroient fait que marcher avec leurs troupes, sans avoir de commandement.

C C L I X.

Honneurs. LES détachemens qui rencontreront des troupes ou des Officiers Généraux auxquels le salut est dû, en useront à cet égard de même qu'il est dit pour les gardes ordinaires.

C C L X.

CHAQUE Commandant de détachement aura soin de faire décharger les armes des Cavaliers qui le composeront, avant de les faire rentrer dans le camp, comme il a été dit pour les gardes.

Des Marches.

C C L X I.

Boute-selle. LORSQU'ON sonnera le boute-selle, les Majors de brigade se rendront promptement auprès du Maréchal général des Logis de la Cavalerie, pour recevoir les ordres qu'il aura à leur distribuer.

C C L X I I.

LE piquet montera à cheval, & mettra des vedettes à la queue

& fur les flancs du camp, comme il a été dit au titre du piquet.

C C L X I I I.

LES Officiers fupérieurs de piquet fe trouveront pareillement à la tête du camp, ainfi qu'un des deux Majors de piquet, avec les nouvelles gardes & les campemens.

C C L X I V.

CES Officiers fuivront le Maréchal de Camp de jour, lorfqu'il fe mettra en marche pour aller au nouveau camp.

C C L X V.

A mefure que le Maréchal de Camp de jour poftera chaque garde, le Major de piquet en prendra note, & en remettra l'état au Maréchal de Camp, & au Maréchal général des Logis de la Cavalerie, qui en donnera un état au Commandant du camp, & à celui de la Cavalerie.

C C L X V I.

LES Majors fortant de piquet, affembleront les détachemens qui feront commandés, foit pour efcorter les équipages, foit pour faire l'arriere-garde, ou pour toute autre commiffion.

Ils raffembleront auffi les vieilles gardes, qui n'ayant pas rejoint leurs corps, devront faire l'arriere-garde, ou en compofer une partie.

C C L X V I I.

LES Officiers des compagnies feront abattre, plier & charger diligemment les tentes.

C C L X V I I I.

LES Maréchaux des Logis veilleront, avec les Chefs de chambrée, à ce que chaque Cavalier raffemble fon équipage fans fe charger de chofes inutiles. Ils feront éteindre les feux exactement, & empêcheront que les Cavaliers ne brûlent la paille du camp, à quoi les Commandans des corps veilleront pareillement.

C C L X I X.

L'AVANT-GARDE du piquet ira prendre les timbales & les étendards, comme il a été dit à l'article LXXXVII.

Yyy ij

CCLXX.

A cheval.

LORSQU'ON sonnera à cheval, les Cavaliers déboucheront pour se mettre en bataille à la tête de leur camp.

CCLXXI.

LORSQUE le Major de brigade fera mettre en mouvement le régiment chef de brigade, ceux des autres régimens de la même brigade en feront autant ; & ils marcheront ensemble en bataille, environ trente pas à la tête du camp, où ils feront halte.

CCLXXII.

LES brigades marcheront dans le même ordre qu'elles seront campées.

Dès que la premiere brigade marchera, les autres exécuteront aussitôt les mêmes mouvemens, pour que la ligne se déploie en même temps ; à moins que la disposition de la marche n'exige qu'elles partent successivement.

CCLXXIII.

AUCUN Officier ne quittera sa troupe pendant la marche, sans la permission du Commandant du régiment.

CCLXXIV.

LES Officiers Majors se promeneront de la tête à la queue de leur régiment, pour examiner si tout est en regle, & ils en rendront compte au Commandant du régiment.

CCLXXV.

Cavaliers à leur rang.

LES Cavaliers ne pourront sortir de leur rang pour s'écarter de la colonne.

CCLXXVI.

ON obligera ceux qui auront des besoins, à avertir ; & on laissera avec eux un Brigadier, qui les obligera de rejoindre diligemment.

CCLXXVII.

IL sera défendu de laisser boire les chevaux en marche ; les Maréchaux des Logis des compagnies auront attention de l'empêcher : & à cet effet, au passage de chaque gué, le Commandant du régiment laissera un Officier, qui sera relevé successivement par un autre Officier de chacune des compagnies suivantes.

CCLXXVIII.

Les Officiers ne pourront se faire suivre dans les marches, que par un seul valet à cheval, avec un cheval de main ; en ce cas ces valets se tiendront dans l'intervalle des escadrons.

Valets.

CCLXXIX.

Si quelques Cavaliers écartés font du désordre, on enverra un Officier avec des Cavaliers pour les arrêter.

Cavaliers écartés.

CCLXXX.

Si un Cavalier est rencontré hors de la marche de la colonne, sans que les Officiers de sa compagnie aient averti le Commandant du régiment, & celui-ci le Brigadier, celui de ces Officiers qui y aura manqué, sera reponsable du désordre que ce Cavalier aura fait.

CCLXXXI.

Les Officiers, de tel corps que ce soit, feront arrêter tout Cavalier qui ne sera pas à sa troupe, quand même son régiment ne seroit pas dans la colonne ; & ils le feront conduire à son régiment lorsque l'on sera arrivé au nouveau camp.

CCLXXXII.

Les Commandans des régimens donneront main-forte au Prévôt, s'ils en sont requis, & ils concourront avec lui pour empêcher le désordre : ceux des détachemens en feront de même.

Main-forte au Prévôt.

CCLXXXIII.

Ils empêcheront que personne ne tire en marche, & feront arrêter les Cavaliers qui auront tiré, lesquels seront envoyés au Prévôt.

Défense de tirer.

CCLXXXIV.

Ils ne souffriront dans les colonnes des troupes, sous tel prétexte que ce puisse être, ni chaise, ni carrosse, ni aucune autre espece de voitures à roue.

Voitures.

CCLXXXV.

Ils empêcheront que personne ne crie, ni *halte*, ni *marche*, & qu'on ne fasse passer aucune parole.

Cris.

542 ORDONNANCES

CCLXXXVI.

Haltes.

Sɪ les troupes de la queue d'une colonne ne peuvent fuivre la tête, ou qu'il leur arrive quelque accident qui les oblige à s'arrêter, on fera fonner un appel qui fera répété jufqu'à la tête, de régiment en régiment : alors la tête fera halte. Lorfque la queue aura rejoint, elle fera fonner un couplet de la marche qui fera répété par un Trompette de la tête de chaque régiment; après quoi la tête de la colonne fe remettra en marche : il fera cependant détaché un Officier pour avertir celui qui commandera la colonne, du fujet pour lequel on fe fera arrêté.

CCLXXXVII.

Paſſage du Commandant.

Qᴜᴀɴᴅ le Commandant du camp, ou celui de la Cavalerie, pafferont le long d'une colonne de Cavalerie étant en marche ou en halte, les Cavaliers ne mettront point le fabre à la main, & les troupes qui marcheroient ne s'arrêteront pas, mais les Trompettes fonneront & les Timbales battront.

CCLXXXVIII.

Arrivée au nouveau camp.

Lᴇs régimens, en arrivant au nouveau camp, fe formeront en bataille à la tête du terrein qui leur fera deftiné ; & ils n'y entreront que lorfque le Brigadier l'ordonnera.

Des Cuiraſſes.

CCLXXXIX.

Tᴏᴜs les Officiers, Maréchaux des Logis, Brigadiers & Cavaliers, feront tenus de porter leur cuiraffe & plaftron toutes les fois qu'ils feront commandés ou détachés pour quelque fervice à cheval ; & nul Officier ne pourra fe fervir de cuiraffe de tôle, ou d'aucune autre fabrique que celles qui font ordonnées.

CCXC.

Sɪ quelque Officier commandé fe trouve au rendez-vous général des gardes, fans cuiraffe, les Officiers Généraux de jour, ou le Commandant de la Cavalerie, l'enverront au camp aux arrêts, & en avertiront le Commandant du camp.

Des Équipages.

CCXCI.

Voitures.

Lᴀ fuppreffion des voitures à deux roues, à l'exception des chaifes, ayant été ordonnée, on ne fouffrira au camp que des charriots à quatre roues avec un timon, qui feront tirés au moins par quatre chevaux attelés deux à deux.

C C X C I I.

Les Brigadiers, Meftres de Camp, Lieutenant-Colonels, ou autres anciens Officiers qui pourroient avoir befoin d'une chaife, en demanderont la permiffion au Commandant du camp, qui la leur donnera par écrit s'il le juge à propos.

C C X C I I I.

Il ne pourra y avoir plus d'un Vivandier, un Boulanger & un Boucher à la fuite de chaque régiment ; & ils auront chacun un charriot feulement.

C C X C I V.

Les Brigadiers & Meftres de Camp ne pourront avoir plus de feize chevaux d'équipage , y compris l'attelage d'une voiture à quatre roues.

Nombres des chevaux.

C C X C V.

Les autres Officiers ne pourront avoir un plus grand nombre de chevaux de monture ou de bât, que celui pour lequel ils reçoivent des fourrages, quand Sa Majefté leur en fait donner.

C C X C V I.

Les Majors des régimens donneront au Commandant du camp, un état exact de ce que chaque Officier aura d'équipage , & de leur efpece.

C C X C V I I.

Chaque Commandant de brigade choifira entre les Brigadiers des compagnies dont elle fera compofée, celui qu'il jugera le plus capable de faire les fonctions de Vaguemeftre de cette brigade.

Vaguemeftres.

C C X C V I I I.

Il fera choifi de même par le Meftre de Camp, dans chaque régiment, un Brigadier pour faire les fonctions de Vaguemeftre particulier du corps, lequel recevra les ordres du Vaguemeftre de brigade.

C C X C I X.

La veille de chaque jour de marche, les Vaguemeftres de brigade prendront l'ordre du Maréchal général des Logis de la Cavalerie, fur l'heure & le lieu où les équipages devront être conduits le lendemain ; & ils le rendront aux Vaguemeftres des autres régimens de leur brigade.

C C C.

Les Vaguemeftres des régimens difpoferont les équipages de leurs régimens en file, fuivant le rang des efcadrons & celui des compagnies dans l'efcadron.

C C C I.

Les Vaguemeftres des régimens ne fouffriront point qu'aucun bagage fe mette en marche que le Vaguemeftre de la brigade ne foit venu l'ordonner ; ce que les Vaguemeftres de brigade ne feront point que le Maréchal général des Logis de la Cavalerie n'en ait envoyé l'ordre.

C C C I I.

Les Vaguemeftres feront arrêter tout charretier & conducteur de bagages, qui fe fera mis en marche avant l'heure ordonnée.

C C C I I I.

Fanion.

Il y aura à chaque régiment un étendard nommé *Fanion*, qui fera porté par un des Valets que le Major choifira. La banderole du fanion fera d'un pied en carré, & d'étoffe de laine des couleurs affectées au régiment, dont le nom y fera écrit.

C C C I V.

Marche des bagages.

Lorsque le Vaguemeftre de brigade aura reçu l'ordre pour marcher, il fera mettre en marche le bagage de chaque régiment, fuivant le rang que le régiment tiendra dans la brigade.

C C C V.

Le bagage du Brigadier marchera à la tête des équipages de la brigade, & devant ceux des régimens qui la compoferont.

C C C V I.

Le Vaguemeftre de chaque brigade en conduira les équipages pendant la marche, en fuivant exactement les guides qui conduiront la colonne, & fans les devancer.

CCCVII.

C C C V I I.

Il fera arrêter tous les Valets qui voudroient passer devant le fanion de leur régiment, à la suite duquel ils resteront rassemblés, à l'exception de ceux qui marcheront avec leurs maîtres dans les divisions.

C C C V I I I.

Il veillera à ce que chaque Vaguemestre particulier fasse son devoir, & à ce que l'ordre soit ponctuellement exécuté.

C C C I X.

Chacun des Vaguemestres particuliers des régimens, sera assidu pendant la marche auprès des bagages de son régiment, & tiendra la main à les faire avancer & suivre dans le rang où il les aura mis.

C C C X.

Il sera commandé un détachement pour escorter chaque colonne d'équipage; & l'Officier qui la commandera, devant être instruit de l'ordre de la marche, aura soin de faire observer exactement ce qui aura été ordonné, & de faire arrêter qui que ce soit qui voudra croiser la file.

C C C X I.

On ne donnera aucune escorte armée à l'équipage particulier de qui que ce puisse être, & on n'y enverra aucun Cavalier: en cas de contravention, le Major du corps dont sera l'escorte, en rendra compte au Commandant de la brigade, à celui du régiment, & au Maréchal général des Logis de la Cavalerie.

C C C X I I.

Les Valets se tiendront, dans les marches, à l'équipage de leurs maîtres, & les Vivandiers, où ils devront être, sans s'écarter à droite ni à gauche.

C C C X I I I.

Les équipages qui se seront arrêtés pour quelque cause que ce soit, ne pourront reprendre la file qu'à la queue des équipages de leur régiment ou de leur brigade; & si ceux de leur brigade étoient passés avant qu'ils fussent en état de marcher, ils seront obligés d'attendre que tous les équipages de la colonne soient passés, pour en prendre la queue.

Zzz

C C C X I V.

Aucun charretier ni conducteur de bagages, ne coupera ni devancera l'équipage qui le précédera, à moins que celui-ci ne puisse pas suivre la colonne.

C C C X V.

Ceux qui contreviendront à ce qui est prescrit ci-dessus pour l'ordre de la marche des bagages, seront punis suivant la rigueur des Ordonnances.

C C C X V I.

Les menus équipages marcheront dans le même ordre que les gros, lorsqu'ils en seront séparés : en ce cas, outre l'escorte qui marchera avec les gros équipages, on commandera un Brigadier par brigade, pour contenir les Valets qui seront aux menus équipages.

Des Fourrages.

C C C X V I I.

Lorsqu'il y aura un fourrage commandé, il sera consigné dès la veille aux sentinelles de nuit tirés de la garde des étendards, de ne laisser sortir du camp aucuns Cavaliers ni domestiques sans la permission du Capitaine de piquet ; & cette consigne sera renouvellée à ceux de la nouvelle garde qui les releveront.

C C C X V I I I.

Dès que le nouveau piquet aura été assemblé le matin à la tête du camp, il posera à la queue & sur les flancs, des vedettes qui auront la même consigne.

C C C X I X.

Les Officiers du piquet se promeneront à cheval autour du camp, pour voir si ces vedettes feront leur devoir, & s'il ne sortira personne du camp.

C C C X X.

On commandera, dès le soir, les gardes & les petites escortes pour le fourrage du lendemain.

C C C X X I.

Les gardes destinées à former la chaîne, seront conduites au rendez-vous, à l'heure indiquée, par un Officier Major de chaque brigade.

CCCXXII.

LES petites efcortes feront d'un Cavalier par compagnie, & commandées par un Capitaine, avec un Trompette pour raffembler les fourrageurs en cas de befoin.

CCCXXIII.

ELLES marcheront chacune avec les fourrageurs de leur régiment, jufque dans l'enceinte défignée pour le fourrage.

CCCXXIV.

LES fourrageurs marcheront dans le même ordre que les troupes font campées.

CCCXXV.

LES Majors de brigade & de chaque régiment, doivent conduire les fourrageurs de leur brigade au rendez-vous du fourrage.

CCCXXVI.

LE Brigadier conduira auffi ceux de fa brigade, & le Meftre de Camp & le Lieutenant-Colonel ceux de leur Régiment.

CCCXXVII.

IL y aura toujours un Officier à la tête des fourrageurs de chaque compagnie, pour les contenir ainfi que les valets des Officiers de la compagnie.

CCCXXVIII.

LORSQUE le Brigadier ou Meftre de Camp commandant les fourrageurs de chaque brigade, aura permis de les laiffer débander, & qu'ils auront mis pied à terre, les petites efcortes feront raffemblées ou difperfées, felon que le Commandant du fourrage ou de la brigade l'ordonnera.

CCCXXIX.

LES petites efcortes ne fe retireront qu'après que les fourrageurs de la brigade fe feront retirés; & le Commandant de la brigade les ramenera avec ordre, à la fuite des fourrageurs de la brigade, qui feront accompagnés de leurs Officiers.

Des Diſtributions.

C C C X X X.

LORSQU'IL y aura des diſtributions à faire, les Cavaliers de chaque Régiment y feront conduits en bon ordre, par un Officier Major.

C C C X X X I.

CET Officier aura attention à ce que la diſtribution ſoit faite en regle, & donnera ſon reçu de ce qui aura été fourni.

C C C X X X I I.

IL ſe concertera avec le Commiſſaire des guerres qui ſera préſent, pour lever les difficultés qui pourroient ſurvenir, & s'abſtiendra de toutes voies de fait.

C C C X X X I I I.

SI le Commiſſaire des guerres & l'Officier Major ne s'accordoient pas ſur la maniere de terminer les difficultés ſurvenues, l'Officier Major en rendra compte au Major de brigade, & celui-ci au Maréchal général des logis de la Cavalerie, & le Commiſſaire des guerres à l'Intendant.

C C C X X X I V.

L'OFFICIER chargé de ce détail ne ſe préſentera point à la diſtribution qu'il n'ait un état exact du nombre des rations qu'il aura à demander pour le Régiment, compagnie par compagnie.

C C C X X X V.

IL ſe rendra d'abord où le Commis principal tiendra le bureau; & celui-ci lui donnera un Commis particulier pour le conduire avec ſa troupe au lieu où la diſtribution devra être faite.

C C C X X X V I.

IL ſera fait mention ſur les reçus des quantités qui auront été délivrées pour chaque compagnie & pour l'État Major.

C C C X X X V I I.

LE même ordre s'obſervera à toutes les diſtributions, de quelque eſpece qu'elles ſoient.

CCCXXXVIII.

On chargera, autant qu'il se pourra, le même Officier d'assister toujours à la même espece de distribution.

CCCXXXIX.

Les distributions se feront, à chaque Régiment, dans le rang qui aura été prescrit à l'ordre.

De la Discipline & Police du Camp.

CCCXL.

Aucun Régiment ne prendra les armes sans la permission du Commandant du Camp, à moins qu'il ne lui soit ordonné par un Officier Général de jour, le Commandant, ou le Maréchal général des Logis de la Cavalerie. Si c'est par l'ordre d'un Officier général de jour, le Major de brigade en avertira sur le champ le Maréchal général des Logis de la Cavalerie, & son Brigadier.

Prendre les armes.

CCCXLI.

Tous les Officiers porteront les habits uniformes de leur Régiment. Ils ne monteront point de chevaux qui n'aient aussi des housses de cet uniforme ; & ne paroîtront point chez le Commandant du corps, ni aucun autre Officier supérieur, sans être bottés.

Uniforme des Officiers.

CCCXLII.

Les Brigadiers qui ne commanderont point de brigade, camperont régulièrement, ainsi que les Mestres de Camp & autres Officiers, chacun à leur Régiment & compagnie.

Campemens des Officiers.

CCCXLIII.

Les Officiers Majors camperont pareillement à leur Régiment, à l'exception des Majors de brigade, lorsqu'il leur aura été marqué un logement dans le terrein de leur brigade.

CCCXLIV.

Aucun Officier ne pourra s'absenter du Camp, ni même en découcher, quand ce ne seroit que pour un jour, sans la permission par écrit du Commandant du Camp ; & on s'adressera au Comman-

Absence des Officiers.

dant de la Cavalerie pour avoir cette permiſſion, après l'avoir obtenue du Commandant du corps.

CCCXLV.

Bans.

A l'arrivée des troupes au Camp, on fera battre des bans pour
publier les défenſes ci-après, ſous les peines portées par les Ordonnances, ou celles qui feront ordonnées par le Commandant du Camp,
s'il juge à propos d'en infliger de plus ſéveres.

CCCXLVI.

Défenſes.

Il ſera défendu de rien prendre dans les maiſons voiſines du Camp,
ni dans aucun autre lieu, de cueillir aucuns fruits, herbages ni lé-
gumes dans les jardins ni dans les champs, de couper aucun arbre
fruitier ou autre, ni aucune haie, & d'entrer dans les vignes.

CCCXLVII.

Chaſſe & pêche.

Il ſera pareillement défendu à tous Officiers, Cavaliers & Valets,
de chaſſer & de pêcher : les Commandans des corps puniront ceux
qui y contreviendront, & en rendront compte au Commandant du
camp.

CCCXLVIII.

Vivres.

Mêmes défenſes ſeront faites aux Cavaliers & à tous autres, de
prendre quoi que ce puiſſe être aux payſans & autres perſonnes qui
apporteront des vivres & autres denrées au camp, ſoit à titre de rétribution ou autrement, ni de leur faire aucun tort ou violence,
même d'aller au devant d'eux, ſoit pour prendre ces vivres en les
taxant arbitrairement, ou pour les choiſir avant qu'ils ſoient arrivés
au lieu qui ſera déſigné pour ſervir de marché, ni de donner aucun
empêchement aux moulins ; le tout pour quelque cauſe & ſous quelque prétexte que ce puiſſe être.

CCCXLIX.

Qui que ce ſoit qui ſe trouvera chargé de hardes ou uſtenſiles
priſes en maraude, ſera arrêté & envoyé au Prévôt.

CCCL.

Vivandiers.

Les Majors ne ſouffriront point qu'aucuns autres Vivandiers que
ceux de leur Régiment, s'établiſſent dans le terrein qu'il occupera.

CCCLI.

Gens ſans aveu.

Ils ne ſouffriront point non plus qu'il y ait aucuns gens ſans aveu
à la ſuite des corps.

CCCLII.

Nul Cavalier ne pourra aller camper au quartier général ni ailleurs que dans le terrein de son Régiment, pour faire aucun métier ou commerce.

Commerce.

CCCLIII.

Ils ne pourront aussi aller au quartier général sous prétexte d'acheter des vivres, sans une permission par écrit de leur Capitaine, signée du Major du Régiment, laquelle permission ne pourra être accordée que pour les heures qui seront réglées par le Commandant du camp.

CCCLIV.

Les Cavaliers ne pourront rien vendre dans le camp sans une permission par écrit du Major de leur Régiment.

CCCLV.

Il sera défendu aux Cavaliers de passer les gardes établis autour du camp, sans un congé dans la forme prescrite par les Ordonnances : ceux qui se trouveront hors des gardes, sans même y avoir fait de désordre, seront arrêtés & punis comme déserteurs ; & on les punira comme voleurs s'ils se trouvent avoir commis du désordre.

Passer les gardes.

CCCLVI.

Les Mestres de camp ou Commandans des corps ne pourront permettre à aucuns Cavaliers de passer les gardes du Camp, à moins que les congés qu'ils leur donneront ne soient approuvés du Commandant de la Cavalerie, qui en demandera la permission au Commandant du camp.

CCCLVII.

S'il arrivoit qu'on arrêtât aux environs du camp quelque Cavalier qui eût découché sans que son Capitaine en eût averti, le Capitaine sera interdit & payera le désordre fait par le Cavalier arrêté, & le Commandant du Régiment en sera responsable.

CCCLVIII.

Il sera défendu aux Cavaliers de mettre l'épée à la main dans le camp & aux environs.

Mettre l'épée à la main.

CCCLIX.

Balles & plomb. ILS ne pourront tirer, ni avoir aucune balle, plomb à giboyer, ou moule pour en couler.

CCCLX.

EN arrivant au camp, les Officiers feront en préfence des Commandans des corps, une vifite exacte des armes & équipages des Cavaliers de leur compagnie ; feront décharger les armes avec un tirebourre, ou, fi cela ne fe peut, les feront tirer devant eux, en prenant toutes les précautions néceffaires pour qu'il n'en arrive pas d'accident ; & ils prendront toutes les balles & autre plomb que les Cavaliers pourront avoir.

CCCLXI.

LORSQU'IL fera néceffaire de faire décharger les armes, on y procédera de la même maniere en préfence d'un Officier, entre neuf & dix heures du matin.

CCCLXII.

A la féparation du camp, les Officiers rendront aux Cavaliers les balles qu'ils leur auront ôtées.

CCCLXIII.

LORSQU'ON affemblera les gardes ordinaires & autres détachemens, il fera donné trois balles à chaque Cavalier commandé pour lefdites gardes & détachemens, par le Maréchal des logis de leur compagnie, qui aura attention de fe faire rendre ces balles au retour des gardes & détachemens.

CCCLXIV.

Uniforme des Cavaliers. IL fera défendu à tous Cavaliers de fe travestir, ni porter d'autres habits que les uniformes des Régimens dont ils feront, même de retourner leur jufte-au-corps, fous quelque prétexte que ce puiffe être, ni de prêter leurs habits uniformes à des Cavaliers, Dragons ou Soldats d'autres Régimens.

CCCLXV.

Jeux. LES Commandans des corps tiendront la main à ce qu'il ne foit établi dans le camp ni aux environs, aucun jeu de hafard, fous quelque nom qu'il puiffe être déguifé ; & feront mettre en prifon, tant ceux qui auront donné à jouer, que les Officiers qui auront joué.

CCCLXVI.

CCCLXVI.

LES Officiers & Maréchaux des Logis de piquet visiteront de temps en temps les lieux où les Cavaliers pourroient tenir des jeux dans le voisinage du camp ; & ils enverront des patrouilles pour arrêter ceux qui se trouveront en contravention.

CCCLXVII.

LE terme d'*alerte* sera interdit pour faire prendre les armes ; & les Officiers & Maréchaux des Logis tiendront la main à ce que l'on se serve de celui d'appeller *aux armes*.

Cris défendus.

CCCLXVIII.

LORSQUE les Majors des Régimens enverront quelque Cavalier ou Valet au Prévôt, ils marqueront sur un billet le sujet pour lequel ils y seront envoyés.

Envoi au Prévôt.

CCCLXIX.

AUCUN Officier ne pourra engager un déserteur venant du pays étranger, qu'après qu'il en aura obtenu la permission du Commandant du camp : il ne pourra aussi acheter les armes & les chevaux des déserteurs sans la permission du Commandant de la Cavalerie.

Déserteurs étrangers.

CCCLXX.

LES chevaux qui seront trouvés sans maîtres ou sans conducteurs, dans le camp ou aux environs, seront conduits chez le Prévôt, qui les rendra à qui ils appartiendront.

Chevaux perdus.

CCCLXXI.

ON restituera de même, sans rien payer, ceux qui ayant été volés ou perdus, seront réclamés par leurs maîtres, quand même ils auroient été vendus par ceux qui les auroient volés ou trouvés ; devant être défendu à qui que ce puisse être d'acheter des chevaux que d'une personne connue.

CCCLXXII.

LES Majors des Régimens rendront compte exactement à leur Commandant & à leur Brigadier, de tout ce qui s'y passera de contraire à la discipline, & des punitions qui auront été ordonnées ; & les Brigadiers en rendront compte au Commandant de la Cavalerie,

Compte à rendre.

qui de son côté informera le Commandant du camp de tout ce qui méritera attention.

CCCLXXIII.

Les Commandans des corps feront responsables des contraventions qui s'y commettront sur le fait de la discipline, & les Capitaines le feront pareillement envers eux de celles de leur compagnie.

ORDONNANCE

Sur l'Exercice de la Cavalerie.

SA Majesté s'étant fait représenter les différentes Instructions qu'Elle a fait rendre ci-devant pour régler l'Exercice de sa Cavalerie, & les observations auxquelles elles ont donné lieu; Et voulant décider définitivement tout ce qui a rapport à cet objet, Elle a ordonné & ordonne ce qui suit.

Des obligations des Officiers, & de la maniere dont ils doivent saluer.

Les Officiers feront tenus de s'instruire de ce qu'ils doivent commander aux Cavaliers.

Pour cet effet, les Commandans des corps tiendront la main à ce que non feulement les Officiers Majors, mais aussi ceux des compagnies & les Maréchaux des Logis, se mettent au fait de tout ce qui a rapport au maniement des armes & aux manœuvres, de maniere qu'ils le sçachent assez bien exécuter pour pouvoir l'apprendre à leur troupe.

Les nouveaux Officiers qui feront reçus à leurs emplois, ne pourront faire de service qu'après que leur capacité à cet égard aura été reconnue par l'épreuve qui en sera faite en présence du Commandant du régiment, dont ils feront tenus de rapporter un certificat au Commandant de la place où le régiment fera en garnison, lequel l'enverra au Secretaire d'État ayant le département de la guerre.

Quand les régimens feront raffemblés, ceux qui les commanderont feront commander devant eux à chaque compagnie, par leurs Officiers particuliers, les différens maniemens des armes & les manœuvres indiquées pour une compagnie, afin de s'affurer que ces Officiers foient en état de bien inftruire leurs compagnies lorfqu'elles feront féparées.

Ils leur feront auffi commander toutes les manœuvres indiquées pour un détachement.

Les Officiers mettront le fabre à la main, le porteront & le remettront en même temps & de la même maniere que les Cavaliers.

Quand ils devront faluer de cette arme, ils le feront en cinq temps, foit de pied ferme ou en marchant.

Au premier, lorfque la perfonne qu'on doit faluer fera à cinq pas de diftance, on tournera le tranchant du fabre à gauche, prenant la poignée à pleine main, & étendant le pouce jufqu'à la garde, & on élevera le fabre tout de fuite perpendiculaire, la pointe en haut, la garde à hauteur & à un pied de diftance de la cravatte, le coude un demi-pied plus bas que le poignet.

Au deuxieme, à trois pas de diftance, on étendra le bras pour placer la main au deffous du milieu de la poche, l'habit étant boutonné, & on baiffera la pointe du fabre à la hauteur du poignet, obfervant que la lame foit parallele au corps du cheval.

Au troifieme, à un pas de diftance, élevant un peu le poignet & le tournant en dehors, on baiffera la pointe du fabre fort doucement, & autant qu'il fera poffible fans forcer le poignet, tenant toujours la lame parallele au corps du cheval, & l'on reftera dans la même pofition jufqu'à ce que la perfonne que l'on falue foit éloignée de deux pas.

Au quatrieme, baiffant le pouce pour contenir la poignée, on relevera le fabre la pointe en haut, le tenant perpendiculaire, la garde vis-à-vis & à fix pouces de diftance du tetton droit, le coude à hauteur du poignet.

Au cinquieme, on portera le fabre à l'épaule, comme il eft prefcrit pour les Cavaliers.

Quand les Officiers devront faluer de pied ferme, ils feront le falut l'un après l'autre, obfervant de garder les

diſtances ci-deſſus indiquées, de maniere que la pointe du
ſabre ſoit baſſe au moment du paſſage de la perſonne que
l'on ſalue.

Tous les Officiers qui ſeront à la tête d'une même troupe, ſalueront enſemble en marchant, réglant leurs mouvemens ſur ceux de l'Officier qui commandera cette troupe.

De l'Ecole du Cavalier.

La premiere inſtruction à donner à un Cavalier, eſt de
lui apprendre à connoître ſon cheval & toutes les parties
de ſon équipement, ainſi que leur uſage, afin qu'il ſçache
le brider, le gourmer, le ſeller & le harnacher de tout
point, & la maniere dont il doit le charger.

Enſuite on le fera monter à cheval & on l'y placera; on
l'inſtruira comment il doit tenir ſa bride, & s'en ſervir
pour conduire ſon cheval, de la maniere de porter ſes
étriers, de la longueur dont les étrivieres doivent être, &
de l'uſage qu'il doit faire de ſes jambes & de ſes éperons.
Enfin on le fera trotter pour lui faire trouver le fond de
la ſelle, & lui donner plus de fermeté à cheval; le tout
ainſi qu'il ſera détaillé dans une inſtruction particuliere que
Sa Majeſté ſe propoſe de donner inceſſamment.

En même temps qu'on occupera les Cavaliers à ces
premieres inſtructions, on les exercera un à un, ou deux
à deux tout au plus, aux différens maniemens des armes,
d'abord à pied, enſuite à cheval, leur en montrant tous
les principes.

Les Maréchaux des Logis ſeront principalement chargés de ce ſoin à l'égard des Cavaliers de recrue, qui
ſeront cependant exercés très-ſouvent par leurs Officiers,
ſoit dans les garniſons ou dans les quartiers, & que
l'Aide-Major raſſemblera quand le régiment ſe trouvera
réuni, pour leur faire répéter ces exercices.

Lorſque les Cavaliers auront été inſtruits chacun en
particulier au maniement des armes, tant à pied qu'à
cheval, & affermis dans les principes de l'équitation, on

les réunira au nombre de vingt-quatre par compagnie pour les exercer ensemble.

Soit que les régimens foient affemblés, ou que les compagnies foient féparées, on les exercera au moins deux fois la femaine à cheval, & une fois à pied, tant en été qu'en hyver. Celles qui feront dans le plat-pays feront exercées tous les jours pendant le temps de leur affemblée.

Du maniement des armes à pied.

Les Cavaliers fe formeront fur un feul rang pour faire le maniement des armes à pied, foit qu'on les exerce par compagnie ou par régiment.

Le Capitaine & le Lieutenant fe placeront un pas en avant des Cavaliers, le premier vis-à-vis le tiers de la droite du front de la compagnie, le fecond vis-à-vis le tiers de la gauche.

Lorfque le Capitaine fera feul, il fe placera vis-à-vis le centre de fa compagnie, & s'il y avoit deux Officiers avec lui, celui qui feroit fupérieur en grade, ou le plus ancien à grade égal, fe placera à fa droite, & l'autre à fa gauche, vis-à-vis le tiers du front de la compagnie.

L'ordre des droites & des gauches fera inverti dans les compagnies qui feront formées par la gauche.

Le Maréchal des Logis fe tiendra trois pas en arriere du centre de la compagnie.

Les Trompettes feront fur un feul rang à la droite de leur efcadron, & à la gauche de celui qui fermera la droite du régiment : le Timbalier fera un pas en avant du centre de ceux de fon efcadron.

Les Cavaliers feront ferrés de maniere que les coudes fe touchent fans fe géner, les deux talons fur une même ligne, féparés d'environ deux pouces, les épaules effacées, la poitrine en avant, le corps droit & bien à plomb, le moufqueton dans la main gauche, les trois derniers doigts fous le talon de la croffe, le premier doigt fur la vis, & le pouce en deſſus, le canon en dehors, la ſou-garde quatre pouces au deſſous du défaut de l'épaule, le coude gauche près du corps, la main droite pendante ſur le côté, la tête haute, tournée ſur la droite pour partir en même temps que le Cavalier de ſa droite, excepté celui qui fermera la droite du rang, lequel devra regarder attentivement le Major ou autre Officier qui comman-dera l'exercice, pour partir immédiatement après le der-nier mot du commandement.

Ils obſerveront tous de mettre une ſeconde entre l'exé-cution de chaque temps des commandemens qui en ont pluſieurs.

Celui qui commandera l'exercice, mettra deux ſecon-des de repos entre la fin de l'exécution d'un commande-ment & le commencement du ſuivant; & ce même in-tervalle ſera obſervé par les Cavaliers quand ils feront le maniement des armes à la muette.

Pour mettre toute la préciſion poſſible dans ces diffé-rens repos, on accoutumera les Cavaliers à compter *un*, *deux*, dans le temps d'une ſeconde, & à répéter cette for-mule autant de fois qu'ils auront de ſecondes à attendre pour exécuter les mouvemens, ſans faire avancer de Ca-valier hors du rang pour leur ſervir de modele.

Quant à l'exécution des mouvemens, on aura attention que les Cavaliers y emploient la plus grande vivacité, paſſant toujours leurs armes le plus près du corps qu'il ſera poſſible, & qu'à la fin de chaque temps il y ait une ceſſation totale de mouvement.

Le Major ou autre Officier qui devra commander l'exer-cice, commencera par faire ceux des commandemens de l'inſpection à pied ci-après qui ſeront néceſſaires, pour vérifier ſi les armes ne ſont point chargées; après quoi il fera cet avertiſſement:

Prenez garde à vous, on va faire le maniement des armes.

A cet avertiſſement, tous les Officiers & Maréchaux des Logis mettront le ſabre à la main, & le porteront contre l'épaule droite.

Le Major fera enfuite fonner un appel par les Trompettes ; alors les Officiers & Maréchaux des Logis ôteront enfemble le chapeau de la main gauche : les Officiers partant du pied gauche, & confervant leur alignement & leurs diftances, fe porteront en avant de la troupe, & feront halte quand ils auront dépaffé le Major de quatre pas ; les Maréchaux des Logis feront demi-tour à droite, & fe porteront douze pas en arriere de l'efcadron.

A la fin du fecond appel qui fera ordonné par le Major, les Officiers & les Maréchaux des Logis feront face à la troupe par un demi-tour à droite, & remettront leur chapeau, obfervant que tous ces mouvemens fe faffent enfemble, & ils continueront de porter leur fabre pendant tout le temps de l'exercice.

Perfonne ne parlera que le Major, pas même pour reprendre les Cavaliers qui feroient en faute ; & fi un Cavalier laiffe tomber fa baguette ou fon chapeau en quelque temps de l'exercice que ce foit, il ne les ramaffera pas, & il attendra que le Major ordonne à un Maréchal des Logis de le faire.

Commandemens.

1°. *A droite.*

2°. *A gauche.*

Ces deux commandemens s'exécuteront chacun en un temps, en tournant fur le talon gauche & portant le droit fur la même ligne, ayant attention de garder toujours l'intervalle de deux pouces entre les deux talons, de ne point laiffer chanceler le corps ni les armes, de ne tourner ni trop ni trop peu, & d'exécuter les mouvemens brufquement fans fauter.

3°. *Demi-tour à droite.*

4. *Demi-tour à droite.*

Ces deux commandemens s'exécuteront chacun en trois temps.

Au premier, on portera le pied droit derriere le gauche, les deux talons à quatre pouces de diftance l'un de l'autre.

Au deuxieme, on tournera fur les deux talons par la droite, jufqu'à ce que l'on faffe face du côté oppofé.

Au troifieme, on reportera le pied droit à côté du gauche fans frapper.

5. *Haut le mousqueton.*

En deux temps : au premier, on portera la main droite sous la platine sans mouvoir le mousqueton.

Au deuxieme, en retournant le mousqueton, on le portera devant soi entre les deux yeux, le canon en dedans, la main droite embrassant la poignée près de la soûgarde; on saisira en même temps le mousqueton de la main gauche, le tenant à la hauteur de la cravatte près de l'extrêmité supérieure de la platine, le pouce alongé le long du bois, le bas de la crosse appuyé contre le ventre.

6. *Apprêtez le mousqueton.*

En un temps : on armera le mousqueton en mettant le pouce sur le chien, & passant le pied droit à trois pouces en équerre derriere le gauche, tournant sur le talon gauche, & effaçant le corps à droite.

7. *En joue.*

En un temps : on appuiera la crosse à l'épaule droite, le coude droit serré, ajustant devant soi, plaçant le premier doigt dans la soûgarde & le pouce sur la poignée.

8. *Feu.*

En un temps : on appuiera avec force le premier doigt sur la détente, sans baisser la tête ni faire aucun autre mouvement ; & aussitôt après on retirera les armes vivement, le petit doigt & les trois autres doigts de la main gauche restant toujours appuyés à l'extrêmité supérieure de la platine, le pouce gauche passant sur le canon, la crosse sous le bras droit, le bout du canon plus élevé d'un pied & demi que le bassinet, la platine vis-à-vis la poitrine, la soûgarde un peu en dehors & au-dessous du tetton droit, le coude gauche collé au corps, les deux premiers doigts & le pouce de la main droite sur le chien prêts à le mettre en son repos.

9. *Mettez le chien en son repos.*

En un temps : on relevera le chien avec le pouce & le premier doigt, jusqu'à ce qu'il s'arrête dans le cran du repos; & tout de suite on remettra la main droite appuyée contre la poignée du mousqueton.

10. *Prenez la cartouche.*

En un temps : on portera brusquement la main au porte-cartouche pour en tirer la cartouche.

11.

11. *Déchirez-la avec les dents.*

En deux temps : au premier, on portera la cartouche à la bouche pour la déchirer.

Au deuxieme, on la portera brusquement près du baffinet.

12. *Amorcez.*

En un temps : tenant la cartouche des deux premiers doigts, le pouce fur l'ouverture, on remplira le baffinet de poudre, & à la fin du temps on portera la main droite derriere la batterie.

13. *Fermez le baffinet.*

En un temps : on fermera le baffinet avec les deux derniers doigts, tenant toujours la cartouche des deux premiers doigts, & on reposera la main droite derriere la platine, faififfant la poignée entre les deux derniers doigts & la paume de la main.

14. *Paffez le moufqueton du côté de l'épée.*

En deux temps : au premier, on fera à gauche en portant le pied droit en avant, le talon à la hauteur de la boucle du pied gauche, & on paffera le moufqueton perpendiculairement entre la tête & l'épaule gauche, le canon en dehors, faifant gliffer la main gauche, le pouce alongé jufqu'à l'anneau de la grenadiere, à la hauteur de la cravate.

Au deuxieme, en quittant le moufqueton de la main droite, & fans déplacer la main gauche, on baiffera le moufqueton, le bras gauche tendu, & on portera en même temps la main droite au bout du canon, pour le faifir avec les deux derniers doigts.

15. *Mettez la cartouche dans le canon.*

En un temps : on mettra la cartouche dans le canon, & on faifira en même temps la baguette avec le pouce & le premier doigt de la main droite, plaçant le pouce alongé le long du gros bout de la baguette, le premier doigt plié & le coude près du corps.

16. *Tirez la baguette.*

En un temps : on chaffera la baguette à moitié hors des tenons, en alongeant le bras droit brufquement de toute fa longueur ; puis renverfant la main, on empoignera la baguette près du bout du canon ; & achevant de la tirer par un fecond mouvement du bras très-prompt, on la fera tourner, le bras droit tendu, pour

la porter fur le ceinturon, & on fera gliffer auffitôt la main
droite à quatre doigts du gros bout, tenant la baguette parallele
au canon.

17. *Bourrez.*

En un temps : on portera la baguette brufquement de biais au
bout du canon, dans lequel on la chaffera vivement, & on la
retirera de même pour la reporter par le petit bout fur le ceinturon, gliffant la main à environ fix pouces de l'extrêmité.

18. *Remettez la baguette en fon lieu.*

En un temps : on fera entrer la baguette dans le tenon jufqu'à
ce que la main touche le bout du canon, & déployant enfuite le
bras, on la pouffera avec force pour la faire entrer d'un feul mouvement qui ramenera la main droite au bout du moufqueton,
qu'elle empoignera tout de fuite.

19. *Portez le moufqueton.*

En trois temps : au premier, quittant le moufqueton de la
main droite, on l'élevera devant foi de la main gauche, la portant à la hauteur du menton, entre la tête & l'épaule gauche, &
on le faifira de la main droite à la poignée.

Au deuxieme, faifant face en tête & frappant du pied droit
pour le ramener fur la même ligne que le gauche, on élevera
un peu le moufqueton de la main droite, pour que la main gauche vienne fe placer à la croffe, les trois derniers doigts fous le
talon, le premier doigt fur la vis, & le pouce au deffus.

Au troifieme, on attirera avec la main gauche le moufqueton
près du corps, pour le placer, comme il eft dit, à la premiere
pofition fous les armes, & la main droite tombera pendante fur
le côté.

20. *Préfentez le moufqueton.*

En trois temps : les deux premiers comme au cinquieme commandement.

Au troifieme, en retirant le pied droit en équerre à deux pouces
derriere le gauche, & faifant toujours face en tête, on abaiffera
le moufqueton à plomb vis-à-vis l'œil gauche, la baguette en
avant, le bras droit étendu dans toute fa longueur, & l'avant-bras
gauche collé au corps : les mains ne changeront point de fituation,
on abaiffera feulement le pouce de la main gauche derriere le
canon.

11. *Portez le mousqueton.*

En deux temps : au premier, en frappant du pied droit & le plaçant à côté du gauche, on relevera le mousqueton de la main droite, tournant le canon en dehors, & on placera la main gauche à la crosse, comme il est prescrit au second temps du dix-neuvieme commandement.

Au deuxieme, comme il est dit au troisieme temps du dix-neuvieme commandement.

22. *Passez la platine sous le bras gauche.*

En quatre temps : au premier, on portera la main droite à la poignée.

Au deuxieme, on portera le mousqueton de la main droite vis-à-vis l'épaule gauche, le canon en dehors, plaçant la main gauche au dessous du porte-baguette d'en bas.

Au troisieme, on passera la platine sous le bras gauche, la main droite accompagnant le mousqueton.

Au quatrieme, on portera brusquement la main droite sur le côté.

23. *Portez le mousqueton.*

En trois temps : au premier, on reportera le mousqueton devant soi de la main gauche, en le relevant & le saisissant en même temps de la main droite à la poignée, le pouce le long du revers de la platine, le canon en dehors, la main gauche à la hauteur du menton.

Au deuxieme, on portera la main gauche à la crosse.

Au troisieme, comme au troisieme du dix-neuvieme commandement.

24. *Renversez le mousqueton.*

En cinq temps : les deux premiers comme au cinquieme commandement.

Au troisieme, en retournant la main gauche & alongeant le bras, on renversera le mousqueton le bout du canon en avant, la crosse passant entre le bras droit & le corps, on le tiendra le canon en dehors & la crosse à la hauteur de la bouche, & on l'empoigneta tout de suite de la main droite à la poignée.

Au quatrieme, on passera le mousqueton renversé sous le bras gauche, glissant la main gauche le long du canon, de façon que la crosse soit appuyée à l'épaule.

Bbbb ij

Au cinquieme , on portera brusquement la main droite pendante sur le côté.

25. *Portez le mousqueton.*

En quatre temps : au premier , on reportera le mousqueton en avant de la main gauche , & on joindra tout de suite la main droite à la poignée , la crosse à la hauteur de la cravate.

Au deuxieme , la main gauche se renversera & retournera brusquement le mousqueton le bout du canon en avant , pour le placer dans la position prescrite au deuxieme temps du cinquieme commandement.

Au troisieme , on le posera vis-à-vis l'épaule gauche , la main gauche se plaçant à la crosse.

Au quatrieme , comme au troisieme du dix-neuvieme commandement.

26. *Portez le mousqueton au bras.*

En trois temps : au premier , on portera la main droite à la poignée.

Au deuxieme , la main gauche quittant la crosse , se placera dans l'habit sur la poitrine , & on appuiera le chien sur l'avant-bras gauche sans détacher l'arme de l'épaule.

Au troisieme , on laissera tomber la main droite pendante.

27. *Portez le mousqueton.*

En trois temps : au premier , on portera la main droite à la poignée du mousqueton.

Au deuxieme , la main gauche se placera à la crosse , & tiendra le mousqueton dans la position ordinaire.

Au troisieme , la main droite tombera pendante.

28. *Reposez-vous sur le mousqueton.*

En quatre temps : au premier & au deuxieme , comme aux deux premiers du cinquieme commandement.

Au troisieme , portant le mousqueton de la main gauche au côté droit , on l'empoignera de la main droite à la hauteur du chapeau , le tenant à plomb , la soûgarde en dehors.

Au quatrieme , on laissera tomber le mousqueton à la droite de la pointe du pied droit , la soûgarde en avant , observant de lever le pied en même temps que le mousqueton arrivera à terre , & de le replacer aussitôt en frappant , & la main gauche restera pendante sur le côté.

29. *Posez le mousqueton à terre.*

En quatre temps, au premier, en même temps qu'on tournera le mousqueton le canon vers le corps, on tournera sur le talon gauche à droite, on placera le pied droit derriere la crosse du mousqueton, & on mettra la main gauche derriere le dos pour saisir la bretelle du porte-cartouche.

Au deuxieme, laissant couler la main droite jusqu'à la grenadiere, on fera un pas de deux pieds en avant du pied gauche, & en courbant le corps brusquement l'on couchera le mousqueton par terre la platine en dessus.

Au troisieme, on se relevera en retirant le pied gauche, & tenant le bras droit pendant.

Au quatrieme, on tournera sur le talon gauche pour faire face en tête, le pied droit se replaçant à côté du gauche ; & la main gauche, quittant la bretelle du porte-cartouche, tombera pendante sur le côté.

30. *Reprenez le mousqueton.*

En quatre temps : au premier, on tournera à droite sur le talon gauche, on placera le pied droit derriere la crosse du mousqueton, & la main gauche saisira en même-temps la bretelle du porte-cartouche.

Au deuxieme, on fera un pas de deux pieds en avant du pied gauche, se courbant pour reprendre le mousqueton à l'anneau de la grenadiere.

Au troisieme, on se relevera tenant le mousqueton à côté de soi, le canon vers le corps, la main droite à l'anneau de la grenadiere.

Au quatrieme, sans déplacer la main droite, retournant le mousqueton, la sougarde en dehors, la main gauche tombera pendante, & on tournera à gauche en ramenant le pied droit à sa place.

31. *Portez le mousqueton.*

En quatre temps : au premier, on élevera le mousqueton de la main droite, en le rapprochant du corps, & la main gauche le saisira au dessus de la platine.

Au deuxieme, on le ramenera devant soi de la main gauche à la hauteur de la cravate, la main droite le saisissant sous la platine.

Au troisieme & au quatrieme, comme au troisieme & au quatrieme du vingt-cinquieme commandement.

32. *Moufqueton à la grenadiere.*

En quatre temps : au premier, on portera la main droite à la poignée.

Au deuxieme, en faifant un à droite fur les deux talons, on portera le moufqueton en travers au deffus de la tête, la platine en deffus ; on paffera tout de fuite la tête & le bras droit entre la grenadiere & le moufqueton qu'on laiffera tomber à droite, la main droite appuyée fur la croffe.

Au troifieme, on pouffera la croffe en arriere de la main droite, qu'on laiffera pendante ainfi que la main gauche.

Au quatrieme, on fe remettra par un à gauche fur les deux talons.

33. *Préparez-vous à mettre le fabre à la main.*

En un temps, paffant le poignet de la main droite dans le cordon, on faifira la poignée du fabre, & on dégagera la lame du fourreau de quatre doigts.

34. *Sabre à la main.*

En un temps : on tirera vivement le fabre, & on le portera à droite, le dos de la lame appuyé contre l'épaule, le poignet à la hauteur de la hanche.

35. *Remettez le fabre.*

En trois temps : au premier, on détachera le fabre de l'épaule, tournant le tranchant de la lame à gauche, prenant la poignée à pleine main, étendant le pouce jufqu'à la garde ; & on élevera le fabre tout de fuite perpendiculairement la pointe en haut, la garde à hauteur & à un pied de diftance de la cravatte, le coude un demi-pied plus bas que le poignet.

Au deuxieme, on faifira le fourreau de la main gauche ; & en renverfant la main droite & levant le coude, on fera entrer la moitié de la lame dans le fourreau.

Au troifieme, on enfoncera vivement la lame jufqu'à la garde, laiffant tomber la main gauche & la droite pendantes.

36. *Portez le moufqueton.*

En quatre temps : au premier, on fera un à droite fur les deux talons, & on portera la main droite fur la croffe.

Au deuxieme, on tirera le moufqueton en avant ; on paffera tout de fuite le bras droit entre le corps & le moufqueton, qu'on faisira par dessous à la poignée ; on le passera en travers par dessus la tête, & on le portera vis-à-vis l'épaule gauche, la main gauche sous la crosse.

Au troisieme, on fera un à gauche sur les deux talons.

Au quatrieme, comme au troisieme du dix-neuvieme commandement.

Le maniement des armes étant fini, le Major fera sonner un appel, après lequel les Officiers & les Maréchaux des Logis ôtant le chapeau de la main gauche, partiront ensemble du pied gauche, marchant à même hauteur pour venir reprendre leurs places ; & après un second appel, les Officiers feront un demi-tour à droite, & remettront leur chapeau, ainsi que les Maréchaux des Logis.

Du maniement des armes à cheval.

Pour faire le maniement des armes à cheval, si c'est par compagnie, les Cavaliers se rangeront sur un seul rang ; si c'est par escadron ou par régiment, on les fera mettre sur deux rangs.

Les Officiers seront à la tête de leur troupe dans le même ordre qui a été expliqué pour le maniement des armes à pied, observant de laisser entre leurs chevaux & ceux des Cavaliers du premier rang, le même espace que l'on doit garder entre les chevaux de chaque rang.

Les Commandans d'escadron se placeront au centre du rang des Officiers de leur escadron, qu'ils dépasseront d'une demi-longueur de cheval.

Les Cornettes ou autres Officiers qui porteront les étendards, se tiendront dans le rang à la gauche du cinquieme Cavalier de la droite & de la gauche de leur escadron.

Les Maréchaux des Logis feront en serre-file derriere le centre de leur compagnie, à trois pas de distance du dernier rang.

Les Trompettes feront sur le flanc de l'escadron, comme au maniement des armes à pied.

Les Cavaliers d'un même rang s'aligneront enſemble, de maniere que leurs épaules ſoient ſur la même ligne; & ils ſe tiendront ni trop ouverts ni trop ſerrés, pour que les bottes ſe touchent ſans qu'ils ſe preſſent.

Quant à la diſtance entre les rangs, elle ſera d'un pas entre la croupe du cheval de devant, & la tête de celui qui le ſuit.

On obſervera dans le maniement des armes à cheval, les mêmes repos & le même ſilence qui ont été preſcrits pour celui qui ſe fait à pied.

Le Major, après avoir fait les commandemens néceſſaires pour vérifier ſi les armes ne ſont pas chargées, commencera par cet avertiſſement :

Prenez garde à vous, on va faire le maniement des armes.

A cet avertiſſement, tous les Officiers & Maréchaux des Logis mettront le ſabre à la main & le porteront à l'épaule droite.

Le Major fera enſuite ſonner un appel, auquel tous les Officiers, à l'exception de ceux qui porteront les étendards, partiront pour ſe porter en avant de la troupe, quatre pas au delà du Major, & les Maréchaux des Logis feront demi-tour à droite pour s'éloigner de douze pas du dernier rang de leur compagnie.

Après un ſecond appel, les Officiers & les Maréchaux des Logis feront face à la troupe par un demi-tour à droite, & reſteront portant le ſabre durant tout le temps de l'exercice.

Commandemens.

1. *Ajuſtez vos rênes.*

En deux temps : au premier, on prendra le bout des rênes par deſſous le bouton avec le pouce & les deux premiers doigts de la main droite, on les élevera devant ſoi, en ouvrant un peu la main gauche, ſans la déplacer pour les mettre à leur point.

Au deuxieme, on laiſſera tomber le bout des rênes à droite, & on portera la main droite ſur la cuiſſe.

2.

2. *Dégagez le mousqueton.*

En un temps : on saisira de la main gauche, sans quitter les rênes, le bout de la courroie du porte-crosse, & de la main droite le côté de la boucle, & avec le premier doigt de cette main on fera sortir l'ardillon ; & le bout de la courroie étant sorti de la boucle, la main gauche prendra le côté de la boucle, & de la droite on empoignera le mousqueton par la poignée.

On observera que les Carabiniers doivent porter leur carabine comme les Cavaliers leur mousqueton.

3. *Haut le mousqueton.*

En un temps : on élevera le mousqueton, & on le portera la crosse sur la cuisse, le bout haut en avant.

4. *Accrochez le mousqueton.*

En trois temps : au premier, on baissera le mousqueton sur la main gauche, dont on l'empoignera, le tournant, le bout un peu élevé, vers l'oreille gauche du cheval.

Au deuxieme, on prendra de la main droite le porte-mousqueton à la bandouliere, on y accrochera le mousqueton par l'anneau roulant, & tout de suite on reprendra le mousqueton de la main droite à la poignée.

Au troisieme, comme au troisieme commandement.

5. *Apprêtez le mousqueton.*

En un temps : on armera le mousqueton de la main droite seule, en tirant le chien en arriere, jusqu'à ce qu'on l'ait entendu se loger dans le cran.

6. *En joue.*

En un temps : on portera de la main droite la crosse du mousqueton à l'épaule droite, & pour soutenir le mousqueton on avancera la main gauche vers la tête du cheval, sans alonger les rênes.

7. *Feu.*

En deux temps : au premier, on appuiera avec force le premier doigt sur la détente, sans baisser la tête, ni faire aucun autre mouvement.

Cccc

Au deuxieme , on laiſſera tomber le mouſqueton horizontale-
ment ou armes plates ſur la main gauche , dont on le ſaiſira près
de la partie ſupérieure de la platine , le pouce gauche alongé le
long du bois , le pouce droit ſur le chien.

8. *Mettez le chien en ſon repos.*

En un temps , comme au neuvieme commandement à pied.

9. *Prenez la cartouche.*

En un temps : le mouſqueton étant appuyé ſur le pommeau de
la ſelle , on portera la main droite bruſquement au porte-cartouche
pour en tirer la cartouche.

10. *Déchirez-la avec les dents.*

En deux temps , comme au onzieme commandement à pied.

11. *Amorcez.*

En un temps , comme au douzieme commandement à pied.

12. *Fermez le baſſinet.*

En un temps , comme au treizieme commandement à pied.

13. *Paſſez le mouſqueton du côté de l'épée.*

En un temps : levant le mouſqueton de la main gauche , & tournant la baguette du côté du corps , on pouſſera la croſſe des deux
derniers doigts de la main droite pour la faire paſſer à gauche
entre la fonte & l'épaule du cheval.

14. *Mettez la cartouche dans le canon.*

En un temps , comme au quinzieme commandement à pied.

15. *Tirez la baguette.*

En un temps , comme au ſeizieme commandement à pied.

16. *Bourrez.*

En un temps , comme au dix-ſeptieme commandement à pied.

17. *Remettez la baguette.*

En un temps , comme au dix-huitieme commandement à pied.

18. *Haut le mousqueton.*

En deux temps : au premier, on relevera de la main gauche le mousqueton, & de la droite on le saisira à la poignée.

Au deuxieme, en le levant on portera la crosse sur le plat de la cuisse, en quittant le mousqueton de la main gauche qui restera occupée à tenir la bride.

19. *Laissez tomber le mousqueton.*

En un temps : on portera doucement le bout du mousqueton en bas, & on le laissera pendre à la bandoulière.

20. *Ajustez vos rênes.*

En deux temps, comme au premier commandement.

21. *Pistolet à la main.*

En deux temps : au premier, on portera la main droite sur la crosse du pistolet de la gauche, passant par dessus les rênes & la main gauche.

Au deuxieme, on le tirera de la fonte, & on le portera sur la main gauche dont on l'empoignera, le bout un peu élevé en avant vers l'oreille gauche du cheval ; & on mettra le pouce de la main droite sur le chien, & le premier doigt devant la détente.

22. *Apprêtez le pistolet.*

En deux temps : au premier, on armera le pistolet de la main droite, le tenant toujours de la gauche par le milieu du canon.

Au deuxieme, on l'élevera, le bout en haut, le bras demi-tendu, le poignet à la hauteur de l'œil droit, la sougarde en avant.

23. *En joue.*

En un temps : en alongeant le bras, on visera le long du canon, tenant la sougarde en dessous, & le bout du pistolet directement devant soi plus bas que le poignet.

24. *Feu.*

En trois temps : au premier, on tirera la détente.

Au deuxieme, on reportera le pistolet sur la main gauche, on relevera le chien du pouce & du premier doigt de la main droite pour le mettre en son repos, & on ramenera tout de suite la batterie avec les deux premiers doigts.

Au troifieme, on remettra le piftolet dans la fonte, & on reportera tout de fuite la main droite fur la cuiffe droite.

25. *Piftolet à la main.*

En deux temps : au premier, on portera la main droite fur le piftolet droit, les doigts entre la croffe & la felle, les ongles & le pouce en deffus de la croffe.

Au deuxieme, on le tirera de la fonte, & on le portera fur la main gauche dont on l'empoignera, le bout un peu élevé en avant vers l'oreille gauche du cheval ; on mettra le pouce de la main droite fur le chien & le premier doigt devant la détente.

26. *Apprêtez le piftolet.*

En deux temps, comme au vingt-deuxieme commandement.

27. *En joue.*

En un temps, comme au vingt-troifieme commandement.

28. *Feu.*

En trois temps, comme au vingt-quatrieme commandement.

29. *Préparez-vous pour mettre le fabre à la main.*

En un temps : portant la main droite par deffus la gauche & les rênes, on paffera le poignet dans le cordon, & on prendra le fabre à la poignée, dégageant un peu la lame de dedans le fourreau.

30. *Sabre à la main.*

En un temps, comme au trente-quatrieme commandement à pied.

31. *Remettez le fabre.*

En trois temps, comme au trente-cinquieme commandement à pied, fans quitter les rênes.

32. *Ajuftez vos rênes.*

En deux temps, comme au premier commandement.

33. *Haut le moufqueton.*

En un temps : on le prendra avec la main droite à la poignée, & on le portera fur la cuiffe le bout en haut.

34. *Décrochez le moufqueton.*

En deux temps : au premier, on abaiſſera le mouſqueton avec la main droite ſur la main gauche, dont on l'empoignera, tournant le bout un peu élevé vers l'oreille gauche du cheval, & de la droite on décrochera le mouſqueton.

Au deuxieme, on fera haut le mouſqueton.

35. *Mouſqueton à la grenadiere.*

En deux temps : au premier, on portera le mouſqueton en travers au deſſus de la tête, la platine en deſſus ; on paſſera tout de ſuite la tête & le bras droit entre la grenadiere & le mouſqueton qu'on laiſſera tomber à droite, la main droite appuyée ſur la croſſe.

Au deuxieme, on pouſſera la croſſe en arriere de la main droite, qu'on laiſſera pendante ſur la cuiſſe.

36. *Haut le mouſqueton.*

En un temps : on prendra avec la main droite la croſſe du mouſqueton, pour le tirer en avant, on paſſera tout de ſuite la main & le bras droit entre le corps & le mouſqueton ; on le ſaiſira par deſſous à la poignée ; on le paſſera en travers par deſſus la tête ; & on le portera, la croſſe ſur la cuiſſe, le bout haut en avant.

37. *Remettez le mouſqueton en ſon lieu.*

En deux temps : au premier, tenant le mouſqueton à la poignée, on l'élevera de la main droite à la hauteur de la cravate.

Au deuxieme, on remettra le bout du mouſqueton dans ſa botte ; on engagera la croſſe dans la courroie, comme on l'en a dégagée, & l'on bouclera la courroie.

38. *Ajuſtez vos rênes.*

En deux temps, comme au premier commandement.

Le maniement des armes étant fini, le Major fera ſonner un appel, à la fin duquel les Officiers & Maréchaux des Logis ſe mettront en mouvement pour retourner à leurs places : lorſque les Officiers ſeront à dix pas du front de la troupe, ils ſalueront de l'épée les étendards, & étant enſuite arrivés à leurs places, ils ſe remettront par un demi-tour à droite, obſervant de faire tous ces mouvemens enſemble avec préciſion.

De l'infpection à pied.

Les Cavaliers qui auront été commandés à pied, étant arrivés au lieu du rendez-vous, s'y mettront en bataille fur un rang, comme il eft dit au maniement des armes à pied, ou fur plufieurs rangs, s'il eft ainfi ordonné ; & après que ceux qui en feront chargés auront examiné fi leurs armes & tout leur équipement font en bon état, on avertira qu'on va faire l'infpection, & auffitôt les Officiers iront fe placer fur la droite ou fur la gauche de leur troupe, felon qu'elle fera formée par la droite ou par la gauche.

Les Cavaliers placeront le porte-cartouche fur le devant de la hanche droite, & ils le découvriront de la main droite, en renverfant les pattes & les mettant entre le corps & le porte-cartouche.

Après quoi on commandera :

1. *Paffez le moufqueton du côté de l'épée.*

En trois temps : au premier, on portera la main droite à la poignée, fans remuer le moufqueton.

Au deuxieme, en avançant le pied droit devant le pied gauche, & effaçant le corps un peu fur la gauche, on détachera le moufqueton de l'épaule pour le tenir droit, le canon en dehors, entre la tête & l'épaule gauche, & la main gauche le faifira à la hauteur du front, le bras droit étant étendu dans toute fa longueur.

Au troifieme, comme au deuxieme du quatorzieme commandement du maniement des armes à pied,

2. *Mettez la baguette dans le canon.*

En trois temps : au premier, comme au feizieme commandement du maniement des armes à pied.

Au deuxieme, on portera la baguette de biais au bout du canon, dans lequel on la laiffera tomber.

Au troifieme, on laiffera tomber la main droite pendante fur le côté.

Après ce commandement, l'Officier qui devra faire

l'infpection paffera fur le front de la troupe pour vifiter les armes & les cartouches des Cavaliers, lefquels, à mefure que cet Officier arrivera devant eux, faifiront le bout de la baguette avec le pouce & le premier doigt de la main droite, & l'élevant de trois pouces hors du canon, la laifferont retomber tout de fuite, après quoi ils replaceront leur porte-cartouche, & laifferont tomber la main droite pendante fur le côté.

L'Officier qui aura fait cette vifite, étant de retour à fa place, on commandera :

3. *Remettez la baguette.*

En un temps, comme au dix-huitieme commandement du maniement des armes à pied.

Si on veut faire charger le moufqueton, on fera les commandemens fuivans, jufques & compris le quatorzieme.

4. *A droite, retirez le moufqueton.*

En un temps, on fera un à droite & demi fur le talon gauche, & on retournera en même temps le moufqueton, pour le porter dans la même pofition qu'après avoir fait feu au huitieme commandement du maniement des armes à pied.

5. *Découvrez le baffinet.*

En un temps : on découvrira le baffinet en pouffant ferme la batterie avec le pouce droit ; & on reportera la main droite à la poignée.

6. *Prenez la cartouche.*
7. *Déchirez-la avec les dents.*
8. *Amorcez.*
9. *Fermez le baffinet.*
10. *Paffez le moufqueton du côté de l'épée.*
11. *Mettez la cartouche dans le canon.*
12. *Tirez la baguette.*
13. *Bourrez.*
14. *Remettez la baguette.*
15. *Portez le moufqueton.*

Ces dix commandemens s'exécuteront comme il est dit au maniement des armes à pied, depuis le dixieme commandement jusques & compris le dix-neuvieme.

Pour faire l'inspection du sabre, on commandera :

16. *Mousqueton à la grenadiere.*
17. *Préparez-vous pour mettre le sabre à la main.*
18. *Sabre à la main.*

Ces trois commandemens s'exécuteront comme aux 32e, 33e & 34e du maniement des armes à pied.

A mesure que l'Officier qui fait l'inspection s'arrêtera devant chaque Cavalier, ce Cavalier présentera le sabre en un temps, le portant brusquement devant lui la lame sur son plat, la pointe haute, le bras demi-tendu, le bout du pouce contre la coquille, qui sera à la hauteur de la cravate.

Deux temps après, il retournera la poignée du sabre dans la main, pour faire voir l'autre côté de la lame ; & quand l'Officier passera, le Cavalier reportera le sabre en deux temps : le premier en le retournant dans la main pour le présenter ; & le second, en l'appuyant contre l'épaule.

19. *Remettez le sabre.*
20. *Portez le mousqueton.*

Comme aux 35e & 36e commandemens du maniement des armes à pied.

Lorsqu'une troupe sortira du service à pied, le Commandant fera décharger les armes aux Cavaliers avant de les renvoyer au quartier.

De l'inspection à cheval.

Quand les Cavaliers qui auront été commandés à cheval, seront arrivés au rendez-vous, ils s'y mettront en bataille sur un ou plusieurs rangs, selon qu'il sera ordonné.

Le

Le Commandant examinera s'il ne manque rien à leur
équipement ou à celui de leurs chevaux.

Lorſqu'il aura fini cet exãmen, il fera compter les Cavaliers par quatre juſqu'à la fin de chaque rang.

Il avertira enſuite qu'on va faire l'inſpection, & les Cavaliers ayant levé la patte du porte-cartouche comme à
l'inſpection à pied, il commandera :

1. *Ajuſtez vos rênes.*

En deux temps, comme au premier commandement du maniement des armes à cheval.

2. *Dégagez le mouſqueton.*
3. *Haut le mouſqueton.*

Comme aux deuxieme & troiſieme commandemens du maniement des armes à cheval.

4. *Préſentez le mouſqueton en avant.*

En un temps : on préſentera le mouſqueton, la platine en avant,
le tenant par la poignée perpendiculairement, le pouce alongé ſur
la contre-platine, à la hauteur & à un pied de diſtance de la cravate, le coude moins élevé que le poignet d'un demi-pied.

Après ce commandement, on fera l'inſpection du
mouſqueton.

5. *Haut le mouſqueton.*

En un temps : on portera la croſſe ſur le haut de la cuiſſe droite,
le bout du mouſqueton haut en avant.

6. *Paſſez le mouſqueton du côté de l'épée.*

En deux temps : au premier, portant le bout du mouſqueton à
droite, on fera paſſer la croſſe à gauche entre les rênes & le corps,
tournant la platine en deſſus, la baguette du côté du corps : on
ſaiſira le mouſqueton de la main gauche, au deſſus & contre la
platine, ſans quitter les rênes.

Au deuxieme, en plaçant la croſſe entre la fonte & l'épaule du
cheval, on tiendra le bout du mouſqueton vis-à-vis l'épaule
droite, & de la main droite on prendra la baguette avec le pouce

Dddd

& le premier doigt que l'on repliera ainſi que les autres, alongeant le pouce vers le bout de la baguette.

7. *Tirez la baguette.*

En un temps, comme au ſeizieme commandement du maniement des armes à pied.

8. *Mettez la baguette dans le canon.*

En un temps : on mettra la baguette dans le canon, & avec la main droite on empoignera le bout du mouſqueton, le pouce alongé le long du bois.

Après l'exécution de ce commandement, on examinera la cartouche, & ſi les armes ne ſont point chargées ; & les Cavaliers replaceront enſuite la cartouche.

9. *Remettez la baguette.*

En un temps, comme au dix-huitieme du maniement des armes à pied.

10. *Haut le mouſqueton.*

En deux temps, comme au dix-huitieme du maniement des armes à cheval.

On ne fera les commandemens qui ſuivent, juſques & compris le vingt-deuxieme, que quand on voudra faire charger les armes ; hors ce cas on paſſera tout de ſuite du dixieme commandement au vingt-troiſieme.

11. *Retirez le mouſqueton.*

En un temps, comme au deuxieme du ſeptieme commandement du maniement des armes à cheval.

12. *Découvrez le baſſinet.*

En un temps : on découvrira le baſſinet en pouſſant ferme la batterie avec le pouce droit, & on reportera la main à la poignée.

13. *Prenez la cartouche.*

En un temps, comme au neuvieme du maniement des armes à cheval.

14. *Déchirez-la avec les dents.*

15. *Amorcez.*

16. *Fermez le baffinet.*

Ces trois commandemens s'exécuteront comme aux 11e , 12e & 13e commandemens du maniement des armes à pied.

17. *Paffez le moufqueton du côté de l'épée.*

En un temps , comme au treizieme commandement du maniement des armes à cheval.

18. *Mettez la cartouche dans le canon.*

19. *Tirez la baguette.*

20. *Bourrez.*

21. *Remettez la baguette.*

Ces quatre commandemens comme aux 15e , 16e , 17e & 18e du maniement des armes à pied.

22. *Haut le moufqueton.*

En deux temps , comme au dix-huitieme du maniement des armes à cheval.

23. *Moufqueton à la grenadiere.*

En trois temps , comme au trente-cinquieme commandement du maniement des armes à cheval.

24. *Prenez le piftolet gauche.*

En deux temps : au premier , on prendra avec la main droite le piftolet gauche à la croffe , par deffus les rênes & la main gauche.

Au deuxieme , on le tirera de la fonte , & on le mettra dans la main gauche , dont on le prendra à la poignée , le tenant droit , la platine en avant.

25. *Mettez la baguette dans le canon.*

En un temps : on tirera la baguette de fon lieu , & on la mettra da nsle canon.

Prenez le piftolet droit.

En deux temps : au premier , on portera la main droite fur le piftolet droit, les doigts entre la croffe & la felle, les ongles & le pouce en deffus de la croffe.

Au deuxieme, on le tirera brufquement en le retournant : on le placera à côté de l'autre, & on le tiendra avec la main gauche en paffant les doigts dans la foûgarde.

27. *Mettez la baguette dans le canon.*

En un temps : on tirera la baguette & on la mettra dans le canon ; & reprenant ce piftolet avec la main droite à la poignée, on les tiendra tous les deux au deffus du pommeau de la felle, les platines en avant.

Après ce commandement, on verra fi les piftolets ne font pas chargés, & dès que le Commandant fera paffé, les Cavaliers remettront le piftolet droit dans la main gauche, comme au deuxieme temps du vingt-fixieme commandement.

28. *Remettez les baguettes.*

En deux temps : au premier, on retirera la baguette du canon du dernier piftolet & on la remettra en fon lieu.

Au deuxieme, on retirera l'autre baguette du canon, on la remettra en fon lieu, & on reportera la main droite à la poignée du dernier piftolet.

29. *Remettez le dernier piftolet.*

En un temps : on le remettra dans la fonte gauche.

On paffera les commandemens fuivans jufques & compris le trente-feptiéme, quand on ne voudra point faire charger les piftolets.

30. *Découvrez le baffinet.*

En deux temps : au premier, on prendra avec la main droite le premier piftolet par la poignée, & on le baiffera fur la main gauche.

Au deuxieme, on découvrira le baffinet en pouffant ferme la batterie avec le pouce droit, & on reportera la main droite à la poignée.

31. *Prenez la cartouche.*
32. *Déchirez-la avec les dents.*

33. *Amorcez.*

Comme aux 13ᵉ 14ᵉ & 15ᵉ commandemens.

34. *Fermez le baffinet.*

En un temps : on fermera le baffinet, & du même temps on pouffera la croffe du piftolet à gauche avec la main droite, tenant toujours la cartouche dans les doigts, & le piftolet de la main gauche, la platine en deffus.

35. *Mettez la cartouche dans le canon.*

En un temps : on mettra la cartouche dans le canon, & tout de fuite on faifira la baguette avec le pouce & les deux premiers doigts, la paume de la main vers le bout du piftolet.

36. *Tirez la baguette.*

En un temps : on tirera brufquement la baguette, & en la retournant on préfentera le gros bout vis-à-vis le canon.

37. *Bourrez.*

En un temps : on bourrera deux fois, on remettra la baguette en fon lieu, & on prendra le piftolet avec la main droite à la poignée, le tenant droit devant foi.

38. *Remettez le piftolet.*

En deux temps : au premier, on mettra le piftolet dans la fonte. Au deuxieme, on portera la main droite fur la cuiffe droite.

On paffera encore le commandement qui fuit, fi l'on ne veut pas faire charger les piftolets.

39. *Piftolet à la main.*

En deux temps : au premier, on portera la main droite fur la croffe du piftolet gauche, par deffus la main gauche & les rênes. Au deuxieme, on le tirera de la fonte, & on le portera fur la main gauche, dont on l'empoignera, tenant le bout un peu élevé.

Pour charger ce fecond piftolet & le remettre, on répétera les mêmes commandemens que pour le premier, à commencer du trentieme, jufques & compris le trente-huitieme.

40. *Préparez-vous pour mettre le sabre à la main.*

En un temps, comme au vingt-neuvieme du maniement des armes à cheval.

41. *Sabre à la main.*

En un temps, comme au trente-quatrieme du maniement des armes à pied.

Après ce commandement, le Commandant fera l'infpection du fabre, que les Cavaliers préfenteront fucceffivement, comme il eft expliqué à l'infpection à pied, après le dix-huitieme commandement.

42. *Remettez le fabre.*

En trois temps, comme au trente-cinquieme commandement du maniement des armes à pied, fans quitter les rênes.

43. *Ajuftez vos rênes.*

En deux temps, comme au premier commandement du maniement des armes à cheval.

44. *Haut le moufqueton.*
45. *Remettez le moufqueton en fon lieu.*

Comme aux 36e & 37e commandemens du maniement des armes à cheval.

46. *Ajuftez vos rênes.*

En deux temps, comme au premier commandement du maniement des armes à cheval.

Pour faire l'infpection à pied d'une troupe qui eft à cheval, on la fera mettre pied à terre après le quarante-troifieme commandement, comme il fera dit ci-après à la fixieme manœuvre pour une Compagnie ; on fera enfuite les commandemens de l'infpection à pied qu'on jugera néceffaires, & après que la troupe fera remontée à cheval, on fera les 44e, 45e & 46e commandemens.

Des maximes générales pour les Manœuvres.

Toute troupe étant fous les armes, on obfervera le filence pour entendre le commandement, & on punira ceux qui ne le garderont pas.

Chaque commandement fera précédé de cet avertiffement, *Prenez garde à vous*, après lequel on expliquera aux Cavaliers ce qu'ils devront exécuter : ils ne fe mettront en mouvement qu'au mot *Marche*, & ils ne s'arrêteront qu'au mot *Halte* : fi l'on veut qu'ils marchent en avant, après un quart de converfion, on dira : *En avant, Marche*.

La premiere regle pour fe mouvoir & pour marcher, eft de s'éloigner le moins qu'il eft poffible de l'ordre de bataille, & de préférer les manœuvres par lefquelles on peut fe reformer le plus promptement & avec moins de chemin.

On obfervera auffi de faire tous les mouvemens quarrément, autant qu'il fera poffible.

Lorfque les Cavaliers marcheront droit devant eux, ceux de la droite regarderont leur gauche, ceux de la gauche regarderont leur droite, pour s'aligner tous fur le centre.

On ne fera jamais mouvoir une troupe fans l'ébranler auparavant, & pour cet effet, au commandement de *Prenez garde à vous*, les Cavaliers ajufteront leurs rênes, & raffembleront leurs chevaux en reftant dans la même place.

Dans tous les quarts de converfion, foit à droite, foit à gauche, les Cavaliers regarderont l'aîle qui marche, ayant attention de ne point fe féparer de la partie qui foutient.

Ceux des deuxieme & troifieme rangs obferveront de fuivre exactement leurs chefs de files, furtout dans les quarts de converfion, & pour y parvenir, ils fe porteront un peu vers le côté oppofé à celui fur lequel la troupe tournera.

Lorfqu'une troupe marchant en colonne, tournera fur fa droite ou fur fa gauche, les Cavaliers qui fuivront marcheront droit devant eux jufqu'au terrein où ceux qui les précédent auront tourné, fans fe porter d'avance, ni fur leur droite, ni fur leur gauche.

Les Commandans des troupes auront continuellement attention à ne jamais laiffer plus d'intervalle du premier rang de leur divifion au premier rang de celle qui les précéde, qu'il ne leur en faut pour fe remettre en bataille.

Lorfqu'une troupe marche par un, par deux, ou par quatre Cavaliers, comme elle occupe alors plus de terrein qu'il ne lui en faut pour fe remettre en bataille, on n'obfervera point de diftance entre les rangs, ni entre les compagnies & efcadrons.

On marchera toujours par le plus grand front que le terrein le permettra.

La diftance ordinaire d'un efcadron à l'autre étant en bataille, doit être de vingt-quatre pas, c'eft-à-dire, de la moitié du front de l'efcadron.

Les efcadrons qui feront en feconde ligne, conferveront d'un efcadron à l'autre une diftance égale à leur front.

Lorfqu'une troupe fera en colonne, au commandement de *Marche*, toutes les divifions fe mettront en mouvement en même temps, pour conferver toujours le même intervalle de l'une à l'autre.

Lorfqu'on fera un commandement différent pour la droite & pour la gauche, le commandement pour la droite fera toujours énoncé le premier.

On fera exécuter aux Cavaliers à pied, les manœuvres qu'ils devront faire à cheval, afin que leur attention n'étant pas divifée par le foin de conduire leur cheval, ils conçoivent plus aifément ce qu'ils auront à faire.

On les leur fera exécuter enfuite à cheval, d'abord au pas & lentement, puis plus légérement, à mefure que la troupe fe trouvera plus inftruite, jufqu'à ce qu'elle puiffe les faire avec toute la vivacité néceffaire.

Toute

Toute la Cavalerie fera inftruite à appuyer fur fa droite & fur fa gauche, en fuyant des talons.

Elle fera exercée, tantôt fur deux rangs, & tantôt fur trois rangs, l'intention de Sa Majefté étant qu'elle fçache combattre de ces deux manieres : cependant, attendu que fa compofition actuelle convient mieux pour fe former fur deux rangs, on préférera cette façon dans le cours ordinaire du fervice.

Des manœuvres pour une Compagnie.

Les vingt-quatre Cavaliers commandés par compagnie, fe rendront au rendez-vous indiqué à leur quartier, ou à la porte du Commandant de la troupe, une demi-heure avant celle qui aura été marquée pour l'Exercice.

Ils y ameneront leurs chevaux, les tenant de la main gauche par les deux rênes, à un demi-pied des branches du mors, le corps à la hauteur & le plus près qu'il fera poffible de l'épaule du cheval, la gourmette pendante, le bout dés rênes dans la main droite.

Ils fe rangeront par ancienneté fur un feul rang, & le Commandant fera l'infpection de l'homme & du cheval.

Il difpofera enfuite la compagnie pour être fur deux rangs, le premier Brigadier à la droite, le deuxieme Brigadier le douzieme du rang, les deux premiers Carabiniers le fixieme & le feptieme, & les deux derniers le treizieme & le vingt-quatrieme.

Au défaut des Brigadiers, les premiers Carabiniers prendront leurs places, & les plus anciens Cavaliers fuppléeront de même au défaut des Carabiniers.

Le Commandant fera compter tous les Cavaliers par quatre, commençant par la droite.

Il fera rompre la compagnie comme il le jugera à propos, pour la conduire fur le terrein deftiné pour l'exercice.

Il l'y fera reformer fur un feul rang.

Après avoir fait les commandemens néceffaires pour

Eeee

vérifier si les armes ne sont pas chargées, & lui avoir fait exécuter le maniement des armes, il fera faire telles des manœuvres suivantes qu'il jugera à propos, ayant soin cependant que les Cavaliers soient exercés à les faire toutes.

Défiler par un, deux, quatre.

Premiere
MANŒUVRE.

Prenez garde à vous.
Marchez un.... marchez deux.... marchez quatre.
Marche.

Pour exécuter ce commandement, si on marche par un, le premier Cavalier marchant en avant, le deuxieme viendra prendre sa place & le suivra ; les autres successivement en feront autant.

Si on a commandé de marcher par deux, le troisieme & le quatrieme Cavaliers viendront par un à droite par deux prendre la place des deux premiers, & ainsi des autres, de deux en deux.

Si on a commandé de marcher par quatre, les quatre Cavaliers de la droite marchant en avant droit devant eux, tous les autres feront à droite par quatre, & les suivront.

Si la compagnie étoit sur deux rangs, le second rang feroit les mêmes mouvemens après que le premier les auroit achevés.

Seconde
MANŒUVRE.

Doubler les rangs & se former par compagnie.

Lorsqu'après avoir défilé par un, on voudra former la compagnie, on la fera d'abord marcher par deux, ensuite par quatre, & enfin on la fera former en avant ; & pendant tout le temps que les rangs doubleront, le premier rang fera halte pour attendre la queue de la compagnie.

Premier Comman-
dement.

Prenez garde à vous.
Marchez deux.
Marche.

SUR LA CAVALERIE. 587

Le premier rang s'arrêtera jusqu'à ce que les derniers Cavaliers aient doublé, après quoi on les fera marcher tous.

Prenez garde à vous.
Marchez quatre.
Marche.

Deuxieme Commandement.

Le premier rang s'arrêtera jusqu'à ce que les derniers rangs aient doublé par quatre, après quoi on marchera.

Prenez garde à vous.
En avant sur un rang, formez la compagnie.
Marche.

Troisieme Commandement.

Les quatre Cavaliers qui forment le premier rang, feront quatre pas en avant; ceux du second rang feront un quart de conversion à gauche pour se former par un quart de conversion à droite, à côté du premier rang : les autres rangs marcheront toujours en avant jusqu'à ce qu'ils soient arrivés sur le lieu où le deuxieme a fait le quart de conversion à gauche; ils l'exécuteront de même, & se reformeront par le quart de conversion à droite quand ils seront arrivés sur l'alignement de la gauche du rang qui les précede.

Au pas & au trot.

Troisieme MANŒUVRE.

On fera faire cette manœuvre d'abord au pas & lentement, ensuite au trot.

Prenez garde à vous.
Marche....... au trot.

Premier Commandement.

La compagnie marchera au pas droit devant elle, & se mettra au trot lorsqu'on en fera le commandement.

Prenez garde à vous.
A droite par compagnie.
Marche.

Deuxieme Commandement.

La droite soutiendra, le Cavalier qui la ferme faisant seulement un à droite : la gauche marchera jusqu'au commandement *Halte*, & ce mouvement se fera légérement.

Prenez garde à vous.
Marche....... au trot.
A gauche par compagnie.
Marche.

Troisieme Commandement.

Eeee ij

La gauche foutiendra ; la droite marchera légérement jufqu'au commandement *Halte*.

Quatrieme Com-
mandement.

Prenez garde à vous.
Marche .... *au trot.*
Par compagnie , demi-tour à droite.
Marche.

La droite foutiendra ; la gauche fera légérement la demi-conversion, & s'arrêtera au commandement *Halte*.

Cinquieme Com-
mandement.

Prenez garde à vous.
Marche .... *au trot.*
Par compagnie , demi-tour à gauche.
Marche.

La gauche foutiendra ; la droite fera légérement la demi-converfion, & s'arrêtera au commandement *Halte*.

Sixieme Comman-
dement.

Prenez garde à vous.
Préparez-vous pour mettre le fabre à la main.

En un temps , comme au vingt-neuviéme du maniement des armes à cheval.

Sabre à la main.

Septieme Comman-
dement.

En un temps , comme au trente-quatrieme du maniement des armes à pied.

Prenez garde à vous.
Marche.

Huitieme Comman-
dement.

On marchera bien alignés, ni trop ouverts, ni trop ferrés, de maniere que les bottes fe touchent fans fe preffer.

Sonnez la charge.

Neuvieme Com-
mandement.

Lorfque le Trompette fonnera la charge , on commandera *au trot* ; & après avoir marché ainfi quelques pas , au fignal des Officiers les Cavaliers porteront leur fabre haut comme s'ils vouloient frapper, tenant la lame un peu en travers , la pointe en arriere , plus haute d'un pied que la main.

Halte.
Portez vos fabres.
Marche .... *au trot.*

Dixieme Comman-
dement.

Ils feront halte , mettront leur fabre à l'épaule , & remarcheront au trot jusqu'au commandement *Halte* ; ensuite on fera remettre les sabres.

Tirer en avant.

Les Officiers ayant dû préliminairement donner tous leurs soins pour accoutumer les chevaux au feu, pour les y faire davantage, leur faire perdre la mauvaise habitude qu'ils contractent souvent de sortir difficilement du rang, & pour apprendre aux Cavaliers à escarmoucher, on fera mettre la moitié d'une compagnie vis-à-vis de l'autre à cent pas ou environ ; on fera sortir ensuite un Cavalier de chacune de ces parties ; ils accrocheront leur mousqueton, sortiront de leurs rangs pour s'avancer l'un vis-à-vis de l'autre, tireront leur mousqueton, le laisseront tomber, mettront le sabre à la main, le croiseront, le laisseront tomber ensuite pendu au poignet par le cordon ; tireront un ou les deux pistolets, reprendront leur sabre, le remettront, & feront haut le mousqueton ; après quoi ils marcheront deux pas en avant, & iront ensuite se placer dans le rang, en passant par derrière.

On en usera ainsi pour toute la compagnie successivement, recommandant aux Cavaliers de ne point tirer sur les chevaux ; & ensuite on fera remettre la compagnie sur un rang, comme elle étoit auparavant.

Se former sur deux rangs.

Pour former la compagnie sur deux rangs, le Commandant fera les commandemens sur deux rangs.

Prenez garde à vous.
Je parle au demi-rang de la droite.
Marche.

Ce demi-rang marchera quatre pas, & s'arrêtera au commandement *Halte*.

Prenez garde à vous.
Sur deux rangs, formez la compagnie.
Marche.

Ceux qui ont marché appuieront à gauche pendant que ceux qui sont restés appuieront à droite pour prendre leur Chef-de-file.

Mettre pied à terre.

Sixième
Manœuvre.
Premier Comman-
dement.

Prenez garde à vous.
Pied à terre.

En quatre temps : au premier, le premier rang marchera trois pas en avant comme ci-dessus.

Au deuxieme, les nombres pairs reculeront de la longueur d'un cheval.

Au troisieme, tous quitteront l'étrier droit, prendront l'étriviere avec la main droite, mettront l'étrier à la crosse du pistolet droit, prendront tout de suite une poignée de crins avec la main gauche sans quitter leurs rênes, & mettront la main droite sur l'arçon de devant, les doigts en dedans & le pouce en dehors.

Au quatrieme, s'appuyant sur l'arçon de devant ils s'éleveront sur l'étrier gauche, passeront la jambe droite tendue par dessus la croupe du cheval, prenant le troussequin de la main droite pour se soutenir en arrivant à terre : tout de suite de la même main ils mettront l'étrier gauche à la crosse du pistolet gauche, & quittant les rênes de la main gauche pour les saisir au dessous des branches du mors, ils les rabattront de la main droite sur le bras gauche qu'ils passeront entre les deux rênes, faisant face à leurs chevaux, & contenant les rênes de la main droite au dessous des branches du mors que la main gauche aura quittées.

Deuxieme Com-
mandement.

Reprenez vos rangs.

En un temps : quittant les rênes de la main droite, ils feront un demi-tour à droite, tournant le dos à leurs chevaux ; & les Cavaliers qui avoient reculé s'avanceront pour rentrer dans le rang & s'aligner avec les autres.

Septieme
Manœuvre.

Monter à cheval.

Prenez garde à vous.
A cheval.

En trois temps : au premier, tous les Cavaliers feront demi-tour à gauche, prendront de la main droite la rêne droite au dessous de la branche du mors ; & de la main gauche ils releveront les rênes sur le cou de leurs chevaux : de la même main ils prendront le bas de la rêne que tenoit la main droite, & de celle-ci ils abattront l'étrier gauche.

Au deuxieme, les Cavaliers qui font comptés pairs feront reculer leurs chevaux; & tous élevant le bout des rênes de la main droite, les faifiront de la main gauche, avec une poignée de crins, prendront l'étrier de la main droite, chaufferont le pied gauche dedans, & enfuite porteront la main droite au trouffequin.

Au troifieme, avec l'aide des deux mains & l'appui du pied gauche, ils monteront à cheval légérement & enfemble, abattront l'étrier droit, ajufteront les rênes : ceux qui avoient reculé avanceront pour s'aligner, & le fecond rang ferrera fur le premier.

Des à droite & à gauche par compagnie.

Huitieme
MANŒUVRE.

Prenez garde à vous.
Par compagnie, à droite.
Marche.

Premier Commandement.

La file de la droite foutiendra ; la gauche marchera jufqu'au commandement *Halte*.

Prenez garde à vous.
Par compagnie, à gauche.
Marche.

Deuxieme Commandement.

La file de la gauche foutiendra, & celle de la droite marchera jufqu'au commandement *Halte*.

Prenez garde à vous.
Par compagnie, demi-tour à droite.
Marche.

Troifieme Commandement.

La file de la droite foutiendra ; celle de la gauche marchera & fera une demi-converfion jufqu'au commandement *Halte*.

Prenez garde à vous.
Par compagnie, demi-tour à gauche.
Marche.

Quatrieme Commandement.

La file de la gauche foutiendra, & celle de la droite marchera pour faire une demi-converfion jufqu'au commandement *Halte*.

Des à droite & à gauche par compagnie fur le centre.

Neuvieme
MANŒUVRE.

Prenez garde à vous.
Par compagnie, à droite fur le centre.
Marche.

Premier Commandement.

Les deux Cavaliers du centre de chaque rang tourneront ensemble à droite ; ceux de la droite feront un quart de conversion
en reculant ; ceux de la gauche en feront un sur le centre en marchant en avant.

Prenez garde à vous.
Par compagnie, à gauche sur le centre.
Marche.

Les deux Cavaliers du centre de chaque rang tourneront ensemble à gauche ; ceux de la gauche feront un quart de conversion
en reculant ; ceux de la droite en feront un sur le centre en marchant en avant.

Pour faire faire le demi-tour à droite ou à gauche par
compagnie sur le centre, on commandera successivement
deux quarts de conversion.

Rompre la compagnie & marcher en avant par quatre.

Prenez garde à vous.
Pour marcher en avant par quatre.
Marche.

Les quatre Cavaliers de la droite du premier rang marcheront
en avant ; les huit autres du même rang se rompront à droite par
quatre & suivront les premiers. Dès qu'ils auront fait encore un
quart de conversion à gauche, les quatre de la droite du second
rang les suivront, pendant que les huit autres du même rang se
rompront à droite par quatre.

Remettre la compagnie en bataille en avant.

Halte.
En avant sur deux rangs, formez la compagnie.
Marche.

Les quatre Cavaliers qui forment le premier rang marcheront
quatre pas ; ceux du deuxieme rang feront un quart de conversion
à gauche pour se former par un quart de conversion à droite, à
côté du premier rang, pendant que les quatre autres rangs marcheront toujours en avant ; le troisieme fera son quart de conversion à gauche lorsqu'il sera arrivé à la place où le deuxieme l'a
fait, & se reformera ensuite, le quatrieme serrera sur le premier
& fera halte ; le cinquieme fera ce qu'a fait le deuxieme, & le
sixieme ce qu'a fait le troisieme.

Rompre

SUR LA CAVALERIE. 593

Rompre la compagnie & marcher à droite par quatre.

Douzieme MANŒUVRE.

Prenez garde à vous.
A droite par quatre, rompez la compagnie.
Marche.

Le premier rang fera à droite par quatre ; lorsque les derniers Cavaliers de ce rang auront dépassé le second rang, celui-ci marchera en avant sur le terrein qu'occupoit le premier, fera de même à droite par quatre, & suivra.

Former la compagnie sur sa gauche.

Treizieme MANŒUVRE.

Halte.
A gauche sur deux rangs, formez la compagnie.
Marche.

Les trois premiers rangs feront à gauche par quatre, & marcheront quatre pas en avant, pendant que les trois autres marcheront toujours devant eux, jusqu'à ce que le quatrieme rang soit arrivé à la hauteur du quatrieme Cavalier du premier rang : alors les trois derniers rangs feront de même à gauche par quatre.

Rompre la compagnie & marcher à gauche par quatre.

Quatorzieme MANŒUVRE.

Prenez garde à vous.
A gauche par quatre, rompez la compagnie.
Marche.

Le premier rang fera à gauche par quatre ; lorsque les derniers Cavaliers de ce rang auront dépassé le second rang, celui-ci marchera en avant sur le terrein qu'occupoit le premier rang, où il fera de même à gauche par quatre, & suivra.

Lorsque les compagnies ne seront pas dans l'obligation de marcher par leur droite, & qu'on voudra simplement marcher à gauche, on les fera marcher à colonne renversée, exécutant par la gauche ce qu'on a exécuté par la droite à la douzieme manœuvre ; & alors, pour les remettre, on exécutera la treizieme manœuvre en faisant les quarts de conversion à droite.

Ffff

ORDONNANCES

Former la compagnie ſur ſa droite.

Halte.
A droite ſur deux rangs , formez la compagnie.
Marche.

Les trois premiers rangs feront à droite par quatre , & marcheront quatre pas en avant , pendant que les trois autres marcheront
toujours devant eux , juſqu'à ce que le quatrieme rang ſoit arrivé
à la hauteur du quatrieme Cavalier de la gauche du premier rang :
alors les trois derniers rangs feront de même à droite par quatre.

Border la haie pour une revue.

Pour une revue, on fera mettre les Cavaliers par ancienneté, ſans en tranſpoſer aucun, & on fera les commandemens ſuivans :

Prenez garde à vous.
Par compagnie , à droite.
Marche.

Comme au premier commandement de la huitieme manœuvre.

Prenez garde à vous.
Sur un rang , formez la compagnie.
Marche.

Le premier rang de chaque compagnie appuiera à droite du
talon gauche : le ſecond appuiera à gauche du talon droit ; & lorſqu'il aura débordé la gauche du premier , il marchera en avant
pour s'aligner.

Se remettre ſur deux rangs.

Prenez garde à vous.
Je parle au demi-rang de la droite.
Marche.

Il marchera quatre pas & s'arrêtera au commandement *Halte.*

Prenez garde à vous.
Sur deux rangs , formez la compagnie.
Marche.

Ceux qui ont marché appuieront à gauche, pendant que ceux qui font reftés appuieront à droite pour prendre leurs chefs de file.

Prenez garde à vous.
Par compagnie, à gauche.
Marche.

Troifieme Comman-dement.

Comme au deuxieme commandement de la huitieme manœuvre.

Lorfqu'on voudra manœuvrer fur trois rangs, la compagnie étant en haie par rang d'ancienneté, au même nombre de vingt-quatre, le premier Brigadier reftant à la droite, le fecond Brigadier fe placera le huitieme, & les quatre Carabiniers les neuvieme, feizieme, dix-feptieme & vingt-quatrieme.

Se former fur trois rangs.

Pour former la compagnie fur trois rangs, le Commandant ayant marqué les divifions, fera les commandemens fuivans.

Prenez garde à vous.
Par tiers de compagnie, à droite.
Marche.

Les Cavaliers exécuteront ce commandement.

Prenez garde à vous.
Serrez vos rangs.
Marche.

Les deux derniers rangs ferreront fur le premier.

Prenez garde à vous.
Par compagnie, à gauche.
Marche.

On exécutera ce commandement.

On obfervera que lorfque plufieurs compagnies manœuvreront enfemble fur trois rangs, on ne leur fera exécuter les à droite & à gauche que par deux compagnies enfemble.

Ffff ij

L'exercice étant fini, le Commandant de la compagnie la conduira au lieu où elle se sera assemblée : il y fera mettre les Cavaliers pied à terre, & ils rameneront leurs chevaux à l'écurie, les tenant de même qu'ils les auront amenés.

On en usera de même toutes les fois que les Cavaliers reviendront de garde ou de détachement.

Des manœuvres pour un Régiment.

Les jours marqués pour l'exercice d'un régiment, les Cavaliers s'assembleront, une demi-heure avant celle qui aura été donnée pour l'exercice, au rendez-vous indiqué pour chaque compagnie, d'où les Commandans desdites compagnies, après en avoir fait l'inspection, & les avoir fait monter à cheval & former au nombre de vingt-quatre par compagnie, comme il a été dit au titre des Manœuvres pour une compagnie, les conduiront au rendez-vous général du régiment, faisant marcher derriere les Cavaliers destinés pour la petite troupe que l'on formera par chaque escadron, lorsque le régiment sera rassemblé.

Les compagnies se placeront en bataille, la premiere à la droite du premier escadron, la deuxieme à la droite du second escadron, la troisieme à la gauche du premier escadron, la quatrieme à la gauche du deuxieme escadron, la cinquieme à la gauche de la premiere compagnie, la sixieme à la gauche de la deuxieme, la septieme entre la troisieme & la cinquieme, & la huitieme entre la quatrieme & la sixieme.

Dans les régimens composés d'un plus grand nombre d'escadrons, on observera le même ordre, en plaçant alternativement les compagnies dans chaque escadron, suivant leur ancienneté.

Quand on formera l'escadron par la droite ou par la gauche, toutes les compagnies se formeront de même.

Les escadrons dans le régiment, & les régimens dans la brigade observeront le même ordre.

Les compagnies ayant pris leur place dans l'escadron, se rendront du lieu du rendez-vous général sur celui qui aura été destiné pour l'exercice, où elles se formeront par compagnie dès que le terrein le permettra, & le régiment se mettra en bataille sur deux rangs, les petites troupes formant un troisieme rang.

Si quelques compagnies ne pouvoient fournir le nombre de vingt-quatre Cavaliers, on les égalisera ensemble en leur faisant se prêter des hommes mutuellement.

Les Officiers, les Maréchaux des Logis & les Trompet- *Place des Officiers.*
tes prendront les places qui leur ont été indiquées aux titres du maniement des armes.

Le Major & l'Aide-Major, sans avoir de place fixe, se tiendront à portée du Commandant du premier & du second escadron, pour recevoir leurs ordres.

Le Commandant du régiment placera les Officiers réformés aux compagnies où il jugera à propos.

On commandera un Lieutenant & un Brigadier sur *Etendards.*
tout le régiment, un Carabinier par chaque compagnie où il y a un étendard, & deux Cavaliers par chaque compagnie du régiment, lesquels se rendront avec le Timbalier & tous les Trompettes, au lieu où sont les étendards.

Le Lieutenant placera ce détachement sur un rang dans l'ordre suivant, commençant par la droite, quatre Cavaliers, la moitié des Trompettes, le Timbalier, l'autre moitié des Trompettes, quatre Cavaliers, les quatre Carabiniers destinés à porter les étendards, & huit autres Cavaliers.

Il fera rompre cette troupe à droite par quatre, les quatre premiers Cavaliers qui précéderont les Trompettes, auront le mousqueton haut : il se mettra à la tête des autres Cavaliers qui auront le sabre à la main, & le Brigadier suivra derriere.

Le Lieutenant conduira ainsi les étendards au lieu indiqué pour le rendez-vous général du régiment, & dès qu'on les y verra arriver, on fera mettre le sabre à la main à tout le régiment.

Le Lieutenant, avec fa troupe entiere, remettra les étendards à chaque compagnie, & ne renverra les Trompettes, ni aucun Cavalier de l'efcorte, qu'après que le dernier étendard aura été remis à fa compagnie ; alors lefdits Cavaliers rentreront à leurs compagnies par derriere les rangs.

Les deux étendards de chaque efcadron feront au premier rang à la feptieme file, à compter de la droite & de la gauche de l'efcadron lorfqu'il fera fur deux rangs ; & à la cinquieme file fi l'efcadron eft fur trois.

Petite troupe.

Toutes les fois qu'un régiment prendra les armes en entier pour manœuvrer, on fera une petite troupe par efcadron, des Cavaliers de chaque compagnie de cet efcadron qui excéderont le nombre de vingt-quatre.

Cette troupe, plus ou moins forte, fera commandée par un Lieutenant & un Maréchal des Logis, au choix du Commandant.

Elle fera fur un rang, à vingt pas en arriere du centre de l'efcadron : elle exécutera les mêmes mouvemens que le refte de l'efcadron, foit qu'il marche en avant ou en arriere ; & lorfqu'il fe rompra pour marcher en colonne, elle fe rompra en même temps fur deux ou fur quatre rangs, & marchera à même hauteur que l'efcadron lorfque le terrein le permettra, ou le fuivra derriere de fort près lorfqu'elle ne pourra marcher à côté.

Le Lieutenant fe tiendra à la tête & au centre de cette troupe, & le Maréchal des Logis derriere.

Se mettre en bataille.

Le régiment, en arrivant fur le lieu où il devra faire l'exercice, fe mettra en bataille, foit en avant, foit fur fa droite, foit fur fa gauche, fuivant la commodité du terrein, & il exécutera, pour cet effet, l'une des manœuvres ci-après, 7e, 9e ou 11e.

Le régiment étant en bataille, on fera compter les rangs par quatre.

On fera le maniement des armes fi le Commandant du régiment le demande, commençant par les commandemens de l'infpection, pour vérifier fi les armes ne feront point chargées : on fera exécuter enfuite les manœuvres fuivantes, que le Commandant fera commander par l'Officier qu'il jugera à propos, s'il ne les commande pas lui-même.

Défiler par un, deux, quatre.

Comme à la premiere manœuvre pour une compagnie.

Doubler les rangs & fe reformer par compagnie.

Comme aux deux premiers commandemens de la deuxieme manœuvre pour une compagnie & toute la onzieme manœuvre de ce même titre.

La tête de chaque compagnie attendra pour marcher que fa queue l'ait rejointe : la premiere compagnie de l'efcadron fera halte, jufqu'à ce que les autres l'aient rejointe au trot, n'ayant entr'elles que l'intervalle néceffaire pour fe mettre en bataille ; le premier efcadron d'un régiment fera halte de même, jufqu'à ce que les autres foient arrivés au trot ; le Commandant du fecond efcadron devant réferver, outre les douze pas néceffaires pour placer la divifion qui le fuit, vingt-quatre autres pas pour l'intervalle d'un efcadron à l'autre.

Dans une marche de nuit, on continueroit à défiler au pas ou au trot, jufqu'à ce que l'on eût joint la divifion qui précéde.

Des à droite & à gauche par compagnie.

Comme à la huitieme manœuvre pour une compagnie.
Les Cavaliers du fecond rang auront attention à garder leurs Chefs-de-file.

Des à droite & à gauche par compagnie fur le centre.

Comme à la neuvieme manœuvre pour une compagnie.

Des à droite & à gauche par deux compagnies.

Prenez garde à vous.
Par deux compagnies, à droite.
Marche.

La file de la droite de la premiere compagnie de l'escadron soutiendra , & la file de la gauche de la troisieme marchera : la file de la droite de la quatrieme soutiendra , & la file de la gauche de la deuxieme marchera : le tout s'arrêtera au commandement *Halte.*

Deuxieme Com-
mandement.

> *Prenez garde à vous.*
> *Par deux compagnies , à gauche.*
> *Marche.*

La file de la gauche de la troisieme compagnie soutiendra , & celle de la droite de la premiere marchera : la file de la gauche de la deuxieme soutiendra , & la file de la droite de la quatrieme marchera , le tout s'arrêtera au commandement *Halte.*

Troisieme Comman-
dement.

> *Prenez garde à vous.*
> *Par deux compagnies , demi-tour à droite.*
> *Marche.*

La file de la droite de la premiere compagnie soutiendra , & celle de la gauche de la troisieme marchera ; la file de la droite de la quatrieme compagnie soutiendra , & celle de la gauche de la deuxieme marchera : on fera la demi-conversion , & l'on s'arrêtera lorsqu'on se retrouvera aligné avec le reste de l'escadron , faisant face du côté opposé.

Quatrieme Com-
mandement.

> *Prenez garde à vous.*
> *Par deux compagnies , demi-tour à gauche.*
> *Marche.*

La file de la gauche de la troisieme compagnie soutiendra , & celle de la droite de la premiere marchera ; la file de la gauche de la deuxieme compagnie soutiendra , & celle de la droite de la quatrieme marchera : on fera la demi-conversion , & on s'arrêtera comme il est dit ci-dessus.

Des à droite & des à gauche par escadron.

Sixieme
MANŒUVRE.
Premier Comman-
dement.

> *Prenez garde à vous.*
> *Par escadron , à droite.*
> *Marche.*

La droite de l'escadron soutiendra , la gauche marchera.

Lorsque le Commandant de l'escadron jugera que le quart de conversion sera fini , il dira *Halte* ; & l'esca-dron s'arrêtera.
Prenez

Prenez garde à vous.
Par escadron , à gauche.
Marche.

La gauche soutiendra, la droite marchera , & s'arrêtera au commandement *Halte.*

Prenez garde à vous.
Par escadron , demi-tour à droite.
Marche.

La droite soutiendra, & la gauche marchera ; & ne s'arrêtera que lorsqu'après la demi-conversion elle se trouvera alignée avec les autres escadrons.

Prenez garde à vous.
Par escadron , demi-tour à gauche.
Marche.

La gauche soutiendra , la droite marchera , & s'arrêtera comme au troisieme commandement.

On répétera cette manœuvre en marchant au trot très-légérement, faisant les mêmes commandemens ; & à la fin de chaque mouvement , on dira : *En avant. Marche...* *au trot.*

Toutes les manœuvres de la Cavalerie étant dérivées de celles qui précédent , on cessera de répéter les commandemens dans celles qui suivent.

Un Régiment étant en colonne par compagnie , se mettre en bataille en avant.

La premiere compagnie se portera légérement huit pas en avant, pendant que celle qui suit fera à gauche par compagnie, & tout de suite à droite par compagnie pour se former à la gauche de la premiere : toutes les autres continueront à marcher devant elles, jusqu'à ce que chacune étant arrivée où celle qui la précéde a fait à gauche, elle n'ait plus que l'espace nécessaire pour exécuter ce mouvement ; & elle fera ensuite à droite par compagnie, lorsque son premier rang sera arrivé à la hauteur de la gauche de la compagnie qui la précéde.

Se rompre & marcher à droite par compagnie.

Cette manœuvre s'exécutera par un à droite par compagnie.

Se remettre en bataille sur sa gauche.

De même par un à gauche par compagnie.

Se rompre & marcher à gauche par compagnie.

La premiere compagnie ayant marché six pas en avant, fera à gauche par compagnie ; celle qui est à sa gauche marchera aussi droit devant elle, & fera le même mouvement, & ainsi des autres ; avec cette attention, que chaque compagnie marchera dès que celle qui la précéde sera vis-à-vis la file de sa droite.

Se remettre en bataille sur sa droite.

La premiere compagnie fera à droite par compagnie, & marchera six pas en avant ; celle qui suit, marchant toujours droit devant elle, fera de même à droite par compagnie dès que son premier rang sera à la hauteur de la file de la gauche de la compagnie qui la précéde ; & ainsi des autres qui marcheront de même devant elles, jusqu'à ce que leur premier rang soit à la hauteur de la gauche de la compagnie qui les précéde.

Se rompre & marcher en avant par compagnie.

La premiere compagnie marchera droit devant elle ; les autres compagnies feront à droite par compagnie, & quand elles seront arrivées à la même hauteur que la premiere, elles la suivront en faisant un à gauche par compagnie.

On fera remettre le régiment en bataille en avant, comme à la septieme manœuvre.

Se rompre par escadron, & mettre chaque escadron en colonne par compagnie.

On fera à gauche par escadron, ensuite à droite par compagnie.

Se remettre en bataille.

On se remettra simplement en bataille en faisant à gauche par compagnie, & à droite par escadron ; mais pour se remettre sur le même terrein, on fera à droite par compagnie, ensuite à droite par escadron, & on se remettra par un demi-tour à droite par compagnie.

Passer & repasser le défilé.

Quand on voudra passer le défilé en avant, on commencera par faire passer la troupe qui se trouvera vis-à-vis le défilé, & les autres de droite & de gauche passeront successivement pour se reformer dans le même ordre au-delà du défilé.

Pour repasser le défilé, on commencera par les compagnies des aîles, & celle qui sera vis-à-vis le défilé passera la derniere.

Si le défilé ne pouvoit contenir une compagnie de front, on passera par demi-compagnie ; de même que s'il étoit plus large, on passeroit deux compagnies à la fois.

Retraite.

On fera marcher en avant la premiere & la quatrieme compagnie de chaque escadron, pour former une premiere ligne à cent ou cent cinquante pas de la seconde.

Cette premiere ligne fera alors demi-tour à droite par compagnie, & marchera au grand trot jusqu'à cent pas au moins derriere la seconde ligne, où elle se remettra par le même mouvement.

La seconde ligne ne se mettra en mouvement que quand la premiere sera à sa hauteur ; elle marchera alors dix pas en avant, fort lentement ; & après que la premiere ligne aura fait face en tête, celle-ci fera demi-tour à droite par compagnie, pour se porter au trot cent pas au moins derriere la premiere.

On répétera plusieurs fois cette manœuvre, en faisant retirer alternativement l'une des lignes derriere l'autre.

Pour se remettre en bataille, les premiere & quatrieme compagnies de chaque escadron étant en avant, on fera rentrer dans leurs intervalles les troisieme & deuxieme, & serrer les escadrons sur le centre de chacun, s'ils étoient trop ouverts.

Dix-septieme MANŒUVRE.

Border la haie pour une revue.

Comme à la seizieme manœuvre pour une compagnie.

Dix-huitieme MANŒUVRE.

Se remettre sur deux rangs.

Comme à la dix-septieme manœuvre pour une compagnie.

Lorsqu'on voudra faire manœuvrer le régiment sur trois rangs, avant de le mener sur le terrein, on le fera former, ainsi qu'il a été dit à la fin des manœuvres pour une compagnie, & on pourra lui faire exécuter toutes les manœuvres ci-dessus, à commencer de la cinquieme, observant que tout ce qui est indiqué pour une compagnie, se fasse par deux compagnies, n'étant pas possible que les escadrons formés sur trois rangs, se rompent par compagnie.

L'exercice étant fini, le régiment retournera au lieu où il s'étoit assemblé, le Lieutenant commandé pour l'escorte des étendards, l'y rassemblera, commençant par la premiere compagnie jusqu'à la derniere ; après quoi on fera mettre le sabre à la main à tout le régiment, & l'escorte repassera à la droite pour conduire les étendards chez le Commandant du régiment, dans le même ordre qu'on les a amenés : ensuite chaque compagnie sera ramenée par l'Officier qui la commandera, comme il a été dit à la fin des manœuvres pour une compagnie.

Des manœuvres pour une troupe de cinquante Maîtres.

Les troupes de cinquante Maîtres étant destinées à aller en détachement, ou à être postées en garde ordinaire, il est nécessaire que les Officiers & les Cavaliers soient instruits des manœuvres auxquelles elles doivent être employées.

Pour cet effet, on fera alternativement diviser le régiment en plusieurs troupes de cinquante Maîtres, auxquelles on attachera un Capitaine, deux Lieutenans & un Maréchal des Logis.

Chacune de ces troupes sera composée (outre les Officiers ci-dessus) de deux Brigadiers, quatre Carabiniers, un Maréchal, un Trompette & quarante-deux Cavaliers. *Formation de cette troupe.*

Ils se placeront tous sur un rang, les Cavaliers de chaque compagnie étant ensemble.

Le Capitaine fera l'inspection des hommes, des chevaux & des armes.

Il fera ensuite marcher en avant les Brigadiers & Carabiniers, & derriere eux la moitié des Cavaliers de chaque compagnie, pour que tous les Cavaliers d'une même compagnie ne soient pas au premier rang ; & il formera ensuite sa troupe dans l'ordre suivant.

Premiere Division.

Un Brigadier à la droite, cinq Cavaliers à sa gauche.
Second rang : un Carabinier à la droite, cinq Cavaliers à sa gauche.

Deuxieme Division.

Cinq Cavaliers, un Carabinier à leur gauche.
Second rang : six Cavaliers.

Troisieme Division.

Un Carabinier, cinq Cavaliers à sa gauche.
Second rang : six Cavaliers.

Quatrieme Division.

Cinq Cavaliers, un Brigadier à leur gauche.
Second rang : cinq Cavaliers, un Carabinier à leur gauche.

Chaque division fera aux ordres de fon Brigadier ou Carabinier.

Le Capitaine fe placera au centre en avant, entre la deuxieme & la troifieme divifion ; le premier Lieutenant à fa droite, entre la premiere & la deuxieme divifion ; le fecond Lieutenant à fa gauche, entre la troifieme & la quatrieme divifion, & le Maréchal des Logis derriere le centre.

Premiere MANŒUVRE.

Défiler par un, deux, trois.

Chaque divifion étant cenfée une troupe féparée, lorfqu'on fera défiler par un, deux, trois, toute la premiere divifion défilera de fuite, & fera fuivie par la deuxieme.

Seconde MANŒUVRE.

Se reformer.

Chaque divifion fe formera d'abord fur deux rangs, la premiere ayant attention de faire halte pour attendre les autres ; après quoi elles formeront la troupe en avant, obfervant ce qui eft expliqué à la deuxieme manœuvre pour un régiment.

Troifieme MANŒUVRE.

Des à droite & à gauche par demi-troupe.

On fera des à droite, des à gauche, des demi-tours à droite, & des demi-tours à gauche par deux divifions, ou demi-troupe.

Quatrieme MANŒUVRE.

Des à droite & à gauche par demi-troupe fur le centre.

On fera à droite, à gauche, demi-tour à droite & demi-tour à gauche fur le centre par demi-troupe.

Cinquieme MANŒUVRE.

Des à droite & à gauche par troupe.

On répétera les mêmes mouvemens par troupe entiere.

Sixieme MANŒUVRE.

Détacher une avant-garde.

On fera marcher le Lieutenant en avant avec la division de la droite, dont les Cavaliers porteront le mousqueton haut : cette avant-garde se tiendra toujours à cent pas au plus de la troupe, & aura devant son front les Cavaliers nécessaires pour éclairer sa marche.

Pour rejoindre la troupe, cette avant-garde fera à droite, marchera en avant jusqu'à ce qu'elle ait dépassé la place qu'elle doit occuper dans la troupe : après un second à droite, elle continuera de marcher en avant, & quand son premier rang sera à la hauteur du dernier rang de la troupe, elle reprendra sa place par un demi-tour à droite.

Détacher ne uarriere-garde.

Septieme MANŒUVRE.

Le second Lieutenant demeurera cent pas au plus derriere la troupe avec la division de la gauche, & se fera suivre de deux Cavaliers à trente pas de lui ; cette arriere-garde fera de même haut le mousqueton.

Il rejoindra la troupe en marchant en avant lorsqu'il en recevra l'ordre, & y reprendra sa place.

Placer un petit corps de garde.

Huitieme MANŒUVRE.

Le Capitaine ira lui-même poster son petit corps de garde, composé d'une des divisions de sa troupe, & placera les vedettes qui devront entourer, non seulement le petit corps de garde, mais même sa troupe.

Ce petit corps de garde sera relevé alternativement par chaque division, & le Maréchal des Logis marchera avec chacune des deux divisions du centre.

Se retirer.

Neuvieme MANŒUVRE.

Lorsqu'une garde ordinaire sera obligée de se replier sur le camp, le Capitaine ordonnera au premier Lieutenant de faire faire une demi-conversion à droite aux deux divisions de la droite, & cependant il fera marcher les deux divisions de la gauche quelques pas en avant pour soutenir les autres pendant qu'elles feront leur mouvemen.

& qu'elles fe porteront au trot en arriere, où elles fe remettront en bataille ; après quoi les deux divifions de la gauche fe replieront au trot pour aller rejoindre celles de la droite, faifant les mêmes mouvemens par la gauche.

Le Capitaine pourra ordonner enfuite au fecond Lieutenant de faire faire le demi-tour à gauche aux deux divifions de la gauche ; alors il marchera quelques pas en avant avec les deux divifions de la droite qui fe replieront enfuite par leur droite, faifant face alternativement.

Si on vouloit fe retirer avec un nombre un peu confidérable de troupes de cinquante Maîtres, on les mettra fur deux lignes, & on fuivra ce qui eft prefcrit à la feizieme manœuvre pour un régiment ; obfervant que lorfqu'on fera la demi-converfion, ce mouvement fe fera par divifion, pour le rendre plus prompt & pour approcher fon flanc moins près de l'ennemi.

Après les manœuvres finies, les Officiers & Cavaliers qui y auront été employés, retourneront à leurs compagnies.

Des Signaux.

Lorfque dans un exercice on voudra commander à un affez grand nombre d'efcadrons ou de troupes, pour que la voix ne puiffe pas fe faire entendre au total, on fe fervira des fignaux ci-après ; & on aura foin d'exercer la Cavalerie à en faire ufage, afin qu'elle ait une connoiffance parfaite des mouvemens qu'ils indiquent.

Un appel fera deftiné à prévenir qu'on va faire quelque mouvement ; & à ce fignal chaque Commandant dira : *Prenez garde à vous.*

Lorfqu'il fera fuivi immédiatement par la marche, on marchera en avant, le Commandant difant : *Marche.*

Lorfqu'après le premier appel on fonnera un *ton bas*, le mouvement fe fera par compagnie ou par demi-troupe de cinquante Maîtres, & le Commandant dira : *Par compagnie* ou *par demi-troupe.*

Si on fonne deux *tons bas*, le mouvement fe fera par
deux

deux compagnies, & le Commandant dira : *Par deux compagnies.*

Si on ne fonne point de *tons bas*, le mouvement fe fera par efcadron ou par troupe entiere.

Les demi-appels indiqueront l'efpece du mouvement : un demi-appel fignifiera un quart de converfion à droite, deux demi-appels un quart de converfion à gauche, trois demi-appels une demi-converfion à droite, quatre demi-appels une demi-converfion à gauche : alors le Commandant dira : Ou *à droite* ou *à gauche, faites un quart de converfion,* ou *demi tour à droite* ou *demi-tour à gauche.* Il ne dira *marche* que lorfqu'enfuite on fonnera la *marche* ; & alors on fe mettra en mouvement pour exécuter enfemble la manœuvre indiquée.

Si les troupes de la queue d'une colonne ne peuvent fuivre la tête, ou qu'elles foient obligées de s'arrêter, on fera fonner un appel qui fera répété jufqu'à la tête, d'efcadron en efcadron : alors la tête fera *halte.* Lorfque la queue aura rejoint, ou qu'elle n'aura plus de raifon pour faire *halte,* elle fera fonner un couplet de la *marche* qui fera répété par un Trompette de la tête de chaque efcadron ; après quoi la tête de la colonne fe remettra en marche : il fera cependant détaché un Officier pour avertir celui qui commandera la colonne, du fujet pour lequel on fe fera arrêté.

Veut & entend Sa Majefté, que toutes fes troupes de Cavalerie, tant Françoife qu'Étrangere, fe conforment avec la plus grande exactitude à ce qui eft porté dans la préfente ordonnance : Enjoignant aux Commandans des corps de ne permettre ni fouffrir qu'il y foit rien changé, augmenté ou retranché, en quelque maniere & fous tel prétexte que ce foit ; & faifant très-expreffes inhibitions & défenfes aux Majors des régimens, ou autres Officiers qui commanderont les exercices, de faire exécuter aucun temps ni mouvemens autres que ceux qui y font prefcrits ; dérogeant Sa Majefté à toutes Ordonnances à ce contraires.

Hhhh

ORDONNANCE

Concernant les *Régimens de Dragons*.

Du 18 Août 1755.

SA MAJESTÉ voulant porter à quatre escadrons chacun de ses régimens de Dragons, Elle a ordonné & ordonne ce qui suit :

ARTICLE PREMIER.

LES huit compagnies à cheval de chaque régiment de Dragons, qui sont actuellement de trente hommes, seront mises à quarante, & il sera formé, des quatre compagnies à pied, huit compagnies à cheval du même nombre de quarante hommes, pour porter chacun de ces régimens à quatre escadrons, sur le pied de cent soixante hommes par escadron, en quatre compagnies de quarante hommes.

I I

CHAQUE compagnie sera composée d'un Capitaine, un Lieutenant, un Maréchal des Logis, deux Brigadiers, trente-sept Dragons & un Tambour, & payée sur le pied réglé pour les compagnies à cheval de Dragons, par l'Ordonnance de Sa Majesté du premier Février 1751.

I I I.

LES quatre compagnies à pied desdits régimens seront décomposées pour fournir le fonds des huit compagnies qui seront nouvellement montées ; & l'opération s'en fera conformément à l'instruction particuliere que Sa Majesté a fait expédier à cet effet.

I V.

IL sera mis à la tête de l'une de ces compagnies, celui des Capitaines qui commande les compagnies à pied ; & les Capitaines desdites compagnies à pied conserveront la partie de leur compagnie qui devra former le premier fonds de celle à cheval qui leur est destinée : Sa Majesté se réservant de nommer les nouveaux Capitaines qui devront commander le surplus desdites compagnies.

V.

ENTEND Sa Majesté que le Capitaine qui commande les compagnies à pied, & qui passera à une desdites compagnies à cheval, conserve le traitement qu'il avoit ; & qu'en conséquence il reçoive, indépendamment des quatre livres dix sols réglées par jour à chaque Capitaine, deux livres trois sols quatre deniers à titre de supplément d'appointemens, dont il jouira jusqu'à ce qu'il passe à un autre grade, dont le traitement ne sera point inférieur ; & celui qui lui succédera, ne recevra que les appointemens ordinaires de Capitaine.

V I.

LES Aide-Majors des quatre compagnies à pied, continueront d'être entretenus ausdits régimens, avec les neuf cens livres d'appointemens dont ils jouissent, & y feront les fonctions de seconds Aide-Majors jusqu'à ce qu'ils aient monté à un autre emploi, & alors ils ne seront point remplacés.

V I I.

LES Lieutenans en second des compagnies à pied passeront aux Lieutenances qui seront à remplir, & y auront les appointemens de Lieutenans. Il sera choisi dans le nombre des Sergens, Caporaux & Anspessades desdites compagnies, ceux qui se trouveront les plus capables d'occuper les places de Maréchaux des Logis & de Brigadiers ; & ceux desdits Sergens & Caporaux qui auront passé ausdites places de Brigadiers, seront payés de la même solde dont ils jouissent, ainsi que les Sergens, Caporaux & Anspessades, qui n'ayant pu y être employés, seront compris dans le nombre des Dragons.

V I I I.

IL sera délivré aux Capitaines des huit compagnies actuellement à cheval, de chaque régiment, la somme de cinquante livres pour chacun des dix Dragons d'augmentation, & de plus, celle de trente livres pour les menus équipages du cheval. Il leur sera fourni en outre, l'habillement, y compris le manteau, le chapeau bordé & l'armement pour lesdits Dragons d'augmentation.

Les mêmes sommes seront données pour les dix hommes d'augmentation, avec pareilles fournitures, aux Capitaines des compagnies à pied qui doivent avoir des compagnies à cheval, & ils toucheront aussi la somme de trente livres pour les menus équipages des chevaux de chacun des trente hommes qui leur auront été réservés pour former le premier fonds de leur compagnie ; & les chevaux feront fournis aufdits Capitaines par les ordres de Sa Majefté, pour les quarante hommes de leur compagnie, ainfi qu'aux Capitaines des compagnies actuellement à cheval, pour monter les dix hommes d'augmentation qu'ils ont à faire.

I X.

SA MAJESTÉ ayant réglé qu'il fera donné au Capitaine commandant les compagnies à pied, qui doit avoir une compagnie à cheval, quarante hommes provenant de la décompofition des compagnies à pied, il lui fera également délivré les chevaux pour monter fa compagnie, & il lui fera remis en outre la fomme de trente livres pour les menus équipages de chaque cheval.

X.

A l'égard des nouveaux Capitaines que Sa Majefté s'eft réfervé de nommer, ils payeront le prix des chevaux de leur compagnie, & feront en outre les frais de la levée des hommes qu'ils auront à mettre à leur compagnie au delà de ceux qui leur auront été fournis, pour la porter à quarante hommes, & feront chargés d'ailleurs de leur habillement, équipement & armement, ainfi que des menus équipages du cheval.

X I.

ORDONNE Sa Majefté que les hommes qui auront été tirés des compagnies à pied pour entrer dans la compofition des nouvelles compagnies, y continuent leur fervice, à peine d'être pourfuivis & punis comme déferteurs.

X I I.

LES appointemens des Officiers, & la folde des Brigadiers & Dragons defdites compagnies, feront payés fur le pied réglé par la préfente Ordonnance, du jour que la nouvelle formation aura été établie, & qu'elle fe trouvera conftatée par le procès-verbal qui en fera dreffé par le Commiffaire des guerres chargé de la police de chaque Régiment; & les paies de gratification cefferont de ce jour d'être données aux Capitaines des compagnies à pied : Voulant au furplus Sa Majefté, qu'à mefure que les hommes de l'augmentation arriveront aux compagnies, & qu'ils auront été trouvés propres à fervir, ils foient payés de leur folde du jour qu'ils auront été employés dans les revues des Commiffaires des guerres.

X I I I.

ENTEND Sa Majefté, que lefdites compagnies foient entiérement

completes, sur le pied de quarante hommes, aux revues qui en seront faites dans les premiers jours du mois de Mars prochain, &
que la masse des hommes d'augmentation soit établie au complet,
à compter du premier dudit mois, à raison de dix deniers pour chaque Brigadier, Dragon ou Tambour.

A l'égard du fourrage des chevaux de ladite augmentation, il ne
sera fourni aux compagnies qu'à compter du jour que ces chevaux
leur auront été délivrés & compris dans les revues des Commissaires
des guerres. Mandant Sa Majesté au sieur Duc de Chevreuse, Colonel
général de ses Dragons, & au sieur Marquis de Coigny, Mestre de
Camp général desdits Dragons, de tenir la main à l'exécution de la
présente Ordonnance.

MANDE & ordonne Sa Majesté, &c.

ORDONNANCE

Concernant la Cavalerie.

Du premier Décembre 1755.

SA Majesté jugeant à propos de porter à quarante Maîtres les compagnies des Régimens de sa Cavalerie, tant Françoise qu'Etrangere,
même celles des cinq brigades de son Régiment des Carabiniers,
Elle a ordonné & ordonne ce qui suit :

ARTICLE PREMIER.

LES compagnies desdits Régimens, qui sont actuellement de trente
Maîtres, seront mises à quarante, & la levée de ces dix hommes
d'augmentation sera faite par les Capitaines, d'ici au premier Mars
prochain.

I I.

SA Majesté fera payer auxdits Capitaines pour la levée de chaque
homme, la somme de soixante livres, & de plus celle de cent vingt-
une livres ; sçavoir, quatre-vingt-onze livres pour l'habillement, &
trente livres pour les menus équipages du cheval : Elle leur fera également fournir l'armement, ainsi que les chevaux.

I I I.

ENTEND Sa Majesté qu'à commencer du premier Janvier prochain,

& à mesure qu'il fera préfenté en chaque compagnie des hommes faifant partie de ladite augmentation, & qui auront été trouvés propres à fervir, ils foient payés de leur folde, du jour qu'ils pafferont en revue; & la maffe fera établie pour ces dix hommes d'augmentation, à compter du premier Mars prochain, temps auquel Sa Majefté a fixé le complet defdites compagnies, fur le pied de quarante Maîtres.

I V.

QUANT aux chevaux pour monter les hommes de ladite augmentation, il en fera délivré cinq par compagnie dans le courant du mois de Mars prochain, & les cinq autres dans le temps que Sa Majefté s'eft réfervé de prefcrire; le fourrage fera fourni pour ces chevaux, à compter des jours qu'ils auront été délivrés, & qu'ils feront compris dans les revues des Commiffaires des Guerres. Mandant Sa Majefté à M. le Prince de Turenne, Colonel général de fa Cavalerie, & au fieur Marquis de Bethune, Meftre de Camp général de ladite Cavalerie, de tenir la main à l'exécution de la préfente Ordonnance.

Mande & ordonne Sa Majefté, &c.

F I N.

APPROBATION.

J'AI lu par ordre de Monfeigneur le Chancelier l'ouvrage qui a pour titre : *Effai fur la Cavalerie tant ancienne que moderne*, &c. & je n'y ai rien trouvé qui doive en empêcher l'impreffion. A Paris le 15 Décembre 1755.

Signé JEZE.

TABLE

DES CHAPITRES.

Fin de la Table des Chapitres.

ERRATA.

PAGE 59, *ligne* 29, *pericula*, lifez *pericla*.

Page 129, *ligne* 3, Meftre de Camp, *lifez* Maréchal de Camp.

Page 225, *ligne* 18, premiere, *lifez* troifieme.

Page 255, *ligne* 3, la note (1) eft mal placée, il falloit la mettre à la cinquieme ligne, après le mot cheval.

Page 257, *ligne* 16, contraire, *lifez* certaine.

Page 258, derniere ligne de la note, *vicere*, *lifez vincere*.

Page 260, dernier mot de la note, *Nonius*, *lifez* Nonius.

Page 282, *ligne* 13, marque, *lifez* mafque.

Idem, *ligne* 25, Colonels, *lifez* colonnes.

Page 297, *ligne* 21, les rendre, *lifez* le rendre.

Page 325, *ligne* 15, des parties, *lifez* des partis.

Page 327, *ligne* 8 & 11, en fec, *lifez* au fec.

Page 329, *ligne* 14, en verd, *lifez* au verd.

Page 356, *ligne* 23, combattu, *lifez* combattue.

Page 359, *ligne* 10, juftesse, *lifez* une juftesse.

Page 367, *ligne* 10, armée, *lifez* arme.

Page 379, *ligne* 21, la Mouffoy, *lifez* la Mouffaye.

Page 386, *ligne* 37, il partagea, *lifez* il partage.

Page 391, *ligne* 8, & ils, *lifez* & d'où ils.

ESSAIS
S. LA
CAVALERIE

www.ingramcontent.com/pod-product-compliance
Lightning Source LLC
Chambersburg PA
CBHW071132270326
41929CB00012B/1725